前言

《幸福观解构》 让所有不想再饱受情欲饥渴折磨的人`那些百般努力却达不到权位的人`为金钱所困的人`为名所累的人等等，那些达不到欲望得不到幸福的人们，寻求新的路。

从生理学和心理学和社会学的层面剖析人们对于幸福追求方面的误区，为人们合理的安排自己欲望提供帮助。

《文明观解构》 从中国哲学的角度揭示世界运行之道，分析人与社会的关系，人类社会与自然`生态`生物圈的关系，描述人与世界如何建立新的和谐态。

《和谐幸福学》 是贫困者的精神支柱；痛苦者的心灵家园；狂躁世界的一抹甘泉~~~~

何为幸福，我们只有深度分析人的行为，才能揭示我们是如何得到幸福的。

而分析人的思维和行为中，其原理又成为了人工智能的核心部分，这就让智能不再是简单的模拟真实，而是提供了智能化变为智慧化的解决方案。只有突破了原理障壁，人工智能才会得到一个最大的质的飞跃。

现在和谐幸福学的人类行为原理，将人工智能直接升级为人工智慧成为可能！人工智慧的核心部分（人为何思维和行为，如何思维和行为）在本书的有关章节中，会有深度解析人类思维和行为的重要原理和一般规则。

《和谐幸福学》对人工智能的 新 突破

这从唯物角度来说，也很可能带来人类有史以来最大的灾变，人类一旦失去对其控制，人工智慧有非常大的变数会形成对人类社会的各种侵害。尤其是在智慧机的越来越智慧化，能源的获得越来越便捷后，人类社会的最大便捷非常可能会演变为最大危机。

然而从唯心论的这一个角度来看，人工智慧不是一个危机，因为再如何智慧的机器也是没有生命和灵性，人之所以为人就是因为有灵有生命，生命的高度和伟大意义是任何机器无法比拟的，这也是创造力的源头，所以机器永远不可能有真正的智慧。

　　本书是基于人是灵性的社会人为基础的，灵性是指人是有灵魂的，既遵从和受制于生理系统的一些规律，又被自我灵魂所控制和约束。我们的灵魂和躯体互为依托，交互影响，终其一生。个体的身体是由生理系统和心理系统所构成，灵魂和躯体这两大系统共同协调和控制着身体内在与外在的行为和思维。

　　社会人反应原理是基于类似人工智能的系统论述，是抽离掉了灵魂这样的涉及到非常主观和自由的东西，灵性是本书不予涉及的另一大类。

　　借助中华文明的哲学理念"道"为平台，以其整体思维方式整合趋动性社会文明的心理学`生理学`社会学`系统论等学科，生发而出的《和谐幸福学》，这是在对幸福原理作出较为全面的解析基础上展望人类社会的和谐之道。

《和谐幸福学》的创作 线 索

　　和谐幸福学探讨个人在寻求幸福过程中对社会形成的各种影响，在深入探讨人欲的同时，探究幸福与文明互相生发的一些原理，以及个人如何达到幸福的同时与社会及自然保持一种和谐关系。

　　该书用八大情绪感（幸福感与痛苦感与中性感的总称）定律，数十个情绪感原理阐述幸福感和各种欲求的成因与变异，其中纠正了我们很多通常对幸福感的常态概念。并把人欲和幸福与社会及自然的各种关系深入剖析，分析出个人和社会该如何达成和谐幸福状态。

　　幸福学理论是从分析个体行为反应原理、欲望原理、幸福观形成原理、幸福感原理来构筑的。

　　和谐学理论是以和谐哲学原理、社会和谐原理为基础构成的。

《和谐幸福学》思路构成

甲：对原有幸福观的重新解构（也称幸福学 是对原有幸福观的重新解构）

欲望目标达成越多不等同于幸福感越多，和谐度决定幸福度——《和谐幸福学》

（一）欲望和情绪

欲望（亦称人欲）实质是人们在社会活动中寻求平衡的反应行为，也是指在个体自身形成的幸福观下展开的欲求行为。

欲望分为生存欲求和生存衍生欲求。生存欲求包括：生命存在欲求、亲情欲求、友情欲求；所有维持生理正常运作的欲求和亲情友情的欲求都属于人类的基本生存欲求。

生存衍生欲求是人们在满足基本生存欲求的基础上衍生而出的更深或更高层次的欲求，包括：名欲、权欲、利欲、性欲、以及其他形式的欲求（所崇敬事物或人、其他各种游乐、其他各种健身活动、等等艺术、文艺、旅游、园艺、等等一切人类所从事的行业都是为了满足自己或他人的欲求）。

情绪：痛苦感和幸福感，可以分两方面来阐述，第一个方面是自我感觉和情绪方面的，分为幸福感和痛苦感，也是欲求满足与否的表现，满足的欲求视为幸福，不满足则是痛苦。第二个方面是自我评价或他人对该个体的一种评价，体现在该个体在某件事件上或某个时段甚至一生是否幸福。这也是自我评判也可以是他人对自己的评判。这种幸福或痛苦贯穿与该个体一生的总评价，由大大小小各种事件既独立成文又可缀合而成的个人评价综合而成，最后在自己临终和他人对自己盖棺定论中感受到的情绪和事实。

欲望和情绪是密不可分的，前者是个人产生各种行为的动力源，后者则是贯穿行为前后的一种评价机制。两者互相依存互相生发。

（1）人欲和文明、社会等关系

a：人欲与文明的关系

b：人欲与社会的关系，发展`稳定`和谐等关系

（I）和谐与社会

对政府和社会而言，通过"和谐幸福学"会认识到社会中两种力量所处的不同状态对社会的巨大影响，也会认识到个体的不同欲望对社会的不同作用。这使政府和社会能够用法律和习俗，合理引导和约束人欲走向，既能发挥人欲中前行力激发社会的创造力，又能把人欲的方向和阈值调控在某个合适范围，从而使得社会的平衡机制得以正常发挥作用。

（II）和谐与人欲

任何要素的不对应性就会形成人欲的过度泛滥或过度禁锢，一个合理的社会其要素的对应状态是合理的，其人欲也是相对合理的规范状态的，即能释放人欲以刺激社会发展又能遏制人欲肆意泛滥影响到社会和谐。

要解决人欲对人类与自然的无情肆虐，就必须解剖其成因，其中最核心的是对幸福观和幸福感在生理学和心理学以及社会学方面的解析。

对人的欲望和幸福感剖析会使人们清楚地明白人欲实现和幸福感获得所需要付出的相应代偿效应，其代价不仅是个人的影响而且是社会的影响和自然界的影响。

对个人而言，"和谐幸福学"对个人的影响的剖析会使得个人组合和展开自己的欲望时顾及到欲求实现对自己的种种影响，从而正确的形成对自身有约束的欲望及行为。

c：人欲与自然和生态等关系

d：人欲与行为的关系

e：人欲与幸福感的关系

f：人欲的产生`转化`消长等规律

（2）高频率欲望目标的达成不等同于高频率的幸福感所得。

通过对原有幸福观的重新审视，认识到追求欲望实现所发生的各种效应，是以改变自身与周围一切事物作为代价的。现在社会的婚外恋和一夜情，可以做到无人所知，然而人们去实现它的后果会立刻体现在两方面，第一个方面是改变主体内环境的平衡状态，突破禁忌尝试新的刺激会导致改变主体自身生理和心理的原有平衡和构成，这主要表现在身心方面会在强劲刺激下建立新的模式场景，从而使自身行为变异，对突破禁忌的行为有更强的快感预期，这是伴随着对原有生活同时发生巨大的痛苦感为代偿的，也就是说在把新的性伴侣的性生活标记为幸福的同时，原有的性伴侣的性生活就会变为痛苦的负面标记；第二个方面是改变

主体外环境，主体心理和生理构成的变化，其后果是改变甚至颠覆自己原有的生活秩序。突破各种禁忌对自身的身心改变和自身周围环境包括社会的改变是可观而深远的。

因此，人要实现其欲望必须是要付出这些代价的，必然会改变自身与自身所影响到的外环境，其原理在《欲求与幸福感的一般原理对个人的重大影响》有详细阐述。

然而这仅仅是自身发生改变的一个方面，另一方面也是幸福学所研究的更为重要的一面，就是当我们享受幸福感时，这种幸福感其实是伴随着痛苦而来，这种痛苦不但掩藏在我们享受的过程中，更绵延不断的在今后的生活中缓慢的释放着，我们最终所得到的任何强度幸福感都必将会被同等强度的痛苦感所代偿，这就是情绪感小周期和大周期等等原理，这是与我们场景各种阈值的新建或增强有关的缘故，当我们享受到快感时（幸福感范畴）感受和感知阈值会相应提高，这会增大我们今后感知这种快感的各种"成本"，包括需要提高刺激和反应的强度，但提高了强度也就提高了各种阈值，提高了的阈值会成为一个越来越高的大坝，其集聚的势能会越来越高，一方面我们享受快感越来越困难所需要的刺激强度越来越大，另一方面我们承受的这种痛苦也越来越高！享受不到原有强度快感刺激的痛苦`得不到刺激的痛苦`得到又失去的痛苦`得到后又不再有同等强度快感的痛苦，这一切都源于我们的情绪感之发生`延续和消失都遵循着各种原理形成的，

也就是说在情绪方面，也存在着类似的能量守恒原理，也就是得到的快感越多得到的痛苦也会越深。

（二）目的

使人们不再盲目追求自己欲望的实现，对自身所追求的欲望有一个相当清晰的后果判断，对其产生的各种影响有一个认知，使更多的人能够珍惜自身现在的生境（生活环境），能使自己真正做到知足常乐，使自己家庭更稳定，更谐和，能获得真正属于自己的长久幸福。不再去追求不该属于自己的那份幸福，不再追求自己不能胜任的工作，不该拥有的性爱，不能担负的盛名。

（三）脉络

（1）解决个体欲望的错误控制和无序问题

a：通过对个体的行为剖析来探究欲望

人欲属于人的行为，个人的行为也是个人的反应，个人的反应包含了内反应和外反应。内反应包含感应反应和感知反应两大类，外反应则是以感知反应为主的行为反应。感应反应是人体的生理反应，感知反应则是人的心理反应，个人的行为是在自身的思维核心价值体系指导下展开的，因为人欲是使人发生有意识行为的唯一刺激源。

通过"社会人反应的基本原理"对社会人发生各种反应的基本原理的叙述。

通过"欲求反应原理"对社会人发生的欲求原理进行论述。

b：三种社会元态呈现的不同人欲特征

三类社会元态决定着各自社会人的人欲望的特征。

守恒性社会元态的结构特征是，是整个社会处于保守的恒定状态，由于社会不需要过多的改变，因此也使得个体不会轻易改变原有生活秩序，因为个体所受到的刺激是简单的单纯的恒定的，他的人欲也是单一化的，其行为也处于单纯的恒定状态。

趋动性社会元态的结构和特征是：整个社会处于动荡的状态，因为社会的变化异常性，导致了个体常常处在一种变化的生活秩序中，这种元态结构下的社会的个体，环境是复杂的多样的变化的，因此被其所激发的人欲也是复杂多样和变化的，从而他的行为就呈现出复杂的多样性的表现。

混合性的社会元态，其社会特征是双重性的，既有守恒性一面又有趋动性一面，其个人行为特征也是双重性的，相对以上两种单纯特性的社会元态而言，混合型社会元态更为复杂，但其社会存在则是长久而趋向一种动态稳定的。也是人类社会目前普遍所处的状态。

通过"恒定性社会和趋动性社会"阐述两种截然不同的社会形态，及其导致的社会运作机制和个体的行为与其文明的不同形态。

c：人欲对社会的影响，人欲控制调整的重要性

（Ⅰ）人欲对社会的影响

人欲的释放和控制对社会是有着直接影响的，对人欲的释放对个人而言，是使其不安于现状从而寻求突破的唯一动能，是产生创造力的源泉也同时呈现出破坏力，对社会而言则是一种对原有事物的重大改变，相反对人欲的压制则压制了个体的创造力，也使得整个社会处于一种稳定的保守的状态。社会存在的三种现象，恒定性社会元态下的严格控制下的稳定现象；趋动性社会元态的主动诱导释放人欲的动态现象；处在不能有效形成秩序和规范的混乱性社会下的混乱无序的状态。

如果人欲不能有效的遏制，通过不断的突破禁忌来获得快感和平衡，因此道德法律等各种规范就会不断的被突破，社会从而失去有效的制约，社会的秩序会变得日益混乱，最后导致崩溃。

（II）人欲控制的社会原理

对人欲的控制也是对行为的控制，各种行为规范就是对人行为的控制和规范，这也是社会建立和存在运作的基本要素。如果人欲和行为处在无序混乱的状态社会同样也是无序和混乱的，

对人欲的释放和限制是社会的调整，如果过度泛滥或过度禁锢则是调整中的波动，总体上是需要恢复的。

对人欲的限制和释放是需要有幸福学理论的依据，对人欲限制到何种程度，为何限制，如何限度，是幸福学探讨的重要问题，通过对幸福的各种重要原理的研究，来正确的认识幸福的各种问题，让人类个体重新审视自己寻求幸福的行为，让人类对追求幸福的行为重新做出合理的调整以符合人道和天道的和谐。

（III）通过对幸福的终极问题探讨来认识人欲和幸福感

通过"幸福原理"对社会人的幸福观和幸福感的各原理进行论述。

d：人欲的遏制不会对个体的幸福感获取造成本质的影响

通过"欲求与幸福感的一般原理对个人的重大影响"认识到人欲对幸福感获取的原理，认识幸福感一般原理对人如何发生重大影响。

通过"社会体制对个人欲求与幸福感的重大影响"认识社会体制对个人特定和普遍的人欲形成和幸福感获取的决定性作用。

通过以上两节可以认识到对人欲控制不会对个人享受幸福感发生任何本质影响，反而有助于个体降低作用力输出而获得同等幸福感享受。

e：不同社会元态对人欲不同控制

（I）趋动性社会对人欲的无法遏制

相对于东方文明而言，近代趋动性社会文明更接近于趋动性社会状态，由于对个人自由的高度崇尚，整个社会都不可避免地从道德和法律规范上对人欲做逐节退让，以至于要修改社会规范来迎合人欲，"不自由毋宁死"则被视作文明和进步的象征，被视作是人性解放。社会对人欲的各种侵犯道德规范的现象无法做出合理有效的规范和遏制，并且人自身所依从的情感原理又使得个体需要通过进一步释放人欲才能获得原有梯度的快感值，而社会各媒体也在应和大众，不可避免的需要进一步的加大媒体素材的刺激度才能有效地迎合大众口味，才能获得利益，而政治组织和经济组织等等因为要大众的投票认可和货币等利益才能获得生存，因此他们制造出的各种政策和各类产品必定是不断的投其所好。

（II）恒定性社会对人欲的过于严酷的控制

恒定性社会由于其社会元态的严厉桎梏，社会处在一种严厉的规范和控制之中，严格控制和规范着各种人的行为，目的是使其处在比较单一的思维和行为范畴中。虽然能非常有效的保持其社会秩序和规范，但会严重的遏制其创造力。

（III）混合型社会对人欲是一种合理的调整

和谐社会通常是一种混合型的社会体制，它既有趋动性社会的对人欲的释放，又有恒定型社会对人欲的约束机制，他对人欲的控制设定在合理范围，既保证了人欲对创造力发挥又能保持道德和法律等社会规范不被其损害，这样的社会可以看作是和谐社会。

f：人欲的正确控制

（2）纠正人在趋动性社会元态下对于各种欲求实现的错误认知

人欲实现具有四重特性，即：相对参照性`向上性`竞争性`社会性

a：向上性

是指欲求的目标在欲求秩序流中是呈现趋高性的，是一种从低层向高层攀附的，正常态下不会发生由高层转向低层的选择行为。

b：相对参照性

利欲求`性欲求`权欲求`名欲求`的欲求目标是相对的，必须是由参照物作为基础的，是必须参照在自身和他人欲求目标之上的。

c：竞争性

由于个体可选择的欲望目标是相同的，并且每个个体的欲望求目标都建立在以自己和他人的现有生活状态作为参照体的基础上，这样如果要达成自己的欲望就必须超越自己和他人原有的生活状态，就必须比他人处在更高层级的社会状态中，才能获得欲望的实现和幸福感的获取。这样就不可避免的产生了各种竞争，而且当某甲实现参照体基于某乙的欲望时，某乙就会转而处在相对于某甲的低层的生活状态，如此某乙虽然即便没有改变自身的实际的生活状态，但他的心理状态却发生了扭转，其他相关的社会人也发生了扭转。

　　因此如果说某人甲实现了欲望，很可能他的欲望实现是以超过了某人乙作为代价的，同样可以说某人甲的幸福是以某人乙的痛苦作为代价的。

　　d：社会性

　　由于社会欲望秩序流对个体的欲求秩序流有着重大的影响力，而个体也会对社会发生交互作用，因此个体的欲求秩序流会发生改变，会随着个体的年龄智力和环境发生相应的变化。

　　如年龄和智力对个体会有决定性影响，年幼时个体会基本依附于社会的欲求秩序流，有着相当的依附性和从众性，其欲求秩序流受着父母和学校的影响。年轻时代会呈现两种状态，一方面因为生理的急速生长和变化而要在心理上来寻求快速平衡，因而追逐于激烈的生存衍生欲望，如性快感、名欲求，这是一种追求外化的攀比的欲望实现为人生价值观的现象。另一方面由于社会化的进一步深化，个体也逐步形成了和逐步完善着一套自我思想体系，对其价值观和欲求秩序流有着独特的自己的解释和实现手段，也可能会独善其身，自我攀比等内向型行为。

　　在年老时会因为生理的衰老而更多的去寻求生存的实现，所以年老时期的行为更多的人会比较简单，追求长寿。

乙：文明观的解构（也称和谐学 是对原有文明观的重新解构）

科技经济发展不等同于文明进步，和谐度决定文明度——《文明的新高度》

（一）文明新探索

（1）和谐之道才是真正的文明之道

一个社会是否文明取决于：决定着该社会的和谐各要素是否达到指标。

和谐六要素：

——a：阴阳元态组合方式即元态的多样性和同一性的对立统一、

——b：阴阳元态之间有着有效的相互制衡关系、

——c：相对独立的事物内部的最高层级和最低层级，每个层级都有一对且明确的主从关系的元态稳定存在。

——d：阴阳元态关系是对应互补的（从服从于主，主服务于从）、

——e：阴阳元态关系有着良好的传承性。

——f：主次之间，各层级之间是否处于互补、对称、对应状态

其中社会的内外各要素之间是否处于对称、互补、制衡的状态是比较重要的条件。其对应度与和谐度这两个方面就构成了一个社会的文明程度。合理的对应性是造就和谐状态的重要条件。

a：对应性与和谐

对应性是指某个要素内部和与自身相嵌和状态中的要素之间的一种对称的关系，是属于同一事物的一种是否合理运作的状态，对应是指对应着的两种要素之间的对称性，这是一种互相配合嵌套的状态。而和谐是指各不同性质的事物之间的状态，各事物之间是呈现一种互为补充与互相制约达到一种和谐趋衡的状态。

b：社会的和谐性

（I）人自身和谐以及人与人之间的和谐

人体自身最佳的和谐状态是，身心的良好对应、人体生理系统各个子系统互相之间的良好对应，以及人体与外界自然环境和社会环境的良好对应状态。这就形成了人体自身的最佳和谐状态。

人与人之间的和谐也是指人与人之间的各种关系的稳定而良好的对应状态，另外人与社会的和谐、人与自然的和谐、社会与自然的和谐、国与国的和谐、国家与自然的和谐。和谐之道取决于以上这些要素的和谐程度，和谐度越高文明程度就越高，反之亦然。

但对应性与和谐性不呈现绝对的正比或反比的关系，一个对应性越高的社会其和谐度不一定越高而文明程度也不一定越高，但一个对应性越低的社会其和谐度就越低，其文明度也越低。

日本帝国时期和纳粹德国时期的这个社会本身对应性很高，它能调动整个社会的机制来造就非凡的工业生产和创造能力，但其总体文明程度就相对很低，因为它社会体制本身与自然和其他社会处于一种较为对立的状态，他的对应性可以使他本国呈现一种整体趋强的势态，所有科技经济军事都呈现一种趋动性的强盛，都呈现一种相对对应的状态，但它的和谐度就很低，尤其是人与自然的和谐社会与自然的和谐方面，所以那种社会不是文明而是另一种现代野蛮。

而中国在汉唐宋明这几个阶段，是和谐程度相对较高的社会，而对应性也是较高的，但元和清是文明度较低的时期，虽然元朝的领土扩展的很大，清朝的产值相对世界其他国家来说是很高。因此经济与科技的片面发展并不等同于人类文明的发展，真正文明的人类社会是能够与自然界和谐地长久共存的一种社会机制（我们汉文明历经 6000 年的传承，也从某个事实上证明了这点）。

每个国家都有各自不同的对应性与和谐度的不同阶段。和谐度直接关联着文明程度，和谐度降低则文明程度也随之降低。

c：社会的对应性

（I）社会体制和社会总机制的对应性

社会体制必须对应于社会机制，社会机制必须承合于社会体制，两者关系必须是对称的相容的。如果社会体制和社会机制不相对应就会出现社会混乱无序的状态，最后导致分崩离析。如社会机制属于趋动性状态的社会，而社会体制只能对应于恒定性状态的社会机制，则该社会的趋动力释放的能量就会超过该社会的平衡机制所能提供的消减的平衡能力，社会就趋向崩溃，反之亦然。

（II）社会总机制自身的对应性

社会机制是指由趋动性和恒定性这两种力量构成的社会运行的基本形式，如果存在着某一方面过度强盛另一方面过度衰弱的不对称现象，会导致两种状态发生：1 趋动性力量过度发展会导致人欲的过度泛滥和科技畸形发展；2 如果恒定性力量过度发展也会导致人欲的过度压抑和经济科技的过度萎靡。两者状态都导致社会畸形。

（III）社会体制自身的对应性

社会体制是一种社会的组织构架状态，何种组织构架状态形成不同的社会体制，其中文化`政治`经济`军事等各种分支组织构架形成了总体组织构架。任何分支自身构成也需要各重组成部分的一一对应，如经济体制是由农业体制`工业体制`商业体制这三方面构成的，其中这三大体制必须相对应才能使经济体制有效的发挥作用。而社会规范的体制是由道德规范体制`法律规范体制`其他规范体制这三方面构成，也需要互相对应才能发挥正常作用。

必须对应于总体构架。科技与经济必须对应于社会总体制的构架，一旦科技由于外来原因（比如科技输入等）而过度发展，而相应的社会总体制却无法消化平衡由于科技带来的种种经济和军事的连锁反应，就会导致社会的畸形化，也会导致社会的混乱和崩溃。呈现一种不对应状态。如由于某种外来干预或援助等等原因导致军事过度发展而其他构架过度萎靡而呈现出的不对称状态。各种媒体对人欲的极端强化，另一方面社会的道德`法律等规范的松懈的不对应性

（2）人类文明状态的和谐原则

a：总体状态

世界始终是属于一种和谐与不和谐的循环之中的，无论物种或物质如何变化都是世界总体状态交互下的产物。

在第一层级为和谐态下，其他层级总体也是处在和谐态的，相对而言越为低下层级的式态越处于动荡状态。越为高层级的式态越稳定，如人体的这个层级就比人体的子系统层级稳定，子系统层级比器官层级稳定，器官层级比组织层级稳定，组织层级就比细胞层级稳定，细胞层级比生物分子层级稳定。

b：在人类社会与其他元素的世界总体格局呈现和谐状态下，东西方文明的社会元态处于合理的状态。

c：在人类社会与其他元素的世界总体格局呈现不和谐状态下，东西方文明的社会元态处于不合理状态。

d：在总体呈现趋动性的不合理状态下，某社会文明趋向恒定性元态是合理的，在总体趋向恒定性的不合理状态下，某社会文明趋向趋动性元态是合理的。

e：东西方文明是世界的两个极性各自对立`互根，也彼此转化`消长`，东方是恒定性社会元态，趋动性社会是趋动性社会元态。

（二）简介

（1）世界的本原构成

相对独立的事物内部存在着两种元力构成，阴元力和阳元力，这两种元力处在一种道的关系，其中元力间的对立统一、互为消长、相对性、同体性、互根性、转化性，这几种状态和性质决定着该事物是什么样的性质。碳墨与金刚石成分完全相同，都是由碳原子构成的，但物理性质绝对不同，就是碳原子的排列不一样导致的，碳原子的排列方式就是元力之间的表现之一。

该事物是否值得存在，其存在的稳定性和发展性就取决于元力之间的关系是否和谐，这种和谐性最终取决于阳元力和阴元力是否处在对应、互补、制衡的状态，这种和谐性决定了这个事物是否能够处在长期稳定状态。也决定了该事物对内和对外处于何种状态。

这种关系称之为元力状态。

该事物内部的元力状态和外部的元力状态也互相影响，该事物的量级和结构决定着它属于哪个层级的事物，正如我们人体对于自己的肢体而言是上一层级的事物，而我们人体又属于人类社会，人类社会又是地球这个层级的子系统。

世界是有各个层级的系统构成的。

每个层级都有各自相对独立又互相依附的同一层级事物构成，比如地球，它的子系统就由人类社会、生物界、自然界等构成，而地球和其他星球形成了太阳系，太阳系和其他恒星形成了银河系，宇宙就涵盖了更多子系统。

人类社会就由各个国家这样的子系统构成，每个国家之间的对应关系就构成了外交处在什么状态，是战争？和平？冷战？国家内部也由各种子系统构成，各种组织机构就是它的子系统结构，宗教机构，政治机构、社会机构等就是它的组成部分，社会机构里面又有社区、学校等等，一直到人类个体。

每个层级的事物是相对独立的事物，它们之间是一种对应、互补、制衡的关系，它们是属于同一层级的事物才会有着这样的三种关系存在，而子系统则是独立事物内部的各自相对独立的事物，子系统构成了独立事物，独立事物又处在更高层级的独立事物内部之中属于子系统的一个系统，也就是说某个独立事物既是独立事物又是更高层级事物的子系统。比如人体，既是独立的也是家庭的子系统，又是工作单位的子系统。人体也是独立的，他的内部就由九大系统组成，即运动系统、消化系统、呼吸系统、泌尿系统、生殖系统、内分泌系统、免疫系统、神经系统和循环系统，这九个系统是既相对独立运作又互相依附，是一种对称、

互补、制衡的关系存在，而每个系统中又有各种相对独立又互相依附的系统组成，从人体到九大系统再到人体细胞最后再到细胞里面的复杂系统，这样多个层级的系统就组成一个完整的人类个体。

六重层级的事物的对应构成了世界本原，对称和互补和制衡的动态平衡的对应关系形成了和谐对应，不对称互补的失衡的对应关系形成了不和谐对应。

（2）和谐对应是事物存续的唯一保障

（3）保持一定比例的社会元态

保持一定数量的国家和民族是为了人类社会的长存。在和谐状态下只有对称于自身层级的社会元态，对称于自身层级的国家和民族数量才是最合理的。保持文化`艺术`政治`经济`教育等机构或领域的互相对称和互补，保持社会的组织机构或领域与相对应层级的生物圈`生态圈`自然环境的互相对称和互补是和谐对应的根本条件，为了证明民族性的重要性，对保持独立的民族性作了阐述，人类社会也有社会民族生态的保存的重要性，

a：对两种力量的和谐有作用，

b：能保持和承续独特的文明，并且在各种不同文明的冲突中能繁衍出新文化新文明。

（4）社会和谐对应是为了人类社会与自然的长存。

a：物种多样性对人类社会的重大作用

b：无序发展对物种多样性的颠覆

c：社会秩序对社会长存的重要性

d：社会道德规范对社会长存的重要性

e：两种力量的和谐对社会长存的重要性

（5）合理的世界

一个各重层级内部和各重层级之间形成和谐态的世界是最合理的。而世界本来就是动态平衡状态的，一时的失衡只是一种调整过程，它的运动都是围绕着各层级的和谐态。

（三）目的

解决人类社会的发展方向问题

试图在理论的层次建立起社会约束机制，试图以此规范人欲的极度泛滥，并建立起社会心理平衡机制，从而使整体社会处于相对和谐状态，建立社会和谐指数与社会心理平衡指数来监测社会的状态。

大多数章节都是为了这一节的叙述而铺设的，为证明得到欲望的满足所付出的个人内外环境的变化的代价。

（四）脉络

（1）人类社会发展方向的现状

通过"人类的困境"阐述人类社会发展的现状和困境。

（2）通过对文明的重定义来改变原有的错误观念

文明是一个社会能够相对较好的把个人与社会及其所对应着的事物，把他们互相的关系协调到和谐的状态。这种和谐状态是最有利于事物存在的，是符合事物运作规律的。

通过"人与社会"论述个人和社会的各种复杂关系

通过"宇观·生命的错觉"探讨人和社会本质的联系

通过"和谐原理"阐述文明社会的实质。

（3）人类社会合理的发展方向

和谐的社会元态是有序的混合型社会元态。

一个合理的和谐的存在形式可以由多种状态构成，

1 可以由各种国家都各自都呈现混和性社会元态构成的地球生境；

2 可以由两种相对对立的元态的社会构成的地球生境，比如由中国为主导的大中华文明圈的恒定性社会元态，应对以美国为主导的趋动性社会趋动性社会元态，这两种不同的社会元态一起构成地球的生境；

3 可以由多种复杂的合成，但相对是有序的，混乱被有效控制在合理的范围。

通过"和谐幸福观"阐述和谐幸福学的重要原理以及对人类社会的各种影响。

通过"建立人类幸福新秩序"阐述和谐幸福观建立对人类社会的重要性。

通过"人类的和谐生活体系和调节机制"，阐述人类和谐生活所需要的社会调节机制的建立的重要性，机制的原理以及体系构成。

目录

世界由无极而太极，从无到有，复归于无，终期无尽。

宇宙即阴阳之道

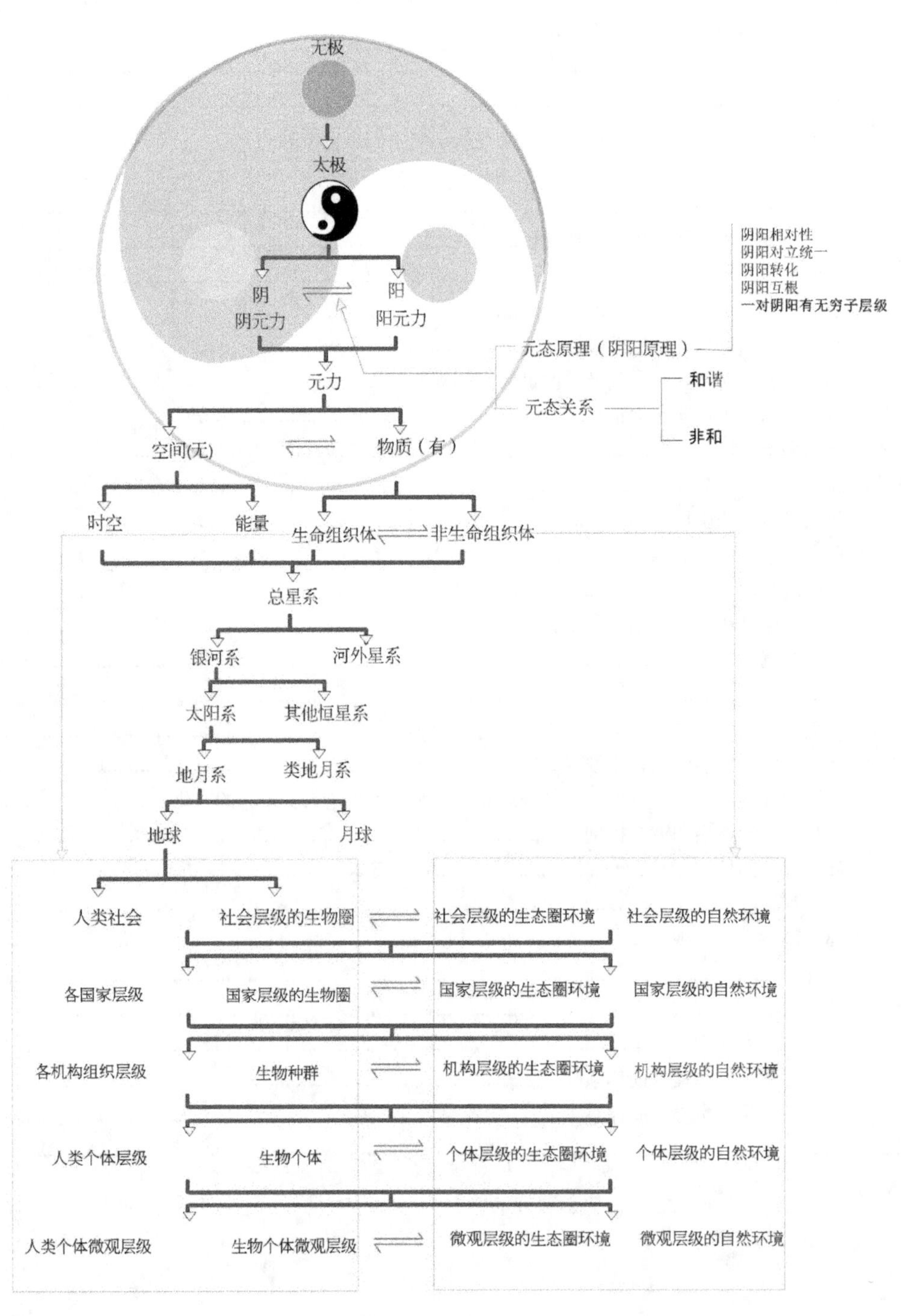

第一篇　文明观的解析

第一章　人与社会

第一节　人与社会

（甲）人类个体

一：人类个体分类

按是否可以接受人类社会的社会化教习并建立起相应的人类个体基本的心理系统，据此把人类的个体划分为社会人个体和自然人个体。其中社会人个体还根据核心思维价值观的不同划分出非自利性个体和自利性个体。社会人个体中还可根据身心平衡系统（包含生理平衡系统和心理平衡系统两大类）是否健全完善又可划分出正常个体和病态个体。

（1）社会人个体和自然人个体

世界有无生命的非生命组织体和有生命的生命组织体这两大系统构成，其中人类社会是属于具有生命特性的生命组织体这个大系统中的一个子系统，它和其他具有同样生命特性的生物体一起形成了整个生物圈，并和无生命特性的非生命组织体相互作用，形成并保持着一种动态的平衡。

（A，社会人个体

是指人类社会中具有生理系统的独立性，单个的并在人类社会的环境中经过教习和培养，在和社会心理系统互动中形成的自我独有的心理系统的个人，他本身具有二大系统即独特的生理系统和独特的心理系统。

（B，自然人个体

人从合子状态到形成胚胎转而形成婴儿，在这段过程中，这样的人类个体只具备着人的生理的特性，但完全属于自然人状态，因为不经过社会对其的教化过程他就不能自行成为社会人。人出生时只是一个单纯的生物个体，是一个本身并不与社会相联结的纯生理系统的个体，真正的社会人个体是一个和社会相联结的个体，他通过接受和传递各种形式的信号刺激从而与人类社会保持共谐态。然而个体的任何这种复杂的社会性行为不经过模仿学习，个体便不会作出社会性反应。所以刚出生的婴儿不属于社会人也不会自然就能成为社会人，人类的婴孩只是一个可塑造的生命组织体只有通过各种行为和思想的模仿学习方能够逐步成为社会人。

　　—a：自然人的分类

　　——I）出生后即被遗弃的人类婴儿

被遗弃的人类的婴孩，在其它动物哺育下长大，成为狼孩 `猪孩 `羊孩等在心理系统方面只发挥着神经系统功能和只具备所处兽类环境中模仿其哺育生物的信息传递方式的人类个体。

　　——II）在腹中刚成形的合子状态或刚出生的婴儿

　　——III）被社会基本隔绝的人

由于受外界因素影响从婴幼儿开始就处在一种隔绝于社会的状态，没有接受和经过社会化教育的过程，其本身虽然生理系统处在生长状态，但其心理系统却没有相应的形成能接受和传递与人类社会发生契合和信息交流的能力。这种状态下成长起来的个体也是属于自然人状态的人类个体，他不能与其他人类个体交流也不能进行社会活动。

以上几种类型的个体是属于自然人或准社会人的状态。社会人与自然人的定型主要在婴儿大脑发育完成前的这一阶段。个体从合子状态到大脑发育完成前是一个可塑的自然体，在这阶段中如果个体所生存的环境是在人类社会之中并被塑造为社会人则成为能收发社会信息并按社会规则生活的个体，反之如果生存在其它物　种间的个体就会适应接受所在群体的环境并受其影响成为该物种的成员，并有着与其相似的行为方式，但心理系统则毫无社会性的一面，只有发达的生理求生的自然本能的行为。人类社会的信息系统与其它物种使用的信息虽在本质上同属生命组织体的信息系统，但在形式上却有根本差异，人类与其它物种在用以信息传播的符号是完全不同的。但人类与其他生物的最实质的差异却在于人类有着社会性的心理系统，它以其情感机制而衍生出了一整套关乎心理系统独有的概念符号如：生存、死亡、幸福、痛苦等。其它物种只反应了简单的生存行为，没有人类个体这种复杂的信息接受与 表达器官及信息系统。

这样如果婴儿不接受任何任其在其他物种或不经过社会教习而成长，会从属于成长的环境而变为狼孩或猪孩，甚至能使原本经过社会教习的社会人暂时退变到自然人状态，如俄罗斯联邦达吉斯坦共和国一个男童变被绑匪绑架三年，始终生活在与外界隔离状态，被人解救时候发觉已经变成"狼孩"那样的具有极富攻击性和怕光怕人类的野兽行为的准社会人。人类个体是经过人类社会教习并在其中成长形成能接受和传播社会信息的社会人，他具备了随时能调节到平衡点的生理系统和能与外界随时沟通并起到复杂调节作用的心理系统。

（2）非自利性个体与自利性个体

一个社会是由两种力量构建，一种力量是社会发展变化的源泉，称其为趋动力；另一种力量是完全与之相反的具有稳定性和不变性的力量，称其为恒定力。这两种社会力量一起构成了社会发展和稳定，任何一种力量的过度发展都会对社会形成一种破坏性。

具有能动作用的"趋动力"反应在个体体现为"自利性个体"，具有相反作用的"恒定力"体现在个体为"非自利性个体"。这二种个体因其心理系统有着这样完全不同的核心精神，而分别代表着人类社会的"趋动力"和"恒定力"这二类力量体系，在任何时间在任何地域任何历史中都存在着。

（A，"自利性个体"

是把自身与生命组织体隔绝，独自地承受着死亡的恐惧，这因为个体是由可分解的粒子所组成，这种粒子只是被生命组织体以人的形态暂时地聚集在一起构成现实的个体，这暂时是指粒子的组成方式是按功能偶合组成个体形态的，而其产生的的功能相累加又不可避免的使个体由人的形态分解为无生命组织体形态。这样的分解之于自我独立的个体就是死亡 ，对 这个独立于生命组织体的个体而言这个死亡是随时都需面对的，死亡又是社会赋予其不可接受的状态 ，是痛苦的根源，是所有消极情感的聚集地 . 对于自主性个体来说自己的死亡意味着现实生存状态的不再，其堕入不可测恐怖深渊的不可接受，全因着现实生存这一状态之于死亡是很幸福的这种积极情感而存在，以上是自主性个体认为生存是可接受是幸福的一种信念组成，不可接受的是死亡。这样自主性个体的核心心理系统就由这几种基本的概念组成，首先是"自我独立"同时有"生存与死亡"这一概念；随后赋予"幸福与痛苦"的情感符号，这样个体就把自我的生存与死亡的状态与幸福与痛苦这一层情感符号联接起来了。

（B，"非自利性个体"

则让自身融化在生命组织体中，虽然该个体也有 "自我"这一概念，并且可清楚地区分自我与它人的区别，但是他并未到此为止！他认为自身与生命组织体是那样的紧密不可区分，自身只是构成生命组织体的环节。每一个个体每一个其他生物体 ，他们的形态及行为均构成现时的生命组织体的形态及运动，非生命组织体个体只把生命组织体的存在作为幸福的源泉而非自我 . 痛苦则是因为生命组织体的存在遭受威胁，虽然自身是痛苦的核心概念及行为的承受者。该个体的所谓"自我"只是生命组织体赋予的作为生命组织体日常行为的工具。非自主性个体泯灭自身与生命组织体在概念上错误的裂痕，意识到自己是融合于生命组织体的大家庭，他始终顽强的在以自主性为主流的社会中存在着，那种表达人类个体有着灵魂存续并得以转世，超脱并延续无穷生命的宗教有如：基督教 `佛教 `道教 `等等所有教义都直接或间接地以另一种语言另一种方式表达出个体与生命组织体为一体的思维。承担起宣扬非自主性思潮培养非自主性个体的任务，以自主性为主流社会以能动破坏性的力量来打破与无生命组织体之间的平衡关系而产生出恶性循环的不谐调状态，这是最终导致生命组织体自身灭亡后果的原因 . 只有它能抗拒这一种趋势。

（C，"自利性个体"与"非自利性个体"的区别

在于其心理系统的核心价值体系的根本不同，其中表现在两个方面

—a：在个体自身是否独立有异同

"自利性个体"认为自身是完全独立于一切之外的个体，无论精神和肉体上都是独一无二的，而"非自利性个体"通常是把自身与其崇拜的事物融和在一起或依附于崇拜物的。比如佛教徒把自己融合为佛，基督教徒把自己称为上帝的子民。

—b：个体对承载幸福与痛苦的主体的认识不同

"自利性个体"在这个方面表现为这样一种逻辑性（自身死亡=自身痛苦=不可接受；自身生存=自身幸福=可接受），认为自身所遭受到的死亡的威胁所带来的痛苦是属于自己的，使自己所承受的也是必须要排斥的，而对于幸福也同样只有自己才能享受和感受和需要接受的。但对于 "非自利性个体"而言，则表现为（自身崇拜事物的死亡=自身痛苦=不可接受；自身崇拜事物的生存=自身幸福=可接受），以崇拜物的生存而快乐以其衰亡而痛苦。

极端自利型个体会为了自己的幸福展开对各种欲求的追求的同时完全剥夺他人幸福的追求，甚至剥夺他人生命以获取自己的利益，而绝对不自利个体则完全舍弃自己的一切追求而为了某种事物展开一切行为直至不惜付出自己的生命。前者的所有行为都为了自己展开，后者的行为都为了其他人或事业而展开。比如饮食方面，自利型个体会从中得到快感更会千方百计地寻找各种能满足口腹之欲的美味来达到快感，而非自利型个体不会从中得到快感而只是为了生存满足所需的营养，也不会特意寻求其他不同的食物来试图达到快感。在性欲求方面自利型个体会在性交合中获得极大的情绪上的快感，但也会很快地失去这种快感（情感第一定律所致）他会寻求婚外恋和其他一切可以得到性快感的途径来满足所需的快感；而非自利型个体却不会在性交合中获取任何快感，他的性交合完全是为了繁衍后代所需为了社会的这个功能而展开的性行为，他也不会去选择婚外恋来满足自己的性快感，因为他没有这种需要。

（D，人类社会中的社会人可分为三大类

—a：为"非自利性个体"社会人

"非自利性精神"是放弃一切欲求只维持简单的生存所需，没有情欲`权欲`名誉`性欲等困扰，保持一种心平如镜的心态祥和和乐在安守现状，它是永恒的宁静。 非自利性个体的代表则为一些正教的宗教徒，如佛教的佛徒子弟；道教的修道者；基督教的牧师；伊斯兰教的教徒等都是能够为了其宗教而舍弃自身的各种世俗欲念甚至放弃生命的。

—b：为"自利性个体"的社会人

"自利性精神"是极力展开各种行为追求以四大欲求为代表的欲望而获得最大幸福感为其幸福观，它是永恒的交织着幸福的幻灭与痛苦的永存自主性个体的代表一般为，各阶层的领袖人物以其对权势`名誉`财富进行刻苦不辍追求而称著。

—c：占据绝大多数的在两者之间徘徊的社会人

前二种都是趋向最极端的且占人类社会的最少数，后一种则是大多数普通民众组成。青年人是天然的趋动力的拥簇者，因为他们处于生理系统的成熟期，内环境经常由于生理器官的成熟变化而躁动特别是生殖器官的周期性变化会给他们带来扰动，出于青年期心理系统并没有接受到很多的信息也不会储存很多场景模式，所以这时期的人遇到的场境都会很轻易的达到情绪感反应层级，因其阈值很低故而承受能力相当脆弱，较小的刺激就会引发很多情绪感反应，所以他们的情绪经常处于剧烈波动状态。这种内外环境导致的身心失衡会在自利性为主的社会中，受其社会的教唆和引导下会用各种自利性的欲求方式释放而得到重新平衡。而成年人则是恒定力中"非自利性个体"的天然代表，这是因为他们生理系统已成熟，内环境在正常状态下不再是干扰的根源，加之心理系统已储存有更多的信息，足以应对日常的信息而不会再有情感上的反应。而他们也因为逐渐趋于衰老疾病多发而变得越来越注重自己的生存欲求的是否满足，有些人会趋向"自利性"。

每个个体的自利的范围和程度不同，绝对的自利和绝对的非自利代表着两种个体类型的两个极端，大多数个体都处在偏左偏右的中间阶段。比如极端自利的范围在于个体所有的行为都围绕着他单独的一个人，但更多的个体自利的范围会扩展到家庭，而极端不自利的人会根本不在乎自己的利益，他的所有行为都围绕着他所崇仰的事物，比如佛教的高僧能做到把自己融合到佛的无我的境界，当然那些极端组织发动的自杀爆炸者也有此极端的境界和行为，他们为了自己崇拜的事业会舍弃自己生命。但更多的非自利个体处在关爱所崇仰的事物也能够照顾到自己和家庭的一些利益。

（3）正常个体和病态个体。

（A，正常状态的个体

一种是在心理系统有效控制下的人体环境，是指心理系统始终控制着其心理和生理（除了不需要由个体干涉的生理基本协调反应）上对刺激反应的个体，正常个体的心理系统因为具有完备的生理基础"神经系统"又经过人类社会化的教习，能够进入社会进行社会化活动。正常的个体的重要的外显和内隐行为反应都由心理系统所控制，而生理自主平衡系统则退居控制不被感知的内在的生理平衡调节。

（B，病态状态的个体

—a：一类是心理系统不能够发挥相应的作用的个体

有些个体虽然已经建立起了正常的心理系统，但由于后天或先天性的生理上的器质性的病态或者由于心理系统受到强烈刺激而处于紊乱的失衡状态，不能够使其心理系统发挥正常的功能，而表现为反应错乱使得心理系统失去了一般的控制能力。其中大多数社会人个体都会存在各种心理方面的失衡，处在病态的平衡状态。如果情况严重者就属于精神方面的病患者。

　　—b：另一类是生理系统失去正常调节或建立在病态平衡上的个体

　　这类个体虽然心理系统并没有完全失去控制能力，但自主生理平衡系统由于某些生理子系统发生了器质性的病变而不能发挥有效的平衡能力，或失去了部分的平衡能力，使总体或部分的生理系统处在病态的平衡状态。这种个体就是我们通常所称的疾病患者，严重者就会因为生理总体的平衡能力急剧衰弱而濒临死亡。

二：人类个体的构成

　　个体也可称为人体，前者往往涵盖于社会性的人，后者则涵盖于生理性的人。人体是由"心理平衡系统"和"生理平衡系统"这两大系统构成，其中心理系统是依附于生理系统的神经系统而沟建成的人类特有的极为发达的系统，但心理系统控制着生理的高级的社会化反应，生理系统则控制着人体基础的生化反应。

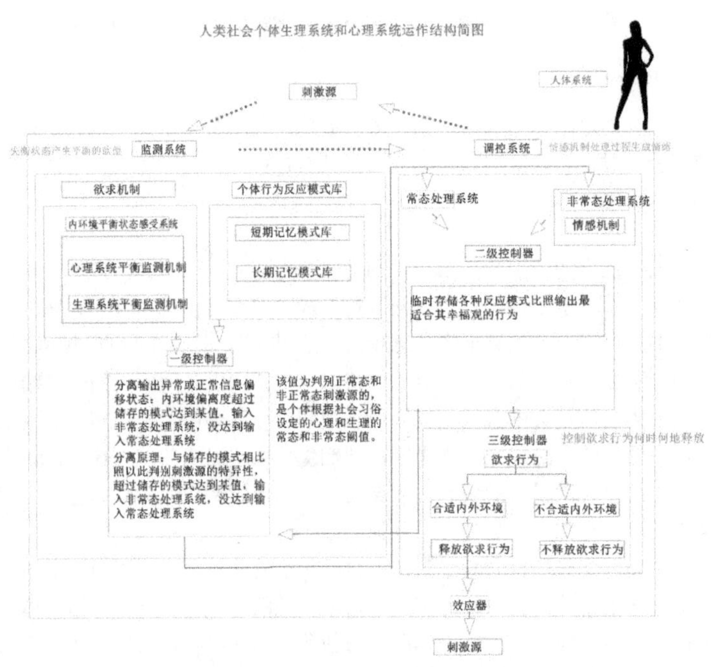

（1）生理平衡系统

（A，生理平衡系统简述

　　生理平衡系统简称为生理系统，它是由人体各种生理子系统一起整合而成，其中包括了十一种生理子系统：神经系统`骨骼系统`表皮系统`循环系统`内分泌系统`泌尿系统`生殖系统`呼吸系统`消化系统`免疫系统`肌肉系统。这些子系统它们能在生理平衡系统总体平衡下互相协同运作，在不断变化的环境中保持着一个动态平衡，能够维持其自身形态并保持在生理上各项指标相对稳定，这个人体综合系统是使各系统和谐运作的总系统，它使各系统协调运作的同时不断与外环境进行互动以实现保持自身机体的动态平衡。

（B，生理平衡系统的功能构成

　　个体生理系统主要功能性构成包含两大系统，1；生理平衡监测系统；2；生理平衡调节系统；

　　—a：生理平衡监测系统

　　生理平衡监测系统的监测器官遍布于人体各大组织器官，其中人体的皮肤表层埋藏着对冷`热`压力等一般感受器，可以及时应对突发的侵入到人体表面的各种不良刺激，人体的内部的各个组织器官也都有相应的感受器。这些感受器都会对正在发生的场境变化做出相应的反应以及时传递信息使人体生理系统和心理系统得以做出相宜的反应。

——Ⅰ）生理平衡监测系统

任何生因性或心因性的刺激引发的身心反应超过一定值都会由生理平衡系统和心理平衡系统予以干涉调整，生理系统的各子系统各自有着独特的场景模式，各种场景也都有着不同级别的监测机制和监测阈值。其中有第一重反应层级的感应监测机制及其阈值`第二重反应层级的感知监测机制及其阈值`第三重反应层级的欲求监测机制及其阈值`第四重反应层级的情绪感监测机制及其阈值`量值心理和量值生理最高监测机制及其阈值`即时性心理和生理最高监测机制及其阈值`生理极限监测机制及其阈值。这四种反应层级和七大类监测机制及其阈值共同构成了各生理子系统和心理平衡系统对外和对内的平衡监测系统。

生理的各个子系统都有着对生理监测的四重反应监测机制，其中第二层级到第四层级的反应监测机制又为心理平衡监测系统所监控着，一旦某生理子系统的失衡超过一定值达到被生理监测的某个反应层级就会启动心理调控系统进行调控。

——b：生理自主平衡调节系统

生理的调节主要是由被协调的生理子系统在神经系统和内分泌系统的监测和调节之下在生理自主平衡系统的控制下完成的，其中被调节的子系统会有其他辅助其调节的子系统一起参与调整过程。任何人体的子系统的调整都会有其他子系统的参与，任何调解都是整体性的不存在单独的调节反应。

（2）心理平衡系统

（A，心理平衡系统的简述

其生理基构为神经系统，它更因其能联结社会与自然的外环境的各类信息而具复杂的社会性质。它与整个人类社会是紧密联结的，它在刺激反应下不断地接受和反馈着各种信息成为一个开放的交流系统，它主要依靠输入输出第二信号与外界发生关系使自身得以在生理和心理获得社会性的平衡状态，它不断存储新场景不断改变和调适原有的场境构成以更好地适应将来的突发事件，能更主动地适应内外环境以获得更好的平衡。

心理系统的功能性构成为"生理监控系统"和"心理调控系统""情感机制"和"欲求机制"，这三者和生理系统密切整合，形成独特的区别于其它生物体的社会性的心理系统构造。

个体的心理系统并不是完全能独立于自身生理系统或社会与地球环境等一切事物之外的，它是基于自身生理系统基础之上的，在人类社会中方能存在并接受和输出各种信号以调节自身的与其它个体共同组成分享的信息的一个子系统，它的独特性在于它有自己独有的环境造就的模式库的经验储存，独特的自我评价的平台因为它的评价基础在于储存了所有个体所经历过的过去一切感观历程和现实的感官刺激的最大到最低的刺激和反应，这是任何其他人都无法体验的。

（B，心理系统的功能构成部分

——a：心理平衡监测系统

整个个体的心理平衡系统由两大系统构成，一：为心理平衡监测系统二：心理平衡调控系统

除了生理监测系统的感受器也属于心理平衡监测系统以外，人体头部更拥有四大特殊的对外预感受器：视觉系统`听觉系统`嗅觉系统`味觉系统，这四种系统担负着监测外环境中变动着的场境刺激，以便作出预感性的调整反应

每一种感受器都既属于生理平衡监测系统又属于心理平衡监测系统，它是由第二重和第四重反应层级的场景监测平台构成的。

——b：心理平衡调控系统

包括六大部分：1 思维核心机制；2 欲求机制；3 情感机制；4 场景反应模式库 5 行为反应输出系统

——c：思维核心机制

由核心思维体系和思维运行系统组成，前者属于储存的各种思维模式，后者属于运作机制。

——（i）核心思维体系

简述

是指个体最核心的指导该个体行为的思维系统，该体系由三大思维体系构成：一 自我意识和自我独立；二 生存与死亡；三 幸福观与痛苦观。不同的思维体系构建自利与非自利这两种不同的社会人个体。其中幸福观与痛苦观统称为幸福观是社会赋予人的一种生活理念，是一种解决为何生活与如何生活的行为指南和向导。

自我意识和自我是否独立

自我意识，是人能够感知到自身存在的那种意识，也是承受着各种感觉如痛苦和快乐的主体。它是个人的思维活动中心本身和其产生的各种反应的结果，亦可泛指个体具有的独特性与他人绝不雷同之最隐蔽所在，它是个人独立的标志，自我个性与人格的体现。可以认为所有思维是个人对刺激的一种反应过程中的高级阶段，个人的行为表现也就是人体身心在外环境与内环境的刺激作用下其刺激信息经过大脑这一思维处理中心，反馈于刺激源的过程。这样看来人们似乎是完全自主的行为其实质却非如此，自我的这种感觉是与所有感觉一样不过是各种信息符号在大脑中的涌动，也是各种感觉在个体思维处理中心的被感知过程。

建立了自我意识的个体，可以发展为两种不同核心思维的认知。一种是自我独立为代表的，如果该个体认为是独立于其他人与物的就成为 " 自主性个体 " ，反之如果该个体以为自身不独立于其它人与物，就成为 " 非自主性个体 " 。这个独立与否的思维成为该个体核心思维的基础性的标志。

自我意识与自我独立感觉的区别，前者是人类社会人个体所独有的 ，其他物种或者人类个体中的自然人就没有自我意识，自我意识包含了自我独立和自我非独立这二种概念，前者为个人死亡这一概念奠定基础，唯有自我独立才可能由自我解体现象中产生出自我死亡这一概念，死亡这一概念是社会赋予个体的，是生存欲求的基础，个体的一切行为都围绕避免死亡而展开。人类社会把自我意识教习给社会人，从而把个体自身与外界间隔开，于是不可避免的单个生命的解体在以自我独立为思维体系的个体看来就是自我的死亡，但在以自我非独立的个体看来则是一种生命的循环或再生更新。

生存与死亡

人类社会的心理大系统从"自我意识"建立开始到"自我概念涵盖的范围不同"到"自我独立=死亡"，在这基础上把死亡确定为不可接受的而把生存确认为可接受的，这一思维体系是建立起幸福观的根本。

自我独立是因死亡和生存是果。

由于自利性个体被赋予自我独立的信念 那么他就把自身与外界划分为截然不同两个部分，当自身独立的整体不可避免地发生死亡解体时，就会识为自身的完全死亡，是一种彻底世界断裂的状态，是一种最大的不可预知的最大恐怖，这也是自身最大的痛苦之源。而在以另一种信念行为的非自利性个体而言，生存不过是个体作为人类社会组织的一个组成部分在与其互动作用中直至自身解体的一个过程，死亡不过是瞬间生命组织体微小的一次调整。

首先个体的心理系统是由其生理系统与社会信息系统构成的，如果个体没有接受到社会信息系统，那就成为自然人。其他生物个体都不存在要生存的概念符号，唯有人所专有，因为人存在可视可听的语言信息系统，人把生存的信息概念符号化，有了语言系统，人便把自己与生命组织体分割开来，认为自己是一个独立的个体，同时这个独立的个体便认为死亡是自己不能接受得并赋予痛苦概念，相反的情景便是幸福自认为独立的个体为避免痛苦，千方百计的生存下去，四大欲求便是有生存演变而成的，同时也是由避免痛苦的概念演变而成的，人与其他形式的生物的不同在于，有着社会信息系统的存在。其他生物天然的与生命组织体联系在一起，自然的是生命组织体存在的形式。心理上的分离与生理上的结合世人茫然，人更具生理上的需求，按照社会信息系统所提供的种种行为模式来判断，然后赋诸行为。社会是一道阀门阻碍在自然人爆发种种行为的前段。自然的人通过社会这道阀门，做出使他人感到象个社会人的行为。

幸福与痛苦

自主性个体在认为自身独立的前提下，一旦自身、他人有着解体的状态，便称之为死亡，反之现时为生存的状态。死亡 =痛苦、生存=幸福是社会赋予其第二类思维体系，这一体系的存在构成整个生命组织体系统存在的核心动力。自主性与非自主性个体这二大类的个体在死亡=痛苦、生存=幸福这一思维体系上是一致的，只不过自主性个体赋予自身为该思维体系的主体承受者，而非自主性个体则把自身与整个生命组织体认知为主体承受者。认为个体是融合在生命组织体中的不可分裂的一部分，个体的死亡只是生命组织体的对应外界的调整的结果，自身死亡只是形式上的，实质的自我是生命组织体的影像物，自我的真正核心在于整个生命组织体，只有当生命组织体面临生存绝境，才是整个构成生命组织体的各种物种遭遇威胁时。这一体系的最后一部分即是死亡是痛苦的不可接受的、排斥的、消灭的，而生存相反的是可接受的。个体就这样在思维体系指导下行为的。

　　——（ii）思维运行体系

思维运行体系能在核心思维体系指导下在场景反应平台和场景反应模式库的辅助下，对刺激进行一系列判断`认知`分析`综合等过程。其中对于新的刺激源会作出三种思维过程，第一 需判断其是否有利于自身幸福的实现；第二 输出何种欲求目标和行为；第三 组合新的欲求目标和行为。

记忆和联想

人类是依靠记忆储存的各种刺激反应的模式源来展开联想的。而一个强大欲求可以强占有其他的记忆为此强大的欲求来展开联想，比如以性欲求为主欲求的则会以记忆中尽量多的模式来连接到该性欲求上，以期完成这种性欲求。不存在脱离于存储记忆的幻想，幻想也是一种联想，只不过跳跃的幅度大没有日常所使用的那种逻辑性，而任何联想都基于内外环境的刺激的激发所至。

记忆和推理

—d：欲求机制

—e：情感机制

—f：行为场景模式库

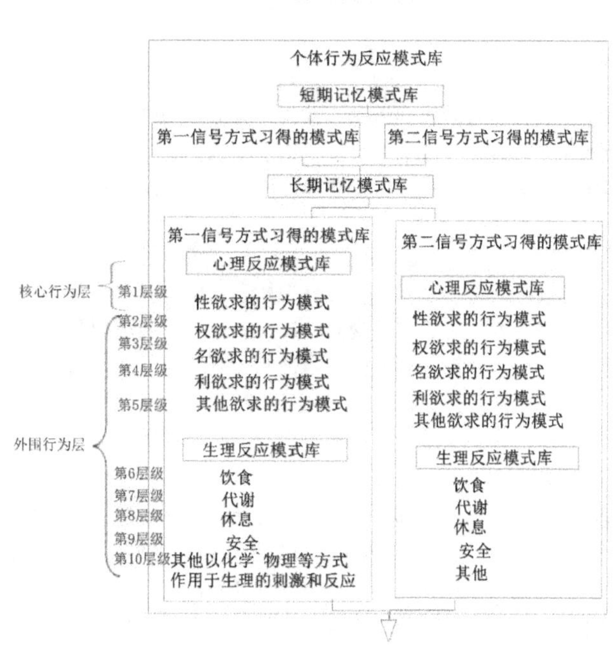

—g：行为输出系统

（ C，心理系统和生理系统的关系

—a：生理系统和心理系统密不可分

心理系统是这样密切着联结着生理系统，生理系统是心理系统的组成要素，它的生理形态表现为中枢神经系统和周围神经系统，大脑成为心理平衡系统的总枢纽，它的各种用以监测的感受器遍布在生理系统的每一个组织和器官，生理系统也密切联结着心理系统，它们彼此融合`互为影响达到一种对内对外环境刺激的动态平衡反应，而情感机制则是个体用以接受和调整自身与社会与其它个体传入和传出信息的心理系统的最主要部分，每一次内环境非纯生理系统失衡的扰动都会被个体在欲望的驱动下得到恢复常态，而纯生理系统的运作则是个体生理系统自己调节的不需要个体心理系统的参与正常的运作，所有我们意识到的并随时作出调整的都是心理系统正在参与监测和调控的反应过程，这和没有意识参与的生理机制自己调节的生理现象是不同的，后者如同心脏跳动和供血，消化，分泌，免疫等等都不需要人为的干预就可以自我调整，只有在场波度达到一定数值，激发起身心受激区域的感受器的反应，才会引发心理系统的参与。

—b：复杂的心理系统和简单的生理系统

虽然生理系统的神经系统是心理系统的生理基础，但心理平衡系统却是一种能够进行复杂处理的社会化的开放系统，生理平衡系统只是处理生物层级的简单的刺激反应的封闭式系统。心理系统建立在生理系统之上又高于生理系统是人类成为社会的基石。

三：个体之间的交流

（1）关于信号

信号是指能被人所接受引发反应的一种刺激，包括人类发出的信号称为第二信号和自然界发生的信号称为第一信号。

所有事物包括人与自然的本身或其发出的信息，无论其处于何种形态，都可能成为被人主动或被动地接受到成为一种信号的刺激，所以任何所发生的刺激都需要被受体所反应才能成为信号刺激。

（A，刺激源

—a：刺激源的类别

刺激源可分为：预期和不预期；常态和非常态；过去和现在和未来；可避免和不可避免；内和外

—b：刺激式态

刺激式态强度：包括了刺激源形式的异度和刺激源的刺激强度。刺激形式的异度是指其刺激源的发生形式与个体所存储的类似于该刺激源的场景模式相比所存在的差异度。刺激源的刺激强度在生理方面是指刺激源本身所作用于个体的化学性质或物理性质的作用力，而在心理方面则是指刺激源所能激发起心理平衡系统失衡的信息。直接作用于生理系统使其失衡的是属于一种化学或物理性质的力量，直接作用与心理系统使其失衡的则是第一信号或第二信号组成的信息。

（B，刺激源或反应源

对人体心理和生理形成刺激的所有内外环境的第一信号（自然界中所有物质体自身具备的形态具有的对人体的信息或其运动而形成的对人体的信息）或第二信号（社会与个人特有的借以交互信息的媒介）都属于刺激源

以人接受的方式的不同可分为第一刺激源信号和第二刺激源信号。第一刺激源信号是指内外环境对个体产生的非人造语言的，以声光电化学等自然的方式影响到个体的各种刺激源，也称为自然信息：包括各种自然现象如日出日落，彩虹飞渡，兽踪鸟迹，花开蒂落等自然现象，而一旦被个体感受器感知则成为刺激源信息的来源。第二种则是人类社会创造并使个体与个体之间得以交流的地而刺激源信号也称为人造信息：包括各种人类互相交流的媒介如：语言文字`数学符号`通讯电码`手势`表情等等。人类的这种独特的交流方式也是从其他动物演化而来，动物们也都有它们相互传递简单信息的方式，海鸥发现天敌会大叫，蜜蜂用复杂的舞蹈语言告知同伴找到食物并表明方向，而狗留下粪迹`尿液用它的气味吸引异性准备交配，最接近人的猩猩则会使用更为复杂的行为信息符号，如：触摸，拥抱，微笑，乞求，皱眉，瞪眼等，每一种动作都表示一种约定的传递信息的行为语言，而它们的呼叫系统是封闭式的，因其一种呼叫不能与另一种呼叫共同来组合成新的表达信息，且动物式的信息传递也只是表达已经出现的外环境与内环境刺激的反应，而人类的语言系统却是开放式的语言符号这种语言能与另一种语言符号有机的结合起来形成一种新的信息表达符号，而这种表达可以是有预见性的，人类祖先在它取得食物方面有巨大变化，有单个找植物食品到有规律的以集体狩猎为基础的创造性的利用动植物食品，新的生活形式更需要新的群体合作形式，这时全新的传递信息的符号得以出现，这时群体依靠语言`语音`手势等信息符号，它使狩猎者们有更多成功的合作机会，也使语言有进一步的发展，并使得大脑更加复杂化，又使复杂的语言结构更趋复杂。

（C，在元刺激源刺激下可生成新的多重刺激源

在元刺激源刺激下，身心出现失衡反应当失衡度达到心理感知层级则出现注意力，注意力和元刺激源作用可能产生出第一重刺激源，当身心失衡度达到启动欲求机制的层级，会出现第二重刺激源，即欲求目标和欲求行为形成的欲求这个刺激源，这个新的刺激源和第一重刺激源共同刺激着人体身心的失衡反应和行为反应，如果失衡反应进一步达到第四重层级就会启动情感机制从而形成第三重刺激源，这个刺激源由情绪感与其一系列的反应组成，这三类刺激源就共同刺激着人体身心失衡反应并且刺激着人体的欲求行为的重新组合和行使。

（2）个体之间的交流

动物有机体为个体生存繁衍种族的需要，必需对机体内外的信息进行分析`结合`储存`提取作出适当有效的反应行为，如：变形虫能追捕猎物，避开有害的刺激物。原生动物已有记忆痕迹存在，如：蜜蜂能记忆食物来源的周围标志飞回，而鸟类依靠声

音信息识别同种或异种的成员，啮齿动物主要凭借气味嗅觉寻找食物追求异性，由于语音交流也有其限制，而身体语言亦作为交流的工具使用。

信息是人们在适应外部世界，并且是这种适应反作用于外部世界过程中同外部世界进行交流的内容与名称。它可以来自个体的外环境或内环境，它的储存也是物质的或神经组织的固有特性，在缺乏脑组织的动物也有记忆存在，而个人从形成便开始记忆信息，不自觉的接受信息。

其他动物可用声音姿势接触，放出化学成分交流，但信号是先天决定的仅仅是对规定情况的无意识的反应，可用危险表示有时无声明占有某块地盘恐惧侵犯性欲。

如果没有口说语言作媒介，文化无法在人们中间以及带与带之间传递，一个动物死后他从经验中学到的一切都随之泯灭，而语言却使人有历史。

四：社会人的发展四阶段

（1）发展简述

社会人从出生到死亡从年龄区分四个阶段，即 [婴儿期]、[儿童期]、[成年期]、[老年期]但从模式形成来区分则分为[自我形成期]、[生存欲求期]、[生存欲求衍生期]、[生存欲求回归期]，这四个阶段大致划清了个体生长状况，可以认为[婴儿期]是[自我感]的主要形成期，但其实婴儿自从合子状态起便开始接受信息，个体的各种行为包括饮食、起居、直至情感波动及直接影响到胎儿的母体内环境的诸多变化，胎儿就会逐一感之，随着各种感觉器官的逐步发育成熟使大脑[信息处理机构]相应的完善，这期间婴儿主要依靠父母获得养料，更主要被其灌输[自我感觉]使婴儿逐步形成自我这一概念的同时，对自我这个实体的范围也有明确的认识，父母通过其感觉系统用语音、图形等加以影响、疏导，使婴儿大脑在人类社会的信息系统中受其刺激而成长，使其大脑把自身范围与外界人为的隔离开，在不断地触动其身体使其把肢体接受到的刺激加以[自我]这一感觉与外界加以划分，从而得以区别自身与外界的人类社会加以划分的范围所在 。

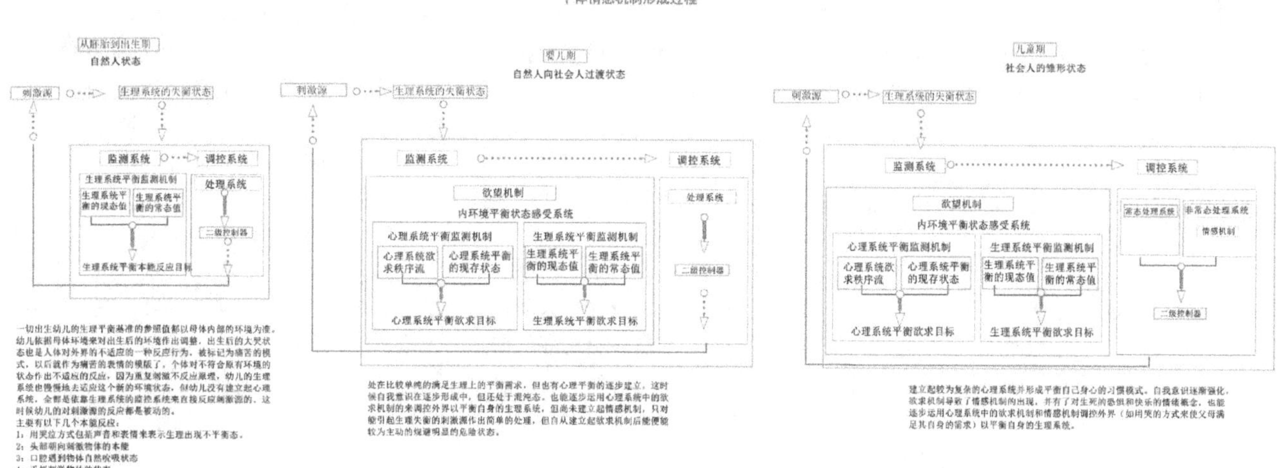

（2）婴儿期心理系统的建立

那些依靠本能方式解决的婴儿饮食的吮吸动作`排泄和呼吸最初就已纳入常态刺激，只是婴儿期还只是非常简单的心理系统的原基，大部分动作只是基本依靠生理上本能方式的行使着。婴儿在习练各种生理系统平衡方式的同时，也在逐渐建立心理系统中的核心价值观体系，并慢慢在社会影响下和自身的生理不断的成熟过程中完善心理系统，婴儿时期已经建立起最简单的心理系统的情感机制的雏形，他可以用简单的苦与笑的表情来主动式地使周围环境适应自己的生理需求，自我意识是在儿童期慢慢建立的，自我意识的形成对于心理系统的完善起到非常重要的作用，这样也完善了情感机制和欲求机制。

（3）幼儿和儿童期

（ A，幼儿和儿童期建立的简单的心理平衡系统

1 心理平衡监测系统；2 思维核心机制；3 欲求机制；4情感机制；5 行为场景模式库 6 行为输出系统

—a：幼儿和儿童期的心理监控系统

—b：刚出生的婴儿不存在心理监控

需要经过父母哺育者的一系列喂养和语言灌输才能使得婴儿成长到幼儿期的时候建立起心理监控系统，有简单的对父母用语言这个第二信号传输的信息做出相应的反应，幼儿可以做出一系列反应，也可以因为自身的内环境的不适而发出哭喊的信号，其实质是向父母传输的信息以求得自身的重新生理的平衡，虽然还并没有发展到有具体传输的对象，所以幼儿一有不适就会发出哭喊信号而无论父母是否在场，幼儿只是初步的建立起心理监控系统和极为简单的一些反馈行为。儿童则进一步完善了此方面，可以精确的调解发送第二信号的对象以及理解较为复杂的用图像和语音组成的第二信号方式传输给儿童的信息，并且能习得的语音和绘画方式做出反应。

—c：幼儿和儿童期的欲求机制

欲求机制的建立也在幼儿期，幼儿从无意识的完全有生理控制的失衡=哭泣的条件反射到逐渐分化出有心理意识控制的趋向主动性的行为，欲求机制在心理系统各方面形成的过程中也同时出现萌芽状态，欲求行为一般可从饮食行为开始，从被动的被哺育者喂养形成一种系列反应行为，定时地喂养能形成一系列婴儿的特定反应，形成在特定的时间婴儿会感觉到自己需要被喂养填充食物，而此时消化器官也由于定时地喂养而会在相对固定的时间里消化掉食物和需要食物，逐渐成为一种有规律幼儿能感觉的被食物填充的充实感（不需要食物，因为父母通常会对食物有一定量的控制，这就使得幼儿胃部有对食物充盈的限度阈值，喂养的越多则充盈的阈值越高）和消化完毕时会产生胃部空壁蠕动摩擦时候的强刺激（这是幼儿对充盈后的胃部逐渐消化后的萎缩阈值的限定，如果父母经常在幼儿空壁后较长时间喂养，则幼儿感觉胃部空壁摩擦的阈值也越高，能承受的饥饿感也越强），幼儿通过父母无意识的培养，使其自身逐渐形成了特定时间特定喂养行为中感觉饥饿需要饮食和饱涨不需要饮食的正反两种心理感觉，慢慢地会主动地在特定时间没有食物的时候哭喊和简单的第二信号语音来表达需要食物的心理，而不是如同动物幼体只能用简单的行为和声音来寻求食物。从感觉饥饿的内环境刺激（心理监控系统正发挥作用）到形成一种求取食物的欲望，如果不满足就会哭泣（简单的情感机制相应建立），幼儿期已经建立起欲求机制，会在儿童期强化，更清晰的察觉到自己的欲求目标和自己的行为输出是否能达到满足欲求的目标，儿童会通过各种游戏行为来练习这种建立目标行使行为来达成目标的欲求行为。

儿童期则为［生存欲求的形成期］，生存欲求是基于自我的对自身这范围的存在并且保持着的欲望，父母这个最初的教授贯穿于儿童的生活全部，最具体包含着保持自身温度的方法、保持身体清洁不受病毒侵害，使复组织发挥正常功能的饮食方面，还有排泄的方式，正常的睡眠方式等等。总之使儿童习得各种保持自身的组 织 系统，抗衡各种干扰的行为模式，使儿童们接受生命，排斥自身的任何不适。儿童期是接受各种模式行为的时期，通过最初教授者［父母］等，在自身的参与下儿童期建立起一整套基于对生的追求、对死的抗拒这种信念，保证自身肢体抗拒内外环境干涉的模式行为得以实施，逐渐地获得生存的方法。

—d：幼儿和儿童期的情感机制

情感的最初模式能追溯到出生时刻，那一声对新环境的刺激的反应使人类藉此得以正常呼吸，却被人类视为婴儿在对人生的痛苦情绪的表达，其实是错误的，婴儿完全不存在心理系统，也就不存在任何情感的表达。是人类把这一遗传行为之一的受刺激就会喊叫这一组刺激反应的表情变为特定的情感文化了。虽然成人感知痛苦的时候并不会一定在脸部形成痛苦表情或发出哭喊，但成人理所当然的把婴儿的类似于成人哭泣的表情视为婴儿的痛苦了。但不知道正是这种婴儿的出生时候的表情给人类社会的幸福观文化建立了痛苦范畴的表情，成人所表达的痛苦情绪正是依靠社会传播得到的。并不是天生的。幼儿期被父母的反复教习下则强化了这种（生理失衡=哭喊表情和生理平衡=快乐表情）其心理系统却未建立起真正完善的情感机制，建立起（生理失衡=痛苦感情绪=哭泣表情=需要平衡的欲求和达到平衡=幸福感情绪=快乐表情模式）这一类模式要在儿童期，这时期的儿童会感觉真正的痛苦情绪，并会有心理失衡的表现而引发生理上的失衡。

—e：幼儿和儿童期的行为场景模式库

无论是婴儿或是幼儿和儿童都在不自觉地存储着各种信息，但这种记忆是散漫的是个体行为模式反应库的雏形，要在真正建立起心理系统之后的儿童才会有真实可供回忆的记忆，而此时行为模式反应库也已经趋于完善了。

—f：幼儿和儿童期的思维核心机制

——I）核心思维体系

幼儿在社会化教习下开始了自我意识的历程，特别是血亲父母对其的称呼并触摸和行使的各种喂养等行为都会使幼儿从朦胧的和自然相融合的状态下逐步分化出并建立起自我这种感觉。这种自我意识在童年期会进一步晚善。特别是在与更多外界环境接触后，儿童会在各种游戏和活动中，在简单社交中和其他个体相接触的过程中，受第一信号和第二信号的刺激不断的建立并完善其自我意识。尤其在自利性社会体系中，自我意识是需要最快速的建立起来的，这是谋求生存和追求起幸福的意识本源，这样自利型社会的儿童会在家长的培育下尽快地培养其自我意识以便作为正式的社会成员而被认可，以最快速的掠取社会的资源。他们努力使孩子不再是成人的附庸，不断地培养其独立的个性，尽快的摆脱家长对其地控制，进入各种场合不再让父母携带，独立的社交，甚至有的儿童发展到去寻求性的快乐。种种变化，对儿童自我意识的发展会产生明显影响。尤其是从他人角度反观自己的自我评价上。随着学习和积累的各种知识的增长和社会的教习，这种能力会得到很快发展。自我评价的日趋客观意味着自我意识的不断完善起来，以自利型为中心的心理系统也会在这种基础上得以定型。一个正式的"我"作为一个独立并伴随着死亡连带着"我"之生存=幸福"我"之死亡=痛苦这种幸福观的概念，也会形成。

（4）青年期

青年壮年期是完成生存欲求向生存衍生欲求转向的时期，随着生理上进一步成熟，个体活动的范围渐广，在个体生存欲求的基础上又进一步的接受了生存衍生欲求［四大欲求］。生存欲求行为被暂时搁开，只有当生存遭受威胁时，生存欲求才会重新刺激大 脑，在衍生型社会中，二者总的信息存在又是由生存欲求为基础的衍生型在其上发展而成， 生存则是根本性的东西，只有当前者不受影响，后者才能被释放出模式行为，青年期是最状态，各种模式交错却不得整理完全，而壮年则较青年为稳定 。一般而言其生理系统较为稳定即已满足了生存欲求，在此基础上壮年期是全力寻求的四大欲求实现的阶段。

（5）老年期

老年期或疾病期是个人的又一转型期，由于该个体生理上各器步的失 去原有那种功能，日趋衰弱，欲求先后的规律就发生作用，个体开始把如何保持自身躯体平衡状态作为欲求目的，即为生存欲求占据原有定位的生存衍生欲求 。

（乙）人类个体和人类社会

一：人类社会和社会人个体

（1）社会联结个体的心理系统并与之互动

社会调整着个体的行为输出的规则"心理秩序流"，人类社会产生出人类社会个体独有的"核心思维体系"其中包含自我是否独立意识和幸福观两大思想内核体系。据此在个体的心理系统方面就形成了各种欲求的目标，并使个体在维系心理平衡的行为和社会的复杂性所吻合，而生理系统的平衡方面则一部分由个体的生理机制无意识的平衡着，另一方面也会有个体的心理系统参与进行不断地调整。

个体和社会是互动的关系，社会把自然人发展为社会人，在建立生理系统的同时也赋予了在社会生存所需的心理系统，行走`奔跑能力`定时饮食和排泄习惯`社交和语言与文字书写的交互功能`合乎该社会区域的生活习俗法律`道德等等。社会用各种规范建立了个体行为的指导准则，个体习得并建立了欲求机制和情感机制依此和社会进行信号的输出和输入来调节个体自身生理系统和心理系统的平衡，而社会建立的秩序（包括：社会心理秩序流`法律规范`道德习俗等）提供了社会人普适的幸福观作为准则和习俗指导着个体的欲求指向和行为输出，正常的秩序意味着关系的稳定与合理的存在，只有关系和谐存在才能使社会组织协调发展。人类社会组织是"趋动力"和"恒定力"相互作用而发展的，"趋动力"是不断的去激励个体去开发自身创造更多的财富的动能。"恒定力"是遏制个体激进疯狂行为的遏制力，而建立"社会心理秩序流"形成了两大个体的幸福观，使"自利性个体"和"非自利性个体"的行为围绕着各自的欲望目标，因为社会人个体只有建立了人生欲望目标方能建立起稳定的合作目标方能建立起稳定的生活秩序，这才使得人类社会组织的"趋动力"和"恒定力"这两种力量得以平衡而建立社会稳定秩序，使社会得以正常运行。

（2）个体之间`个体和环境之间是一种刺激反应关系

（ A，个体之间的刺激反应关系

个体除了睡眠之外的大多数时间里都在刺激和反应中平衡着自身的生理和心理系统，A 个体反应信号给 B 个体先发出的刺激源，而 A 个体的反应本身对 B 个体而言则成为一种刺激源，又则 AB 个体他们双方互相交流过程中产生的刺激源信号则可能成为其他事物或个体的刺激源，他们的行为也一直在影响着周围的一切事物，反之他们周围的一切事物也都影响着他们本身，只不过信号发出者就是刺激源的源头，接受方则是该组刺激源信号在该个体的终点，信号发出者也是其他刺激源在作用后为了维系自身身心平衡后产生的一组行为的释放，就其本质而言所有信号都只是对刺激的反应过程。没有所谓的第一推动力，因为宇宙万物是循环往复的过程。

（B，个体与内外环境的关系

个体自从诞生到人类社会，就进入了一种在各种环境中互相切换的状态，从幼年成长到成年直至死亡这一个过程中，个体不是从这种环境就是切换到另一种环境，人类个体一生中可以粗略的分为三大类环境，从出生环境进入成长环境最后进入死亡（解体再循环）环境。一般而言个体成长的环境最为漫长。

个体的内环境即是指人的心理系统和生理系统所处的状态。内环境状态有八大类别：人体常态平衡状态；人体新常态平衡；人体病态平衡状态；人体假平衡状态；人体假失衡状态；人体病态失衡状态；人体常态失衡状态；人体新常态失衡状态。

这种内环境的各种状态就是和外环境的协调中不断调整的结果，有时候个体会处在其中的一种状态上，但永远也不会停留在其中一种状态上，只是随着心理和生理的成熟化会趋向能够保持稳定的某种状态。其中最符合人体生命延续的是常态平衡状态，最违反人体生命延续的是人体病态失衡状态，后者如不恢复就会导致死亡。

外环境是指在个体内环境之外的一切事物，包括其他生物`自然界`人类社会`地球环境`宇宙环境等等都属于外环境。因为人体的内环境是开放的系统必须和外环境发生物质的交流才能保持自身的动态平衡，以便能够在动荡的外环境中得以生存。

人与外环境的动态协调依靠人体监测系统（心理监测系统和生理监测系统）和调控系统两大系统的协调运作来及时地反馈内外环境的刺激，以此作出反应平衡自身的生理系统和心理系统，个体的常态平衡状态是指：自身心理系统和生理系统的各指标都在正常稳定的范围值内浮动着，另外维持人体正常态所必需的各种条件也处于正常状态，这包括；心理系统正常的外环境包括：常态的舆论环境`常态的人际关系`常态的家庭环境`常态的工作环境`常态的娱乐环境等等；生理系统正常的内外环境包括：`氧气`盐分`水分`各种营养物质`适合的温度和湿度等等。

（3）关于社会秩序流

社会建立的秩序（包括：社会心理欲求秩序流`法律规范`社会道德习俗`各类文化秩序流，等）提供了社会人普适的幸福观作为准则和习俗指导着个体的欲求指向和行为输出，规范个体的行为并保证了社会生活顺利进行，因秩序而为我们自己的行为有了提供和指导他人行为的可靠预期。

·社会心理欲求秩序流：是社会形成的一种对于个体心理上的使之各种欲求都有其特定的方向和目标的一种社会组织的特定功能。

·法律规范：

·社会道德和习俗

：一个赤裸上身在大街上行走的男人是违背了社会习俗，道德：一个赤裸下身的在大街上行走的男人则违背了道德。这两种分别规范着人们的行为可做或不可做和决不能做，表现了各自不同的约束力。许多道德和习俗都随着特定社会历史而形成和变迁，如：某社会的习俗是要求男人应该走在女人大街外侧。其实这一习俗可追述到还使用马匹的年代，在经过公用街道会不时溅起泥浆到街道上来，而社会十分看重男子应具备有谦让的骑士风度，女子则有对男子应当的依赖，这样男人就可保护女子不被泥浆溅到。又及，见面握手为某社会的习俗，也是源于该社会历史，是为向陌生对方表示自己没携带武器的友好姿态。

·各类文化秩序流：

美是社会创造出的，美是一种值得追求的社会依此建立的秩序流，使个体的欲求机制的趋向和规避了有一定的规则可循。在性欲求方面：人体有了美于是男女之间的求偶对于体貌就有了取舍的秩序流，个体也会参照着美的标准来修饰或整容自身以便使自己的形态和举止趋向美的标准，以期能吸引更多性的伙伴或满足表现欲求（演化出名欲求）；名欲求：以艺术和文学作代表的专业从事创造人类美的用各种表现手法来体现人类所能展望和遇见的各种事物的美的一面，并以此试图达到各自领域的最高境界（艺术或文学大师的标准）以满足创造者的名欲求。其实美就是一种个体认为值得追求的秩序流，它和令人趋之若鹜的权利顶峰的职务；那种让我们羡慕的财富排行榜的富有者，一样都是社会创造出的以此规范个体行为使之有序。秩序流的产生是由其特定的规则的，首先它必须是符合人与社会共存的事物和行为，如果一种事物发展的一面是有利于人的则它的相反一面则会使有害的，比如

于是万物也都被赋予各种人类的情感色彩以便个体遵循美的规则而去行为之，美是招人爱戴并能被接受的状态的事物，相反必定会有这类事物丑的一面并被加以排斥和厌恶的，有食物的美味的胃口大开就会有其化为排泄物的恶臭之不适，在人的相貌方面也会因为需要秩序而建立起美貌与丑陋的概念于是各式人等也都被赋予美丑以便加以趋避，选美其实就是社会在规范和建立起一种符合现实社会状态的美的模式，以加强或调整社会对人体的选择也使个体有统一的人体美的标准。这样女子就有了其最美最丑的划分，如：中国古代以西施`貂婵`王昭君`杨贵妃为各朝代的至美模式，近日的社会也以那种冠以各选美冠军头衔的女子为美的模式，任何与之相像的便谓之美。

气味有香臭二个极端之分，这是鼻的功能。口味有甜酸苦辣之分，可接受的谓之好吃不可接受的谓之难吃 --这是舌的功能，人总习惯于把所感受到的刺激加以区别为可接受的为不能接受的，其它没有引起大的刺激反应的没有情感符号赋予的则为中性刺

激，声响有噪音`美乐二个极端之分，这是耳的功能。图像有丑陋`美丽二个极端这是视觉的功能凡是被认为是丑的难听的便是不为人所接受的。

一个社会行为规范化越高行为的统一性就越高

心理系统所接受到的许多刺激源的类型与强度都有社会所规范的，是按照当地当时的社会各种规则规范的，如果一个社会其行为规范性越高则个体所行使的行为的统一性也越高，如同一个军队如果在制度上能做到严格规范化并能有效地实施则会使该军队的官兵的行为越规范和统一，反之亦然。

二：生命组织体和非生命组织体

（1）生命组织体的人类社会和非生命组织体

非生命组织体和人类社会的解释

非生命组织体和自然环境的解释

（2）生命组织体具有两大特征

（A，能够维持自身形态和特征

同时在自身生理系统的内环境与外环境动态平衡过程中能逐步地调节自身形态和特征以适应这种变化使自己得以生存；

（B，通过个体死亡和繁殖，能够把自己的形态和特征通过基因遗传或突变到下一代。

死亡是生命组织体以个体的不断解体和再生来实现与非生命组织体力量的抗衡中宝贵的遗传变异功能，以更有效地依靠基因突变来变化自身的形态获取有利于自身生存的模式。

这使得下一代能得以更快适应环境。从生理学角度来观察，人体亦是一种 DNA 复制更多 DNA 的有效工具，个体保持生理平衡并繁衍的行为则努力使自身生存得以不朽。

从出现原始细胞再衍生展演到形成人类社会，这是一个巨大的一系列变化组合而成的渐进的过程，也是一个由简单纯粹生理系统的生命组织体演化到有复杂心理系统与生理系统共同协调参与的生命组织体演变的过程，人类社会和其他生物圈都从属于原始细胞，都是从中分化而出的子系统，原始细胞是所有生命组织体的母体，她生生不息从远古走来并一路演化出各种各样千奇百怪的生物体以适应正在日益变迁的外界环境，它的母体精神都不曾丝毫改变，始终是围绕着两大特征而展开的繁衍过程，无论是形成蓝藻或是诞生婴儿。如今许多种群都已不适应环境的巨变而退出或改变了它原初的形状，生命组织体逐渐向复杂心理系统过渡，心理系统以其更细腻和更敏锐的调节能力更适应现实急剧复杂变异的环境，其它除人类社会之外的生物体只有简单的生理调节系统，只有少数哺乳类有着群体生活习惯的动物有着极为简单的类似人类心理系统的神经系统载体但绝不能和人类社会复杂的心理系统相提并论，后者是社会性产物是与整个社会连为一体的并不孤立的，它是一个个人与社会相精密和复杂联结的系统。也可以这样说其他生物的组织只有着最为简单直接的求生系统，他们和外环境只有简单的平衡作用，即保持着一种最原始但极端重要的维系地球生态平衡的关系。许多动物无大脑皮层，即使有也不发达，所有的鱼鹅虾在行为上都差不多，行为是严格的按遗传基因蓝图进行的，但人却不同，人不是遗传基因的俘虏，有些行为是遗传的简单的反射，被巨响吓一跳 `失去平衡伸双手手碰热的物体会回缩，还有自己的需要对食物饮料的需要性的需要。其他生物体组织只是简单的围绕着生存而展开简单行为，诸如：进食`排泄`睡眠`躲避危险`寻找食源`生殖等为维持基本的生存和种群延续的行为模式，这是相对较为脆弱的一种平衡形态，人类社会是以整体出现的是一种稳固的系统的复杂而精密的求生系统，它通过个人`家庭`单位`国家已经他们之间的联结关系，使用复杂载体"文化系统（以被所有人认知的第一信号出现的各种媒体符号）"在各种社会系统（政治`经济`军事`教育`等等）中展开的复杂的生理和心理调节行为，个人接受外环境信号并输出自身的调解信号并保持着心理和生理的平衡点，家庭`单位`国家也是一种输入输出信号并保持着自身的平衡，所有一切人类社会复杂的信息传递系统始终是原始细胞生存的衍化。

可以想象为了生存，以原始细胞形式出现的最初柔弱的生命组织体与强大的无组织力量进行着怎样的剧烈对抗，原始细胞通过尽可能的复制自身以扩大自己的生存空间和能力范围，我们观察细菌竟可以在几小时内产生百万计的后代，就可以知道原始细胞惟有如此才能够在恶劣环境下得以生存下去，它不断得去主动适应环境，它用各种方式在物种的形状上或在物种的繁衍方式上不断的改变着，从植物被动的改变自身以适应环境到人类社会主动地去改变环境，生命组织体已经从被动的为环境而改变自身进化到自身去改变环境而适合自身相结合的时期。

在不断顺应而变的同时，生命组织体在接触各种刺激过程中逐渐建立完善记忆系统并以此积累愈来愈多的信息，储藏更多的刺激反应模式，这是更有利于生存总目标的经验积累，但并非所有信息都会被记忆而成为模式的，只有那种如何避免死亡争取生存的直接关于组织存在的刺激，才能进一步地形成模式行为，而人类社会更是细分出从极重要到普通级别的模式储存以备及时有效地反应。生命组织体以个体的不断解体和再生来实现与非生命组织体力量的抗衡中宝贵的遗传变异功能，以更有效地依靠基因突变来变化自身的形态获取有利于自身生存的模式。

（3）非生命组织体与生命组织体

两者是不断地对抗的且在对抗中获得平衡，生命组织体努力在条件允许下努力保持着稳定的自身存在的形质，任何不适应环境变迁的种类都会让位于能不断变化自身而又能与外环境相适应的生物种类。生命组织体在适应外界环境中和非生命组织体的力量对抗中不断的改变着自身的形质，其形质是以原体"原始细胞"的原质生存内核为核心的，衍化和扩大为如同其手足的整个生物圈，生物圈中各物种都有自己独特的形质和一整套特有生存模式。生命组织体进化过程中不断的改变着自身形质，不断地把不适应环境的物种 ，如那种过于强大以至于毁灭自身生存环境的"恐龙"那种过于弱小而被其他物种或环境毁灭的生物种类抛弃的小动物，在这样不断扬弃中产生出适应者，且这种过程是无止境的。

三：人类社会组织

（1）人类社会组织的两种力量

（ A，平衡关系必须建立在对立双方力量均衡的关系之上才能够取得双方的势力的平衡，否则平衡必将偏离，结果会导致吞并，另一方会瓦解。

"趋动力"与"恒定力"这二种力量分别作用着生命组织体以应变对各种环境变迁，也决定生命组织体与非生命组织体之间平衡，决定着生命组织体自身的生存性状。一种是具有能动作用的"趋动力"，另一种则具有相反作用的"恒定力"，前者体现在国家政治中形成"激进派"，而在个体则体现为"自主性个体"，发展力是一种克服一切阻力不顾任何生态平衡一意在各领域疯狂发展的力量；后者体现在国家政治中形成了"保守势力"，于个体则体现为"非自主性个体"，恒定力是一种极力维持各领域原有现状的惰性的力量，在中国古代则称其为阴，趋动力量可称之为阳，阳是攻击是一种具有冲动的狂暴的侵犯性的事物，阴则守为柔性潜伏的停滞的事物。

这一对阴阳理念是我国古代极为重要的哲学范畴。睿智的古代思想家早已观察到一切事物现象都有其正反两面，于是使用阴和阳这两种向背的符号来诠释表达出自然界各种事物的对立谐和或此消彼长的关系。如伟大的著作《易传》就提出，世界一切现象都有阴阳性质，且阴中藏阳，阳中裹阴，阴阳可以对立、亦可互为渗透、作用、转化，这种关系是与生俱来且生生不息的。与人类社会的人事则如高矮、善恶、真伪、奇偶、虚实、美丑、有无、肥瘦、生死、圆方、昼夜、男女、刚柔、贵贱、爱恨、内外、福祸等等均是阴阳本质存在或相互转移的结果。万物都具备阴阳的性质，甚至宇宙存在和演化皆是阴阳关系的相联和相化的结果。这种阴阳交替的运动是宇宙的根本规律。

我们认为"趋动力""恒定力"这二大力量的相互平衡也正体现了古代哲人的一些重要的理念，这两种力的最佳状态则是使生命组织体和非生命组织体两者得以保持着的最佳的状态，这是使前者不致发展因发展过快而导致如同"恐龙"那样物种和环境的共同毁灭，更不至于发展过缓而被自然环境所吞噬。任何其中一种力量的过度发展都会使生命组织体趋于毁灭边缘，生命组织体就在这二种力量的主导作用下不断调正着自身的生存方式，衍化和淘汰着各种物种以其最佳的性状来适应内外环境所需。

"趋动力"和"恒定力"这二种力量的外显不仅体现在个体之间表现为自利性与非自利性的差异，也表现在国家内部的各阶层之间的力量均衡，其中第一阶层为政治阶层；第二阶层是以脑力工作为主的；如艺术界`体育竞技界`教育界等等它们的主体阶层；第三阶层是以体力劳动为主的阶层；以及由没有从事工作或不能从事工作的个体组成的第四阶层。它们所代表的各个利益集团之间为这种种利益而表现出的各种行为，都是为了实现势力平衡而作的努力，这也是二大力量互相作用结果。同样在国与国之间也更明白的可以看出这二大势力的作用，它的作用可以是战争形式出现的可以贸易竞争方式出现，更能够以文化输出和侵入方式出现，以及国与国之间的各种外交形式都是这二大势力的互动作用。总之，这两种力量体现在生命组织体和非生命组织体的相互作用中也体现在各自的内部的调整中，如非生命组织体的沙子的变异也可以看得到这两种力对于沙子的调整作用，沙子的自然固定的形态一方面抗拒着变化，另一方面也被各种运动的力量所改变着外形同时也改变着作用于他的各种力量，

（2）人类社会组织与其他各种生物物种的异同

虽然都属于生命组织体，其精神内核都是基于"生存"，但各自的生理系统的构造并不一致，而在拥有复杂精密心理系统上更是独特的。

人类独有的社会心理系统

而自然人与其它物种并无 [自我]这一社会性概念的需要在除人类社会之外的物种里不存在社会心理系统，只存在个体的即是纯粹地组织的感觉，无有生死、哀乐的情感符号的扰动，但人类社会有其特殊的生存环境，人类社会制造[文化]这一信息系统并且使人类个体区别出自我这一部分，以便其形成[死亡]符号的 基础，自有了人类自我的诞生，紧随其后的便是死亡，从而形成人类社会 独 特的秩序，以自我为基石的有死亡与生存联系的，而前者排斥后者接受 的社会便建立起来了。这一逻辑信息系统是人类赖以生存的信息系统，所有一切人类文化都以此为基础的 。

　　从物种的最初时期到现在是一种从简单只有生理系统构造到建立起心理系统的过程，而生物体的生理系统和心理系统的构造和协作方式也变得更趋复杂，只有最复杂的生物或有着简单社会群体活动的物种才会有心理系统，复杂如猩猩`海豚简单至蚂蚁或蜂群，而人类个体是具有最复杂精密生理系统和心理系统的构造体，这也是人类社会所特有的并与其紧密联结的。

　　人类个体之间也有不同性，各自所处生存环境的不同，各自在不同环境影响中成长，有着各自不同的行为模式。

第二章 和谐与社会

第一节 和谐原理

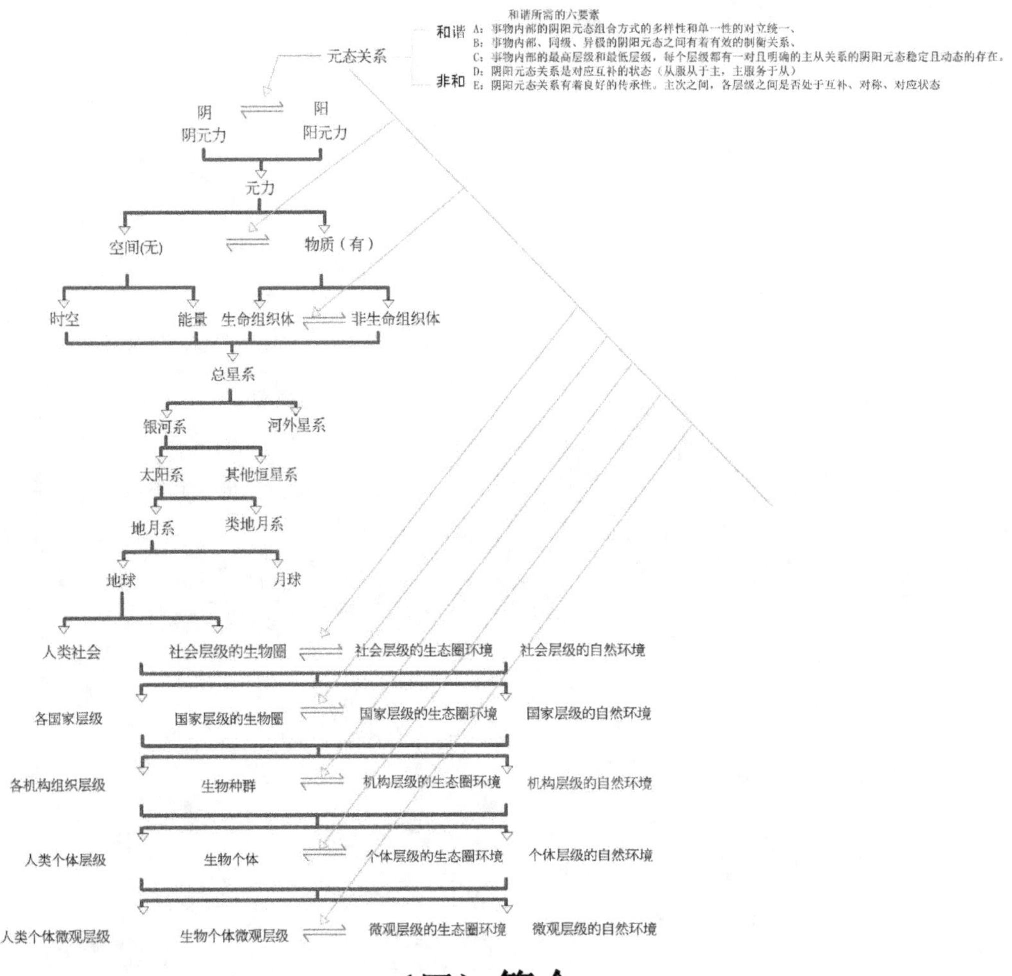

（甲）简介

（1）元力

  阴阳其实质是阴元力和阳元力的构成，阴阳元力都属于元力，元力是宇宙原初的超能量，"莽荒远古之力"。是无极到太极过程中生发而出的，它表现在人类个体那就是元气，其中最精华的元气是灵气，也就是灵魂。

  世界的构成就是阴阳的构成体，阴阳实则是阴元力和阳元力，无论生物还是非生物，所有的物质和非物质都有阴阳元力构成，阴元力和阳元力的构成和运动方式就形成了世界的面目和运行。

  阴阳元力是按照元态原理的方式存在和互动的，一个相对独立的事物其组成就是一对互为根本、互相转化、对立统一的阴阳元力在彼此影响和存在着，这就是一种道的关系，其中阴阳元力之间的不同状态决定着该事物是什么样的性质存在。碳墨与金刚石成分完全相同，都是由碳原子构成的，但物理性质绝对不同，就是碳原子的排列不一样导致的，碳原子的排列方式就是元力之间的不同组合方式。什么样的组成就形成什么性质的事物并且决定该事物以什么样的形式存在。

阴阳的区分方式，分为几种方式，首先是文化传承意义上的区分，如上阳下阴，左阳右阴等等；其次是属性方面的区分，凡是运动方式相对动态和激烈的、体积处于较大的、颜色属于较暖的、时间处于更快的、材质属于更刚强坚韧的、人的性格较为豪爽侠义大度直率的、温度较高的，都是属于阳，反之处以以上各方面的相对的对立面的就是阴。

阴阳也是相对的，阴阳脱离不了它的相对性，没有了体积小的物体，大的物体就不成其为大，失去了温度较低的比较也就没有了温度高的说法。脱离了相对应的事物，原有的阴阳属性就不存在了。会形成新的另外一种存在方式。

阴阳也是永远存在的，即便是把一个物体完全切割了它的对立面，那么该物体会自己形成新的阴阳存在方式，但这种方式是一种新的存在。

阴阳的属性：

阴属于守恒力主静的，阳属于趋动力是主动的。非生命组织体属于阴，生命组织体属于阳；女主阴，男主阳；人类社会之于生物圈前属阳后属阴；生物圈之于自然环境前属阳后属阴；动物之于植物前属阳后属阴；人类之于动物前属阳后属阴。

（2）元态

是阴元力和阳元力的构成状态，在其结构作用下事物才呈现出了各种内在和外在的属性和作用。

元力在事物中也表现为主元力和从元力，而无论阴元力还是阳元力都可以成为主元力或从元力。

事物内部的各个层级的主从元力的构成就是元态的一种表现形式。

（3）元态原理（阴阳原理）

是阴元力和阳元力之间的几个主要原理：阴阳相对性；阴阳对立统一；阴阳转化；阴阳互根；一个事物（阴阳元力构成体）由无穷的阴阳子层级构成。

（4）世界的构成，即事物的层级关系。

世界由不同层级的有着各种元态关系联结的事物所构成，纵向来看从宇观层级的星系到微观层级的阴阳粒子，横向来看每个层级都有相对的处在同一层级元态关系上的各种事物的相互作用。

每个层级都有各自相对独立又互相依附的同一层级事物构成，比如地球，它的子系统就由人类社会、生物界、自然界等构成，而地球和其他星球形成了太阳系，太阳系和其他恒星形成了银河系，宇宙就涵盖了更多子系统。

人类社会就由各个国家这样的子系统构成，每个国家之间的对应关系就构成了外交处在什么状态，是战争？和平？冷战？国家内部也由各种子系统构成，各种组织机构就是它的子系统结构，宗教机构，政治机构、社会机构等就是它的组成部分，社会机构里面又有社区、学校等等，一直到人类个体。

每个层级的事物是相对独立的事物，它们之间的元态关系是否和谐决定着这个层级是否能够长久稳定和发展。子系统则是独立事物内部的各自相对独立的事物，子系统构成了独立事物，独立事物又处在更高层级的独立事物内部之中属于子系统的一个系统，也就是说某个独立事物既是独立事物又是更高层级事物的子系统。比如人体，既是独立的也是家庭的子系统，又是工作单位的子系统。

人体也是独立的，也是由五重层级的系统构成的体系。他的内部就由九大系统组成，即运动系统、消化系统、呼吸系统、泌尿系统、生殖系统、内分泌系统、免疫系统、神经系统和循环系统，这九个系统是既相对独立运作又互相依附，它们之间是否能和谐存在决定着人体的健康程度，而每个系统中又有各种相对独立又互相依附的子系统组成，从人体到九大系统再到人体细胞最后再到细胞里面的复杂系统，这样多个层级的系统就组成一个完整的人类个体。

（5）生命组织体

生命組織體和非生命组织体

生命组织体是其内部各层级都处在相对和谐状态的事物，非生命组织体是其内部结构处在阳极或阴性元态的事物，前者是活的属于略阳元态的事物，后者是死的属于纯阴或纯阳元态的事物。所有有着生命的事物就可以称之为生命组织体，生命组织体是一种略显阳性或阴性的事物，它的本身是处在和谐状态的，而没有生命的事物就是从和谐态转化为不和谐态的最终结果。

（生命组织体）和谐体——偏阳或偏阴和谐体——纯阳或纯阴非和谐体（非生命组织体）。

生命组织体特性

任何有生命的生命组织体都具备繁衍功能`保持自身各种性状功能`交流功能`等等生命组织体特有的功能，但这一切都是在生命组织体内部的各层级系统能保持最基本的和谐状态下才能达成的。

（6）世界的变化规律和原理

世界运动的本原是两种元力交互的运动结果。

世界总体是动态平衡的，局部的失衡都是一种调整。

世界是由各种层级的互相对应的事物构成的，每个层级都对应着各种事物。

符合和谐原理的元态关系形成了每个层级和总体世界的和谐状态，不符合和谐原理的元态关系决定了世界的总体或局部失和状态。

各重层级之间形成和谐的世界是最合理的。但现实世界则是处于一种总体和谐，局部失和的状态。一时的失衡只是一种调整过程，它的波动都会受元力驱使而归于和谐态。

（7）和谐原理

和谐是指某个事物内部元态及事物与事物之间的元态，其存在是否合理、稳定、长久发展。

和谐所需的条件：

A：事物内部的阴阳元态组合方式的多样性和单一性的对立统一、

B：事物内部、同级、异极的阴阳元态之间有着有效的制衡关系、

C：事物内部的最高层级和最低层级，每个层级都有一对且明确的主从关系的阴阳元态稳定且动态的存在。

D：阴阳元态关系是对应互补的状态（从服从于主，主服务于从）

E：阴阳元态关系有着良好的传承性。主次之间，各层级之间是否处于互补、对称、对应状态

阴阳相承相克是一种制衡精神，从伏羲的八卦和周文王的周易再到老子演绎的道德经，伟大的先人（当然这也是智慧群体和人民的共同力量）开创了如此伟大的文化内核，很多精神文化内核是必定会承继下来的。但我们后人也须随着时代的发展变化而把学术的精髓拓展和深入，因此拓展中华文化和建立有效的制衡机制是最主要的。

某个事物有着什么样的元态关系，就有什么样的事物属性和本质和外在内在的表现。元态关系在几个方面是否达到以上几个要求，即决定着该事物是否和谐，凡是阴阳在元态关系上处于一个良好状态，就会和谐存在，既能最长久的存在又不会发生变异或死亡。

所谓和谐，是一种元态关系的是否合理存在的状态，元态关系不好的事物就是不和谐的，它的结局就是2种，1 加速死亡；2 变异，如果是元态关系良好的事物结局只有一个，在自己的属性条件限度下获得最长久的存在。

如一颗植物从种子到成熟植株，最后衰亡的过程，就是一个事物从形成开始到成熟到结束的过程，其生命的状态如何是否能获得长久生命就取决于该事物的内外环境是否和谐。

从种子开始，如果有了适宜环境，合适光照、温度、湿度、养分、土壤，就会逐步从种子发芽顺利地成长，虽然不可避免的走向衰亡。

种子也是一个事物，这个事物实质就是阴阳元态以种子的状态存在着，这时候这个阴阳元态是微小的，并且是处在停滞状态的，这也就是一种混沌，这种混沌如果处在合适的外环境下会持续好几年甚至几十年，现在的种子就是一种以阴元态为主导的状态，基本接近极阴态，如果外环境恶劣就会死亡，变成死寂无生命力的极阴态最终解体。

而种子一旦得到了需要的适宜发芽的外环境，大多是因为温度和光照和湿度，就会从混沌状态开始细胞分化重组，这时候种子就从类极阴态转化为阴元态，随着种子发育的迅速就很快的过度到了阳元态，阴阳元态关系就是这样变得激烈波动的，这时候种子就是一种类极阳状态。

同时种子内部环境也是一种微生态，如果细胞之间和细胞与外环境的元态关系良好情况下，种子会得到最好的发展，如果缺水，细胞就会失去细胞液，分化速度减慢，环境的恶化会导致种子内部迅速的调整，以维持以后生命存在的能量和结构，也就是阴阳元态的重新组合，元态关系也随之调整。万一种子继续得不到充足水分就会从类极阳元态到阳元态成长缓慢直至停止生长，最后死亡。变为极阴元态。

如果环境正常同时该植物基因也正常，那么该植物就会延续着正常的遗传基因发展成正常的植物，获得最长久的生命状态。而如果环境和基因都非正常，那么该植物就很快趋向死亡或者发生变异。

和谐性就是指，该植物在成长过程中保持着自身的本来性质，正常的成长，不和谐就是指在自身或外界影响下，植物状态发生了非正常的变化，如异变、病变、死亡。表明该事物趋向瓦解。

理论上最和谐的状态就是，该植物的基因是最纯正的无任何缺陷的，外部环境也是按照它自身所需求的最合理的状态。此时外环境就是最和谐状态的环境，内环境就是最和谐状态的环境。

和谐也就是各种事物能按照自身本质的要求来发展。各按其道、各安天命就是这个道理。

（ A，理论的和谐与实际的和谐，个体的和谐与整体的和谐

　　但小到一个细胞组织大至一个社会，都是不可能能完全按照自身本质需求来发展的，如同一个自成体系的雨林，总是有不断被淘汰的接收不到光照或得不到雨水的那些植物死亡，又有不断的在成长的大树和新的植物。因此很多植物的死亡其实也是维持和增加着该雨林总体上的和谐，如过多的大树遮蔽了阳光，而藤蔓为了获得阳光会缠绕着大树成长上去，进而杀死一些大树，实际就让地下的植物群获得了生长空间，或者水灾火灾等其他外部影响，会对雨林进行调整，这样的调整只要是维持和增加该雨林的和谐度的就是符合该雨林的生态存在的。因为对于这片雨林而言，最大的和谐就是雨林自身的维持和存在。

　　所以局部或个体的不和谐并不一定是整体的不和谐。

　　理论的和谐与实际的是很不相同的，或者说个体的和谐与整体的和谐很多时候是有着各种矛盾的。

（ B，中国的和谐精神

　　　　中国的最可贵的精神就是容纳与调适

　　和谐并不是消灭对立面，和谐是容忍对立面并让自身保持适度的主地位，从长远的发展来调节自身的行为。和谐精神必然要具备这种容纳心，像汉唐那样的伟大，就是和谐 能容纳最多的思想和创造力的时代，这就是中华文明的最深层次的意义所在，因为他有大道！

　　　　想要一个事物发展，不是依靠消灭对立面来强大自身，而是那些能容纳越多越强的对立面，又能让自己在竞争过程中变的越强大的那些事物。因为阴阳之道是互根的关系，彻底消灭了对立面也意味着物极必反，该事物会发生根本变化，阳的极盛就生乱或变极阴而死寂，最后这个事物本身也会衰亡，所有的稳定也必将消失。

　　　　容纳对立面，能保障稳定性，

　　　　容纳对立面可以发生多样性的思维和行为，产生多样的文化，是社会和谐发展之源。

　　　　组织内部每个结构必须和谐于其他结构,才能总体和谐

（ C，和谐态与事物的反应关系

　　　　事物之间的元态关系反映在事物之间的反应关系中，和谐的元态关系意味着它们之间的反应也是和谐的，其功能性输出的作用力必然是呈现对应`对称`互补的状态。对于个人而言，个人对于其他事物的反应也体现着与其他事物是否和谐的状态，如果是合理的反应便是基于双方之间的符合和谐五大原理的元态状态基础上的，失去了和谐原理中的任何一方面都会导致事物的变化和失控。

（ D，失和状态

　—a：不同层级元态失和的波动影响

　　　　人欲也是人的一种行为，在社会中个人之间的关系也需要处于是否和谐的元态关系，一旦个人身心出现不和谐状态就会影响到该个体的行为反应，就会导致该个人与其他事物之间的行为超越原有正常关系所限定的范围，就会与其他事物之间发生不和谐态，个人之间的关系混乱会影响到这个个体所在的组织，当这个组织内部各机构发生了混乱就会影响到他对应的组织，当这个层级的大多数组织之间关系发生了不同混乱就会影响到上一层级的状态，最终造成整个人类社会的混乱甚至影响到整个世界的和谐关系。

　　—b：元态关系失和的因素

　　　　原有元态的和谐关系被破坏可由于事物自身的和谐状态的破坏导致，也可由于外来事物的影响所致。

　　—c：不和谐的社会

　　个人越来越变异，因为情绪感第一定律，因为社会元态的趋动性，社会越来越变异，其组织等结构越来越趋向趋动性，发展越来越畸形，道德等社会规范日趋瓦解，艺术也越来越变异，因为不变异就不能满足个人的创作和欣赏的欲望。

（ E，如何判断事物的正确性

　　　　这也是判断这个事物是否应该存在的依据，这取决于二个方面，1 在这个层级本身是和谐态的，且这个层级与它的上下层级也是和谐态的基础上，这个事物是否和谐于它所处的层级；2 这个层级本身不和谐，且这个层级也不和谐与它的上下层级的基础上，这个事物的存在是否有利于它这个层级自身和谐，或者有利于它这个层级与上下层级的和谐。

　　　　一个不和谐于它那个层级的事物，并非不符合道，它也可能是率先于它所处层级的其他事物，它的异样也是其他事物应该做出调整的样板，如同一个新生事物的诞生，往往被其他人所不理解所排斥，但结果却是时代的发展方向。一个事物只要能符合道的运行，哪怕它不能和谐于它自身所处的层级，也不符合上下的层级，但它还是正确的事物。

　　判断一个事物的稳定性和发展性，取决于两个方面，1 内部元力之间的关系是否和谐，2 外部与同层级的事物是否和谐。内部的这种和谐性最终取决于阳元力和阴元力是否处在对应、互补、制衡的状态，这种和谐性决定了这个事物是否能够处在长期稳定状态。也决定了该事物对内和对外处于何种状态。

　　该事物内部的元力状态和外部的元力状态也互相影响。

　　该事物的量级和结构决定着它属于哪个层级的事物，正如我们人体对于自己的肢体而言是上一层级的事物，而我们人体又属于人类社会，人类社会又是地球这个层级的子系统。

一：事物元态关系的状况

（1）元态关系

　　（ A，元态关系是指事物内部各元素之间和事物与事物之间所处的一种互相作用的关系。

　　（ B，和谐是指该事物内部各元素之间和事物与事物之间的元态关系处在对应`对称`互补的状态；失和是指该事物内部各元素之间和事物与事物之间的元态关系处在不对应`不对称`不互补的状态。

　　（ C，和谐或失和状态是指事物内外部的各组成元素之间的元态关系所处的状态。

　　（ D，对应`对称`互补都是关于事物内外部的元态关系，也是决定该事物内外部是否和谐的因素。

　　（ E，对应状态是指各元素之间处于一种对应的元态关系，不对应状态是指各元素之间处于一种不对应的元态关系；对称状态是指各元素之间处于一种对称的元态关系，不对称状态是指各元素之间处于一种不对称的元态关系；互补状态是指各元素之间处于一种互补的元态关系，不互补状态是指各元素之间处于一种不互补的元态关系。

　　（ F，事物之间对应`对称`互补的元态关系构成了和谐状态，反之不对应`不对称`不互补的元态关系构成了不和谐状态。

　　（ G，元态关系中有三种状态，包括：对应状态和不对应状态`对称状态和不对称状态`互补状态和不互补状态。

　　（ H，事物之间处于对应`对称`互补这三种元态就是一种阴阳的和谐状态，如果这种状态被打破出现不对应`不对称`不互补的元态就是一种失和。

（2）元力和元态

　　（ A，元态

社会元态

　　是元力在第三重层级社会层的各种以国家形式形成的表现，其表现为在社会中体现的两种互相制约的"趋动性社会力""恒定性社会力"，这两种不同元力的组合构成了不同的社会体制和社会机制。

个体元态

　　每个个体的人性都受着两种基本元力驱使，这就是趋动性元力（阳元力）和恒定性元力（阴元力），

　　如果这个个体其趋动性元力占主导，他的人性就表现为"自利性个体的人性"，如果恒定性元力占主导则表现为"非自利性个体人性"，不同的人性也构成了不同的行为反应。

　　一个人在各个时期甚至不同的时间都有着不同的元力表现，尤其是青少年时期的人性是不稳定的，变化较多，而中年之后其人性就逐渐稳定了。

　　元态如果体现在个体的生理机制上，就让人呈现出健康和疾病，健全和残障的不同状态。

　　（ B，元力与元态

元力与元态的关系

　　一组元力的不同构成方式形成一种元态，其中阴元力占优势的事物呈现阴元态状态，阳元力优势呈现阳元态，一种事物有多重层级的元态和不同时间表现出多种元态。

　　事物的元态是指事物的各层级的元态在总体上所呈现出的状态，活的事物有各种层级的阴阳元力相互构成不同的元态形成，总体上会呈现出该事物的特定的元态，如果该事物呈现一种静态`被动`应激的总体状态就成为阴元态的事物，反之是动态`主动`主激的就属于阳元态。

（ C，事物的元态构成

　　不同元力占主导地位的构成不同元态的事物，两种不同元态事物其中一种事物占主导地位，这两者事物的关系就会呈现该主导事物所具备的元态，如果某社会的大部分事物都处于某种元态，那么该社会就呈现该种元态。

　　心理属阳而生理属阴，自利属阳而非自利阴，动脉属阳而静脉属阴，交感神经属阳而副交感神经属阴，男主阳而女主阴，机构职位中的领导主阳而下属各人员主阴，政治机构主阳而宗教机构属阴。阳者主导且趋动性强，阴者屈从且恒定性强。

　　人类与动植物的阴阳元态关系为，人类主阳动物和植物主阴，动物与植物的阴阳元态关系为，动物主阳植物主阴，动物内部食肉型动物为阳草食性动物为阴。

（ D，事物元态的决定因素

　　每一事物内部和事物之间都呈现着阴阳状态，这归结于世界的阴元力与阳元力的两种基本力量之间的互动。

　　但社会的总体元态取决于三种因素，1 上层级元态对下层级元态有决定性影响、2 同层级元态会互相影响、3 下层级元态的影响。该社会的文化结构、政治结构、经济结构是同层级元态影响的重要作用力，文化结构是元态体现在该社会的重要外显之一，文化结构也会反过来影响元态。

（ E，元态的特定性

　　事物的元态会合理的处在它特定的状态上，一旦元态出现转化，就会使该事物发生重大变化，当一个事物内部，正常态下甲方呈现阳元态，乙方呈现阴元态，但如果乙方受到内外刺激发生了变化由阴元态转化为阳元态时候，如果甲方不能转化为阴元态以承合这种变化，那么当甲乙两方都呈现了阳元态时该事物就会瓦解崩溃或者变异，如同一个家庭当女方也呈现男子的特征从被动和应激状态变为主动和主激，完全呈现阳元态特征，而男方又不能改变为阴元态，那么该家庭就会出现纷争动荡，原本的和谐元态就会被不和谐的失和的元态所替代，最后家庭就会分崩离析。而人体也是如此，如果酸碱不能合理的达到平衡，主阳的酸性占据绝大部分比值或主阴的碱性占绝大比值，那么人就会随之死亡。代谢和呼吸更是如此，失衡就代表着生命组织体趋向失序和瓦解。

　　一个家庭需要阴阳和谐才能持久，建立婚姻也需要和谐的元态才能建立和维持和发展。

　　任何事物如果只存在单一的元态就会成为死寂或者消失。活的正常的组织是处于两种元态动态平衡状态的，其内外各层级的结构都是和谐的。活的非正常态的组织其元态处于一种异常失衡的状态，其各层级的结构也是不和谐的。如果不能回复到和谐态那么很快就会趋向极阴或极阳最终瓦解。

（ F，事物的元态关系

　　以趋动和主动和主导为特征的事物属阳，恒静和被动和附从的事物属阴。

　　每一层级相互联结的相对独立的事物，事物内部相互联结相对独立的结构，都是呈现一种阴阳的作用

　　人体的各种形态都是一种动态平衡的阴阳元态的构成，如酸碱平衡`酸碱平衡、动静平衡、心理平衡`体温平衡`营养平衡，这些平衡都是阴阳元态的不同表现形式。

　　阴元态文明是应激性文明，阳元态文明是主激性文明，不同历史的阴阳元态的代表各有不同，亚洲地区中国于汉朝以前基本以主激性文明为主，自从儒释道形成有效的体系以来就逐步形成了应激性文明，而其他地区的各历史时期则分别以希腊`罗马`德国`美国为不同时期的主激性文明，就总体和文化构成而言，亚洲地区为应激性文明，趋动性社会为主激性文明。

　　每个事物内部都有不同的结构呈现着阴阳现象互相协调着，阴阳归结于世界的阴元态和阳元态。

（ G，阴阳元态必须是在同一系统的同一层级中才存在着有意义的阴阳元态关系

　　不同的系统和层级其元态具有不可比较性，因此，人的各个系统虽然随时处在一种运动的和内外界交互的状态，所有构成组织器官的生物分子都只是暂时地保留他们的性状，但只要人这个总系统维持在和谐状态，其他层级的子系统就会和谐的存在，因为总系统是处在阴阳元态的和谐下的，如果这个系统层级解体了但分子以下的层级却会转化到其他系统中。

　　同理，一副书法作品里面的所有墨线和空白的构成关系，只有在该副作品的纸张边缘里面（边际框架）里面才会有意义，这幅作品纸张的外边就是这个作品的作用边界。只有在这个边界之内的事物（墨线和空白）才会存在各种有意义的阴阳关系。

（H，元态与和谐

　　元态是指事物内部或事物之间存在的阴阳关系，也就是阴元力和阳元力之间的关系，而这种关系是否具备和谐性，则决定了该事物内部结构或该事物与其他事物之间的结构的稳定性和功能的优化性。

　　元态是事物或事物关系的本质的东西，它的本质源于其事物的阴阳元力之间的构成，不同的元力构成造就不同的事物体制和机制，这种元力就是阴元力（恒定性元力）和阳元力（趋动性元力），也就是道学的本源"阴阳"，其构成外在表现为太极，其内在运作机制则为道。

（3）关于元态关系

　　（A，组织的组织形式与运行方式所体现的功能所提供的必须满足对方所需的。

　　—a：事物内部结构的组织形式与运行方式如果能有效的实现制衡的对应关系，就能最大限度的提供最大作用力。

　　（B，人类社会和自然界的元态关系处在对应`对称`互补的状态，生命组织体和非生命组织体也是如此，凡是总体和谐的双方他们的三大元态关系都是相对和谐的，执法机构和违法行为，偷盗者和派出所的治理盗窃的民警，鞋子和地面都是处在有效和谐的状态才能够使各方存在不变化。

　　（C，手机厂家和手机消费者群体，单个手机和消费个体发生的元态关系必须是和谐的，如此才能使得双方共同存在和扩展，手机生产者其自身的组织状态必须能够对应`对称`互补于它所作用的消费群体，两者形成和谐状态才能让自身存在或迅速发展。

　　（D，一个组织的功能所提供的作用要满足于它自身和其作用着的组织所需，也就是说这个组织和关系组织的元态关系必须是对应`对称`互补的，一旦元态关系中某个条件失和就会影响整体的和谐，从而对双方带来失衡。

　　（E，手机中制造出图像文字的结构所提供的图像文字这一个功能，对应于消费个体的视觉系统所制造出的接收图像文字的功能，最终能满足于消费个体的接收信息的要求，

　　（F，　手机铃音对应于消费个体的听觉系统，手机震动对应于消费个体的肤觉系统。

　　（G，甲提供的功能和谐于乙所需的功能，乙方提供的功能和谐于丙方所需的功能，丙方提供的功能对应和谐于甲方所需的功能，如此就形成一种互相和谐的状态。

　　（H，关于电车系统的元态关系

　　—a：电车系统应对城市社会交通，其系统的各种功能必须能满足它所用的组织所需，这两者的元态关系必须是对应`对称`互补是和谐的。

　　—b：电车系统应对于社会层次

——I）电动系统与市政府方面

　　——（i）保护生态

　　——（ii）合理安置资源分配

　　——（iii）节约型社会所需的政绩

——II）电动车与交通部门方面

　　——（i）减少交通压力，某体系对于公交是一种很好的互补形式，对交通是一种合理的营运配置。

　　——（ii）某体系可以极大提高交通工具的使用效率。

——III）电动车与个体消费者层次

　　——（i）消费者方面

　　——（ii）节约功能

　　——（iii）方便功能

（Ｉ，事物内部结构的元态关系或事物之间的元态关系。合理的元态关系形成和谐，不合理的元态关系形成非正常和谐也就是失和，

（Ｊ，事物内部元态关系或事物之间的元态关系发生变异不再形成对应`互补`对称，就会趋于崩溃，稳定的事物其元态关系都是对应`互补`对称的，事物内部的每个组织都能对与之发生作用的结构组织发生供需关系，其供需所产生的能量都是能够被自己合理的接受和输出的。

（乙）世界的构成

世界的元态结构

六重层级的事物的元态关系构成了世界本原构成。

一：事物结构

第一重层级宇观层

空间层级的内部和外部的元态构成

与它和对应的物质层级的内部和外部的元态构成

第二重层级宇观层

生命组织体层级的内部和外部的元态构成

与它和对应的非生命组织体层级的内部和外部的元态构成

第三重层级宏观层

人类社会内部和外部的元态构成

与它直接对应的自然环境的内部和外部的元态构成

与它直接对应的生态环境的内部和外部的元态构成

与它直接对应的生物圈的内部和外部的元态构成

第四重层级社会层

各国家层级内部和外部的元态构成

与它们直接对应的生态圈的内部和外部的元态构成

与它们直接对应的自然环境的内部和外部的元态构成

与它直接对应的生物圈的内部和外部的元态构成

第五重层级组织机构层

各国家各机构组织层级的内部和外部的元态构成

与它们直接对应的生态圈的内部和外部的元态构成

与它们直接对应自然环境群落的内部和外部的元态构成

与它直接对应的生物种群的内部和外部的元态构成

第六重层级个体层

各个体层级内部和外部的元态构成

与它们直接对应的生态圈的内部和外部的元态构成

与它们直接对应的自然环境群落的内部和外部的元态构成

与它直接对应的生物个体的内部和外部的元态构成

第七重层级微观层

各个体微观层级的内部和外部的元态构成

与它们直接对应的生态圈的内部和外部的元态构成

与它们直接对应的自然环境群落的内部和外部的元态构成

与它直接对应的生物个体微观层级的内部和外部的元态构成

二：各层级元态结构的关系

世界由七重层级构成，每重层级都是形成一种稳定的元态关系的事物，同层级的事物之间和上层级与下层级的事物之间处于一种互相影响的状态，总体处于和谐态，使之发生和运行这种状态的力量可以称之为"元力"，这种元力由"阴元力"和"阳元

力"构成，这两种元力的不同构成也形成了各种事物的各种元态关系，这也就是中国的哲学精髓"阴阳之道"所蕴含的极为重要的原理。

最高层级是第一重层级的宇观层，其宇观层级的空间和物质各自代表着一种基本元力"阴"和"阳"，这两种基本元力的元态关系形成了宇观层级的状态。

基本元力构成了以阳元力为主导的呈现和谐态的生命组织体，和以绝对阴元力和绝对阳元力的呈现非和态的非生命组织体。

接着在第三重层级，表现为社会力的对应，即"趋动性元力""恒定性元力"这两种社会力通常表现在人类社会和与其有直接关联的生态圈中。

尔后社会力在第四重层级社会层的各种以国家形式出现，其表现为各种互相制约的"恒定性社会力"和"趋动性社会力"。不断向外扩张和动荡的国家通常为趋动性社会元态，稳定的缺少创新力的国家一般是恒定性社会元态。

第五重层级机构组织层，体现在各种社会组织形式中形成各种互相制约的"趋动性组织力""恒定性组织力"，这种组织力体现在社会的各个方面，互相作用的状态就是这种组织力运行的结果。

第六重层级个体层的赖以运作的是元气，元气的不同元态构成体现在个体人性方面可表现为"非自利性个体"自利性个体"，表现在生理和心理方面则是健康与非健康状态。

第七重层级是微观层级，它也是世界的最小的层级也是最庞大的支撑整个世界的基础，其各种状态也是元态构成的结果。

（丙）和谐原理

一：和谐与失和定义

事物之间的和谐状态是指一种动态的波动态的能及时调正回复到正常值的不超过正常限度的元态状态，失调则是指失衡超过正常限度不能及时回调到正常态范围的元态状态。一旦失调就是事物的原和谐态已被破坏进入到非正常状态。

（1）和谐状态

—a：和谐状态

只有符合和谐六要素的才能处于一种和谐的关系。其中事物之间的对应、对称、互补是最主要的关系之一。本书主要论述这一项和谐要素。

世界表现为一种对应状态，表现为生命组织体与非生命组织体`生命组织体与生命组织体`非生命组织体与非生命组织体`生命组织体内部各结构，等等各层级关联事物之间的对应状态。

稳定的和谐的世界是一种和谐对应的状态，混乱的世界是一种不对应的状态。

和谐就是指和谐的对应，是世界各层级的关联事物之间处于一种动态平衡的对应状态，这取决于结构层级的对称性和能量供需的互补性。不和谐状态则是以上互相直接发生关联的各事物之间处于一种不对称和不互补的混乱失衡状态。

世界需要和谐才能良好存续，人类社会需要和谐才能长久存续，和谐需要各直接关联的事物之间的良好对应，失去和谐对应就发生各种混乱失衡。

社会和谐对应是为了人类社会与自然的长存，两种力量的和谐对社会长存的重要性、社会秩序对社会长存的重要性、社会道德规范对社会长存的重要性。

互补性，双方在供需上呈现互补关系，甲组织的功能输出的供应是乙组织的所需求，乙组织输出的供应则是甲组织的需求。

对称性，形成对应的双方必须在供需上是对称的，甲组织的供应输出对于乙组织是一种恰当的所需的输入。其数量和性质都是对称的。任何冗余或不足都会导致双方组织的失衡。

对应性，个人所对应的事物对其的反应也必须是合理的，不能超越于与该事物之间的某种特定的关系的，如果个人与某事物只应该存在权力关系，那么超越于权力所规定范围的和权力发生变更的关系就是一种非正常的关系，比如某官吏与某商人按法律规定只存在一定的权利义务关系，但两者却发生了财权交换的关系就是一种非常态的。任何一种非常态的关系都会影响到该层级的与之相关的其他事物，如果不加以调整就会波及到更广的范围，进而使该层级的大多数事务的关系非常态化，最终是上层级的事物发生变异。

（ B，结构的对称`作用力的互补`作用力和功能的对应

（ C，阴阳元力的对应`对称`互补状态反映在事物结构`功能`作用力上，使之合理性，和谐性。

（ D，关于对应的元态关系

个人所对应的事物对其的反应也必须是合理的，不能超越于与该事物之间的某种特定的关系的，如果个人与某事物只应该存在权力关系，那么超越于权力所规定范围的和权力发生变更的关系就是一种非正常的关系，比如某官吏与某商人按法律规定只存

在一定的权利义务关系，但两者却发生了财权交换的关系就是一种非常态的。任何一种非常态的关系都会影响到该层级的与之相关的其他事物，如果不加以调整就会波及到更广的范围，进而使该层级的大多数事务的关系非常态化，最终是上层级的事物发生变异。

　　——a：社会的对应性

　　———Ⅰ）社会体制和社会总机制的对应性

社会体制必须对应于社会机制，社会机制必须承合于社会体制，两者关系必须是对称的相容的。

如果社会体制和社会机制不相对应就会出现社会混乱无序的状态，最后导致分崩离析。如社会机制属于趋动性状态的社会，而社会体制只能对应于恒定性状态的社会机制，则该社会的趋动力释放的能量就会超过该社会的平衡机制所能提供的消减的平衡能力，社会就趋向崩溃，反之亦然。

　　———Ⅱ）社会总机制自身的对应性

社会机制是指由趋动性和恒定性这两种力量构成的社会运行的基本形式，如果存在着某一方面过度强盛另一方面过度衰弱的不对称现象，会导致两种状态发生：1 趋动性力量过度发展会导致人欲的过度泛滥和科技畸形发展；2 如果恒定性力量过度发展也会导致人欲的过度压抑和经济科技的过度萎靡。两者状态都导致社会畸形。

　　———Ⅲ）社会体制自身的对应性

社会体制是一种社会的组织构架状态，何种组织构架状态形成不同的社会体制，其中文化`政治`经济`军事等各种分支组织构架形成了总体组织构架。

任何分支自身构成也需要各重组成部分的一一对应，如经济体制是由农业体制`工业体制`商业体制这三方面构成的，其中这三大体制必须相对应才能使经济体制有效的发挥作用。而社会规范的体制是由道德规范体制`法律规范体制`其他规范体制这三方面构成，也需要互相对应才能发挥正常作用。

，必须对应于总体构架。科技与经济必须对应于社会总体制的构架，一旦科技由于外来原因（比如科技输入等）而过度发展，而相应的社会总体制却无法消化平衡由于科技带来的种种经济和军事的连锁反应，就会导致社会的畸形化，也会导致社会的混乱和崩溃。

呈现一种不对应状态。如由于某种外来干预或援助等等原因导致军事过度发展而其他构架过度萎靡而呈现出的不对称状态。

各种媒体对人欲的极端强化，另一方面社会的道德`法律等规范的松懈的不对应性

（ E，关于对称的元态关系

　　——a：制衡是阴阳相承相克成为太极是一种制衡精神

确实孔子和老子等伟大的先人（当然这也是智慧群体和人民的力量）开创了伟大的文化内核，很多精神文化内核是必定会承继下来的。但我们后人也必须拓展和延伸开，比如政体的理论和实践方面缺少有效制衡的方式，最多在明朝有对臣子的制衡制度，而这种制衡方式也不没有形成一种制度文化，没有很好地总结成一种切实的理论，只停留在人治上面，对最高领导阶层的制衡更过度夸大和依附了文化修养的熏陶力量，其结果还是富不过三代廉不过三代。制衡其实也同样是我们先人的伟大智慧之一，阴阳相承相克成为太极不就是一种制衡精神么，因此拓展中华文化和建立政治的最高权力制衡是当务之急，是一切个人和社会腐败的从制度上来约束的利器，和中华文明（儒家`道教`佛教等等）的道德一起共同构建中华大文明圈！

　　——b：制衡的哲学方面

确实孔子和老子等伟大的先人开创了伟大的文化，很多精神文化内核是必定会承继下来的。

但我们后人也必须拓展和延伸开，比如政体方面古代只有对臣子的制衡，而这种制衡方式也不没有形成一种制度文化，没有很好地总结，只停留在人治上面，过度夸大和依附了文化修养的熏陶力量，其结果还是富不过三代廉不过三代。

制衡其实也同样是我们先人的伟大智慧之一，阴阳相承相克成为太极不就是一种制衡精神么，因此建立政治的最高权力制衡更是当务之急，是一切个人和社会腐败的从制度上来约束的利器，和中华文明（儒家`道教`佛教等等）的道德一起共同构建中华大文明圈！

（ F，关于互补的元态关系

（ G，和谐

　　—a：中国的最可贵的精神就是容纳与调适

　　因此和谐精神就具备了这种容纳心 像汉唐那样的伟大 就是和谐 能容纳最多的思想和创造力的时代
这样的话 我们为何不能容纳左右呢 还有各种中间状态的思想
这就是中华文明的最深层次的意义所在 因为他有大道！
　　1容纳越多的对立面就能建立起自己的越强大的正立面，因为阴阳之道是互根的关系，彻底消灭了对立面也意味着物极必反，事物发生了根本的变化，最后导致正立面的消失和自己建立的稳定也消失。
　　2容纳对立面，能保障稳定性，
　　3容纳对立面可以发生多样性的思维和行为，产生多样的文化，是社会和谐发展。

　　—b：组织内部每个结构必须和谐于其他结构,才能总体和谐

　　—c：科技总体不和谐于社会,其方向是混乱和错误的

　　虽然局部有对应的地方，但都处于不对称的状态,有些严重滞后于社会如环保方面,更多的规模和性能畸形的庞大如机械化生产和建筑等等.

　　—d：社会元态，可分为恒定性社会元态和趋动性社会元态和混合型社会元态；又可分为有序的社会元态和无序性社会元态。

（ H，和谐态与事物的反应关系

　　—a：事物之间的元态关系反映在事物之间的反应关系中，和谐的元态关系意味着它们之间的反应也是和谐的，其功能性输出的作用力必然是呈现对应`对称`互补的状态。对于个人而言，个人对于其他事物的反应也体现着与其他事物是否和谐的状态，如果是合理的反应便是基于双方之间的对应`对称`互补的元态状态基础上的，失去了其中任何一方面都可能会导致反应的失控，任何不和谐的事物都不会发生合理的反应。

（2）失和状态

（ A，不同层级元态失和的波动影响

　　人欲也是人的一种行为，在社会中个人之间的关系也需要处于对应`对称`互补的元态，一旦个人身心出现不和谐状态就会影响到该个体的行为反应，就会导致该个人与其他事物之间的行为超越原有正常关系所限定的范围，就会与其他事物之间发生不和谐态，个人之间的关系混乱会影响到这个个体所在的组织，当这个组织内部各机构发生了混乱就会影响到他对应的组织，当这个层级的大多数组织之间关系发生了不同混乱就会影响到上一层级的状态，最终造成整个人类社会的混乱甚至影响到整个世界的和谐关系。

（ B，元态关系失和的因素

　　原有元态的和谐关系被破坏可由于事物自身的和谐状态的破坏导致，也可由于外来事物的影响所致。

（ C，不和谐的社会

　　个人越来越变异，因为情绪感第一定律，因为社会元态的趋动性，社会越来越变异，其组织等结构越来越趋向趋动性，发展越来越畸形，道德等社会规范日趋瓦解，艺术也越来越变异，因为不变异就不能满足个人的创作和欣赏的欲望，

（3）世界的和谐与失衡

　　在世界的结构中，第一重宏观层级的状态是组织与非组织的对应，组织属于趋动性元力，非组织属于恒定性元力，两者处在对称和互补状态，一旦对称互补出现异常就会破坏动态平衡的和谐状态形成失衡，对其他各重层级的对应关系的事物发生重大影响。
　　第二重层级的状态是人类社会与其直接对应的生物圈`生态圈`自然环境这三种事物的对应。在这个层级中人类社会属于趋动性元力，其他三类属于恒定性元力，两者处在对称和互补状态。而生物圈和生态圈对应于自然环境前两者就属于趋动性元力，后

者属于恒定性元力。这些事物相对的就形成了一种交互的对应状态，一旦其中的对称与互补出现异常就会破坏动态平衡的和谐状态形成失衡，对其他各重层级的对应关系的事物发生影响。

例如人类社会的趋动性元力过于强盛其释放的作用力超过了其他三类事物的恒定性元力可承受的范围，两者形成的动态平衡就会被打破，原有的对称性和互补性的状态就会打破，元力的失调，表现为人类社会与生物圈`生态圈`自然环境的失调状态。

第三重层级的状态是各国家组织与其直接对应的生物圈`生态圈`自然环境这三种事物的对应。在这个层级中国家组织就属于趋动性元力，其他三类属于恒定性元力。两者处在对称和互补状态，一旦对称互补出现异常就会破坏动态平衡的和谐状态形成失衡，对其他各重层级的对应关系的事物发生影响。

第四重层级的状态是各国家内部各机构层级与其直接对应的生物种群`生态圈`自然环境的对应。在这个层级中各国家内部各机构层级属于趋动性元力，其他三类属于恒定性元力。两者处在对称和互补状态，一旦对称互补出现异常就会破坏动态平衡的和谐状态形成失衡，对其他各重层级的对应关系的事物发生影响。

第五重层级的状态是人类个体层级与其直接对应的人类个体`生物各个体`生态圈`自然环境的对应。在这个层级中人类个体层级属于趋动性元力，生物个体`生态圈`自然环境就属于恒定性元力。两者处在对称和互补状态，一旦对称互补出现异常就会破坏动态平衡的和谐状态形成失衡，对其他各重层级的对应关系的事物发生影响。

第六重层级的状态是人类个体微观层级与其直接对应的人类个体微观层级`生物各个体微观层级`生态圈`自然环境的对应。在这个层级中人类个体微观层级属于趋动性元力，生物个体微观层级`生态圈`自然环境属于恒定性元力。两者处在对称和互补状态，一旦对称互补出现异常就会破坏动态平衡的和谐状态形成失衡，对其他各重层级的对应关系的事物发生影响。

二：事物的内外对应性与其功能的实现

（1）关于政治组织体的制衡

政治结构是一种能够促进或减缓其他社会构架的极为重要的中心体，它的结构之是否合理性直接关联到其他社会和本社会的运作状态，它与国体和经济体制和政体其实无关，它本身只是属于一个组织如何构架如何形成良好制衡和对应关系的问题，政治组织它能直接影响到整个社会形成的对应关系，也决定着其他组织的构造和运作，但只有内部有着良好制衡关系的政治组织体才能良好输出它的作用力，

（2）内部的对应状态直接影响到它的稳定和功能正常

（A，一个生命组织体或非生命组织体结构，如果它的内部和谐对应了，那么它会更有效更稳定更持久地作用于它所对应的事物。

（B，一个生命组织体或非生命组织体结构，如果它内部对应混乱，那么它必将趋向瓦解，如果没有外力的作用。

（C，一个稳定的发挥着最有效作用的事物，它的内部互相对应着的有着直接关系的结构，需要具备两种最基本的条件才会形成它内部结构的良好和谐性。1 对称性：对应着的结构体其组织构造层级是属于同一级别的，即甲结构输出的能量和作用力必须被乙结构所消化，否则就会形成能量冗余造成结构的瓦解；互补性：其结构的作用力是互补的。

（D，比如一个性能良好的钟表，其内部其结构也是一种互为对应呈现和谐关系的，否则组织就会瓦解钟表就会停摆。

（3）人类个体内在对应能力的提高也就是层级的提高

因为总目标是建立社会平衡系统 因此现阶段的各种子目标都围绕着展开 首先要做两个方面 一方面 逐步提高自身的对应能力 二方面 逐步提升自己所代表的组织的对应结构 ，其实这也是一个不断实现的目标 不算是现阶段的目标，现阶段的目标的实现 也是依靠这两个方面不断实现的过程

一个提升了的组织结构 包括他的复杂性和他的所产生的能量的巨大性 也是领导者能力提升的过程 这是一种互补的关系，和谐了的各个层级 他们的对应关系就是对称和互补的 如果大层级不和谐 那么小层级必将更加混乱 。只有改变了大层级 小层级的和谐才能实现 。

三：人类社会的和谐原理

（1）世界的主体构成

发生和谐的主体是处在同一层级的事物，不同层级的事物和不和谐的事物都是一种影响关系。和谐的双方必须是对应`互补和对称的，否则不能形成有效和谐的状态。

（ A，自体组成部分

—a：生命组织体层级

——I）生命组织体内部构成部分

——II）非生命组织体内部构成部分

—b：社会层级

——I）自然环境内部构成部分

——II）生态环境内部构成部分

——III）人类社会内部构成部分

——IV）生物圈内部构成部分

—c：种群层级

——I）自然环境各构成部分

——II）各生态环境群落的构成部分

——III）生物各物种的构成部分

——IV）社会各机构组织构成部分

—d：个体层级

——I）自然界各非生命组织体内部构成部分

——II）人类社会个体内部构成部分

——III）生物其他物种内部构成部分

（ B，异体之间

—a：宇观层级

——I）生命组织体和非生命组织体

只有人类社会和生物圈形成的生态圈才能和谐于总体的非生命组织体的环境，人类社会是不能够单独和谐于总体的非生命组织体环境的。

植物提供给人类和动物以氧气和食品，动物也制衡着植物，微生物让所有生物垃圾进入再循环，人类社会只是其中的一个重要环节，失去了生态圈人类社会也必将灭亡，失去了一个动植物种群也将影响到整个生态圈的平衡。

—b：社会层级

——I）人类社会与自然环境

只有整个人类社会才能和谐于总体的自然环境，只有总体的自然环境才能与人类制衡，两者是互为和谐共存的。

——II）人类社会与生态环境

人类社会与总体生态环境是互为依存的关系。

——ＩＩＩ）人类社会与生物圈环境

人类社会与总体生物圈环境也是互为依存的关系

——ｃ：种群层级

——Ｉ）人类社会各机构组织与自然环境各构成部分

——ＩＩ）人类社会各机构组织与各生态环境群落的构成部分

——ＩＩＩ）人类社会各机构组织与生物各物种的构成部分

——ＩＶ）人类社会的机构组织与其他各机构组织

——ｄ：个体层级

——Ｉ）人类个体与生物个体

——ＩＩ）人类个体与自然环境单体

——ＩＩＩ）人类个体与生态环境子系统

——ＩＶ）人类个体与其他人类个体

（２）人类文明状态的和谐原则

（Ａ，总体状态

世界始终是属于一种和谐与不和谐的循环之中的，无论物种或物质如何变化都是世界总体状态交互下的产物。

在第一层级为和谐态下，其他层级总体也是处在和谐态的，相对而言越为低下层级的式态越处于动荡状态。越为高层级的式态越稳定，如人体的这个层级就比人体的子系统层级稳定，子系统层级比器官层级稳定，器官层级比组织层级稳定，组织层级就比细胞层级稳定，细胞层级比生物分子层级稳定。

稳定的规律，

（Ｂ，在人类社会与其他元素的世界总体格局呈现和谐状态下，东西方社会的社会元态处于合理的状态。

（Ｃ，在人类社会与其他元素的世界总体格局呈现不和谐状态下，东西方社会的社会元态处于不合理状态。

（Ｄ，在总体呈现趋动性的不合理状态下，某社会文明趋向恒定性元态是合理的，在总体趋向恒定性的不合理状态下，某社会文明趋向趋动性元态是合理的。

（Ｅ，东西方文明是世界的两个极性各自对立`互根，也彼此转化`消长`

（Ｆ，东方文明和西方文明

——ａ：东方文明是恒定性社会元态，西方文明是趋动性社会元态

（Ｇ，人类社会与世界

当个人的心理欲求秩序流与社会本身需要与自然和谐共存的目的相吻合的时候，这种状态是最理想的社会形态。

（３）保持国家和民族多样性的重要性原理

（Ａ，物种多样性对人类社会的重大作用

为了证明民族性的重要性，对保持独立的民族性作了阐述，人类社会也有社会民族生态的保存的重要性，对两种力量的和谐有作用，能保持和承续独特的文明，并且在各种不同文明的冲突中能繁衍出新文化新文明。

保持动态比例的社会元态与保持动态数量的国家和民族是为了共同的存续。在和谐状态下只有对称于自身层级的社会元态，对称于自身层级的国家和民族数量才是最合理的。

保持文化`艺术`政治`经济`教育等机构或领域的互相对称和互补，保持社会的组织机构或领域与相对应层级的生物圈`生态圈`自然环境的互相对称和互补是和谐对应的根本条件，

（ B，无序发展对物种多样性的颠覆

（4）世界的和谐状态

宇观层级的和谐`宏观层级的和谐`社会层级的和谐`生命组织体层级的和谐`个体层级的和谐`微观层级的和谐，这六种层级的和谐构成了世界的和谐状态，其中任何一个层级的不和谐对应会影响到上下层级。

世界的每个层级都必须形成有效的和谐对应的状态，每个层级的不同状态都会影响到上下层级的状态，特别是上一层级的状态会直接影响到下一层级的状态。下一层级的状态对上一层级的状态影响极小，

（5）和谐之道才是真正的文明

一个社会是否文明取决于两个方面：社会各要素内部对应的和谐性。其和谐度就构成了一个社会的文明程度。合理的对应性是造就和谐状态的条件之一，当一个社会其对应性达到了一定程度，那么它就向和谐迈进了。

（ A，和谐度是衡量文明的唯一标准

文明程度即为和谐之道，主要取决于各层级要素的和谐六要素，其要素的和谐度越高文明程度就越高，反之亦然。其中对应、互补、制衡是最关键的要素之一，其中哪一个方面不足就会影响到和谐性。

（ B，经济`科技发达并不等同于文明

——I）援例

——（i）纳粹时期的德国和近代趋动性社会强国

极强对应与互补下的失衡国家

1933 年纳粹上台至 1939 年战争爆发前的德国，是一个创造了经济奇迹的德国。被统一于一个政治体系和思想，其创造的军事战力几乎以一国之力抗衡其他强国，这时期的德国其内部的对应和互补性是极强的，政治和经济方面都为同一个目标来运作，那就是社会低失业率和强盛，那时期也确实把经济实力提升到了一个前所未有的高度，如果社会没有非常凝聚的对应力是不可能办到的，但是这个国家就失去了制衡力，因此当希特勒个人和其组织的欲望膨胀的时候，就失去了约束，整个国家成为了一个战争机器。

不对应的国家层级与对应的政治组织结构

近代一些趋动性社会发达国家，作为一个社会层级的国家组织，它内部除了恒定力与趋动力的对应薄弱，其他的对应关系都相对较好，前者是因为没有同一层级的社会组织与之形成制约的缘故。后者则是它能够发挥出极大能量的缘故。一个对应的较好的组织会发挥出符合该组织的能量，但如果没有与之相对应的组织予以形成和谐关系，就会发生失调。

这一个庞大的组织机构也处于一种失衡状态，他只有以宗教对抗与它庞大的驱动力量的机构代表，他的文化政治经济军事等等无不被趋动力所充斥，只有宗教的力量和一些文化力量（环保`简朴生活等）才能起到一些遏制作用。然而这些国家在科技`经济`军事等方面虽然处于异常的不对应其他方面的状态，但因其政治结构形成的良好的制衡的组织结构，却能够较好对应于科技`经济和军事等方面，使之能够疯狂的畸变的发展，而其他各领域也都受其影响而逐渐随应于这种趋动力的异常态，从而使整个国家陷于一种激烈的变化态之中也极大的影响到人类社会的其他国家，整个人类社会就变得以趋动力为主导的向一侧倾斜，导致与之相对应的生物圈和生态环境和自然环境的严重不对应和失衡状态。

外部对应性的失衡

如果其内部不能形成一个很好的制衡环境，就必须在外部形成制衡，但对于趋动力强盛的国家必须有同等量级的恒定性国家来制约，如果没有形成有效的制衡状态，就会导致世界失衡甚至战争。

对国家而言如果没有形成对权力的有效约束，个人意志常常以组织的形式非正常的代替组织的力量来影响到整个国家社会，历史上周期性的权力暴力性更迭是非常具有破坏性，因此让权力分配形成有效的制衡是国家的首要任务，在此基础上才能够让整个社会有一种凝合力，规范而持续的和谐发展其文明，如此才能有效地制约外部的各种力量的侵扰，从而在人类社会的层级形成一种和谐之道。

表现为趋动力和恒定力的社会元力，这两种元力是社会的运动和守恒的源泉

经济与科技的片面发展并不等同于人类文明的发展，真正人类社会的文明是指能够与其相对应的生态环境和自然环境形成动态平衡，能和谐而长久共存的状态（我们中华民族的六千年的文明史从事实上就证明了这点，我们才是是能够与相对应的生态环境和自然环境相和谐生存的文明）。

（6）社会和谐之道的建立

（A，和谐与人欲

任何要素的不对应性就会形成人欲的过度泛滥或过度禁锢，一个合理的社会其要素的对应状态是合理的，其人欲也是相对合理的规范状态的，即能释放人欲以刺激社会的发展又能遏制人欲的肆意泛滥影响到社会的和谐度。

人欲是指在其自身形成的幸福观下展开的欲求行为，所以要解决人欲对人类与自然的无情肆虐，就必须解剖其成因，其中最核心的是对幸福观和幸福感在生理学和心理学以及社会学方面的解析。

对人的欲望和幸福感剖析会使人们清楚地明白人欲实现和幸福感获得所需要付出的相应代偿效应，其代价不仅是个人的影响而且是社会的影响和自然界的影响。

对个人而言，"和谐幸福学"对个人的影响的剖析会使得个人组合和展开自己的欲望时顾及到欲求实现对自己的种种影响，从而正确的形成对自身有约束的欲望及行为。

（B，和谐与国家

对政府而言，通过"和谐幸福学"会正确地认识到社会中两种力量所处的不同状态对社会的巨大影响，也会正确的认识到个体的不同欲望对社会的不同作用。这使政府行为能够正确的引导和约束人欲的走向和强度。通过各种宣传手段来引导用各种规范来遏制。把人欲的社会阈值适中的控制在某一个范围，从而使得社会的平衡机制得以正常的发挥作用。

（C，小结

唯有对幸福原理作出全面剖析才能从理论上展望一个人类的和谐之道。

本书用五大情绪感（幸福感与痛苦感与中性感的总称）定律，五十个情绪感原理阐述幸福感和各种欲求的成因和变异，破除了我们通常对幸福感的常态概念。

《和谐幸福学》可能会给我们带来一些全新的幸福观念：比如~任何人都能获得幸福感；幸福感的获取并不存在地域和时间和人的限制；任何人获得的幸福感度都相等；任何人的幸福感与痛苦感的总量持平。

四：人类社会的内在和谐

是指第二重层级宏观层以下的各重层级的事物内部的对应关系处于对称和互补状态。

（1）第三重国家层级内部组织机构的对应
（2）第四重国家组织层级的内部结构对应

五：人类社会的外在和谐

是第二重层级宏观层以下的各重层级的事物之间的对应关系处于对称和互补状态。

（1）第三重国家层级的国与国之间的对应

（A，不同国家`社会`民族存在的必要性

多民族多国家的和谐共存是保障人类社会层级互相制衡的前提，是社会多样化的前提，是人类长久生存的前提。

（ B，保持世界民族的独特性是保障世界文明发展和稳定的保障

（ C，政治体制的对应性

（ D，经济`科技与社会的社会组织机构与生物圈`生态圈`自然环境的对应性

（ E，科学的局限性（科学和社会的不对应会发生各种混乱。任何不对应都会发生混乱和崩溃）

（ F，社会控制

—a：社会控制的重要性

——Ⅰ）只有在社会元态的层次上建立了规范个体的阈值，才能从根本上遏制人欲的泛滥和动荡的情绪状态。

——Ⅱ）由于科技与现有的社会体制和社会元态的不对称性，导致科技畸形发展，和社会的畸形存在。

—b：人欲的控制

—c：对经济政治社会各方面协调的控制

—d：目标为是社会与自然相和谐共存

（2）第五重人类个体层级的对应

（ A，一个常态的社会人个体应具备的若干条件

是具有和谐精神的个体，是具有调和私利与公利的群体

绝对非自利性的个体和绝对自利性的个体是完全不同的在两个极端方面的个体，前者是完全把自己的利益放弃而以谋求其信仰的组织或某种精神为生活目标的，他可以完全放弃自己的所有利益甚至自己生命以成就组织或精神的需要，绝对自利性的个体则完全专著于自己的私利，完全把自己的幸福建筑在他人痛苦之上，完全剥夺他人的利益来满足自己的需求，拔一毛以利天下而不为的绝对自私的人，他们的事业所获利益和娱乐得来的乐趣都是通过剥夺他人利益和建筑在他人痛苦之上的。一个社会必须培养辅导成长出中间状态的个体，这种个体既有自利性也有公利性，他们是能调和自己与他人利益冲突的，也能调和人与自然的冲突，能够既不破坏自然的有序性也能够与他人和谐相处，自己获利度降低的这样能照顾到他人利益不至于遭受损害，也能获得一部分利益，这类人就是社会所需要培养的具有公益性另一方面也照顾自己利益的群体而不是两种极端的公利和极端私利的群体，我们就是要给这一部分人开辟一条新的稳定的生存之道，从经济到政治，从教育到文化，从工作到家庭等等都能提供他们所需之精神与物质支撑，这样的路不同于现有的生活秩序而是类似于孔子所说的安贫乐道之路，总体是平淡的包括婚姻生活`娱乐生活和工作事业等等都是比较平稳的没有很多波折，在一种新的幸福学的指引下，他们能够从别人看上去很平淡的生活中得到很大乐趣，生活在和谐圈中的人们能够学会平衡自己的心态，能更好的面对生存中遭遇的重大挫折，摒弃一切不良的生活习性，保持自身身体良好运作能够极大的使自身的生命得以延续。他们是这样一种群体，他们的生活失趋向和谐而稳定的，容易满足于既得的事物，容易在圈外人不屑一顾的乐趣中得到很大的享受，不专著于名权利的大刺激和与他人的争夺，他们的快感不建筑在他人的痛苦之上，而是在与他人同乐的事物中得到乐趣，在性方面能与爱人一起共享性的欢愉，而不会去寻求更大的刺激和婚外恋来满足自己日益膨胀的肉欲，因为他们的幸福观和圈外人有着本质不同，他们的性的宗旨不在于寻得多少刺激而在于能够天长地久的生活和互相扶助益寿延年为最大乐趣。

（ B，和谐圈的幸福观

他们就是和谐圈的群体，和谐圈崇尚的是与自然和人类和谐共存，他们也以此为自己的幸福观，他们的情感是比较稳定的虽然也有喜怒哀乐的情绪存在但总体上是趋向平衡的，也没有什么不良的生活习惯和畸形的爱好，他们的幸福观主要有几种观念：

幸福感的获得不因为名权利性的增加而增长

幸福感也不仅是依赖于得到名权利性等一切欲求的实现而获得

幸福感的增加痛苦感也相应增加，因为这两者是相辅相成不可或缺的，其中一个条件是另一个条件成立的因素两者是呈因果关系的是绝对对立和不可缺少其中一个条件的！

任何事物都能够成为获得乐趣的因素

在和谐园的幸福观而言幸福感的获得是不容易的但也是可以取得的，幸福就在和谐园每个人的日常生活中就能感知得到。

理解了和谐园的幸福观的和谐人就会懂得珍惜现有的现状包括婚姻和家庭以及事业上能够兢兢业业做好自己的但并不图谋要做的很高的地位，也并不刻意的去降低自己能力以摆脱自己能够做到的职位所赋予的权利，并不视之为包袱也并不视之为荣耀，

只是做好做完善自己的应该做的。他不会拼命的付出劳动利以获得更大的利益，他会根据自己的体能和智力协调好付出和得到的两者之间的均衡，他也懂得和亲人朋友邻人以及一切所遇之人如何同享欢乐，他是能够克制自己情绪的也能控制自己的各种欲望可以协调好自己的欲望和能力之间的均衡。但绝不依靠幸运来获得利益，他不会去赌博`炒股票`抽奖等等一切依靠概率和把自己的幸运建筑在广大不幸运的人之上的事情，和谐圈的人注重公益事业并以此为人生一大乐趣，他们会定期献血`义务劳动`他们并不是去博得额外的名誉但名誉来了也不会否认，他们是淡漠的也是热情的，他们是遵守道德和法律的最佳公民，在冬天他们家的周围道路不会有积雪，和谐圈的人会扫好自己家门前时候看情况把邻人的积雪也会处理，他们是热心肠的助人为乐的，因为他们的幸福观是如此，让自己和他人共同得到生活乐趣是他们的生活很重要部分，和谐共存和谐共乐共享使他们得以有效的平衡自己也能在遭受重大挫折和打击的时候更好的去面对，而不是怨天尤人，他们会很好的控制自己的情绪以不会情绪所干扰。他们很少出现心理上障碍导致身体的疾病，精神方面的疾病比率在和谐圈中也会下降到最低，他们不会去吸毒`嫖娼`搞婚外恋等等一切偏向绝对自利性个体那样做的为满足自己日益膨胀的欲望而不惜损害自己和他人的变态行为。和谐圈的人也会玩乐，他们只会用饲料去喂鱼从中得到观赏的乐趣，却绝不会去钓鱼去玩味鱼儿上钩的惨状和满足自己的占有欲和食欲，他们决不会去把鲜花采摘到手里而是看他们自由在大自然中成长，摄录他们的风姿却不想惊走每一只为他们授粉的蜂蝶，他们就是这样的一些人和谐圈中的群体。因为他们知道幸福感随处可得他们就不会去追求他们能力之外的幸福感，也因为他们知道幸福感就因为随手可得就会很快变得麻木，所以他们很好的协调好自己情绪和重复度的比率关系以达到最佳的和谐。他们重在知足他们乐在长乐。

（C，和谐圈的人们

真正意义上的个体属于长期修行能主动的降低自身索求而在身心达到一定程度自我控制的人，如：僧侣道士教士等正规的宗教团体组织下的个体，他们能主动参与这样的简单需求的环境下，控制自己的欲望，并能够建立一种新的符合组织环境的秩序，吃斋念佛就是一种秩序，让人脱离社会中的其他索求不让人心理上产生失衡状态，一旦建立了新的秩序，如果半途出家的话就要付出相当的努力才能达到这个境界 "无欲"。相对来说从小就出家的个体就像处女一般不会受到性欲求的折磨那样，能很快的自然的进入无欲的状态，因为环境影响造就出这样的淡泊性格和处世行为，她可能仅仅因为能够生存而感到愉悦，就如同集中营里的个体的愉悦，虽然生存空间极端窄小，但欢乐和痛苦都一样的巨大，如果她死亡，死亡则成为他受尽折磨后的一种巨大的宽慰了，自杀的人为何敢于从高楼跃下就是寻求一种巨大痛苦后的巨大舒缓，现实不能够提供这种舒缓了，他只能从死亡索求！

那些僧侣在那种与世隔绝的环境下，隔绝了各种世俗的欲求的诱惑，唯有几种简单的维持生理平衡的基本要求，只是在心理系统上索求达到一定的境界以求达到最终无我的长生。他们依靠着佛经圣典和一以贯之的日常的佛事行为来最终平衡自身心理上的和世俗差异所引起的不平衡状态，所以他们能够保持人和自然的最和谐的关系能够获得普遍的长寿，这时候他们的生理系统能够在心理系统的协调下获得接近人的原初的状态，普通人的生理系统常常维持在亚平衡状态甚至有的接近于死亡点例如有毒瘾者他们的亚平衡状态随时都被毒品激发偏离到一个接近于死亡的地带，甚至运动员们也是依靠提高自身的生理极限来获得某项生理的超越凡人和超越同伴的状态。

六：建立中华文明圈

（1）中华民族文明的复兴 建立中国独有的价值观

（A，中国历史上对人欲的控制

—a：如果个人为中心是一个自私的端点

假设以国家为中心是一个无私的端点，则以家庭为中心就是两者之间的平衡点，也是儒家学说最重要的观念，修身`齐家`治国平天下。对百姓只要求修身到齐家，而对官吏则需要治国平天下，百姓可以自利以利家庭，而官吏则需要以国为本无私为主。

—b：是一种从相对到极端的循环

——I）从诗经中的野合到去人欲存天理

（B，关于价值观

—a：建筑在不同环境下会产生各自不同的审美价值观；

由于各区域所接触的社会信息源不同，生活方式的不同导致审美的标准也不同，举例而言，有关女子性吸引力明显没有普遍存在于各区域的标准，有些民族认为眼睛的形状和颜色是美的主要决定因素，而有些民族则更关心诸如口鼻或耳的形状，身材瘦弱者在某些社会中受仰慕，而又在其它社会受排斥。非洲的一些社会中肥胖者吸引男性，东非聪加人羡慕高大强健的女子，而波利尼西亚的汤加人更注重女子的小脚，这与中国近代崇尚小脚女性一样，那时女性都不惜把脚裹成残废状，仅仅因为男性的喜好。总体对美的评价标准会随时代的变迁而有所不同，中国唐代崇尚肥胖的女子到以后却愈来愈瘦。这种现象是各个社会时期的文化背景造就的。东非马赛人对乳房小的女人表现出注意力，阿波切人则要乳房丰满，在热带社会乳房并不作为一种引起男性情欲的刺激源的，可见审美具体到细节的方面确是由环境决定的，在热带社会由于气候原因个人的衣着趋于简洁性，不可能像其他区域有对保暖的特殊要求，所以不管是男子妇女都经常敞胸露怀，并不把女子的胸部及其他社会注重的部位作为性的刺激源。

而二种文化背景有着很大的差异的个体对对方的美的模式会不予认可，如：若平时不接触现代社会的信息的与外界隔阂的社会中的个体或群体，他所选择认可的美的性对象可能在其他社会看来是最丑陋的。但如果一地区与另一地区之间由锁闭到开放边界而在时间空间上都相对联系紧密时，虽然个体身处不同的区域，但是他们对美的标准会很相似，这因为二个虽是不同区域但由于它们之间互相流动的个体不断地交流着各种信息，以至于两地区的文化背景都各自被对方融合，所以各人的审美都较为统一。

•各区域文化的截然不同性决定了具有独占性排他性的审美观念，决定了任何一种领域的审美对象占据主导地位时候其他该领域的审美对象必然只能在弱势的和被排斥的地位

比如：绘画方面，有两种代表着东西文化的截然不同的艺术表现形式，一种是东方文明的中国画艺术，另一种则是趋动性社会文明的西洋油画艺术，这两种虽然都同属于绘画艺术类，但因为两者具有完全不同的表现形式和创作工具而区别开来，这样就给人们在审美领域形成了非此即彼的喜好选择，如果人们没有对其中一样有特别的喜好，那就不存在取舍性，一旦人们对两者之间有特别喜好的选择之后就会产生排他性和独占性的审美选择，而这种排他性的强度也随着某人的喜好的程度而成正比上升，同时某人对另一审美对象就会随之相应产生排斥感和厌恶感，这种厌恶和喜好是成正比上升的，也就是说如果对中国画的喜好程度越大反之对西洋油画的排斥程度也越大。这还不算明显，如果在同属于中国画范畴里的依据不同绘画风格而区分的审美选择就能很清楚地看到其中的排他性，爱好粗狂豪放画风的一定不会欣赏婉约细腻的画风，特别喜好某一派画风的就必然会对其他完全不同风格派的画风有特别的厌恶，而越是靠近喜好端画风的喜好度会上升，反之亦然。因为两者审美对象是完全不同的风格，这就给了人们有选择的审美情趣的区分的空间，因为根据幸福心理学知识我们可以认识到越是对一种事物中一对完全不同性质的现象的其中的一个性质有情绪上的反应，就必然对其另一端的一个性质发生相反的情绪。在饮食方面我们就更能看出其中审美情绪的独占性和排斥性，喜爱中餐的必然厌恶西餐，这种厌恶度随着喜好的程度上升而上升，喜好南方甜腻风格菜肴就必然排斥北方粗辣风格的菜肴，这就是人们在各种事物中的选择性，这种选择性随着该事物的对立而成立，越是对立强度高越是选择和排他性也越高。

——b：审美的排他性和侵占性（审美是源于社会行为秩序的需要，一个社会有独特的秩序，但如果这个秩序按照外来审美观缔造，这个社会就会诚服与隶属于外来社会。）

———Ⅰ）审美与经济和政治的强势有重要关联

如语言的审美，习惯上人们总是以在经济或政治有强势的某区域某国家的语言作为审美的取向标准，一个国家内各区域会以某经济强势的区域作为模仿和欣赏的对象。

包括人体审美标准也是如此，其他审美亦是如此。

（C，全面恢复各民族的优秀文化

善待他人宽容和理解，男人始终是阳刚而女人始终是阴柔，这就是中国得以延续六千年华夏文明的因素之一，阴是阴阳是阳两者必须分清，男人的进取`冲击`勇敢`理性则是女子的温柔`守成`感性的对立面，两者互为补充也必然调和，如果阴阳混乱凤不凤凰不凰则天理不存，社会必然走向衰亡！趋动性社会有些国家的女权主义，把女人搞成男人一样的阳刚，甚至向女人提倡性解放和性滥交。对同性恋甚至同性婚姻的法律认可，对大麻的合法化，裸骑、裸泳、等等各种在近代还被认为是非正常的变态行为，在现代社会已经是常态化了。趋动性社会的文化力量已经深入各个国家社会。这也是恒定性社会的强烈反弹的因素之一，当然它首先是要维护自己的专制社会的一元化为目的。 地球家园需要全面的文化制衡，才能走向更深层次的文明，这就需要各国家和社会维护好各民族的优秀文化，多元化和一元化的和谐之道是国家内部和外部之间走向文明的一步。

（D，民族性的重要

——a：在还没有形成真正的民族精神之前，在强势文化下任何具有民族特色的事物都被认为是下等货。

（2）内

（A，建立政治平衡机制

（B，建立社会和谐机制

（C，发展民族艺术

——a：关于艺术和审美

——I）关于中国画艺术

——（i）关于中国书画的美感由来

美 表现出一种秩序的和谐，体现在图形上有一种节奏感，整体的美和局部的美，局部的美服从于整体的美。

中国书画艺术需要几个规则，1 主次有序 2 知白守黑 2 书法与绘画的和谐 3 诗词与书画的和谐 4 诗词书画与使用的技法和谐 5 诗词书画和技法与所要表现的内容相和谐 6 传统技法的承续

表现出最佳的和谐是中国艺术也是中国哲学的最高理念，而表现出最强的冲突则是趋动性社会艺术也是趋动性社会哲学的最高理念。两种截然不同的精神代表着完全不同的力量的抗衡，体现着"恒定力"与"趋动力"的社会性力量的平衡。这两种力量表现在哲学意义上是一种阴阳的动态平衡；表现在宇观中呈现真空与物质和组织与非组织的对立状态；表现在宇宙世界中使物质呈现一种动与静的变化状态；表现在地球生态中是一种各物种的此消彼长，物种个体的生与死，物种范围的扩大与缩小，物种间的竞争与共生，各物种有序的食物链，物种与环境的平衡，等等；表现在人类社会中成为人类社会与自然环境的平衡，人类个体与社会的平衡，表现在中国画艺术中是一种白与黑的和谐美；色彩与黑白的和谐美；阴柔与阳刚`相背与相向`；曲与直`圆与方`短与长`，动与静的和谐美，分与合`遮与露`等等，各事物形态`性质`动态等表现出的和谐美。

——（ii）中国画的类型风格总限定

：1 为材料的限定，水`墨`宣纸`毛笔。2 为绘画风格`绘画技法`绘画传承中的创作思想的限定 3 绘画对象的各种属性的限定。以上的种种限定创造了中国画截然不同与其他画种的强烈风采。

绘画对象在自然界中也受到内外环境的限定而演变为具有独特自己的面貌。

——（iii）艺术是和谐生活的良好途径

——（iv）所有艺术都是以启动人的情感机制作为终极目标的

各个时代或不同社会对于不同艺术所引发的人的情感机制有着不同的主次性，在以视觉为主导的时代里就会把通过人体视觉感受器来激发人类审美的艺术作为主流艺术，把通过其他感受起来激发人类审美的艺术作为从流艺术，而在以听觉为主导的时代中就会把通过人体听觉感受器起来激发人类审美的艺术作为主流。而在现今社会中把能结合越多的感受器并且能使用各种视觉效果来激发人的情感机制的启动的电影电视等动态视频媒体作为了主流表现手法。

所有商品都是以启动人的情感机制作为终极目标的

任何商品如果不能够引发启动人的欲求机制直至情感机制就不可能被人所接受和购买。

——（v）中华武功是武术和气功 如同书法和绘画那样 都贯穿着中华文明的哲学理念 都是互为融合的

——（vi）书法 是和谐之道

——（vii）关于中国书画是否属于先进文明的问题

我们中国的哲学是整体出发的哲学体系 它讲求一种人与自然相协调的韵律 这就和趋动性社会的讲究个人为主的哲学有着根本的区别。

我们中国画表现透视是散点的而表现色彩和明暗也是一种类似工艺美术那样的手法，这与趋动性社会的能直接客观地展现出事物是截然不同的两种艺术，而正是我们这种艺术纔是真正的经过大脑加工再加工的艺朮！而不是仅仅局限于再现物体，而是直接的可绘出物体的本质的精神，这难道不是绘画的本质么？

这就是哲学体现和映像到美术上形成了中国画的神和西洋画的形的区别，我们用笔法和墨韵可以在概括物体的神韵中占尽优势，而趋动性社会用色彩和透视得其物体的外显中占尽优势。

趋动性社会的艺术也在不断的进行沟通和融合的，但在如今摄影技术发达的时代里，擅长表现外显的艺术就必定相对要衰落了。

第二节　社会体制和行为原理的重大影响

（甲）简介

一：元力`社会元态`社会体制`幸福观`人性之间的关系

在同一层级的同一系统中，元力造就社会元态造就社会体制，社会体制造就社会幸福观，社会幸福观造就人性，五种事物也互相交互作用影响。

（1）不同元力构成形成不同的社会元态

（2）不同的社会元态形成不同的社会体制

（3）不同的社会体制会造就出不同的幸福观

竞争为主体的社会体制会造就出自利型的幸福观，共生为主体的社会体制会造就出共生型的幸福观。而一个社会也会存在的两种不同的幸福观，也更需要支撑着两种不同幸福观的体制能够有效的调和使之和谐共存社会才能够稳定与发展，整个人类社会也是需要两种不同的幸福观的和谐共存才能稳定与发展，地球上所有国家和地区有一半以共生为主体的社会体制的国家与一半以竞争为主体的社会体制的国家，两大类不同的社会体制内部也会有两种不同的幸福观在调和着，但主流是符合当前的整个人类社会所需要的体制，比如；人类社会由于竞争型社会体制过度发展出现破坏人类生态环境的状态时候，共存型的社会体制就会增加，因为原有的竞争型为主流的社会体制已不适应人类社会所需的时候，恶劣的自然环境和人文环境会逼迫着该区域的竞争型个体逐渐减少而转化为共生性个体数量逐渐增多，直接导致社会体制向共生性转化。

二大社会类型是各自的社会理论的状态，如果事实如此那社会就会因停滞或过度发展导致社会灭亡。只有那些能够使自主性状态与非自主性状态合理结合起来的社会才能得以存在。

（A，关于幸福观

支撑着生的思想基础是幸福观，即生存是幸福的死亡则是痛苦的，前者为人类的一致追求后者为人类普遍排斥，生与衍的差异在于前者保留个人对生的追求，排斥超越这范畴的一切欲望，包含性欲求`权欲求利欲求`名欲求这四大欲求为代表的各种欲望，而这四大欲求更是满足了生的欲望之后所衍生出的社会体制则自觉的压抑这种超越这种机制许可的欲望。

生存衍生欲求则不同它把四大欲望上的欲求发展发挥到了另一极端，如不自由毋宁死则是代表了这种社会体制所形成的心态把四大欲望抬高到超越生的地位之上。

（4）不同的幸福观形成不同的人性

二：关于人类社会的社会元态

（1）不同社会元态的共存与转化

人类社会存在不同的社会元态，但最终都可以归于三种类型，恒定性社会元态和趋动性社会元态和中性社会元态，这三种社会元态在人类的历史生境中互相转化，此消彼长。

（2）人类社会的对应

（A，不同社会元态存在的必要性

（3）人类社会是一个单纯性和混合性共存的

，在这是起立每个国家后由而部分组成既有生与衍组成，这在经济上也就是有商品与计划经济组合而成，前者代表衍后者代表生。计划与商品经济都是适应其特定时期的产物。在政治上可分为发展派与保守派，前者代表激进的发展的前行力后者是停滞力的表现。发展派主张高消费`高工资`低积累，停滞派主张低消费`低工资`低积累尽可能的阻滞经济的发展，维护生存的环境不受破坏。

（4）所谓发达国家它们的困境在于

，前行力有余致力于保护环境的停滞力则微乎其微，导致相当严重的破坏生态环境直接威胁自身的生存，这需要在思想上明确停滞力的理论，发展各类有道德约束力的宗教，使人的心灵得以有一个归宿。在教育上训练学生的各类技能之外让其在思维上有停滞力的理论基础。政治上的二党制互为监督牵制，

三：关于人类社会的社会体制

四：最好的环境是一种综合平衡下的环境

环境的好坏之分首先应该是针对何种对象而言的是指每个个体还是人类社会或是其他生物或是地球生态，对人类社会有利的环境不一定有利于其中每一个个体！而对每个个体都有利的环境是不存在的，对地球生态有利的环境也不一定有利于人类社会或每个个体和其他生物，我们只能够在广义的生态学角度才能够对其做出合理的判断，也就是说一个环境它既适于人类社会的发展和每个个体的合理存在也适于其它生物体的存在更是地球的生态环境得到有效的保护，但这个环境并不是对人类社会最有利的环境，这是一个必须牺牲人类社会某些利益的环境，比如不让人类肆意的砍伐森林就是牺牲和减少了人类的某种利益却保护了地球的生态资源的平衡，这是人类社会和单个个体和其它生物体和地球的一种平衡，也是一种最佳的平衡，这种平衡需要联合国的有效协调才能够更有效做到，依靠单个国家是不可能的。

能协调好个人与社会的关系，既能满足个人的合理欲望又不让私欲膨胀到威胁到其他人和社会的生存和幸福并和生态保持一定的平衡。

五：人类社会的基本构成

（1）人类社会的内在构成

是指第二重层级宏观层以下的各重层级的事物内部的对应关系处于对称和互补状态。

（A，第三重国家层级内部组织机构的势态结构关系

（B，第四重国家组织层级的内部结构的势态结构关系

（2）人类社会的外在构成

是第二重层级宏观层以下的各重层级的事物之间的对应关系处于对称和互补状态。

（A，第三重国家层级的国与国之间的势态结构关系

—a：不同国家`社会`民族存在的必要性

多民族多国家的和谐共存是保障人类社会层级互相制衡的前提，是社会多样化的前提，是人类长久生存的前提。

—b：保持世界民族的独特性是保障世界文明发展和稳定的保障

文化的独占性

任何国家或民族的任何文化产物都会由于"情感第一定律"的作用，会被本民族的人们暂时厌倦而转向其他文化产物，如果该国家或民族是封闭式的，这样在不存在其他完全区别于本民族艺术类型的小环境中，厌倦于某种类型的文化产物可以转而指向其他类型的文化产物但同属于本民族的艺术而丝毫不觉的受到限制，比如厌倦于京剧的昆派唱腔的欣赏者可以转向梅派唱腔，甚至厌倦于京剧本身的则可以转而去欣赏书法和国画艺术，在这个原有的文化秩序中人们在其中不会觉得空间的窄小和拘束，因为相对于这个国家的人民而言，原有的这些艺术种类也是穷其一生也不能尽观尽兴的，在这个文化氛围和秩序中人们尽可以转徊期间而尽得其幸福感的享受。但在存有不同民族和完全不同种类的艺术的地球一个村的大环境下，各种国家和民族的文化秩序都发生了深刻的变异，各军事弱小国家在用很不恰当的方式容纳着外来的文化自遭侵蚀而不自知，以为军事的弱小就等同于文化的卑贱，这些民族也同样抵抗不了外来民族的文化侵蚀，这些民族原有的所有文化独特性必将被外来民族所替代而成为外来民族的文化和工业的廉价加工厂！

而指向其他的民族艺术，因为其他民族的艺术是完全新意的是属于一种强有力的刺激，

侵占民族是从两大方面侵蚀的

一是从幸福观层次颠覆其原有的思想固有概念，其中包含幸福观`道德伦理观`及各种欲求模式，使其感知原有的各种追求幸福的方法都是属于被鄙视和落后的。

二是从文化方面颠覆和同化其民族独特性，首先会从生存欲求入手，从饮食起居的欲求着手，用侵占民族的饮食习俗来替代被同化民族的饮食习俗，其次会从艺术方面进入，使其认知占有民族的艺术是属于优秀的艺术，逐步淘汰被侵占民族的原有艺术，

任何民族艺术都会由于"情感第一定律"的作用而会被本民族的人们所厌倦，而指向其他的民族艺术，因为其他民族的艺术是完全新意的是属于一种强有力的刺激，一旦这种艺术携带着文化进入的时候就更加显得其强力控制性。会使得被文化控制的民族自感文化的落后性和艺术的卑贱性，这就更加从幸福观层次颠覆和厌倦于本民族的艺术和文化，于是这个民族就会彻底被外族所同化屈从，该民族所创造的艺术和文化产业和工业设计的理念无不是屈从和跟随着文化控制国，以其文化为荣以其文化为先进事物，这就是趋动性社会文化的侵占性和独占性。

艺术的审美与民族经济

任何一个完整独立强大的民族都会有着自己独有的艺术和审美观，任何一个附庸于其他民族的艺术和审美的民族都只能处于被动和无创造力的状态。艺术的审美是与民族的经济密切关联的，任何经济产品的实用性和美观性都反映着一个民族的审美情趣和审美需求，每一种商品都是用以满足人们各种欲望为目的的。欲望的产生和欲望的具体指向又关系着社会对其的引导，一个强势的国家和民族会有着自己一套激发和诱导个人欲望的完整的引导体系，其中包括了幸福观体系价值观体系，

中国以其几千年的发展和辉煌史构筑了中国特有的文明，儒家文化的天人合一精神，有效的阻止了个人的私欲膨胀到毁坏大自然的程度，但其自强不息的精髓也时时激励着个人创造欲。中国道教文化所体现出的个人自由和散漫，也能使人在和自然相和谐的境界中获得另一种达观的空灵的无所求的幸福。而被改造过的佛教也是起到了安定人心不使其急功近利的作用！

中国的精髓就在于相对于趋动性社会的急功近利的发展！是一种和自然相和谐的精神，它并不主张人是要战胜自然的，而是要和自然相融合相契的存在的，正如中国画所体现的那样，人在画中并不是占据着大篇幅，而是与自然相和的景象，个人是融于自然和群体的。这在哲学上变现为一种阴阳协调的太极图像，阴和阳互相包容运动和对抗着，但始终不会吞噬对方，两种力量始终是即有所抗拒又能共享共存，这就成为了一种和谐，人与自然的和谐。

这种哲学理念也制约着中国人跨出海洋的进取心，但也正是这样制约，才能够保护着地球的生态环境不至于遭受人类的毁坏！但趋动性社会的进取思想完全是和我们相反的，他们崇尚的武力和征服，从陆地到海洋从种族到国家从人类到地球，每一个事物无不遭受着它的征服欲和侵占欲的凌辱。从发明的蒸汽机以来，就以炫目的速度让地球的生态遭到前所未有的毁灭！

正在世界范围兴起的环保主义`简约生活`绿党政治正是趋动性社会社会一种对其文明的彻底反思，所谓物极必反的转折点终于来到了。

——I）和谐生存的社会

—— （ i ）困顿中的兴起（在人欲中兴起的环保和简朴的精神）

一个和谐的社会应该让具有能动作用的"趋动力"和具有相反作用的"恒定力"这二类力量体系得以和谐的存在和交融和互相制约。

现今世界正逐渐兴起的生存观念的新趋势"简朴生活"和日益蓬勃的力量"环保主义"都在展示着"恒定力"这种力量的勃发，因为世界"趋动力"的异常强大到了物极必反的程度，这就是中国的哲学思想之一易经中的"物极必反"的体现，一种力量当它达到了最强大的时候也是开始走向衰弱的时刻，因为另一种力量正在逐步削弱它的强大能量，这也是地球的一种自我协调的能力，当人类的疯狂发展是地球生态趋向毁灭的时刻，地球用各种天灾人祸来提前给人类展示出毁灭的前奏，这与人遇到外伤流血疼痛是一样的道理，这样会让人类懂得地球不是一个可任意摧残的柔弱力量，中国之所以能延续几千年而不毁灭正是中国的哲学思维的主体是和自然相谐生存的，这种力量没有强烈的扩展性，它正是阴柔的恒定力，而趋动性社会之所以那样疯狂发展因为后者的哲学是体现了自利和以竞争为主导的精神，这种疯狂发展力造就了辉煌的人类力量同时也造就出毁灭地球的巨大能量。而这种"趋动力"的力量正以毁灭性的速度毁坏着人类的生存空间，正是由于看到了这种力量的无比恐惧的能量，越来越多的有识之士提出了各种环保主张形成了"环保主义"直至有些国家为此建立了绿党，环保主义其实就是人类另一种力量"恒定力"的恢复，这种力量是保守的，主张社会退化的反对前进的，也正是这种"恒定力"的开始发展，才形成了对疯狂发展的遏制力，形成了趋向人类和地球互相制约的绿色环保的社会，疯狂发展所展现的副产品人类的奢侈生活也理所当然的出现了另一种简朴生活的对立面，后者是排斥和抗拒前者的，是以绿色环保为中心的，虽然其还带有自利的精神，但其实际已经是非自利精神在其中起着作用了，它使得个人不再以自我为中心，而是把自我放到了和他人和地球环境一起的地位，在谋取私利的同时也考虑到他人的需求和地球的承载能力，这就是自利性精神和非自利性精神的一种互相抗拒后形成的新的平衡状态，这是当今世界趋势的一枚定海神针！

——II）环保主义和简朴生活

—— （ i ）绿色环保主义

什么是环境文化？凡致力于人与自然、人与人的和谐关系，致力于可持续发展的文化型态，即是环境文化。环境文化是人类的新文化运动，是人类思想观念领域的深刻变革，是对传统工业文明的反思和超越，是在更高层次上对自然法则的尊重。几十年

来，环境文化的理念广泛渗透到人类经济、科技、法律、伦理以及政治领域，预示着人类文明已从传统工业文明逐步转向生态工业文明，并将以自然法则为依据来改革人类的生产和生活方式。

三百多年前，趋动性社会从传统农业文明转向了工业文明，形成了传统工业文明主导下的世界经济与政治格局。传统工业文明带来了科技与经济的飞速发展，带来了人类物质生活水平的极大提高。但其与生俱来的缺陷也日趋暴露：它采取控制和掠夺的方式，以惊人的速度消耗全球自然资源，排放大量自然界无法吸纳的废弃物，打破了全球生态系统的自然循环和自我平衡，使人与自然的关系恶化，造成了日益严重的环境危机，威胁着人类的生存发展。人们开始重新审视传统工业文明，反思它的种种弊病，以求摆脱它所造成的种种危机，以绿色取代黑色，以新型的生态工业文明代替传统工业文明。因此说，生态危机产生环境文化，环境文化的核心是生态文明。环境文化即是今天的先进文化。

环境文化强调，人类只有一个地球，地球是我们和子孙后代唯一的家园。地球生态系统是脆弱的，如果听任传统工业文明对地球自然生态环境进行摧残和破坏，人类将无家可归。

环境文化强调，人类是自然生命系统的一部分，不能独立于复杂的生态网络之外。人类与自然界的其他生命形式相互依存，相互制约，不可分离。

环境文化强调，人与自然的关系制约着人与人的关系。调整好人与自然的关系，便是协调人类的社会关系，便是追求人类社会的和平与进步。

环境文化强调，人类以文化的方式生存，所有先进文化都是生存于自然中的文化。生存于自然中的文化不能反自然。文化与自然的辩证统一，就是人类生存的本质。

环境文化强调，地球的资源是有限的，科学技术不应让人们误认为人类改造自然的能力是无限的。把"人定胜天"推向极致，将使人类陷入生存困境。

环境文化强调，环境的权利与义务必须统一。对自然资源的开发必须与对环境的修复相平衡。发达国家和高消费人口是全球资源消耗的主体，他们有义务承担起更大的环境责任。

环境文化强调，自由是对自然法则的遵从，受自然法则的约束。自由不是贪婪与放纵。人类有享受物质生活、追求自由与幸福的权利，但这权利只能限制在环境承载能力许可的范围之内。

—— （ii）简朴生活

趋动性社会激进的畸形发展经济终于从中产生出了一大批有着良知的不自利的人和组织，后来这种环保精神也不可遏制地进入了个人的生活中，觉醒起来的人们开始一种简朴生活。他们本着只有一个地球从自己做起的精神，依靠着每一个人实时行动，从个人的生活上做环保。他们努力去实践简朴的生活，让生活简单，避免制造过多的污染。他们认为「大」不见得就是好，「多」也不见得就是富有，唯有简单自在，生活才真正是一种享受。他们确立的共有十五项环保新生活运动宣言中，有许多诉求是希望人们能节约资源，改变消费型态，过一个简朴的生活，他们觉得自己有责任将现有环境资源传承给后代子孙，而不会使资源枯竭。

环保新生活运动宣言共有十五项，其内容如下： 摘自——（永續發展的精髓－簡樸生活　張隆盛、葉俊宏　環境教育季刊 37:2-11　1999 年 2 月）

主动关心、监督公共事务，参与社区组织，共同维护社区环境品质。

饮食均衡适量，剩菜打包，减少厨余。

提倡喝白开水，避免食用垃圾食品、饮料。

拒烟、拒吸二手烟，力行公共场所禁烟。

节约用水，减少水污染，保护水资源及河川。

力行绿色消费，购买环保商品。

自备购物袋，少用塑料袋，拒用过度包装、不易分解、不利回收之产品。

多使用大众运输工具，鼓励共乘。

抵制垃圾邮件广告，举发广告污染。

提倡节葬、洁葬，鼓励火葬、公墓公园化。

拜神祭祖心诚则灵，少用纸钱、鞭炮，不制造污染、噪音。

拒食、拒买、拒养野生动物及其产制品。

不弃养宠物，鼓励认养流浪动物。

爱护植物，不虐待动物，改变放生习俗为护生观念。

提倡心灵环保，倡导绿色休闲生活，减轻自然环境的负荷。

—c：政治体制的对应性

—d：经济`科技与社会的社会组织机构与生物圈`生态圈`自然环境的对应性

—e：科学的局限性（科学和社会的不对应会发生各种混乱。任何不对应都会发生混乱和崩溃）

—f：正常社会与病态社会的表现

一个社会体系必须使两种幸福观的个体的生活环境互相调和到和谐程度，才能使社会形成有效的秩序，一旦自利型占据个体的绝大多数和极端的主流，该社会必然就会向疯狂发展方向急剧倾斜，各种生态和人文环境必然遭到人欲释放出的暴力的侵袭，而一旦共生性占据个体的绝大多数和极端主流，该社会也会因此而停滞不前，也会遭到外界的侵袭而崩溃。社会的协调者政府只有协调好这两种力才能够使社会稳定和谐的发展。

——I）正常社会的条件

在人类社会处于需要某种机制出现`存在或发展时，它因时而生。

比如在人类社会遭到趋动性社会疯狂发展人类生境日益破败之时，某一恒定性社会开始出现和发展，这类社会就属于正常社会。

又比如在欧洲经过千年的基督教统治时期，社会极度停滞不前，它属于恒定性社会的一种，但由于人类社会总体状态过于恒定，于是经过组织自我生态机制的自我调整，出现了文艺复兴为代表的趋动性力量的复苏，人欲开始突破各种道德规范和禁忌，这种状态和这个时期的社会元态就属于正常的社会元态和社会体制。

——II）病态社会的条件

在人类社会不需要它的某种机制存在和发展，它却存在和发展该种机制。

如在工业社会开始以来，趋动性社会元态的社会蜂拥而出，人欲泛滥，人类生境遭到破坏，人类社会需要恒定性社会的出现和发展，但由于大环境所逼，各个社会都还是继续着往趋动性方向发展。这些社会就属于病态发展。

——III）非常的人类社会和正常的人类社会

失常社会：30%处在各种平衡状态（其中病态平衡状态的占60%，能保持自身常态平衡的只有5%，处于新常态平衡的占20%，处在人体假平衡状态占15%）；70%处于各种失衡状态（其中病态失衡状态的占60%，处于人体常态失衡的占10%：处于新常态失衡的占20%，处在人体假失衡状态占10%）。

正常社会：70%处在各种平衡状态（其中病态平衡状态的占5%，能保持自身常态平衡的占60%，处于新常态平衡的占20%，处在人体假平衡状态占15%）；30%处于各种失衡状态（其中病态失衡状态的占10%，处于人体常态失衡的占60%：处于新常态失衡的占20%，处在人体假失衡状态占10%）。

如果一个失常的社会中失常的个体占据大多数，那么这个社会就处于一种无法协调自身的状态，就是病态失常的社会。如果人类的社会大多数处在病态失常中就说明人类社会世处在不正常的失调中，推演至地球生态各环境也会受到以人类为主动性的破坏之中，各环境体系也无法自我调整到合理的程度，很多物种毁败很多物种变异，生物的多样性和协调性被人类的失常行为彻底打乱，无法形成一种良性的循环生息的状态的地球正趋向极度混乱。

——IV）一个合理的社会应具备的若干条件

生产和消费之物质所产生的垃圾都能够在一个合理的时期里转化成能有效被自然所用的物质进入自然的循环之中，而不会变为不可利用的物质，更不会成为破坏自然合理循环和稳定存在的破坏物。

社会的幸福指数恒定在中间值，也既是把自利性个体和非自利型个体这两大类力量调节在平衡状态。但也根据整个人类社会的现状而做出合理的调整，如果人类社会总体偏向自利性力量就会趋向强化非自利性的力量以便平衡整个人类社会两大力量的均衡。

各类因心理失衡而引发的犯罪率降低到合理范围

各类因心理失衡引发的疾病降低到合理范围

政治上完善监督机制，党内应建立起发展派别和稳定派别两大派以互相竞争和有效监察。

经济上发展和稳定处于合理的范围。

（乙）人类社会的两种元态：恒定性社会与趋动性社会

一：本节脉络

叙述元力造就体制和个体。

恒定性和趋动性元力造就恒定性和趋动性的体制和个体。

分析恒定性和趋动性体制的特征和对同层级或不同层级的社会`自然`生态等等的影响，分析各自的利弊。

分析具有恒定性和趋动性的个体自身和具有不同独特性的个体。

二：简介

（1）"恒定力"与"趋动力"两种社会能量决定不同的社会元态

元力造就社会元态，社会元态造就社会体制。因此恒定性元力造就恒定性社会元态，后者也造就了恒定性社会体制，趋动性元力则构成趋动性社会元态，后者成就了趋动性社会体制，但任何社会都是这两种体制的混合型，只有相对的恒定性社会体制和相对的趋动性社会体制的社会，大多数社会在多数时期处于中性混合型的社会状态。

（A，恒定性社会元态特征

人性的共性化与共利性；经济的公有性；政治家长制；社会所发生的一切刺激式态呈现单一性、简单性、恒定性。
保守性、单一性、恒定性、共存性是其社会普遍的重要特征。

（B，趋动性社会元态特征

人性的个性化与自利性；经济的私有性；充分竞争的政治体制；社会所发生的一切刺激式态呈现多样性、复杂性、多变性。
激进性、多样性、多变性、竞争性是其重要特征。

（C，中性混合型社会元态特征

人性的自利与共利共存；经济的共有与私有共存；政治家长制与竞争共存，类似新加坡的威权体系；社会所发生的一切刺激式态呈现混合性。恒中趋动或动中有衡为其主要特征。
现代社会大多数趋向这类社会进化着。不再是纯粹的恒定性和趋动性社会元态。

（2）不同社会元态决定不同的社会体制也影响着社会人个体

什么样的社会元态决定着该社会的经济和政治体制是什么形式的。

同时不同的社会元态也对思想并未成熟的人群有相当的影响力，反之社会也受着不同人群的思想影响，由此变化着自身的社会元态。

非自主性个体有其特定的幸福观，自主性个体也有其特定的幸福观，两种不同的截然相反的幸福观代表着两种截然不同的社会力量趋动力和恒定力。

（3）人类社会的变化受社会元态的恒定力和趋动力左右

任何社会的建立发展和稳定或是崩溃瓦解都是由这两种不同性质元动力作用的结果，如同中国古代太极图表现的那样阴阳相生相克、互为消长、转化、制衡。社会如果因为运动力过于强大而导致破坏性力量的产生的话社会就趋向资源衰竭而崩溃，相反是死气沉沉也会造成不能有效地与自然保持动态平衡而趋向崩溃的状态，所以这两者的力量必须在社会中取得动态平衡，这是一种此起彼伏相辅相承的两种作用力，一张一弛的作用于社会以便适应自然的变化，最后社会达到和自然相和谐发展生存的状态。而这两种幸福观即是两种力量在社会欲望机制的体现，哪一种持有该幸福观的社会群体占多数，哪一种力量就占据着主导地位，反之亦然。

以自主性个体和非自主性个体的力量为代表的趋动力和恒定力是此消彼长的并不是一成不变的，雅典和古罗马时期的趋动力就相当强，以至于发展到道德崩溃人伦丧尽的地步，过多参与的趋动力以至于自主性个体越来越多的释放着不可遏制的欲望诉求，破败着整个社会的肌体，因为非自主性个体为代表的恒定力也代表着秩序的力量，后者越来越衰微以至于社会趋向崩溃，后来的近一千年的中世纪恒定力量为统治的时期正是对前者的反弹，这个时期恒定力占据绝对的地位，非自主性个体占据着社会的绝大多数，他们形式上是把自身都寄托到一个共同的精神领域"上帝"上面，这就是非自主性个体在形式上的表现之一，这是一种不以自我为中心而展开幸福诉求的社会人个体，他们的一切都围绕着一个上帝而不是自我，整个社会都在教廷的导引下运作得非常秩序化，但是在扼杀个体欲望的同时也遏制着整个社会个体的创造力，整个社会变得固板和死气沉沉，这样的社会如果发展下去也会因此而覆灭，没有了活力和创造力也会没有生命力，因此文艺复兴的逐渐兴起也是应时而产生的，各种裹挟着欲望的创造行为都争相发散着自己的压抑已久的活力喷发渲泄而出，自主性个体在社会发展力的引导下日趋增多，非自主性力量的恒定力日趋减少，整个社会又回到了一个以自我为中心精神为主导的状态。这样历史就在恒定力和发展力相辅相成次消彼长的过程中发展的。

世界各国的元态演化进程

第一阶段 远古社会	第二阶段 农业社会	第三阶段 工业社会	第四阶段 信息社会	第五阶段 未来社会
社会组织 混合性为主 趋动性为辅	国家 恒定性为主 趋动性为辅	国家 趋动性为主 恒定性为辅	国家 恒定性为主 趋动性为辅	国家 混合性为主 恒定性为辅
社会组织 混合性为主 趋动性为辅	国家 恒定性为主 趋动性为辅	国家 趋动性为主 恒定性为辅	国家 趋动性为主 恒定性为辅	国家 混合性为主 趋动性为辅
社会组织 混合性为主 趋动性为辅	国家 恒定性为主 趋动性为辅	国家 趋动性为主 恒定性为辅	国家 混合性为主 趋动性为辅	国家 混合性为主 趋动性为辅

三：恒定性社会体制

（1）恒定性社会体制的的特征

幸福观是建筑在集体利益至上的，集体的利益是最大的幸福之源，个体则是为实现其目标而生活着，它通常需要压抑和牺牲个体的私欲来达到集体利益的实现。相对而言恒定性社会体制并不存在个人之间利益的竞争，就社会总体而言个体之间是一种合作的关系，在很大程度上是遏制个人欲求能量和减少其创造力的以恒定性为主体的社会体制（因为社会的分配体制并不需要更高、更快、更新而只需要恒定的守旧型的个体）。

无私为核心的恒定性社会元态体制造就的非自主性精神。表现为对人生的淡泊精神，他是从和谐角度来顺应自然的自我存在。认可集体的重要性是大于自己的，始终认为自身和集体是不可区分的部分，强调个体服从集体。

（2）恒定性社会体制与正教的宗教精神以及中国古代哲学理念的关系

"非自主性个体"：是认为个人是广义生命组织体（和非生命组织体相对应的人类社会和生物界的，也是指能延续自己生命的物质构造体）的一部分。

但在提倡自利精神的趋动性社会，非自主性个体的精神 "大公无私"被压抑到角落。社会到处充斥各种性的诱惑、权的诱惑、名的诱惑、利的诱惑，这四大诱惑是自主性个体的精神"自私自利"的欲求目标，现在被媒体宣传提高到了前无古人的地步！ 所持的是什么？幸福的诱惑。"禁欲"是佛教和基督教等宗教所提倡的，他们用他们自己的唯心论来解释，所谓" 空 "，人都是空的得到的也自然是空的。这种解释其实于世俗的人们是不能够从内心接受的， 而要彻底解释幸福是什么，才是打开心锁的钥匙！

（3）遏制趋动性社会体制的恒定性社会体制

每一次的社会的革命或变革，其实质都是阴阳元态发生了根本或深度的发生了变化，但其实质而言，不是恒定性社会变为趋动性社会就是后者成为了前者，只是程度的不同而已。

在冷兵器时代，游牧民族对于成型的国家在军事方面的表现就是一种趋动力，后者对比前者是恒定力，前者常常是骚扰源甚至征服后者。

恒定性社会机制和趋动性社会机制贯穿在人类发展的进程中，互相交替实现在全球几百个的社会和国家的社会体制上。

二次大战后，随着趋动性社会机制的疯狂发展导致全球生态日趋恶劣，全球社会生命组织体系统自我调节的产物，恒定性社会元态又出现了，是以社会主义体制面目出现的，其内在实质也就是从远古的原始公有制到各种遏制人欲的思想本质，和世界的三大宗教里面蕴含着那种要求遏制个人欲望的精神是一致的，本质就是恒定性元态的文化表现。

恒定性社会元态是一种共存，它并不需要更多、更新、更快，它提倡和需要的只是人与人互相协作而非竞争的为集体而生的精神，它遏制个人的私欲换来个人在集体之中的生存，直到提倡牺牲个体而成全集体。

与趋动性社会体制飞速发展以至于会不断地以地球资源和环境的损害作为代价相反，它的发展是相对停滞的，因为它并不需要突飞猛进式的进取，它是停滞的，静态的不变的社会机制。

恒定性社会元态的体制他首先在经济上一定需要保持公有制为主体，不以竞争作为经济的发动机而是实行计划分配的原则。政治方面则是一元化的专制体制。

恒定性社会以中国为例，自从中国毛泽东当政以来，其恒定性社会元态是其主政的思想，毛泽东是只看到了趋动性社会体制的飞速发展下的弊病，却看不到其利，看到了恒定性社会体制的优势却看不到其弊端。他高扬集体主义的旗帜，企图从根本一举清扫了资本的丑恶一面 ，如"黄赌毒"这种人欲泛滥的现象，但也从另一方面禁绝了人的创造力。他不知道真正的和谐社会应该是使人类和谐相处为终极目的，并以此建立共存的社会。用压抑个人的自利来抑制任何人有个人私欲。同时把个人的终极目标明确为——"幸福=集体荣誉感"。经济上企图建立的这个恒定性社会元态不需要去追求满足个人私欲，而是在满足基本生存前提下的有限度的消费自己欲望。所以国内无论是经济还是文化都是静止和倒退状态，从全国八台样板戏到服饰的简单统一，再到文化领域的统一成只有一种毛思想，经济也是从私人制演变为了集体制和国有制。又由于激烈的政治斗争和生存竞争，全国呈现一种病态的乱象，既有思想文化停滞的静态又有文攻武斗的暴力冲突，导致国力下降民生困苦。

而改革开放是试图引进趋动性社会体制活力的一种有益探索. 邓小平倡导的 "一国两制"是一种很有创造力的解决恒定性社会元态体系缺乏活力的尝试. 把趋动性社会体制有控制的在某个特定地区，从而带动整个地区的经济活力. 又不破坏恒定性社会元态体系的根本"公有制"。以恒定性社会元态公有制来遏制趋动性社会体制的人性的贪欲，而以趋动性社会体制来激发出恒定性社会元态经济体制的活力，如果二者之间能够有效平衡，直至达到了一种混合性的社会元态，也可以达到国家的和谐发展。

恒定性社会体制并不需要与趋动性社会体制来比拼经济效益 ，恒定性社会元态公有制的优势就在于其是静态的求稳定的经济制度，他本质上是不可能与趋动性社会体制比拼效率的，因为他不能以经济飞速发展来维持自身的体系，趋动性社会体制相对于恒定性社会元态体制就象是永不满足的永动机，吞噬着一切，而恒定性社会元态体制就是一个恒定的地球，他缓慢的旋转着，循着自身的轨迹，像一头老驴围绕着一个永恒的石盘转动。 只有混合性社会体制才是现代社会最主要的趋势与和谐之道。

四：混合性社会体制

混合性元态也就是趋动性社会元态和恒定性社会元态的互为对应、对称、制衡的和谐状态，这在一个国家内部是最理想的社会元态。

它本质就是人与社会和地球环境和资源是一种共生的关系。混合性社会元态的个体之间；个体和集体之间；集体和地球资源之间互相协作，决不以一己之私行毁坏他人的行为，它不对外扩张因为它的机制是共生，不会去掠夺他人或他国，因为它的核心不存私欲。经济的混合制（公有制和私有制有效的结合）则是造就这颗心脏的机制。

混合性社会元态首先是和谐发展的，总体的和谐使得人们变得看上去懒散，有真正的闲心雅趣来读懂人生的幸福真谛，他们的国度是不会对外扩张，人民不会因为担心失业`疾病`劳保福利的问题而陷于精神失常，变态丛生。他们有着稳定的生活来源，从生到死，乃至个人教育到生活问题都有人关心解决。但现代的混合性社会元态的国家因为其恒定性元态主导，就产生了好逸恶劳的弊病，有些欧洲国家就是如此，过于强调民众福利，缺乏趋动性社会体制那种活力。

现代社会，由于其国家内部有着良好的宗教信仰，经济是一种混合经济既公有制和私有制的结合，政治是权力制衡，其趋动性元态为主已经逐步转到混合性元态为主的社会，以此社会呈现着一种比较和谐的氛围，人们也过着比较和谐舒适的生活，比如欧洲多数国家，美加及澳大利亚，日本等国。但多数国家还在趋动性社会元态阶段，少数处于恒定性社会。

（1）建立和谐共存的混合性社会元态新思维

恒定性社会元态是不可能消亡，它是制衡趋动性社会元态的社会机制，没有了以大公无私(非自主性精神)为基础的精神表现的恒定性社会体制，无以抗衡极端自利(自主性精神)的对地球生态的破坏性发展。

趋动性社会体制下的社会，我们可以形容它是一种相对动态的社会元态，趋动性社会元态的诱人之处在于它的引发个人追求在法律范围内最大的欲望目标 ——社会建立起四大欲求目标："性欲求""权欲求""利欲求""名欲求"并以此得到终极目的——"幸福"实现个人追求私欲的过程，趋动性社会体制的特征就是为了追求个人幸福激发个人的所有能量。

这样归根结底可以形容恒定性社会元态是一种相对静态的社会元态。

就目前而言，一个合理的社会就在于能够合理合度的融合了两者体制的社会，使他们互相和谐的发展就是相对存在合理的，任何一种抛弃发展求取静止的或相反的社会在目前看来是不够健全，前者社会趋于死寂没有进取机制容易被外来入侵（像过去一些恒定性社会元态国家），后者过于激进极易引发体制内的革命或暴乱（过去依靠暴力来掠夺的老大资本帝国）。

恒定性社会体制的建立不是偶然，是历史发展的必然性，他的建立是制衡趋动性社会体制疯狂发展的，没有以为集体而生存并以此遏制个人私欲，国家对外不以探索和扩展为宗旨的恒定性社会体制，人类的生境可能必然会很快被自己侵蚀和毁灭！（因为人的欲望是无止境的，只依靠宗教和道德规范并辅以法律的趋动性国家也根本无能为力，因为他有一颗自利和进取的心）。

五：趋动性社会体制

（1）趋动性社会体制的特征

（A，趋动性社会体制与资源的关系

—a：人与资源的关系

——I）人的欲望是无穷无尽而满足人类需求的资源却永远的相对有限

提倡追求个人幸福的趋动性社会体制造就了无穷无尽的欲望

虽然趋动性社会体制造就更多的财富和更快的经济速度，但却不要忘记人的索求总是那么快的更新换代 ——更快`更好`更新，为欲望提供了很好的注解。趋动性社会体制下的人不会为已经达成某个欲求目标而停止贪婪欲求的脚步，他要更好的更新的，他要实现更高的欲求目标。不妨我们做个比方：就拿性欲求来说吧，恋爱中的男子他追求着一个心爱的女子，也许追求是痛苦而漫长的，但是只要达到了一定的目标，也许是依据温馨的话语，也可能是一个亲密的吻，而一般而言追求者的终极目标，应该是婚姻，在种种挫折（痛苦）也伴随着无数的征服挫折（幸福）的历程中，他悲喜交加，消极情绪和积极情绪始终伴随。可能最终他得到了婚姻，完成了最后一步，但过了激情最终更多的还是平静，也就是平常趋动性社会人所说的那样，枯燥的生活没有任何激情，因为任何激情都会趋于平静，这是一种规律（ 同种刺激重复不反应规律 ）既然婚后或者得到对方的肉体（有些人以此为最终目的）之后趋于平静，也就是枯燥，那么私有化为核心，享乐为主的文化熏陶下，个人必定会追求生活的所谓质量，和生活的所谓乐趣 `激情`点缀`浪漫等等为借口的婚外情，就理所当然的进入每个人的生活世界，所以私有化为主体的趋动性世界永不可能拒绝各种畸恋，包括各种性的变态也是个人性欲求超越道德规范的表现！

相对于人类欲望的无止境，索求手段的日益工业化，而满足人类需求的物质 却永远的相对有限 ——这种由满足自私心的幸福首先是建筑在人对欲望的寻求满足上，人的欲望却总是逾越物质所能提供的程度，所谓欲壑难填。这时候趋动性社会体制卓越的发展速度其实却成了自身的掘墓人，日益提速的效益就等于更快的消耗地球的资源，进一步加剧着人与人之间的不平衡的财产分配，也更刺激着人与人之间的无情竞争。

人的贪婪总是超越资源所能提供的一切 使得科技发展也总是落后于人的私欲发展 所以扩张是一定的，私欲也总是要摧毁一切阻挡其脚步的，趋动性社会体制的困境就根植于此！趋动性社会体制所生产出的物质财富永远也满足不了个人的私欲！这导致道德的毁败和社会秩序的趋向日益混乱。

（B，自利的幸福观造就竞争的社会环境

自利型的竞争型的幸福观表现在个人追求的幸福必须建立在他人痛苦的前提之下，也表现在以国家的面目出现的侵占性和独霸性。

个人：

趋动性社会体制的幸福产生人与人之间的残酷竞争，自利型的幸福观是产生个人之间残酷竞争的本源， 因为某个体得到了某种利益也即实现了他的幸福观产生了幸福感，但同时这是建筑在另一个个体或其他很多个体失去这种利益为代价的，同样是必须以他人的实现不了幸福观和以此会产生痛苦为代价的，如彩票就是看典型的案例，一个大奖的获得者的快感基础必然是建立在千万人的失落和痛苦之上的。自利型幸福观让该社会的个体之间产生残酷的竞争，因为我的幸福感就是建筑在你的痛苦感之上的，

没有你的痛苦我就幸福就不会存在。我的幸福的获得必然是你没有获得产生的痛苦作为参照物的，自利型社会中从来没有不建立在他人痛苦之上的幸福，共同幸福只是一种幻想和神话，甚至亲人之间也必不可免的产生自利的隔膜，甚至为某种利益而互相残杀去剥夺另外一个亲人享有该利益的权益，因为独占性和排他性是自利型幸福观的核心宗旨，自利型个体的幸福的快乐必然要通过剥夺相对应的人的产生幸福感的基础"某种利益"从而使之痛苦，这样该个体才能获得该利益以此得到幸福感，竞争体制下的幸福感的获得必然是自利和独占性的，必然是你获得了痛苦感后才能产生出我的幸福感。

（ C，自利性幸福观如何产生竞争原理

幸福是有幸福观和幸福感组成，幸福观是个体的核心思维体系中的重要组成内容是个体行使行为的准绳，幸福感则是该个体实现了幸福观之后获得的情绪感受，趋动性社会体制的提供的自利型幸福观会赋予个人的激情爆发冲动的燃料，因为它能够让人产生竞争，在对他人彻底排斥以维护自身利益中获取幸福感的动能，并使个人排斥他人的存在也更试图突破或规避各种道德和法律等的规范来损害他人的利益，这就是以自私为源头为发展动能的趋动性社会体制实质。

自利型个体的幸福观是建立在他人的痛苦之上的幸福，（例如：各项竞技活动中胜家的快感无不建筑在竞赛失败方的痛苦之上），或建筑在间接的让潜在的或想象的对手的痛苦之上，或旁观着他人正在遭受的痛苦来体验自己超然的优越而免除的痛苦的幸运感（也是快感的一种方式）这几类都是自利型个体的典型案例。

社会内部：

（2）趋动性社会导致国家和个人的扩展与侵略性的表现

个人私欲的延展一方面是对他人利益的侵占，也导致对别国的扩张和侵占，国家对外政策由于本身资源日益损耗和贪欲本质，逐渐又重新变得用铁血代替原有的资本入侵。趋动性社会体制有着铁血扩张的血腥面目！就因为它有着一颗用自私铸就的发动机。

带来的人性私欲吞噬弱国；也吞噬地球的资源；最后毁灭自身。

（3）趋动性社会制度的人欲

人的道德的沦丧过程就是这样日渐堕落的，我们可以清楚地看到 道德堕落的过程就是这样一步一步的走向冲破个人的底线而这就是趋动性社会发展所依赖的唯一动力 ——（自立、个人自由、等等的一个核心——自私）

私欲是其发展疯狂的犹如脱缰的野马，没有宗教没有完备的法律早已被其毁灭殆尽，因为他们始终建立在满足个人欲望的沙滩上的，尽管拥有发达的四肢坚强的体能 却终究敌不过个人私欲的吞蚀！

（4）竞争是人欲泛滥之源

所以趋动性社会体制下的幸福价值观必然是竞争的源泉，无怪乎各种正教如：佛教 、基督教等都要从各种欲望上来遏制人的欲求，各种正教也正是从人类千百年来的种种行为之中得到了这么一条规律，即"万恶淫为首"，何解？这也就是说追求性欲实现的这个欲望是恶的源泉之一而且占首位，而现在看来追求幸福感其实才是万恶的源泉，追名逐利、争权夺利、除了四大欲求之外，现代人甚至于衣、食、住、行都充斥泛滥着人欲。都掺乎着追求刺激的表面下潜藏的幸福欲，在自主性个体人的内心深处，深深地扎根着这种理念， "我要幸福"，和平时期这种信念表现得比较明显，而战争年代非常时期这种信念会被 "我要生存"概念所假戴，争取生存其实质还是我要幸福的翻版而已。

"人对于重复相同的刺激会不反应"，这种情感第一规律也使得趋动性社会不断的推陈出新，从各类电器的不断更新换代，到各种家具 、时装、家庭装修、交通工具、的不断追求新、奇、特，饮食餐饮也不甘落后：各种动植物都可成为盘中物，口味也变得愈加腥、辣、麻、酥、脆。在这种追求新、奇、特的行为过程中浪费挥霍尽地球可怜的最后一滴资源。

"人对于重复相同的刺激会不反应" 这一规律也使昨天的轰动新闻转眼就会无人问津，电影 、电视、广播、网路、报纸、杂志等新闻媒体每天宣传的都是试图榨出人们竞争到最后能量的刺激性的产品， "刺激性"是新闻媒体所热衷的，因为没有刺激性就没有收视率=没有经济来源=关门！"何谓刺激"？这其实是新闻的内核，没有一定的刺激性和震撼力的新闻是没有人愿意看的，所以媒体总需要靠猎奇来吸引眼球，而刺激其实也是以相对于昨天的刺激而言的，因为昨天的轰动新闻马上会被读者所麻木（因为刺激不反应原理）要有刺激轰动效应首先得在内容上有较之过去的新闻有不同，其次要造成大效应就得在特大、新奇上做文章，所以媒体每天都要探寻出甚至制造出种种所谓震撼力的东西，暴力、谋杀、抢劫、等等血腥的关乎肉体强力接触的新闻；强奸、通奸、及名人的各种绯闻、战争、地区冲突、财政讯息、等等各种新闻及背景都是关乎一切自身的各种欲求目标（感官刺激欲求、性欲求、名欲求、利欲求、权欲求）得以实现的。媒体宣传的刺激一天比一天更甚，更鲜血淋漓，更加赤裸！而这种刺激的新闻，这些产品都在重复强调渲染着实现其目的的享受性幸福感。都在宣扬这个人欲望，反过来刺激着个人不择手段的追求更高更新更强的刺激， 这就是趋动性社会体制的幸福！

所以新闻媒体每天都伸展着触须，吸收并传播着各种新奇特的事物，他是传播恶欲望的急先锋！

趋动性社会体制社会的困境在于人们并不能够从根本上有效遏制欲望，人们每天都在制造实现各种欲望的机会，每天都在搅尽脑髓的残酷竞争

（5）世界某些地区处于趋动性力量泛滥的社会现状

（ A，过度发展带来的一系列环境灾害

据统计，各国经济赖以发展的全球自然生态系统自 1970 年代以来已减少三分之一。（据 TVB)

1992 年世界 1575 名科学家发表一份《世界科学家对人类的警告》在开头提到，人类和自然正走上一条相互抵触的道路。对自然界的过量开发，资源的浪费，臭氧层变薄，海洋的毒化，环境的污染，人口的爆涨，生态平衡的破坏，不仅造成了"自然和谐"的破坏，而且严重地破坏了"人与自然的和谐"，这些已严重威胁着人类自身生存的条件。

最坏的情形早已发生 ，由于片面的物质利益的渲求，对自然资源的争夺、占有和权力欲望的膨涨，造成了国与国、民族与民族、地域与地域之间的对立和战争。过分注重金钱和物质享受，造成了人与人之间关系的紧张，社会冷漠，心灵孤寂。

人口剧增和荒漠化加速恶化互为因果，形成一个永难挣脱的恶性循环怪圈。如果荒漠化把我们的生存空间继续压缩下去，谁能保证我们就一定能逃脱文明覆灭的命运？ 工业社会带来的生态破坏是空前的 ，矿藏的大量开发、天然物质的大量改造、人工合成物质的大量产生，使得物质的分布和构造越来越偏离原有的稳定状态，生命的化学循环受到越来越大的干扰，这种急剧的、紊乱的变化对人类和其它生命的活动是极为不利的。一方面，以公害形式出现的物质、以公害形式出现的能量消耗急剧增加，另一方面，以资源形式出现的物质急剧减少。这就是人们常说的生态危机的实质。

—a：《2000 年地球生态报告》(Living Planet Report 2000)显示，人类若依照目前的速度继续消耗地球资源，那么所有的自然资源会在 2075 年前耗光。 由世界自然基金会和联合国环境计划组织联合发表的这份报告，指出，如果全球人类都像英国和其它欧洲国家人民一样浪费的话，那么地球人需要立即找到另外两个像地球一样的星球，才能满足自然资源需求。

六：幸福的十大原理可以带来个人和社会的巨变

我们如果能够打碎这个幻想，来证明 "幸福"是不可能得到的，就能彻底让人内心解除这种束缚和困惑！这也是佛教、基督教、等等人类伟大教义所做的，他们用六根清静和清新寡欲的各种约束来阻止人们去追求欲望，并试图证明幸福之不可得，但这些教义却始终做不到使人们内心深处的认可，大多数只能是被强制的或纯粹表面的附和，少数也是得了所谓尘世的挫折不得已从宗教里寻求解脱.因为在尘世间满布着各种诱惑也就是引起你内心欲望的事物，从出生人们就被灌输了争强好胜、贪图私利的品性，这时候宗教提倡的无私的精神其实很难进入人的心灵.在趋动性社会就情况有所不同，拿基督教而言，人们生老病死都在其影响的范围内，但即便是这样由于基督教本身也用神来解释各种现象，没有能够彻底的打破人们得对得到幸福的幻觉，所以自从新教和尼采宣布上帝死亡以来，现在基督教也日渐式微。其影响力逐渐被其制度趋动性社会元态激发起的人类兽性所遮蔽。

人类困境解决之道，在于揭示 "幸福"的欺骗性，不可实现性，揭穿其笼罩千万年的假象以培育日趋衰微的"大公无私"精神即非自主性个体，因为人类的困扰始于追求幸福，难于得到幸福又总是失去幸福，理解了幸福是如何产生如何消亡，其实质是一种符号在人头脑中的综合反映，并且完全可以自我调节的这样的过程，这样的"幸福"一旦被我们揭示，就能打碎了人们追求终极目的"幸福"的幻想，可以彻底安抚人们浮躁的心，使人们以静心对待周围，破除幻觉使他能够与自然相和谐的方式生活，使之觉得更多的追求目标是空幻，这样人们就能够重归与自然和谐发展之路。

（1）不同的社会体制对于幸福感的不同认知

由生理系统所引发的内环境的不平衡状态，积极情绪都基于消极情感的出现，基本是一种出于对平淡（生理系统处于平衡线）状态的赋予了消极情绪，所导致生理上的积极情感是企图把生理的不平衡状态调整到平衡状态的努力过程。（所有的生理平衡到达一定的持久状态都会被自私社会体系赋予 "枯燥"这个消极情绪的概念，出现这种状态：平衡→亚平衡→枯燥→厌烦[准消极情绪]→痛苦[消极情绪]→极大痛苦[生理平衡波动的顶端]→逐渐解除痛苦[随着生理系统的慢慢自我调整回复平衡并在心理上逐步解除痛苦过程]→轻松最大化[积极情绪][生理回复到平衡态]"）

由于外部的刺激引发心里波动的状态，比如遭受侮辱性的谩骂能使平衡的心理系统产生波动，恒定性社会体制情况下被标记为消极情绪符号，而在趋动性社会体制下也会被标记为积极情绪符号。

恒定性社会元态体制下为何能够泯灭黄赌毒嫖，正因为该体制把这种刺激的偏移视为变态的痛苦的不可接受的刺激源，而趋动性社会体制却恰好相反，会把这种偏离常态的刺激反应标记为快感，虽然也加以禁止但因体制导致的价值观念的根本不同也就必然的产生截然不同的行为后果，这样情况下各种性交的变异就会被社会逐渐的认同，甚至违反人伦的也作为性交的刺激源加以利用，这一切与趋动性社会体制的本质密切不可分的。

建立一种新秩序对于在旧秩序中徘徊渴望解脱的个体是一种新生，对于世界则是一种恢复地球资源生态平衡的唯一途径，旧秩序中人们所倍感无助的是挣脱不出旧秩序中社会赋予自身的欲求的扰动和他人和社会种种欲求的对自己的扰动，也就是内外环境对自身的扰动，社会特定的秩序流（各色的欲求目标）让每个个体都试图挣脱出原有的地位角色的制约，却再次投入到另一个更加剧烈的苦乐循环之中不得解脱，如果毒瘾，一旦投入这一个秩序流就会使个体在明知自己加大毒量最后必然会导致死亡却还是不得不为之，性欲求 、名欲求、利欲求、权欲求也都是依靠个体之间残酷竞争而获得的，就像竞技其中获胜者只能是一个其他都是失败者，这也注定欲求的追逐战中不可能会有全部的赢家，每个暂时夺得欲求实现的赢家都是踩在千百输家的痛苦之上的。通常失败者会品尝痛苦，胜利者品尝快感，平局则没有快感痛感分配，而一直保持获胜的常胜者却很快的由于情感第一定律而苦无对手，出现枯燥麻木的转为痛苦感。

（丙）场景角色`场境角色`社会角色

一：本节脉络

场境角色和场景角色和社会角色是个体成为社会人的过程中，由个体的角色评价机制逐渐形成的一种自我认知和参照体，它属于个人的思维结构，不同的个体拥有不同的思维结构，个体在评价机制反应下，随时会修正原有的场境和社会角色，在重大修正中会启动情绪感机制的情绪感反应。

场景：模式场景和行为场景

场效机制：匹配机制和关联机制构成

场境分析机制接受感知器信息形成场境参照体。

无论个体所处何种状态都是一种场感状态，即场感受和场感知状态，场感受状态是个体的基本状态，场感知状态是个体的高层级状态。心理反应状态。

在发生场感效应下，个体与所处的内外环境关系就成为一种场境关系，个体内在所处的本身也有了一种特定的场境角色。外在社会的角色和关系就成为了一种社会角色和社会关系。

（1）场景角色`场境角色`社会角色的区别

场景角色是指自身所在的内外环境中所处的自我认可的角色状态。

场境角色是个体所处的环境中的实际所处的临时的角色状态。

社会角色是个体所处社会中的长久性或永久性的角色状态。

二：场景和场境

（1）简述

场境是指在与个体发生作用的刺激源，并被个体感应和感知的基础上建立起来的一种可资监测的参照体。

场境参照模块简称场境，是身心监测系统用以校验环境与身心变量的一个体系，它与人体所储存的场景会形成一种场效应关系。

场境在反应后效中会发生两种状态，第一会成为新的场景中的新的场景模式，第二；在旧的场景中会为旧的场景模式增加新的模式或参数。

场景是个体存储的用以反应于刺激的一种反应模式，可用于监测和调控反应。

由于刺激源在发生不断变化场境也随之发生着变化，个体处于不同的场境中会随时相应地提取不同的场景监测和调控，以保持自身的身心平衡从而获得生存和幸福。

（A，场景的组成

可分为模式场景和行为场景，两者都由组织方式和运作方式构成，前者是存储中心后者是用以随时反应于刺激。

（B，场景与场境的分类

—a：从场境和场景的身心构成的不同区分为

分为复杂的心理系统的场境与场景和简单的生理系统场境与场景。

——Ⅰ）心理场境和场景

　——（ⅰ）生存场境层次的场境和场景

　——（ⅱ）生存衍生场境层次的场境和场景

——Ⅱ）生理场境和场景

　——（ⅰ）生理整体系统层次的场境和场景

　——（ⅱ）生理子系统层次的场境和场景

　——（ⅲ）生理器官层次的场境和场景

　——（ⅳ）生理组织层次的场境和场景

　——（ⅴ）生理细胞层次的场境和场景

—b：从构成场景的环境不同可划分为：

分为内环境场境和场景和外环境场境和场景两大方面。

——Ⅰ）内环境场境和场景

　——（ⅰ）一类是内环境的生理系统的场境和场景

个体生理监测系统所监测的有关生理系统方面的感应反应层级的场境和场景和心理监测系统所监测的生理系统方面的感知反应层级之上的场境和场景。

　——（ⅱ）第二类是内环境的心理系统方面的场境和场景

心理监测系统所监测的自身心理系统方面的（关于自身内部所发生的各种刺激源）感知反应层级之上的场境和场景。

——Ⅱ）外环境场境和场景

心理监测系统用相应的场景予以监测的人体所处的社会环境和自然环境和个人环境。

　——（ⅰ）社会环境场境和场景

包括个体所处该社会区域的文化`政治`经济等等各种人类社会的文明产物的场境和场景；

　——（ⅱ）自然环境场境和场景

包括个体所处该地理环境的其他生物环境和非生物环境的场境和场景

　——（ⅲ）个人环境场境和场景

包括该个体在该区域所处的社会角色和场境角色的场境和场景。

—c：从场景的储存时间不同可分为：

——Ⅰ）即时性场景

——Ⅱ）既往性场景

——Ⅲ）期待性场景

—d：从场景的运用方式划分

——Ⅰ）临时行为场景

临时场景则是心理系统把模式场境长期存储中心的场景调动到前台的行为场景临时存储中心以进行分析判断，建立临时场景是个体所处的内外环境随时发生变化的一种应对方式。

——Ⅱ）长期模式场景

是以前从个体自身与内外环境的互动中以第一信号与第二信号的形式获得，并把这种刺激反应过程转化到所储存的场景模式库中，成为日后对相应的环境做出反应的模式。

—e：从场景是否能真实反应于场境可划分为

——Ⅰ）真实场景

能正确反映出场境的真实状态的并有着正确的反应模式的场景。

——Ⅱ）虚假场景

错误反映场境状态的也没有形成正确的反应于场境的反应模式。

—f：场境的分类

分为三大类：

——Ⅰ）第一类为人类社会场景；

——Ⅱ）第二类为自然场景；

——Ⅲ）第三类为混合场景。

在自然场景中自然界是以第一信号作为给人以刺激的刺激源信号的，而在人类社会场景和混合场景中中常常是第一信号和第二信号互为刺激源信号。比如甲听到手机铃音，就发生了人与手机互动的场景，但它的上级场景则是乙某与甲某的通讯场景，这个上级场景就是当乙某发消息给甲某的就发生了这个通讯场景，于是乙和甲在这个特定的场景中发生了一组刺激反应，乙和甲遵循着手机的操作规则按照人类社会特有的第二信号语言作为传播交流的媒介来完成这一组刺激和反应。乙某是为了达成某种欲求目标而向甲某传递信息的，而乙某使用的这种手机所发出的铃音就能够使甲某感知到乙某所传递的信息并可以使乙某完成某种欲求目标。

（ C，新场景的产生

所有情绪感层级的反应会使个体形成的新场景，或者在原场景上改变该平台的各种阈值，或者增加了相关的场景信息。所有情绪感层级下的刺激反应都是由相应的场景就能够应对的，不需要组合成新的场景反应输出以应对刺激。

如果组合成的新的反应模式输出能够达成自己的欲求目标，则会形成一种新的场景模式。如果没有达成欲求目标，则会继续组合新的反应模式应对刺激源。如果最终没有达成欲求目标也会形成多种不成功的场景模式。

（ D，主次场景的转化

人在一个复杂场境中会有多个场景被调至反应前台，会存在有主次场景，那种对人体形成最大刺激或个体对其有最大反应的刺激源就属于主场景，其他的次要刺激或次要反应的刺激源则属于次场景，主次场境也是根据引发的身心反应度的强弱或个体对其的不同反应强度而不断地转化着。

（ E，场景的加工

所有场波度达到第二重反应层级以上的场感效应，都会发生提取`解析`组合场景的过程，场景模式反应库是属于心理平衡系统特有的，是一种心理层级和社会层级的反应，所有欲求反应的输出都会经过场景模式的这种加工过程。

个体的场景模式库存储着二类场景识别和反应模式，第一类是生理系统场景模式反应库，第二类是心理系统场景模式反应库。

—a：场景的组合

每种生理系统的子系统的处于和谐状态的场效应，如果受到各种情绪感反应层级的刺激发生场失合，心理系统就会立刻参与并组合出相应的各种不同的场景进行调解干预。

每一种经过组合而反应于刺激源的场境新组合的行为，无论发生何种效应，都会成为新的场景模式存入到记忆库。

—b：场景的组合性功能

场景有组合性功能，所以在一个场效应中变动了的场景可以在另一个场效应中的相似的场景可以同样发挥变动了的作用。

（F，场景阈值

—a：场景阈值的变化规律

——Ⅰ）通过增加刺激强度可以提高阈值

——Ⅱ）通过改变原刺激性质可以提高或降低阈值。

——Ⅲ）不对场景增加任何刺激会使该场景的各阈值趋向零值。

——Ⅳ）引发恐高的两种因素

如恐高症者通过不断接受登高的刺激来提高对高度这一场境的阈值，如果要返还到原有的阈值甚至降低原有的阈值，就不是通过走低来就能实现的，因为形成恐高的原因有两种，1 为场景阈值低的因素；2 是由于联想到高处容易摔落导致死亡的因素。所以通过走低可以降低关于高度的场景阈值，但不能消除联想引发的恐惧。

（G，场景的一些规则

—a：场景之间的切换

场景之间是可以互相转换和渗透的，可以把原有的子场景转换为主场景而原来的主场景可以作为子场景，或同一层级的场景，各种场景包括主辖的关联场景或不关联的场景他们之间都能发生关联或脱离关联的状态。

—b：每一种场景，人在其中进行切换的时候就会发生身心的不同变化来适应不同场景的反应。这是由于各种不同场景对人的发生的刺激不同导致的。

比如当甲从学校的场景中切换到马路的场景，就会有不同的反应来适应马路这个场景的模式输出行为反应，这也是甲从适合学校的模式行为中切换到了适合马路的模式进行反应输出了。而当甲从马路进入浴场这个总场景中，又会启动适合浴场模式的模式来输出反应。

—c：场景的发生和终结

——Ⅰ）发生：当人与内外环境的某种刺激源发生反应关系的时候就发生了人与场景关系。

——Ⅱ）终结：1 当人和内外环境的某种刺激源脱离了关系或转而和内外环境的其他某种刺激源发生了关系就意味着和原有场景的关系终结，这个时候原有的一个场景就结束了。2 当人虽然存在于这个刺激源的刺激环境中但已经停止了和这个环境发生反应关系，不再存在原来发生的刺激和反应关系，就也意味着场景的终结。

—d：场景与反应层级

每种场景都是被人感知和作用而发生的，每种场景所发生的一组组刺激和反应又都会被人以场景的模式储存。并会在场景多次发生时，由于针对此场景的反应模式逐渐增多，转而把该原本异常的场景逐步作为常态场景处理，到最后会不再启动情感机制来复杂处理该场景，转而由欲求机制作为常态反应处理之，而不会出现任何情绪的应激干扰，除非该刺激源突然加大到一定程度或有其他刺激源发生。心理系统参与的层级降格为欲求层级。

—e：人类社会会按照社会的教习来划分各种场景

这样个区域的人就可能出现对不同场景的不同划分和理解。各区域的场景的规则也各有不同。比如浴室就是社会强制主动灌输给个体的一种场景概念。

—f：输出反应于场景刺激的行为会有各种可分解的模式行为所构成

这是能够互相套用可替换的一组组模式行为分解构成的，任何能够使自身身心得到平衡的行为，不论是何种场景模式中的行为都能够作为该刺激源的行为输出。

—g：场景重要性排序原理

对同一类型场景中的其中一个某场景做出评价时，会直接影响到其他场景的重要性的排序，在同一类型中的场景对人的重要性是完全不同的，这是按照该场景在人的内外评价来排序的，最重要和最需要再次重复的场景是属于快感反应达到最高的一种场景，最需要排斥的则是内外评价中痛感反应达到最高的场景，处在其中的场景则按照各自的值来分配着各自的位序。这样就使得人们在遇到类似场景需要做出反应的时候通常会把最重要的场景提升到最前段来相配，然后按序列配对，其中最符合的就作为反应来输出行为。

——h：每个人所处的社会角色和场景角色是不同的

在社会角色和场景角色的互动和转变过程中会引发各种心理或生理的反应，其中包括产生各种欲求和情绪。

——i：人体感应或感知场景的唯一性？

人体所能感应或感知到的场景对于此人来说是唯一存在的，是一种非此即彼的只存在对人发生刺激的唯一的场景。因为人体只对一种刺激发生感应或感知，这就是唯一性，即使存在多种场景的刺激同时发生但人体只对其中最重要的场景刺激发生感知反应。

——j：场景的局限性

因为物质的无限可分性，场景实际上是无限可分的，但在相对于人的感知度的限定下，场景也随之限定在人的身心感知度范围内了。比如人眼当时所能观察到的刺激源范围就是场景的范围。

——k：场景与"情感第一定律"

但如果甲从未到过此类豪华浴场，只进入过其他低档浴场的话，就会因为没有合适的浴场模式进行反应而发生心理失衡，如果甲是一个富有的人并且其以探求刺激为乐趣，则会发生心因性快感反应，如果乙是一个贫困的人并以发生刺激为苦恼而以平淡为乐，则会发生心因性痛感反应。但不论是发生快感反应的或是痛感反应的都会很快的套用以前的低档浴场的模式在服务员的指导下进行反应，会迅速地积累起一套新的浴场的刺激和反应模式。第二次来的时候那种心理失衡度会降低，因为有了逐渐建立起来的一套新的浴场的模式来应对全新的这种场景，一旦新建的模式和场景的刺激都吻合的时候，原有的异态刺激源就会彻底演变为常态刺激源，这样甲就会处在不发生心理失衡的状态了，这时候富甲不会发生快感反应而穷乙也不会发生痛感反应。这也就是"情感第一定律"作用的过程。

——l：场景的储存

凡是发生过的场景都会储存在人的心理行为模式库中，并且归类到合适的模式中，因为一种性质的场景会有各种不同的面目出现，比如浴室的场景就会有各种不同的形式出现，这就会把所有关于浴室的各种场景都会归类到浴室这个总场景中，一旦遇到浴室这个第一信号或第二信号的刺激的时候就会调用所有的有关浴室的场景前来应对。

——m：新场境形成新的场景

当一个新的场景或场景中的新的刺激源出现，个人如果觉得非常陌生就表示该场景或刺激源是不曾储存过的，也就是个人的心理反应模式库中还没有类似的场景模式可供反应，如果其异态性超过个人所限定的心理或生理的某个阈值，就会即刻调动情感机制以迅速反应。

（2）场景`场感效应与场境角色`场境关系

（A，场境角色`场境关系的简介

场境角色：所有曾经发生过的作用于个体身心的刺激源都会有着相应的场景，个人或其它事物从中承担着各种各样的随之而来的场感效应中的相应的场境角色。

场境关系：在场感效应中各种关联的事件主体之间所发生的各种关系，比如人与某物发生的一次场感效应的刺激反应中，该个体与该物体就成为了一种有场感效应关系的关联主体，他们的刺激和反应关系就成为这种关系的纽带。

（B，场境关系援例

在甲某骑车的一次场感效应过程中，某甲就成为了一个骑车这个的总场境中的一个骑车人的场境角色，而自行车和道路以及周围的环境和相应的骑车规则就成为了其他场境角色和场境规则，在骑车这个总场境中甲某就与其中的两种主场境发生着重大关系。

——a：第一种重大的主场感效应关系是甲某和自行车的共同作用发生的主场境。

其中甲某和自行车发生着平衡和机械动力关系，在平衡关系中甲某承担着主动平衡的角色，而自行车则是被动平衡的角色，同时在与机械动力发生的关系中，甲某承担着施加动力的角色，自行车则成为被动受力的角色。

在第一种场感效应关系中，甲某和自行车就分别形成了平衡场感效应中的两种场境角色，机械动力场感效应中的两种场境角色。

在平衡场感效应中，甲某对自行车主动地进行平衡这个输出反应，以完成骑车欲求的第一个步骤，在输出平衡反应行为中，甲某会在心理平衡系统的监测系统下，在自行车平衡的场景平台上，用对外主动性感受器和对内被动性感受器，监测着自身与自行车发生有关平衡方面的场境，并及时地对该不断变化的场境进行着各种调整反应，任何失去平衡的场失和状态都被及时地调整到平衡的场耦合状态。

　　—b：第二种关系是甲某和道路发生的压力和交通规则等等关系

在压力关系中甲某和自行车共同承担着主动施压的角色而道路则是被动受压的角色。同时甲某和自行车共同与交通规则发生的关系中，甲某和自行车承担着非机动车辆的需要遵守交通规则的角色，而交通规则就成为规范其非机动车辆行驶的施加规范的角色。在每一种场境角色中都会有各种规则存在，规范着人们的行为。一旦在某个场景中发生刺激或发生新的场景刺激，人们会据原有的场景规则形成对该场境角色的欲求预期。

（3）场境角色和行为规范

（A，每一对社会角色关系都是互相对应着的现实在个人思想中的反应

（B，每一种社会角色和场景角色都有对应的行为限定的范畴（行为规范）

这种行为规则就是限定着行为方向和行为的量度。人们会在其中限定各自的最高期望值和最低期望值，人们的情感波动也会在限定的范围内波动。

比如在网友交往中：聊天方式和频率以及双方态度是决定两者之间处于何种社会角色的重要依据。

网友可分为：朋友级别的有两类：情欲网友`友情网友`，普通级别的是普通网友。

其中普通级别的网友这个社会角色的范畴限定，如果是现实设定：所导致的他们的最高期望是为语音聊天，是介于普通网友和友情网友界限之间的一种交流方式。如果是社会限定：也是和现实相同的限定。如果是个人设定则会根据每个人的不同限定来划分。

（C，每个人的限定的社会角色行为的范畴各有不同

（有些人认为的普通网友发生视频聊天也理所当然的算在其中，甚至做亲密的私密的交谈调情直至见面发生性关系也只是属于普通网友的级别，没有改变双方愿有的在他心目中的社会角色。但有些人则会认为仅仅是通过点对点工具聊天就成为了朋友关系，如果有视频聊天则是一种调情的私密的境地则会成为一种性伴网友的社会角色。这就看来有些人把限定社会角色的行为范畴扩大到了很广的范围，把甚至是夫妻之间发生的性关系也放到了普通网友的行为规范中，并视为正常范畴的行为，而有些则相反把普通网友的限定相对要求很低，把普通网友正常发生的行为也视作了属于特殊关系才能发生的行为了。前者发生婚外情的几率要大大高于后者，因为如果发生现实的婚外情则要突破后者各种底线，前者把拥抱接吻都可会视作普通网友的行为，那么要突破她的性行为的底线则只需经过这一道心理防线即可。而心理指导着行为，思想如何限定则行为就如何在限定中行使着。）

（D，场景的切换与场景角色的演绎

　　—a：家庭和学校是年幼者的两个最主要的场景

这两种场景也构成了该人的全部生活秩序。而家庭和工厂则是成年人最主要的场景也构成了成年人的全部生活秩序。大多数人们在这两种场景中不断的切换着各自的场景角色，比如甲某他在家庭这个总场景中的总角色是家庭成员的场景角色，当他面对家庭中各种场景的时候会有各种不同的场景角色出现，当他面对儿子的时候进行谈话等行为而发生各种场景则是以父亲这个场景角色来谈话的，当他面对妻子发生了性行为等各种行为交流而形成各种场景的时候，则是以丈夫的角色出现的。人与人发生了各种各样的关系也就形成了各种各样的场景，但在家庭中的每个血亲家族的人的场景角色都会以家庭这个基本总场景来确定各自的场景角色，而家庭中的血缘关系则形成了家庭能够维持运作的并能使各血缘关系的亲人们能各自正常行使各种行为。

　　—b：而切换到单位的场景中则变成了单位职工的场景角色

在单位这个总场景角色中，总之在单位这个总角色中每个人都会以职工这个基本的总场景角色来行使行为，这种行为受到职工这个单位所限定的总场景的各种规范所限制，而上下级关系则是构成单位能够正常运作的一种组织行为方式。此时甲某面对上级则是下级的场景角色，面对下级则是上级的场景角色，在不同的场景中甲某就会遵循着不同的规则行使各自不同的行为，面对上级则会行使汇报工作的行为，面对下级则会行使监督和指导其工作的行为。但如果甲某与下属发生了工作之外的关系时就违背了职工这个单位所限定的行为规范了，按期轻重可分为严重中度轻度三种违反程度，比如工作时候谈起家常就属于轻度违反，而

搓起麻将牌则是中度违反了，如果在绝对不准抽烟的天然气罐旁抽烟则是重度违反。每一种违反都会有相应的制裁手段，来制止或警告他人不再重复该行为。也就是说任何违反了场景角色所限定的行为规范的行为都是该场景所不能许可的。

　　—c：人们始终在不同的场景中切换着不同的模式以适应不同的场景。

个人原有的模式中储存着原有发生过的从第一信号源获得的或从第二信号源习得的各种场景的刺激和自己的反应和行为输出等一系列模式，其中有各种场景的规则和自己行为的方向与限度，比如同样是饮食场景，一个是中餐场景一个是西餐场景，在前者个人会在中餐的各种规则下行为，用中餐的饮食方式使用筷子和汤勺等中式餐具，享受着用中式烹调方式做出的中式菜肴。其中的饮食方式和烹调方式就是中餐场景中所特有的规则，人们在其中会按照这种中式特定的规则来做出行为反应，而西餐的饮食方式和烹调方式是不同于中餐的，人们也会按照西餐的这种规则来行为。这种规则就是各种场景约束人们行为行使的方向和限度。在享受中餐中却用西餐的饮食方式就会让人感觉奇异，而用西餐方式烹调的按照中式配菜的菜肴也会使人发生痛感情绪。所以任何不按照场景特定的规则来行为的就会发生一系列冲突，和场景中的人和事物发生冲突。

　　（E，在某个场景中的各种刺激源会对个人发生各种各样刺激

如果此人没有发生任何反应，就说明他已经完全适应了该场景，已经建立起了一个完全对此场景熟练应对的特定反应模式，越是对场景发生的任何刺激能做出最及时反应的人他的所储存的这种特定反应模式就越是全面，如同一个中国书画家熟练的运用毛笔工具在柔软的宣纸上刻画出种种艺术画面一样，他正是需要在长期的使用这种毛笔工具才能够在不断的和宣纸的交互作用中才能够把书画艺术运用自如达到随心所欲的境界，他也正是长期投入在这个中国画的场景中不断的学习演练，才能够逐渐积累起各种应对方法的一套套书画的行为模式，比如有这样的场景：在一个画室里，有一支羊毛与狼毫相兼的毛笔，有一个砚台，有一块墨锭，有一幅四尺安徽单宣，另外还有其他各种辅助工具。即使甲不使用这些工具的时候这个画室的场景也还存在着，也还是作为画室的场景存在着。但甲没有和画室这个总场景的各种主场景发生任何关系，而一旦甲要使用这些工具创作出一幅书法作品，甲就和各种所需的工具发生了关系，比如甲拿起毛笔，就会和毛笔这个主场景发生了人与笔的关系，而以前所储存的和毛笔在宣纸上发生的各种各样的行为模式都会立刻调动到思维前台，以备随时使用。其中包括了运用毛笔的技巧方面的行为模式，和在宣纸上晕化飞白出各种效果的行为模式，还有各种根据书法传统所特定的规则和特定的行为模式，而关于个人创造方面还有艺术审美的各种写实与写意的特定规则和特定的行为模式。所以站在宣纸前创造书法的甲，此刻会和各种场景发生关系会调用各种特定的行为模式来以备输出行为反应。从第一笔落笔开始甲就在各种规则限定中在自身的审美观的指导下用毛笔等工具不断的提取和输出行为，以达到创造出一幅书法作品的最后输出完成。

　　（F，环境和场景

　　—a：人类社会环境和自然环境的各种环境都存在相应关系

都属于一种系列环境中的子环境，都属于宇宙这个总环境的子环境，所有环境都是互相关联的互相影响的关系。而仅当人和这些环境发生了各种各样反应关系的时候，才会形成了各种各样的场景，场景是人与环境发生关系而生成的投映在人心理系统中的一种便于进行反应的存在，这场景中有个体自身对该场景的原有储存的类似的一切场景作为模式，其中还有各种各样针对该类场景的行为规则。

　　—b：场景的嵌套

总场景中会有各种主场景的存在，主场景中又可区分为各种副场景，各副场景又可分为各种子场景。各种场景的划分是按照该环境给予个人的各种不同的环境刺激而定的。其实就是各种环境的不同环境的刺激场。

（4）人体对场景反应的过程

　　（A，面对切换的场景或场景中新发生的刺激源人们会按其刺激强度或自身的心理和生理的反应强度来监测和分析并作出相应的反应强度。

　　—a：那些不超过心理监测系统监测的最低感知阈值和不超过自主生理平衡监测系统监测的最低感应阈值的刺激强度和反应强度，都不会引发人体的监测行为，要引发人体心理的感知或生理的感应就必须超越它们各自的监测最低阈值。

　　—b：所有超越了它们各自监测的最低阈值的刺激源和反应源如果其强度不超过个人的情感机制启动的最低阈值，都会予以常态反应输出行为。

　　—c：所有启动了情感机制的刺激源或反应源都会被个人予以非常态反应输出行为。

很多自主生理平衡监测系统所监测感应到的刺激都需要通过心理平衡监测系统的感知并进一步启动欲求机制才能行使其行为输入来达到完成身心平衡目的。比如当自主生理平衡监测系统所监测感应到了膀胱（也是属于自主生理平衡系统所监测的人体生

理系统之一）的充盈度一旦超过了其所监测的阈值，就会把该信息传递给心理平衡监测系统，但此时人体也不会感知到，一定要待到膀胱的充盈度突破了心理平衡监测系统所监测的最低阈值才能为人体感知，但也需要其刺激强度再进一步达到了启动欲求机制的时候人体才会行使欲求行为去排泄。其中感应膀胱的充溢的过程是人体内环境对生理感应或感知的各种场景的组成。从自主生理平衡系统的感应到膀胱的充盈是一种场景，而被人体心理平衡监测系统所监测则转变到了一种场景了，原有的场景被新的场景所替代了，启动欲求机制则意味着另一种场景的发生从而替代了原有的场景。当甲某启动了欲求机制去排泄寻找排泄地时，甲某的这种内场景就和外场景发生了关系形成了新的场景，就和外环境的各种环境发生了场景接触的选择行为，这是短暂的选择，是一种寻找和甲某储存的适合排泄的类似场景模式的思维搜寻过程，而在环境和时间等其他各因素的限制下甲某可以找到限制范围内选择出来的外环境排泄地，在把这几处排泄地比较中就能找到其中最合适的场地，然后和最合适的场所发生排泄行为的一个场景，这个场景也最后完成了甲某的膀胱充盈所引发的生理失衡到启动欲求机制形成排泄的欲求行为，从而也平息了这种生理失衡。而甲在选择好排泄地进行排泄行为时，就从原有的寻找排泄地的场景转换到在排泄地排泄的场景了，此时甲某正与某环境区域发生着排泄与接受排泄的关系。

　　而如果此地是禁止排泄的公众场所，则甲某就会改变了他人原有的场景的秩序，比如在广场上进行排泄行为就扰乱了他人进行广场活动的各种场景的秩序，并成为了他人瞩目和鄙视的刺激源，也成为了警察注意的刺激源，在广场中立刻就形成了一种由甲某而引发的特殊场景，这是一种违反社会道德和遵守社会道德的舆论谴责的场景，而甲某立刻成为了一个不道德的受谴责的场景角色，其他人则是应当谴责的道德的场景角色，而警察则是维护社会道德和广场原有秩序的场景角色。

　　（B，场景与反应过程

　　—a：这里面有个人自身的对特定场景的最高和最低的身心监测阈值。比如面对浴室这个场景当甲进入浴水就与之发生了关系，就从浴池的外周的这个场景进入了浴池浴水这个场景，此时甲的腿部表皮系统就开始感应浴水的温度，原有的腿部表皮温度发生了改变。

　　当甲进入浴水的一刻，会根据其腿部表皮的肤温与池水如果相差值发生三类反应：

　　——I）在冬季（因为人们在冬天的大环境下会对热度需求增加，而对冷度感觉不适，如果是夏季则相反），这时候当相差温度，热度〈15度（比如体温是36度，肤温是34度，池水温度是48度，则与池水发生关系的肤温两者之间的热度就相差〈15度）和冷度〈5度（比如肤温是34度，池水温度只有30度，则与池水发生关系的肤温两者之间的冷度就相差〈5度）时身心不发生反应和不生成综合内评价。也就是说当人体体温与池水温差越小的时候人体的反应也越小。只有当温差超过某个值，才会被自主生理平衡监测系统所监测到，如果自主生理平衡系统不能够进行处理才会进一步提升到心理平衡监测系统进行监测和处置。

　　——II）当相差温度，热度在〉21度〈29和冷度〈5度时一般成人的身心感觉恰好，如果温差〈21度或〉29度会超出此人的心理认可限度，而把超出限度的温差刺激标记为不舒适这个痛苦感范畴的情绪，因为此时人体与池水的温差刺激已经达到了超过了人体自主生理监测系统监测的最低阈值和心理平衡监测系统监测的最低阈值一直达到了启动欲求机制和情感机制的程度，在舒适的温差身心综合评价标记范围内此刻人体是处于生因性快感反应，而当在温差没有达到或超过了这个范围，人体就会根据自己和池水作用而感知到的刺激和自身的反应综合评价为生因性痛感反应。

　　——III）当相差温度，热度在〉29度和冷度〉5度的时候，人们感觉产生生因性痛感反应，这时候人体会启动欲求机制做出规避行为；当相差热度在〉40度和冷度〉20度的时候，面对这种强烈的热冷刺激，人体立刻启动情感机制生成一系列情绪应激反应以立刻激发应变反应应对这个异常刺激，防止烫伤或冻伤。但当在此人被强制的进入不适应的池水中，会引起心理的额外的痛感情绪发生，与原有的生理偏离一起共振更加使其失衡。

　　（C，个体与场景的刺激反应

　　比如甲进入某浴场洗澡，他就会遭遇到这个浴场总场景中的各种主场景的刺激源，与之发生各种不同的模式反应行为输出来应对各种场景。首先他进入浴场的总服务台这个主场景，和其中的停车场`领牌处`大门休息厅`电梯等各种副场景发生关系，并进行一系列的模式对应比照和输出输入的反应，然后甲进入浴场的洗浴处这个第二个主场景，他会和其中的更衣室`厕所`冲淋处`干蒸房`浴池`擦背处`发生一系列关系和反应，其中的各种副场景又会有各种子场景组成，比如更衣室由更衣箱和领毛巾处两个子场景组成，而冲淋处这个副场景也有站式冲淋处和坐式冲淋处的子场景组成，另外浴池这个副场景也由大浴池和小浴池这两个子场景组成，其中大浴池这个子场景更有冲浪池和洗浴处这两个子副场景组成。总之各种场景中可以细分出各种不同的场景，一个场所可以分出几十种类，一个复杂的工程会有几百种类场景组成，而大至一个国家这样的巨大场景就有许多种不同层级的场景组成，地球则是一个更大规模的场景其中包含着更多种场景组成，宇宙则是最大的场景。

（ D，心速的场感效应变化和反应

1 场景的监测平台，平衡态为：60~70 跳/分；感应范围：〈55~60 〉70~75；感知范围：〈45~55 〉75~85；普通欲求层级：〈40~45 〉85~95；情绪感欲求层级：〈35 〉95；生理最高记忆阈值：32 和 120；心理最高记忆阈值：是用极性阈值记忆的，极性阈值为：35 和 115；生存极限阈值：〈20 〉150。

假设不同刺激使心速分别处于不同状态。

1 当心速处于 68 跳/分时，由于该心速的场境与某甲相映射的心速场景中的平衡范围相契合，便处于一种稳定状态，某甲不发生任何反应处于一种平衡态；2 当心速处于 73 跳/分时，原来的心速场境发生的变化超越了某甲的心速场景中的平衡范围，达到了感应层级监测机制的监测阈值，于是某甲的生理系统发生感应反应，生理系统作自主调整反应，调整范围是失和度 3 跳/分；3 当心速处于 78 跳/分时，原来的心速场境发生的变化超越了某甲的心速场景中的平衡范围，达到了感知层级监测机制的监测阈值，于是某甲的生理系统发生感应反应，生理系统作自主调整反应，同时心理发生感知反应，调整范围是失和度 8 跳/分；4 当心速处于 88 跳/分时，原来的心速场境发生的变化超越了某甲的心速场景中的平衡范围，达到了普通欲求层级监测机制的监测阈值，于是某甲的生理系统发生感应反应，生理系统作自主调整反应，同时心理系统发生普通欲求反应，调整范围是失和度 18 跳/分；5 当心速处于 100 跳/分时，原来的心速场境发生的变化超越了某甲的心速场景中的平衡范围，达到了情绪感欲求层级监测机制的监测阈值，于是某甲的生理系统发生感应反应，生理系统作自主调整反应，同时心理系统发生情绪感欲求反应，调整范围是失和度 30 跳/分；6 当心速处于 125 跳/分时，原来的心速场境发生的变化超越了某甲的心速场景中的平衡范围，达到了情绪感欲求层级监测机制的监测阈值，于是某甲的生理系统发生感应反应，生理系统作自主调整反应，同时心理系统发生情绪感欲求反应，调整范围是失和度 55 跳/分；7 当心速处于 155 跳/分时，原来的心速场境发生的变化超越了某甲的心速场景中的平衡范围，达到了情绪感欲求层级监测机制的监测阈值，某甲的生理系统发生感应反应，生理系统作自主调整反应，同时心理系统发生情绪感欲求反应，调整范围是失和度 85 跳/分，但由于心速超过生理极限生理总系统随即崩溃。

个体的任何反应的变化都会使其社会关系中所承担的社会角色和场境角色和场景角色也随之发生变化，而情绪感便会在个体所承担的这三种角色的变化中变化着。

三：社会关系和社会角色

（1）社会关系

是个人在特定的社会环境中形成的稳定的长期的相对于人和事物的一种社会关系，它是始终伴随人的一生的，无论死亡或者是否社会人都不会改变这种关系。比如父母之于儿女们就是一种稳定的社会角色，从儿女们一出生就与其血亲父母建立了贯穿着一生的稳定关系。

（2）社会角色

（ A，简述

是指有着一定的社会关系中的某人与某人之间或某人与某事物之间，双方或多方所处的各自相对于对方的所处的角色。其中包括关系双方各自对自身角色的认知，和社会对于双方关系的角色认知。

一个人的社会角色就等于一个人所处的某种特定的社会秩序，这种社会秩序是和别人完全不同的，是一种他个人自己的生活轨迹。

外环境与内环境的刺激引发个体的情感行为，外环境包括外界的各种条件，其中社会赋予个体的社会角色，这种角色是在支撑起社会有效运转的各类个体所处的生活轨迹中形成的。

（ B，社会角色和场景角色的区别

前者更侧重于社会方面的外评价中扮演的处境角色，后者属于自身的内评价的状态中的处境或角色。

社会角色是个体携带的一种社会赋予的符号和在该社会中的处境角色，场景角色是个体与刺激源发生关系后所产生的临时性的处境角色。

（ C，社会角色种类

社会角色的分类可分为四大类。第一类：符合社会规范的社会角色和不符合社会规范的社会角色；第二类：单一型的社会角色和复合型的社会角色；第三类：真实与不真实的社会角色；第四类：完整的社会角色和不完整的社会角色；第五类：不可改变的社会角色和可以改变的社会角色。

　　—a：符合社会规范的社会角色和不符合社会规范的社会角色

　　——Ⅰ）符合社会规范的社会角色

　　比如父亲这个社会角色是针对于儿女这个社会角色发生的。他们是基于血亲基础上的抚养与赡养的关系和继承与被继承的关系及在这种社会角色中所涵盖的社会认可的范围内发生的其他各种关系。

　　——Ⅱ）不符合社会规范的社会角色

　　如果父亲与儿女之间发生了社会不予认可的其他关系或者说他们所发生的关系逾越或达不到社会所认可的范围，则成为非正常的社会角色。从而也可能成为一种复合型的社会角色。但复合型的社会角色不一定是非正常的，比如父女之间建立了某种利欲交换关系或教授技艺或则是一种复合型的社会角色，成为父女的社会角色和师徒或商人的社会角色相混合的社会角色，单一型的社会角色远较复合型的少。而在非常态社会中非正常的社会角色都会多于正常的社会角色。

　　——（i）按照不符合社会规范的社会角色的程度可分为：

严重违反社会规范的社会角色。

　　违反法律的社会角色，比如父女关系竟然有了夫妻关系，就形成一种乱伦的复合型社会角色，这是法律最严厉禁止的。还有其他各种违反法律的行为其实都是个人超越或不达社会所限定的社会关系而发生的行为，个人与其他个人或事物形成了违反法律的那种复合型的社会角色，改变了原有的他自身与他人或事物的社会角色，做为甲与乙是处于同事关系的如果甲强迫乙发生了性行为，也就是出现了甲强迫乙改变了各自的社会角色，成为了一种复合型的同事关系，而这却不是乙所能接受的，这样就是违反了法律就是强奸行为，甲会遭到社会的谴责和制裁！

中度违反社会规范的社会角色。

　　是指所有严重违反社会道德和规范的社会角色。比如甲与乙是处于同事关系的已婚者。如果甲与乙自愿发生了性行为，会同时改变了原有的同事关系的这种社会角色而形成了同事与夫妻混合的复合型的社会角色。

轻度违反社会规范的社会角色。

　　是指所有轻度违反社会道德和规范的社会角色。比如甲与乙是处于同事关系的未婚者。如果甲与乙自愿发生了性行为，这种复合型的社会角色是属于轻微违反社会规范的社会角色。

　　—b：单一型的社会角色和复合型的社会角色

　　单一型的社会角色是指单一的没有其他社会角色参与的一种关系存在。

　　复合型社会角色是指在单一的社会角色中还伴有其他的社会角色的参与。

　　比如某甲和某乙是单纯的同事关系或单纯的情侣关系或单纯的朋友关系。一旦如果他们是作为单纯的同事关系转化为亲密同事关系，也就是表明他们不但是同事关系而且还有朋友的社会角色参与进入，一旦有了朋友关系的参与，他们的这种同事的社会角色即成为一种复合型的社会角色。如果他们作为敌对的同事关系，这也是一种复合型的社会角色，是另外一种和朋友的这种社会角色完全相反的敌对社会角色参与进入了。一旦情侣关系有了性交和也就突破了社会所认可的那种情侣关系，成为了有了夫妻社会角色参与的一种复合型社会角色，而这种情侣关系之间发生了商业交易，就又有了一种另外的工作社会角色参与的多复合型社会角色。

　　一般存在的社会角色都不是纯粹社会所认可限定的那种关系，都是一种复合型的社会角色。

　　—c：真实与不真实的社会角色

　　一类是真实的社会角色和不真实的社会角色，组成一个真实的社会角色需要三类评价都相符合，每一种社会角色都有三类评价组成。

　　也可称之为名副其实的社会角色和名不副实的社会角色

　　前者的社会角色实质上是符合社会所认可的那种社会角色所有的关系，并没有逾越或未达成社会所限定的该社会角色的范围，比如两个人是作为一般同事关系展示在社会之中的，他们之间的行为应该是保持在同事这种社会角色中所限定的规范里面，而他们的日常行为也是行使着各自的职责并不改变这种限定，我们即可认定这两个人是一种名副其实的普通同事关系。而如果他们表面是一种普通的同事关系，实际却是有一种夫妻社会角色存在着，这种复合型的社会角色就是名不副实的。

——Ⅰ）一类是社会评价确定的社会角色

——Ⅱ）第二类是关系人各自评价确定的社会角色

关系双方都认可的社会角色和关系双方不同认可的社会角色

比如甲与乙是同事关系，甲视乙为朋友关系，而乙却视甲只是普通同事关系，这两者的各自所认可的社会角色就发生了差异。如果乙也视甲为朋友关系则成为双方都认同一致的社会角色。

——Ⅲ）第三类实际确立的社会角色。

—d：完整的社会角色和不完整的社会角色

——Ⅰ）完整的社会角色

如果父母与儿女通过法律上解除其关系，去除的只是他们之间的权利和义务的关系，但不能解除他们已经形成的血亲关系，他们之间就形成了不完整的社会角色。

——Ⅱ）不完整的社会角色

组成一个完整的社会角色是需要社会角色关系与社会角色所产生权利和义务都稳定正常存在的。

—e：不可改变的社会角色和可以改变的社会角色

人们所处的许多社会角色并不是恒定的，很多社会角色会改变，比如职业方面就经常处于会改变的状态，而家庭中的血亲关系的社会角色就不会轻易改变。

（D，社会角色和欲求

—a：每个正常的社会人生活在特定的自身的社会角色中都会有该社会赋予的特定的角色

所谓某人的社会角色也是指个人在他所处的社会中所处的综合境况。比如在家庭中的承担着何种角色，不同的角色比如父亲或母亲就会有其不同的权利和义务；在工作中承担何种角色；在社交中承担何种角色；在娱乐中承担何种角色；在社会的分类中属于自利性角色或非自利性角色。

因为每个社会人社会分工各各不同，每个人成长的环境和个人的生理系统和心理系统的构造也各有不同，而每个人有都是占有一定范围的资源和空间的，所以每个人会有在社会上各自演绎着不同的社会角色。

—b：社会角色建立的重要性

社会角色的建立也是社会必须有秩序存在之故，秩序的来源是依靠社会有其相对稳定的心理欲求秩序流中建立了特定的人们所期望达到的模式而形成的，期望达到的模式也就是一种行为的标准，社会如果没有这种标准，人们的行为就没有共同的指导目标，社会秩序会扰乱而崩溃。

如：体育竞技有具体的标准可以依据，跑步破纪录是依据上次冠军所创的纪录，而这种胜利是建筑于同一平等竞争者之上的，这就是体育的秩序。又如优劣评判标准相对模糊，界限的没有具体标准的艺术作品，其实也有其特定的潜模式，最基本而言，绘图之中以实物作依据谓之摹的，其优劣程度都能以摹仿准确与否作为标准加以评判，如就更高层次的艺术赏析而言是依据着三种评判标准：

（一）前辈艺术大师的同一风格的作品来作为依据的模式标准，以类似的画风创作，一旦把画风变化到社会特别是画界权威的认可，就能成以大家，也可为后世作标准的模式了。

（二）直接由现存的画界权威（即现实中的模式标准）或政界有极大影响力的领袖认可，确定其画界的地位。

（三）其作品在社会影响极大受许多人推崇，间接迫使权威认可。（4）因其人在其他领域做出极重要的里程碑式的作用，使社会爱屋及乌的认可其作品。

以上就是艺术界的模式标准的确立过程，所以没有标准，社会人行为便没有共同目标社会就不能运作。

—c：各种欲求都是在社会角色中演绎而出的

个人心理欲求秩序流会引导个人比照于他现实中的社会角色，从中引发出欲求目标。

社会角色是一个人在生活中所处的一种境况，社会角色分别体现在家庭`工作`娱乐`社交等几种生活秩序中，并且在每一种生活秩序中都有其独有的社会角色的赋予。每种生活秩序个人也分别担当着几种社会角色，比如家庭中，某人会担当着儿女（相对于他的父母）的角色同样也会担当着父亲（相对于他自己的儿女）的角色，同时也担当着丈夫的角色（相对于他的妻子），亦可担当着老师（相对于家庭中需要传授其知识的亲人）的角色，还能担当领导者（一家之主）的角色。各种欲求都是在社会角色中演绎而出的，比如在丈夫的角色中演绎出性欲求和情感交流的欲求（后者从属于生存欲）。

　　人们在生活中会形成各种各样的社会角色，主要集中体现个人在家庭`工作`娱乐社交三大生活轨迹之中，在家庭中会形成血亲身份的社会角色（比如夫妻或父子母女等角色），在夫妻角色中会形成性欲求，在父子或母女角色中会形成权欲求（包含着父母对子女的抚养的义务和训导的权利），在家庭中更形成了一种能满足互相之间生存所需的欲求"生存欲"（其中包含着抚养和赡养，其中蕴含着温饱欲和安全欲的满足，还有亲人之间所需的帮助和温情的交流，其中蕴含着被关怀欲，以及共同娱乐在游戏中获取新知识，其中也蕴含着寻求新刺激的欲望，这些都会满足个人的生存欲），这样在家庭的生活轨迹中就会产生出性欲求和权欲求以及生存欲求等欲求。

　　——d：不同的社会关系发生不同的社会角色

　　在家庭生活秩序和工作秩序以及社交娱乐等秩序中，人们会和各种各样的人和事物发生各种各样的关系，并承担着相应的社会角色。在人与人的关系中，有些人之间联结着各自的友谊他们这种关系就是他们成为了朋友的这种社会角色，有些人则以血亲和更深一步的情谊联结着，这些人则构成了亲友这种社会角色，有些是以工作关系形成了同事或上下级的社会角色。在人与事物的关系中，有些是以私有或共有关系联系着，比如私产就是个人以占有某种事物的方式和该事物的一种联系，此人就扮演着该事物的所有者的角色，如果某事物属于公产，那么该人就扮演着这个事物的共有者角色。

　　——e：特定的社会角色会形成特定的欲求目标

　　在心理欲求秩序流的指导下，个人会在原有的社会角色中产生新的社会角色的诉求，有些诉求是符合社会规范的而有些则是社会所限制的。比如蒋甲在工作中和华乙是普通职员与高级职员的关系，在她们之间也是一种领导和被领导的社会角色，也形成了一种她们之间的权力欲求秩序流的环境，蒋甲会在这种权力欲求秩序流环境中感觉到自己的被权力支配的地位，而华乙会相反的认识到自己处于权力支配的地位，蒋甲在其个人幸福观（自利性个人心理欲求秩序流）的指导下可以感觉到这种被支配的环境是一种对自己的屈辱，而华乙则如果也是属于"自利性个人心理欲求秩序流"的幸福观的指导，同样也会产生一种情绪，但这种情绪会完全相反与蒋甲，是一种能够支配蒋甲的快感情绪。蒋甲会因此发生向上替代华乙的欲求，并以能达成该目标作为自己的幸福的实现。

　　——f：社会角色其行为的规范

　　人们之间所发生的关系直接使个人产生了特定的社会角色，也就有了特定的社会角色所限定的规范，比如异性朋友和夫妻是两种不同性质的社会角色，异性朋友所涵盖的可行使的行为范畴也是夫妻所能行使的行为范畴，比如两位已婚的异性朋友一起游玩`畅谈`做事业，等等，但这些行为却是有社会限定的范围的，在正常社会中这种异性朋友的游玩不会共处一室甚至不会一起过夜（这都是不发生性行为的状态下），如果突破以上限定就很可能出现僭越朋友这种社会角色而进入夫妻的这种社会角色中，这是正常社会所不容许的，如果一起过夜就属于轻度的违反社会规范的话，共处一室就是接近中度的违反了，而发生性关系则是中度违反社会规范了。所以任何社会角色都会有社会所限定的关系和行为行使的范畴，任何改变这种范畴的行为必将引发一系列个人所处外环境的变化，比如父女关系，父亲不行使做父亲的抚养责任，这就是该父亲改变了父女这种关系和自身角色所要承担的义务，把社会所要他行使的作父亲的社会角色改变为无血亲的普通关系，这就是该父亲没有达到社会所限定的父女关系的责任最低限度，该父亲的未达要求的这种行为会被社会所唾弃。而如果某禽兽父亲确实做到了社会所限定的抚养的最低限度，但他还试图超越该父女关系企图附加夫妻关系的话，这种行为更是社会所绝对禁止的。

　　（ E，关于职业阶层的社会角色

　　在各种社会角色中，其中以职业这类社会角色是最影响个人的一种，职业社会角色形成不同的阶层有四大类，其中第一阶层的地位较第二阶层为高，而第二阶层又较第三阶层为高，最后的预备阶层与前三类没有可比性，却又从心理欲求上以前三类为诉求目标。这就形成一种向上的金字塔式的心理诉求方式，也自然地形成了一种社会所需的秩序。

　　一般稳定的社会区域，地区和国家都可分为三个等级与一个预备等级，第一等级为政治阶层，包括各部门的首脑要员第二阶层为艺术阶层，工商业阶层，法制机关及其他以脑力劳动为主的白领阶层，第三阶层为工人农民及其他以体力劳动为基础的蓝领阶层，预备阶层为，未成年人，学生，精神病人，因为犯罪被行为限制者及无职业者。

　　就自利性个体而言，每个个体都在自身的社会角色上企图跃迁到更高层次的社会角色，以便得到更多的幸福，这就是欲求所起到的作用，社会体制安排了一系列社会角色，在各种分工明确的职业中有着社会角色的扮演，在家庭中也有着社会角色的存在，在社交交往中更有着社会角色的演绎，每个角落里都存在着各种社会角色，它是依附在各种社会人身上的一个标记，是相对其它社会人个体的一个标签，是在个体之间区分出贵贱`富有和贫困`聪明和笨拙`的一个东西。它让社会变得有一定秩序流，是社会得以建立的一个工具。分别代表着四大欲求的四种社会角色，一 是有职业区分出的，其中第一阶层为政治统治阶层；第二阶层是以复杂脑力工作为主的个体组成部分；如艺术界`经济界`体育竞技界`教育界等；第三阶层是以体力劳动为主的个体组成部分如农民`工人等；乞丐`囚犯`等等主要以他人劳动作为自己生活来源的自己不从事创造的组成第四阶层，由没有从事工作或不能从事工作的个体组成准阶层，如婴儿`学生等，如，政治界是社会造就的最具有追求价值的阶层，其次是第二阶层，再次是第三阶层，最后是第四阶层，准阶层不在其列。这样四个阶层就形成了一种向政界靠拢的心理诉求，每个社会人都在其中扮演着各自的社会角色，每个阶层也有各自的向心力，会以作各阶层的领袖人物为荣耀和追求目的。每个社会人个体都会或明或暗的表达着这种愿望和行动。

因为社会组织的地位角色是有分工不同的，被个体赋予最有追求价值与最无追求的，所以他一旦站在这个本来他们梦寐以求的地位角色，巩固下来正常运作使它的生理上使他适应，他由此便觉无聊 `空虚没有刺激，也无从有幸福感授与。他便主动寻求这种幸福刺激源，他每一次接近目标欲求的成功给他带来的是幸福的刺激，反之每一次受到障碍的成败，给他带来痛苦的记忆。如果目标终于实现，如：性欲求方面；某女士被某男士追求到，名誉方面；某人在他欲求范围内出名，利欲求；某人成功的得到向往的财富。那么在追求过程中所受的痛苦记忆，会自然的遗忘。但如果这个人终于没能达成他所向往寻求的目标，那么他将把幸福的记忆遗忘，只留下所有痛苦的记忆。结果他始终会处于一种自认为不幸福的状态之中。那个欲求目标会时常刺激着他并勾起痛苦的记忆他会不安骚动，当他生理上已适应不反应时，他的记忆会使他不断的努力以达成这个目标的实现，一旦彻底失败大多数人便转向其他欲求目标，如：性欲求不成便寻求名欲求`利欲求等等。这当然也能获得同等程度的刺激，如果有那样一个人没有任何欲求目标达成。那么他如果是正常的社会人，会适应这种环境，随着年龄的增长，生理系统的性的扰动便逐渐的被生理系统的不适应外界而扰动所替代，这时死亡就成为刺激的来源，这种刺激足以代替因欲求的实现与否所带来的刺激，

（ F，个体处在特定社会角色中获取幸福感的一般规律

每个个体都处在各自不同社会角色的个体都会按照他的幸福观去展开行为获得平衡和幸福，一个正常的社会组织区域有着类似于近似金字塔式的欲求目标指向，社会人都会被导向追求第一阶层的目标而行为着，从中实现各自的幸福观，从中得到各自的幸福感。个体在社会分工中的角色同时努力的向上转营，以期望得到更大的幸福，如果个体的每一次成功的向上走一步，所带来的刺激会被个体赋予幸福感反之会被自己赋予痛苦感。

社会角色的变换有其特定的规则也有特定的模式，个体取得的性欲求的模式是从小说 `文学`电影`电视等传播媒体获得的，权欲求方面的欲求最主要的目标则是很明白的是各个区域的首脑，通常为国王 `首相 `总统 `主席 `总理等等，这些领袖者所处的职位者会被所有仰慕者视为终身的目标，它的取得是一生最大幸福。名欲求的模式是建立于其它欲求之上的，名誉的建立是在实现其它欲求目标的过程中逐步获取的的，如在某方面达到其它人所不能的境地时名誉就随之而来。利欲求的模式是一些在有形资产方面达至某种常人所不能达成到的，也是被人称为富翁的人物。

个体总是在认识自己的能力及现有所处的社会地位，之后方能正确的选择自己的努力目标。社会富裕的地位角色状况不同，所以个人寻求的手段不同，有的人把追求性不断满足作为主要目标，追求性欲实现的是寻求幸福；而保持地位的则是避免痛苦，总之他们的种种围绕着这寻求达到欲求目标都是有利于社会组织的秩序和发展的行为。由于四大欲求目标的追求都是没有止境的所以一个正常的社会机制必然会提供一个公平竞争的环境，这四大欲求目标往往是联系在一起的，是人人都向往的得到的这种实现时的满足感的。虽然一个人的幸福感与痛苦感总是互为因果，但是它的行为总是表现出不满足。因为不断失调的生理系统及追求幸福的观念促使着，当这个人在他认为能力已超出他现有的地位时，而这种地位的存在是又使它的心理上产生不平衡状态的根源。于是他总把痛苦的记忆印在脑中把幸福的记忆忘掉。因为被认为痛苦的刺激慢慢的被适应时，并没有幸福的刺激出现。

（ G，各职业阶层的社会角色的个体的不同适应力

各个社会阶层中的每个担负起某种地位角色的社会人，会较其它不同的地位角色的人更能适应此种环境，演艺界的明星面对疯狂观众会很镇定坦然，演讲台上的政治家对嘲笑自己的听众有沉稳的反击，战士临阵杀敌，父母扶养幼儿，每个社会人在最初取得较原初为高的不同地位角色以后在心理上产生幸福感或痛苦感，每个社会人都有其他不同地位角色的个体有更强的适应力。演艺界的明星在他们成功之后的每一天都会有大量的承和逢迎与相应的地位名誉利益及很多的行使性行为的机会。这一切平常人是视为梦寐以求的，而于他们而言心理上却只有相当平常的反应；如同鱼在水中一般自然，不再会产生当初成名的那种幸福感觉。因为情感规律同种刺激不反应规律会起决定作用。如果是身处最高地位的明星们这时只可能受到由欢呼引起的心理压力，当然这在实行终身制的国家是不存在的。这种威胁使他们不得不努力的迎和观众，努力作观众们所要自己达到的，但却是明星们不愿做的，因为一种工作如果是成为了习惯必然是操作性的行为，如同操作工人反复做同一类工作如：一只零件，一只布娃娃这种久已熟识的没有任何新奇感的行为，不能带来任何愉悦感受，久之必然会引起厌烦，无聊直至痛苦等消极情感赋予，把行使这种行为视为痛苦，当然却把不行使该行为为幸福。这时的改明星的表演已不再是一种能带来乐趣的爱好，而是不得不干的不得不做好的职业，这种职业已经给他们带来常人皆渴望得到的荣誉`权力`地位`性行为行使的机会等作为成功人士所能达到的地位角色。这种职业已蜕变为他取得这些地位角色的工具，作为工具的表演行为并不能成为目的也不可能得到任何快感。当这些明星目睹前

任与自己处同等地位角色的明星被自己或观众赶下舞台的那种凄凉，会被这种前车之鉴的恐惧笼罩。正象死亡的不可避免明星们也知道，在某一天终会被影迷`歌迷们所抛弃，当影迷不再多歌迷不在为自己欢呼，这样对他们形成了强大的刺激反应，当然会赋予其痛苦概念，这种感觉是常人所不能体验。这就可以理解那些明星会在他事业顶峰时激流勇退，这并不是他为后来者考虑由体携他人之心，更不是功德圆满而不思进取，而是太执著追求保持这种地位角色，不愿承受太大失宠的打击，虽然他在这种地位上并不会感受到比常人为多的幸福。但却因害怕遭受被他人轰下舞台，受万人嘲笑的难堪。在万人仰慕的政治阶层与第二阶层都是经历着这样的心理历程，犹其是政治领导者，那一种达到自己所需要的地位角色的社会人会千方百计保全这种状态。

（3）个人社会角色的形成

（ A，人类个体的社会角色是习得的

各种社会角色都是个体在接受和反馈社会教习的过程中逐渐习得的，包括：工作角色`家庭角色`社交角色`娱乐角色`等等。

社会组织把个体带入了一个心理系统不断波动不安的状态，只有当一个人成功的完成某一件比较现存的四大欲求目标更高一层才能感到刺激，因它对于现存的状态已不反应。人为了避免痛苦（从个人经验及社会标准而言他承受的这种引起刺激的一定不利于它欲求目标的更进一步保持）和保持他目前就本人而言相对能保持心理平衡的地位角色及或再升一部，社会组织是一个自发形成秩序的组织他自发形成一种让人们追求幸福的机制，在任何一种社会中人的行为都是围绕着这种目的而展开的。

- 个人社会角色的形成

当个人还没有建立起情感机制的幼儿期就不会存在情感体验，虽然他从成为合子时候起直到出生就已经成为人类社会生活中的一分子，有了和血亲之间的联系也有了他独有的社会角色"一个处于自然人状态的人类幼子"，并形成了他自身独有的生活秩序，一旦他建立起情感机制也就进入了情感波动的时期伴随着他的一生，他的所有社会角色和生理平衡状态的改变都可能会引发他的情绪（生成幸福感范畴的情绪或痛苦感范畴的情绪）。

- 幼儿期社会角色的形成

个体的自我意识和社会角色开始于幼儿期，随着生理发育的进程幼儿在家庭的熏陶下正在逐步建立起心理系统，社会角色是社会赋予个人的一个包含着自我意识的系统，社会角色的核心就是自我意识，从中衍化出和习得了更广泛的自身在社会各方面的定位。个体有很多社会角色的分支，比如：家庭有特有的角色定位，父母子女等等血亲关系的角色联系。工作也有自己特定的角色定位，如总统`乞丐`职员`农民`市民 医生、律师、记者、工程师、老板等角色有较高的权威感，秘书、快递员、服务员、零售商人 等等。社会交际方面表现为朋友`敌人`邻居`

- 儿童期的社会角色

幼儿用角色游戏应对未来社会

幼儿成为社会人的方式是学习，他通过游戏、读书、认字、写字、计算等方式逐渐建立起完善的可以和社会沟通交流的心理系统。对于年幼的孩子来说，游戏则是一种最初的学习方式。可以有助于培养儿童的自我意识的完善并且进一步发展到拥有非自主性的利他和共融的思想意识；幼儿的游戏是从简单到复杂的过程，这样循序渐进的学习如何运用某种方式策略来解决问题并且慢慢地熟练和简单的创新；培养儿童的创造性，是趋动性社会社会对教育提出的一个基本要求，这也是跟他的社会本质有密切关联的，因为它的社会是一个飞速发展和耗费资源与膨胀个人欲望为一体的机制，他的教育制度当然是与之相配套。极速变化的现代科学技术就给个体的幼儿教育提出了一个严峻的挑战：不仅要教给学生基本的知识与技能，更要教会学生有相当的综合能力来组合创造出适应社会的大生产的新产品，这样得以在不断变化的社会求得生存和幸福。幼儿通过学习和理解游戏中物体的符号同时用第二信号系统来运用这个符号和其他人交流；也可以习得与人交往沟通的特定的行为和语言，掌握最初的社会性交往的技巧。游戏也有益于幼儿个性的分化。在游戏中孩子学到的一些东西，正是他成年以后社会所需要的作为社会人的基本的素质，这样道德观念和以此产生的自律性培养也是关键。

儿童在角色游戏时会充当不同角色扮演不同的身份，而不同的身份意味着不同的行为表现，也会习练使用符合角色的情绪、表情、语言、动作、形象扮演等等，这就是儿童对未来社会角色的初次体察。因为孩子们最先认知的是自己父母，这样对角色身份的表演也是从这开始。他们会在嬉戏中各自模仿着父母的言行，在调用他们日常感知并储存到的父母的言行中，用自己的方式极力的去模仿的和父母相像。这样的游戏是对儿童的未来的准备，对其影响是很大的。因此，社会角色在游戏中的体验是儿童对未来社会角色的初步准备，可以直接影响着孩子们未来生活的行为。

（ B，个体社会角色的转变

作为社会中属于正常的社会人，在一生中都会处于各种特定时期的社会角色之中，有些时期或有些时刻都扮演着不同社会角色。心理学家的研究表明，四岁以上的幼儿就会根据当时的场景选择适当的行为和语言。这就是作为社会人的行为反应是依照一定规律行使的绝非无规则。中国的儒家有着"君子慎独"之训诫，是说，社会的正统价值观期望人在单独的环境下也能处于与社会规则同步的状态。

通常而言改变一个长期的习惯给人会带来极大的不适感，比如失业或离职就属于人生的重大转折，从那一刻开始，人社会角色的某一部分就发生了重大变化，这也牵扯到了社会角色的其他方面，改变不仅仅是工作的失去，还有社交角色`娱乐角色`甚至家庭角色也会发生改变。原本熟识的友人、同事会疏远；饮食习惯发生变化；活动的场所也发生变化；突然变化了的生活节奏和形式都会使人感到无所适从。

从幼年到青年到壮年的社会角色转换，通常是一种属于幸福感范畴的转化过程，因为旺盛的精力和蓬勃的欲望促使着尽快地成长以获得成人才拥有的事物。因为青年人的生理系统整合过程较快，所以心理适应新的环境是比较容易的。

无论老年期的转换还是青年期转换，一旦不能顺利地适应这一新的社会角色，就会出现病态心理失衡状态以至于发展到身心病态平衡状态，各种抑郁症`孤独症`恐惧陌生症`恐惧社交症`都会一一出现，如果任其发展可能会由于生理系统长期得不到正常平衡而因各种病症死亡或因平衡不了心理系统以至陷入痛苦深渊而断念自决。

（丁）欲求秩序流

一：欲求秩序流

（1）简介

欲求秩序流是由社会欲求秩序流和个体欲求秩序流组成。

社会欲求秩序流：是社会形成的一种能影响和发生于个体心理上的，使之各种欲求都有其特定的方向和目标的一种社会组织具有的特定功能。

（A，社会欲求秩序流

社会欲求秩序流主要以文化为内涵，用各种舆论和媒体作传播媒介的。

社会秩序流是社会形成的为了使人类反应有着统一的规范而形成的一种社会对欲求的一种向力标准，比如在趋动型社会中对性场感效应的社会秩序流把得到漂亮的性伴和多个性伴以及拥有其他四大衍生主场感效应的秩序流标准作为在该场感效应获得幸福的标准。

社会秩序流反映在个体心理系统中的核心思想的幸福观中就形成个人独有的心理欲求秩序流。虽然每个人在社会中的社会角色的不同但可能有着相同或者类似的心理欲求秩序流的标准。

从而拥有一整套秩序流。一切行业也都会有自身的行业标准和行为准则这也就是社会要赋予个体行使行为的秩序流规则，个体在秩序流规则各种行业规则下从事着各自特定的工作以获取个体在社会角色中所期待得到的一切东西，包括利欲求`权欲求`名欲求或性欲求，行业的龙头就是秩序流中需要人们追求的该行业的最高等级的那种使个体产生权欲求或名欲求的秩序流，行业和行业之间也有等级秩序，从古至今一般都会以政界为行业之首选这样的秩序流，每个行业也都会有很多个体企图攀缘到政界以便容光耀祖满足自身各种欲求，社会就是这样借助于这种秩序流从而建立起规范的社会。

不同的社会形成不同的社会欲求秩序流，中国儒文化时期是以士为载体的权力阶层为最高阶以农工学商为排序的。而近代社会的排序依然是以权力阶层为最高阶，但商业已经排在第二位，以学代表的文化阶层排在了第三位，而工和农已排在最后。

（B，个体心理欲求秩序流

是社会欲求秩序流反映在个体心理系统的并与之交互作用的个体有着自己独有特征的一种心理系统的功能，它使个体的欲求有了可具依靠的预期性目标和向力。

一个社会形成四大欲求以及其他各种次级欲求的这个社会文化它规范和指导着每个人的行为，形成有秩序的社会的必要组成部分。它激发并规范着每个个体内部的欲求模式使之反应作用与社会，各种欲求在每个个体内部都有着高低不同层级，有的个体最高层极的需求是性欲以及其他依次序降级为名欲 `旅游欲`饮食欲`利欲`权欲，但有的个体却以权欲`利欲`性欲`名欲`饮食欲`等等为需求层极而排列.

一个社会的四大欲求和其他的欲求都会有各自的文化秩序，无论是性欲求`名欲求`利欲求还是其他各种次级欲求也是社会赋予个体的一种行为的秩序，他以各种模式的形式储存在个体的的心理系统里。这个模式从简单的到复杂的并且也随着社会的影响而变化着，同样的刺激源对于不同的个体或者同样个体的不同时期会有不同的反应。同样面对一笔财富，有的个体会想着去满足性欲求，有的会去满足权欲求`也有的去满足名欲求等等各种欲求都会有人去试图满足之，这个现象则会根据当前社会的环境而变化，当前社会使拜金为主的就会形成大多数人追求满足利欲求的行为，以此类推。是社会在掌握和分配着社会中各个个体的欲求方式和欲求的主次关系。同样个体也反馈着和影响着社会，两者相辅相成的关系。

（2）欲求秩序流的功能

（ A，社会欲求秩序流功能

—a：向力功能

向力分为社会性向力和个体向力，它是社会欲求秩序流形成的，主要是由有效的社会秩序形成，一个无序的社会系统中其向力是散漫和混乱的，因为没有一种可靠的稳定的社会目标和秩序。所有道德伦理法律制度都是起到一种约束的作用，而只有建立起有效的向力才能有一种秩序。

（ B，个体欲求秩序流的功能

—a：向力功能

在每一个欲求反应中都是一种秩序流在主导着，这种秩序流使人们追逐着每种欲求的上一梯级的欲求，也变更着不同种类的欲求反应。这就是一种与社会欲求秩序流共同拥有的向力的功能。

欲求机制产生的欲求反应所遵循的欲求秩序流，实质是社会心理秩序流是社会赋予个体的行为的一种秩序。

是凝聚和规范个体行为的规则的内向的凝合力，是让个体有一个共同喜好和厌恶的共同规则，它最基础的是建立在个体心理系统中的核心价值观中的，是以追求生存作为积极情绪排斥死亡以作为消极情绪为基础的个体的一种取舍行为。个体的 "性欲求" 是指个体在围绕着以性的方式来达到心理和生理系统平衡的一种心理诉求。而情感是个体在行使性行为中的一种反应，是直接反应欲望诉求达成与否的综合感觉，并起到强化或消除性欲求行为的作用。

—b：对照比附功能

无论是自利社会或是非自利社会，它们的欲求秩序流的向力都是呈现向上攀比状态的，社会角色低下的去比附比自己社会角色高的，以此形成一种向上的动能，形成一种秩序流。而在无论自利或非自利社会它们都不是纯粹的以自利或非自利个体构成的，其中自利社会也会有非自利的幸福观占据着一定的成分，反之亦然。这就形成了自利社会中还会有一种处于中间状态的个体，他们会在这两种状态中游离，有时候是处在自利状态，有时候则是非自利的，他们也会形成一种向下比附的秩序流的向力，他们相对照比自己社会角色地位低的个体，他们会在与他们的差距中得到一种心理的平衡。从而形成一种社会的稳定的力量。

—c：欲求秩序流产生重视度和主动性反应

越是接近最主要欲求的刺激其激发的重视度也越高。

异类别欲求和同类别的秩序流的形成都会是以最高阶为总的向力目标，而在发生刺激时又会影响到个体对刺激的选择和对反应的选择。

重视度是个体被刺激所引发的在感知反应层级的注意程度，由涉及到核心欲求层级的何种程度和对实现幸福的影响度形成。涉及度越大影响度越大则个体对该刺激或反应的关注度也越大，这也成为一种个体主动对刺激行使行为的一种心理能。有了关注度的影响力，个体的心理平衡系统发生失衡就不再单纯的取决于是否属于常态刺激，关注度越大会导致失衡度也越大。如果没有关注度的影响个体就只按照单纯的常态与否的评判来发生失衡和输出行为反应，也就是完全取决于"情绪感第一定律"的影响了。因为该定律可以把所有有异常态的刺激源调节为常态的刺激源，如果它重复出现。

关注度是个体对外反应所选择的场景模式中最接近核心欲求场景的选择。

个体会选择最靠近核心欲求场景的模式予以组合，

最接近于刺激源的场景模式予以反应

（3）欲求秩序流分类

（ A，欲求秩序流可分为社会欲求秩序流和个体欲求秩序流。

—a：社会欲求秩序流

—b：个体欲求秩序流

——I）在个体欲求中可分为不同种类欲求的秩序流和同种类欲求中的秩序流。

—— (i) 不同种类欲求的秩序流

—— (ii) 同种类欲求的秩序流

是指个体在同一种类的欲求反应之中区分出最主要的和最次要的欲求反应，从而形成一种梯级秩序流。

表现为权欲求中最高阶的欲求目标为领导者；名欲求中最高阶的欲求目标为世界范围的名誉度；性欲求中最高阶的欲求目标为最美貌的性欲求对象或最多的性欲求对象；利欲求中最高阶的欲求目标为占有最多的财富。

如某甲的性欲求的性欲求目标可以有很多性欲求对象，但其中存在着最主要的核心欲求对象和次要欲求对象。

（B，又可分为趋动型社会秩序流和恒定型社会秩序流

不同质态的社会赋予个体不同的心理欲求秩序流

人类社会可区分为趋动型社会和恒定型社会两大类不同质态的社会。在趋动型社会中其躁动的创造力会把个体带入一个不断使心理系统与生理系统波澜起伏，燥动不安的状态，这种使个体追求幸福状态的机制也是一种社会秩序，在这种社会中人们的所有行为无一不围绕着追求个人幸福这个目标而展开，个体追求目标所选择的实现手段也各个不同，这其实取决于各人所处的社会赋予其的社会不同的角色。

每个社会区域有着相应不同的社会分工，在这基础上会产生不同的职业社会角色，社会人会依据自身所处的角色并遵循着该社会角色相应的行为规范而反应。社会角色也起到一种参照物的作用，社会人会用自己与他人的社会角色相比以此判别自己幸福与否，相对于比自己职位低工资低的个体他就会觉得幸福，反之就会觉得痛苦。社会人还会把在性场景中获得不断实现其性幸福的目标来达到感受幸福。同时更多社会人会把追求名誉`权力`财富这三大主场感效应的幸福目标作为实现幸福的手段。趋动型社会中的社会人的社会角色是在不断变换的，但只有在不断向上的变化中才能使得该个体享受到幸福。

另一类是恒定型社会，其社会力量则是一种恒定的，它对趋动型社会是一种反动力，它使人类整个社会的发展不至于由趋动力的过度发展而导致地球崩溃。它的社会人个体的心理欲求秩序流的向力也是向上的，但其中心却不是自我，而是所崇敬的事业。

（4）个体欲求秩序流

（A，异类别欲求的秩序流

是指个体在各种类的欲求之间区分出核心和次要的欲求反应，比如生存欲求反应与生存衍生欲求反应中哪一种属于核心欲求哪一种属于普通欲求。一般以最高阶和最低阶标准衡量。也就是最值得追求的与最不值得追求的两大类。

表现为最高阶和最低阶的欲求目标和欲求反应模式。如绝大多数社会形成的秩序流是以政治阶层为最高阶的欲求目标，其他各个阶层都为次要的和最低阶的欲求目标。

如某甲的欲求秩序流是这样的状态：

第一核心团集是权欲求`利欲求`性欲求；第二团集是游乐欲求`健康欲求`亲情欲求；第三团集是爱情欲求`名欲求`安全欲求，等等。

如某乙的欲求秩序流是这样的状态：

第一核心团集是性欲求`名欲求`玩乐欲求；第二团集是美食欲求`爱情欲求`亲情欲求；第三团集是利欲求`权欲求`安全欲求`健康欲求，等等。

——a：个人核心欲求和普通欲求的形成过程

在情感机制形成的初期，所受的环境的影响可以使个体形成对某种主要的欲求为平衡手段，如果周围的环境包括家庭和所接触的外界对名誉追求特别注重，就会形成对名欲求的追求，如果外界环境是对性欲求为主要平衡手段则会形成对性欲求的追求。这样原有存储的受刺激多的模式而逐渐会演变成一种生活中的习惯，而所追求的这方面的欲求越多，所受的各种不同的刺激也越多的但其欲求本身也会变得越来越强大越来越有凝聚力，成为个人生活中的最重要的平衡手段和寻求幸福的目的。个人的心理欲求平衡手段就这样形成的。

但这种形成会有根据个人的年龄段的生理条件的不同而有不同的追求手段。在生理发育不成熟的婴儿`幼儿和儿童期因为心理系统的不成熟而会时时受着生理自主平衡系统的主导，这三个时期是不会形成对某种欲求的刻意追求的，但这种趋势却随着生理系统的日渐成熟和心理系统的日渐成熟日趋成为主导而逐步的形成了。

这种欲求的追求也会有转化和淡化，不存在一成不变的欲求的，欲求手段始终在变动着，受到内外环境的不断变化而变动着，男子如果以追求性欲求为主要手段则会在性腺充盈期间感受到强烈的性欲求冲动，一旦这种引发内扰动的精液宣泄而出了，男子就会感觉一无追求，然而一旦性腺又开始恢复充盈，就逐渐地引发起性欲求的强度也越来越高，

一旦这种引发内扰动的精液宣泄而出了，男子就会感觉一无追求，对能引发该男子性欲求的性诱惑也不会有多大效用的，因为此刻该男子已经得到了一种身心的平衡，如果再需要他行使性行为则可能使之感觉一种痛苦！这时候他是出于一种平静的无所欲求的状态了，然而一旦性腺又开始恢复充盈，就逐渐地引发起性欲求的强度也越来越高，直到达到生理和心理最高忍受阈值，不是宣泄而出就是被身体所吸收，如果是后者而起忍受的强度已超越了原有的强度值则会形成新的心理最高阈值的忍受值，而其最低感受性欲的充盈的心理监测阈值也会相应提高，但其生理自主平衡感受阈值却不会相应提高。如果是在心理最高感知阈值和

生理最高感应阈值之下就宣泄而出了，就是会使得心理监测最高感知阈值相对降低其值，也相对降低其心理监测的最低感知阈值，这样以后他会一有少量的充盈就会感觉到需要宣泄了。

　　—b：核心欲求和普通欲求的基本原理

　　——Ⅰ）个体在成长过程中核心欲求的变化

个体在成长过程中，不断会接受到各种环境的刺激，其中对自己能够激发起最大反应的欲求作为主欲求，比如当以个人生活在基本生存欲求得不到满足的环境中寻求得到生存的幸福，当他面临生存威胁时刻就会引发自己极大的痛苦情绪，并同时做出消除这种威胁的欲求行为，一旦威胁解除就会感受到极大的幸福感情绪。这样他会把追求基本生存欲求中的生存欲作为自己的主欲求。

但是一般个体会在社会的影响和自身身心的限制下，对适于自身的反应作为核心欲求反应，如儿童由于身心幼小没有发育成熟，只会接受他们这个层级的刺激，并作出儿童层次的一些反应，而对于超出儿童层级的刺激就不会做出相应的反应，大多数是因为没有建立起感应或感知这种复杂刺激的身心机制，比如对于性的反应就不会发生在幼儿身上，因为幼儿的生理并没有开始发育和完善，就不可能会有对性的生理方面的刺激的反应的生理环境。而对于幼儿来说抽象思维也是不会对他们有任何刺激作用的，字符对他们而言没有任何意义，并不会发生成人所感知到的意义的存在。

所以核心欲求在个体的成长过程中会有阶段性的变化。

个体的需求层极排列也按照不同时期为不同排列，出生期`婴儿期和儿童期的排列不同，前两者主要是以自主性反应为主要的行为反应，心里系统的需求尚未形成，儿童期完善了心理系统的最初模式，青年期则进一步完成了心理系统的构筑。个体遇到刺激源到达模式库中会与第一个层级的模式发生关联然后逐步下降关联直到遇到合适的模式然后反应输出行为，层级的形成是由于个体在某种强刺激的影响下，在儿童期或青年期形成的欲求模式，可以是性欲求也可以是名欲求等等其他欲求，这个层级一般是稳定的，但也可以临时变动，遭遇危险刺激时会把安全欲求暂时提到第一层级启动保护行为，遭遇食物需求危机时也可以临时把食物欲求提到第一层级来展开围绕满足食物的最低要求而展开各种行为。

　　——（i）一般分类

按照其核心重要性的一般规律排列

幼年期

由于没有建立起相应的欲求和情绪感机制，就不会发生任何欲求反应和分类。

儿童期

核心欲求为其他欲求中的游戏欲求；生存欲求中的亲情和友情欲求；四大欲求中的名誉欲求。

青年期

四大欲求中的性欲求`名欲求`权欲求`利欲求；生存欲求中的爱欲求`亲情和友情欲求；其他欲求中的游戏欲求`旅游欲求，等等。

成年期

四大欲求中的名欲求`权欲求`利欲求`性欲求；生存欲求中的亲情和友情欲求`爱欲求；其他欲求中的游戏欲求`旅游欲求，等等。

老年期

生存欲求中的健康欲求`爱欲求`亲情和友情欲求；其他欲求中的游戏欲求`旅游欲求，四大欲求中的名欲求`权欲求；等等。

　　——Ⅱ）个人会根据所处的环境的不同，形成不同的核心欲求

按照外环境的不同，在战争年代大多数个体追求的是第一类欲求，在和平年代则追求的是第二类欲求。按照内环境的变迁，个体会在年轻的时候追求第二类欲求，而在年老时候追求第一类欲求。总之当个体满足了第一类基本欲求时会转而追求第二类基本欲求，

战争时期大多数个体都或多或少的退行到动物性行为只求生存而不择手段，从而表现出很多兽性的行为，而社会人的个体在幼儿期，即刚出生就在社会这个组织中不断地通过学习来建立起具有社会性的属于心理系统的情感机制，从而逐渐的由简单的生理上的满足到复杂的心理上的满足的过程。

——III）从普通欲求转化为核心欲求的过程

原本心理系统储存着曾经引发过反应的各种关于利欲求的场景和反应模式，如果是巨大的刺激和反应会使得某终欲求变为重要的欲求，如果该刺激源呈现多样化的刺激着人的反应也不断的发生，就会使得这种欲求逐步变为最主要的欲求。

——IV）核心欲求和普通欲求的反应规律

个体在欲求稳定时期，如果以性为主要欲求实现对象的，其他的对个人的刺激源都会被忽视，或者转嫁到性欲求中。 欲求目标在一段时期只能以一种为核心欲求对象其她的只能为次要的，如以饮食为核心欲求目标那么性欲求可以成为饮食的辅助，可以让性来完成饮食所需求的物质基础，而名欲 `权欲`利欲`等等都会变成满足饮食欲求而展开的次级辅助的欲求手段，这样完成了刺激欲求则会促进核心欲求目标的实现。只有通过完成饮食这个核心欲求才能让该个体完成一个满足的阶段，一次平衡自身的一种有心理欲求产生的偏离。而普通欲求的实现不过是辅助性的。

（ B，同类别欲求的秩序流

各种欲求都会形成特定的梯级秩序流。

每一种欲求反应中都会有相应梯级的秩序流，这种秩序流是由欲求对象中的各种可供选择的欲求对象和欲求行为中可供选择的欲求行为组成。

—a：欲求对象和欲求行为的秩序流的形成

身心最高量值阈值的强度和拥有场景模式的多少是成为异类别欲求秩序流中的核心欲求与同类欲求秩序流中的最高梯级欲求的主要因素。

个体在一组刺激反应中所获得的身心反应值越大，形成的身心最高量值阈值也越大。

而高值的身心最高量值阈值不能作为直接激发起自己的心理和生理性反应的。它是以帮助形成秩序流来影响个体对刺激做出反应的。

在秩序流的形成过程中，评价机制和环境刺激是形成秩序流有着重大影响。人们会逐渐以某种欲求中获得最高值的引发刺激反应的场域作为最主要的欲求，而评价机制是人们评价是否最高值的判断机制，

——I）暂时和长期核心与梯级欲求的形成规律

在形成秩序流中所有感知场的身心最高量值阈值都会参与比较，其中某种感知场如果想对处于最高值的身心量值阈值，那么该感知场就会成为暂时的最值得关注的场域，如果该感知场拥有总数超过其他类别感知场，该场域拥有最多也是平均最高值的身心最高量值阈值，那么该场域就成为该个体的核心欲求和最高梯级欲求。

——II）形成性欲求对象的过程解析

比如某甲的性欲求秩序流中，拥有含某`丑某`想某`丁某，等几个性欲求对象，原来的秩序流是想某`丑某`含某`丁某，因为都处在无性交和的基础上，只有评价谁在心理能激发起某甲的身心最高量值阈值才能比较出暂时的核心欲求，又于平均身心量值阈值的相较才会形成较为长久的核心欲求。结果想某因为与某甲交往时间长，所获得的场域较多，和量值较高作为了第一核心。

以后有了性交和的现象，与含某和丁某这两个性欲求对象的性交和所形成的身心最高量值阈值超越了其他性欲求对象，所以形成了以含某和丁某为核心的性欲求秩序流，其中更以含某在身心量值阈值的高值为最高，

以含某的一次性交和行为过程为例，在这组性交和过程中使某甲的心理发生快感反应值达到9含值，生理发生的快感反应值是8含值，综合场波比值可以达到7比值，最后形成的最高身心阈值达到了7含值。

而丁某和某甲发生的一组刺激反应是以下数据：其中使某甲的心理发生快感反应值为6含值，生理发生的快感反应值是9含值，综合场波比值达到6比值，最后形成的最高身心阈值达到6含值。

这样最后形成的最高量值阈值得比较中含某就比丁某高1含值。于是在甲某的性欲求秩序流中含某就位居在丁某的前列。

而丑某在某甲心理发生快感反应值为7含值，生理发生的快感反应值是6含值，最后形成的身心最高阈值只达到4含值，则又位居在含某和丁某之下。

想某因为有冲突而形成了有关痛苦的身心最高阈值较多，使某甲对此人发生了排拒心理，于是排在了最后。

　　—b：欲求对象和欲求行为的梯级秩序流的变动

　　其中以性欲求对象发生变更的频率为高，因为受到"情感第一定律"的影响和性欲求对象的本身不确定因素的影响而会使欲求者改变欲求对象。比如从原来的以含某为主要性欲求对象的秩序流会变成以单某为主要性欲求对象的秩序流，而含某会退居到主要欲求对象的次级地位，其他各层级的欲求对象则相应的退居。这样就重新组合成了新的欲求对象的秩序流。

　　—c：关于欲求梯级的选择性反应规律

　　比如性欲求是由性欲求对象和性欲求行为构成，假设某甲原有的性对象的主从性秩序流是含某`丑某`丁某`想某`陆某`玉某，其中以含某`丑某`丁某为核心欲求对象团集，想某`陆某`玉某为次级对象团集，在核心层中又以含某为核心的主要欲求对象，这样如果当某甲发生以性欲求为主要心理平衡手段或以性欲求为追求幸福的手段就会在生活中把所有能引发性欲求的心理感知反应都汇总到含某那个性欲求对象上，而如果核心对象含某没有处于甲某所欲求的环境中，那么就会次第的选择丑某`丁某等核心团集之中的其他对象，如果还是没有达成欲求，就会再次选择刺激对象团集中的性欲求对象，这种选择反应直到性欲求反应终止。

　　而性欲求行为也有各种梯级不同的主从性秩序流存在着，因为存在着各种不同的性欲求的场景行为反应模式，这种场景行为反应模式会形成一种主从性秩序流，以供个体反应中立刻输出最核心的反应模式。

（5）变态欲求秩序流与正常欲求秩序流的成形规则

　　变态欲求秩序流是与社会禁忌关联的，越是接近核心欲求越是社会禁忌度越高，两者是成正比的关系。

　　正常欲求秩序流是与社会正常规范关联的，更高的权位成为核心欲求，更高的名誉会成为核心欲求，更高的性欲满足成为核心欲求，更高的财富获得成为核心欲求。

（6）幸福观与欲求秩序流

　　（A，幸福观主导着欲求秩序流产生欲求方向和梯级，欲求方向和梯级促使现实社会角色总是低于欲求社会角色，

　　（B，对于稳定存在现有的社会角色而言

　　如果有内外刺激的作用下，个体会发生期望欲求与现实欲求的比照，如果两者并不一致就会导致心理平衡被打破从而产生一种心理势能，这种心理势能会使得生理自主平衡系统发生破坏。

　　其中现实的社会角色达不到期望的社会角色就会发生痛苦范畴的情绪，如果现实的社会角色超越了期望的社会角色就会发生幸福感范畴的情绪。

　　（C，而幸福观只有一种类型，形成幸福感和痛苦感的因素有无数种但构成这情绪感的标记只有两种截然不同的范畴。

（7）生活秩序和欲求秩序流

　　个体在自己特定的生活秩序中遵循着各自的心理欲求秩序流做出各种反应以获得平衡或获得幸福感和免除痛苦感。

（8）评价和欲求秩序流

　　越接近欲求秩序流的核心团集的刺激，评价机制就会对之评价度越高，反之亦然。

（9）社会评价参照体和社会欲求秩序流

二：欲求秩序流和场景平台秩序流

　　反应可分为感应反应和感知反应，感知反应可分为感知反应和普通欲求反应和情绪感欲求反应三大类，都是建筑在场景平台上的，所以场景平台的排序也就形成了欲求秩序流的形式。

　　如果说欲求秩序流可以体现出是个体行为的外在表现，那么场景平台秩序流则是个体外在表现的内部构成。

　　所以场景平台的秩序流是欲求秩序流的内在构成的基础，一样有着同类别和异类别的欲求秩序流的区别，也同样有着相同的划分。

（1）异类别场景平台的秩序流

（A，异类别场景平台排序由核心场景平台与普通场景平台组成

并按照核心场景平台优先反应原则，核心场景平台是指个体形成的平衡身心所采用的最频繁和最主要的调节平台。核心场景平台由最主要核心场景平台和次要核心场景平台组成，一般社会人主要把生存衍生场景平台作为核心场景平台，并把其中某一项作为最主要核心场景平台而把其他的作为次要核心场景平台。其他形式的刺激反应都属于普通场景平台。

—a：某甲外显的欲求秩序流：

第一核心团集是权欲求`利欲求`性欲求；
第二团集是游乐欲求`健康欲求`亲情欲求；
第三团集是爱情欲求`名欲求`安全欲求，等等。

—b：那么某甲的内在场景秩序流：

第一核心团集是权场景平台`利场景平台`性场景平台；
第二团集是游乐场景平台`健康场景平台`亲情场景平台；
第三团集是爱情场景平台`名场景平台`安全场景平台，等等。

（B，核心情绪感层级的刺激反应场景模式

就是在各个情绪感层级的刺激反应场景模式中排列在最前列反应最优先的场景模式。

（C，场景排序的形成

是个体在生活中形成的，是自身身心与社会环境的不断互动中形成的，其中受到失衡度越高`刺激越频繁`刺激形式越多样化的场境其相应的场景平台就会成为最主要的对外输出的平台，成为个体达成幸福的途径，成为调节个体自身身心平衡的一种反应顺序规律。

（2）同类别的场景平台的秩序流

仍然以欲求秩序流中的性欲求为例，假设某甲原有的性对象的主从性秩序流是含某`丑某`丁某`想某`陆某`玉某，其中以含某`丑某`丁某为核心欲求对象团集，想某`陆某`玉某为次级对象团集，在核心层中又以含某为核心的主要欲求对象，

那么某甲在性场景平台中的梯级场景对象排序为：以含某`丑某`丁某为第一梯级的场景平台，想某`陆某`玉某为次级梯级的对象团集，在第一梯级团集层中又以含某为最高层级。

（戊）生活秩序与欲求

一：主体脉络

（1）简介

（A，生活秩序是人类个体的各种生活状态的总称。

（B，生活状态又分为现实的生活状态和预期的生活状态。

（C，现实的生活状态是由个体各种特定的行为反应构成。

（D，每一种行为反应包含着感应反应和感知反应。

每一种行为反应都包含着内反应和外反应或感应反应和感知反应或无欲反应和欲求反应等等不同分类的两类反应。

（E，每一种感知反应都属于欲求反应。

欲求反应是指个体的感知反应，是被个体心理所感受到的反应，而所有感应反应都是无欲反应是生理的自主的不被个体的心理感受到的反应。

（F，每一种欲求反应包含着普通欲求反应和情绪感欲求反应。

（2）生活秩序和生活状态

每个人都有自己特定的一种生活秩序，生活秩序由各种生活状态构成，个体的生活状态可分为事业`家庭`社交三大生活状态，这三大生活状态构成了该个体的整个生活秩序。

（A，生活秩序是人类个体的各种生活状态的总称

它涵盖着个体的各个方面的生活状态，包括：事业状态`家庭状态`社交状态`娱乐状态等等生活状态。它反映着该个体独有的与他人决不相同的面目，因为每个个体的所处的生活状态中都会有相应不同于他人的角色，有着与他人不同的权利和义务。

（B，生活状态是由个体各种特定的行为反应的构成

其构成相当复杂。如某人在事业这个生活状态中，该个体就需要具备一系列该事业所必须的各种工作处理能力`人事关系处理能力。而这些处理能力也都是一系列欲求反应的复杂组合又被个体恰当运作而成，该个体随时运用所存储的各种场景模式对工作予以恰当的反应。也就是说如果某个体在某事业中能够承着该角色，就表明他存储着该事业所需的相当的场景反应模式，具备了该事业工作所需的其他素质，他能够处理该事业工作需要的各种刺激，对其能够做出适当的反应。

是个体在事业`家庭`社交`娱乐等方面所处的状态，是一种生活状态。也是个体在某生活方面的一种相对稳定的反应规律，是个体依照自身心理秩序流习惯性的反应于某生活方面的一套相对固定的行为。

如某甲在娱乐生活方面他习惯性的选择爬山作为一种享受的乐趣，而某乙则选择阅读书籍作为娱乐的方式。他们所选择的都是能够满足自身获取幸福感要求的欲求反应，都属于生存欲求和生存衍生欲求中的一种类别。

各个个体的娱乐方式会有不相同，因为每个个体的心理欲求秩序流的组成是不同的，

（3）欲求的构成

欲求由欲求目标和实现方式组成

欲求目标：现实生活状态和预期生活状态构成；

实现方式：该欲求的行为场景的组织方式和该欲求的行为场景的运作方式构成。

现实生活状态：现实的个体所处的场景状态与现实个体所处的社会状态构成；

预期生活状态：个体预期的场景状态与与个体预期的社会状态构成。

场景状态：由身心场景平台状态和场景心理角色状态构成；

社会状态：由个体在社会中所处的各种状态和个体所处的社会角色构成。

（A，欲求实现方式的构成：

—a：行为场景的分析组织方式

——Ⅰ）由何种子模式场景组成

援例：

"吃饭"总模式场景的组成：（甲类环境下）1"起身"子模式场景`"洗手"子模式场景`"盛饭"子模式场景`"进入餐桌"子模式场景`"吃饭"子模式场景`"洗碗"子模式场景。

而各子场景又分别由多种子子场景构成。"起身"的子模式场景可以由腿部的骨骼肌肉的各种连贯动作组成，"身体前倾""小腿往后收缩""大腿肌肉用力""身体再次前倾""大腿再次用力把身体向上挺"等等，一直可以分解到最简单的行为。

真是这些子模式场景构成了"起身"的子场景，而"起身"的子场景又其他子场景构成了"吃饭"的行为场景，这也是主体欲求的目标。

——Ⅱ）各子模式场景的组织方式

援例：

各模式场景的组织方式：先起身——洗手——盛饭——入餐桌——吃饭——洗碗。

　　—b：行为场景的运作方式

　　——Ⅰ）模式场景：行为目标`行为的组织方式`行为的过程方式。

　　（B，欲求与场景

　　—a：欲求涵盖着场景，是场景得以组合`分解`存储`输出的基本机制，

　　（C，场景解析

场景由模式场景和行为场景构成。
行为场景由分析组织方式和运作方式构成。

　　（D，模式场景和行为场景

行为场景是由各种模式场景分解组合或直接调用而成，各种行为场景的组成方式都为了欲求的实现而组合的，不同的欲求会有不同的模式场景参与和组织方式。

模式场景是各种特定行为的构成。是主体存储的由经验或学习中习得和自我组织的能够完成某欲求的行为的组织方式，模式场景的特点是可以为主体所分解或组合。

每一组模式场景都有相应的多重行为构成。且按照特定的行为组织构成的。

一种复杂的欲求实现就需要极为复杂的多重模式场景的有效组织，但最终可以分解为多重的简单的几组行为模式场景。

行为场景是基于模式场景的一种反应于刺激的模式，模式场景是主体在场景反应模式中心存储的现成的反应模式，每一种行为场景都有各种不同的模式场景组成，每一种模式场景也都有不同的多重的子模式场景组成，一直分解到各种最基本最简单的行为反应。

（4）生活状态和欲求

每一种生活状态都由特定的各种身心反应行为构成，每种生活状态都是社会与个体互动的结果，这也是个体的一种生活方式，个体依据各种行为规则，在其中行使特定的行为，承担义务享受权利，从而完成特定的行为预期。个人在事业这个生活状态中，事业也是社会给予每个个人的一种行为框架，是个人服务于互动于社会的一种方式，个人行使各种行为并在完成事业所规定的目标中实现自己所需要的欲求目标。

（5）生活状态和欲求秩序流

在每种生活状态中都会发生各种欲求，因为个体在这个环境下会面临各种刺激，也会相应发生各种反应。

在不同的生活状态下个体会有各种不同的适应于该生活状态的欲求秩序流，而每个个体的欲求秩序流也会和该生活状态的社会欲求秩序流发生关联，有时会发生冲突更多时候是合拍的。

例如某甲在某单位工作，他有着强烈的权欲求，这个单位最高的级别是总经理而最低级别是临时工，那么在这个权利欲求中从临时工到总经理，就构成了由低向上一种社会欲求秩序流，这种社会欲求秩序流一般也符合该个体的心理欲求秩序流，因而该个体如果对权欲求有所诉求，那么就会按照这种权力的梯级流程向总经理的位置展开行为，如果某甲在该生活状态下形成了权欲求，那么这个欲求目标即为"获得总经理职位"而获得方式则为"某甲特定的行为"，某甲在该生活状态下的特定的某权行为都会为这个欲求目标而展开，

（6）某甲在某单位的权欲求的构成：

　　（A，某甲的权欲求目标：在某单位的现实生活状态和预期生活状态构成；

某甲是个临时工，某甲想要获得总经理的职位。

　　（B，某甲的权欲求实现方式：该欲求在这个单位的行为场景的组织方式和该欲求的行为场景的运作方式构成。

某甲希望今年通过创造20万业绩来获得董事长的认可从而达到销售经理的地位，然后明年创造200万来获取总经理的地位。

　　（C，某甲的权欲求现实生活状态：现实的个体所处的场景状态与现实个体所处的社会状态构成；

某甲处在临时工的地位，社会对其视为微不足道的人。

（ D，某甲的权欲求预期生活状态：个体预期的场景状态与个体预期的社会状态构成。

某甲预期获得总经理的地位及其状态，某甲想要获得总经理的这类社会状态。

（ E，某甲的权欲求场景状态：由身心场景平台状态和场景心理角色状态构成；

某甲在该事业的权欲求的场景平台总体处于低值状态，只有过一年的工作经历和当临时工的地位角色，他自认知为社会地位比较低微，毫无权力。

（ F，某甲的权欲求社会状态：由个体在社会中在该事业的权欲求中所处的各种状态和个体对其的社会角色的构成。

在实际社会中某甲只有一年的工作经历和当临时工的社会状态；他的家庭成员和社交成员，都认知其的社会角色是比较低微，毫无权力的。

二：欲求的援例

欲求由欲求目标和实现方式组成，欲求目标由现实状态和预期状态构成。预期状态是指个体设定的欲求标的物需要达到的状态。而这个状态必然是相对于自身更高层级的状态。

而一旦欲求目标被实现，也就意味着同时也改变了该主体现态的社会角色和场景角色，更改变了他在某一方面的生活状态，他整个生活秩序也一起被改变了。

（1）援例一

利欲求目标，如果预期状态为"取得某种财富"，那么该欲求的预期状态是建筑在"没有该财富"这个现实状态之上的。

预期状态"获得某种财富"是改变自身现实"没有该财富"的场景和社会状态。

例如：某甲拥有 5 万资产他想要拥有 10 万资产，他准备在一年时间里用卖水果的方式赚到这笔钱。

（ A，让我们分析一下他的利欲求目标的含义。

首先"某甲拥有 5 万资产"构成了某甲在现实中在利欲求方面的现实状态，于是这种现实状态又形成了某甲的心理场景状态和现实的社会状态，同时也造就了某甲相应的社会角色和场景角色。"某甲想要欲求拥有 10 万资产"，就形成了他的预期状态（这种预期状态构成了某甲预期所要达到的场景状态和社会状态，也构成了某甲预期想要达到的社会角色和场景角色）。因此在这个利欲求中某甲的预期状态是以他自身现实状态为基础和参照点的，这两者一起构成了利欲求的目标。

某甲在利欲求中现实状态的场景状态和社会状态为"我拥有 5 万资产"和"某甲拥有 5 万资产"，其场景角色和社会角色为"我拥有 5 万资产，在社会上我是普通人"和"某甲拥有 5 万资产，他只属于普通人"，

某甲在利欲求中预期状态的场景状态和社会状态为"我需要拥有 100 万资产"和"某甲想要拥有 100 万资产"，其场景角色和社会角色为"我想要成为中产阶级"和"某甲想要属于中产阶级"

如果某甲达成了欲求，他就改变了自身原有的场景和社会状态，成为新的场景和社会状态及场景和社会角色。"我已经拥有 100 万资产"成为他的新的场景状态，"某甲拥有 100 万资产"则成为他的新的社会状态。"我是中产阶级"成为某甲的新的场景角色，"某甲是中产阶级"成为某甲的新的社会角色。

因此实现了某甲的欲求目标也就意味着同时也改变了某甲现态的社会角色和场景角色，更改变了他在某一方面的生活状态，他整个生活秩序也一起被改变了。

（ B，利欲求实现方式

—a：行为场景分析组织方式

——Ⅰ）分析方式

行为场景分析方式是该欲求主体对利欲求实现方式的具体分析过程。

"他准备在一年时间里用卖水果的方式赚到这笔钱"这里就涵盖了某甲对该利欲求实现的方式，某甲会分析"卖水果"这个实现方式的可行性和具体的操作方法，整理出可行而具体的经营方案。

——Ⅱ）组织方式

是实施具体经营方案的各种组织方式。

例：甲类经营方案为：在工作之余用摆地摊的方法在某菜场附近做买卖。

那么该欲求的具体行为场景的组织方式就是："在工作之余"——"到批发水果卖场"——"买进水果"——"到某菜场"——"卖出水果"——"完成"。

以上六种行为场景组合成了某甲的利欲求的实现方式，而这六种行为场景又是相对独立的欲求，每一组行为场景都有各种主次层级的模式场景构成，各种模式场景又都有各种子模式场景组成，子模式场景又有各种简单的行为构成

　　—b：行为场景的运作方式

视当前环境调整当前的行为场景的输出`中止`重组等反应。

（2）援例二

（A，刺激反应事件：小便

（B，欲求目标：

—a：现实状态：内环境的失衡，尿液充盈——膀胱膨胀——场波动——发生小便欲求。

—b：预期状态：需要内环境的复衡，实施并完成小便行为，解除膨胀感。

（C，实现方式

是主体如何实施行为来完成欲求目标的反应。

　　—a：行为场景的组织方式

甲类组织模式："起身"——"进入厕所"——"小解"——"洗手"——"完成"。
乙类组织模式："寻找厕所"——"进入厕所"——"付款"——"小解"——"洗手"——"完成"。

　　—b：行为场景的运作方式

视当前环境调整当前的行为场景的输出`中止`重组等反应。

（3）援例三吃饭场效应

（A，内外刺激——身心失衡——感应器`感知器——身心监测——形成关于"吃饭"的场效应——场波动——第三重以上反应梯级——欲求反应或情绪感反应——发生有关"吃饭"场景的欲求——发生关于"吃饭"场景的调控反应（1 调用吃饭场景。吃饭场景有许多种组成，主体只调用符合当前环境所需的吃饭的各种场景；2 把各场景重新分解综合以完成当前吃饭所需的欲求）——输出场景行为反应并即时监控和调整——内外刺激消失——失衡消失——场效应消失——欲求消失

（B，欲求反应是主体为了平衡身心做出的反应，是欲求机制和情绪感机制的功能，欲求反应有普通欲求和情绪感欲求反应。欲求反应包括：欲求目标和欲求实现方式构成。

（C，刺激（作用于个体）——使个体状态发生变化（内环境的身心状态和外环境状态）——个体反应（从内反应的思维过程到外反应的发生行为）——使刺激改变或自身改变

（D，个体状态可分为内环境状态和外环境状态，内环境状态可分为生理场境状态和心理场境状态；外环境状态指个体所处的社会状态。这两种状态各自形成了该主体的场境角色和社会角色。

三：欲求的主要方式：

（1）改变原有状态

（A，恢复原状态的欲求

欲求标的为恢复原有状态，也就是从现有的状态返回到原有的状态。

（B，改变为新状态的欲求

欲求标的为跃升到新的状态。从现有的状态跃迁到新的更高的状态。

（己）宇观·生命是否存在错觉

一：自我意识和自我是否独立

自我意识，是人能够感知到自身存在的那种意识，也是承受着各种感觉如痛苦和快乐的主体。它是个人的思维活动中心本身和其产生的各种反应的结果，亦可泛指个体具有的独特性与他人绝不雷同之最隐蔽所在，它是个人独立的标志，自我个性与人格的体现。可以认为所有思维是个人对刺激的一种反应过程中的高级阶段，个人的行为表现也就是人体身心在外环境与内环境的刺激作用下其刺激信息经过大脑这一思维处理中心，反馈于刺激源的过程。这样看来人们似乎是完全自主的行为其实质却非如此，自我的这种感觉是与所有感觉一样不过是各种信息符号在大脑中的涌动，也是各种感觉在个体思维处理中心的被感知过程。

建立了自我意识的个体，可以发展为两种不同核心思维的认知。一种是自我独立为代表的，如果该个体认为是独立于其他人与物的就成为 " 自主性个体 " ，反之如果该个体以为自身不独立于其它人与物，就成为 " 非自主性个体 " 。这个独立与否的思维成为这个体核心思维的基础性的标志。

自我意识与自我独立感觉的区别，前者是人类社会人个体所独有的， 其他物种或者人类个体中的自然人就没有自我意识，自我意识包含了自我独立和自我非独立这二种概念，前者为个人死亡这一概念奠定基础，唯有自我独立才可能由自我解体现象中产生出自我死亡这一概念，死亡这一概念是社会赋予个体的，是生存欲求的基础，个体的一切行为都围绕避免死亡而展开。人类社会把自我意识教习给社会人，从而把个体自身与外界间隔开，于是不可避免的单个生命的解体在以自我独立为思维体系的个体看来就是自我的死亡，但在以自我非独立的个体看来则是一种生命的循环或再生更新。

人类社会的心理大系统从"自我意识"建立开始到"自我概念涵盖的范围不同"到"自我独立=死亡"，在这基础上把死亡确定为不可接受的而把生存确认为可接受的，这一思维体系是建立起幸福观的根本。

自我独立是因，死亡和生存是果。

由于自利性个体被赋予自我独立的信念 那么他就把自身与外界划分为截然不同两个部分，当自身独立的整体不可避免地发生死亡解体时，就会认为自身的完全死亡，是一种彻底世界断裂的状态，是一种最大的不可预知的最大恐怖，这也是自身最大的痛苦之源。而在以另一种信念行为的非自利性个体而言，生存不过是个体作为人类社会组织的一个组成部分在与其互动作用中直至自身解体的一个过程，死亡不过是瞬间生命组织体微小的一次调整。

首先个体的心理系统是由其生理系统与社会信息系统构成的，如果个体没有接受到社会信息系统，那就成为自然人。其他生物个体都不存在要生存的概念符号，唯有人所专有，因为人存在可视可听的语言信息系统，人把生存的信息概念符号化，有了语言系统，人便把自己与生命组织体分割开来，认为自己是一个独立的个体，同时这个独立的个体便认为死亡是自己不能接受得并赋予痛苦概念，相反的情景便是幸福自认为独立的个体为避免痛苦，千方百计的生存下去，四大欲求便是有生存演变而成的，同时也是由避免痛苦的概念演变而成的，人与其他形式的生物的不同在于，有着社会信息系统的存在。其他生物天然的与生命组织体联系在一起，自然的是生命组织体存在的形式。心理上的分离与生理上的结合世人茫然，人更具生理上的需求，按照社会信息系统所提供的种种行为模式来判断，然后赋诸行为。社会是一道阀门阻碍在自然人爆发种种行为的前段。自然的人通过社会这道阀门，做出使他人感到象个社会人的行为。

综其所述，个人或称个体也可称社会人是生命组织体这一生命机构中的组成部分，它是生命组织体的延展体，与其它物种一起不可区分的构成生命组织体系统，它庞大到足可抗衡整个非生命组织体力量，生命组织体只不过赋予个体一系列逻辑符号，以便使个体有自我这一独立的感觉。个体实质是生命组织体的表现形式，个体生命解体并不意识着自身生命的完结，原本个体就不代表自己，个体是属于整个生命组织体系统的也只有在整个生命组织体解体后，个体生命才完成自身的使命。当某一个体解体之后，生命组织体就把原有的个体他目前在社会中空缺的位置受让与另一个体，当然这一新的个体即会有原有个体同样的意识流。这里所说的空缺的位置并不指职位而指个体在现时社会体系中的社会角色 . 生命组织体不断的补充或者通过战争 `疾病 `及各种非正常的死亡来增加或减少物种及它的个数 ，从而不断地调整自身与非生命组织体之间的关系 . 完成生命组织体这个形态所特有的相对于非生命组织体形态的功能所体现的使命 （ 生存 ） 这一状态。

我们与其他生物一样是生命组织体存在的形式而已，是与非生命组织体形态相对称的一种形式，是宇宙中注定要出现的物质的运动过程中的产物。而人的感觉只是基于一个感觉之上的把生存这个生命组织体的存在方式，用语言符号化的过程。

所有的物种同属一体即生命组织体。社会人的自我感觉是社会生命组织体赋予人这种外形不同与其他生物个体的组成社会所需的参照体，自我感觉是由把自己所感觉的范围的物体区分开来的实体所组成。原始生命组织体把生存的信息扩散开来，不同的区域不同的环境都有不同的形式的生命组织体的子形态这时生命组织体适应某种环境的结果，生命组织体只有一种存在实质即二种功能（ 1 ）繁衍功能（ 2 ）保持形状功能。

二：生命组织体与非生命组织体

　　宇宙浩瀚广阔，虽然地球上的生物种类繁杂，非生物种类也呈多元化，但却由基本粒子构筑而成，基本粒子的组合可区别两种最基本的形式，《一》为生命形态《二》为非生命形态，人类属于生命组织体形态所属的组成部分。生命组织体的起源始于海洋，原始的海洋是各种无机物的聚集地　，经历各种物理的化学的反应，必然会从无生命组织体形态中产生出生命组织体形态。"ＤＮＡ"就是生命表达、延续的方式，生命组织体的最初状态"原始细胞"，在与非生命组织体争夺的力量平衡状态中必然是成功扩展了自己，在历经藻类、菌类等微生物、植物、动物，直至最终建立的人类社会更加有巨大的影响推动力，现代的人类已经巨大到足以毁灭自身在地球的生存环境这一地步。

三：生命也许是错觉

　　然而这一切都可能是从是错觉，是生命组织体赋予社会人的独特的记忆感觉体系。生命组织体并不因为个体的灭亡而灭亡，相反个体却要因生命组织体的死亡而死亡。就个体而言其生命短暂且脆弱，但就整体（生命组织体）来说生命力是无穷尽的。因为整个宇宙的物质只有这最基础的二种形态，即生命组织体与非生命组织体。这二种状态始终贯穿于宇宙空间，此消彼涨，相互亲和、排斥，永恒地存在于历史长河，物质是永远不会消失只是相互转化　表面看来社会人个体生命是脆性的但因其结联生命组织体而恒久，个体与生命组织体须臾不可分离，生命组织体的生命力体现在个体的（ＤＮＡ）于生命组织体的表达之中　。

　　个体即人的单独体隶属于整个人类社会，人类社会又是生命组织体中的一个子系统，个人与个人之间以各种有序的社会关系形成一个又一个稳定社会体系，国家或地区。个人之所以称之为个人，就由于有一种称之为自我的感觉存在，表现在个人与个人在同时会有各自独立不同的行为，感觉到的不同时间发生的触觉、视觉、听觉、似乎把自身与外界隔绝，　如我的邻人在我身边行走着［视觉上］、他吹嘘口哨［听觉上］、他碰撞我一下［触觉上］、身上散发酒味［嗅觉上］，等等。这些作用于我感觉上的刺激，都似乎明白确定我与他人的区别，但这是从个人的角度观察的，　然而从生命组织体的角度来看个体只是生命组织体的组成部分，并非能独立于生命组织体而存在，生命组织体与个体以及其它一切组合成组织的生命的物种是一个整体与部分的关系，所有生命组织体都是组织的表现形式，都为组织与无组织力量相平衡的结果，个体有独立于其它物体的感觉　自我意识　是组织所赋予的其目的在于使社会个体有一个明确的行为目标值，其表现可以用简单的一种温度调节形式来表示，如一房间内如何使它的内部温度保持在某一值，就需要一个温度调节器，　其作用为如果房间温度超过某一值，就关闭加热开关或开启致冷开关，使房间温度在某一值上下波动，不会长期偏离。　社会个体有着自我意识才能接受幸福与痛苦的情感符号，　这就有了行为的目标，　才能使社会人个体围绕着避免痛苦追求幸福展开行为，

　　综其所述，个人或称个体也可称社会人是组织这一生命机构中的组成部分，它是组织的延展体，与其它物种一起不可区分的构成组织系统，它庞大到足可抗衡整个非组织力量，组织只不过赋予个体一系列逻辑符号，以便使个体有自我这一独立的感觉。个体实质是组织的表现形式，个体生命解体并不意识着自身生命的完结，原本个体就不代表自己，个体是属于整个组织系统的也只有在整个组织解体后，个体生命才完成自身的使命。当某一个体解体之后，组织就把原有的个体他目前在社会中空缺的位置受让与另一个体，当然这一新的个体即会有原有个体同样的意识流。　这里所说的空缺的位置并不指职位而指个体在现时社会体系中的社会角色．组织不断的补充或者通过战争　`疾病`及各种非正常的死亡来增加或减少物种及它的个数，从而不断地调整自身与非组织之间的关系．完成组织这个形态所特有的相对于非组织形态的功能所体现的使命（生存）这一状态．

　　我们与其他生物一样是组织存在的形式而已，是与非组织形态相对称的一种形式，是宇宙中注定要出现的物质的运动过程中的产物。而人的感觉只是基于一个感觉之上的把生存这个组织的存在方式，用语言符号化的过程。

　　就整个字观角度而言，宇宙自有它的整体的信息存在，　这整体的信息由二大部分组成即：组织与非组织他们各自的信息所组合而成，这信息系统反应在整个人类社会而被人类社会经过处理，　既是人类社会的信息系统。我们人类个体秉承组织的肌体，一方面接受组织的信息，　另一方面又接受其他的信息．经过人类个体的信息处理器（大脑）一部分储存，一部分遗忘，并且有反应与不反应的表现．人类个体之间借以表达信息的工具有；语言`文字`图案等各种赖以互相通用识别的符号载体，这种信息借助各种媒介如：书籍`绘画`唱片`磁盘`光盘包括个体自身的记忆系统而存在着，来共同成为人类社会稳定存在的信息系统，同样它也组成了个体的心理系统．．个体依靠大脑来记述这种信息系统，并随时地转化为社会组织所需的行为．构成个体心理系统的基础信息分为：（一）关于"自我是否独立"的信息．就认为"自我独立"而言，这是一个社会组织注入个体的赖以建立人类社会这个形式的基石之一．"自我独立"意味着独一无二，但却是以死亡为代价的，这样如何避免自身消亡是自主性个体展开行为的终极目的，是完全符合组织运动特证的，这更是现时世界人类社会赖以建立的基石之一．而自我非独立的信息则构成另一种现时社会以宗教信仰为表现的心理系统，更成为一种阻止社会以毁灭自身的速度发展的力量，这一信息组合注入另一类个体成为赖以建立社会的另一类基石。它就是非自我独立个体。

第二篇 幸福观的解析

第一章 人体反应原理

第一节　社会人反应的基本原理

简介

叙述社会人如何平衡身心来获得生存，揭示社会人行为的原理和规则。

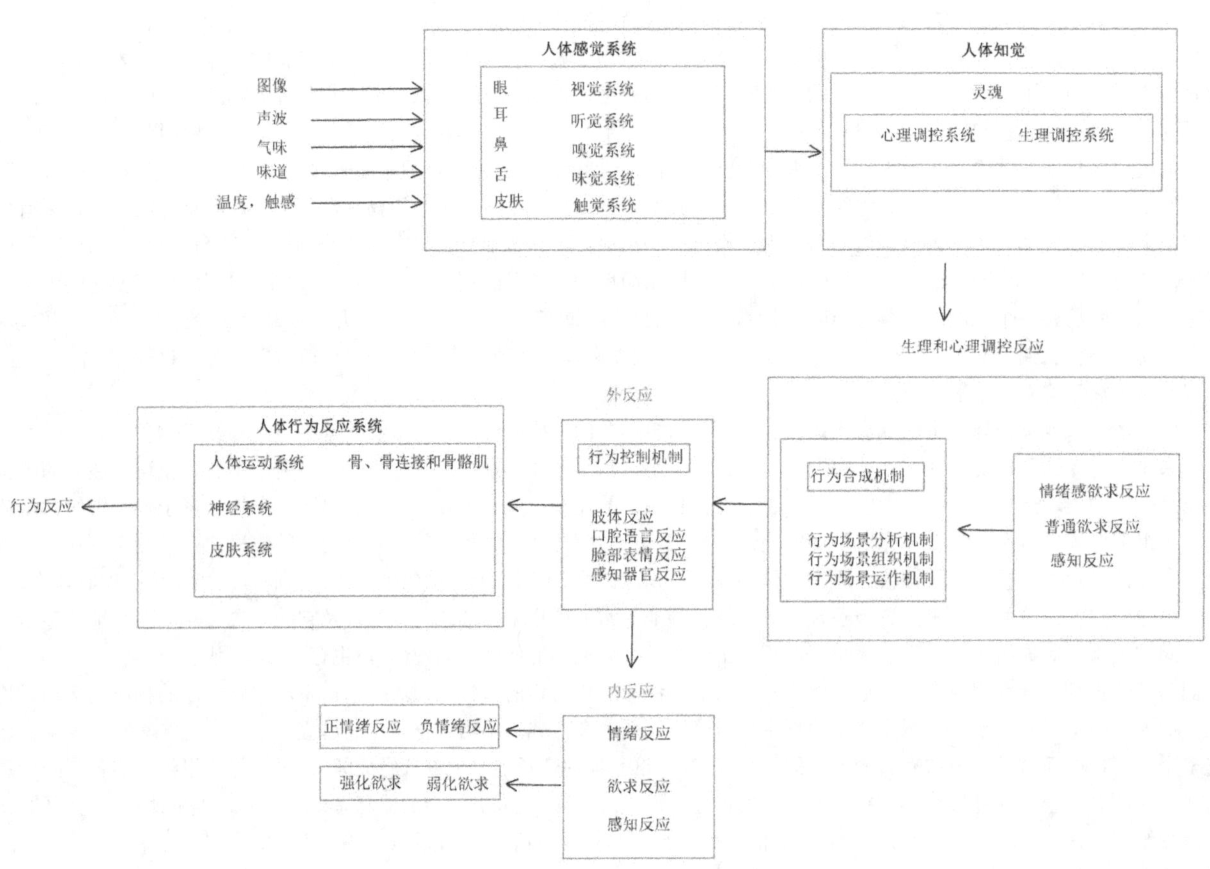

（甲）个体反应的原理

一：反应的目的和类别

生理总是为了平衡展开反应，心理为了在社会层级上获得平衡和幸福展开反应。是为了对应于社会而展开的行为反应。

个体反应的针对性

这里阐述的是各方面都谐调运作的系统，在心理上储存有应付日常事物的反应模式，　社会人个体的刺激反应过程的刺激源是有着针对性的，并非所有的刺激对该个体而言都会作为输入的刺激而作反应的，因为整个宇宙是循着即定的规律运动着。

（1）简介

（ A，人体用动态平衡达到生理平衡以维持生存

—a：个体必须恢复平衡

生理平衡需要正常的平衡的条件和正常的生理体征

在身心平衡系统的监控下，就正常情况而言每一组刺激反应后最终都会恢复到生理系统合理运作的范围以内，因为维持人体的最终平衡是个体心理系统和生理系统共同的目标之一，而另一个目标则是追求幸福，这两者可能经常会发生重大的冲突。

—b：内环境的动稳态以适应外环境的变化

人体是一个开放的系统，他必须保持和外环境的各种联系，包括吸收养分排除废物，吸收氧气排出废气，所以人体不可避免的暴露在变化多端的外环境当中也必须适应其变化，但人体也必须有稳定的氧气稳定的水和稳定的酸碱等各种平衡来进行内环境的生化反应这样才得以生存，这种情况下人体是采取动态的平衡来因应内外环境的各种变化的，以变制变，以静恒静。

比如人体的水平衡和钠氯平衡都需要一定的水分和钠氯在人体生理系统中动态维持着，如果缺少也能通过其他方式的调整予以维持一定的比例。

—c：个体之间短期适应程度上的差异

虽然每个个体的生理长久保持平衡所表现的各生理数值和所需的平衡条件是基本相同的，但在短期适应能力上却存在很大差异，因为每个人身心平衡能力是不同的，各自的生理系统的各种生理体征也不相同，这导致每个人的各层次的生理系统的最高生存极限阈值都不同。

—d：每个个体对维持长久平衡的条件是基本相同的

其中包括合适的氧气、水份、营养物质以及合适的温度`湿度`光照度，有了合适的外界生存条件才会使人体来进行内环境重要的生化功能得以正常运作，如使人体的酸碱度、渗透压、温度、电、化学梯度及离子成份等都保持在合适的范围，这些理化特性的动能平衡（等稳）是细胞正常生存的必要条件，人体不但必须要适应着这种动能变化，机体的这一功能特性称为机体的适应性，一旦内环境的等稳性被大幅度破坏（如温度过高、PH值偏差过大、渗透压过高等），超过细胞的最大适应能力，细胞将不能正常生存，从而累及组织、器官、系统直至整个人体，轻则产生疾病，重则死亡。

个体的体温必须保持在 37 度左右，虽然有些人能够承受 70 度的高温三个小时而不至于昏厥，有些人则只能承受三十分钟；有些人能承受酒精度在其人体内达到 0.3%，而有些人就会因此死亡，等等，但没有人能够在 70 度高温生存下去，也没有人一直能保持 0.3%酒精浓度而不致死。所有的这些外界高温都会使体内温度相应升高，虽然人体自主生理调节系统有能力通过一系列调整把体温暂时维持在 37 度左右，但如果超过一定时间就会失去这种能力而崩溃。而酒精也能使人体生理系统发生一系列化学变化从而影响到生理系统的平衡发生偏离，这种偏离一旦达到某种程度就使得生理系统的自主调节系统开始调节，以便适应内外环境对其的干扰。

（2）个体反应的两种目的和终极目标

维持人体的生理平衡是个体心理系统和生理系统展开行为的基本目标之一，而另一个更重要的目标则是心理平衡，这两者也会经常发生重大的冲突。

首先人体是一个生理系统的平衡体，这个平衡体有一种在内外环境不断的变化下还能保持自身动态平衡的机制，这是依靠监控系统和调控系统来共同完成的一系列反应，以此完成对刺激源的反馈的过程中获得平衡的。这个生理系统的监控是以社会人个体的所有生理系统的平衡为基准的，如：神经系统`肌肉系统`骨骼系统`循环系统`呼吸系统`内分泌系统`消化系统`生殖系统`表皮系统`泌尿系统`免疫系统等这些人体系统的平衡为目的个体为之展开的一系列维护行为，另一方面心理系统的平衡调节则是该个体在其核心思维体系的幸福观指导下进行的一系列社会化调整反应过程。每种不同的幸福观都有各自不同的相应的场境反应平

台，都会以各种不同的文化的特质和独特的外显展示在核心思维体系的疏导和影响下辅之以各种对生活方式的约束，来对其在生理方面训练和影响使之更快地进入到该社会秩序流中，使受影响的群体的行为都会以此文化背景为基准，以此文化的生活习俗为协调自身平衡的方法来生活，从而建立起能影响到社会的一种社会的秩序流，并可以扩展到更多范围。

成年的社会人个体会受到心理系统层次的各种扰动，但他只能在自己已经习惯的获取平衡的方式上来保持自身的身心平衡，但大多数人不知道该欲望的扰动完全可以转化为另一种欲望的追求之上，例如我们对于金钱欲望的不满足情绪可以由于性欲求的被满足而暂时获得平衡，甚至如果刺激够大达到一定的程度也会替代原有的平衡习惯。

（A，个体反应的两种目的

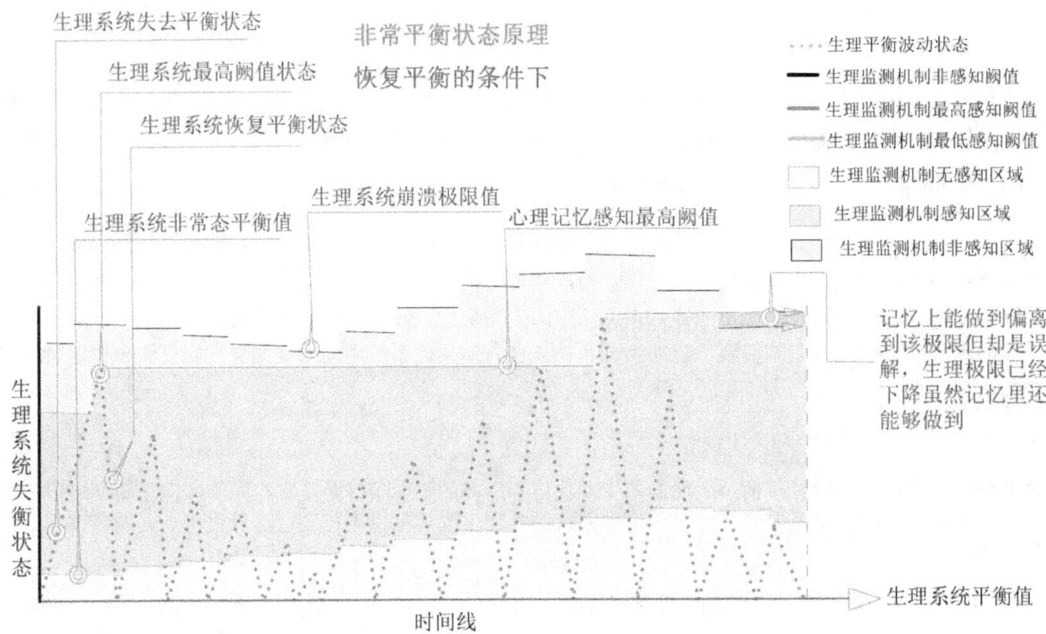

—a：首先个体反应的目的是为了得到生理的平衡

因为个体只有在受到刺激发生失衡时才可能会引发各种感应反应`感知反应`欲求反应和情绪感反应，没有刺激和失衡就不存在各种欲求或情绪感行为。人的那种习惯性的一般欲望反应和渴欲体验各种幸福感的情绪感欲望反应，也都是因为内环境或外环境的某种刺激所触发的人体的身心失衡而引发反应所致，无论主动性或被动性反应都是因刺激而生。这种刺激形式可以是由被动性产生的如针对心理发生作用的人类的语言`语音等符号（第二信号），由针对生理发生作用的自然界的化学与物理性的刺激（第一信号）。也可以有个体主动性产生对外的作用，比如人在欲求激发下的一切对非源刺激的行为。正因为反应是建筑在人体的身心失衡之上的，而失衡是不利于生存的只有平衡的生理系统才能够维生，所以复衡是人体失衡之后所要达到的目的，其目的还是在于维持人体的生存。

—b：其次个体反应的目的还在于得到心理平衡

当某身心场境受激开始失衡与该身心场景发生失和时，当其失和度达到第一（感应）反应层级的生理感应监测阈值时，会发生生理平衡系统自主调整反应。当其失衡度达到第二`第三`第四反应层级时，社会人就会有相应的反应，发生感知`欲求和情绪感行为。这些各层级的反应都是身心平衡系统对于身心失衡的一种监测和调节反应。其中第一反应层级的反应目的是为了生理的自主平衡，第二第三反应层级是为了在心理层次来调节身心的平衡，而第四反应层级的反应目的是为了实现获取幸福感和排除痛苦感的情绪感欲求的满足（这属于社会化了的人类行为，动物以下层级只有前者，对于人类的复杂的社会化调整的反应机制，动植物是不具备的），但同时也实现了身心的平衡，但这是一种复杂的社会化的平衡。

—c：个体反应的终极目的在于获得幸福

假设在冬季当人体觉得寒冷时，就是生理系统的皮肤这个生理子系统首先被周围的环境温度变化的影响，原有平衡的温度发生了失衡，个体在这方面的场效应的场波值达到了场变程度，当其场变值达到第三反应层级就会发生保暖的欲求（由需要保暖的欲求目的和如何保暖的欲求行为两者共同组成），这也是一种在生理系统方面寻求平衡的欲求，如果该场变程度不能得到控制到达第四反应层级，就会引发情绪感生成使人感到痛苦情绪的发生，人会试图去消除这种痛苦从而获得原有的不痛苦状态，这就是属于第二种行为目的。但无论是寻求保暖的欲求行为或是消除寒冷的痛苦从而更刺激人体去加速寻求各种保暖的行为，其终极目标都是为了获得幸福，也就是为了实现人的幸福观而展开的各种欲求行为。

所以无论是为了身心平衡而展开的反应或是为了得到情绪感满足的反应，其终极目的实际都为了围绕着实现自身的幸福而展开的，实现幸福是人类个体反应的终极目标。追求幸福的这个理念是人类社会特有的社会心理系统赋予个体心理系统的核心。

（B，人实施反应行为会从需要得到平衡转化为需要得到幸福感而变化，但最终还是为了取得平衡。

（3）刺激反应的类别

（A，根据刺激源的发生于人体的内外环境的不同，可分为外环境刺激和内环境刺激。

（B，根据刺激源直接刺激作用于何种人体系统，可分为心因性刺激和生因性刺激。

（C，根据个体对刺激的不同反应方式可分为主动性反应和被动性反应。

个体通过主动性感受系统和被动性感受系统的综合运用来实现自身身心平衡和幸福。个体能运用视觉`听觉`嗅觉等等实现这些监测功能的感受系统，在事物还尚未直接作用于本体的时候，就在思维体系作用下预先对该事物发生相应的反应。又通过味觉`肤觉`内脏觉`平衡觉等等这些具有监测内环境变化功能的感受系统，被动的监测着自身内部生理的变化，以及时做出相应的调整。

人通常是在这两类感受器帮助下来监控内外环境的变化以期主动或被动地应对之，从而获得幸福。

（D，根据刺激反应是否引发情感，可分为普通刺激反应和情绪感刺激反应

（E，根据刺激反应归属何种情绪感范畴，可分为快感刺激反应和痛感刺激反应

（F，根据刺激源刺激式态的异常性，可分为常态刺激反应和异态刺激反应

（G，顺变刺激和突变刺激

—a：顺变

——Ⅰ）一旦该场效应出现的场波动度超过一定范围会 1 再次匹配 2 启动各级反应。

—b：突变

——Ⅰ）如果突发的场境符合调用的后台场景，就相应启动该场景的行为反应。

——Ⅱ）一旦发生突变的场境不符合调用的后台场景，就直接启动情绪感反应以组合应变突发事件。

（H，反应可分为可感知反应与不可感知反应两大类

前者为个体可以感知到的刺激反应，后者是个体不能感知到的刺激反应，不可感知的刺激反应包括在感知阈值之下的刺激反应和人体可感知阈值之上的刺激反应，如此对听觉系统而言超声波次声波就属于不可感知的人体可感知阈值之外的刺激反应，虽然刺激仍然作用着人体产生着对人体的影响造成失衡甚至死亡，但人体却对于该刺激却不能通过原有的听觉途径感知，而只能从生理的相关失衡方面感知到刺激的存在。如人体的视觉系统只感知特定波长的光谱，对波长之外的光谱不会发生特定的相适反应，紫外线就是其中一种它虽然不被人体视觉系统感知到，但长时间的作用会使人体的细胞发生破坏形成癌变。

（I，反应可分为意识反应和行为反应

（4）主动性和被动性反应

（A，两种不同方式的感知——（临时）

一种是被动性的感受器对外内环境的感知，二是主动性的有生理系统和心理系统发出的主动性地使感受器对内外环境的感知，后者就是所谓的"注意力"

—a：个体对刺激不反应的几种情况：

——Ⅰ）在个体的感受器的感受最低阈值之下的刺激源不被感受器的神经元所反应当然也不会被个体所感知；

——Ⅱ）即使被感受器所感知也因为生理或心理监控系统没有启动个体不会做出反应；

——Ⅲ）由于情感第一定律个体的心理或生理的调控系统的应激机制作用下式的生理系统（形成非平衡生理状态）或心理系统方面（非常态刺激源感知转为常态的刺激源感知）形成对刺激麻木而不反应，渐渐刺激源也不被感知；

——Ⅳ）虽然生理系统被刺激激发而因变但却没有达到心理系统需感知处理的异态，所以人体心理系统层次并没有对此反应。有些刺激虽然没有引发心理反应但已经引发了生理反应而被生理系统自发的处理，比如生理各个系统的正常运作，包括心跳`血液循环`呼吸`排汗`消化`免疫功能等等都是不需要心理作出反应干预的，处理过程也不会被心理系统所感知。

—b：个体感受器对内外环境的刺激的感知原理

如果我看书的时候被一只蚊子叮咬，如果蚊子叮咬的这个刺激式态（刺激的强度和形式）没有超过生理监测系统所监测的最低阈值，就不会使皮肤系统中的感受器（生理监测系统）发出被刺激的信号，因为被蚊虫叮咬的皮肤经常受到衣服和外界各种类似于蚊虫刺激的摩擦以至于提高了该部分肤觉系统对蚊虫叮咬刺激的最低感受阈值，当然如果是同等强度的另外一种不被经常感知的刺激形式就会立刻激发生理监测系统的因变并传递给心理监测系统感知并作出行为的。

但如果被眼睛观察到就可能因为视觉所感知的蚊虫叮咬所储存的异态较少，就能被视觉的这个生理监测系统视为异态刺激而直接输送并突破心理最低阈值已引发一系列驱赶的反应，

激发出心理监测系统开启的阈值，我就不会感觉蚊子的叮咬，虽然生理监测系统会发出信号，但此刻书籍中的内容对我的刺激使我的心理监测系统所感知的反应值比蚊子的叮咬带来的刺激生理监测系统反应值大的话，我也不能感知到蚊子的叮咬！

（B，主动性和被动性反应

所有在思维反应过程中形成的思维的场波动引发的各种反应就属于主动性反应，而主动性反应则是在其他刺激源作用下，形成了的一种对非刺激源做出的反应，这是一种相对性的过程。

所有在内外环境影响下引发的其他各种反应就属于被动性反应，被动性反应是直接针对刺激源做出的反应。

（C，·在被动性或主动性的刺激反应中，个体的预感受器会对它所能够预先感知到的刺激源进行感知反应

以便实现就能及时地反应之。但所有刺激都必须超过个体预感受器的最低感应阈值，才能进一步达到最低感知阈值才能进行异常性和异重性判断。无论主动性的寻求到刺激源或被动性的感知到刺激源，个体的预感受器所感知到的刺激源都属于已经使该个体的预感受器达到感知层级的反应的刺激。只有达到激发起个体预感受器的反应达到感知层级的刺激源才能使个体对他们进行深层次的加工。

·无论被动性或主动性刺激反应中，个体的预感器都会根据所在环境的各种刺激建立场效应。

（D，个体的被动性和主动性反应

前者是个体受元刺激源激发的反应，后者是在元刺激源激发下对非元刺激源的行为。

（E，·主动性获取幸福和被动性获取幸福

主动性获取是个体在特定的幸福观的主导下主动使自身所处的场境角色或社会角色发生变化从而获取幸福。而被动性获取是个体在内外环境的刺激作用下被改变了自身所处的社会角色或场境角色从中获取幸福。

而无论是主动性或被动性都是由于内外环境的刺激所导致的，区别在于前者直接触动和激发了个体在某种欲求实现中获取幸福的欲求，这是直接使个体从心理上直接输出欲求反应的过程，也是一种主动使自身去进行一系列场失和从中获取幸福的反应过程。而后者在内外环境的刺激中则作用了个体的身心，发生了场失和，个体处于一种被动地调整状态，在这种过程中会获得幸福，是以恢复自身身心平衡为主的反应。通常也是从痛苦感知到幸福感知的过程。

（F，·内环境的性场境扰动引发的反应

而个体的内环境是指生理系统，一般而言生理系统正常谐调运作的个体，会由于自身生殖系统的不平衡状态而陷入心理上的混乱，如：男子的性腺会使精液定期的充盈，女子的卵巢以月经的方式排卵以待交配，这种现象引起个体心理与生理上的不平衡状态，迫使个体以行使性行为的方式来使自身的生理得以平衡，但性的行为又被社会为秩序之故而控制着。以上是生理系统基本可保持平衡状态的个体，个体是由自身的周期性的生殖系统不平衡状态所引发，在由外环境制造出的去寻求幸福感的目的性行为的模式的引发下产生的行为。而生理平衡经常处于不稳定的时刻遭受来自外界威胁其生存的个体，却又把维持自身生理平衡为值

得追求的得到幸福感的行为，个体把每一次战胜疾病，每一次从死亡解脱所经受的刺激都表明为幸福反之亦然。以上二种行为共同点在于都去追求幸福感，不同处是一种由生理系统的生殖系统不平衡而引发，另一种却是由生理系统不稳定导致。

（G，·预感受器和一般感受器

前者是指能够预先在实际刺激没有作用于人体就能够被感知到的感受器，一般感受器是指刺激一定要实际作用于它才能够感应和感知到刺激的作用。

（H，·被动性反应与主动性反应

前者是在外场境和内场境的生理维生系统发生改变的状态下个体发生的反应，而主动性反应是指内场境的心理系统发生改变从而引发个体的欲求反应。通常这两种反应是相辅相成的，因为个体从受精成为合子开始就处于受激与反应状态下，反应是个体作用于刺激源或主动性的作用于非刺激源，这种刺激与反应的状态一直会持续到个体的一生。在被动性反应下个体侧重异常态原则进行反应，个体在刺激作用下首先判断该刺激是否异常（在生理感应场景发生失和状态下，生理首先对场境刺激自主调整，如果刺激作用于对外感受器视觉听觉系统则随后发生感知，因为视觉生理的感应和其心理感知阈值极为相近，这样可以随时观测到一切需要立刻反应的外来刺激，即使这种刺激还没有作用于个体。）。

而在主动性反应下个体会侧重重要性原则进行反应，所谓重要性原则就是何种行为能最快达成个体欲求目标的实现就予以首先输出。

核心场景会成为扰动个体的重要刺激源，

（I，·因此一次刺激反应中，相对主动性地感知场境和被动性的感知场境都是存在的

如果是被动性的感知，该变化了的场境其变化度必须达到突破个体的生理内外感受器的感应阈值，个体内外感受器是依据原有的场景来评判场境变化的，如果场景的变化在平衡态许可范围内（也就是变化数值在其感应阈值之下）就不会发生任何反应，而且任何心理的反应都是因为场景失和度达到了心理感知反应层级才发生的，而生理的反应则在心理感知反应层级之下的生理感应反应层级就发生了。

人体对外感受器的重要作用在于可以在刺激实际作用于自身之前就予以反应，比如视觉感受系统可以在可视范围内察之刺激源的变化，在自身欲求激发下会主动观测所需的观测源，已达到自身欲求目的，即使观测源原先还处于非刺激源状态。心理思维系统在内外场境变化的作用下能产生各种欲求，并借助视觉系统主动作用于观测源，使各种观测源得以协助自身完成欲求。

（J，·在被动性反应状态下的刺激反应

会由于内外环境的刺激使得场境发生变化从而使原有的场景与该场境的契合态被破坏，于是引发的个体身心反应。

在主动性反应状态下，会由于场景发生变化从而引起契合态破坏的一般都属于心理层级的反应所致，或者由于生理神经发生器质性变化所致。

（K，·主动性感受系统和被动性感受系统

视觉`听觉`嗅觉等等实现这些监测功能的感受系统是属于主动性感受系统，这些感受系统能在事物还尚未直接作用于本体的时候，就依靠察觉相适的刺激源事物的刺激信号来预先发生相应的反应，以提前实现其幸福宗旨。而味觉`肤觉`内脏觉`平衡觉等等实现这些监测功能的感受系统则属于被动性感受系统，需要相适刺激直接作用于其感觉系统才能做出相应的信号传递功能使身心感觉和感知其本身的失衡状态。

人通常是在这两种感受器帮助下获得内外环境的变化来主动或被动的应对之，以获得幸福。

（5）反应包括内反应和外反应

（A，内反应

—a：主体面对刺激事件发生的内部引发的各种反应行为

—b：思维意识行为

（B，外部行为

—a：支配肢体动作的行为

—b：支配口腔表达语言的行为

—c：支配脸部表达情绪或其他反应的行为

—d：支配感知器官感知的行为

（6）身心失衡度大小的决定因素

（A，心理失衡度大小的决定因素

—a：心理失衡度的形成

心理系统某场景发生失衡，其失衡度是由三种因素综合形成的，一 是刺激源的刺激式态（刺激的形式的异度和刺激强度）强度；二 是心理平衡监测系统对该刺激所监测的最低感知阈值；三 是刺激所牵涉到的欲求秩序流中的该欲求的排序所产生的对该刺激的重视度，这三类因素的综合就形成了心理失衡度的大小。

心理系统要发生感知，必须通过其特定的生理感受器的接受，其刺激式态强度必须超过其生理感受器的最低感应阈值才能进一步被心理感知。

这就与能引发心理感知的条件相同，某刺激源要被心理所感知，必须要使其刺激作用于心理平衡系统，并且其式态强度要超过心理平衡监测系统所监测的最低感知阈值，或其注意力使心理平衡系统发生失衡，使其发生了失衡度超过了

——I）假设我们对于利欲求的反应过程

当我们看到他人得到的利益超过我们的时候，这种利益差异就会成为刺激我们利欲求平衡的刺激源，并会引发心理失衡，这种心理失衡度是由自身对利欲求的重视度和利益差值的多少综合而定的，

——（i）如果心理平衡监测系统对于该刺激的最低监测阈值越低则敏感度越大，另假设自身对利欲求的重视度为高，作为刺激源的利益其刺激强度的利益差值也为高，那么综合以上三类状况人体的心理失衡反应也大。

——（ii）反之心理最低监测阈值越大，重视度越小，刺激强度越小，三类因素综合作用其人体反应必然越小。

——（iii）如果心理最低监测阈值为低。自身对利欲求的重视度为高，刺激度的利益差值为中，则人体反应度为中上值。

（B，生理失衡度的决定因素

生理某系统的失衡度是有刺激源的刺激式态强度决定的，当刺激源的刺激式态度越高则其所刺激的生理某系统的失衡度也越高，这就与自主生理平衡监测系统所监测到的感应并做出调整就不同，后者需要其生理的失衡度超越感应的最低阈值才能做出调整，如果某生理系统感受器被器质性损害从而导致其阈值变得很高甚至不能感应，自主生理平衡系统就不会发生对被破坏了的生理某系统发生感应和调节作用。

（7）反应是个体在内外环境影响下的一种应变

包括了身心受刺激的变化过程和身心做出的一系列调整过程。

（A，其中身心变化的过程分别有以下两种状态组成

①　身心失衡状态

②　身心感应和感知的状态。

（ B，身心做出的调整过程分别有下列四种过程组成

① 形成欲求过程

② 形成情绪感过程

③ 思维过程

④ 行为输出过程

（ C，自主生理平衡监测系统不发生感应就不存在反应

如果没有生理或心理的失衡就不属于反应，无论刺激源的刺激强度多高，但人体身心不发生失衡就表明人体不存在反应。也无论其他个体身心发生了多么巨大的反应但如果某个体身心没有任何感应也就不存在反应。如果身心已经发生了失衡但却没有被生理监测系统所感应或被心理监测系统所感知也不属于反应，并且无论该个体的身心失衡发生多高的偏离（即使已经危及到生理最高极限值）但如果没有被感应或被感知也不属于反应。而人体是一种自动平衡的机体，因为自主生理平衡系统的存在使得内外环境随时发生的变化都会自动被其调整在合适的正常的范围内，即便是心理平衡系统的监测系统发生损害也无损于自主生理平衡系统时刻发生应衡作用，而一旦该系统遭到损害就会很快的危及到生命的存在。比如某种生理系统有异常的人竟然不会对物理刺激皮肤有任何感知，即使用刀割伤他的皮层甚至深达肌肉组织，其人的心理平衡监测系统也没有监测到任何对该局部生理系统失衡的刺激信号。但其生理却会做出相应的感应调整，自动愈合创口就是自主生理平衡系统做出的调整。如果某人凝血机制发生故障，一发生创伤就会流血不止，如果不以其他方式来阻止就会因失血过多危及生命。这就是该人的自主生理平衡系统的某个系统的机制发生异变导致的对生理失衡不能做出相应的调整的结果。最后只能依靠心理平衡系统做出的行为来调整这种失控局面。

更多的情况是，某些人的某种生理子系统的最低感应阈值比其他人要高，从而正常人所能感应到的而在于某些人却不能感应，后者就不发生反应。如果人要听见某种声响，必须首先其声响的强度要超越听觉系统的对声音的感应的最低阈值，然后才能被心理平衡系统的监测系统所感知发生注意力后才能对其声音发生听到的感觉。而某些工作在特殊行业下的人们由于环境的异常就会在听觉系统发生变化从而提高了身心对声响的最低阈值。比如纺织厂的工人们由于处于噪音环境，在重复刺激下心理平衡系统的监测系统会发生"情感第一定律"作用的适应变化，提高心理上对噪音的感知的最低阈值也相应提高了对噪音的欲求和情绪的最低阈值，从而对噪音环境处于一种熟视无睹的状态。而生理平衡系统的监测系统也会发生相应的变化，由于长时间处在噪音的损害下，听觉系统就会发生一系列的生理变化，一种是正常的变化另一种是病理变化，正常变化就是能够恢复到原有的正常的听觉系统的听力能力的暂时性变化，而在强力噪音下往往就会发生病理变化，听觉系统因为其生理上的病变而永久性地提高了听阈感应值。这就是生理监测系统发生的"刺激反应第一定律"作用下的结果。这样他们的听觉系统的最低感应阈值就比正常人高，他们的可承受的最高阈值也会比一般人高。普通人能听到的最低声音在于他们就不能够听见也不能被其听觉系统所感应到，这就是在"刺激反应第一定律"作用下的不发生反应的状况。

（ D，自主生理平衡监测系统的感应

人体生理系统无时无刻处于一种被各种内外环境的刺激所扰动的状态，但这种生理各子系统对此刺激所引发的细微程度的失衡不超过自主生理监测系统感应的程度就不会被人体所调整，只有当失衡超过一定程度突破了自主生理监测系统所监测的最低感应阈值才会被其监测并调整。

（ E，自主生理平衡监测系统感应的参照方式

然而人体自主生理监测系统所参照的只是原状态与现状态的失衡比（失衡度和失衡时间之比），并不是简单参照的失衡度，这样如果某种刺激渐进的加强其刺激强度而始终不超越原状态与现状态的失衡比，就会导致监测失调，使得即使生理遭到伤害也不会感应作及时调整，更不会对此感知从心理上来做行为的干预了。这就是"情感第二定律"渐进刺激的身心渐进偏离不反应原理。这就是家人对长期相处的亲人的外表看不出变化的缘故，因为相貌的变化是渐进的过程，越是注意观察的亲人相貌的家人越是看不出其变化，每天细微的改变要积累一年才成为一种可观察到的改变，每天对其观察也是每天对该变化（但其变化值在心理平衡监测系统的对相貌特征评判所限定的最低感知阈值之下）了的相貌进行储存，并形成新的供参照的相貌特征模型，在一年结束后，他所储存的现有相貌模型始终是昨天的相貌特征模型，以昨天的业已改变的相貌来对照今天的自然也是看不出变化的。而一年没有见过面的朋友就能够看出他的相貌的变化，因为他所储存的还是一年之前的相貌特征模型，经过比照各种特征的差值就超过了心理平衡监测系统对该相貌特征评判所限定的最低阈值了。

人体对于盐分的摄入经过了"情感第一定律的生理原理"（自主生理平衡监测系统会对重复刺激引发的重复常态失衡作相应的最低感应阈值的提高）和"情感第二定律的生理原理"的过程，如果每天摄入的盐分相同，自主生理平衡监测系统对于盐分感应的最低阈值逐渐提高其感应阈值，使之不发生反应（也是生理自我保护机制，因为不必要对每天都发生的刺激而引发的正常失衡作感应）这就使得人体对菜肴，逐渐感知不到其具有的原有的咸度，就会加大盐分投入量，以保持原有的口味（咸度），以此

重复，逐渐的就不合理的加大了盐分的摄入量，但人体的自主生理平衡监测系统却不会对已经改变了的状态作任何的报警，因为摄入的不合理的多量的盐分每天都在细微地改变着人体各系统，但这种因为不合理盐分的摄入而改变的生理却也是细微的不可察觉的，逐渐会使得肾脏负担加重，发生高血压的风险增高。高浓度的盐分可严重损害胃肠道粘膜，胃肠炎症和溃疡的发病率增高。但这种病理变化确实平时所不能够觉察的。　很多生理形成的病症都是逐渐细微的渐进的过程，这种过程是长期的也是不被感应到的，没有感应到的生理失衡就不会被自主生理平衡系统作调整，从而形成一种渐进的从常态失衡到病态平衡的这种过渡。

　　　　——a：面对刺激引发个体的生理失衡和心理失衡时，个体所资的参照体

生理失衡现象一般都会以自身的自以为是正常态平衡（有可能是病态常态平衡也可能是新常态平衡）作为参照物的，而心理失衡会有内外环境所引发，如果是内环境的生理系统失衡引发心理失衡则会可能以自身的常态平衡作为参照体，如果是外环境刺激源直接作用于心理系统，监测系统会通过比照心理记忆所储存模式来作为是否处于需要一般反应或强烈反应的处理。

如果是由心理秩序流引发的失衡，一般都会以外界比自己所处的欲求角色地位相对高的作参照物的。

　　（F，导致心理系统和生理系统发生反应的条件

如果在某一种内外环境中人体身心能保持常态平衡，一旦内外环境发生变化就可引发身心的失衡。那种内外环境的温度`湿度等变化会使生理发生失衡，内外环境的变化刺激也可引发心理系统产生失衡（如感觉枯燥而引发痛苦情绪及其试图消除的种种欲求行为，这属于内环境的变化）。

对于生理系统的刺激而言，刺激源所刺激的某生理系统的失衡度和最低感应阈值共同决定着反应是否发生，失衡度越大最低感应阈值越小则反应强度越大。失衡度越小最低感应阈值越高则反应强度越小，当生理系统失衡度低于自主生理监测系统所设置的最低反应阈值则反应不发生。

对于心理系统而言，该刺激源必须能够使所刺激的心理某平衡系统发生失衡，其失衡度要达到心理平衡监测系统所设置的该系统的最低感知阈值，则心理反应才会发生。当一种针对心理作用的刺激打破了心理平衡系统的平衡，当心理失衡度一旦超过了欲求层级，会启动欲求机制，同时引发自主生理平衡系统的失衡，如果这种身心失衡还在加剧就会启动情感机制来紧急处理该刺激源。

二：反应的基本原理

（1）反应发生的条件

（A，引发个体反应的两种刺激源

　　——I）第一种是各种外内环境刺激源直接作用于生理系统而引发的反应；

前一种在作用后生理系统会因此失去平衡一旦超过一定的阈值便被个体的监测系统所观察到，并把这一次刺激的信息转化并传递到常态或非常态处理系统中进行反应，以便把自身失衡的状态调整过来，维持平衡。

　　——II）第二种是各种外内环境刺激源作用于心理系统而引发的反应

后一种是刺激源作用于心理系统，在被感受器所监测到后个体会据此判别和分析此刺激源对自身生存目的有无影响和是否有利弊，一旦心理系统预计对自身损害超过一定范围个体的生理系统也会出现波动而失衡如果超过一定阈值，个体会引发情感机制来深入分析，情绪也会在这个过程中随着结果出现而完整的被个体所体验到。

　　（B，所有达到或超过感知反应梯级的刺激，都有可能被个体放大，以至于发生情绪感反应。

（2）反应停止的条件

（A，遏制反应的四种因素

第一种为原刺激源的强度和形质出现变化从而使反应强度呈下降趋势；

第二种为原刺激源无变化但由于内外环境出现其他刺激源并且其性质超过原刺激源，使得对该刺激源的欲求反应停止输出转而对新的刺激源进行反应；

第三种因素为原刺激源无变化，出现其他刺激源和原反应互相作用形成和谐趋弱现象。使反应呈现下降趋势。

第四种因素是由于自主生理平衡系统的自动平衡机制的作用或由于欲求行为的输出的作用，使得原刺激源发生变化而使身心反应趋向减弱。

（ B，个体身心复衡的方式

—a：以是否实现个体欲求的方式复衡

——Ⅰ）使用理想的欲求方式得到复衡的刺激反应；

——Ⅱ）使用不理想的欲求方式得到复衡的刺激反应。

—b：以刺激源不同的消除方式复衡的方式

——Ⅰ）直接消除刺激源的刺激反应，使生殖系统的充盈得以排泄使其不再发生刺激；

——Ⅱ）共谐趋弱方式的刺激反应，使用另外一种刺激与原生殖系统的充盈带来的痛感刺激发生共谐趋弱作用，使原来的刺激源与新的刺激源共同消除。

—c：在具体欲求反应中的性欲求的复衡方式

——Ⅰ）理想方式

——（ⅰ）通过性交合达到复衡的刺激反应

在正常态下该个体会从心理和生理两方面获得强有力的刺激反应。在心理上会获得对性欲求对象和性欲求方式带来的刺激和在生理上获得在实现性欲求行为中感知到的行为刺激，当然这两重刺激都是在快感范畴的情感区域的，是一种直线上升的快速到达高潮的刺激反应，但复衡过程是相对延缓的由于有着双重身心的刺激使得复衡过程相对就延缓了，也使得这组新生成的刺激反应的情绪评价变为快感情绪。而原刺激源由于新的刺激源的发生就极大的消除了其扰动，形成一种共谐趋若效应不再成为刺激源了，由于受原刺激源的相对漫长的积欲过程的刺激其痛感区域是相当广阔的，常经历几天的时间才有一次得以复衡的机会切复衡过程是相当快速的，所以在情感第三定律作用下情绪总内评价就形成了快感范畴的情绪。

——（ⅱ）其他理想方式得到的复衡

假设某个体已经建立起用性欲求方式是来自生殖系统周期性充盈的性扰动得以复衡的习惯行为。如果不能够得到性欲求方式的复衡就会采用包括自慰方式来得到复衡，由于这是在心理欲求行为指导下只有一种生理子系统参与的复衡方式，所以与其正常所需的性欲求方式得以复衡的刺激反应相比缺乏了心理和生理双重刺激感知。

——Ⅱ）非理想方式

——（ⅰ）在梦境中得以复衡的刺激反应

其中可以有两种方式使生殖刺激得以复衡，一种是梦境中实现了所理想的欲求方式从而使其生殖扰动刺激得以复衡；一种是纯生理自主平衡系统的运作使其自然排泄而出得到的复衡。这种梦境中的第一种复衡方式亦可得到总体内评价的快感情绪赋予，因为 1 排渲的快感区域较之积欲的痛感区域为少；2 由于在梦境中在心里上也可实现了其欲求方式的宣泄所以在心理上获得了快感情绪的评价享受，但与现实中的性欲求实现方式缺少了生理和心理的双重参与。但这种梦境中获得性欲求方式的释放也是一种强有力的心理快感享受，得以使原刺激源共谐趋弱或通常直接消除原刺激源（排泄精液方式）。

——（ⅱ）通过生理自然吸收得以复衡的刺激反应

其复衡过程是一个较为缓慢的平台过程，也是一面复衡一面吸收的过程，是一个最低感应阈值不断提升的过程，随着刺激的不断重复情感定律启动，个体不再对原有的失衡做出反应。而由于痛感区域较快感复衡区域为少，所以当从生殖系统失衡开始到精液被吸收完毕生殖系统重新复衡为止，这一组情绪的总体内评价为痛感范畴的情绪。

——（ⅲ）其他非理想方式得到的复衡

—d：使用不理想方式得到复衡的刺激反应

（3）个体在发生反应后的状态

每一次从刺激到反应输出欲求行为或情绪感行为都会发生四种不同类型的结果

（ A，刺激源的状态

—a：刺激源的消失。

主刺激源与从刺激源共同消失，反应也随之停止。

—b：刺激源虽然存在但个体却因情绪感第一原理

主刺激源与从刺激源共同存在或者其中有某方消失但其他刺激源还继续存在。但因为心理失衡状态在"情绪感第一定律"作用下而降低其心理反应层级直到欲求层级之下，虽然欲求反应仍然存在并输出行为，但反应层级已经从情绪感层级下降到欲求反应层级，或从其他层级下降到次层级。这可能导致人体感知不到生理失衡和刺激的存在，这属于一种假平衡状态，刺激反应事件并没有结束，只有身心失衡都复衡到感应层级之下才会真正结束。因为生理失衡的继续存在使得自主反应仍然是继续着调整作用。

—c：刺激源存在并逐渐加强。

—d：刺激源虽不存在但个体反应却因引发了其他刺激而延续着，反应并不会必定随元刺激源的消失而停止。

（B，人体状态

—a：原有的平衡状态，

—b：建立新的常态平衡状态

—c：病态平衡状态

—d：死亡状态，

无论处于何种状态，人体的情感机制都会在任何一种中得到一组情绪感刺激反应的最后平衡！这也是刺激反应的成组性原理。

（4）个体的特殊行为反应机制

（A，个体有三种行为反应机制，直接应对三种刺激源。

如果皮肤感受器突然被某物体的灼热所触发，能立刻做出避开的行为，因为人体对突如其来的刺激都会先选择避让行为，然后再分析其利弊一边进一步反应，这是个体反应的重要原则，过程是这样的；灼热的刺激源被感受器感知，首先传递到生理监控系统对于这个非常刺激会立刻做出规避行为而不需通过深层次分析，直到刺激源消失才会进行深层次分析，情感机制直到这时候才会参与情绪才会出现，而对紧急事件马上做出反应的流程只是跳过了情感机制和欲求机制的参与，直接输出规避的行为，这是个体得以保护自己生命组织体的重要行为机制。

—a：针对突然性的非常态刺激源的立刻输出规避行为流程的机制；

个体直接反应的规律，有些强烈而又突然的刺激源直接影响生理或心理系统，个体会出于遗传的规避行为直接反应做出规避的行为然后再做出正常判断。

—b：是针对普通非常态刺激源的从监测到监控然后输出的行为流程机制；

—c：是针对常态刺激源的从监测到输出的行为流程机制。

（B，人会对两种刺激源立刻发生反应，1 异态性 会立刻予以情绪感反应 2 常态性的能引发欲求层级的反应的刺激，

三：人体平衡态和失衡态的解析与分类

只存在相对的平衡，失衡是绝对的。
平衡是指常态的动态的长时间保持在一定范围内的身心状态的波动。其包含着正常态的平衡和病态的平衡。
失衡是指异态的短时的偏离常态平衡范围的身心状态的波动。
心理失衡的就是个体的监测系统观测到场变的状态。

（1）人体平衡态和失衡态概述

仅从生理上而言如果心理系统不加以干涉一定会自动的趋向恢复正常平衡状态，因为人体就是一种自我调节的动态的平衡系统，而心理系统的出现就是人之所以区别于其他物种的根本因素，这也是人能组合成社会的因素，心理系统使人的行为在秩序化的同时更趋于细分。

人体有心理平衡系统和生理平衡系统构成的，人体的平衡在身心这两大系统共同协调中取得。

人体的心理和生理系统可以共同处于平衡状态，人体的心理系统或生理系统也可一方处于平衡状态，人体的心理系统处在平衡态而生理系统不处平衡态时也感觉平衡，而如果相反就会感觉失衡，因为人体是以心理系统为主的，虽然心理系统是基于生理系统的。

这种身心系统的协作表现在人体的就是身心的综合表征。我们所体验或观察到的都是人体身心综合作用的结果，感受到情绪时，就表示身心正处在共同失衡状态，其中心理平衡系统已经偏离到了第四重反应层级"情感层级"，而我们日常所行使的各种行为则通常是正处于第三重反应层级"欲求层级"。

当生理平衡系统正在发生调节作用时，心理平衡系统并不必然的进行参与，但心理平衡系统发生感知时，生理平衡系统就已经在发生协调反应。

（2）平衡态和失衡态的类别

根据身心平衡或失衡的范围不同可分为五类

（A，身心整体的平衡和失衡

（B，生理的平衡和失衡

（C，心理的平衡和失衡

（D，生理总体或局部的平衡和失衡

（E，心理总体或局部的平衡和失衡

（3）生理和心理的平衡

（A，相对平衡与绝对失衡

人体生理系统是一个动态的平衡体系，并不存在真正绝对的平衡，因为生理系统始终是处在内外环境的各种刺激作用下。任何生理子系统的平衡也是相对的。人体生理系统处于正常态的平衡是指生理系统总体处于动态平衡。而绝对的生理系统平衡是一种机体处于不被内外刺激所干扰的状态，这种状态绝不存在。事实上人体生理总是处在一种在生理自主平衡系统的自主协调的状态下，即使没有外部环境刺激的作用，其内部环境也总是处于一种生理各个子系统相互作用又受着身心平衡系统总协调的动态平衡之中。生理系统这个内环境发生着各种各样的生化反应，但这种反应都是生理平衡系统自主调整的范围，如果其场波度没有超过一定范围就不提升到心理感知的反应层级。

如此看来真实的生理平衡态是一种最佳的有利于生命组织体长久维生的动态平衡状态，只要生理系统能够把自身及时调整到有利于生命组织体长久维生就是正常的。只有心理系统才存在相对真实的平衡。

（B，平衡是指个体生理或心理所处的一种整体上保持相对动态的平衡状态

这种稳定的状态可以有两类

—a：第一类是正常的平衡

——Ⅰ）身心整体正常平衡

身心整体正常平衡的稳定或虽然局部存在非正常状态的失衡不影响到整体的稳定的状态，另外也指生理系统局部的稳定。

——Ⅱ）是指已建立起新常态

虽然经过了身心的失衡动荡，但已经建立起新的平衡态，身心都处于一种新的整合状态，这种状态是属于正常态的。
以上这两种类型是有利于人类个体保持长久生命力的。

—b：另一类是身心病态的平衡

——Ⅰ）身心局部的病态稳定

——Ⅱ）另一类是整个身心的病态稳定

这种稳定虽然也貌似平衡，但这是一种病态的平衡，该类个体的生命力也不会保持长久的。

（ C，平衡的表现

—a：平衡表现在生理方面

如脉搏，如果甲某的处于正常态的心跳是 70 跳/分误差为正负值跳 5/分。而甲某现在的脉搏场境为 72 跳/分，表明甲某脉搏是处于正常平衡态。一旦其正常态超过了 5 跳/分变为 80 跳/分或 60 跳/分，就表明甲某的脉搏处在不正常的失衡状态。就能说明可能甲某的生理整体系统或某个子系统处于异常状态。如果甲某的脉搏一直维持在这种状态，就说明建立起了新的稳定，但这种稳定如果是基于某生理系统病态的状态就属于一种病态的平衡，如果是由于经常体能训练而提高了供血能力就是一种新建的正常态平衡。

—b：平衡表现在心理方面

当某个体的各种反应都只处于第二重反应层级"感知层级"之下时，则该人的心理平衡系统是处在一种平衡的状态，比如某人在欣赏一幅书画作品，虽然作品本身不能激荡出该人的情绪感反应，但该人却是处在感知的状态，其本身也是一种心理层级的反应，而生理系统可能随时处在失衡和调节之中，因为欣赏本身需要调用视觉系统来观赏，并且在走动中还需要运动系统来帮助。当某作品能力可引发某人的反应甚至达到了情感层级，某人产生了赞赏`羡慕`尊崇等欣赏方面的幸福感范畴的情感时，这幅作品就对此人的心理系统发生了强烈失衡反应。而但该幅作品挂在自己家里，日子一久，"情绪感第一定律"就使得该人对该作品降低到了一种感知状态之下的平衡态了，这是心理之于该幅作品是一种平衡的状态，这是一种作品的场境和该个体已经建立起来的该作品的场景间的契合态。只有作品之外的刺激才能激发起该个体对该作品的反应，比如他人对该作品的欣赏或该作品被他人索取等等都会引发该个体对该作品的再次反应。

（ D，身心平衡的分类

根据影响到人体正常生命力的长久与否可分为：正常态平衡和病态平衡，正常态平衡是指身心的处于正常状态的平衡，这是一种有利于人体生命力的长久存续的一种平衡；而病态平衡则是指某身心的平衡是病态的，是一种以损害人体长久的生命力的维续为代价的平衡。

正常态平衡包括了身心常态平衡态和身心准常态平衡态（是指生理虽然处于平衡态但心理潜伏着一组或几组情绪大周期，随时可以发生失衡变化，这就会导致生理也发生失衡变化；或者心理虽然处于平衡态但生理却处于一种假平衡态），身心常态平衡态还可细分为：身心原常态平衡态和新常态平衡态，身心准常态平衡态可再细分为：身心原准常态平衡态和身心准新常态平衡态（虽然生理残疾但已经建立起新的常态平衡而心理始终处于正常平衡）。

病态平衡包括了身心病态平衡态和身心病态准平衡态；

——I）分类解析：

——（i）心理系统常态平衡状态：个体的心理系统处在正常范围（生理和心理都能承受的低强度刺激）的平衡状态。

——（ii）生理系统常态平衡状态：个体的生理系统处在正常范围的平衡状态。

——（iii）心理系统病态平衡状态：个体的心理系统处在非正常范围（会导致人体过早衰竭和不利于长寿的，生理和心理所承受的极限刺激）的平衡状态。

——（iv）生理系统病态平衡状态：个体的生理系统处在非正常范围的平衡状态。

——（v）心理系统新常态平衡状态：个体的心理系统处在重新建立的（1 在常态平衡失衡后又重新建立的新的不影响长远生存的平衡；2 在病态平衡失衡后又重新建立起新的恢复到有利于长久生存的平衡）新的正常范围的平衡状态。

——（vi）生理系统新常态平衡状态：个体的生理系统处在重新建立的新的正常范围的平衡状态。

（4）生理和心理的失衡

失衡是指身心系统被刺激作用下偏离平衡态时的状态

（ A，失衡是指个体的生理或心理正处于一种波动偏离正常值的状态

一类是正常的身心偏离，一类是病态的身心偏离，后者对生命是一种威胁并且缩短个体长久生命力的。失衡也是由于心理或生理系统受到刺激的扰动而生发的一种人体身心的反应，在心理方面的失衡是指形成一种欲求期望，这也是一种心理能会作为一种再加工的刺激源对相应的生理系统发生扰动。而生理方面则会由于刺激作用于生理系统的某个系统而使之发生失衡。

所有心理能感知或感知不到的生理上所有的反应都是一种偏离常态值的反应

如心跳功能，一位年龄在 35 岁的甲某在做运动中，由于正常的供氧所需，原正常态的心跳 70/分就会达到 120/分，这就属于是正常态的失衡。如果 90 岁的乙某做激烈运动也达到了 120/分，就很可能会导致死亡，因为由于生理的限制每个年龄段的最高生存阈值是不同的，越是随着年龄增长如果不经常作某种运动来提高生理的耐受能力和保持这种最高生存阈值，就会越来越随着体质的下降而逐渐降低最高生存阈值，如心跳在 20 岁可能达到 140/分才是最高生存阈值，但到了 50 岁就下降到了 120/分，到了 90 岁就会下降到 100/分。

（ B，失衡的分类

（ C，心理失衡：

是受内外环境的影响发生的，对原心理平衡系统的一种破坏，使得心理平衡系统开始运作以期恢复原有的平衡态的现象。其中包括形成欲求与输出欲求行为和情感机制的启动和形成情绪产生应激的过程。情绪的发生形成一种新的刺激源。

当一种刺激源使得心理平衡系统开始启动平衡行为，就说明心理平衡监测系统已经监测到心理失衡的发生，且心理失衡度达到了欲求反应层级甚至情感反应层级。

（ D，生理失衡

当生理系统的某个子系统受到了内外环境的影响，不再以常态的方式运作时，就表明生理系统发生了失衡反应。
生理失衡从影响范围划分为局部失衡和总体失衡：

—a：局部失衡和总体失衡

整体失衡是牵涉到全部生理系统的各个子系统的失衡，属于一种全面的崩溃。

总体失衡危险性最大是直接威胁人体生存的，总体失衡的发生一般都是间接以局部失衡引发的，当局部生理失衡自主生理平衡系统和心理平衡系统无法控制时，局部的失衡就会蔓延到其他生理子系统是其他的子系统也发生失衡，最后导致总体生理系统的失衡和崩溃。

而局部失衡则是通常发生的只牵涉到生理系统的某个子系统的失衡，虽然也连带着其他各个生理子系统或多或少受着影响，但影响不大其他子系统还是能够平衡自己的系统的。

—b：局部失衡导致总体失衡

局部失衡不能控制发展到病态失衡的时候可能会导致总体失衡的出现，总体失衡意味着人体生理系统所有的局部的子系统都已经失衡，而且有些已经处于病态失衡状态。局部失衡的程度越大则牵涉到全部生理系统的范围也越大，一旦全身子系统都开始失衡到达一定程度，就属于整体性的失衡。此刻生理系统就处在整体的崩溃之中。总体失衡的开端也是由于某个子生理系统的最高极限阈值被破坏后出现的，是全身各子生理系统都趋向严重失衡直至都趋向生理极限阈值的状态。比如某病人憋尿过度导致膀胱破裂，这个泌尿系统的这个储尿系统"膀胱"的最高极限阈值也就被充盈的尿液所损坏了，当膀胱不再提供蓄尿功能，溢流而出的尿液就会引起腹腔炎症从而形成一系列的全身性生理系统的失调。

—c：生理子系统失衡的不感知也会引发生理总系统的失衡

当一组局部生理系统被刺激所激发，形成了失衡，并稳定的维持着这一种状态，那么随着该局部生理系统的失衡而引发的心理感知的失衡，也将因为"情感第一定律"而逐渐的随着该局部生理失衡的持续且稳定的存在而趋向平衡。但在局部生理系统开始失衡的时候，实质上总体生理系统也开始趋向失衡，因为人体生理系统是一个整体，任何局部的扰动都将会影响到总体，这样当局部的维持超过了一定的时间，就会导致总体生理系统的失衡也将加剧，该失衡的强度会被人体自主生理监测系统所监测并做出相应调节。如果自主生理系统不能够控制，则总体生理系统的失衡度将会继续直至被人体的心理平衡监测系统所感知，这时候会重新引发心理的失衡。

—d：生理子系统的失衡连带着生理其他子系统的失衡参与

当刺激作用于生理系统的表皮系统的某个区域时候，刺激直接作用的就是这个区域，但生成反应的则是人体整个系统，各种系统都会参与到这个表皮系统的失衡反应中以更好的应对该刺激对于该区域的作用，使原有的平衡得以最快的恢复，其中失衡最严重的是表皮系统其次就是心血管系统和免疫系统等等，这是按照参与程度的不同而区分的，因为参与程度越大其系统发生反应的程度也就是失衡的程度越大，面对表皮系统被烫伤或冻伤的刺激，失衡最轻微的则是人体的生殖系统和消化系统，而其供血量也最少。因此生理各系统的失衡度都是不同的，有些系统失衡到了 10 含值而另外的系统还只是轻微的失衡，但所有的系统都不可避免的会主动或被动地参与到了这个应变刺激的过程中。比如面对一次车祸，心血管系统会立刻加快血液的循环会加大血液的总量供应以便应付失血状态，另外泌尿系统也会参与到这个过程中，肾脏会减少水量的排泄以备更多的水可以进入到血液中以对付大量的失血。而免疫系统则产生更多的白血球以对付皮肤破损后外来的病菌。在面对这次局部生理创伤的时刻，人体各系统都会参与到其中或多或少的进行一系列的交互反应，以达到最快愈合伤口恢复原有平衡的目的，这也是自主生理系统最主要的功能。

（E，探讨失衡

其稳定也是一种动态的稳定，所以失衡是人体的现状，稳定是一种动态的稳定，是一种保持在一定范围内波动的状态。所有超越该范围的波动就是失衡。

比如 某甲 心速60-70是稳定态，〈 60 〉70就属于失衡态，其中50-60或70-110就属于常态的失衡，40-50或110-130就属于病态的失衡。

失衡：失去原有的状态。

我们可以把任何常态或病态的第四重反应梯级之下的场效应关系称之为衡态的场效应关系，而把常态或病态的第四重反应梯级之上的场效应关系称之为失衡态的场效应关系。

真正的衡态是不存在的，所有反应都是基于失衡。

每个人的常态和病态的场景阈值都不同，有些人的常态场景阈值就是其他人的病态场景阈值。

（5）人体身心整体状态

人所处的身心整体状态有两种

（A，第一种分类是按身心失衡与否划分

—a：身心平衡状态

其中包括：人体常态平衡状态`人体新常态平衡`人体病态平衡状态`人体假平衡状态，这四种平衡状态。

—b：身心失衡状态

其中包括：人体假失衡状态`人体常态失衡状态`人体新常态失衡状态`人体病态失衡状态，这四种失衡状态。

（B，人体身心整体平衡状态的分类

平衡根据影响到人体正常生命力的长久与否可分为正常态平衡和病态平衡，其中正常态平衡包括：人体常态平衡状态`人体新常态平衡；病态平衡包括：人体病态平衡状态`人体假平衡状态。

—a：身心正常态平衡

——I）人体常态平衡状态

心理系统和生理系统都处在常态平衡，此时人体是处于常态平衡状态。自身生理各种系统生理指标处在正常稳定的范围值内浮动着，另外维持人体正常态所必需的各种条件也处于正常状态，这包括；氧气 `盐分`水分`各种营养物质`适合的温度和湿度等等。

——II）人体新常态平衡

——（i）心理系统和生理系统都处在新常态平衡，此时人体是处于常态平衡状态；

——（ii）人体双系统其中一方处于常态平衡另一方处在新常态平衡，此时人体是处于新常态平衡状态。

—b：身心病态平衡

——I）人体病态平衡状态

——（i）人体双系统都处于病态平衡状态，此时人体是处于病态平衡状态；

——（ii）人体双系统一方处于病态平衡状态，另一方处在常态平衡或新常态平衡状态，此时人体是处于病态平衡状态。

——II）人体假平衡状态

生理系统处在病态失衡状态，但心理系统却处在常态平衡或病态平衡或新常态平衡状态，此时人体处于假平衡状态。

（C，人体身心整体失衡状态的分类

失衡根据影响到人体正常生命力的长久与否可分为正常态失衡和病态失衡

正常态失衡是指身心的失衡是不影响到人体生命力的长久存续的，而病态失衡则是指某失衡损害了人体长久的生命力的维续。

正常态失衡包括了身心常态失衡态和身心准常态失衡态（是指生理虽然处于平衡态但心理处于失衡状态，随时会导致生理也发生失衡变化；或者心理虽然处于平衡态但生理却处于一种失衡态），身心常态失衡态还可细分为：身心原常态失衡态和新常态失衡态，身心准常态失衡态可再细分为：身心原准常态失衡态和身心准新常态失衡态（虽然生理残疾已经建立起新的常态平衡而心理又处于正常失衡态）。

病态失衡包括了身心病态失衡态和身心病态准失衡态。

　　—a：正常态失衡

　　——I）人体假失衡状态

心理系统处在失衡状态，但生理系统却处在常态平衡或病态平衡或新常态平衡状态，此时人体处于假失衡状态。

　　——II）人体常态失衡状态

人体双系统都处在常态范围内的失衡状态。如一般正常态的性快感和其他各种欲求实现后的快感，从失衡恢复到原来的平衡但并不极大地改变原有的状态。

　　——III）人体新常态失衡状态

人体双系统处在新建的常态失衡状态。也是指极大的改变了原有的平衡状态的肌体构成时候的状态，但这种变化属于正常的范围。如一般正常态的体育强锻炼之后的肌体整个受刺激系统的再更新其中包括新建的肌群内部的新组合（包括肌肉和骨骼细胞的增殖和更新）和其他各种系统的更新状态。

　　—b：病态失衡

　　——I）人体病态失衡状态

人体双系统一方处于病态失衡状态，另一方处在常态平衡或新常态平衡状态，此时人体是处于病态平衡状态。是指失衡破坏了人体正常态所能承受范围会对以后的生存造成破坏性影响的，如遭遇各种灾害时候的状态。而人在实现欲求中也会由于各种原因导致肌体遭受这样的破坏性失衡。

　　——II）人体病态准失衡态

（6）正常态个体与病态个体

处于正常平衡和正常失衡状态的社会人个体都是属于正常态的个体，而处在病态平衡和病态失衡的社会人个体都是属于病态的个体。

社会人一生中都会处于两种身心状态下，一种是平衡态另一种是失衡态，人体始终在这两种状态下循环着，而在没有形成社会人的自然人（婴儿）或从社会人重新成为自然人（所有心理系统完全不能控制生理系统的社会人，处于昏迷状态的植物人或其他严重的精神病患者）也会处于这两种状态的交替中。除非死亡才会脱离这种循环状态。

　　（A，正常态个体：

这个正常的个体是指：一：社会人个体在正常的他个人的历史时间里始终处在心理系统有效控制状态下；二：个体的双系统也都处在常态的平衡之中，出现失衡状态也只在正常的范围之内，即使出现了某种病态失衡也会很快的趋向平衡状态。

处于正常态的个体：人会因为各种刺激而引发各种反应，但处于正常态的人能够有效控制自己的身心处在一种和谐状态，也就是使自己的身心对各种刺激做有效处置，能使自己的身心保持一种有利于长久生命力延续的状态。正常态人的平衡是指他能有效地把自己失衡的身心始终控制在不至于形成病态失衡的偏离强度的范围内，并能在一定的时间内及时回复到常态平衡中或建立起新的常态平衡。

这种个体也是善于协调自己的社会人个体，他处在第四种身心平衡状态的时间较多较长，他也会处在第一~三种情绪大周期之中但会始终把情绪控制在身心能够承受的常态失调的范围内。

（ B，病态个体

处于病态的个体：处于病态状态下的人不能有效的控制自己的身心处于和谐状态，他任由各种刺激激发出自己身心的波动而不能予以正确的处理，时常处在一种情感失控的状态，心理系统和生理系统常常处在紊乱的状态，以至于在病态的失衡中逐渐建立起了一种病态的身心平衡。

而这种也属于不善于协调自己的社会人则处于第一种情绪大周期的时间较长也较多，而且常常是情绪失调到非常态的甚至病态失衡状态，这会给自己的生理形成灾难性的失调以至于生命的时间缩短甚至死亡。有一部分不能控制情绪的极端的个体不是处在身心常态失衡期或非常态失调期就是处在身心的假性平衡期甚至病态平衡期，不是生理处于失调就是心理处于失调，这种个体一会处在极度快感中一会又是极度的痛感情绪笼罩着，真正的身心平衡阶段很少出现。

四：人体平衡身心的基本原理

在生理调整方面个体的自主生理平衡系统会自主的调整着人体各生理层级的失衡状态，并不需要人体心理平衡系统去感知和调控。

在心理调整方面个体会选择消除刺激源和强化刺激源的方式来应对失衡，面对种种心理失衡个体总会习惯性的选择一种较为恒定的欲求行为，去寻求这种特定的刺激源来引发自身的失衡再到平衡，以此来抵消另一种由各种内外环境引发的心理上的失衡状态从而恢复心理的平衡。

（1）身心平衡系统的四种控制机制

（ A，心理平衡系统每个场景系统各自有着独特的控制机制和感受阈值

人体所储存的所有关于身心平衡的欲求的场景与反应，都会有引发身心不同等级反应的层级不同的控制机制及其感受阈值，第一层级是感应着生理最低失衡度的第一层级控制机制，它是被生理平衡系统的监测系统所控制的，它对于生理发生的最低失衡度有着相应的感应的最低阈值；第二层级是感知着心理最低感知阈值的第二重控制机制，它是由心理平衡系统的监测系统所控制的；第三重控制是发生欲求的机制；第四重控制机制产生出情绪，既往性心理或生理最高阈值和即时性心理或生理最高阈值`生理极限阈值都是属于第四重控制机制中的，这四种控制机制与其中七种阈值构成各心理子系统对外和对内的平衡监测系统。

所有一再出现的场景如果得以正常反应或者不能够避免的场景，都会使个人的身心反应的最低阈值和最高阈值相应的提高，最后使得以正常反应的场景个人不再予以情感机制的启动，不能够避免的场景也会逐渐提高其最低和最高阈值使得反应最后也不再进行。

（ B，生理系统有各种子系统各自有着独特的感受阈值

其中有最低感应阈值`最低感知阈值`欲求阈值`情绪阈值`最高身心量值阈值和即时身心最高阈值`生理极限阈值，有七种阈值构成各生理子系统对外和对内的平衡监测系统。

（2）身心两大平衡系统对失衡有独特的反应机制

（ A，生理平衡系统的监测系统

它负责监测人体各生理子系统的状态，一旦其场失和度超越了设定的最低感应阈值就会启动相应的生理平衡调控系统予以调整，调整可由局部调整和整体调整两种。

（ B，心理平衡系统的监测系统

（ C，心理平衡监测系统

对各种传递到心理系统的信息有各种不同的评判的模式和感知其变化的最低感知阈值。

一a：心理平衡监测系统的监测过程

它控制着人体对内外环境的高层级的监测，第二重监测机制监测着内外刺激，一旦生理出现场失和度达到所设定的最低感知阈值，或者出现异常态心因性刺激引发的心理方面的场失和度达到所设定的最低感知阈值，就会引发相应的心理注意力反应。如果其失和度继续增大，当达到被第三重监测机制所感知也就达到了第三反应层级，这时心理监测系统会做出相应的一般欲求反应，并提取相应的场景模式作常态反应，而当此反应仍然不能完成欲求目标时，如果场失和度继续加大，就会发生第四重监测机制的反应效应，第四重监测机制是监测着生理失衡和心理失衡达到异常程度的机制，包括情绪感监测机制`既往性心理或生理最高阈值

的监测机制`即时性心理或生理最高阈值的监测机制`生理极限监测机制，这四种监测机制和相应阈值构成第四重监测机制，每种监测阈值的被激发都会促使心理调控系统做出相应的反应。

在第四重反应中，心理平衡系统发生失衡同时就产生一系列思维过程，也就是分析该刺激源是否有利于幸福的过程，有利则强化该刺激源不利则消化该刺激源，然后提取或重整欲求目标和欲求反应，以实现其欲求从而达到强化或消化该刺激源而实现其幸福（幸福观和幸福感）的目的，间接达到了身心平衡的社会要求。

（3）心理平衡系统的平衡作用

（A，引发心理失衡的各种原因

—a：第一种：是由内环境引发

由内环境发生的刺激源作用于人体心理或生理发生失衡而导致的心理范畴的场失和状态。

——I）内环境刺激引发心理失衡

这是个体原有的心理场平衡状态受到内环境的刺激影响而发生了变化，导致场平衡失和状态。

——（i）对于稳定存在的现有社会角色而言

如果有内刺激的作用下，如果导致个体发生期望欲求与现实欲求的比照，如果两者并不一致就会导致心理平衡被打破从而产生一种心理势能，这种心理势能会使得生理自主平衡系统发生破坏。

其中现实的社会角色达不到期望的社会角色就会发生痛苦范畴的情绪，如果现实的社会角色超越了期望的社会角色就会发生幸福感范畴的情绪。

——（ii）对于刚发生的变化的社会角色而言

这种刚发生变化的社会角色就成为了一种内部刺激源，也会使个体发生期望欲求与这种新建的现实欲求作比照，如果两者不一致就会导致心理平衡被打破从而产生一种心理势能，这种心理势能同样会使得生理自主平衡系统发生破坏。

其中现实的社会角色达不到期望的社会角色就会发生痛苦范畴的情绪，如果现实的社会角色超越了期望的社会角色就会发生幸福感范畴的情绪。

以上两种状态一旦形成情绪，这种现象如果发生在个体正处于另一组情绪大周期的演化过程中，两中情绪大周期就会互相影响发生共振`抵消或引发失衡的后果。

个体正处于一个相对的心理平衡期（1 为各种情感大周期都潜伏着；2 为因记忆淡化而不会引发反应的一种真正心理平衡时期），如果此时发生了针对心理的刺激源（一种期待欲望和现实欲望有差异会有一种心理能）这会使得原有相对心理平衡的状态被打破，进而这种心理能会带动生理系统发生失衡。

——II）内环境刺激引发生理失衡从而导致心理失衡

—b：第二种：由外环境引发生理失衡引发心理失衡

—c：生因性失衡和心因性失衡

生因性失衡是指由内外环境的刺激直接作用于人体生理系统而引发的失衡反应，心因性失衡是由内外环境的刺激直接作用于人体心理系统而引发的失衡反应。

生因性失衡大多数都属于需要排斥的刺激源，会生成属于痛苦感范畴的情绪，生因性失衡一般都是因为自主生理平衡系统受到刺激被打破原有的生理平衡所导致的失衡，是属于不利于生存的一种被动反应，是需要及时恢复到原有的平衡态的。而心因性失衡可以生成幸福感范畴的情绪也可以生成痛苦感范畴的情绪。

而一旦把原有的属于自主生理所监控的失衡归类于心理控制，就可能导致变态的发生，比如把憋尿当作快感享受的，把身体伤害当作快感享受的都是属于变态的行为，都不属于自主生理监测系统控制的了。

——I）生因性失衡

欲求的生成是伴随着生理某系统的失衡值的升高而生成的，情绪也是如此，但欲求所需的失衡值要比情绪低，欲求和情绪都会在同一种失衡中产生。

——II）心因性失衡

受到某种刺激后，如果人体心理平衡系统的平衡一旦被打破，即使在不引发生理失衡的情况下也会启动欲求机制。人体心理平衡系统监测和控制着人体的生理系统和心理系统两大系统，一旦针对人体心理的刺激源发生被该个体所接受到，则会对该个体的心理平衡系统造成冲击，如果人的心理平衡监测系统对此刺激源的最低阈值较低，而该刺激所引发的心理失衡值较大，这个最低阈值就会被刺激源所引发的心理失衡所突破，该刺激源就会直接启动欲求机制甚至启动情感机制来紧急启动行为来反应该刺激，并主导着生理系统迅速的启动欲求机制生成欲求，情感机制也会根据刺激的强度或生理的反应度进一步做出复杂分析并生成情绪。

（4）生理平衡系统的平衡作用

（A，身心控制维持生理平衡的分类

婴儿期因为没有建立起心理系统所以只有单一的完全由生理控制的刺激反应。成为社会人之后就开始由身心系统分别控制和共同控制。

生因性刺激反应可分为需要由身心控制才能完成的刺激反应和无须身心控制就能完成的刺激反应。比如：一组饮食行为是必须由身心共同控制完成的，从感知饥饿到寻找食源再完成饮食行为都基本是心理控制，而发生饥饿和消化过程则是生理控制的。一组呼吸刺激反应就无需心理控制就能完成。

（B，发生生理失衡的因素

（C，生理平衡监测系统

（5）个体失衡调节所采取的方式

如果生理平衡系统不能够对某生理子系统做出及时调整，其生理失衡度就会促使心理平衡系统予以心理层级的调整。

个体针对不同层级和不同性质的刺激导致的身心失衡会有不同的调节方式，对生理失衡的初级调节是依靠生理自主平衡系统来调整的，而对于直接引发或间接引发心理失衡的刺激反应，个体会运用心理调控系统予以调节。

（A，心理平衡调控系统的调控过程

心理调控的过程是从感知到思维再到行为输出和感知反馈的过程。

思维过程是属于心理调控系统的调控功能之一，从分析该刺激源是否有利于幸福的过程，到提取和重整欲求目标和反应构成了整个思维过程的前两个阶段，再从刺激源的反馈信息分析欲求兴味的输出是否达到欲求目标是第三个阶段，并且再次输出欲求行为或重新组合新的欲求以达到初始目标。

（B，失衡的调节方式可以有心理方式或生理的方式来调节

个体可以用写文章的心理调节方式的手法来调节和平衡自己的身心失衡的系统，也可以用刺激生理系统的方式，比如选择饮食来调节失衡的身心系统，更加普遍的调节方式是用身心都参与的性行为来调节身心失衡，这些方式都是使用身心调节的方式来达到身心和谐一致的平衡手法。每个人所采用的平衡方式都是不同的，是根据每个人的内环境和外环境和经历等方面决定的，

（C，个体主动和被动的去适应刺激源以获得平衡

—a：个体面对刺激源会做出调整刺激源的反应也会做出调整自身内部环境以求得自身的平衡状态，采用三种方法

——Ⅰ）个体主动地用其他辅助方法提高自身的感知阈，比如工厂嘈杂的环境里，个体不能对环境作出调整，只能用隔音耳塞来使得自身听觉系统感知不到外界的噪音，这就是用隔音方法提高了自身的听觉系统的感知的最低阈值。

——Ⅱ）个体的生理系统被破坏性地（达到了一个非常态平衡状态）提高感知阈从而感知不到刺激源的刺激，比如个体长期处在噪杂的环境里使自身的听觉系统在噪音的强刺激里遭受破坏，听觉系统的这种长期失衡状态得不到正常的恢复，结果导致听觉系统的生理上的不可逆转的非常态平衡的建立，也就是引起听觉系统物理性病变"耳聋"。这样情况下个体会对工厂的噪音发生适应，但由于生理病变提高了的听觉感知的阈值对平常人所感觉正常的音响却感知不到了

　　——III）个体在生理病变之前在心理上会首先对此噪音做出认可的状态，一旦由心理上把该非常态的刺激源噪音视为常态的音响，就会在很大程度上感知不到该噪音的存在，即使该个体的听觉系统并未真正建立起非常态平衡并未出现器质化病变。比如我们从空气清新的地方走到一个充满恶臭的场所，我们会感觉非常不适，但如果不能改变环境或改变自身状态以隔离该恶臭，过一段时间在心理上也会适应该恶臭的环境，会感知不到任何异味，因为这时该个体的心理经过一段时间在情感第一定律的作用下（满足同质同量连续刺激的条件就会把非常态的刺激源的非常态反应转化为常态刺激源来反应）已经把非常态的恶臭刺激源改变为常态的刺激源而不通过非常态调控系统（因为无法回避或主动地认同）同时也不再作出情感机制的判断，如果心理主动接受会比被动的更快适应该环境。我们从光亮的大街到黑暗的电影院，视觉系统会感受不到任何光感，但如果经过一段时间的自我适应也会逐渐看到一些物体，也是如此。

（6）人体是在变化着的内外环境中求取身心平衡的过程

（A，人体经验存储和反应行为的过程

　　他不断地从异态刺激中获得经验储存，并尝试用相类似的已经储存的原有模式进行反应来使得刺激和反应逐步接近自己的欲求目标。直到一个刺激反应的周期结束后再把整个过程储存到模式库中以备今后的反应所用。随着储存的相似模式的增多，原异常态的刺激源周期性的出现，个体会逐渐的在心理上把它归于常态刺激源，从而不再加以特别深入的判断和情感上的分析归类而是用常态方式输出行为，另一方面也可以由于生理上的适应刺激源而出现的非常态平衡也会导致心理系统不加以异常态方式的处理而用常态方式输出行为。

　　刺激源对于个体一旦由非常态转化为常态就意味着个体情感机制的不再启动和反应的适应变化（对部分刺激源的反应选择为常态输出而对另一部分刺激源则选择不反应)，个体对刺激源选择不反应的一个原因是该个体已经在心理上把该刺激认可为常态刺激而不启动情感机制来带动生理的应急反应；另一个因素是该个体生理系统已经建立起了非常态平衡，个体的生理监测系统不再检测，而生理也不会因为该刺激而引发失衡（生理已经处于失衡状态，只是个体把该失衡状态认可为正常状态如吸毒者把吸毒后的失衡认可为快感而把生理上的正常的恢复平衡误作为痛苦，同时把吸毒后的生理由于毒品对生理上的侵蚀而处在的稳定的但却是非常态失衡状态的一段时期认作为平衡）。比如医生对常人所认为的恐怖血腥的救治环境的被逼迫适应（因为医生的社会的指导思想就是需要主动应对恶劣环境实施救助行为，在这个指导思想下医生就会主动的适应恶劣环境）也就是提高自身的心理检测的反应阈值来做到对该环境的熟视无睹的，虽然感觉器仍能感受到环境但却不启动情感机制来作启动情绪的应急反应，而只是按照各种手段来输出习得的救助行为。

　　不会引发生理系统非常态平衡的只作用于心理系统的刺激源，通常也会以各种形式的方式出现，一般会以第二信号的方式如语音语言文字的形式来作用于个体生理系统的感受器，如：听觉器官和视觉器官，然后借助感受器把第二信号再传达到心理系统的监控系统中加以进一步判断和分析，那种直接影响到个体幸福的刺激如果超过一定强度或以异态方式出现，个体就会加以情绪判断的形式动用生理上紧急应变的机制来试图立刻影响刺激源。以这种形式影响心理系统的刺激源也会由于情感第一定律的作用而逐渐不作情绪上的反应，由于该刺激是间接的以第二信号的形式通过感受器来影响心理系统的所以就其刺激源本身而言是不会直接对生理系统产生强大影响的，因为第二信号一般强度比较微弱比如文字和视频信号等只需要一个不太强烈的信号就能对心理作用，但由于心理系统因为刺激源所代表的社会意义的问题能够使个体启动情绪应急机制而间接使得生理上出现了强烈的失衡反应，所以心理系统亦会由于某种断续的刺激源的存在而使生理系统建立起非常态的平衡，如神经性胃炎，心血管病症，神经衰弱症等等很多生理疾病都是因为长期心理受某种刺激后没能很好的平衡自身，才使得生理建立起了这样的非常态的平衡形成疾病。

（B，个体一生中被内环境所扰动的三个阶段

　　——a：人在发育完善之前的内环境的扰动

　　是主要有生理发育所导致的，其中也包括生殖系统的发育。

　　——b：人在生理发育完善之后到生理趋向衰退前期的扰动

　　这一段时间内的扰动是由生殖系统的扰动所导致的。

　　——c：在人的生理趋向衰退后直到个体的生理解体这段时间的扰动

　　——d：主要扰动是由生理机能衰退所导致的。

（乙）个体对刺激作出反应的一般规则

一：刺激反应的成组性

从个体被刺激源所激发引起身心失衡到做出反应或经过调整身心重新获得平衡就是一组完整的刺激和反应。详细的解释为：从刺激源被个体监测系统感知引发生理或心理失衡到个体通过常态或非常态调控系统来输出反应影响刺激源或自身主动和被动的去适应刺激源以获得平衡，这样就完成了一组刺激反应的过程。

（1）成组的反应周期的关系

反应的周期是比较复杂的一个过程，这是一个刺激和反应是从失衡到平衡的过程它可能也会和其他一组反应周期相重叠，相干扰，但个体只会在同一时刻输出对一种刺激的欲求的反应，其他不同的欲求则会暂存在第三控制系统中由个体根据内外环境的合适度和根据刺激的重要性来释放相应的迫切要完成的欲求行为。

（2）个体对一组刺激和反应的记忆规律

经过一次刺激反应个体会把这一过程储存起来，并依据刺激强度的大小存储记忆的时间长短会成正比。

（3）多刺激成组反应现象

一种刺激如果长时间与另一种或多种刺激同时出现或有因果联系会被个体认知为一种刺激而反应之。

每一组刺激和反应都会可能成为下一组刺激反应的诱因。

一组刺激反应中的多重刺激

二：各种刺激反应的时间有长短

有的过程持续较长时间有的一组刺激反应过程则很短；

三：各种刺激反应的释放的顺序和时机也有不同

有的被激发的欲求行为被暂时储存在第三控制系统以等待合适的环境来释放，有的欲求会暂时让步于另一个更强大的刺激引起的欲求先使之释放在处理次轻的刺激和反应的欲求释放，而有的欲求行为会被另一个刺激引发的欲求行为所替代完成从而得到平衡一起清除原有的欲求。

四：身心波动调整周期的特征

有的周期失衡初始会在极端时间内达到最高阈值，但会用很长时间才得以重新平衡，有的周期失衡初始会在很长时间内才达到它的最高阈值，但也可能会用很短时间才得以重新平衡。

两个同样的刺激源，如果其中一个刺激源能使个体在生理上失衡到达最高值的所需时间越短那么它相对于另一个需要较长时间才能是个体的生理失衡达到同样值的刺激源，前者给人的记忆影像的强度会高，这样该个体会感受到更大冲击的刺激强度的情绪体验，因为如果把较长时间内的刺激强度都缩短时间的话，

所以甲个体如果生理波动（达到最高值或恢复平衡）所用时间越短自身情感机制感觉越是较为强烈也能促使应激机制释放出更多的腺素，而个体也越会感觉到自身综合反应的强烈性，感觉情绪也越激烈。

五：同样刺激对不同社会角色状态的个体会有不同的反应

一个一百万奖金的刺激源，对于三种不同收入状态的个体而言是一个能引起不同反应的刺激源，反应分别是：年收入一百万的个体反应〈 年收入十万的个体反应〈 年收入一万的个体反应〈 年收入一千的个体，这就是说相同金额的刺激对于个体的反应程度随着个体的收入递增而递减，排除其他一切因素仅从收入角度来判断，收入一百元对年收入十万的个体而言不会有很大反应而对年收入一千的个体却是一个惊喜。前者的生理和心理的承受力和对金钱的刺激阈值相对于后者要高得多，他需要突破很大的金钱刺激阈值才能引起身心的快感。后者却不需要很多金钱的刺激就能引起和前者同样的快感度！这就是穷人要比富人容易快乐的因素。但其本质其实是一样的，因为穷人赚相同金额的货币较富人为难，这也就在穷人面前抬高了获得快感的门槛，穷人努力赚取一百货币相等于富人努力赚取一万的货币，最后获得的快感也会相等。这就是富人和穷人是享受同等快乐的其中一个因素！如果穷人通过努力逐步积累货币到一定程度也就是相当于把自己对货币的快感度逐渐抬高阈值的过程，其后果就是需要赚取更多的货币才能维持最初赚到一百块的快感，其实这个获取快感的过程和吸毒的过程原理是相同的。

六：刺激源和人发生的是一种刺激和反应

而人所反应或存储的是一种场景和反应模式。

七：刺激虽然存在但个体生理监测系统并没有检测的几种因素

刺激虽然存在但个体生理监测系统并没有检测的状态有几种因素

生理感受器没有接受到刺激源；生理感受器虽然接受到刺激信息但该个体的生理系统已经针对该刺激源建立起了非常态平衡（如 锻炼肌腱能使该接受锻炼刺激的某处肌肉组织发生变化反应，一方面可以变得强健但另一方面锻炼不当也可以变得损伤导致萎缩，这样原有的刺激源"锻炼的方式和强度"不变的情况下该肌肉群不会在发生相应变化也就是不再肌肉变得发达，同时对原有的锻炼方式和强度也觉得感受不到原有的刺激的反应值，因为此时该肌肉群已经起了变化适应了原有的刺激变得发达了。），所以生理监测系统并不启动；

心理系统在刺激源一再的出现后，该刺激源被个体由非常态刺激源转化到常态刺激源，在这个情感第一定律的作用下，个体会对原有的刺激不启动情感机制，以至于熟视无睹的状态会出现。总之对于生理系统的非常态反应可以在生理系统建立起非常态平衡后不再对原有的刺激发生反应，而对于心理系统的非常态反应是在情感第一定律的作用下非常态刺激源被个体转化到常态刺激源而后作出或不作出反应的过程。

八：两种刺激源同时发生后个体的反应

如果两种刺激同时发生，个体会选择对自己最主要的作出反应，而如果两种刺激又都是主要的 那么个体会按照刺激强度来选择反应行为，强度大的会首先反应，如果刺激强度交替发生变化 个体的反应也会交替变化，如果刺激交替的快 个体反应也会快以至于快的似乎没有了反应那样，两种类似的刺激被个体反应所中和了。

九：常态刺激源引发的反应是不会强烈的

如果某种刺激源引发了个体发生反应引起波动，但个体只需启用欲求机制就能够使得自身重新恢复平衡或生理系统自我的调节就能够获得平衡，那么其反应值都是不强烈和不持久的，都是被个体所习惯了的常态反应的刺激源，这些刺激源引发的失衡都会被个体的生理监控机制所监控和调节，虽然欲求机制会启动但只属于简单的没有真正经过心理系统深层调控。如果饮食行为只属于生理反应没有文化因素的参与（心理会在饮食的文化方面得到刺激并反应）会变得只有生理的简单刺激就不会启动情感机制，这样就没有了享受的第一要素"快感"！同样的如果性行为没有心理系统情感机制的参与就只能变成简单的生理上的刺激和反应，这时候性的行为变成一种劳动和日常的习惯，就像米饭之于口腔的那种递送方式，男性的就如同上厕所那样的只是为着解决生理上的性腺上的充盈的不适感，而女性则纯粹的做义务配合，性生活从激情到枯燥的最后一个阶段就这样开始。

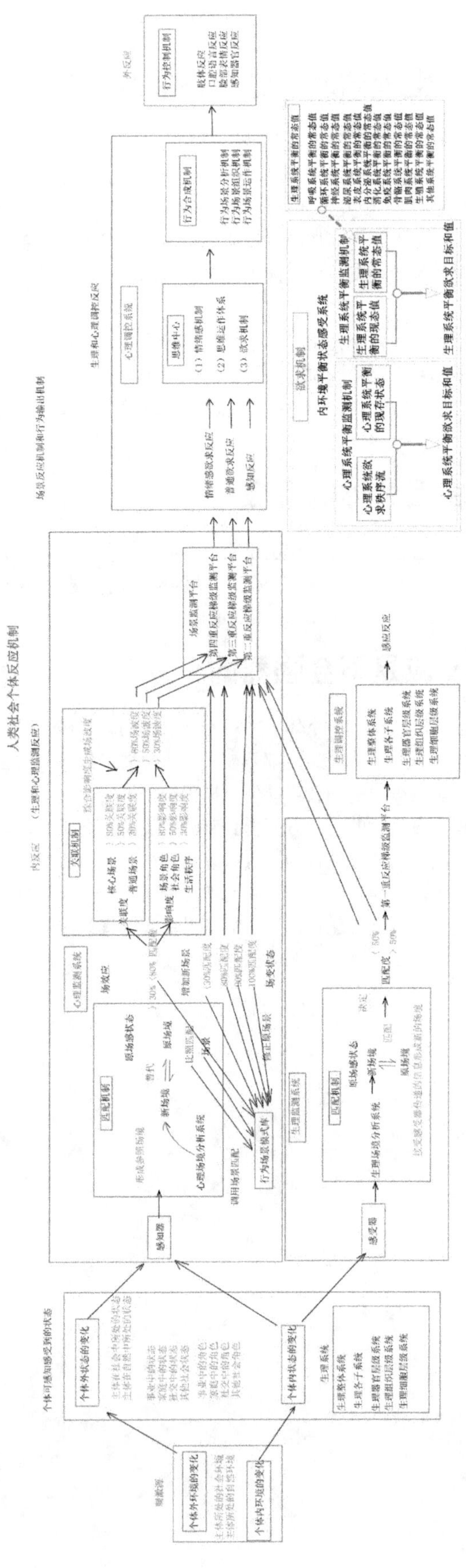

第二节　人体反应一般构成机制

简介

叙述社会人如何平衡身心来获得生存，揭示社会人行为的原理和规则。

刺激–反应；刺激–内反应和外反应；刺激–身心监测反应–身心控制反应。

（甲）反应结构

一：监测系统

（1）心理监测系统

（A，对外主动性感知器

（B，场效应机制

—a：匹配机制

——I）场景分析系统

—b：关联机制

（C，场景监测平台

（2）生理监测系统

（A，对内被动性感受器

（B，场效应机制

—a：匹配机制

——I）场景分析系统

（C，场景监测平台

二：控制系统

（1）心理控制系统

（A，思维中心

—a：普通欲求机制

—b：情绪感欲求机制

——I）幸福观评价机制

——（i）内外环境判断机制

——（ii）核心幸福感体系

——II）情绪感评价机制

——III）应激机制

—c：思维运作机制

（ B，行为运作机制

——a：行为场景分析机制

——b：行为场景组织机制

——c：行为场景运作机制

（2）生理控制系统

（ A，生理自主控制系统

（乙）反应流程

一：简述

（1）反应解析

（ A，心因性反应

——a：外心因性反应

由对外主动性感知器接收到刺激引发的心理反应。

——b：内心因性反应

由对内被动性感受器接收到刺激引发的心理反应。

（ B，内生因性反应

有对内被动性感受器接受到刺激引发的生理反应。

（2）人体反应刺激的一般流程

刺激和反应过程

反应过程包括：感受器反应；匹配反应；关联反应；提取和存储反应；欲求反应；思维反应；情绪反应；评价反应；行为反应。

心理系统通过生理系统的对外感知器对外环境进行监测。生理监测系统也能传递感知层级的失衡信息到心理系统进行处理。过程是：

内环境刺激——对内感受器——生理监测系统——生理调控系统——心理监测系统

外环境刺激——对外感知器——心理监测系统——心理调控系统

因此当我听到了一声异常声响时已经经过了身心一系列反应，其实声音已经发生了一段时间，感知和刺激源并非同步，最后到第三个阶段才感知"听"到了这个声响。

（3）感知器感受器的工作机理

人体需要通过主动性感知来建立场境，以此匹配场景形成场感效应，

人体的场境分析系统不断地通过感知器和感受器主动或被动的接受和搜集各种内外环境的变化的信息，最及时和正确的合成场感效应，以便最正确的反映内外环境的状态，来调整身心平衡。

身心监测系统每隔一定时间就会主动采集内外环境的信息以形成场境匹配场景，

人体监测系统总是滞后的，需要经过场匹配才能判断出环境的变化和变化程度？

对外主动性感知器接受到的刺激经过心理监测系统的场效应形成的场波动

人总是处在不断变化的连续的或突变的环境刺激中，任何刺激都是针对原有场效应的，是对原有场效应的一种改变。因此对原场效应而言刺激导致场改变只有突变与渐变两种区别。

（4）个体始终处在场感状态

生理系统处于场感应状态，心理系统处于场感知状态，一旦出现变化（所有刺激对人体来说都是一种变化，从此态到彼态的变化），就会形成另一种场境参照体比照现有的场景（此场景正处于和原场境相和谐在常态范围内波动的状态），一旦形成的场

境（此场境处在随时变动的状态，它是由身心监测系统通过对内对外感受器由场境分析系统形成的）和场景进行匹配反应，根据匹配度再次进行关联反应或直接发生情绪感反应或者不发生反应，其中关联反应会形成场波度根据场波度进行各种梯级的反应，如达到感应反应梯级的场波动值会启动感应反应，达到欲求反应梯级的场波动就会启动欲求反应，达到情感反应梯级会启动情绪感反应。

（5）有两种处理刺激的方式

（A，不断照相比照前一张的方式，生理失衡可能掉用这种方式。

生理监控系统不断接受感受器传递的信息形成场境，并与前一张场境比照匹配，如果形成的场感应效应器波动值超过一定感应反应梯级范围，则启动感应反应做生理调整。

（B，不断照相比照场景的方式，心理失衡调动两种方式。

—a：调用场景形成场感知效应，场效应波动超过第四梯级反应则启动情绪感机制，

（6）确定场波度的是：匹配度和预期的对个体的影响度。

（A，匹配度

是场境与场景的符合度，匹配度越大场波度越小。

（B，关联度

与核心场景的关联度，关联度越大场波度越大。

（C，影响度

—a：社会角色和场景角色的影响度，影响度越大场波读越大。

—b：生活秩序的影响度，影响度越大场波读越大。

（7）在调用场境参照模块形成参照体时会遵照两大原则

首先是相似场景优先原则，其次在基本相似前提下采用核心场景优先原则，可能采取无变化不形成原则，也就是说如果内外环境没有变化或感应感知不到变化就不会形成新的场境来匹配组合新场感效应。？

二：身心整体运作机制及功能

（1）外心因性反应

（A，内反应阶段

—a：监测反应

——Ⅰ）感知器搜寻并接受环境信息

——（ⅰ）感受器与监测系统

无论环境有无变化它总是在身心监测控制下搜集着环境信息，以组合场境。形成场感效应。

听觉感知器也在不停地搜集着相适刺激，当环境一旦发生了变化，它就会把该变化了的相适刺激传递给场境分析系统形成新的场境。

如此，当我耳朵正搜集着听觉方面的声音过程中，心理监测系统的场境分析系统搜集到的该信息，形成的场境与场景匹配时可以发生两种状态，引发两种反应。

对外感知器通过对外环境的互动，可以对心理直接作用形成场效应，也可以对内环境的超越于生理平衡系统控制的失衡形成场效应；对内感受器只能对自身内环境发生感应层级的场效应。

——II）监测系统形成场效应的过程

正常情况下，被匹配的场景会有一系列相关的场景模式临时存储在第三控制系统中，以便随时应对常态范围内的变化。以应对欲求层级之下的反应。当其发生的场波动度超过了一定范围，（这个范围有场景平台匹配和监测着）当其场波动度达到了不同反应梯级时，就会启动不同梯级的感知反应。

先进行匹配机制的匹配过程，场境分析系统接受感知器传递的信息形成场境，心理监测系统随后进行匹配场境与场景反应，根据不同匹配度分别发生两种不同反应。

——（i）第一种反应：

如果匹配度大于30%以上就属于常态范围的反应，其中匹配度大于30%小于80%的刺激反应会进行关联机制反应，经过关联度和影响度的综合分析产生场波度，如果场波度大于80%会启动情绪感欲求机制的反应，场波度小于80%大于30%则启动普通欲求机制的反应，场波度小于30%则停留在感知反应。如果匹配度在80%范围则启动普通欲求反应机制，如果匹配度在90%范围则启动感知反应机制，如果完全匹配就不发生反应。

——（ii）第二种反应：如果匹配度小于**30%**就属于异常态范围的反应，会直接启动情绪感欲求机制反应。

如果属于同一个形质范畴的场波动其变化超出一定范围，如新旧场景都是利欲求但新场境的变化超过了一定范围，只是匹配度小于30%。或发生不同形质的变化，比如原场景是属于利欲求场景，现在场境突变为非利欲求场景，当其发生时由于在临时场景存储的第三控制系统中找不到相应的模式以及时匹配，因此就需要立刻启动异常反应机制来应对。

连续性改变通常是个体已有存储的相应的行为场景，个体只需随时调用匹配。

突变型改变，无相应的场景匹配，则会以临时摄像方式建立新的场效应以观测刺激对象，同时启动情绪感机制，

以上两种状态都会导致情绪感机制做出一系列的应激反应，如果在情绪感反应中调用了其他场景后，又能匹配原有相似的场景而无需组合新的行为场景，就会形成了新的常态的场谐状态。

—b：心理调控系统发生调控反应

——I）当监测系统发生非常态刺激或场波度大于80%就会启动情绪感机制的反应，思维中心开始大量参与运作。

——II）首先幸福感评价机制启动，由环境判断机制和核心幸福观体系进行分析这组刺激反应对自身幸福观的影响的判断，有利于幸福观实现的属于幸福感范畴的刺激反应，不利于幸福观实现的则属于痛苦感范畴的刺激反应，无法判断的则属于中性范畴的刺激反应。这时思维运作体系和幸福感评价机制共同协作，产生新的欲求目标。然后思维运作体系和行为运作机制协作形成欲求实现方式，它会调用原相似场景组合成新的场景以应对刺激，欲求目标和欲求实现方式形成了完整的欲求，形成了一个完整的新的行为场景。最后实施行为反应。

——III）同时情绪感评价机制随着刺激反应的进行而贯穿着整个第四重层级之上的反应过程，应激机制伴随着异常态的形成而迅速的启动，使各种反应更加迅速的进行。

——IV）当场波度小于80%就会启动普通欲求机制的反应，在思维运作体系的协作下，调用原场景反应模式形成普通欲求反应，实施行为反应。

（B，外反应阶段

（2）内心因性反应

（A，生理反应阶段

—a：刺激发生阶段

—b：生理失衡反应阶段

生理各层级的对作用于不同层级的刺激发生失衡反应，该失衡区域的生理指标偏离于常态。

——c：感应反应阶段

———I）感受器发生感应反应

———II）生理监测系统发生监测反应

————（i）接受感受器刺激信息

————（ii）形成场效应

形成场境参照映像进行场景选择

调动场景监测平台进行监测反应

———III）生理调控系统发生调控反应

————（i）接受监测反应刺激

————（ii）启动各生理层级的调控反应

（B，心理反应阶段

——a：心理监测系统发生监测反应

———I）接受生理监测系统传递的信息刺激

当生理调控系统不能使失衡恢复；或者当刺激使失衡强度直接上升到感知反应梯级。

———II）直接上升到感知反应

————（i）对刺激源进行监控反应阶段

（丙）人体各组成机制的解析

一：感受器部分

（1）相关规律和名词解析

（A，关于感受器的分类

——a：外感受器

主要帮助调整人体心理平衡系统实现身心平衡和获取幸福。外感受器主要分为视觉系统`听觉系统`嗅觉系统这三大类。
借助相适刺激获得环境信息
人体监测系统通过外感受器感应外环境的信号建立起场感效应以监测外环境的状态。
对外感受器可以经由其他相适刺激的作用激发自身的感应能力，来感应和帮助心理监测系统搜集外环境的信息建立场感效应。
视觉感受器`听觉感受器`嗅觉感受器这三大类对外感受器可以借由光线`音频`气味这些相适刺激的作用，对所处的外环境传递信号给监测系统以迅速形成一个场感效应。

———I）人体感应外环境的器官

人体的听觉视觉味觉触觉嗅觉感受器主要是针对外环境的刺激的。感知和侦测人体内环境的则是人体各系统的各部器官感受器所形成的。

———II）皮肤感应器阈值；

正常态阈值感知范围：最低感知温觉阈值不低于〈30度或〉30度；超过最高感知温觉阈值50度，会使个人开始遭受能见的伤害。
病态感知阈值范围：低于〈30度或〉30度；超过最高感知温觉阈值50度的温度都是能使人生理遭受伤害的。

——III）听觉感应器阈值；

正常感知阈值范围：最低 16 赫兹 最高 20000 赫兹

病态感知阈值范围：是超越人体听觉阈值的使人体生理系统遭受伤害的声波和声频。比如超过 90 分贝的音强就会使人的耳膜开始遭到伤害。

但很多噪音再不超越人体生理承受极限也能给人的生理造成伤害，这是因为扰乱了心理系统使之发生强烈痛苦感范畴的情绪产生并引发应激机制导致生理也发生失衡的缘故。

——IV）听觉感应的生理过程

由外环境的刺激以声波的形式通过空气`水`或其他介质传递到人体的听觉感受器然后发生一系列的把声波转换到人体的心理系统所能识别的神经信号，这一过程从声波到达鼓膜再传递到听小骨然后到达耳蜗，经过耳蜗里的绒毛把信号以神经冲动的形式由听觉神经把这个加工了的外环境的刺激"声波"传递到心理监测系统中，经过分析后如果该信息属于异常就会被人感知处理，如果属于常态则会按照常态处理，后者可能不被人体感知，而异常信息一定会被人感知。

——V）视觉感应器阈值

正常感知阈值范围：界于 400nm 到 700nm 属于可视的光波

病态感知阈值范围：比如太阳光`焊接时候发射出的弧光都会对人的视觉感受系统发生伤害。

——b：内感受器

主要是帮助生理平衡系统调整人体内环境，它是被动的有了相适刺激才能够反应。外感受器主要分为味觉系统`肤觉感受系统`平衡系统`内脏感受系统，等等。人体其他感受器都属于内感受器，是专门用以感应和帮助生理监测系统和心理监测系统搜集内环境信息的工具，其功能和外感受器是相同的。

——I）人体感应内环境的器官

是组成人体内环境各系统的器官组织，消化系统的感应器官是：胃肠和口腔食道等器官；生殖系统的感应器官是：女性的生殖系统为：外生殖器官和内生殖器官的包括阴道、子宫、输卵管及卵巢。 但感应强度外生殖器官比内生殖器官要强，而内生殖器官的感应强度依次为：阴道、子宫、而输卵管及卵巢基本不能感应其本身生理物理和化学上的变化。男性的生殖系统器官的感应强度依次为：阴茎、射精管、尿道、睾丸、附睾、输精管、精囊、精索、前列腺，

（B，相适反应

人体对外感受器除了对物理和化学等刺激会发生失衡反应和感应感知痛感压感等外，还专对特殊的刺激发生特有的相适反应，视觉感受系统会对光发生相适反应`嗅觉感受系统会对气味发生相适反应`听觉感受系统会对声音发生相适反应`味觉感受系统会对味道发生相适反应）和同感性的不同感知阈值

（C，人体是用多种感受器来监测内外环境的刺激

，所以一种外因性刺激可以是生因性也可能是心因性，前者是由所受的刺激的生理达到感知层级所致，后者是由听觉` 视觉`等感受器被触发后按形成的心理失衡所致。

（D，感应的最低差异阈值

（E，感受器和监测系统

感受器只起到一种感应信息的作用，它是监测系统的一种侦测环境和建立场境模型的工具，没有感受器就搜集不到信息。而没有监测系统的作用感受器就不会发生搜集信息的反应。

（F，感应的最低差异阈值

是指生理在某一单位时间内能感应到场境发生变化的最小单位。这样虽然人体的生理器官会被各种微弱刺激作用而改变原有的状态，但如果其场波度不能达到感应的最低差异阈值，就不能够被生理所调整。

二：场景反应模式库

（1）临时场景模式库

（2）长期场景模式库

（3）记忆是形成情感的大周期也是一切心理活动的基础

在心理上有记忆刻度现象，也就是个体能把一组情绪从失衡到复衡记忆储存到模式库中，特别是对其中到达最高偏离值那一刻的状态有强烈记忆，并把该波动的程度根据以往相同性质的刺激源引起的波动标记出高低等序列，所以个体会有最快乐和最痛苦的经历，也就是个体会根据以往经历的相比较得出的记忆刻度来比照。如果某次一种欣快标记的经历使个体的心脏跳动 80/分，感受的偏离值接近以往所经历的生理所达到的最高点（但不是引起痛苦记忆的那种生理系统崩溃的状态 虽然也是接近），那么该个体会把这次经历标记为最快乐的，但以后随着这样的同种性质同样强度的刺激源一再发生那么根据情感第一原则：重复刺激不反应原理，该个体的偏离反应程度也会趋向为零值，而一旦该刺激源重又加强强度，个体的反应又会趋向偏离的最高值甚至随着刺激源强度的增高而到达生理的极限，死亡！

（4）模式库的运作原理

模式库中的按照影响越深印刻在模式库中的记忆中越深也越成为模式库中的核心行为层。 一切个体的行为都会在某个时期围绕着这个核心而展开，形成一种稳定的欲求行为。

核心行为层：模式库中的按照影响越深印刻在模式库中的记忆中越深也越成为模式库中的核心行为层。一切个体的行为都会在某个时期围绕着这个核心而展开，形成一种稳定的欲求行为。

随着异态刺激重复次数的增大趋向常态刺激储存记忆的可能性也越大，这样陌生的单词会转化到熟悉的单词，陌生的人也会转化到熟悉的人，陌生的场景也会转化到熟悉的场景，甚至面对最可怕的死亡也会慢慢转化到熟视无睹的现象（集中营里每天面对死亡的囚犯或者战场上厮杀的战士还有医院里面对死亡的医护人员都会对本来觉得最可怕的死亡竟能逐渐麻木不仁），到达一定的刺激度和重复度该异态刺激会转化到常态刺激作为长期记忆的形式储存在模式库中，但如果长期不重复该刺激也会出现记忆退化变为异态性，

第二信号给予的刺激可变为第二信号的存贮方式记忆到模式库中，同时个体会有内环境产生变化引起的刺激感知，而作为常态的刺激源不会引起生理的反应或经过情感机制处理，只会作为常态反应输出方式而对该刺激源做出反应，这个反应也是以前曾经反应过的作为成功解决该刺激的经验的方式再次存储的模式反应。第一信号给予的刺激能让个体的生理系统平衡失衡并且同时让个体的心理系统做出反应，并会通过情感机制进行信息处理，从刺激到反应这一个过程用记忆的方式存储到第一信号模式库中。

在常存的模式库中和暂存的模式库中，每个个体都有一个为主导的行为欲求，模式库里面的欲求模式的存储都是按照最主要的和次要的层级划分的，最主要的欲求也就是人们所俗称的爱好，这个主欲求也可以是个体各个欲求的任何一个，但个体形成的主次欲求层级也是和社会互相反馈过程中形成的，有的个体是以毒瘾欲求为主有的个体却以性欲求为主不一而足，心理系统成熟的个体总有一种欲求为稳定的主欲求，其他的则是渐次以降的各种欲求，个体以达到主欲求为获得幸福达到最大快感的手段。当个体遇到异态刺激时候总是先启动主欲求的模式来比照刺激源，如果预定输出达到彻底消除刺激源或者能获得最高的快感和满足幸福的追求目的那么就马上输出主欲求的模式来行为应付刺激源，如果思考下来按照主欲求模式输出的行为达不到预定要求，就会按照层级下来把其它次级层次的模式推算的结果提取到第二控制器系统中，把各种模式行为输出来对应刺激源（能获得多高的幸福和快感或者能否消除刺激源）的演算的结果把他们相互比较观察何种模式行为才能获得符合该个体的最高幸福，通过第二控制系统比较后再输出模式行为出去，这就是个体面对刺激源所思考的方式，当然大多数个体都感觉不到这个思考的方式的，其实都或多或少的按照这种方式来面对刺激的。

（5）反应的输出行为过程

社会人把需求的行为通过输出器官来完成，输出器官就是社会人借以表达自身输出信号的部位，如：口发出信号也作出表情，社会人各个部位都能表示信号，当然这些信号应该是依照约定俗成的规则。

（6）储存过程

这个刺激和反应的过程被个体的心理系统记忆以储存到相应的模式库中，这也是用化学性质来改变大脑皮层细胞内的特定突触的过程，这样如果一遇到能激发该模式的刺激源也可转化为输出的神经信息并通过效应器肌肉收缩发生行为以作用于外界。

从刺激输入到分析信号输入非常态调控机制，再由其中的情感机制进一步从核心思维体系来分析作出判断，同时启动生理上的应激机制（1）根据刺激源强度的大小（2）根据自身对其反应的值的大小，这两种选择其中最大的值来释放应激机制所需的腺素，再把这一组经由非常态调控机制加工过的信息（何种情绪符号和有无利弊等）再输回监控系统中的欲求机制，从中提取所需

要平衡的方面和平衡值，例如：刺激源 （尿急） 生理感受器释放膀胱膨胀的信息给与生理监控系统，而生理监控系统对于膀胱内壁的感受器一直释放的信号并不是一直都随时作出反应的，但膀胱内壁的感受器确实会因为膀胱的膨胀而释放信息只是因为生理监控系统并没有反应而已。生理监控系统要在人体内环境中搜索出最重要最值得反应的信息才会予以反应。 这样如果一旦膀胱的膨胀使膀胱的感受器传达的信号强度达到了被生理监控系统感知的阈值也需要此时生理监控系统没有其他比该刺激更重要的信息刺激才会作出反应， 如果不是非常态刺激就会先启动欲求机制分析何种需要平衡的目标和值然后把这一组信息输送到调控系统并直接让效应器作出欲求机制所传达的常态的反应行为。

（7）人不但可存储一组完整的刺激反应模式，也能存储不完整的模式以备今后判断或反应的供参考依据。

（8）个体的记忆的形成

当个体形成合子之时就开始进行属于个人的记忆，所有的可被其接收到的刺激都会一一发生相应等级的记忆和反应，从幼儿前期的被动记忆到儿童后期的主动记忆。因为记忆是发生情绪感大周期的原因，也是个体能够主动应对环境变化的重要手段，

三：行为控制系统

储存所有临时的欲求释放的行为信息并选择合适的时机释放欲求行为以因应最迫切处理的刺激源

（1）第三级控制系统控制原理和案例

人体的第三级控制系统储存着各种长短期的欲求行为，为何不立即释放这些欲求行为，有几种因素。

（ A，因为引发该欲求行为的刺激源被另一种更强的刺激源所暂时替代；

（ B，引发该欲求行为的刺激源消失；

（ C，个体的心理和生理系统暂时得到平衡或生理系统已建立起非常态平衡`心理系统已把非常态刺激转化为常态刺激，从而暂时获得非常态的心理平衡；

（ D，没有进入合适的环境释放欲求行为。

如果该个体尿急信号发出的时候正在一个不能行使释放排尿行为的场合，于是就会暂时遏制住这个行为的释放直到一个合适的可以释放的环境中才会去释放这个排尿行为。

第三级控制系统就是专门用来储存各种欲求行为不能马上释放的储存系统，如果这段时间里尿液增加了很多超过该个体的痛苦的忍受程度，就会启动非常态调控系统的情感机制触发情绪作出痛苦的应激反应，结果导致尿急更加严重，甚至失禁。这个控制欲望的释放和遏制都是由心理系统的第三级控制系统来控制的，任何人的行为对失衡的反应都会有心理系统的这个控制阀参与其中，这种何时何地释放排泄行为也是有该系统作出，当该个体的膀胱感受器传来的信息使生理监控系统感受到的值达到中等（如果对该值平时感受较少），如果该刺激在生理监控系统中达到的值被感知为非常态刺激这与平时对尿液释放的频度有关的，如果一有尿意甚至每个一小段时间就去排泄，就会使感受器的被尿液充盈的状态的信息被大大降低在生理监控系统中的阈值。

第三控制系统使得个体的行为的释放得以和现实的环境相应和，使个体能够优先释放最符合切身价值观的行为，比如尿急正被感知的时候突然一阵凉风吹来，如果风的凉度使得体温明显下降以致于超过尿急带来的的生理偏离值，就会马上感受到凉风的刺激，一种对冷的刺激的反应立刻做出，情绪引发应激机制使得皮肤马上进行收缩，使受凉部位起鸡皮疙瘩以暂时缓解该刺激对生理的进一步刺激，这样排尿的行为就会被御寒的行为所替代，但正要去拿衣服御寒的时候，一条蛇正在衣服周围游弋，这样的一个更重要的刺激源使得拿衣服的行为被因蛇带来的恐怖的刺激替代，个体被引发了对生命的保护行为做出了小心的避开的选择，就这样面对一个一个刺激个体会根据其对自身的幸福观实现的迫切程度来做出优先的反应，就像孩子对玩具的选择绝对比金钱来的迫切。

四：情绪感机制与情绪感反应层级的监测机制

情绪感反应层级的监测机制是一种感知和判断身心失衡反应到达启动情绪感机制的一种监测机制。它由个体所处的情绪感反应层级的现存环境与个体所处的情绪感反应层级的场景模式共同构成一个监测机制。

情绪感机制是人类独有的机制，是人成为社会人的最根本的因素。

（1）心理最高记忆监测机制与生理最高记忆监测机制

（2）生理极限监测机制

第三节　人体反应过程详解

（甲）身心监控系统的构成

心理平衡系统和生理平衡系统的监控反应机制都由监测系统和调控系统组成，其中感受器和场景组成监测系统，场景反应机制和行为输出机制形成调控系统。

一：场效应

（1）场效应机制

由匹配机制和关联机制构成，匹配机制由场境分析机制运作形成场境参照模式比照临时场景调用模式场景，以此形成匹配度也就是异常度。关联机制由关联判断机制和影响判断机制构成，在此形成场波度。场景监测平台监测着异常度和场波度，一旦这两种状态达到某个反应梯级的阈值就会启动该梯级的反应机制予以应对。

（A，场境分析系统

是个体对于环境的一种识别机制，通过该机制可以形成场感效应，可以调动相应的场景平台予以监测。

依靠内外感应器传递的信息建立起场境参照模块，并调用相似或主要场景平台以此形成场感效应来监测和校验身心状态。

（B，场景监测平台

用以对异常度和场波度刺激发生反应的一个监测平台。

—a：场景反应机制和阈值

每一种场感效应都会有相应的场景监测平台予以监测，并且每一种场景监测平台都有四重反应梯级及其阈值，每一重反应梯级都会有相应的反应发生。

——I）感应反应梯级及其阈值

——II）感知反应梯级及其阈值

——III）欲求反应梯级及其阈值

——IV）情绪感反应梯级及其阈值

——（i）情绪感机制和阈值

——（ii）最高生理即时感知机制及其阈值与最高心理即时感知机制和阈值

——（iii）最高生理量值感知机制及其阈值与最高心理量值感知机制和阈值

——（iv）最高生理极限感知机制及其阈值

（2）场感效应

（A，简介

—a：场感关系

是指人与自身所处的环境发生的一种监测的关系，为了维持身心的平衡，人把自身与环境转化成一种场感效应的关系，人在不同的环境中都建立起相应的场感关系，每一种场感关系都有场境识别机制和场景平台和场景行为反应模式构成。

—b：场感

场感状态是人体身心监控系统生成的场境与场景之间形成的一种感应或感知的状态也是一种场谐或场变的状态，任何人体身心的失衡态或平衡态都处于这种场效应的状态，

生理系统和心理系统在不同的环境下，都有不同的场景与场境形成的特定的场感效应关系。人体调用场景平台与正在对自身身心发生作用的环境，通过使环境转换映射为场境的方式与之发生的刺激和反应关系称为场感效应。

场感效应是人应对于内外环境变化刺激下发生的一种反应现象，产生于身心监测系统的重要的反应机制，这种机制可以使人对不断变化的环境可以做出适时地恰当地调整，以求得生理的平衡和心理的幸福追求。

场感效应关系分为感应场和感知场两大类，其中生理平衡系统监控着感应场，心理平衡系统监控着感知场。感应场是属于第一重反应梯级的感应场。感知场又可分为：第二重反应梯级的感知场，第三重反应梯级的欲求反应场，第四重反应梯级的情绪感反应场。

——Ⅰ）每种生理系统的子系统的处于和谐状态的场效应，如果受到各种情绪感反应层级的刺激发生场失合，心理系统就会立刻参与并组合出相应的各种不同的场景进行调解干预。

每一种经过组合而反应于刺激源的场境新组合的行为，无论发生何种效应，都会成为新的场景模式存入到记忆库。

——Ⅱ）场感效应的耦合和失合与身心的平衡和失衡

对于心理系统而言其场波度如果处在第二反应层级以下就是耦合状态也就是平衡态，如果处在第二反应层级之上就是失合状态也就是失衡。对于生理系统而言其场波度如果没有达到第一反应层级就属于耦合的平衡态，如果处在第一反应层级之上就属于失合的失衡态。

——Ⅲ）身心失衡导致场感效应的变化

环境的刺激使个体身心发生失衡反应，失衡导致场感效应发生感应和感知反应，场感效应发生变化导致监控系统发生监控反应。

环境与场景的这种稳态的场境效应形成人体心理平衡系统的稳定。当改变一个环境或者原环境中出现新的刺激源，前者就会调用相符合的场景模式与新的环境中的为人体对外感受器所观察到的影像相予以吻合配对，如果差异值超过一定程度就会视为异常刺激引发失衡。一旦场境效应不耦合就会发生失衡，不耦合度直接关联到失衡度的大小，不耦合度越大失衡度越大，直接可以发生第三或第四层级的反应，在相应层级中发生的欲求或情绪感反应，作用于刺激源。

如果人体身心平衡系统重新适应了这个新环境（身心新平衡态）或处在身心平衡态（恢复原有平衡或保持原有平衡）时候，这时个体的场景与环境就又处于一种吻合状态，此时该环境与人体心理临时场景两者相映射就形成一种平衡的稳态，这种稳态会一直维持到内外环境发生改变为止，一旦原有相似的环境出现了变化与人体场景模式的吻合状态就被打破，当两者差异度超过一定值后（超过感应阈值或超过感知阈值），内外环境中发生变化的某环境变量因子就成为元刺激源，这种刺激源会刺激着心理原有的场景模式与环境的平衡发生失衡。

可见心理失衡的实质就是内外环境出现变化从而改变了与身心的场景模式原有的稳态。

——Ⅳ）生理自主平衡系统和心理平衡系统实现生理自主平衡功能和心理平衡功能，在身心监测机制与调控机制的监测和调控下利用场感效应方式对处于不同的内外环境下的身心状态进行控制，以期达到身心平衡或实现幸福的目的。

——Ⅴ）场感环境`场感状态`场感效应

场感环境是指个人与其所处的已经建立起监控关系的内外环境。场感状态是指个体的一种对内外环境的监测状态。场感效应是指个体的监测系统对内外环境的一种监测效应。

—c：场感分类

——Ⅰ）意识场感和实态场感

意识场感是指思维过程中形成的场感状态；实态场感是指除了思维反应刺激个体在内外环境刺激中形成的场感状态。

——Ⅱ）场感环境与非场感环境

场感环境是指个体与之已经建立起监控反应关系的内外环境。非场感环境是指没有与个体建立起监控反应关系的内外环境。

（B，生理感应场和心理感知场

生理平衡系统的唯一目的就是生理保持有利于生命组织体长久生存的平衡态。

心理平衡系统的目的在于在获得幸福的同时获得有利于生命组织体长久生存的平衡态。

　—a：生理平衡系统控制生理感应场

　——Ⅰ）生理整体层次的平衡场

　——Ⅱ）生理各子系统层次的平衡场

　——Ⅲ）器官层次的平衡场

　——Ⅳ）组织层次的平衡场

　——Ⅴ）细胞层次的平衡场

　—b：心理平衡系统控制的心理感知场

　——Ⅰ）生存场和生存衍生场

　　——（i）生存感知场

超越于生理平衡系统所能控制的生理各层级感知场
生理层级所衍生出的普通欲求层级之下的感知场
生理整体层次的平衡场
衍生出安全`健康场

生理各子系统层次的平衡场

消化系统衍生出饮食场
呼吸系统衍生出呼吸场
神经系统衍生出各种被动性思维反应场
泌尿系统衍生出排泄场
生殖系统衍生出渲泄场

器官层次的平衡场

组织层次的平衡场

细胞层次的平衡场

其他生理层级所衍生出的普通欲求层级之下的场

　　——（ii）生存衍生感知场

四大欲求感知场
生殖系统渲泄场与爱情或友情场结合派生出性欲求场
生理安全场与神经系统的思维反应引发的炫耀欲场结合派生出名欲求场
生理安全场与神经系统的思维反应引发的支配欲场结合派生出权欲求场
生理安全场与神经系统的思维反应引发的占有欲场结合派生出利欲求场
其他生存衍生感知场
生理层级所衍生出的情绪感欲求层级的场
整体生理平衡场的安全`健康衍生出亲情`爱情`友情场
消化系统衍生出美食场
神经系统衍生出各种主动性思维反应场
健康场衍生出的体育运动场
各种安全场衍生出的各种休闲游乐场
其他生理层级所衍生出的情绪感欲求层级的场

（Ｃ，场谐与场变

场境与场景的契合状态称之为"场谐"，场境与场景的失和状态称之为"场变"。

维持场变状态，场变必须建筑在人体身心的失衡之上，人体身心失衡依靠内外环境的刺激。

场变就是人体身心出现失衡的状态被人体身心监控系统所监测到的一种场效应状态，场谐则是人体身心处于一种平衡的状态，也是人体身心监控系统所监测的状态。

——a：失衡度与场波或场变的异同

前者是受刺激下发生应变的身心系统，后两者则是身心监测系统的两个重要的场景机制。

常态谐和场效应（场波动度处在情绪感反应梯级之下的场效应）˙常态失和场效应

非常态谐和场效应（场波动度处在情绪感反应梯级之下的场效应）　非常态失和场效应

二：生理监控系统

（1）生理监控系统由生理监测系统和生理调控系统构成。

（Ａ，生理监测系统由感受器和生理匹配机制和场景监测平台构成

（Ｂ，生理调控系统。

（Ｃ，内部各机制的构成

感受器：味觉系统˙肤觉系统˙平衡系统˙内脏各感觉系统

场效应机制：匹配机制

场景监测平台：第一重反应梯级监测平台。

三：心理监控系统

是建立在生理监控机制之上的，生理监控机制的神经系统是心理监控系统的基础，心理监控机制则是生理监控机制的飞跃和进化到一定层次的社会性的产物，也是心理系统的重要组成部分。

关于平衡机制　是有一个专门负责观察内部平衡态的机制　和调节平衡态的机制　一旦出现内部的失衡该机制马上就把信息传输到处理这方面的机制中，然后在经过一系列运作　最后输出调节行为

人体通过感知器接受内外环境的刺激源信号再传入监测系统进行初步分析，然后有些刺激可以被直接输出常态行为予以反应，而有些非常态的刺激则需要经过调控系统的非常态处理系统来进一步来反应。

（1）心理监控系统由心理监测系统和心理调控系统构成。

（Ａ，心理监测系统由感知器和场效应机制和场景监测平台构成

（Ｂ，心理调控系统由思维中心和行为合成机制和行为控制机制构成。

（Ｃ，内部各机制的构成

感知器：视觉系统˙听觉系统˙嗅觉系统

场效应机制：匹配机制˙关联机制。

场景监测平台：第二˙三˙四重反应梯级监测平台。

思维中心：欲求机制˙情绪感机制˙思维运作体系。

行为合成机制：行为分析机制˙行为组织机制˙行为运作机制。

情绪感机制；幸福感评价机制˙情绪感评价机制˙应激机制

思维运作体系：形象思维机制˙抽象思维机制

幸福感评价机制：环境状态判断机制˙幸福观核心体系

情绪感评价机制：内评价机制˙外评价机制

应激机制：交感神经系统˙副交感神经系统

（乙）身心四重梯级的监控机制

（1）人体身心监控系统对各种环境的四重梯级的监控反应

人体身心平衡监控系统面对各种不同的环境和发生的刺激，无论生因性或心因性的主动性和被动性反应，个体的内外感受器都在不断传递着内外环境的各种刺激信号以使身心监测系统对此形成场效应，身心监测系统得以校验场境与场景的契合度，不断地形成场效应来监测着内外场境，按照相应的失衡度`匹配度`场波度发生四重梯级的监控反应。一旦发生的失衡度`匹配度`场波度达到人体四重梯级反应的监测机制所设定的阈值，身心调控系统就会发生相应四重梯级的反应。

（A，第一梯级的监测和调控反应

—a：过程简述

身心系统（失衡或平衡）——感受器（传递信号）——身心监测系统（依靠传递的信息建立起场境参照模块，并调用相似或主要场景以此形成场效应来监测和校验身心状态）——如果监测到场波动度达到某反应层级，就发生某层级反应。

（B，第二梯级的监测和调控反应

如果内外刺激源继续刺激人体生理系统，或者由于其他因素使得该受激的失衡子系统继续偏离，（也就是生理监测系统所监测的该人体内环境继续发生着变化，因而场境也随之发生着变更，场波动在继续加大），并导致其他生理子系统出现调整性失衡，当其失衡体系的场波的综合失衡度达到心理平衡系统的监测系统所能感知的最低监测阈值，就会发生一系列心理系统对该刺激源的反应，会启动心理监测系统的判断机制进行异重度判断。

—a：如果属于常态刺激源

心理调控系统会启动，发生注意反应或不反应，这时一方面自主生理处于自我调节的状态，另一方面又处于心理平衡监测系统所监测的状态。如果心理调控系统发生注意力反应就会启用对外感受器和一些行为来观察刺激源，如不发生反应就不会启动任何行为来干涉自主的协调。

—b：如果属于异重态刺激源

就会立刻发生心理调控系统参与的反应，会刺激心理失衡偏离上升到第三或第四反应层级，启动欲求或情绪感反应过程。

—c：反应详细过程

第二层级：是心理感知层级，如果自主生理平衡系统不能立刻使生理某的失衡恢复到平衡，或生理某系统的失衡度直接达到被心理平衡监测系统所设置的最低感知阈值感知的程度，又或者刺激源直接刺激作用于心理系统，使其心理失衡达到一定程度。那么这时候的反应就达到了第二个层级被心理感知的层级。

刺激源作用于人体生理系统的某子系统，该受激系统发生失衡反应，其失衡度达到生理感应反应层级，随后会发生两种状态，1 人体生理系统的监测系统通过欲求机制的感应到变化，随后发生自主调节反应，因而其他生理子系统发生关联反应应对生理变化，随后受激生理子系统由于生理的自主调整而复衡或者重新建立新平衡。2 人体生理系统发生自主调节反应，由于人体的对外四大感受器对刺激的不同相适性反应，会对特有的刺激发生特有的相适反应，这种反应是指不用太大的刺激就会直接形成对心理的刺激，比如物体有极少量的反光就能让人体视觉感受系统对其发生感知，立刻就进行心理层级的初级反应（做场境异常度的判断），如果异态度超越一定范围就会启动情绪感欲求层级的反应（作幸福观层级的认知和情绪判断）。

对于人体对外感受器而言，任何外环境刺激基本都会以他们所能感知到的方式感知得到，因此在外环境刺激发生时，只要对其感受器发生作用达到一定感知度（同样是生理系统某子系统的失衡度），就会发生感知反应，而且会以多种感受器同时对其刺激进行感知的反应，

—d：场波值达到心里感知层级才会发生心理感知反应

• 任何外环境刺激，包括内环境造成的可被人体感受器感知的刺激形成的反应，会形成生理感应进行自主调整，但不会进行对心理层级反应，必须生理反应和心理失衡使原有的场效应的场波达到一定程度才能提升到心理反应层级，场效应是指人处在一个场境中会有这个场境相应的场景互相映射的状态，如果两者处于契合状态，便不会有人和反应，如果这契合态一旦发生改变达到一定程度，就会引发各种反应。如果相应的场景不能立刻形成映射的场效应状态或者其映射的场景相差巨大就会立刻引发异常态反应，直接组成新的场景以应对异常态的场境。

　　——e：所有事物包括人的思维及其行为产物，都可以成为内外环境的刺激源也可以是该个体的反应。

　　（C，第三梯级的监测和调控反应

　　如果在第二反应层级阶段处于常态场效应状态，当内外刺激源对人体身心系统刺激再次加强，或者由于身心互动使得身心失衡再次升高，使该受刺激的身心失衡体系偏离强化，当其失衡强度使场波度达到欲求监测机制所监测的最低感知阈值，就会启动心理调控系统发生欲求反应。

　　在启动欲求机制阶段，人体会发生欲求行为，发生欲求目标和欲求值，这时人体反应就越过了人的心理系统感知的阶段进入了干涉的阶段。

　　——a：反应详情

　　是启动欲求机制的层级，如果生理某系统的失衡度达到了更高的程度。那么就是心理系统进行一系列干预的时候，当自主生理平衡系统不能够使某生理系统的失衡及时恢复到平衡，那么人体就会从心理的层级上进行行为的干预。

　　如当人体所处的环境温度超过人体生理感应的最低阈值，人体的自主生理平衡系统就试图进行调节内部的体温，以期能够重新恢复到平衡态。比如人体皮肤会进行排汗等等都是人体的自主生理平衡系统在进行恢复平衡的运作，如果环境温度继续升高，人体的失衡程度就随之加大，这时其生理系统失衡的就上升到被心理平衡监测系统感知的程度，人体心理系统就引发注意力关注着环境温度的变化和自身生理失衡的状态，如果环境温度不再变化甚至降低或者自身生理失衡不再继续，那么人体注意力会随着这种状态的持续而被"情感第一定律"所麻痹，心理监测系统对其监测的最低阈值甚至随着失衡时间的升高而升高其阈值，这样人体便不再对环境温度和身体的失衡发生感知的注意力。但如果环境温度继续社高或人体失程度加重，那么就会启动欲求机制，从而引发想要生理系统恢复到原有平衡的一种欲望，然后输出合适的行为以达到这个欲求目标，或者他做出开启空调的行为已把环境温度得以降低，从而满足生理开始降温以获得重新平衡的欲望。又或者他会离开这个高温的环境也能达到生理降温平衡的欲望，如果他储存的该类面对体温由于环境温度升高而升高的场景模式能够予以成功处理越多，他就会有越多的反应模式加以选择，能够帮助他更快的是自身的失衡得以恢复到常态。一旦生理失衡度重又恢复到感知阈值之下，那么人体的欲求行为会由于欲望的达成而消失。重又恢复到原来的让自主生理平衡系统处理的层级。

　　这个层级的欲求反应仅仅是调用自身所储存的场景模式予以刺激源做出反应，没有任何情绪的生成。

　　——b：

　　——c：欲求的指向

　　"五大欲求指向"这种社会秩序流会激发起个体的各种行为以便平衡自身的欲求的躁动，同时获得幸福感的满足。

　　（D，第四梯级的监测和调控反应

　　当内外刺激源的刺激式态强度使得身心失衡体系的失衡，其强度使场波动超越心理监测机制的情绪感阈值，就会发生情绪感反应。引发心理调控系统发生一系列重新组合的情绪感行为。这阶段不但出现了人的行为干预而且使人处于紧急应变的状态，这时人的情绪和生理应激机制起到了加快紧急处理该刺激源事件的作用。

　　——a：反应详情

　　是启动情感机制的层级，这也是人体对刺激异态度和刺激强度和身心反应程度最高层级的一种处理方式，也是人体试图予以最紧急行为干预的一种心理平衡监测和控制系统所做出的综合反应。

　　如果环境问题继续升高失的生理失衡度更加偏离，或者生理失衡度由于其他原因变得更加偏离，但人体的欲求行为输出并没有改变这种状态，没有达成让体温恢复到平衡的欲求目标，那么必然的就会启动情感机制加以重新深度分析和紧急处理。面对不明刺激引发的自身失衡人体会首先予以痛感范畴的情绪以便立刻逃避不利境况，同时心理系统会做出一系列深层次的分析，这不仅仅是简单地如同第三层给欲求反应那样直接调用模式库中类似的场景模式行为来反应，而是经过心理核心思维综合体系来深层级分析该类刺激源是否对自身所要实现的幸福是否有利弊，确定之后，就会赋予其快感情绪或痛感情绪，这种情绪或情感会促使人体生理激发起紧急应激状态，以期提供最强有力的生理支援以应付这种失衡状态。而新的欲求目标也随之产生，欲求行为会由心理按照不断的和刺激源交互应对进行一系列综合分析，然后做出重新的组合产生新的应对刺激源的行为以便更快地使身心恢复到平衡。

　　最高心理和生理阈值就是人所反应的心理和生理失衡的最高限度，生理的最高阈值分为个人所储存的历史性的失衡最高阈值和生理极限的最高阈值。任何超过心理阈值的失衡度或历史性生理失衡最高阈值都不会再让该人的心理和生理失衡进一步加剧，但任何超过该生理系统生理极限的失衡都会让该生理系统崩溃。

比如利欲求，对一个年收入 1 千者他一次性收入 1 万是非自主欲求的最高阙值，则所有高于 1 万的利益对于他而言都是和 1 万收益的同样的心理失衡和相应的生理失衡，假设心理失衡度为 10 含值相应的生理失衡度是 9 含值，则当他受益到一千万也和受益到一万，亦是同样的心理失衡度为 10 含值相应的生理失衡度是 9 含值。

　　　　——b：思维过程也是刺激与反应的过程也是一种场效应发生场波动的过程

思维可分为形象思维和抽象思维，思维的方式可包括记忆，联想，推理，综合，分析，等。
各种思维方式都是一种受激与释激的过程，每一个思维反应都是在内外环境的影响下的反应，没有独立存在的思维，
思维的生理运作基础是互相联结的神经元发生的一系列生化反应。

二：生理系统的监控反应机制

（1）简介

人体身心监控系统对生理的监控过程
个体是通过习得建立的场景予以监测判断失衡状态程度的，每重梯级的反应层级的场效应状态都会有相应的场景监测平台的各数据予以参照。

维持生理各个层次的平衡所需的条件（合适的生存环境）都会有各种相应的场景监测机制监测着，一旦其中某条件出现不吻合，被人体的感受器所传递而反映在人体身心的监测系统中，就会发生场效应的场波动，场波动（也就是场境与场景处于一种若即若离的状态）的程度就会导致不同级别的反应。

比如人的生理系统有各种生理系统功能的平衡，如消化系统功能平衡`内分泌系统功能平衡`血液循环系统功能`神经系统功能平衡`免疫系统功能平衡`新陈代谢系统功能平衡，等等，这些功能的平衡维系着各种生理指标的平衡，比如血糖平衡和酸碱平衡等等。

对于各种生理平衡状态都是一种内环境，这些内环境都着相应的五个层级的生理监控系统被其所监测和调控着，

所有内环境都会被人体身心监测系统转化内场境，并且调用相应的场景监测平台监测着这场效应状态，这也是身心的状态与各监测机制的一种契合态，其身心平衡状态时的各种指标也都和监测机制的各种指标相契合。

一旦出现各种内外环境的刺激使得原有的身心平衡被打破，同时与监测机制的契合状态也被破坏，身心出现的这种新的失衡态的数据就与原有的监测机制所监测的身心平衡时候的数据发生差异，其差异度和异常态决定了启动何种程度的反应层级。

2 如果维持生理某一个子系统的平衡所需的条件的失衡状态达到符合某种监测层级所设的场景条件，就会启动该监测层级的场景反应。如维持血糖平衡需要摄入营养这个条件，如果没有营养输入就会出现饥饿的刺激，这也是血糖失衡刺激所致，如果饥饿状态符合感应的场景，就会启动生理调整，如果饥饿状态符合情绪感欲求反应层级所设的场景则启动情绪感反应。

比如维持生理平衡所需的营养供应，需要通过饮食行为完成。
饥饿的刺激会使个体发生身心失衡，失衡状态从感应层级到感知层级再到普通欲求层级一直递增到情绪感欲求层级，随着失衡程度的加大个体也会作出相应的反应。

饥饿状态是个体的血糖减少或因为习惯的刺激而引发的消化器官的一系列反应，该反应也就是该生理子系统的一种失衡态。
当消化器官处于平衡态时，会有相应的平衡态层级的场景予以契，监测机制处于休眠状态，这时候不会有调整反应。
当消化器官发生失衡其失衡态达到符合感应层级的场景的条件时就会触发该感应监测层级的生理调整反应。
当消化器官的失衡态达到符合感知层级的场境条件时，就会触动该感知监测层级的心理反应，异常态辨识机制就会发生作用。
当该消化器官的失衡状态达到符合普通欲求层级的场景条件时，则触动该监测层级的普通欲求反应。
当该消化器官的失衡状态符合情绪感欲求层级的场景条件时，就发生情绪感反应。
每个反应层级的监测机制都有相应的符合该层级反应的场景模式存在，一旦身心失衡状态达到符合程度就会触动该层级的相应反应。

　　（ A，生理场景的复杂性与心理调整过程

构成的复杂程度从生理整体系统场景复杂度渐次递减到细胞层次的场境平台是最简单的。

所有生理场效应中发生的异常态场境都可能被心理系统处理，其处理的概率按照构成生理的复杂性而递增，构成复杂的生理系统其感受器的敏感度和复杂就越高，其获得的被生理或心理系统所处理的机会也越多，按照处理的顺序依次排列为，1 生理整体系统，其受心理调整的机会最多。2 其次为生理各子系统，因为通常受激的生理都是从某生理区域开始的，所以经常是某个生理子系统发生失衡，但很快就牵涉到其他子系统，如果不能及时得到控制就会形成整体的生理失衡。3 为组成子系统的器官和

组织，这些如果发生失衡其场波度超过一定程度，也会受到心理系统的调整，4 为细胞，这些组成器官组织的细胞不会受到心理系统的调整，因为细胞没有被人体所能感知到的感受器，细胞只有及其简单的自我维生系统，这是不需要人体心理层次的调整的。

人体生理平衡系统是由生理监测系统和调控系统构成，可分为五个层次的监控系统，分别监控着感应层级的场效应。其中包括

（2）生理系统的监控反应机制

（A，生理整体层次的监测

由生理整体层次的感受器和匹配机制和生理整体层次的场景监测平台组成。

（B，生理子系统层次的监测

由生理子系统层次的感受器和匹配机制和生理子系统层次的场景监测平台组成。

（C，生理组织层次的监控系统

由生理组织层次的感受器和匹配机制和生理组织层次的场景监测平台组成。

（D，生理器官层次的监控系统

由生理器官层次的感受器和匹配机制和生理器官层次的场景监测平台组成。

（E，生理细胞层次的监控系统

由生理细胞层次的感受器和匹配机制和生理细胞层次的场景监测平台组成。

三：心理系统的监控反应机制

（1）简介

人体心理平衡系统的监控反应机制是由心理监测系统和调控系统构成，监控反应机制监测和调控着人体的身心场境。监测系统有生理感受器和心理场景共同构成，场景反应机制和行为输出机制则形成调控系统。

心理监测系统监测着两大心理场境的三重梯级的场波动。它通过通过观测现实场境与场景监测平台发生的场波动来监测，这是依靠场境分析机制和场景监测平台来实现的。

（2）心理监控系统监控着两大心理场境

心理平衡监控系统负责监控上升为心理调节的生理五个层次的生存场境，更监控着生存衍生欲求的场境。

（A，生存场境的监控

其中心理场景监测平台用三重梯级反应监测机制分别监测着生存方面的各种场境中的感知`普通欲求`情绪感欲求三重梯级的场波动。

每一重梯级反应监测机制都有相应监测阈值，一旦场波动值达到该监测阈值就会启动该梯级的监测和调控反应。

—a：生理整体系统层次的监控

对生理整体层次上升为心理感知层次的失衡，进行感知`普通欲求`情绪感欲求三重梯级的监控。

—b：生理子系统层次的监控

对生理子系统层次上升为心理感知层次的失衡，进行感知`普通欲求`情绪感欲求三重梯级的监控。

—c：生理组织层次的监控

对生理组织层次上升为心理层次的失衡，进行感知`普通欲求`情绪感欲求三重梯级的监控。

—d：生理器官层次的场境和监控系统

对生理器官层次上升为心理层次的失衡，进行感知`普通欲求`情绪感欲求三重梯级的监控。

—e：生理细胞层次的场境和监控系统

对生理细胞层次上升为心理层次的失衡，进行感知`普通欲求`情绪感欲求三重梯级的监控。

（B，生存衍生场境

其中每种场境都有着三种不同层级的。

心理场景监控系统监控着心理生存衍生场境包括性场境`名场境`利场境`权场境`其他各种场境的感知`普通欲求`情绪感`欲求这三重梯级的场波动。

——a：心理生存衍生场境的监控

心理监控系统分别监控着心理生存衍生场境方面的感知`普通欲求`情绪感欲求三重梯级的场波动。

（C，心理生存衍生场境的监控

——a：性场境的监控

由感知器和场效应机制和性场景监测平台组成性场境的监测系统，对性场境进行感知`普通欲求`情绪感欲求三重梯级的监控。

——b：权利场境和监控系统

由感知器和场效应机制和权利场景监测平台组成权利场境的监测系统，对权利场境进行感知`普通欲求`情绪感欲求三重梯级的监控。

——c：名誉场境和监控系统

由感知器和场效应机制和名誉场景监测平台组成名誉场境的监测系统，对名誉场境进行感知`普通欲求`情绪感欲求三重梯级的监控。

——d：利场境和监控系统

由感知器和场效应机制和利场景监测平台组成利场境的监测系统，对利场境进行感知`普通欲求`情绪感欲求三重梯级的监控。

——e：其他场境和监控系统

由感知器和场效应机制和其他场景监测平台组成其他场境的监测系统，对其他场境进行感知`普通欲求`情绪感欲求三重梯级的监控。

（丙）人体反应刺激的一般流程

心理系统通过生理系统的对外感知器对外环境进行监测。生理监测系统也能传递感知层级的失衡信息到心理系统进行处理。过程是：

内环境刺激——对内感受器——生理监测系统——生理调控系统——心理监测系统

外环境刺激——对外感知器——心理监测系统——心理调控系统

一：外心因性反应

（1）监测反应

（A，监测第一阶段（感知阶段）

——a：感知器搜寻并接受环境信息

——b：感受器传递过程

———I）人体感受器对刺激的初步反应——（临时）

当相适刺激对生理受激区域引发了失衡（对于主动性感受器而言，只有相适的刺激才能引发其一系列反应），其失衡度需要突破该区域的感受器对失衡的感应最低阈值，才会引发感受器对相适信号的传递反应，才能够进一步影响到人体形成或改变场效应，才会发生一系列人体的反应。对于刺激作用于对外主动性感受器而言，只要刺激引发的失衡反应达到其感应阈值，就会发生传递反应，从而无论生理是否引发何种失衡或何种程度的失衡，其传递的信息会直接影响到心理平衡系统，从而引发一系列心理失衡。而对于被动性感受器而言，只有当生理系统的失衡度达到某个受激区域感受器的感应层级，并且还需要其受激的生理区域的场效应的场波度达到相关梯级的监控反应层级，才会相应的发生监测和调控反应。

刺激作用于——主动性感受器——突破其感应阈值——传递刺激源的信息——心理监控系统——监测和调控

刺激作用于——生理区域和被动性感受器——受激生理区域发生失衡——失衡的场波动度必须突破被动性感受器的感应阈值——才会发生传递其失衡的传递反应——根据其失衡度传送到相应的层级——

，生理自主平衡监测系统的最低感应阈值才有可能被心理最低感知阈值感知得到。心理系统控制着人体对内外环境的主动的刺激反应行为，生理自主平衡监测系统的最低感应阈值感应到的刺激如果不被心理最低感知阈值所感知就不会被传递到深层系统去分析反应，那些不需要人体做出的反应就不会只能停留在生理感应阈值，如：一般衣服压力和摩擦的刺激。而一旦适应了新的周围环境也很快就会被阻挡在心理最低感知阈值之外，即使生理系统能够对环境的刺激发生生理上的感应变化，但也不会被人体所反应，如：纺织厂的噪音，一旦工人处于不可回避的状态下工作时间长了，就会在心理上适应这种环境，虽然耳膜继续承受着音频的冲击遭受着损害，但也会达到充耳不闻的状态。

——II）感受器传递场境各种数据到达生理监测系统的阶段

内外感受器负责不断地从内外环境中传递着相适的刺激信息，身心监测和调控系统负责接收和处理。

——（i）感受器信号转化过程

个体依靠信息作出反应，把各种能接收到的刺激源根据自身储存的信息中的模式来分门别类，个体通过各种感觉器官来辨别各类刺激源如：用视觉系统来完成视觉接受功能，其物理过程的第一环节，是从物理过程到神经接受的转化，当第一道光照射入眼帘，必须借助虹膜及晶体辅助器官屈光系统，使之聚焦到视网膜上，光透过神经节细胞和环神经上层作用于最深的视杆和视锥细胞层，才能使光信息转化为神经所能接受的信息，然后进行初级分析结合传达到大脑，将物理能的信息翻译成神经能的信息，中间又经过一化学能信息的转化则必须进行信息编码，神经突触活动是心理活动的物理基础，第二环节是从神经过程到心理过程的转化，信息是从物理过程到神经过程又到心理过程的转化物。

——（ii）感受器发生传递反应阶段

内外环境的刺激如果要作用于个人心理系统，必须先被人体的内外感受器所感应

人体的内外感受器官本身也是属于生理系统的，这样要发生相适反应，其相适的刺激的强度就首先要突破其感受器本身的相适感受细胞的感应阈值，然后感受器就会传递该刺激信号到生理平衡监测系统，进行场效应的异常性判断，如果生理平衡监测系统监测到的该感受器所感应到的某场效应的场波动度达到感应反应层级，就会启动感应反应进行相应的生理调节。

异常态判断机制属于生理层次的机制，而重要性判断机制属于心理层次的，在感应反应层级是通过异常性来突破其阈值的，

从外感受器或内感受器发生的相适刺激，强度要突破感受器的传递阈值才能发生相适传递反应，感受器是专门用以传递各种刺激信号的，每一种感受器只能感受某种特定刺激，如视觉系统的感受器只对光波发生相适的传递反应，所有不能突破感受器的传递感应阈值的刺激都不能被感应。

比如针对视觉系统的刺激反应，如果某场境发生了场波动，并且其场境借以传递刺激信号的光波的刺激度能达到视觉感受器的感应反应阈值就会发生该场境发生场波动的信号传递反应，经过了这样的场境信息转化为场景信息的转换过程才能被生理监测系统所监测到，但如果要进一步被心理所感知到，其所发生的场波度就必须达到心理监测系统所能监测的感知层级，才会进行感知反应。

如要使某甲对某书籍发生阅读反应，一种是由书籍本身这样的场境的场效应的场波度的刺激引发的阅读反应，第二种是由其他场境的场效应的场波度的刺激达到欲求反应而引发的阅读反应，必须经过如下步骤才能激发某甲的反应。1 传递有关该书籍这样的场境的所见光强度要达到某甲的视觉系统的感受器能发生传递感应的阈值；2 某甲必须受内外环境的影响下发生需要阅读的欲求，如受内环境心理系统的某记忆或现实发生联想的因素影响，形成发生阅读欲求的某种场境，该场境的场波度也必须达到有关思维感受器传递阈值，并且能达到生理和心理监测系统发生感应和感知的阈值；3 发生阅读欲求的思维内场境其场波度还必须能达到某甲的欲求反应层级之上，才能发生阅读欲求地反应。

附注：引发某甲进行阅读的内外环境的刺激源，如：自己想要完成某项事情需要参考资料这个内环境的场境刺激源，其场波度如果能达到欲求反应层级可以激发自己去翻阅书籍。其中是一组组连续的刺激反应过程组合成的，具有因果关系的连续刺激反应团；3 阅读这个欲求刺激的强度要打破某甲原有的状态（或者契合状态或者失和态，以后者所需的强度为大），这里主要需要打破某甲视觉的平衡，这就要依靠他自身的欲求这个刺激的强度足够大，使之先发生心理失衡。

生理最低变化度

是指生理在被刺激源最小刺激作用下能被其改变最小单位，但这种改变并不引起生理感应反应。

（B，监测第二阶段（场效应阶段）

先进行匹配机制的匹配过程，场境分析系统接受感知器传递的信息形成场境，心理监测系统随后进行匹配场境与场景反应。

（C，监测第三阶段（欲求启动阶段）

根据不同匹配度分别发生两种不同反应。

——a：第一种反应：如果匹配度大于30%以上就属于常态范围的反应，其中匹配度大于30%小于80%的刺激反应会进行关联机制反应，经过关联度和影响度的综合分析产生场波度，如果场波度大于80%会启动情绪感欲求机制的反应，场波度小于80%大于30%则启动普通欲求机制的反应，场波度小于30%则停留在感知反应。如果匹配度在80%范围则启动普通欲求反应机制，如果匹配度在90%范围则启动感知反应机制，如果完全匹配就不发生反应。

——b：第二种反应：如果匹配度小于30%就属于异常态范围的反应，会直接启动情绪感欲求机制反应。

如果属于同一个形质范畴的场波动其变化超出一定范围，如新旧场景都是利欲求但新场境的变化超过了一定范围，只是匹配度小于30%。或发生不同形质的变化，比如原场景是属于利欲求场景，现在场境突变为非利欲求场景，当其发生时由于在临时场景存储的第三控制系统中找不到相应的模式以及时匹配，因此就需要立刻启动异常反应机制来应对。

连续性改变通常是个体已有存储的相应的行为场景，个体只需随时调用匹配。

突变型改变，无相应的场景匹配，则会以临时摄像方式建立新的场效应以观测刺激对象，同时启动情绪感机制，

以上两种状态都会导致情绪感机制做出一系列的应激反应，如果在情绪感反应中调用了其他场景后，又能匹配原有相似的场景而无需组合新的行为场景，就会形成了新的常态的场谐状态。

——I）情绪感机制短时反应

这时会有情绪感机制反应紧急参与，会启动应激机制作应激反应，紧急逃避或立刻注意。

如果通过调用场景能匹配形成常态性质就会不再参与反应。

——II）调用场景以匹配新场境，遵循两个原则

——（i）相似原则

——（ii）核心优先原则

——（iii）

（2）调控反应

（A，当监测系统发生非常态刺激或场波度大于80%

——a：调控第一阶段（欲求形成阶段）

——I）当监测系统发生非常态刺激或场波度大于80%就会启动情绪感机制的反应，思维中心开始大量参与运作。

——II）首先幸福感评价机制启动，由环境判断机制和核心幸福观体系进行分析这组刺激反应对自身幸福观的影响的判断，有利于幸福观实现的属于幸福感范畴的刺激反应，不利于幸福观实现的则属于痛苦感范畴的刺激反应，无法判断的则属于中性范畴的刺激反应。这时思维运作体系和幸福感评价机制共同协作，产生新的欲求目标。然后思维运作体系和行为合成机制协作形成欲求实现方式，它会调用原相似场景组合成新的场景以应对刺激，欲求目标和欲求实现方式形成了完整的欲求，形成了一个完整的新的行为场景。

——b：调控第二阶段（情绪感形成阶段）

——I）同时情绪感评价机制随着刺激反应的进行而贯穿着整个第四重层级之上的反应过程，应激机制伴随着异常态的形成而迅速的启动，使各种反应更加迅速的进行。

——c：调控第三阶段（行为反应阶段）

行为合成机制分别对该欲求进行一系列分析，组织成能够对刺激做出反应的欲求行为场景。最后行为控制机制选择最合适的时机释放和遏制该欲求行为场景。

（ B，当场波度小于80%就会启动普通欲求机制的反应，在思维运作体系的协作下，调用原场景反应模式形成普通欲求反应，实施行为反应。

（ C，输出反应行为

二：内心因性反应

（1）生理反应阶段

（ A，刺激发生阶段

（ B，生理失衡反应阶段

生理各层级的对作用于不同层级的刺激发生失衡反应，该失衡区域的生理指标偏离于常态。

（ C，监测反应

—a：监测第一阶段（感受阶段）

——I）感受器搜寻并接受环境信息

—b：监测第二阶段（场效应阶段）

先进行匹配机制的匹配过程，场境分析系统接受感受器传递的信息形成场境，心理监测系统随后进行匹配场境与场景反应。对不同失衡度启动两种不同反应，1 启动第一重梯级反应监测平台；2 大于30%的失衡度启动第二重梯级反应的监测平台。

——I）生理监测系统监测过程

——（i）合成临时场境参照模块的过程

把所有从感受器接受到的数据进行组合，合成临时场境参照体模块的过程，形成这种模块主要由两种作用，

能与场景相校验，能有效地监测改变了的内外环境，感受器所传递的是环境中的各种信号，以使身心监测系统建立场境模块。

能以此有比照和选择的从场景模式库中调取最相似的场景予以反应。

——（ii）调用相似场景过程

从场景库中调用相似场景所需的模型的过程，此时会调用最相似的场景予以形成合适的场效应。

——（iii）形成匹配效应的过程

如果场景与场境能相对吻合，两者的匹配度在感知反应层级之下就会形成一种契合态，成为一种场谐的场效应状态，反之如果两者数据相差超过感知反应层级，就成为一种场失和的场效应状态。

（ D，调控反应

—a：对不同的失衡状态启动各生理层级的调控反应

在形成匹配效应过程中，不同的匹配度就形成了对生理调控系统的不同刺激，如果匹配度达到调控反应的第一重反应梯级的阈值就会形成对该生理系统的调控反应。

如果生理失衡度加大形成的匹配度继续减少，该刺激信息会经过生理监测系统感知传达到心理监测系统进行感知反应，如果属于常态刺激会经由欲望机制处理然后做出常态反应，如果属于异常刺激会把该刺激信息传递到情感机制进行再处理反应。

　　—b：

（２）心理反应阶段

　　（A，心理监测反应

　　—a：接受生理监测系统传递的信息刺激

当生理调控系统不能使失衡恢复；或者当刺激使失衡强度直接上升到感知反应梯级。

　　—b：直接上升到感知反应

　　——Ⅰ）对刺激源进行监控反应阶段

　　（B，心理调控反应

对不同的失衡度发生不同梯级地反应。

（丁）相关规律和名词解析

一：身心平衡系统部分

（１）相关规律和名词解析

　　（A，来自外场境的变化的刺激，也需要使个体的身心发生变化，才能形成个体的场景失和才引发个体反应

1 一次突如其来的物理强力打击，直接作用于个体的生理，使个体的生理某受激区域发生严重失衡。这就使得原有的个体的生理所处的内外场境相契合的场景状态发生了突然的变化，这种变化会通过生理平衡监测系统传递到人的心理平衡监测系统，因为该生理受激区域的场景失和度已经达到了情绪感层级的反应，所以在发生生理自主调整的情况下，还作出了情绪感反应。作出消除刺激取得平衡的欲求指令后，就促使个体主动性的用各种感受器去感知各种变化的场境数据以供重新组合新的反应。

　　（B，激发人体身心最低感应或感知的条件

激发人体身心最低感应或感知的刺激必须满足下列其中一种条件。

　　—a：被动性反应下，刺激源的刺激作用于个体的身心，必须能使个体场效应状态发生失和，其失和度必须达到身心感应或感知的最低反应阈值。

　　—b：主动性反应下，在某种欲求驱动中会产生足够的注意力和重视度能使个体的对外感受器去感知到并没有引发身心失衡的刺激源的存在。但过强的注意力和幻想力也可能导致感知并没有存在的刺激源存在如幻觉。

　　（C，一组刺激反应过程可以由心理反应开始到身心联合反应

如：某甲去取水这一组刺激反应，可以由某人指示这个信息刺激某甲的听觉系统而展开的，某甲用提水的行为来完成取水这个目标从而消解某人的指示刺激。也可以由生理反应引发的，比如不期而至的外界物体碰撞。

　　（D，各种刺激对身心会发生各种不同性质的反应

同种刺激源刺激性器官和刺激其他部位所引发的反应性质可以是不同的，人体会发生不同的感知诱发不同的欲求予以不同场景来处理，

不同的内外环境下会对同样一种性的刺激生成不同的反应，在情侣的角色下性的刺激可能引发幸福感范畴的情绪从而诱发性欲求，而在陌生人的角色中该刺激也可以引发痛苦感范畴的情绪从而形成对抗或恐惧欲求。

同样的刺激在眼球或嘴唇上手掌上`生殖器`耳膜，会生成不同感知，因为各种生理器官和系统的构造都不相同，也都有各自不同的接收信号和反应信号的方式，只有同一器官的感知会接受到同一刺激而感知是相同的。比如胃之于饥饿，刺激值在正常阈值内，人能感知的饥饿感只有程度的不同。

每种生理感受器所感应的刺激种类是不同的，视觉系统只对光源刺激发生合适的反应，嗅觉系统只对气味刺激发生合适的反应等等，但每个感受器和每种生理子系统都有各自的最低感应阈值和最高承受的生理极限阈值，

感受器可分为对内感受器和对外感受器两种。视觉系统`嗅觉系统`味觉系统`肤觉系统`听觉系统属于对外感受器，生理的各个子系统的各器官属于对内感受器，如消化系统的肠胃器官就对自身的物理和化学变化发生感应，如果该器官自主生理系统所设

的物理和化学方面发生变化超过最低感应阈值，就会发生感应启动自主生理平衡系统的平衡机制予以平衡反应，所有感受器都只对自身的变化发生感应，却不是直接针对于刺激源发生感应的。

（ E，场境与场景的失和是我们感应或感知的决定因素

任何刺激必须使我们的场景与场境的契合状态发生变化达到一定程度，才能使个体发生感应和感知等不同层级的反应， 如果某刺激源物体的存在不能被个体的视觉感受器所感应

必须该场境发生变化与个体场景失和到一定程度才能引发个体的反应。个体所处的内场境发生变化使原有的契合态失和，或者个体所处的外场境发生变化使原有的契合态失和。内场境包括个体的生理系统的场境和心理系统的场境，外场境包括个体所处在的各个方面的场境。

在正常平衡态下，个体的场景与内外所有的场境都处于一一契合的状态。但这种理想状态是不存在的，因为个体的生理处在一个运动状态，个体可以处于一种正常的失衡态中，因为生理系统的自主调整是贯穿于个体一生和每时每刻的，只是个体不会感知到这种调整的存在。生理系统是在心理感知层级下作自主调整的，无论是生理的何种子系统都在对内外场境作着相应的各种调整反应，一旦这种反应达到一定程度，如消化系统如果血糖降低到一定程度或心理感知到习惯性的饮食时间开始，就会发生饥饿的刺激，把这个刺激传递到胃部，从而加快促使胃蠕动，当蠕动达到一定程度个体就感知到了来自胃部的刺激感知到了真实的饥饿。

各类生理系统出现的波动一定要超越该受刺激的器官的感知阈值才会进一步传递给心理平衡监测机制处理，如果该刺激强度和异度能突破该机制设定的阈值才能被人体感知和处理。

（ F，同一环境渐续变化下的反应过程

内外环境在不断的改变，人体各感受器就会不断传递着环境改变的刺激信息，使生理监测系统不断地形成连续或不连续的场境模块。人体身心监测系统不断的调动场景以应对不断变化的场境，不断的形成场效应。

人体在新的刺激作用之前，其身心系统已经依靠内外感受器建立了人体所处环境的总的场境模块，并且会监理起相应的场效应，如果是常态环境其场境与场景就处于一种常态契合状的场效应中，如果是异态环境则会建立起异态失和状场效应。

在同一环境下，如果环境正逐渐发生变化，人体所接受和组成的场境参照模块会与场景发生场波动，原本契合的场效应不断的被改变了的场境扰动着。一旦原场境被刺激源所改变较大，新的改变了的场境就与原本在场效应中处于场谐的原场景发生较大的场波，其场波度如果超过一定值就会发生相应的反应。

（ G，不同环境更迭下的反应过程

在不同的环境的更迭中，人体感受器也同样传递着刺激信息，帮助人体身心监测系统建立起场效应，不同的环境的变化中同样会有相应的场景被调出以形成新的场效应。如果面对新的环境人体不能立即调用相应的场景，或者其异态度超过一定值，就会立刻形成高端反应。

二：心理监测系统监测规则

心理监测系统始终在关注着内外环境针对心理欲求秩序流的刺激，而生理自主监测系统也始终关注着内环境方面的生理系统的是否平衡的刺激。所有企图突破心理监测系统的刺激必将先经过生理自主监测系统的筛选和传递过程，即便是以人类第二信号形式直接传递给个体心理系统的文字和图画等这些符号也必须经过人的视觉或听觉等生理对外感官器的监测突破其最低生理阈值后，才能进一步传递给心理监测系统予以解析的。这样突破生理自主监测系统的刺激也需要再次筛选，并满足特定条件才能最后到达心理调控系统被人所感知。

这种条件是：

在两种不同形式的刺激同时到达时，在这两种刺激源的对人体生理阈值强度是相似的情况下，心理检测系统会优先反应接近主欲求的那类刺激。如果人体心理监测系统正在处理前一项刺激时，后面到来的刺激如果更接近于能实现主欲求，那么就会优先处理后来的刺激。所有能够使主欲求得以实现的刺激源都是心理监测系统予以首先关注的。

如果两种刺激的式态（刺激强度和形式）不同，心理监测系统会首先反应刺激式态相对较高的那类刺激。

心理监测系统这种对主欲求的优先反应原则是不变的，无论个体处于何种状态下。但主欲求是可以随着内外环境的变化而变化的，如果某个体在正常的生活秩序中原本是以性欲求为主欲求的，但在某一刻生存遭受到严重危害，这时候生存欲就立刻成为一种他目前的主欲求，该个体的心理监测系统也会随之改变为关注所有能满足生存欲的刺激的监测，他的所有行为也将为生存展开，一直到生存欲得到了满足以后，才会再转化到原有的生存衍生欲求的性欲求上面（即四大欲求）。

三：人体生理和心理监测系统所监测的都有其各自的极限

（1）监测系统会选择感知达到相对大阈值的刺激来传输信息以反应

当生理或心理检测系统感知到某刺激源正在刺激生理系统或心理系统的某系统时就不会感知到同时发生的另一个突破监测系统感知的较弱阈值的刺激。

监测系统对不同的刺激会有不同级别的反应对饥饿的不同刺激值有不同的级别反应。如果和排尿信号一起出现，就会根据两者刺激在监测系统中的不同级别进行不同侧重的感知，对于刺激值大级别高的刺激会首先感知，如果两种刺激分别交替上升其刺激值，监测系统仍是按其刺激值大的感知，而不是同时感知，而是呈现交替的感知状态！

正要判断输出对刺激源的行为的时候，突然有某种更强的刺激突破监测阈值而上升为更强的刺激，则人会立刻停止原有的输出行为，转而立刻处理突然发生的强刺激。

（2）阈值分为最低感知阈值`常态阈值和非常态阈值`极限生理阈值`最高心理阈值

生理自主平衡监测系统和心理监测系统全程监测内外环境中发生的刺激和反应的形式和强度，它首先会判别刺激源和非刺激源的，它会依据个体设定的最低感知阈值来删选和分析内外环境中发生的多信息中的哪一种信息是需要作为刺激源来被个体反应的；然后监控内环境与外环境刺激反应的交互过程中发生的刺激和反应，从最低刺激和反应到最强刺激引发的极限生理和最高心理阈值。

第一控制系统则是判别和分离输出正常态刺激源和非正常态刺激源，这是个体根据社会习俗设定的心理和生理的常态和非常态阈值。

（3）刺激强度的相对于个人的不同承受性

强刺激是针对其人的感知阈值而言的，因为人与人之间的生理和心理系统的构造并不相同，所以一个很强的刺激对于另一个人而言却是很微弱的，后者可能因为错觉或生理和心理的承受力较强（也就是承受该刺激的阈值较大，如，对于暴露于120db以上之噪声：在这种高频率之噪声下，超过了听觉器官容忍极限，对耳朵会有痛感产生，而他却因为长处于噪音强的单位工作，而觉得此噪音还属于可忍受范围）

（4）心理监测系统最低感知阈值的调整

心理系统的调控系统一旦决定适应这种生理上的改变，便很快趋向不反应于这种刺激给于生理监测系统的压力或温度的刺激，这时心理系统已建立起最新的对衣服摩擦刺激承受度的最低阈值了，在原有的对轻衣服的感知阈值增加并认可了新的刺激度阈值。虽然始终监测着这个表皮系统的生理自主平衡监测系统还始终处于一种感应状态，人体表皮被厚重衣服压力轻微改变的这种刺激始终在向生理自主平衡监测系统传递着，但在如果其刺激强度没有突破新的心理系统的监测系统的最低感知阈值是不会传递给予以反应的。人体的心理监测系统始终处在一种可以调节的状态，如果某刺激持续出现且强度递增就会提高该刺激的最低阈值，因为这是在心理"情感第一定律"的调整下人体对自身过度反应的一种控制，为了不使自己的反应激发应激机制而损害生理的常态平衡，人体会对不需要逃避的或不可能逃避的刺激会在"情感第一定律"作用下不去作反应以保护自己的生理系统并得以储存最多能量以备最需要应急的反应。心理监测系统会监测一切由生理自主平衡监测系统所控制的肌体系统，一切能够感应到的肌体系统的组织和器官都会设有属于该组织器官的最低刺激阈值，一旦该组织器官有刺激强大到足以突破生理自主平衡监测系统所能感应的最低阈值（这也说明该组织器官已经发生异常状态，如果正常的刺激是不会超过生理自主平衡监测系统的最低感应阈值的），那么也就可能被心理监测系统所感知（但这种刺激也必须强大超过那些正在发生的其他同样突破生理自主平衡监测系统而作用于心理监测系统的刺激）。心理监测系统同样也控制着内外环境刺激信号直接转达到心理秩序流中的所有欲求反应信号，每种欲求也都会有心理监测系统所限定的最低刺激阈值，

（5）生理自主平衡监测系统的最低感应阈值的调整

这也说明该组织器官已经发生异常状态，如果正常的刺激是不会超过生理自主平衡监测系统的最低感应阈值的

四：人体身心监测系统的四重监测梯级及其阈值

（1）感知监测机制

（2）欲求监测机制

（3）情绪感监测机制

（ A，最高身心量值监测机制

（ B，最高身心实态监测机制

（ C，最高生理极限监测机制

五：第二反应层级和第四反应层级的异同

第二反应层级的心理感知启动只是判断刺激是否属于异重态，而第四反应层级的情绪感反应则是判断刺激源是否有利于幸福等一系列复杂判断，以便重新组合新的欲求行为予以干涉。

第四节　刺激反应援例

刺激反应总分为内环境刺激反应和外环境刺激反应，内外刺激反应再可各分为心因性刺激反应和生因性刺激反应。其中心因性刺激反应可细分为：心因性感应层级刺激反应`心因性感知层级刺激反应`心因性欲求层级刺激反应`心因性情感层级刺激反应（分为痛感范畴刺激反应和快感范畴刺激反应）；生因性刺激反应可细分为：生因性感应层级刺激反应`生因性感知层级刺激反应`生因性欲求层级刺激反应`生因性情感层级刺激反应（只有痛感范畴刺激反应）

一：由外环境刺激心理系统和损害生理系统的一组刺激反应状态

如果走在路上被重物击倒，身体受到沉重伤害，那么该个体在生理上所遭受到的这种伤害也即是受创的地方和整个生理系统立刻就组合了一个相对的开放式不稳定的向着死亡值方向偏离的非常态不平衡系统，此刻该个体的生理系统的状态并不是原来的那种受伤害之前的那样的处在平衡状态了，如果破损未修补还在继续加大创口那么该破损系统就朝着死亡方向失衡过去，直到被救助或死亡，如果该个体被救助后，系统便可能在生理系统的自我调节和修复的功能下，暂时停止了朝向失衡方向偏离，个体的生理系统便慢慢建立起一个相对稳定的非常态平衡现状，个体在受伤害后会在创伤刺激的（疼痛信号，刺激越大痛苦系数越高，也越激发起个体的应激机制释放的各种腺素以加快创口的愈合和对外求助）刺激下和心理系统启动的应激机制共同使之努力主动寻求外界帮助（该个体会从外貌上表达出极为痛苦的脸部表情和身体动作并发出求助的凄惨声音）和一边应激机制释放的某种腺素也能极有力的强化加快体内的自身并不感知的自我修复进程。其实在重物朝向该个体砸来的一刹那，个体的感受器已经发觉并把信息立刻传送到心理系统的非常态处理系统中，情感机制伴随着强大的情绪紧急启动应激机制使生理释放最大的腺素量以最大限度地使生理立刻去主动的适应变化，同时在非常短暂的时刻里调动欲求机制中的欲求行为以求得立刻躲闪的行为输出，通常经过训练的个体能够以最快速地反应去应变这种局面，而不会去经过一系列这样的判断和分析才作出行为，经过训练的个体能够对这种在训练场所经常发生的训练事件作出常态的反应直接的输出行为就能够避免灾难。而普通的个体却可能因为突如其来的刺激而被情感机制所释放出的恐惧心理所压倒，这样，该个体会不知所措，思绪异常混乱，虽然生理的应激机制已经被情绪所启动但模式库中并没有提供类似的行为，而只能眼看着重物向自己击来而不知闪避。

二：心因性刺激反应

当一种刺激源发生并刺激心理平衡监测系统，首先建立现实场景模型并调用原有类似的模式逐一比较，差异性大则归于异常刺激源引发心理失衡，其差值的大小和该刺激对幸福影响度（注意力）共同决定着心理失衡度，由异常刺激引发的心理失衡度都在感知层级之上，失衡度加大则上升到情绪反应层级，而常态刺激引发的反应只能在欲求层级之下。

对外五大感受器（生理系统）——传递刺激信息（感应器的失衡强度达到感知层级）到——心理系统的第一控制系统（分析是否属于异常态刺激）——异态（引发心理失衡到达第四重反应层级，形成情绪感反应）`常态（引发心理失衡到第三重反应层级或停留在第二重反应层级并不引发心理失衡，前者形成欲求后者消除反应即停止注意）

　　人到达一个新的环境就会调动所存储的所有类似场景模式予以反应，人会用视觉和听觉等等对外感受系统来感应这个环境的所有刺激源，对环境中用光源形式发出信息的刺激源用视觉系统予以感应，对环境中用声波形式发出信息的刺激源用听觉系统来感应，对环境中用气味形式发出的信息用嗅觉系统予以感应，对环境中用温差或压力等形式发出的信息用肤觉系统来予以感应，等等。人体感受器的这种感应就是自主生理平衡监测系统的监测作用，感受器属于人体的自主生理平衡监测系统。只有当环境的刺激源的刺激势态强度超过了该自主生理平衡系统的监测系统的最低感应阈值才能进一步引发心理平衡监测系统对失衡的感知。

　　感受器感应到自身失衡超过了感应阈值，于是发生失衡反应并且会有自主生理平衡系统做出调节重新恢复平衡，但如果由于刺激势态强度和注意力的作用和其他因素共同作用下，使该感受器的生理失衡达到心理感知层级，该感受器便会将所感应到的使之引发失衡的刺激源的刺激势态传递到心理平衡系统进行分析和调控，同时会引发心理平衡系统对该刺激源的注意力反应，

　　在注意力反应的刺激下，心理平衡系统的第一控制系统的分析机制开始运作进行一系列分析反应，这时人体的各种对外感受器会将这个新刺激源所出的外环境的各种刺激信息收集并传递到人体心理分析系统，在这里会将所有接受到的感应刺激经过综合，把现实的环境加工成可被识别的场景模式，并在模式库中搜寻和调用出与之类似的以前所存储的所有类似的场景模式到第一控制系统，会把现实的新的场景模式和原有的最类似的场景模式进行综合比照，将再次分解出所有感受器感应到的刺激源和原有场景感受器所感应的刺激源进行一一比照。比照将有导致以下三种反应情况发生：

　　　①　　如果各种比照的新旧刺激的势态强度的差值，其中有若干项或全部的差值属于异态刺激源范围，当现实的刺激源判断为异常态刺激源时会引发心理出现失衡反应，失衡度直接到达第四重反应层级启动情感机制，进行一系列的情绪感反应。此时会重新对新场景进行深入分析和重组合新的欲求。

　　　②　　如果新旧刺激的势态强度的差值，都属于常态刺激源范围，但如果其强度足以引发心理出现失衡反应，失衡度达到第三重反应层级就会启动欲求机制，形成欲求并调用原有的场景反应模式予以反应行为的输出。

　　　③　　如果新旧刺激的势态强度的差值，都属于常态刺激源范围，其强度不能引发心理出现失衡反应，就会停止心理进行的注意反应。

　　心理平衡系统对刺激的反应远较生理平衡系统复杂，生理平衡系统的某子生理系统遇到刺激只是简单的按其特定的子生理系统发生的失衡程度予以一成不变的自动调整，不需要心理系统的行为干预就能把大多数生理失衡的现象及时调整到原有的平衡态。但如果心理系统发生针对它的刺激时，或者观察到某种刺激心理系统的刺激源存在时，虽然这些刺激针对的感受器的刺激强度并不大，但在心理系统中所引发的失衡度却往往可以非常巨大，只要这些刺激势态强度达到了被心理平衡系统的监测系统的感知层级就会引发注意和分析，判断其是否属于异态或常态的刺激源，属于异态并且差异度巨大的就会引发巨大的心理失衡，引发情感层级的反应发生，属于常态的则会发生欲求层级反应以下的反应或不反应。

三：生因性刺激反应

　　生理各子系统受到内外环境的刺激，如果刺激势态强度使受刺激的某子生理系统发生失衡反应，则发生四种反应过程：

　　1 其失衡度如果达到该子生理系统的最低感应阈值就会引发自主生理平衡系统的调节反应。

　　2 如果其失衡度超越该子生理系统的最低感应阈值达到心理平衡系统的监测系统的最低感知阈值，就会引发心理平衡系统的注意观察分析的反应，反应到这里就和心因性刺激反应相同进行着分析步骤。

　　3 如果其失衡度超越心理系统的最低感知阈值达到心理平衡系统的欲求机制的最低感知阈值，就会引发心理平衡系统的欲求机制的欲求反应，调用场景模式反应予以反应。

　　4 如果其失衡度超越心理系统的欲求机制的最低感知阈值达到心理平衡系统的情感机制的最低感知阈值，就会引发心理平衡系统的情感机制的情绪感反应，此时会激发新的欲求模式予以反应。

　　生理或心理最低感应阈值`生理极限阈值`生理或心理历史性最高失衡阈值`生理或心理即时性最高失衡阈值`只是表现了生理或心理的失衡度和该子生理系统的生理极限等指标，而反应的四重层级代表了人体身心失衡导致的身心的反应级别和过程。

四：以不同方式作用于心理或生理系统的刺激源所引发的人体反应

　　第一类是直接刺激心理系统的刺激源。这一类刺激源直接作用于心理系统的并被其平衡监测系统所监测，一旦其刺激强度或刺激异态度超过监测的最低阈值（通过比照原有储存的该类似的刺激源转化而成的场景模式），综合附加其心理重视程度就决定了心理的失衡度。其刺激度越大最低阈值越低重视度越高则决定了心理失衡度也越大，这并不需要启动生理失衡就能够直接发生欲求行为和情感行为。但启动情感机制时则就会使的生理也发生相应的失衡。比如以第二信号系统语言文字就能够作为一种强有力的刺激源直接刺激心理系统引发情绪。

这也是通过刺激心理系统使之失衡到启动生理发生失衡和感应的过程。这是以心理系统失衡为主导和诱因的，这类内外环境的刺激反应必须一律转化为内在的以心理发生的失衡作为刺激源，以启动人体四层级反应。

第二类是直接刺激生理系统的刺激源。这一类刺激源是直接作用于生理系统的并被其平衡监测系统所监测，一旦其生理系统受到刺激后引发的反应强度超过监测的最低阈值（通过比照原有储存的该类似的身体内环境场景模式）就会被自主生理平衡系统的监测系统所感应并且同时做出相应的调整。其刺激源的刺激度越大则生理失衡度也相应越大，但需要突破其生理感应的最低监测阈值，才能够发生感知进而得以启动欲求行为最后诱发情感行为，从被自主生理平衡监测系统感应开始，其生理一直在发生相应的失衡，随着失衡的加剧反应级别也相应的提高。这类刺激通常以第一信号系统作为刺激源直接刺激生理系统的。

这是通过刺激生理系统使之失衡到启动心理发生失衡和感应的过程。这是以生理系统失衡为主导和诱因的，其生理的失衡度可以直接启动人体四层级反应。

五：例：进入家门时的身心平衡系统发生的所有反应

回家的这个欲求促使着我们从各种其他场景中辗转进入家的场景，当从外面的场景转移到家的场景的时候，就会立刻在家门口的位置用视觉系统感应家的刺激源，如门牌`家门前的草木`周围特定的建筑物`家门口的门窗和设施，等等，从这些刺激源中传递的对视觉系统的光源刺激中，我们通过视觉系统感受器就能感应到这些刺激源传递出来的信息，门牌刺激源或家门口的设施刺激源等信息就立刻通过视觉系统感应并传递到心理平衡系统中并组合成家的一个信息，这个家的信息虽然只有两三种特征但足以调动原有存着的有关家的所有场景模式。

首先经过比照得以判断出这个环境是属于我的家，同时就开始和家的环境发生各种欲求进行各种反应，1 开门欲求反应 我们一到家门口就会立刻调用有关家门的子场景模式出来，视觉系统感应着家门传递来的信息，家门这个刺激源通过我们的视觉感应并传递到心理平衡系统时，就启动了我们有关家的大场景中所有关于该门的子场景模式，家门的这个场景模式中连带着一种欲求反应，这种欲求是一种新的刺激源刺激着心理失衡，其失衡度直接达到了我们反应的第三重层级"欲求层级"，这个欲求包含着欲求目标和欲求行为，其中开门是欲求目标打开锁则是欲求行为。如果没有意外发生，这个欲求只是属于欲求层级之下的常态反应，是一种不带有任何情感的常态反应，是直接调用原有场景模式与以反应的欲求反应，这就是属于一种心理系统的反应。

（1）例二

如内外环境的某一刺激源作用于人体某一生理系统，一旦使受激生理的子系统发生了失衡达到一定程度，达到生理监测系统在该生理子系统设定的监测值，就会引发生理监测系统的对于该子系统的监测反应，同时该受激子系统所在的不断把相适的刺激信息传递到生理监测系统使之形成场境参照模块的感受器会使其形成新的场境，监测反应会校验原有的场效应的场波动度达到多少，如果形成的新的场境与原有的场景发生场波动超过一定程度就会激发该受激的生理系统发生感应反应，此时会发生相应的一系列生理系统的自主调整反应（其他生理子系统会由生理整体平衡系统协调下参与该局部的调整反应），这就是第一重层级的反应。

这种层级的刺激反应经过生理平衡系统自主调整如果能恢复到原有的场谐状态，就可能使出现失衡的身心偏离体系重新恢复原有的平衡态或建立起新的平衡态。这个阶段不会引发心理系统对其刺激源和自身失衡状态和场变的感知，也就是人不会感觉到有这样的异常存在。

六：社会人能够模糊输入输出信号和识别场境的原理

个体在发生刺激时能知道该刺激源的信号所代表的场境，归属于哪类储存过的相似的场景模式，在经过一系列反应之后可予以该刺激源以输出行为反应。比如个体可以用视觉感受器感知手写体这样的场境，再依靠观察手写体的特征来调用所储存的有关相似于该字体的场景模式，然后能识别出该字体表达何种语义，或者进行一系列审美方面的深入分析。

之所以人们对于自己手写的字体较之他人会更容易识别？原因就在于在日常生活中我们已经储存了足够多的自己在手写过程中的很多种我们习惯性的但都类似的自己的字形场景，我们不断地在书写过程中就一方面储存了该类场境作为原有的有着强烈自己个性的字体场景模式库。人都会有自己书写的一套习惯模式，总是按照其模式来手写输出，并且不会有很大的差异，即使形式存在偏离也是始终围绕着这种个人特有的习惯书写的模式特征展开的。但对于他人而言我们的字体是不经常出现在他们场境中的，所以对于书写潦草不规范的手写体辨别起来就需要调用很多种其他类似的字体场景，经过前后比照推断其含义才能够勉强识别。

在被动反应中，人体会对场境进行总体判断和具体归类识别，首先进行异常态判断分析，然后进行重要性判断分析，如果达到欲求反应层极就会发生欲求反应，个体会选择最合适的场景作反应以达成欲求，欲求反应中可以发生清除刺激源或强化刺激源这两种截然不同的目标。在进行异常态判断分析中，如果场境和类似场景模式相差太大，就属于异态刺激则会启动情感机制进行特殊分析和判断及行为输出。

七：一次由于皮肤失衡导致死亡的刺激反应过程

1 出现皮肤受某刺激发生失衡反应，当该失衡度达到感应阈值就会由生理系统自主调整。2 所有参与调整的关联生理系统会出现失衡态。3 如果自主调整没有达到恢复生理平衡，如果刺激继续加强，则失衡度达到心理感知监测层级，这时候人体反应进入心理控制层级，经过一系列心理判断过程（包括用对外感觉器的视觉`听觉`味觉等进行观察搜集该刺激的各种资料，以帮助分析该刺激是否属于异常态，再经过自身储存的该类似场境进行这两者是否吻合的差值比照）如果两者的差值超过一定范围就属于不吻合的异态刺激就会启动情绪感层级反应应对该刺激，如果两者差值小于一定范围则形成一种吻合状态，这种属于常态刺激又会根据其吻合度大小来区别反应，吻合度小的刺激会进行欲求层级反应或感知层级的观察，吻合度高的会停止心理层级的反应。4 各失衡体系的失衡度达到最高点。5 如果该个体在灾难发生前处在平衡期，或情绪感的快感失衡期，就会形成单极的痛苦感情绪笼罩的死亡阶段，那种痛苦感情绪会一直笼罩着直到他最后死亡。如果该个体是处在情绪感的痛苦失衡期，而这个失衡更是令他自动走向死亡的因素，则可能会出现双极性刺激反应。当心理系统达到失衡高端时就是其感知痛苦感达到最高值，然而生理由于总崩溃，心理系统的基础神经系统也会趋于瓦解，心理系统会随着神经系统的崩溃而对原有的生理损害带来的巨大的痛楚感逐渐地减弱，随着生理的最后瓦解。其心理情绪感评价系统也会由于痛楚的急剧消退而出现巨大的快感范畴的情绪感感知，这是一种轻松的感觉。

八：一次非重复双极外生因性痛感刺激反应

1 外力刺激引发生理某区域发生失衡，2 当失衡度达到该个体应对该环境的场境平台的感应监测机制层级的感应阈值时，会激发启动生理系统予以自主调整，相关参与调整的生理子系统发生相应的失衡，3 当受激的生理某区域和相关参与调整的其他生理子系统这两大失衡体系其中之一的失衡度达到该个体应对该环境的场境平台的感知监测机制层级的感知阈值时，激发启动心理层次的参与，这时心理系统发生失衡，会调用相关的场境予以评判元刺激是否属于异常式态。如果属于常态刺激则撤销心理感知监测反应（心理复衡）或者继续监测和干预（心理维持失衡态或加强），异常式态刺激会启动情绪感层级的反应。（心理失衡度加剧）4 刺激继续或属于异常式态刺激会使得心理失衡度加剧，当该组刺激反应的三大失衡体系的最高值并未达到该场境的极性监测机制的极性阈值时，该组刺激反应就成为双极性刺激反应，该组刺激反应结束会随后启动另一次心理的失衡，失衡基点为综合失衡度与极性阈值的差值。

九：呼吸被遏制下的人体反应

一旦维持生命组织体的呼吸系统的呼吸状态被遏制，呼吸系统的原有的各种平衡就会被打破，会迅速产生需要呼吸的欲望，如果超过一分钟肌体就会出现一系列的缺氧的生理反应，情感机制就会参与产生痛苦情绪。如果呼吸遏制达两分钟，其呼吸欲望会随着肌体的反应增加到中等程度而情绪也会因为缺氧的肌体反应和欲望的双重刺激而增加到中等程度。如果室息到达四分钟，则生理出现伤害，生理的缺氧程度到达一个极限值，要呼吸的欲望和情绪的痛苦标记也随之到达一个极限阈值，如果超过四分钟以上人体便会死亡，随着大脑肌体组织开始死亡，要呼吸的欲望会慢慢淡化，强烈的痛苦情绪也会随着肌体的强烈反应的逐渐不感知而消退，出现了反而轻松的感觉，一种随着监测系统崩溃而逐渐监测不到肌体解体时候的强烈反应的这种到达神经系统中的痛苦之源的解体信号越少心理系统产生的那种解脱感就越强烈，伴随着心理系统出现的种种幻觉个体就会把这种轻松感强化，这导致很多濒死状态的病人由于濒临死亡之前的痛苦的不可忍受再到强烈的轻松的解脱感的出现，而不愿意再次被人救治复活的情况产生的原因。

第二章 欲求反应原理

第一节　欲求机制和情绪感机制

（甲）欲求机制和情绪感机制的关系

（1）简介

情感机制产生情绪感反应，欲求机制形成欲求反应，两者互相配合着完成对刺激源信号的一组反应的行为，欲求机制使个体有自身平衡的参照物，也是产生目标和目标值的机制，而情感机制中的个体的核心思维系统中的幸福观则始终在指导着人们的行为的总方向，情绪则刺激和强化着该行为尽快地能达到个体的欲求目的，情绪还是个体再次试图重复制造出那种带来快感享受的刺激源，也同样是个体设法避免重复产生出那种痛苦的刺激源。

当对外感受器引发感知形成心理失衡，心理失衡的某场效应的场波动度达到第三重反应梯级和第四重反应梯级，或者对内感受器感应身心失衡，其失衡形成的场效应的场波动度达到第四重反应梯级和第四重反应梯级，以上两方面都会分别触动欲求机制和情绪感机制，引发相应的普通欲求反应和情绪感欲求反应。

欲求机制属于心理反应的层级，即当某刺激源的刺激作用于生理某区域或心理某场景，使该受激区域发生失衡，当其失衡度达到一定程度而被感受器所感应，并传递的信息使得心理监测系统所监测的该场效应发生变化，当其场波动度达到第三重梯级反应时，该机制属于常态反应的机制，是人体平衡系统直接调用场景反应模式予以刺激源反应的机制。

情绪感机制也属于心理反应的层级，即当心理监测系统监测到某受激的生理某区域或心理某场景，当其场波动度达到第四重梯级反应时，心理监控系统所予以启动的情绪感机制，该机制是属于非常态反应的机制，是人体平衡系统组合成新的场景反应模式予以刺激源反应的一种人类个体独有的机制。

（2）欲求机制和情绪感机制的区别

动物和人类的区别就在于，动物只有欲求机制，而人类却拥有复杂的情绪感机制。

人类个体面对从未存储过的环境的反应规律是先启动情绪感机制当其储存有更多的场景模式之后就会归于常态反应的欲求机制的反应。

情绪感机制使人类得以形成社会心理系统，人类个体在这个系统中得以社会化生存。而动物最多只能是群体化生存。

欲求机制的启动不会导致情绪感机制的启动，但情绪感机制的启动必然导致欲求机制的启动，因为任何情绪感欲求的反应必然需要通过欲求机制才能形成，而普通欲求反应只需欲求机制就能完成。

情绪感机制是发生新思维的机制，也是形成新的场景反应模式和发生各种生理应激反应的机制。而欲求机制只是个体对于常态刺激的一种常态反应，只需提取相应的场景反应模式予以输出即可。

情感机制是社会人之所以区别于自然人与动植物等其它组织部分的因素。

人类社会是一个复杂的组织体，维持这组织的不仅是个体的生理系统而是依靠人类社会的泛化了的社会心理系统，虽然各地区的社会心理系统具体结构不同，但是功能目的却是一致的即维持整个人类的存在，使社会人个体的行为在情感机制的导向下行使社会行为。

（乙）欲求机制

（1）简述欲求机制

（A，情感机制和欲求机制的作用

—a：心理平衡手段和追求幸福手段

——I）欲求是在失衡发生后做出的试图恢复平衡的一种反应

社会和社会人互相作用依靠情感机制来调节社会人对环境的反应，以此平衡自身的身心体系来实现个体在社会中的功能，情绪是指个体在非常态反应中经过情感机制处理的一切行为包括生理反应和心理反应，欲望是社会实现整体运作的功能之一，欲望这个机制使得社会得以整合有序化，欲望机制体现在个体的地位角色之中并且依靠它来实现欲求行为，在社会心理欲求秩序流的作用下，每个人会按照自身的心理欲求流的流程的向力和目标来确定各自的欲望。这样，社会`个体`生理系统`心理系统`情感机制`情绪`欲求机制``地位角色`都完美的被个体体现在社会化过程之中了，一个常态的社会人必须具备相对健全的和自己年龄层相符合的心理系统和生理系统，所有心理系统和生理系统相对不健全的社会人都会出现各种各样的异常态失衡的现象，称之为病态的社会人（心理系统出现偏差视为精神疾病患者；生理系统的偏差是生理疾病患者，更多的是因心理或生理系统出现偏差导致另一个系统出现非常态失衡的）

各种场效应所产生的场波动都可能引发个体的欲求反应，各种欲求反应都可能成为个体生活秩序中的最主要的欲求反应。从而成为个体用以平衡身心的最主要的欲求反应。

一般而言，个体会选择在以生存欲及其衍生欲求的五大欲求作为心理平衡手段或称为追求幸福的手段这种幸福观的指引下来展开行为。而以其它的欲求反应作为次要的平衡手段。

（ B，欲求目标的论述

包括生存欲求和四大欲求，前者从个体生存演化而生，后者从生存欲求演化而来，归根结底是围绕着生存展开的。四大欲求可以从个体的社会角色中体现出来，社会角色是个体在社会上的特定的处境，他在家庭`工作`社交`娱乐`等方面所处的相对于他人的位置，比如在家庭中她是什么角色，如果对于丈夫而言她是作为妻子的角色，她也行使着做妻子的权利和义务，她可以与丈夫享受到性爱带来的乐趣，实现性欲求的愿望来以此平衡自身的身心达到祥和（也称之为获取到幸福），性欲求就主要是从这夫妻之间的角色上面演化而出的。如果对于孩子她是作为母亲的角色，她也行使着作为母亲的权利和义务，她会在其中享受到亲情的温暖同样也会感受到孩子带来的烦恼。这就是作为妻子或母亲在家庭中的社会角色，每个人都会在这里面有着各自的特定的位置，承担着各自的权利和义务，沿着这种各自特定的生活轨迹而生活着，

（2）欲求机制的历史形成和功能

（ A，人类个体欲求的历史发展过程

个人的欲求目标是从生理平衡的欲望上逐渐转化而来的，人类最初形成的欲求便是生存欲，即保持一切生理系统各项值平衡的欲望，失去平衡后的重新取得平衡的行为，从这个生存欲上人类又发展了其他各种形式的欲求行为和目标以符合社会的复杂运作，生存欲上首先衍生出了性欲求行为，因为是关于人类社会的繁衍的需求也是仅次于个体生存欲的人类社会得以维系和存在的重要行为。在建立起宗族社会后人类又产生了建筑在权力权势以控制他人为目标的权欲求，此时其他各种欲求也都在逐渐的建立，追求名誉的名欲和以劳作为苦的相反面娱乐为快感的欲望也建立起来。四大欲求行为指向和其他以维系各种生理平衡和心理平衡的欲求都逐渐建立起来。

（ B，个体欲求发展的过程

—a：个体欲求的产生

它是个体在婴儿期逐步形成的，是为了平衡内环境与外环境的动态变化而出现的能进行社会性行为调整的机制，但婴儿期只有对生理目标值的平衡，逐渐才发展过渡到心理系统平衡调节的层次，任何正常态的社会人个体都已经形成了相对健全的建筑在生理平衡之上的心理平衡监测系统，或许所有社会人的行为都最终是由心理层次参与的调节，虽然首先由生理层次参与但最终还是心理层次在其中作用着。

（3）欲求机制的反应过程

（ A，欲求机制做出的反应

1 形成普通欲求

2 提取原有场景反应模式

根据场波度的不同，所启动的反应梯级也不同。当身心系统出现失衡，当身心监测系统所监测的场境与场景的场波度达到第一梯级反应，就会引发自主平衡系统的一系列恢复平衡的调节反应。当其场波度达到第二梯级反应就会引发心理平衡系统进行感知调节反应。当其场波度达到第三梯级反应时就会引发心理平衡系统进行普通欲求反应，当其场波度达到第四梯级反应时就会引发心理平衡系统进行情绪感欲求反应。

常态反应下，欲求机制是先于情感机制反应刺激的个体的一种心理系统的极为重要的反应机制，它是由身心监控系统监测和调控的机制，是以监控人体各种生理平衡和心理平衡为主要目标并输出需要调整的平衡的目标和目标值的一种机制，它也是个体用以展开行为的指导性机制。它是在个体的身心监测系统通过内外感受器通过建立场效应来监测，当内外环境出现了异常态或常态刺激源的时候，会先于情绪感机制而反应的。欲求机制产生的欲求如果随着场波动度加大而启动情感机制时，会成为情绪感欲求。

当面对新的环境人体就必须新建一种场景时，首先反应的是人体的情绪感机制，

当面对已经建立起相应场景的环境时，首先反应的是人体的感应机制`感知机制`欲求机制。

情绪感机制和欲求机制都能产生欲求反应。

（ B，定势反应

欲求机制在常态反应下，个体会遵循着原有的场景反应来对已经形成常态反应的刺激源进行常态反应，这种不需要情绪感机制的参与的反应过程也就是定势反应。

定势反应是指个体面对刺激做习惯性的常态反应，无论这种反应是把身心系统恢复到常态值，或是使之波动到非常态，（在原有必须是情感机制介入的状态下才发生的，把身心状态使之偏离常态到一个近似于生理极限的状态以获得更高的阈值从而获得幸福感的状态）都会成为一种反应定势，成为一种个体的一中固有的习惯和生活秩序。

（丙）情绪感机制

（1）情感机制的简述

情绪感是从情感机制中产生的配合着欲求机制来激发生理系统释放某种刺激物质来强化个体的反应以期尽快地达到某种目的，欲求是由幸福观为主导的以此展开的心理干预的行为，其作用是使个体能有某种目的性展开行为的同时起到强化作用，以此尽快地调节内环境已迅速适应外环境的变化作用，欲求机制与情感机制是不同级别反应的关系，情感机制是让人产生复杂化的行为和社会沟通的社会性产物，并伴随着各种情绪感出现起到使个体的行为输出更具复杂性和适应性，其他物种除了接近人类的动物种类都只是只能由简单的协调自己的内环境以达到和外环境相适应，植物是被动的只能调节自身的状态去适应外界环境，而动物则进一步在调节自身的基础上调节外环境来消除自身的生理系统的扰动，但人类社会却能够在两者之上更进一步，它能够依靠心理系统来复杂化地调节自身内环境和外环境，而不仅仅是消除自身的身心（生理系统和心理系统）扰动，它甚至需要强化自身的身心扰动去寻求一种心理需求，人类社会的个体是能够超脱在生理系统之上的，它经已形成需要在心理系统进行平衡的状态因为社会的建立需要用心理系统这种个人与个人沟通的机制来处理和协调社会的运作，情绪感则是个体在复杂处理刺激源的同时情感机制在判断过程中的重要产物，情绪感能强化和弱化并指导着个体的行为，个体的喜怒哀乐恐惧惊奇等等幸福范畴的情绪和痛苦范畴的情绪表现，都是刺激源经过情感机制处理过后的人的生理和心理感觉的表现。幸福范畴的情绪表现的是个体经过情感机制处理后得出的，该刺激源是对自身有利的并出现需要强化刺激源的欲求表现，并在场景模式库中动用类似的模式行为去强化或者创造手段来作用于刺激源，以期谋求该刺激源的再次出现，使得自身能够再次感受这种对自身有利的情绪的刺激（幸福`快乐`快感等等正情绪的体验）以达到人类生存的最高目的（但每个时期的各社会的幸福观都不会相同）。

（2）人类情感机制的形成和演化过程

情感机制是自然人走向社会人的重要环节，是个人心理系统的主要组成部分，它把植物只能被动地调节自身与外环境和动物可主动与外环境做协调但只限于生理系统的层次上简单调整以此平衡内环境的状态，飞跃成一个新的让内环境平衡的简单调节变为复杂精细地互动调节。情感机制从属于心理系统是个体得以行使社会性行为的机制，没有情感机制参与的行为无疑是动物性行为，而这一机制的形成是有赖于人类社会的逐渐成型过程中产生的，也是人类个体从分散的只有与动物相类似的简单的生理层次上的生存行为（而非生存欲求，只是依靠着本能形成的有自主生理平衡系统所控制的生存行为）的自然人迈向合作，并且产生在人类社会中才会产生的生存欲求的社会人，这是人与人之间`人与自然之间`人与人类社会之间`人类社会与自然之间的密切协作的关系中产生的社会机制，这也是人与人之间的分工合作从形成简单的心理系统由朦胧的自我意识而产生死亡的痛苦和生存的幸福进一步形成欲求机制和情感机制的过程，从此复杂的人类社会也从简单逐步走向复杂形态。

情感机制是人类个体心理系统的组成部分，它产生于人类社会形成过程中，它配合着欲求机制的监测系统那种能使个体产生各种欲求并且让各种欲求都有一个共同的目标源的机制，共同行使着个体和社会之间的沟通和联结，各种复杂的欲求是从人类简单的单纯的生存欲而衍化而出的，而动物却只有极其简单的生存行为，虽然少数哺乳动物会有相似人类的情感但也只是简单的接近于心理系统而表现出的类似生存欲的表象，这种动物最多只有类似欲望的那种行为选择序列，那种貌似人类行为的一些动物行为实质是人赋予其的想象。只有拥有心理系统的具有完整情感机制的人类个体才会产生出欲望和情操。情感机制也是复杂化的人与人之间的联系和运作的结果，它配合着欲求机制使之调节着自身的各种身心失衡，社会幸福观的建立使个体产生出的一切欲求能使行为和社会相交互，

社会造就了社会人的情感机制让其能进行社会化的大协作，并让其情感机制和欲望机制始终贯穿着其幸福观的核心即"生存"，从而得以展开平衡自身内环境的欲求行为，生存欲是最基本和最原初的社会欲求，其他一切社会性欲求都是从生存欲上衍生而出的，是社会发展到一定时期的复杂性的产物，远古时期人类都是分散为主的，在下第四洪时期，人类才形成了一个松懈不紧密的群体，其中类尼人中间有许多别的标记表示在最初洞之中，有坟墓的存在，这显然是心理上的一大进展，是对生死的一种

深层的思索开始的标记，也表明了那时候已经确立了从心理系统的情感机制方面有了对生与死的期望和恐惧。这时原始人的心理系统方面也只具备了一些简单的生活技能，虽然逐步建立起来了情感机制但也是简单的生存欲，那是一种对个人生存还比较朦胧的，并未脱离纯生理反射的那种没有完全的心理系统参与的对死亡的规避和对生存的追求的欲望。宗教之所以能够在最早期建立，不单是个体需要心灵的一些对生存的追求的解释，还是社会借以把个体与社会整合起来的方式，更是社会大合作所反映出的那时候个体自我意识尚未完全分化的表现，个体早期是和自然相紧密联结的不可分割的一部分，还尚未从自然界中把自身由于复杂社会化所需的完全的分化出来，这时候的人类个体还处于一种准自然人的状态，因为没有建立起真正的完整的不同于其他生物界的社会形态，所以并没有社会化大协作的造就的复杂的社会文化系统。这时候个人的心理系统也相对简单，这种准自然人并不会完全主动地寻求规避死亡更没有强烈的为自己而生存的欲求，却是像人类现在婴儿那样，只有几种简单的还处于没有脱离条件反射型的生存欲求，这也是与生俱来的混沌的状态，没有精细化的劳动分工也就没有复杂的心理系统的需求，并没有明确的自我意识人类个体其实也处于整体性的和自然界混为一体的，基本没有脱离出动物界的那种状态。

但这一切随着人类在各个区域里互相合作的趋势，随着人类合作建立起语言和文字系统，社会也建立了完善了复杂的社会心理系统而个体也从与自然相联结的混沌中开始分化出了自我意识，从此社会有了自利型和他利型的复杂的社会和个体的心理系统，这样逐渐有了自我意识之后社会文化系统也慢慢建立起来，自人类从那根本性的改变起经过不断演变开始形成了群体合作为主的氏族部落，同时出现权力，从而简单的生存欲求也随着社会化大生产而日趋复杂化并逐渐的衍化出了其他各种欲求，欲望机制和情感机制也同时完善起来，情绪和欲求的复杂化，表情表达也日以细腻和丰富，四大欲求也逐渐完善，以后的各种欲求在不断演化过程中推动了国家政体从简单到各种复杂经济和政体结构的发展。而到达现代化社会的欲求却已发展到了一个畸化的状态，各种欲求日益加速的变异，尤其以性欲求为最严重的扭曲。整个人类社会正处于一种非正常的欲求扭曲的时代。

（3）个体情感机制形成的不同时期

个体的情感机制形成可以分为各个不同的时期，每个时期都有不同的从简单到复杂的情感机制的形成特点，可以分为情感机制的出现期`培育期`发展期`成熟期`完成期`终止期，分别表现在个体的生理成熟的各阶段，婴儿期`幼儿期`青年期`成年期`老年期`死亡期这几个阶段。

（A，情感机制的形成的各个时期图表

—a：婴儿期

——Ⅰ）纯自然的婴儿属于生物人

从合子状态到胚胎状态再到出生的婴儿阶段是属于自然人的阶段，这时期的婴儿只有经过遗传而获得的各项生理系统的自动平衡功能，虽然具备了能接受人类信息从而可以成为心理系统的基础人类个体特有的"神经系统"但没有经过教习的幼儿只能是一个处于自然人状态的生物人而不是社会人。婴儿没有建立起心理系统更不会存在情感机制，他只有简单的吮吸`排泄和其他使生理趋向平衡的一些最基本的本能，婴儿继承了这些先天的行为模式以便适应离开母体后生存的第一步，例如我们用手指触碰婴儿脸部会朝向刺激源的方向转动，而触碰嘴就会张开嘴吮吸，这就完成了饮食需求的一套基本行为，还有排泄`消化`呼吸`排汗`等等都是其生理特有的功能时不需要心理干涉而能完成的，正因为婴儿没有习得何时何地才能够以何种方式进行排泄所以会随时随地进行排泄，这就是生理自主平衡系统的调节功能。

——Ⅱ）个体一出生便学习饮食模式

婴儿的所有行为是都是不由心理系统控制的，比如排泄因其膀胱储尿能力弱，一天小便次数可达 10−30 次，这会随着年龄增加生理的成熟而次数减少。当喂奶时，婴儿会边吃边解大便，这是因为吸食时刺激肠蠕动且肛门扩约肌未成熟也是无自我意识需要控制所致。

婴儿一出生只有纯粹对刺激的本能遗传储备的一些纯生理反应，在母体嘈杂的环境中逐渐成长的婴儿早已适应了其生存成长的这种温暖又黑暗的水环境，而从母体到外界却是完全不同的两种环境，这种环境的异常刺激会给婴儿带来很大的生理反应，而本能遗传赋予他会对异常态的刺激源做出用脸部肌肉向下牵拉，同时发出强烈呼吸所需要的声响传递，从外观我们可以看到他的流泪，这即是我们常说的哭泣，但这决不是婴儿意识到痛苦了，而是婴儿的生理本能的一种对失衡的应激反应，这种反应能给婴儿带来血亲的关注和生理上的自身调节，他是用哭的这种形式来反应这个不适应，所有强烈刺激在婴儿那里反应都会诱发哭的反应，这并非说婴儿会在心理上认为的这个是不可忍受的，婴儿并没有心理系统，婴儿的维持生理平衡的所有行为都是一种与生俱来的本能，是生理自主平衡系统在主导运作，绝非是婴儿想到要这样去做。他也并不会知道自己饿了，是他的生理系统在胃器官因为没有食物而引起蠕动的时候，产生一种需要进食的生理本能，这种蠕动会带来一定的刺激并促使婴儿用哭泣来反应这种自身失衡的现象，而所有婴儿的不适都会用这种哭泣的形式来表达的，经过抚养人的逐步强化和教习以后所有的一切对自身有害的刺激源都会以这种方式来表达，这就是人类以后的痛苦在情绪上和表情上的延伸。

　　婴儿经过抚养人的精心教习，会逐步在生理平衡方面建立最简单的心理系统的一些运作，比如，原先婴儿会因饥饿导致哭泣，抚养人就会喂养其食物，而在婴儿没有哭泣的时候，抚养人也会定时地喂养食物，这样的定时喂养会形成婴儿把饥饿和自身生物钟的某一刻联系起来，慢慢的会可以学会判别这一类的刺激，婴儿的胃会在特定的饮食时间引发收缩而不是原先的由纯粹的胃自身没有食物的填充而发生收缩了，婴儿这时候已经在逐步学习用简单的心理系统的某种功能来操控生理系统的行为来替代生理自主平衡系统所控制的条件反射了。

　　—b：幼儿期

　　——I）幼儿期的心理系统的建立

　　婴儿在到达幼儿期并保持与父母互动环境的条件下，这时期的幼儿逐渐形成了相对简单的心理系统并且从中形成了情感机制，而自我意识是完善情感机制的重要一步，因为该阶段的幼儿还没有形成完善的自我意识，也并没有完全的从整体的社会中分化出来自我意识感，他还是如同婴儿那样混沌的状态，所有行为都是不自觉地无自我意识的由生理自主平衡系统为主导的。他也不可能会习得完整的语言也不可能用尚未完善的心理系统来控制自己的生理系统并输出行为，以达到身心平衡的目的。心理系统的情感机制必然要在自我意识完善的基础之上才会逐渐形成的，那些没有经过社会化的个体都不可能会建立起自我意识，更不会产生心理系统以及情感机制，他们只是生物人如同狼孩那样，比如在 1920 年的一天，在印度加尔格达西南的一个小城附近，一位牧师救下了两个由狼抚养长大的女孩儿。这两个女孩，大的大约七、八岁，起名为卡玛娜，活到了十七岁；小的不到两岁，不到一年后就死在了孤儿院里。卡玛娜不喜欢穿衣服，给她穿上衣服她就撕下来；用四肢爬行，喜欢白天缩在黑暗的角落里睡觉，夜里则象狼一样嚎叫，四处游荡，想逃回丛林。她有许多特征都和狼一样，嗅觉特别灵敏，用鼻子四处嗅闻寻找食物。喜欢吃生肉，而且吃的时候要把肉扔在地上才吃，不用手拿，也不吃素食。牙齿特别尖利，耳朵还能抖动。她实物岁时的智力水平大致相当于三岁半的儿童。另在巴西有一个名叫鲁查努的三岁的小孩儿，出生后一直被关在一个竹笼子里，每天和三只狗做伴。这个孩子脸色苍白、不能静眼，不会站立，不会讲话，只会爬，发出汪汪的狗叫声，还象狗一样耷拉着舌头。——（摘自：中国心理在线）这些例子充分表明了还处在心理系统和生理系统成长期的幼儿，如果脱离常态的社会就不会成长为能和社会正常沟通的社会人，只能是始终处于一种自然人生物意义状态的人。

　　这与心理状态罹患疾病的精神病患者有类似，很多精神病患者就是自我意识相对弱的社会人，他们由于生理或心理的病态失衡而导致缺乏完善的和社会联系和沟通的心理系统，他们的行为会完全不符合社会的规范，有些虽然有自我意识但不是常态的那种，很多人不能够融合到人类社会中去，比如不能认识到有一个自我存在或把自我融合到某个人或某个事情或某物体等等，其实这也是一种返回婴儿混沌状态的现象，患者也具备情感机制但因心理系统的不健全或被破坏而同时异于常人，他可以不分场合的随时的宣泄自己的情感或该宣泄的时候却压抑，他的一切情感表述都是混乱的不社会化的，也不可能被常人所接受理解的，因为他的表达并不符合社会规则。他的一切行为之所以混乱是因为患者在发病期会处在两种不同的系统所交替控制之下，他一会是处在生理自主平衡系统所控制下，过一会却由心理系统来掌握，他的心理系统是较为脆弱的，因为自主意识的功能并不强大，他失去了心理系统有效控制生理自主平衡系统的能力。

　　——II）幼儿的自我意识的两种培养过程（自主性个体和非自主性个体）

　　幼儿是和这种世界生而为一体的只有到比较成熟的年龄才有自我的感觉。 幼儿的自我意识是一个逐步完善的过程，也是幼儿对自己以及自己与周围事物各方面关系的从认识到把自身与社会开始分化，他会逐步对内环境和外环境产生的刺激包括自身生理心理和父母或社会的简单人际关系等各方面的刺激中，在家长和社会的不断强化中，产生出综合性的自我感觉虽然不能明确。这主要表现在幼儿开始有自我认识和自我评价也开始自我约束等。他的自我意识的发展，能逐渐的意识到自己所能产生的行为会对外界有某种变化效应，如伸手拿某种东西它就会被自己抓住，幼儿的各种玩具也提供了有助于幼儿对自我和社会的界分，如果社会能恰当地做出评价和调节幼儿的动作行为，会使之尽快的形成自我意识、从而有行为的主动意识、也会慢慢建立起完善的情感机制，如培养出幼儿的对自身的名誉的自尊、对自己行为的自信、对自己生理需求的自制。确实一种完善的自我意识的培养对幼儿从混沌态的自然人转化到自我意识的社会人有着绝对的作用。

　　——（i）促进幼儿形成自我概念同时灌输和他人共存的思维

　　发展幼儿有利他道德的品质和行为，避免侧面的灌输自我等同于自利的思想，这是非自主性个体培养的过程，相反的过程就是培养幼儿的极端的个性自私，一切为自我不择手段的行为意识。
培养幼儿的独立性和协作能力，这也是培养两种个体个性的过程，独立性培养的是自主性个体为重点的，他使幼儿能根据自己的认识、兴趣、意愿、独立的行使决定。这可以通过经历一系列的体验来达到目的，例如学做各种家务，在指导下开展一些园艺活动，让幼儿习得把注意力和所有体力智力都集中在某个活动，并有始有终的完成某事，也同时学会为实现既定的标控制自己的心理和生理系统的运作，这样能使得幼儿的独立感伴随着自我意识在活动中强化。培养幼儿的协作能力是和独立性是较为矛盾的，他是培养非自主性个体的摇篮，协作能力需要幼儿能首先认可他人的能力并把自身的独立性融合隐射到他人或集体中或他们的荣誉中，能以集体的荣誉作为自己的荣誉，更能以集体的成功作为自我的成功，这样同时必然弱化需要自我的独立性，集体荣誉和自我独立享有的荣誉是一对互相矛盾的，自我拥有一切和集体拥有一切是矛盾的，这就需要家长和社会教育体系能认识和发现幼儿的个性适于何种状态的发展，并因势利导。

　　——（ii）主动性和被动性的培养

　　传统的教育体系都以"灌输"为主，这样对个体的主动寻求知识模块有一定的障碍，但也有利于集体的协作将减少个体的强烈个人英雄主义冒进带来的弊病，这和主张个体自我为主的自利性个体的培养是两种教育方式。

幼儿期是个体社会化的奠基时期，是为奠定最初行为模式的时期，幼儿期自我意识发展是对其个性形成产生深远影响的。

　　—c：儿童期

儿童学习情绪概念范畴的先后性

　　儿童对幸福`嫉妒`仇恨有清析知觉，但对狂欢`轻视`憎恶没有前者强烈，前者情绪社会很早便灌输给他们，而后者社会则的灌输较为迟缓。每一种情绪都代表一种行为模式，可分为二类：一类为接受的情绪，另一类为不接受的情绪。

　　个体的心理系统有三部分组成，一是个体的核心价值体系；二是个体的情感机制；三是个体的行为模式反应库。儿童期是一个心理系统的所有构成要件都趋向成熟特别是"核心价值观体系"趋向完善的阶段，核心价值观体系中的"自我意识"已经完全建立，情感机制方面也形成了对死亡的"痛苦"这种负情绪的排斥和生存的"幸福"这种正情绪的接受的模式体系，但尚未完全的细分。至于个体的行为模式反应库的完善则是根据儿童接受的教育（第二信号刺激）和所本身感受到的刺激源（第一信号刺激）和成功反应的模式的增多而定，这也是一个终其一生不断扩充的过程。

　　—d：青年期

　　青年期是一个生理急剧发生变化和心理系统能有效控制生理自主平衡系统的时期，随着心理系统的成熟他能够对外界的刺激源作出经过心理系统再加工而不是有生理自主平衡系统控制的反应行为，同时也带来了前所未有的激发起心理上的各种欲求并需求其欲求满足的内外环境的刺激时期。在性欲求方面，如果没有经过教习也是不会去实施"性交和行为"的，青年期的躁动并不仅是性腺成熟带来的而是各种生理系统的逐步成熟带来的整体性的躁动刺激，所以青年期的带来的生理燥动并不代表要一定要以性交和的方式来解决的，性交合并不是唯一出路，其他任何欲求手段都能作为平衡心理系统失衡，甚至不作为也能消除这种生理和心理的失衡，因为那种由于生理迅速的成熟所产生的躁动感也能在生理自主平衡系统和在"情感第一定律"的共同作用下使心理和生理很快地趋向平衡。而社会用五大欲求方式来约束个人的行为指向，也用以调解生理和心理状态。

　　青年期随着个体和社会的相互作用，调节着青年心理的发展。社会人的成熟和发展产生于3种既相互联系、又各自独立的过程。首先是自身生理系统因着遗传因素而发育成长；其次是心理系统上自我认识的开始和情感机制的形成到习得各种社会规则和社会文化的心理系统的逐步完善过程；再次是青年个体在社会上的发展，人的心理发展既同本身的生理发育有关，又同所处的社会发展有关，它是遗传与环境共同作用的结果。

（4）情绪感机制构成系统

　　情感机制是产生和使人感受到各种各样复杂的情绪的机制，包括借助外显的表情以强化表达给其他个体的信息和个体经过刺激反应过程中的情绪体验，情感机制属于心理系统的重要构成部分，情绪是指社会性个体把非常态的刺激源经过情感机制处理并同时产生的对刺激源的生理和心理上做出反应过程中的心理体验，从监测系统的内环境平衡状态感受系统监测到内环境出现失衡而产生欲求行为到情感机制产生情绪都是社会性个体以此对环境的被动和主动性的反应，以求得自身生理系统和心理系统的平衡态。

　　情感机制也是个体把异态的刺激源区分于常态的刺激源后，启动另一种只有在人类社会中才形成的判断机制，这种机制并非简单的采用对待常态的刺激源而行为的方式，不是简单依据原有存储的模式而逐渐形成的反应习惯来调解身心的平衡，而是会深入的分析已确定进一步的反应。其构成为：场景分析系统和个体的心理系统。场景分析系统主要分析三类数据，1是刺激源数据（刺激源的形式和物质参数）；2是外环境数据（刺激源周围的环境参数包括地理因素`文化因素）；3是内环境数据（个体有刺激源所引起的生理上和心理上的波动参数），这样一系列刺激源所转化的参数对照个体的心理系统就能得出该刺激源是否属于有利生存的刺激源，如果不利，个体会企图清除刺激源，从而对刺激源产生出一种负情绪（痛苦`焦虑`哀愁等消极反应）并做出排斥行为，在脸部对同伴或刺激源表达出自己的痛苦或恐吓的表情，企图来控制和消除刺激源。而一旦做出有利的判断，那么个体会做出强化刺激源的行为，并在心理上认可这种刺激，同时赋予正情绪（幸福感`欢乐`喜悦等积极反应），并在脸部表达出一种愉悦的表情，企图让刺激源进一步维持和强化。

（ A，场境判断机制

（ B，情感机制的引发和过程

　　—a：情感机制的发生过程：主要有四种要素使情感机制发生作用

　　——I）由自身的生理系统的不平衡状态引发，个体的生理系统本身就存在纠偏功能，一旦出现的不平衡状态于生理上就发纠作，出的不平衡态趋向稳定。在生理上不平衡的开始，同时信息刺激传递到情感通道，使情感机制发生作用，就在生理系统纠偏的同时，情感机制也发生作用。场景机制与自我核心思维相作用，产生消极或积极情感符号，前者行使消除刺激源功能，后者使加强刺激源功能

　　——II）由社会人的心理系统引发刺激的情感反应，可以表现为记忆的提取（回忆）状态，各种记忆的叠加过程（想象、思维）状态等，能在并没有现实的刺激源情况下，发动情感机制在日常活动中个体有很多行为，都是由自身心理系统引发的，这时的行为相对而言具有主动性，和由生理系统引起的反应一样具有外人想象不到的行为表现。

　　——III）还有二种是由外环境而引起的不平衡状态，包括：强烈的光源大到使个体的视觉系统遭受损害、强烈的声波破坏个体的听觉系统等，都会使情感机制发生作用 D 由刺激源影响个体心理系统使之不平衡而引发情感机制发生作用，由感觉系统摄入的外来信息在不以立即损害其感觉系统的情况下，会使心理系统作用。

　　以上二种引发过程只是刺激源引发的位次不同，前者首先引发生理系统的平衡机制再到心理系统平衡机制，后者首先引发心理系统平衡机制再到达生理系统。

　　—b：《情感机制的释放》情感机制的行使有几种途径

　　并不是所有的刺激都会在这几种途径中开启情感机制，只有二种类型的刺激源会使情感机制释放。（一）特异型的刺激源，即在日常生活中个体从没有遇到或者较少发生的刺激源，当然这是依据各个人的记忆储存的多少模式而定，总之接触同一刺激较少的个体会较接触该刺激源次数多的个体反应强烈，也就是说，有的刺激源对某一个体是习以为常的事，对其它个体会极不习惯。如：同样看见流血受伤，医生的反应于其它人的反应不同，前者较平静而后者激动，因为医生对此刺激源接受了太多，最初的刺激反应的强烈已经逐步趋于淡薄，这是刺激不反应原理发生作用的过程。而常人接触的此类事件极少，依据刺激反应条件该个体的强烈反应就是正常的。

　　——I）主要操作顺序

　　1 刺激源转化为一种为神经所识别的信号，信号到达心理系统储存的模式库中和经过判断分析信号所带的是否同模式库中所储存的各种模式是否属于异类，如果异类就再把信号输入情感机制，如果模式库中有同类别的就分析是否强度超过同类别，如果强度超过模式库中的同类别到达一定程度就把他判别为异常常态的信号并也输入情感机制，如果同类别和同等强度或强度不超过某个值就直接引用原有的模式变为输出信号并进入效应器对刺激源输出行为。情感机制中经过分析判断该刺激源联合模式的反应是否符合最幸福的状态，符合度是多少值？等等接着把每个相近的模式基本都一一经过这样的提取到情感机制里，在暂存到第二机制中，暂时存储各种模式预反应后的幸福值，把他们一一相比最后确定哪一个模式输出会的到最高的幸福值。

　　我们有着两个模式库，第一类是经过第一信号传输给我们亲身体验到的刺激和反应过的刺激的储存俗称经验，第二类是我们从第二信号源那里从书籍 `电视`广播`电影等媒体或他人的口传心授获知的信息的储存，遇到刺激时我们会先把原有的模式库快速的过滤一次，以便分析找出最相近的模式进行反应，如果刺激源和自身所储存的模式里的刺激源的差异度不超过某个值（按照各个个体的经验所控制）就会很快的提取到达效应器反应之，并不经过情感机制而直接反应，例如：长期在血腥场所服务的医生绝不会因为各种让平常人非常震惊和痛苦的场面而感到有异样的反应，表现出很镇静或让人开来很冷漠，这其实也是一种逐步适应的过程，一个没有很多实际操作经验的没有经历过很多血腥刺激场面的医生一旦遇到非常状态也会由于没有储存过这类的模式或者原有储存的模式的刺激强度很弱，而迅速的把该类刺激源输入情感机制做出痛苦反应，（正常的医生由于职业道德的熏陶或和谐型的个体都会把该类刺激表达为让自己痛苦的，但也有极少数极端自利型的个体也会把他人的这种痛苦作为自己快感的来源），这时候他也会若同常人那样试图回避或无法回避时候有生理上的强烈反应的呕吐甚至于昏厥，但经过该场面的无可回避的重复刺激后，情感第一定律（重复刺激不反应）会发生效应，该医生会逐步的在心理上适应而渐渐地使生理也不反应了，最后成为一种很常态的刺激源，只是作为判断施治的刺激源而已。

　　一切异与模式库中所储存刺激源的刺激他们的类型或者强度，如果超过该个体认可的程度都经过情感机制处理再输出反应。

—c：核心行为层

模式库中的按照影响越深印刻在模式库中的记忆中越深也越成为模式库中的核心行为层。 一切个体的行为都会在某个时期围绕着这个核心而展开，形成一种稳定的欲求行为。

内外环境所产生的刺激源和模式库中的刺激源强度和形式差异的值越大，个体所产生的反应值也可能越大。第一信号和第二信号对个体的刺激值是一样大小的，都能产生相同的生理系统的偏离状态。

刺激值升高所用的时间越短，个体发生的疾病的可能性也会随之升高，而逐渐升高的时间越长个体产生的疾病可能也越小。

两种信号系统学说在人同样可以用光、声、嗅、味、触等感觉刺激作为信号来形成条件反射；这种信号直接作用于眼、耳、鼻、舌、身等感受装置，都是现实具体的信号。此外，抽象的语词也可以代替具体的信号而引起条件反射反应。例如，受试者对每分钟摆动 120 次的快节拍器声音形成了用温热刺激强化的手臂血管舒张反射，而对每分钟摆动 60 次的慢节拍器声音形成了用冷刺激强化的血管收缩反射；当这些条件反射被巩固后，实验者对受试者说"快节拍器音"或"慢节拍器音"，这些语词也分别能引起相应有血管舒张或血管收缩反应。如果说具体的信号是第一信号，则相应的语词是第一信号的信号，即第二信号。因此，在人类有两种性质完全不同的信号，第一信号是具体的信号，第二信号（语词）是抽象的信号。巴甫洛夫提出人脑有两个信号系统。第一信号系统是对第一信号发生反应的大脑皮层功能系统，第二信号系统是对第二信号发生反应的大脑皮层功能系统。动物只有一个信号系统，相当于人的第一信号系统；而人类才具有两个信号系统，这是人类区别于动物的主要特征。第二信号系统的发生与发展是人类社会的产物，人类由于社会性劳动与交往产生了语言，语词是现实有概括和抽象化；人类借助于语词来表达其思维，并进行抽象的思维。

外环境刺激源包括外部环境传达到个体感受器的各种刺激可以概括为第一信号和第二信号，内环境刺激源是来自个体自身生理系统和心理系统传到神经系统的刺激也可以概括为第一信号和第二信号。

每一条上升和下降的生理和心理系统波动的轨迹都记录着个体对应刺激源而反应的状况。

（ C，情绪判断机制

外环境

个体的核心幸福观体系：两种个体核心价值体系：一；自主性个体和非自主性个体 （ 1）个体是否独立 （2） 个体的快乐和痛苦的指向 1 是判断个体的一切行为的基本出发点，自主性个体把自身和外界彻底断裂 从而把自己的解体和痛苦相联接，并接受生存排斥死亡。而非自主性个体把自身和外界相联系和整合，从而把自身相联系的外界某种事物或者某种事业，甚至世界的死亡作为自己的死亡，同样的把他们的解体作为痛苦作为排斥。

（ D，生理应激机制

塞尔耶，汉斯的应激理论   加拿大心理学家塞尔耶，汉斯（Selge,Hans）认为当人遇到紧张或危险的场面或情境时，身体和精神负担过重，恰逢这时人往往又需迅速作出重大决策来应付这种危机，这是就导致应激状态的产生。在应激状态下，通过下丘脑-脑垂体-肾上腺轴的一系列作用，肾上腺皮质激素大量产生，使机体处于充分的动员状态，心率血压体温肌肉紧张度，代谢水平等都发生显著变化，从而增加机体活动力量，以应付紧急情境。紧张而持久的应激会产生过度的兴奋，注意和知觉的范围缩小，言语不连贯不规则，行为紊乱等，这种持续的应激状态会通过神经内分泌系统的变化推毁机体的生物化学保护机制，导致胃溃疡，胸腺退化，免疫力下降，甚至发生临床休克或死亡。   这一具有革命性的应激理论使人们发现了神经内分泌参与了许多疾病的发生发展，诸如冠心病、高血压、心肌梗塞、脑卒中、糖尿病、甲亢、类风湿性关节炎、系统性红斑狼疮、哮喘、癌症等，这些都被归划为身心疾病一类。

（5）情绪感机制的反应过程

（ A，在幸福观原则下确定刺激源和反应属于何种极性情绪感范畴，形成情绪感符号。

（ B，确定刺激源和反应是否接受或排斥，需要强化或消除。

（ C，发生生理应激反应

（ D，形成情绪感欲求

（ E，组合新的场景反应模式

当刺激使身心发生失衡，当失衡的身心场效应的场波度达到第四梯级反应时就会触发心理平衡系统的情绪感机制进行情绪感欲求反应。

情感机制是因为异常重性的刺激源出现，首先必须判断其刺激源和身心反应属于何种情绪感范畴，形成了情绪感符号，同时建立对该刺激源是排斥或接受这个总的行为方向，并且生理应激反应立刻生成，再进一步形成情绪感欲求反应，最后提取相似的场景反应模式组合成新的场景反应模式。

幸福感和痛苦感情绪也是属于一种接受并强化和排斥并弱化其刺激源的心理判断反应，是由情感机制来完成的，而其中却包含着个体的核心思维体系和环境等因素的综合复杂处理的过程。

无论生理系统失衡或心理系统失衡都可能会发生情绪感反应。

如果某种刺激源很少出现且比较强烈，监测机制会把这一种刺激源经过判别认作为异常信息发送到情感机制中，并同时监测机制的异常判断会使情感机制启动应激机制并作出规避行为，惊吓就是在个体无法判断刺激源的时候所作出的第一反应，其次就会有情感机制分析个体该对这个刺激源是排斥还是接受这个总的行为方向。这时候欲求机制发出的欲求命令（欲求目标和欲求值）已经是带有情绪色彩（接受或排斥刺激源）的欲求行为指令了，

情感机制会通过比照相类似原则从个体场景模式中寻觅出相似的模式来组合新的场景反应，并且使其能够影响到刺激源从而对自身的反应产生递增（获得幸福）或消除（获得平衡）效应，而常态的刺激源会使个体启动欲求机制按照常用的场景模式来做定势反应，以便清除该刺激所带来的不平衡状态或者获得幸福感。

（F，情绪感第一定律反应在夫妻性生活

例如夫妻之间的性交和现象，由最初的兴奋到逐渐的转化成冷漠，这也是随着刺激源的逐步的稳定和被双方的熟识，最初能够引起强烈刺激的刺激源越来越和储存的模式相近，差距越来越小，和随着储存的该一类模式的逐渐增多同一性的模式增多也会导致情感第一定律的发挥作用，（最初刺激能引起强烈反应是因为刺激源和内在储存的模式有很大差异，所以需要经过特殊处理，比如情感机制的处理才能判断输出增加刺激源还是消除刺激源的行为，而动物植物等都对刺激源的反应也只能是消除刺激源，只有人能够在刺激的引发下出现增强刺激源的行为，因为只有人类才有情感机制，因为人是社会性的，情感机制能形成社会性的秩序流。如果刺激稳定地持续下去，这时候熟悉的环境和刺激体就不再需要情感机制的运作了，转而直接输出反应行为，无论是心理还是生理方面，这就是情感第一定律的实质）这就使原本心理系统参与较多生理活动为辅的性爱逐步变为纯粹生理活动为主的性交活动。缺少了心理系统的主导剩下的也只是由于男子的精腺周期性的充盈和女子的月经的周期这样的生理现象而出现的不平衡刺激而采取的性交手段来平衡了

第二节　生存欲求和生存衍生欲求（对各种欲求反应的剖析）
（甲）欲求反应

欲求反应是指个体对刺激发生的反应之一，它是以取得身心平衡或取得幸福为最终目的的，是由欲求目标及其欲求行为构成。

欲求是由场效应的场波动产生的。生存场效应和生存衍生场效应的场波动生发出生存欲求和生存衍生欲求两大欲求反应。

（1）简介

（A，欲求反应是一种个体的应变

指个体在某种环境刺激下，受激的身心某区域或某场景发生了失衡，导致了原有的场感效应关系发生了变化，当其场波度达到了该场感效应的第三或第四重反应梯级，就会相应的触动欲求机制或情绪感机制，从而引发普通欲求反应或情绪感欲求反应。

（B，欲求反应的构成

欲求由欲求目标和欲求行为构成，欲求目标由期待发生的某种场感效应和在该场效应中该场景预期想要达到的量值阈值组成。欲求行为由该场景的行为反应模式构成。

—a：预期反应

是由个体欲求反应中欲求目标引发的一种思维反应，由期待发生的某种场感效应和在该场效应中该场景预期想要达到的量值阈值组成。

是个体在环境的转换过程中受激发生的，是欲求反应中的一个环节，当个体从一个环境进入到另一个环境中或在同一个环境中发生了刺激，如果场感波动达到一定值就会相应的发生欲求反应，会事先调用符合下一个环境的场景进入前台以便马上应对出现的环境，人在欲求目标中就会预期该环境可能发生的刺激源与其强度，该个体因为有了这种场感的预期反应就能够在预期的刺

激源发生时立刻调用反应，意外和特殊反应机制便不会发生作用，就不会发生紧急应激的心理反应。但是如果发生的刺激源与预期不同就会引发心理失衡，这种失衡度会因刺激源的特异性和急促性程度的提高而增大。

（2）欲求反应的形成

（A，心理失衡形成欲求反应

对于心理发生作用的刺激会由生理刺激和心理刺激两大类，心理刺激包括四大欲求场境和其他欲求场境所发生的刺激。

如果期待欲求和现实状态发生差距，这种状态就对个人心理原有的对于该环境的场谐态平衡形成一种场波动，当其场波动达到一定程度就会发生相应的各种梯级的反应。

一旦发生场波动，达到一定程度就会发生相应的反应，其中包括感应调整反应和感知调整反应两大类，前一种属于生理调解后一种属于心理调节。感知调整反应又包括注意反应`普通欲求反应`情绪感欲求反应三大类。

个体在自身幸福观的心理欲求秩序流的指导下，在自身所处的社会角色和场境角色的基础上，所期望达到的社会角色或场境角色就成为欲求反应（包括欲求的目标和值），个体在现实生活中所达到的社会角色称为现实欲求（包括欲求的目标和值）。

每个个体在一个社会中都有其存在的特定的地位角色，也就是他所处的环境中他是处于何种角色，家庭中他是处于何种角色，比如对于父母他是儿子；对妻子他是丈夫；对孩子他就是父亲，在工作单位中他处于何种角色，是属于单位的何种性质的工种，在交际关系中他处于何种角色等等，自利社会就在这里造就出各种秩序流，是人们在各自的特定且各不相同的环境中有一种共同的追求目标，在工作环境中可以产生出权欲求的秩序流，虽然其他环境也能产生权欲求但没有比工作环境中更显得明显和更易于产生。在家庭中主要能完成性欲求；每个环境都能产生四大欲求的秩序流，只不过根据环境的特点就有着侧重不同的秩序流。

自利社会主要有四大欲求秩序流，而和谐社会主要的欲求秩序流是以安稳于目前自身所处的社会角色的现状并且能使之趋向共同的样板（比如工作上的质量标准，性生活的专一标准，名利上的淡漠等等）为幸福，后者让人们安于现状`心态平和稳定。

（B，生理失衡形成欲求反应

五个层级的生理系统如果其中有一个层级发生失衡就会形成场波动，如果场波动达到一定程度就会引发相应的欲求反应。

（3）欲求反应的分类

（A，从欲求与次欲求

从欲求是在总欲求实施过程中必然需要实施的各种欲求的组成部分，是各种不同主次场景不同组合的结果，是欲求实现过程中必然经过的对总欲求的分解，总欲求由从欲求组成，从欲求由有二级欲求和三级欲求及四级欲求，等分别组成。总欲求分解为各种二级欲求，二级欲求可以分解为各种三级欲求，三级欲求又可以分解为各种四级欲求，一个总欲求可以不断分解各种次级欲求直到实施完成。

次欲求是相对于主欲求而言的，后者是个体正在实施的总欲求，一个欲求实施与否取决于个体的第三控制系统，该系统储存了个体的各种需要实施的欲求信号，但根据个体的目前状态和各欲求刺激信号的强弱以及个体本身的重视度，个体会选择其中一个欲求作为最主要的欲求予以实施，该欲求便成为主欲求，其他的欲求就是从欲求。主次欲求也是在不断的转化中。

（B，普通欲求反应与情绪感欲求反应

当个体身心失衡所造成的场波动度达到第三反应梯级的普通欲求反应阈值就会启动欲求机制，发生简单的欲求反应，这种常态反应是不需要进行复杂场景组合的，可以直接提取场景模式就能予以反应。

当个体身心失衡度所造成的场波动度达到第四反应梯级的情绪感欲求反应阈值就会启动情绪感机制，发生复杂的非常态的情绪感欲求反应。

普通欲求反应是没有情绪感参与的，是相对简单的反应构成，而情绪感欲求反应则是复杂的构成，情绪感欲求反应是通过情感机制的处理然后组合成新的场景欲求反应输出的过程，其中包括重新判断过程，赋予情绪感符号过程，激发生理应激过程，重新组合新的场景行为过程，这是一个形成新的情绪感欲求反应的过程。

（C，按照身心两大系统的失衡划分为生理系统平衡欲求和心理系统平衡欲求；

（D，按照欲求具体形式可划分为生存欲求和生存衍生欲求两大类。

生存欲求包括：生命存在欲求`亲情欲求`友情欲求`；维持生理正常运作的欲求和亲情友情的欲求都属于人类生存欲求中的。

生存衍生欲求包括：名欲`权欲`利欲`性欲`其他形式的欲求（所崇敬事物或人`其他各种游乐`其他各种健身活动`等等艺术`文艺`旅游`种植`等等一切人类所从事的行业领域都会有他人所需要满足的欲求。）。

第一类是生存欲求其中包括：生存欲求`爱情欲求`亲情欲求`友情欲求`健康欲求`安全欲求`，第二类是生存衍生欲求其中包括：四大性`利`权`名欲求和其他各种欲求。

（E，根据欲求本身可划分

—a：主欲求和从欲求

如果发生了一个欲求反应，在完成这个欲求目标中会需要各种从欲求反应以帮助主欲求反应实施完成。

如在发生了美食欲求之后，就需要一系列欲求反应才能最终完成美食的欲求。首先主欲求包括了享受美食的欲求目标和行使何种行为来完成这个欲求目标的欲求行为。欲求行为就是由各种从欲求组成的，比如选择和进入美食场所的欲求`完成进餐行为的欲求`两大类从欲求反应，其中每个从欲求又都有次从欲求组成，比如：进入美食场所的欲求就由骑车或行走这两种次从欲求组成；完成进餐欲求就由一系列进餐的欲求反应组成，如选择和进入座位的欲求反应`选择和指定菜肴的欲求反应`进食的欲求反应。而每个次从欲求也都有子从欲求组成，比如行走的次从欲求就会由不断的规避或排除阻碍物的欲求反应和输出行走的各种行为反应组成。进食的次从欲求反应也会由拿起筷子的欲求反应和夹起食物送入口腔的欲求反应和口腔运动的欲求反应等等组成。

—b：单欲求和组欲求

发生的一个欲求可以有几种主欲求联合构成，通常是能发生于同一地点和连续时间的一组欲求，这几种同时发生的欲求实质上是多种内外环境刺激下的反应，也是在以前行使两种单独的刺激反应行为中逐步形成的重新组合的新的场景反应模式，例如：某甲去某地享受洗澡的乐趣，形成了在洗澡上获得快感的心理平衡手段，每次发生生因性或心因性的痛感情绪就会以洗澡作为重获平衡的手段。但在他去行使这种欲求时，会经过某处的一家饮食店，某次偶尔饥饿时他去满足一下饮食欲，却发现该处的饮食可以满足自己的美食欲求，这次后，每当要去完成洗澡欲求经过美食地域时就触动发生美食欲即使在不饥饿的状态。如果美食欲求带来的刺激反应远远大于洗澡欲求带来的快感值，前者就会替代后者成为新的心理平衡的欲求手段，如果洗澡和美食只引发相似的快感值，则两者会共同成为新的一组连续的心理平衡欲求手段，只要某刺激触发了其中一种欲求则另一种欲求就会随之发生。

—c：复衡欲求与失衡欲求

（F，按照个体维持心理平衡采取的最主要的欲求可分为核心欲求和普通欲求

核心欲求是个体用以追求幸福或追求身心平衡的主要欲求，普通欲求是次于核心欲求的。

（G，根据刺激源的异常度可分为

—a：新欲求反应

是指刺激源属于内外环境从未对个体发生过的，个体初次受到该刺激源的刺激作用，个体会依照原有最相似的场景组合形成新的场景以应对新的刺激。

—b：原欲求反应

个体曾经经历过该刺激源的作用，已经建立了针对该刺激源的场景。个体所发生的欲求反应是在原有的场景上直接或重新组合的。

（4）生存欲求和生存衍生欲求

（A，生存感知欲求

—a：超越于生理平衡系统所能控制的生理各层级感知欲求

——I）生理层级所衍生出的普通欲求层级之下的感知欲求

——（i）生理整体层次的平衡欲求

衍生出安全`健康欲求

——（ii）生理各子系统层次的平衡欲求

消化系统衍生出饮食欲求
呼吸系统衍生出呼吸欲求
神经系统衍生出各种被动性思维反应欲求
泌尿系统衍生出排泄欲求

生殖系统衍生出渲泄欲求

　　——（iii）器官层次的平衡欲求

　　——（iv）组织层次的平衡欲求

　　——（v）细胞层次的平衡欲求

　——II）其他生理层级所衍生出的普通欲求层级之下的欲求

　（B，生存衍生感知欲求

　—a：四大欲求感知欲求

——I）生殖系统渲泄欲求与爱情或友情欲求结合派生出性欲求欲求

——II）生理安全欲求与神经系统的思维反应引发的炫耀欲求结合派生出名欲求欲求

——III）生理安全欲求与神经系统的思维反应引发的支配欲求结合派生出权欲求欲求

——IV）生理安全欲求与神经系统的思维反应引发的占有欲求结合派生出利欲求欲求

　—b：其他生存衍生感知欲求

——I）生理层级所衍生出的情绪感欲求层级的欲求

　　——（i）整体生理平衡欲求的安全`健康衍生出亲情`爱情`友情欲求

　　——（ii）消化系统衍生出美食欲求

　　——（iii）神经系统衍生出各种主动性思维反应欲求

　　——（iv）健康欲求衍生出的体育运动欲求

　　——（v）各种安全欲求衍生出的各种休闲游乐欲求

——II）其他生理层级所衍生出的情绪感欲求层级的欲求

（5）欲求反应的一般规律

　　（A，欲望是由社会目标和个体目前不符合目标的现状两者出现不吻合状态的时候出现的。欲望有欲求目标和欲求目标值组成。

　　个体无止境的欲求源于社会对其核心思维体系的激发，并受着情感第一规律左右。

　　欲望在个体产生了不平衡的时候就会产生，欲望是个体试图消除不平衡状态的指令和体验，而情绪则是某种不平衡态到达一定程度或者刺激源本身所引发的心理系统将要失衡超过一定程度的状态下，所经过情感机制处理的那一部分信息，所有经过情感机制处理过的信息都会带有一定程度的情绪体验，失衡的状态越大情绪感受也越大，情绪感受也就是个体监测到自身在处理信息经过情感机制时候的过程而已，而正情绪或负情绪都必须在情感机制处理的末端才会发生，情绪必将在情感机制把一个待处理信息处理后所得出有利幸福或不利幸福才会有一个完整的情绪表露和体验。

　　欲望：是维持内环境平衡态的监测机制所引发的一种信号，通常由个体内环境某个系统出现不平衡状态后被监测机制所观察到尔后向调节机制发出某方面需要调节的信息，这个发出调节的信息就是欲望，而这个机制的内部结构就是欲求机制，它由生理平衡监测系统和心理平衡监测系统构成，如果这个机制所监测到的失衡信息依然存在，它就不断反复的向调节机制发出调节信息让调节机制不断地做出反应行为，这种状态一直延续到失衡信息消失为止。它和情绪的区别在于它既可以经过情感机制处理来调动起应激状态处理刺激源，也可以不经过情感机制而按照常态处理来行为输出。情绪是一种只能通过情感机制处理的行为输出才能产生的状态，它使人笼罩在一个非常态的应变状态下以便能更好的输出合适的反应已应对刺激源。

　　（B，一组完整的刺激反应生成欲求行为的过程

　　如果经过第一个阶段和第二个阶段在第三个阶段中，由于遏制反应的三种因素出现而使得身心反应形成下降趋势从而成为一个转折点，那么欲求机制会由于身心重又回复到零值而停止输出目标和行为。在这个过程中也不会有任何情绪发生。

（ C，如果在引发欲求的第一个阶段，一旦反应强度又降到欲求层级之下就不会进入寻求欲求目标的第二个阶段

因为出现两种因素会使反应强度降低 一；第一刺激源在逐步降低其刺激强度，二；第一刺激源强度不变但内外环境又出现其他的刺激从而形成干扰，结果出现两种结果 1 为和谐趋弱反应渐小；2 为转移欲求目标转而应对其他新的刺激源。以上两种因素使得欲求不再生成，欲求行为也不再实施。

（ D，一种刺激引发两种欲求

当饥饿了一天的首先需要满足的是消除饥饿欲求然后他会其次考虑到满足美味的欲求，两种反应是有两种不同欲求形成的，饥饿欲求首先是由生理自主反应平衡机制引发的如果没有满足欲求，那么达到一定的饥饿痛苦度的心理阈值，就会通过情感机制产生痛苦情绪。而美味欲求则是由心理欲求引发的。

如果消化系统受到内外环境的激发会引发胃壁的相互蠕动的加剧，当摩擦产生的刺激强度突破该胃部的生理感受阈值还不会引发饥饿感，如果该刺激强度足以大到超过其他内外环境一切其它刺激的强度从而能突破心理监测的阈值，则会引发饥饿感，使人引发食欲。同时也可能会引发美食欲求，如果两者生理需求和心理需求互为刺激会进一步使得生理失衡加剧，胃部痉挛更加严重。这时候附上情绪化了的饱食欲求和美食欲求会激发出原有储存的习惯的进食场所的记忆，进而引发去找食源的行为，之后会大块朵熙，当胃里有了一定的食物就会首先消除胃的痉挛，在满足了一定的食欲并也一定程度满足了美味欲求，在满足了食欲之后美味欲求却还让人继续进食，直到胃部出现不适感引发消除痛苦的欲求，如果能抵消美味的欲求，这时候才感觉进食过多，才会使人停止进食。通常美味的需求使人不顾胃部已经储存有正常量的食物，却还进一步的想在美味的欲求激发下寻获更多的美味刺激，但胃部的容量限制了人的美味索求，而变态的美食欲居然能使人把食下的食物全部呕出再继而进食，这就突破了胃部的容量的限制，但呕吐的不适和情感第一定律的限制则始终在限制着人的各种欲求！在一组刺激反应过程中人会因为刺激源的重复而放弃对此的索求最终得到心理和生理的平衡。

（ E，在某个欲求上面获得的情绪失衡 可以在另一个欲求上面获得平衡。

（ F，欲求的终止源于刺激源的消失

（乙）欲求与场景

（1）简介
在情绪感第一定律的作用下个体按欲求秩序流的排序向着更高梯级更刺激的欲求展开行为。
道德和各种规范是规范和遏制不良行为的工具。
人总是向着他自身特定的欲求秩序流展开行为。
人总是不满足于自身的原有的已经实现了的欲求，喜新厌旧适应于各个方面，更换所用的物品更换食品更换频道更换所有频繁出现的一切事物，以从中获取幸福感，以此平衡身心，如果没有社会的约束这种变更的欲求会冲破一切道德约束，社会就此崩溃。

（ A，欲求涵盖着场景，是场景得以组合`分解`存储`输出的基本机制，

（ B，欲求解析

欲求由欲求目标和欲求实现方式组成。
欲求目标：现实状态和预期状态构成；
实现方式：该欲求的行为场景的组织方式和该欲求的行为场景的运作方式构成。
现实状态：现实的个体所处的场景状态与现实个体所处的社会状态构成；
预期状态：个体预期的场景状态与与个体预期的社会状态构成。

场景状态：由身心场景平台状态和场景心理角色状态构成；
社会状态：由个体在社会中所处的各种状态和个体的社会角色构成。

（ C，场景解析

场景由模式场景和行为场景构成。
行为场景由组织方式和运作方式构成。

（2）援例 2 吃饭场效应

（A，内外刺激——身心失衡——感应器`感知器——身心监测——形成关于"吃饭"的场效应——场波动——第三重以上反应梯级——欲求反应或情绪感反应——发生有关"吃饭"场景的欲求——发生关于"吃饭"场景的调控反应（1 调用吃饭场景。吃饭场景有许多种组成，主体只调用符合当前环境所需的吃饭的各种场景；2 把各场景重新分解综合以完成当前吃饭所需的欲求）——输出场景行为反应并即时监控和调整——内外刺激消失——失衡消失——场效应消失——欲求消失

语音信号被人所解析的一般过程

刺激源
你今晚吃米饭？

对刺激源的解析过程

你=我=某甲　今晚=2004年12月27日17点左右　吃=饮食　米饭=饮食种类　？疑问号

场景行为模式库		
自我意识中的主体辨别	生存欲求模式　性欲求　名欲求　权欲求	其他获取幸福感的欲求模式
自己　　他人 它物	维持生理正常运作的欲求　亲情友情的欲求 饮食 新陈代谢　呼吸 调节体温 保持湿度 避害救险	艺术`文艺`旅游`种植`等等一切人类所从事的行业都会有他人所需要满足的欲求。
名称符号　界定范围　名称符号　界定范围		

我`某甲`自己认可的称谓`他人指称的称谓　自身心理所能感知到的生理范围`他人和自己习惯认定的范围。

自己和他人对其所辨识的事物约定俗成的称呼

自己和他人对其所辨识的事物约定俗成的范围

米饭和时间都是属于他人它物中的特定的名称

对饮食方面的感知和感觉

主食	副食	饮食方法　烹调方法
米饭　面条	其他各类主食品 各类蔬菜　各类点心和零食　各类调味品	

心理感知方面	视觉感知方面	嗅觉感知方面	触觉感知方面	听觉感知方面	味觉感知方面
性质	形状 颜色	气味	质地	声响	特性
理解大米的分子构造	视觉对米饭的外形刺激的认识	米饭所形成的对人体嗅觉的特定刺激	米饭特定的表面和内在的物理结构对口腔皮层的刺激	米饭煮食或食用中对听觉的刺激	米饭食用中对舌头和口腔方面的刺激

长形颗粒状，每粒长度不超过一公分，宽度不超过五毫米，厚度和宽度基本相等，一头是圆型一头稍尖，中间呈现圆体。颜色为乳白色

（B，内外刺激——身心失衡——感应器`感知器——身心监测——形成关于"吃饭"的场效应——场波动——第三重以上反应梯级——欲求反应或情绪感反应——发生有关"吃饭"场景的欲求——发生关于"吃饭"场景的调控反应（1 调用吃饭场景。吃饭场景有许多种组成，主体只调用符合当前环境所需的吃饭的各种场景；2 把各场景重新分解综合以完成当前吃饭所需的欲求）——输出场景行为反应并即时监控和调整——内外刺激消失——失衡消失——场效应消失——欲求消失

（C，欲求反应是主体为了平衡身心做出的反应，是欲求机制和情绪感机制的功能，欲求反应有普通欲求和情绪感欲求反应。欲求反应包括：欲求目标和行为模式场景构成。

（D，欲求目标：欲求标的`欲求主体构成。

（E，行为场景构成：

　—a：行为场景的组织方式

　——I）由何种子模式场景组成

援例：

　　"吃饭"总模式场景的组成：（甲类环境下）1"起身"子模式场景`"洗手"子模式场景`"盛饭"子模式场景`"进入餐桌"子模式场景`"吃饭"子模式场景`"洗碗"子模式场景。

　　而各子场景又分别由多种子子场景构成。"起身"的子模式场景可以由腿部的骨骼肌肉的各种连贯动作组成，"身体前倾""小腿往后收缩""大腿肌肉用力""身体再次前倾""大腿再次用力把身体向上挺"等等，一直可以分解到最简单的行为。

　　真是这些子子模式场景构成了"起身"的子场景，而"起身"的子场景又和其他子场景构成了"吃饭"的行为场景，这也是主体欲求的目标。

　　——II）各子模式场景的组织方式

援例：

各模式场景的组织方式：先起身——洗手——盛饭——入餐桌——吃饭——洗碗。

　　—b：行为场景的运作方式

　　——I）模式场景：行为目标`行为的组织方式`行为的过程方式。

　　（F，每个子场景的组成方式都为了欲求的实现而组合，不同的欲求会有不同的场景参与和组织方式，

　　（G，模式场景是各种特定行为的构成。是主体存储的由经验或学习中习得和自我组织的能够完成某欲求的行为的组织方式，模式场景的特点是可以为主体所分解或组合。

　　（H，每一组模式场景都有相应的多重行为构成。且按照特定的行为组织构成的。

　　（I，复杂的欲求实现就需要极为复杂的多重模式场景的有效组织，但最终可以分解为多重的简单的几组行为模式场景。

　　（J，刺激（作用于个体）——使个体状态发生变化（内环境的身心状态和外环境状态）——个体反应（从内反应的思维过程到外反应的发生行为）——使刺激改变或自身改变

　　（K，个体状态可分为内环境状态和外环境状态，内环境状态可分为生理场境状态和心理场境状态；外环境状态指个体所处的社会状态。这两种状态各自形成了该主体的场境角色和社会角色。

　　（L，欲求最新解析

　—a：欲求目标

　——I）现实状态

　——II）预期状态

　—b：实现方式

　——I）行为场景的结构方式

　——II）行为场景的运作方式

　　（M，欲求的主要方式：

　—a：改变原有状态

　——I）恢复原状态的欲求

欲求标的为恢复原有状态，也就是从现有的状态返回到原有的状态。

　——II）改变为新状态的欲求

欲求标的为跃升到新的状态。从现有的状态跃迁到新的更高的状态。

（3）欲求的推论过程

　　（A，生活秩序的解析

生活秩序涵盖个体的各个方面的生活状态，包括：事业状态`家庭状态`社交状态`娱乐状态等等生活状态。

其中各种生活状态是由个体的各种特定的反应构成，其中一种欲求反应又包含着该主体的现实生活状态和预期生活状态。

现实生活状态包含了场景状态和社会状态。

　—a：生活状态

是个体在事业`家庭`社交`娱乐等方面所处的状态，是一种生活状态。也是个体在某生活方面的一种相对稳定的反应规律，是个体依照自身心理秩序流习惯性的反应于某生活方面的一套相对固定的行为。

如某甲在娱乐生活方面他习惯性的选择爬山作为一种享受的乐趣，而某乙则选择阅读书籍作为娱乐的方式。他们所选择的都是能够满足自身获取幸福感要求的欲求反应，都属于生存欲求和生存衍生欲求中的一种类别。

各个个体的娱乐方式会有不相同，因为每个个体的心理欲求秩序流的组成是不同的，

（ B，欲求的解析

欲求由欲求目标和实现方式组成，欲求目标由现实状态和预期状态构成。预期状态是指个体设定的欲求标的物需要达到的状态。而这个状态必然是相对于自身更高层级的状态。

比如利欲求目标，预期状态为"取得某种财富"，而该欲求的预期状态是建筑在"没有该财富"这个现实状态之上的。

预期状态"获得某种财富"是改变自身现实"没有该财富"的场景和社会状态。

某甲拥有 5 万资产（这是某甲在现实中的利欲求方面的现实状态，这种现实状态构成了某甲的现实的场景状态和社会状态，也构成了某甲的社会角色和场景角色）。某甲欲求拥有 10 万资产，这就形成了他的预期状态（这种预期状态构成了某甲预期所要达到的场景状态和社会状态，也构成了某甲预期想要达到的社会角色和场景角色）。这两种状态是以现实状态为基础和参照点，而预期状态为目标一起形成了利欲求目标。

预期状态为"拥有 10 万资产"的欲求其基础是处在的现实状态为"拥有 5 万资产"（还可以有其他各种状态，如该资产处于凭借给他人的状态`处于掠走的状态`是属于捡到的财富，等等），某甲拥有 5 万资产则表明了主体与现实状态的关联状态。

某甲在利欲求场景中的现实状态形成了该主体的场景状态和社会状态同时也形成了场景角色和反映于社会中的社会角色。

因此某甲在利欲求中现实状态的场景状态和社会状态为"我拥有 5 万资产"和"某甲拥有 5 万资产"，其场景角色和社会角色为"我拥有 5 万资产，在社会上我是普通人"和"某甲拥有 5 万资产，他只属于普通人"

某甲在利欲求中预期状态的场景状态和社会状态为"我需要拥有 100 万资产"和"某甲想要拥有 100 万资产"，其场景角色和社会角色为"我想要成为中产阶级"和"某甲想要属于中产阶级"

如果某甲达成了欲求，他就改变了自身原有的场景和社会状态，成为新的场景和社会状态及场景和社会角色。"我已经拥有 100 万资产"成为他的新的场景状态，"某甲拥有 100 万资产"则成为他的新的社会状态。"我是中产阶级"成为某甲的新的场景角色，"某甲是中产阶级"成为某甲的新的社会角色。

因此实现了某甲的欲求目标也就意味着同时也改变了某甲现态的社会角色和场景角色，

（ C，援例

　—a：刺激反应事件：小便

　—b：欲求目标：

——I）现实状态：内环境失衡，尿液充盈——膀胱膨胀——场波动——发生小便欲求。

——II）预期状态：内环境复衡；实施并完成小便行为，解除膨胀感。

　—c：实现方式

是由行为运作机制来完成的。是主体如何实施行为来完成欲求目标的反应。

——I）行为场景分析方式

——II）行为场景的组织方式

行为场景都是主体在场景反应模式中心存储的现成的反应模式，每一种行为场景都有各种不同的模式场景组成，每一种模式场景也都有不同的多重的子模式场景组成，一直分解到各种最基本最简单的行为反应。

甲类组织模式："起身"——"进入厕所"——"小解"——"洗手"——"完成"。

乙类组织模式："寻找厕所"——"进入厕所"——"付款"——"小解"——"洗手"——"完成"。

——III）行为场景的运作方式

视当前环境调整当前的行为场景的输出`中止`重组等反应。

（丙）生存欲求和生存衍生欲求

（1）生存欲求和其他衍生欲求的形成

社会创造出四大欲求目标：性欲 `权欲`利欲`名欲。

生存欲望是一组信息的构成，它是社会组织构成之基础之一，是社会组织产生并灌输到社会人大脑记忆之中的，它形成对生的追求对死亡排斥，一般而言不利于生存的刺激源出现， 便会有痛苦概念赋予。当这种刺激源消失，便会有一种幸福感出现（快感、愉悦、等积极情感）外显。

社会存在需要秩序流，幸福观是社会得以把每个个体的行为都联结起来形成一种秩序的重要社会文化的核心机制，幸福观投射在个体的情感机制上就表现为欲望的诉求。四大欲求以及其他所有的欲求也就是生存欲的衍化，保持形态特征和繁衍是具有组织这一特性的重要功能，生存欲也就是保持形态特征和用繁衍的手段来维持组织用各种形态和方式存在下去的体现在幸福观中最基本的核心诉求，其他的欲求则不过是人类社会适应发展所需而特定产生的一种生存欲的另外的诠释，人类社会组织的形成到存在和发展是造就了个体的心理系统并使个体之间和个体与外界之间能充分的互相沟通的结果。

生存欲是在人类社会产生初期的一种社会的幸福观，它的形成是自然人成为社会人的重要里程碑，是继自然人有了最初朦胧状态的自我意识形成对生死的价值观判断之后的最初的幸福观的内容，形成"生存欲"这种幸福观是社会人形成心理系统的一个重要标志，也是个体心理系统中情感机制的组成核心部分，它形成了个体为追求幸福目标而展开的种种行为的社会行为而不是简单的无自我意识的自然人的行为方式，是形成社会的一种最初秩序流的重要因素，个体在有了自我意识之后便得以产生了对生的追求和对死亡的排斥的行为，最初的欲望就在这里产生最初的情绪同时产生了，两者互为作用，使社会人个体在情感机制的作用下能够互相表达各种表情（情绪的外化）更有效地避免危险和捕获猎物，在随后产生的语言文字中社会人更加主动地应对和改造外环境，得以更长久的生存。

社会形成初期社会人形成了生存欲，随着社会的发展和变化过程中又很快产生了各种衍生欲望，包括四大欲求：性欲求`名欲求`利欲求`权欲求；和其他欲求。

（2）生存欲求和生存衍生欲求的转换规律

个体的主欲求和次欲求也是在和社会的互相影响下变动着，次欲求可以变为主欲求，主欲求也可以变为次欲求，

个体时时都在失衡状态下生存着，战争状态和和平时期的生存方式有根本不同，前者以生存欲求为主线，也就是满足生理反应为主欲求的生活方式，因为这种非常时期里生存是一种极为不容易实现的，随处可见的死亡和暴力时时刻刻都威胁着个体的生存，食物的匮乏`生命的威胁`疾病的肆虐让个体生理系统得不到正常的平衡态，这时候个体不可避免的首要目的就是以生存作为追求的第一要素，也就是把生存作为幸福来源。那种追求生存衍生欲求方式的生活方式只有少数满足了一般标准生理正常需求之上的少数个体才拥有的，或者是那种更少数的有着不同于常人那样的思维方式的个体才拥有的生活方式。而和平时期却正好相反，在大多数人追求生存衍生方式生活的时候，有那么一部份人舍弃追求这种生活方式甘愿安于平淡的生活，却也是只有少数异于常人的个体才会去做到。和平时期追求基本生存欲求的生活方式退行至第二位，被生存衍生欲求所替代，因为社会上各方面的发展是依靠这种欲求方式来激发个体行使各种行为创造出更多物质财富，和平时期和战争时期始终有这样两种人，一是自主性个体；二是非自主性个体，他们是两种势力前行力和守恒力在社会上的力量平衡的反应，非自主性个体始终是代表着整合和守恒状态的守恒力，自主性个体始终代表着发展和激进状态的前行力，战争时期非自主性个体能够舍弃自我引领芸芸众生（自主性个体）不畏惧死亡和困苦走向和平，而和平时期非自主性个体同样能够舍弃生存衍生欲求的种种诱惑而甘愿平淡，守恒力与前行力两种势力共存共生此长彼伏，阴阳调和，使社会趋于综合的平衡状态，而不至于失衡而崩溃。

社会给予个体有行为秩序的指向，根据"社会角色"形成的向上的欲求就是社会给予的指向概念，每个自主性个体都会在自身的社会角色有一种向上提升的欲望，这种欲望就是社会赋予的他们的突破原有秩序的发展的动能，他们因此在所有领域为要获得一种幸福感而去登上更上一层次的社会角色，那些被本来相对低微的社会角色所替代的自身社会角色下降的自主性个体会感觉痛苦，而替代他们的个体却会感觉快感。

心理系统的失衡就是打破原有的平衡，就是个体的社会角色波动状态，如果个体的社会角色向下调整就会感觉痛苦，反之亦然。比如一般情况下对于自主性个体而言，国王成为乞丐这样的社会角色就会让国王感觉痛苦，乞丐成为国王则会感觉幸福。这个社会角色不仅仅是指个体的职业，而是泛指个体在社会中各个方面在实现四大欲求中的状态，如职业方面实现权欲求状态`在婚姻家庭和性方面实现性欲求状态`在社交领域实现名欲求的状态，每个个体依据自身的在社会上的必然的社会角色的不同（因为每个人都会有自身存在的特殊的状态，如同坐标上一个点，其他点是不可能覆盖到那个点上的，这种现实存在状态别人无可替代，四种不同的阶层就代表着每个社会人都会在四个阶层中其实是在整个社会角色中有着自己的位置，无论出生还是死亡都会在社会角色中扮演着自身的特定的角色，无论是乞丐还是国王，无论乞丐人数增加还是国王人数增加，都会有每个社会人的一个社会角色的位置。

（3）生存衍生欲求的四大欲求和其他欲求

（A，权欲求

常结合性欲求名欲求利欲求形成复杂的心理诉求，一般以他人对自身的服从来达成，，职位是确立起稳定权力存在形式的机制，并提供权欲求实现最合适的土壤。

如果领导与被领导双方并无权欲求实现的感觉，或因实现权欲求时受障碍，这样双方就没有实现权力的欲求，这种关系成为典型的服从与被服从关系，至少领导者认为能支配下属实是理所当然的，也成为一种习惯，这时的领导者并没感觉权欲求实现，只有在不断变化的不稳定的职位争夺过程中，才会有权欲求实现。如果某领导以权欲求为重要的寻求幸福感，那么必定会在即使从属绝对服从的状态也会支配训斥，一面不断借以证明体验其权力的存在并实现的快感，更重要的便是在潜意识中试图引起下属不满情绪，继而表现出的不服从状态，会使他得到更多刺激，这时上属面对下属的反抗会真正体会权力的存在，下属反抗对于上属是一种威胁，而权力常结合其他三大欲求，没有权力等于没有了一切。这威胁凝结成强有力的刺激源，灌注于他的神经系统，逼使他作出种种反应试图减弱消除刺激源，通常有三种结果，首先是下属最终服从，其次下属调离职位，最后上属被解除职务取消权力行使，第一种情况会让上属一种最大的权欲求实现感满足感，第二种状态则给与上属以一般化的正常的状态，既不会有满足，也没有痛苦，唯有第三种状态会给上属以最大痛苦赋予，职位解除对于寻求权欲求实现的人而言，象无源之水，无本之木，这种刺激给予上属带来痛苦的痕记，只有第一种状态才使他又真正感觉权欲求实现，真正的幸福在这一刻闪烁。

（B，名欲求

是以各种技能使自己在其他个体中产生影响，最主要地表现在从事各种职业的过程中。在每一阶层中的每一层次，都相应存在着名欲求，各种职业依据其不同的特性来划分名誉的大小。如：政治阶层理所当然以其职业高低作为判别名望大小的标准。而第二阶层除以职位高低来判别，有些职业如没有职称的便以技能高低或以观众读者的受欢迎程度来衡量。（影视演员，舞蹈歌唱艺员，作家，艺术家等等，）对第三阶层而言，一般没有较大的如同第一第二阶层那样的名望传播，他们的名望无论深度广度都只限于本人工作岗位的范围内，他们没有许多的机会也没有更多能力来传播自己的名望，而名望更是相对而言的，也总是与其人的职业紧密联结，如作家是通过写作，如果他的作品赢得比另一位作家更多的读者（读者的认可是购买行为），那么可以断言此作家会使自己名望超过另一位作家。一般而言同行业的个体也只能与本行业的个体相比较，不同行业如：医生与雕塑家的名望便不可比较，而且各种行业都有着最顶尖的名望最高的权威，在传统社会与现代社会中都存在，只要有行业存在权威也存在，在传统社会中权威一般是稳定存在着，的如政治阶层是以皇帝为代表的，其他行业也都存在以偶像形式的权威者，在医药界有李时珍，华陀等，书画艺术界以顾恺之王羲之为代表，而现代社会的权威名望由于与社会的经济需要直接关系，便脱离传统社会中第一第二阶层依附于第一阶层，不只起到稳定社会的作用，名望与其本人所获得成就相提并论，权威名望的获得一般是其本人造就同行业没能造就的成绩，或对全人类有着巨大影响的发现如爱因斯坦的相对论，牛顿的万有引力，达尔文的物种起源等，这些成果不但可以改变世界，更使自身的名望在同行乃至社会上有巨大的改变。虽同行不适于比较，但有时社会上人们可能不受行业限制，而根据大众相传的口碑判断，或以影响社会最大的行业为依据，如政治行业在传统社会处在主导其他行业的地位，自然其领袖人物无疑受着万众注目，依次为第二阶层的白领人物，接下去是第三阶层最后只有仰视资格的预备阶层。

成名一刻高潮可能到极限的阈值，每次欢呼都成为一种快感的刺激源，但随着情感第一定律的出现个人的反映也随着欢呼声的出现而日趋麻木，直到甚至成为一种骚扰的痛苦！尤其在其地位巩固的时期尤觉如此。这就是名欲求的过程。

（C，利欲求

是个体积累各种有形无形的资产的方式或借此获取其他三大欲求目标，从而满足自身的幸福感。利欲求常结合其他欲求方式来达成，其本身的财富积累可以获取快感，因人而异，有些个体只是借助财富来满足其他欲求目的，譬如：用财富以交换对方与自身的性行为。或用赈灾济贫以取得名誉。一般而言财富多称为富有，反之亦然。富有与贫困只是相对而言的概念，是人们把各自所拥有的资产折成货币，从而显示富有与贫困，所谓富与贫是依附于财产的可经常变动的概念符号，随各种人为因素财产对比经常变化，如该个体所拥有的财富在此时超过他人，可能在彼时发生变化，而既然财富均等也没有该符号的存在。但是人类社会呈现多样性，任何人的财产都不可能同量同值的，所以贫富始终存在，且是相对而言的，小到个人大到国家都是如此。就各地区各国家而言则用国民经济总产值或个人生产总值相比较，显示各区域间贫富状况，而贫富的差距会引起向富有地域趋从模仿，贫国会加大经济建设试图赶超富国，而富国亦拉开与贫国的差距，显示其优越性。个体也会自觉或不自觉的把各自财产及受入加以比较，这必然可以从中划分出富有的少数，中等的多数，贫苦的少数，三个层次。资产拥有量多的富有群体就作为应以追求的目标，处于中下阶层的社会成员自然竭力地仿效他们的行为举止，并努力加入到他们的社交圈，从而改变自身的身份，而处在富有阶层的个体又努力拉大与其他阶层的距离，以便保持自身的地位，这种心理反应在生活各方面，如：个人的交通，通讯，服饰，交际，以及日常生活起居等等。从而折射出社会的秩序化要求，这反应在社会的各个层次各个阶层各种职业各种行为，都有基本的秩序为基础，有序化才是遵循各种行为规范的根本。

（D，其他形式的欲求

（丁）变态欲求

一种是个人心理欲求发展序列过程中出现的不正常状态，一般而言如果个人欲求不加以约束，社会甚至起到推波助澜的作用，那么个人的欲求必将会发展到一个最极端的方面，比如，性欲求，常态的性欲求和性行为是异性之间的一种基于婚姻等各种条件约束下才能发生一种欲求行为，而一旦社会对个人失去控制能力，就会出现突破各种道德甚至法律约束的性欲求和性行为的出现，在社会各种不良因素诱导和自身的"情感第一定律"的作用下，个人会从普通的最轻微的性变异逐步发展到最恶劣的性变异。其他各种欲求都是如此。

•自利性和他利性个体的变态欲求行为表现为：

1 最低等级为损害他人欲求实现来满足自身的欲求行为；2 中等级为不惜损害他人生命来满足自身的欲求行为；3 最高等级为不惜毁灭人类社会和自然界来满足自身的欲求行为。

这种变态行为在掌握权力的人和普通百姓之间会有相当的表现差异，掌握权力的人的变态会对社会有一种巨大的破坏作用，常常是达到最高等级，而普通百姓则通常只会处于最低或中等级。

[关于自杀] 一个饥饿的人会象老鼠一样寻找食物，但由于认知的复杂性人寻找的方法较为多，另一方面某人因刑期延持续绝食二拾五天，但没听说低等动物绝食或要求自己结束生命的，自伤自杀是一种拥有复杂心理系统的人类所能产生的行为。

（1）变态欲求的发生

不和谐体制的变态行为

在不和谐的制度下，却有许多不同于和谐体制的反应行为被视为正常行为，但却是变态行为，例如：把自身生理遭受损害的行为加之于自身，（吸毒 `文身`变性`各种美体手术`及其他各种寻求一切对身心带来强烈刺激的伤害行为），破坏人类社会长久存续的性取向的变态行为如同性恋`兽恋`乱论恋等等。

（戊）欲求援例

（1）内生因性痛感情绪刺激反应（一次男性生殖系统周期性充盈导致的痛感范畴刺激源）例一：

使个体欲求得以复衡有几种划分方式：

1 以是否满足个体欲求实现的方式来区分有两种方式使其复衡：一 使用理想的欲求方式得到复衡的刺激反应；二 使用不理想的欲求方式得到复衡的刺激反应。

2 以得到复衡的具体方式来划分有三种方式：一 在梦境中得以复衡的刺激反应；二 通过生理自然吸收得以复衡的刺激反应；三 通过性交合达到复衡的刺激反应。

3 以刺激源不同的消除方式来区分可以有两种复衡方式：一 直接消除刺激源的刺激反应，使生殖系统的充盈得以排泄使其不再发生刺激；二 共谐趋弱方式的刺激反应，使用另外一种刺激与原生殖系统的充盈带来的痛感刺激发生共谐趋弱作用，使原来的刺激源与新的刺激源共同消除。

（A，用自然吸收得以复衡的刺激反应：

其复衡过程是一个较为缓慢的平台过程，也是一面复衡一面吸收的过程，是一个最低感应阈值不断提升的过程，随着刺激的不断重复情感定律启动，个体不再对原有的失衡做出反应。而由于痛感区域较快感复衡区域为少，所以当从生殖系统失衡开始到精液被吸收完毕生殖系统重新复衡为止，这一组情绪的总体内评价为痛感范畴的情绪。

（B，这是一类在梦境中得以复衡的刺激反应：

其中可以有两种方式使生殖刺激得以复衡，一种是梦境中实现了所理想的欲求方式从而使其生殖扰动刺激得以复衡；一种是纯生理自主平衡系统的运作使其自然排泄而出得到的复衡。这种梦境中的第一种复衡方式亦可得到总体内评价的快感情绪赋予，因为 1 排渲的快感区域较之积欲的痛感区域为少；2 由于在梦境中在心里上也可实现了其欲求方式的宣泄所以在心理上获得了快感情绪的评价享受，但与现实中的性欲求实现方式缺少了生理和心理的双重参与。但这种梦境中获得性欲求方式的释放也是一种强有力的心理快感享受，得以使原刺激源共谐趋弱或通常直接消除原刺激源（排泄精液方式）。

（C，使用不理想方式得到复衡的刺激反应：

假设某个体已经建立起用性欲求方式是来自生殖系统周期性充盈的性扰动得以复衡的习惯行为。如果不能够得到性欲求方式的复衡就会采用包括自慰方式来得到复衡，由于这是在心理欲求行为指导下只有一种生理子系统参与的复衡方式，所以与其正常所需的性欲求方式得以复衡的刺激反应相比缺乏了心理和生理双重刺激感知。

（D，在正常态下该个体会从心理和生理两方面获得强有力的刺激反应：

在心理上会获得对性欲求对象和性欲求方式带来的刺激和在生理上获得在实现性欲求行为中感知到的行为刺激，当然这两重刺激都是在快感范畴的情感区域的，是一种直线上升的快速到达高潮的刺激反应，但复衡过程是相对延缓的由于有着双重身心的刺激使得复衡过程相对就延缓了，也使得这组新生成的刺激反应的情绪评价变为快感情绪。而原刺激源由于新的刺激源的发生就极大的消除了其扰动，形成一种共谐趋若效应不再成为刺激源了，由于受原刺激源的相对漫长的积欲过程的刺激其痛感区域是相当广阔的，常经历几天的时间才有一次得以复衡的机会切复衡过程是相当快速的，所以在情感第三定律作用下情绪总内评价就形成了快感范畴的情绪。

（2）内生因性痛感刺激反应（四重刺激源共同作用发生和强化饥饿感知的发生）例二：

分为三个阶段

（A，第一个阶段：是刺激发生过程

由于能量消耗导致血糖下降或习惯性的饮食时间导致胃部发生机械性蠕动加大。

习惯性的饮食导致的对心理系统的刺激发生。心理平衡监测系统会因为下列原因发生失衡：长期形成在午时进食的饮食习惯会导致饥饿感的刺激发生，并会与生理失衡刺激一起构成共振趋强的现象，这是心理失衡导致的第二个刺激源，以上两种刺激源属于内环境的刺激。而如果环境也处在极富引诱性引发食欲的场所就会更刺激人体的饥饿感并进一步诱发美食欲，这就是属于外环境的刺激了。在内外环境的三重刺激下，心理感知的饥饿感因为刺激共振而趋强，可以迅速达到痛苦感范畴的情绪感高值，如果欲求行为的输出并不能满足食欲就会再次形成一种新的不能实现欲求的刺激，从而更使身心失衡偏离而强化痛苦，这四重刺激源刺激着个体展开一系列疯狂的行为去消除这种痛苦。

（B，第二个阶段：是刺激处理过程

由胃部感受器搜集和传递刺激信号，传送给生理平衡监测系统，再由其提供场平台进行一系列场处理。

生理平衡监测系统接收到胃部的感受器传来的刺激信息发生了变化，由于蠕动加剧这个信息导致原有的场效应的场波度加大，其范围超过了生理平衡监测系统关于胃部的蠕动方面的场效应状态的最低感应阈值，也就是其蠕动的现场境和原有正常态的蠕动的场景发生偏离的值超过了最低感应阈值。

（C，第三个阶段：是反应过程

可分为三个层级的反应过程

—a：第一重反应层级

由于胃部蠕动方面的场波度达到生理平衡监测系统的关于胃部蠕动感应监测机制所监测的第一重反应层级，于是生理平衡系统相应发生感应反应进行自主调控，会引发食道和消化道的一系列生化反应，比如唾液和胃酸的分泌加剧。

—b：第二重反应层级

如果场波度继续上升到达心理平衡监测系统的感知监测机制所监测的第二重反应层级，就会引发心理平衡系统的调控系统发生感知反应，这时候我们就会感知到饥饿的信息。

—c：第三重反应层级

如果场波度继续上升到达心理平衡监测系统的欲求监测机制所监测的第三重反应层级，就会引发心理平衡系统的调控系统发生欲求反应，这时候会导致我们去行使实施饮食这个欲求行为。

—d：第四重反应层级

如果场波度继续上升到达心理平衡监测系统的情绪感监测机制所监测的第四重反应层级，就会引发心理平衡系统的调控系统发生情绪感反应，会激发我们更努力地去寻求食源同时激发我们组成新的行为模式去完成饮食这个欲求，痛苦情绪也发生了。

（3）外生因性痛感刺激反应（一次外力打击导致肤觉系统受创）例一：

可分为受伤期`伤口维持期`愈合期三个阶段。

（A，受伤期

生理系统的皮肤系统某个区域被某刺激源所作用，发生损害失衡，该皮肤区域的场效应状态的场波度迅速达到心理监测机制所监测的情绪感反应层级，于是在生理系统失衡的同时迅速的激发起心理系统的失衡反应，当该心理反应形成情绪感欲求时，这形成新的刺激源就与生理失衡的元刺激源形成共振趋强效应，在发生皮肤系统某区域失衡时，生理平衡系统会因为场波度迅速超越生理感应阈值而立刻进行自主性调整反应，这类反应会调动其他生理系统进行协调反应，该协调反应也会成为一种新的刺激源，于是这三种失衡体系就使得场波度更迅速地上升，使"情绪感"加剧其极性的程度（痛苦感范畴的痛苦程度加大），该痛苦情绪就成为新的刺激源，并和随情绪感生成的应激机制所产生的应激反应刺激，一起加入到原有的失衡体系之中，六大失衡体系交互作用使痛感范畴的情绪更加剧烈。

（B，伤口维持期

失衡体系中的心理失衡体系，由于原刺激源伤口的持续刺激和其他五大失衡体系的刺激源刺激的持续，在"情感第一定律"作用下，心理监测系统出现复衡转折，原有的场波度会逐渐下降，一旦其场波度下降到情绪感反应层级之下就会使情绪感反应这个刺激源终止，一旦心理场波度下降到欲求层级之下会使欲求反应消失，当心理场波度下降到感知层级之下会使感知反应终止。由于心理场波度的下降如果到达情绪感反应层级之下，首先会触发应激机制的停止，而各种因心理失衡和应激机制而引发的刺激源或加剧失衡的刺激源会发生复衡反应，从而最后使得扰动生理失衡的因素只剩下伤口的刺激和生理协调的反应刺激。

（C，伤口愈合期

如果生理受伤越严重，其身心的维持期和恢复期也越长，愈合期开始心理失衡会很快的下降到情绪层级之下，到达愈合中期心理失衡度再次下降到欲求层级之下，愈合后期会心理失衡很快下降到感知层级之下，心理的失衡不再被个体关注，生理失衡度也随着伤口的愈合而下降到感知层级之下不再被个体所关注。

情感评价机制在生理失衡上升到情感层级时开始发生，到身心失衡依次恢复到感知层级之下终止，整个情感总内评价结束。

（4）外心因性痛感刺激反应（一次黄蜂对心理刺激的实例）

一只黄蜂在我视野中出现，黄蜂的这个信息会立刻突破视觉的生理感知阈值传递到心理监控机制，我的心理监测系统会立刻判断出这是一种不良的刺激源，因为我调用模式库中存储有人被黄蜂蜇伤的模式（通过电视`书籍等社会传播媒体记忆并存储下来作为今后得以判断的参考依据），判断出黄蜂使我原来安静的读书环境改变为有低层威胁度的不可预期的环境，这时外环境成为一种非常刺激源但刺激等级属于最高等级10级的2级，情感机制同时立刻产生痛苦感范畴的第一等级情绪不安并且启动应激机制生理上会感觉有应激机制所产生的肾上腺体分泌的腺素在生理的作用，由于刺激源并不严重所以分泌量就较少，随之欲求机制有三种反应模式可供选择，1驱赶 2灭杀 3避让 这三种模式经过在第三控制系统的排选，首先会排除第二种反应模式，其虽能一劳永逸但与不随意杀生破坏自然平衡宗旨相违背，在优先性原则下先选择了1的模式来输出反应行为，随后做出的驱赶动作并不能消除刺激源，于是第三控制系统启动第三种反应，避让，走开以后刺激源消失了，于是痛苦情绪随着输出的行为达到目的而在第三控制系统自然消除其欲求反应模式输出，而在生理上的应激机制也不再启动，其释放的腺素逐渐作用消失，心理和生理系统也立刻感觉逐渐恢复到黄蜂出现前的平衡状态。

（5）外心因性快感刺激反应

如果导致心理失衡的外环境刺激是属于幸福感范畴的刺激源，比如一次突如其来的中奖，这种刺激可以使心理立刻失衡直接导致启动情绪机制的幸福感范畴的情绪发生，并同时使生理发生应激反应，使其心理真切地感知到一种激烈的情绪冲击。

第三节　性欲求原理
（甲）性欲求简述

一：对性刺激的两种不同反应

有性欲求反应和性情绪感反应两种构成

（1）性的普通欲求反应

性欲求反应不同于性情绪感反应，性欲求反应是指个体在欲求反应层级的对性的常态性的欲求，这是一种心理系统只是在欲求反应梯级层次上参与的欲求过程。

（2）性的情绪感欲求反应

性的情绪感欲求反应是有关性的刺激引发的身心失衡，如果其形成的身心场波度达到情绪感反应层级就会引发情绪感欲求反应。

通常在情绪感第一定律的作用下，个体的情绪感欲求反应会逐渐下降到一般欲求反应。

二：性欲求的功能

（1）性欲求和性繁殖

人类的繁殖功能是生命组织体系统的一大功能，它与保持形状的功能一起构成生命组织体的两大特征。原本单性也可以繁殖，单性繁殖在植物、鱼、蛙和昆虫的中是甚为普遍的，但只是适于简单的生命组织体，复杂的哺乳动物就不能适于这种繁殖行为，哺乳动物也是依靠两性的交合才能完成下一代物种的延续的。因为不同的性别的结合可以使基因能够选择的更好的遗传下去，能够繁衍出具有更适合环境的生理系统的下一代。但动物的性行为是纯粹的完成生殖目与人类目前的性行为是绝然不同的，人类社会的社会人为繁殖后代来进行性交的功能行为早已让步于为寻求幸福来实施性行为的手段了，我们谓之以"性欲求"，这种成为具有社会功能的欲求兼备着两大功能，一种是生物意义上的繁殖功能；另一种则是寻求幸福的功能，而从简单的性繁殖功能到兼具两种功能的性欲求是一种漫长的变化过程，是伴随着人类社会的逐步成型才得以完成的，它是社会行为有序化的重要手段。

（2）性欲求建立的社会需要

其实任何事物都能转变为人的欲求的对象，比如美食欲，有些社会把狗作为美食对象而有些社会确是禁忌，有些社会风俗把猪肉作为禁忌而更多社会确是美食，有些地区存在以人为美食的但绝大多数社会是绝对的禁忌。所以各种欲求的建立和禁止该求都是有着社会历史形成的因素，也是和人文环境与自然环境密不可分的，而有生存欲发展而衍生出的四大欲求；性欲求`利欲求`权欲求`名欲求，是人类社会得以建立和存续的必要因素之一，这四大欲求也是社会发展的基本动能。

人类社会的自然历史形成过程中，只把四大欲求作为主要的欲求对象，因为这四大欲求对象直接关联着社会的延续和发展，性能繁殖人类后代，性欲求的建立和对其的各种约束是社会基本要素"家庭细胞"形成的关键因素；名欲激发个人的尊卑感荣誉和成就感，使得社会尊卑有序，另外也是权欲求和的副产品；而利欲直接关乎社会的经济发展，对经济发展起到了决定性的推动；权欲的实现是政治领域个人谋求得到的最高奖赏，也让无数人未取得这个欲求而付出巨大代价，这种代价不断的以政绩和各种权利的斗争中推动着政治结构的发展。

四大欲求体系是构成社会运作秩序的主要构件，其他的饮食欲，旅游欲，安全欲，等等都是同样的欲求体系一起构成了社会秩序化的要素，同样不可或缺。个体是从满足各种欲求作为寻求幸福感的手段，从而满足自身对幸福观实现的终极目的。

（3）性欲求是心理和生理平衡的需要

社会中已达到满足基本生存条件的个体为追求幸福不断地在四大欲望中求索着，无尽地改造自己的现实的社会角色以期向上达成新的社会角色而实现其幸福。社会中大多数普通人选择追求性欲作为实现幸福的阶梯，他们把有助于性欲求实现的一系列行为所带来的心理和生理的刺激和性行为过程中带来的有别于平常皮肤触觉的刺激视为可接受的幸福，反之如果得不到这种刺激和反应则为痛苦。

追求性欲和追求名欲一样对社会起一种秩序作用，并且在追求过程中人们付出的种种行为亦可推动社会的发展，在满足基本生理需求之后，人便开始被社会带入一个追求无止境的心理系统上从失衡到平衡的循环之中。前提是只要其生存不受到威胁。

（ A，性欲求是一种失衡和个人行为的能量

性欲求是一种社会赋予个人的使个人行为得以与产生社会发展的动力的能量，它能使个人在性得不到满足时，在个人所求性欲求的实现时，能够尽自己的全部力量去创造各种条件去获得性得满足的能量。在获得满足和拥有获得性欲求最大化实现的个人而言是不存在这种失衡状态的，这种情况下该个体不会在性的方面产生需求，只有那种始终得不到那种外界所赋予和自己学习到的性交合目标实现的个体，或得到性交合刺激并反应之后再次被引发性的欲求的个体才会被得不到性交合而困扰，

（ B，四大欲求之间的转化和个体之间欲求需要的交换

— a：个体之间欲求的交换性

以何种欲求目的而行为视个体的现实条件为准，有的个体已满足性欲但他受社会的影响又去主动追求名欲利欲权欲，有的个体在性方面得不到满足，便被动的追求其他目的以期能迂回的满足自己的性欲求，因为在这类社会中能互利互助的个体能组成一种稳定的友谊关系是得以生存和获取幸福的基本原则，你在要求他人同你自己行使性行为时，必须在某一方面使他人相信能给他带来某种收益，从而能满足他的某种欲望才能达成一种沟通的平衡，如果他人有性欲的要求，而你确有吸引他的某种生理条件，那么这种互相吸引的条件可以使性的的行为得以实施，又如果这种行为使二者都满足欲望那么这种交易必能进行下去反之你如没有可以交换的条件，生理上的优越及权势名誉财富引不起他人的交换欲望，双方就不能达成共享。

在社会中性行为的实施随着社会发展的复杂度的提高，愈来愈不是纯粹的繁殖后代的行为，而被转化为个体寻求幸福感的手段之一，在男欢女爱的过程中在戏笑调情过程中，双方在心理上遭受到的刺激会被人们赋予最辉煌最幸福的魂断梦绕的，而在性的行为实施过程中伴随的生理上强大刺激和反应也成为一种幸福感的获得，这两种心理和生理系统的交互作用使个体享受到了世界上极具刺激性的性欲求。幸福和痛苦这二种情绪也始终强烈的贯穿于双方心理系统活动的起伏之中，一个遭受到重大失恋痛苦打击的人必定是经过巨大幸福的刺激享受的人。

— b：性欲求中情绪的正负转化

性生活达不到原有的刺激反应的阈值或改变原有的情感性质可以有两个方面的因素造成。第一种是由情感第一定律引发的；心理或生理方面受着定律的影响，生理系统和心理系统两大方面都起了某种非常态反应的变化，生理系统方面有了一种新的不同于以往的平衡以适应原有的性生活造成的生理上变化，一种新的生理平衡诞生了，而心理系统方面也由于经常出现的原有的刺激源带来的非常态刺激反应经过某段时间的重复而转化成为常态刺激反应，这样在新的生理系统的非常态平衡和新的心理系统上的非常态变为常态反应下，个体的情感机制就逐渐退出这样状态的性生活，而心理系统方面则把这样的状态标记为"枯燥的生活"。第二种是由内外环境因素造成的；在性生活仍然处于第一阶段的时候，生理或心理系统就已经失去原有的情感机制参与的快感反应的状态。在心理方面不再认可该性生活对自身的反应是一种快感，而是一种痛苦感，假设妻子知道丈夫和自己过性生活不利是一种阴谋是对妻子的可以预计的伤害，这时妻子就不可能对丈夫行使的性行为（尽管性行为本身没有改变）做出快乐的正情绪赋予，而通常是会赋予痛苦的感觉。这时候妻子的心理上的情感机制已经出现了否定的不利于自身幸福感实现的判断，这时候刺激源越大就会对妻子的痛苦感也越大。尽管生理系统和以往那样没有任何改变但妻子却感觉已经发生了根本性的变化了！在生理方面由于出现了意外情况而导致性生活成为一种痛苦，比如性伙伴一方被检测出有性病，那么该性伙伴对自己的性行为就如同把自己加上刑场那样把以前的快感直接转变成痛苦感，而性行为导致的其他生理方面的损害也会对性生活本身造成痛苦感。

— c：欲求之间的互相转化

这种替代可以由一次由于饮食的极度匮乏而导致个人的生理系统出现崩溃状态，也可以是忽然身处战争年代或沙漠地区，在面临生理上的饮食需求极度得不到最低供给的状态下，个体会抛弃其他一切欲求从而转化到饮食需求方面，而把以前的性欲求甚至作为能得到饮食欲求的方便之门，转换欲求和社会环境极有关系，战争年代对性欲求的索求比对生存欲求要低得多，而和平年代对性欲求的索求比对生存欲求要高得多。个人的欲求还是根据社会环境来左右的，也可以出现一次短暂的转化现象，如某次由于饮食的极度匮乏导致个人的生理出现前所未有的趋向死亡的极度混乱状态的时候，在此后的一段时期内给个体会把满足饮食的欲求作为个人的主欲求。会有可能把这种满足自身失去平衡的手段一直延续下去。

三：性欲求的约束机制

对性欲求的约束是构成和维持复杂社会体制有决定性的作用，并且对个体快感的获取也有决定性的影响。

（1）性欲求约束的重要性

（A，构成和维持社会复杂体制的重要性

为建立家庭并维持其稳定，避免因性欲求行为过度泛滥和错乱而引起的社会崩溃，各种具有复杂体系的社会体制普遍实行压制该行为过早直露的暴露于社会人，并且制定各种约束机制来遏制性欲求的泛滥。

性欲求如果象原始社会那样可以公开直露和自由的交合，性行为可以随时可做，在任何地点对任何人都不存在渴求心理，原本极具刺激的沦为一种习以为常的日常事物，人会由于生理和心理的逐渐适应而不去反应，所谓视而不见听而不闻，如：我们进入充满怪味的区域，在开始会感觉不适，随着时间的延长，嗅觉会不反应，使自身适应该环境，不会再感觉有任何异味，同样身处噪声震动环境中，久之也会习以为常，视觉味觉触觉也一样，综之人（不论自然人或社会人）只要身处同种形式身受同种强度对于同一身体部位的刺激源重复多次生理上会慢慢适应这状态，对这刺激源不起任何反应。这就是"情感第一定律"的巨大作用，这样对性的欲求会随着交合的随处可得次数增多而逐步消失，最后沦为彻底单一的为纯粹生殖而交配的行为，必使家庭崩溃社会体制更难以为继。

性欲求的形成是复杂社会的对性繁殖行为的发展，而性欲求必须是能够有效秩序化社会的，如果对性行为的无法遏制将会导致性乱，便会极大损害正常社会所需的人伦体系，抚育幼小`赡养老者和遗产的承续和家庭道德伦常的都必将毁灭！必将导致支撑社会复杂体系运作的社会大系统崩溃离析！

（B，对个体快感的获取也有决定性的影响

（2）社会的性约束机制

各社会区域给与性行为规定了各种规则并形成各种约束，社会人行使性行为受着两方面的约束力，其一为法律和道德的规则约束，性行为的规范体现在法律上则为婚姻法，并充斥着各种关于性行为的道德约束，限制着人对性行使的肆意性；其二为自身择偶标准的约束，社会人会依据社会的审美模式，对自身择偶有一个大致的标准，社会造就出了很多审美的具体对象，和其他欲求实现的标准作为性欲求交换的条件，具体对象是指审美对象的某个社会人的外形和他所表现出各种行为的特征，社会营造出符合美的个体以便让个体能够得以参照，比如农业社会对力量和生育的需求造就的审美观和以统治阶级的审美的趋从性的相结合，工业社会和信息社会在此基础上又出现了各种选美大赛，以及各种影视娱乐界的模版人物都是社会造就出的审美的标准。外表上越是能够接近于这些审美模版的个体就越是属于美的，越是趋离于这些模版的就越是丑的。于是在性择偶的选择方面社会人会依照此标准来追求美的个体，排斥丑的个体。

（3）两种不同的性欲求的社会约束机制

随着社会的导向的不断变动，个体的内在幸福观亦会随之导向而重新组合构造其内容，大多数个体会因应社会的舆论导向和现时主流的价值观来组合成为自己的新的幸福观，从而行使自己的主欲求的方向和实现手段。

在一个社会中，会有这两种截然不同的幸福观的导向，一种是以自利为主导的具有能动作用的"趋动力"反应在个体体现为"自利性个体"，他接受的社会导向为：以自我为中心点，用追求幸福行为来展开为自我服务，在追求中剥夺同类人的各种欲求的实现来完成对幸福感的获得幸福观的实现，用不断的获得新的刺激源来取得幸福快感，其所有的欲求手段都会在这个原则下祈求快速的感受到递增的感官刺激度，并且无奈的变幻着各种欲求目标的刺激源强度或欲求目标的本身。性欲求方面：（1）夫妻之间在不断翻新的性交手段来获得快感；（2）夫妻外的婚外恋中获得新的刺激源；（3）突破各种道德禁忌的变态恋获得新的刺激源。个体在不断的突破和寻求着快感，但"情感第一定律"却始终要让新鲜的刺激变为平淡的麻木，自利性个体在这巨大的定律面前陷入了这样的循环；越追求刺激感越强所需要逾越的获得新刺激或保持刺激度的壁垒也越高，而积累的痛苦也越深，每一次快感的记忆也就成为将来得不到而痛苦的馅饼。就像吸毒一样越吸食量越多，快感越多，痛苦越多，理死亡就越近！

具有相反作用的"恒定力"体现在个体为"他利性个体"，他接受的社会导向为：以崇敬的事物或人为中心点，用追求幸福行为来展开为崇敬物服务，在追求中不断的提高自己的认知水平，以期掌握更好的为崇敬物服务的各种行为，以崇敬物所要求的目标展开行为，以达到该目标为最高荣耀，在不断的达成各种次要目标中获得幸福感，实现其幸福观的追求。

（4）性欲求的遏制和宣泄

社会一方面对于性欲求的行为方式严格控制，另一方面又用各方面不同的方式表达和宣扬性行为是值得追求的幸福的源泉，各种传媒：电视`电影`报刊`杂志`文学都把性作为重要内容宣扬，这两种约束和推动的力量使性欲求成为一种推动社会发展的有力的能量。

（ A，受性欲折磨的时期

由于社会对能够性欲求行为最低年龄的控制与社会对性的宣扬使个体在青年期忍受着性的困惑，那些性腺已经成熟，被社会不良导向把自身的成熟的躁动都专注于性欲求方式的宣泄，但法律道德却又不允许其行使性行为，当他们习得如何行使性行为，并被灌输了性欲求是获得幸福的手段的思想之后，他们把这种状态认为是痛苦的，因为社会赋予行使该行为在情感符号是积极的幸福的概念，把性行为带来的刺激与得到功名利禄相提并论，社会人会把得不到这种状态解释为痛苦的消极情感符号，在社会人中形成最值得寻求的是行使性行为，是最快感的过程，相反是最痛苦的。便把不能行使性欲求的行为视为一种痛苦，特别在男子精液充溢时不但会在心理上有一种需要获得该幸福的失衡，也会伴着生理的不适从而交互形成恶性循环的状态，这给其带来焦躁不稳定的痛苦范畴的情绪。这样他们受着生理不平衡与心理不平衡的激发，会产生强烈的对性的欲求，千方百计地与异性交往，用各种方式接触，以期引起她们的注意而获得性满足。他们装饰自己，视觉上用各种符合流行的服饰（这也是在这时期最能引起异性性兴趣的刺激源）嗅觉上用带有能激发异性兴趣的香水；他们发出持续音节，模仿着流行情歌在听觉上期冀用美妙的声音刺激异性；他们根据异性需求，展示不同的肌肉力量和其他的文学艺术等等不凡的能力，在种种炫目的行为中以求一逞性欲求的渴望。

（ B，初次性爱的实施

如果一旦有合适的机会，他们便试着实施性行为尽管初次从其性行为的本身不会得到所想像的肉体上的快感，女子则会承受肉体的痛苦，男子也不会获得生理上的满足，但其心理却得到了巨大的满足，在性对象和性行为和陌生的场景共同刺激中，在担心着道德制裁和父母责难中，这些都成为了一种前所未有的刺激，一般都会深深地铭刻在他们的心理系统并被标记为幸福感范畴。

（ C，逐渐麻木的性爱过程

性欲求的行为带来平时感受不到的，又不至使心理与生理严重失衡到威胁个体生命健康，那么他们会赋予这种过程为幸福状态，随着性交次数的增多经验也越来越积累，他们开始享受偷欢成功的喜悦与性行为本身带来的快感，得到对社会禁忌的胜利的心理快感和生理上的快感刺激，而"情感第一定律"也同样始终在稳定而严酷的发挥着作用，随着他们大脑信息存储的性欲求的一组组刺激和反应越来越多，虽然生理系统亦会下降其敏感度，但主要是其心理反应首先会下降，越得到性爱刺激次数越增多其心理反应敏感度的下降速度也越大，而性爱刺激的强度越大则生理反应的敏感度亦会下降速度增大。于是到最后单纯追求性爱刺激满足的一方会很快的由于麻木的性而抛弃对方。

四：性欲求行为是习得的

性交合有两种功能一种是性欲求，另一种是遗传生殖所造就的生理上的生殖功能，在到达自身生殖生理成熟期中男子自身能够自然勃起和遗精而女子能够自然排卵这都属于生殖功能和自然的性反应，但也仅限于这种性的反应如果不是社会的教习，男子永远也不会去和女子去性交合，而女子则会认为性交合是极端丑恶的行为，男子实施性的行为是需要社会性的教习才能在女性生殖生熟的诱惑激发下完成行使性的行为。虽然很多动物和其他生物都能够不依靠外环境的同种群行为教习而完成交配，有些生物如细菌的交配则简单得多，只要两个细菌相接近接触后各自打开一个口，两个细菌就能互相交换称之为胞质基因的DNA环就算完成交配。而鱼类在发情期则只要排出各自的卵子和精子就能完成，但有着群体生活的复杂动物则需要进一步学习才能完成整个性行为。

而在性交合的行为中获取快感来达到幸福感的满足更是习得的，是社会人心里系统主导生理系统的行为过程，虽然动植物等其他生物的生殖行为可以依靠遗传和环境的刺激，由生理系统的神经系统来完成，但越是接近人类社会群体的动物却越是如果没有成长环境的教习性行为就越不可能完成性交合的行为过程。—— 如果把一只猴子从小置于完全隔离状态，也就是说既不让它和同类接触，也不让它和包括人在内的任何动物接触，那么这只猴子长大后就不会有任何性兴趣，即便把它和性欲强烈的同类放在一起，它也不会做出如何反应。在大多数时间里它都害怕接触同类，只是紧张地坐在角落里。——（摘自《人类动物园》，文汇出版社２００２年１１月版 ［英］德斯蒙德·莫里斯著　刘文荣译）。其实这并非关于性繁殖冲动的强烈与否的问题，而是没有经过教习的猴子并不会在生理被异性的能引发性行为的各种刺激如：体味`动作`等等的激发下会去做这种能够完成繁殖的性交合行为。它甚至是连激发的过程都不会，他不会把能引发其它猴子的性的刺激视为是可以激发起自己繁殖所需的行为。

但从单一的生殖行为发展到性欲求则是人类社会独有的一种社会现象，这种欲求则是经过学习而获得的，有人学会从异性身上得到，有的从同性身上得到，有的从第二信号源；文字`图片`视频等等习得。

我们从常识看性行为似乎是出自本能，其实只有其性行为的激发和扰动是属于本能的遗传下的生理的构造的功能，而起如何性交则是向其他信息学习而进行的，尤其是从中得到的快感尤其如此。

（1）案例：

内向夫妻性知识缺乏 结婚恩爱一年妻子仍是处女 2004 年 11 月 02 日 01:32　　信息时报

　　时报讯（记者　蔡民　通讯员　佐伊）近日，一对来自外地的夫妇性生活一年妻子仍未孕，于是到广州长安医院求诊。经医生检查发现女方处女膜未破，从病史中得知，原来是夫妻双方性生活知识缺乏，不知道如何过性生活。

　　据介绍，这对夫妇双方性格都比较内向，经人撮合，一年前步入婚姻的殿堂。婚后小夫妻挺恩爱的，一年过去了，夫妻都未采取避孕措施，可女方肚子却没动静。女方到当地一家医院检查，结果令人惊奇，和丈夫生活一年处女膜竟未破。

　　长安医院男科主任医师赵教授说，这样的病例是他近10年来头一次碰到，以前这样的情况一般会出现在比较落后的早婚农村夫妻身上，而现在一些高级知识分子在性知识的获取上很被动，性生活知识缺乏，使得婚后出现一些尴尬的局面。他表示，即使在性观念比较开放的时代，相关部门或单位对新婚夫妻进行婚前教育，传播正确性生活知识也是非常有必要的。

　　——（）

（2）性学习的过程

　　社会人从出生到儿童期和青年期到中年期的心理系统是从接触到学习走向成熟的一个序列的过程，社会人青年期的会在其生殖系统基本成熟之后会时常被其性腺产生的激素扰动和其他各种成长所需的产生的各种内环境的扰动而引发生理系统的波动状态，经常处于内环境波动的青年人会受社会教习的影响，在自利行为主导的社会环境中，容易被导向对性交合的行为，且容易使青年人在性行为上面获取心理和生理平衡的永久的生活习惯。而他利性行为主导的社会环境则会在其他方面使青年人的失衡的身心得到平衡，或者把取得平衡付之于体能锻炼，有些从事各种文艺活动，有些可以在社交获得平衡，这些行为完全能够把内环境综合刺激作用下而失衡的身心得到平衡。因为男子的性扰动的精液并不是一定要排出体外的废弃物，而是在一定时间可以被自身所吸收的，如果没有习得要用性行为来平衡这种扰动那么也会在另一种行为中或者不作为也能随着被吸收而自然的很快的趋向平衡。

　　但如果被教习的要用性交来完成平衡而且是唯一的方法，则会使该个体即使在精液被吸收的生理平衡的状态下也会由于得不到性交行为而在心理上重新产生痛苦范畴的情绪而导致生理的失衡。

　　受遗传因素和外界的影响会对性交合产生注意力，但泄欲方式完全是靠习得的，没有通过习得的也只是停留在注意力上而不会去宣泄出内在的失衡元素。

　　学习过程因人和因环境而异，有些人会从生殖行为的学习到性欲求的学习，他会从简单的排除体内扰动元素到能在性交合中享受到其中的快感为第一个阶段；第二阶段则会从快感的简单获取到对爱情追求的复杂行为中获取复杂的快感。这些人的内在的性扰动很强烈，往往导致性冲动比较外显直露，这就是男性的特点。而有些人是从性欲求的学习再到生殖行为的学习，也就是从性的幸福感的学习再到性交合的学习这样的过程，这就是女性的特点，因为她们相对男性没有那种强烈的内在的扰动，男性因为性腺的成熟而困顿于时常的精液的充盈。

　　我们在平时总是花费那么多个时间谈论思考行使性的行为，承受恐惧体验快慰，在各种场所直接间接的传播性的信息，用各种公开的手势，体势，眼神，或各种暗示术语。在一个稳定的社会中就连体验到的快感也是如此，社会人的男女之间有着稳定化的性行为的制度，即婚姻上的法律关系，它是家庭的基础，是扶养后代，赖以互助的场所。

　　社会人的性欲求好似饥饿时求食的欲求，虽然我们定期感到饿，但是必须通过社会化教习过程才能学会什么可以吃什么不能吃，什么食物有毒和什么食物是禁忌等等。社会人通过社会化过程逐渐习得何种刺激属于性的，何种不是，何种刺激属于是禁止做出反应的，何种刺激是能够迎合性反应的。而不同社会认可的性行为的规则也不同，但在有着较为复杂结构体系的正常社会里就会对性有两种基本原则，这是一致的，即：（一）社会上不允许随意交配，且近亲之间不得结婚和性行为；（二）性行为能在特定的婚姻关系下才能行使，这是组成家庭的重要条件。这两种原则是人类社会得以建立和稳定的基础。

　　除了人体自身生殖成熟后的表现出的各种性成熟的状态，如男性的勃起和遗精女性的月经等是生理遗传因素造就的，性行为的实施和性欲求的展开都是社会教授的。如同就吸毒成瘾这种行为那样，其形成的过程也是同性行为和性欲求的形成过程相类似，虽然前者是完全教唆而成，后者则主要是由于内环境扰动引发对外环境的性教育敏感而接受后形成的性欲求行为。

　　吸毒，原本处于一个正常状态的人，如果受到诱惑，虽然知道毒品的危害，但在对于外环境所普遍描述的信息："毒品对身体的极度刺激属于极度快感"这种错误理念所诱惑（其实质只是吸毒后的中毒症状如同性快感时候的状态是类似的只是更加强烈而已，而一般性快感则是属于常态失衡状态的不会危害肌体的），从自身的好奇心和寻求幸福目的出发，在引诱者的帮助下开始接触毒品，初次接触每个人的反应会有不同，有些吸食者会感觉相当不适，而有些则会感觉快感，这是因为毒品刺激所引发的反应首先是刺激大脑的然后再引发应激反应到身体四肢的一系列综合反应，是和人在遭遇强烈刺激事件时候引发的情绪是一致的，但毒品是一种毒性的物体，那么何以其刺激会成为一种人的快感源头呢，这就是一种大众化信息传递了普遍认可其刺激能使人产生快感的错误信息笼罩下的结果。而心理学的几种著名实验就真实再现了这一过程，当人被刺激又放到无其它归属可找的情境时，他就从外部情境中抓住突出的情绪。马拉农在健康的人体内注射引起内脏变化的肾上腺素，但被试者却不感到情绪体验只是冷淡的感到心跳胸部沉重`发抖`发冷和精神不安。但如果事前对实验组造成使其愤怒的环境和对照组快乐的环境，则会出现实验组表现出愤怒的情绪而对照组则出现快乐的情绪，这就是找不到生理变化在自己确认是无害的但不知道是否属于何种情绪的情况下，人会从外界环境寻找答案。

初次吸食者虽然有很多非常不适应这种刺激，但是在他周围已经习得把这种不适应赋予快慰情感符号的瘾君子，会使之转换这种属于痛苦范畴的情感符号的赋予，在心理上强制改变为幸福感范畴的快感情绪，而转换的原理就是无论刺激源是何种，一旦人的生理上出现偏差，这种偏差产生的情绪的正负性（接受与否）并不一定取决于自己心理上的赋予，这个刺激反应会被个人根据当时的社会标准与在不同的环境之中，来赋予其与本人所感受到的虽然是痛苦范畴的情绪体验但却可以赋予幸福感范畴的情绪符号，来认可这种生理体验和心理感知的差异，但最后还是会统一于心理的感知，最后变成一个毒瘾者，也有的人赋予了痛苦就排斥了毒品。毒品会使人体失去原有正常的平衡状态，逐步使肌体免疫功能减低，上瘾者他会把毒品的反应视为强烈的快感，而把恢复到正常态的身体反应状态赋予痛苦的情感符号，毒瘾发作时会引发头皮发麻，刺痛，失去对于时间，距离的正确判断，头晕目旋，周身无力又渴又饥，会感觉一种非常强烈的需要毒品的欲望，其实质就是他已经被毒品扭转了正常态的生活秩序他的身心已经被毒品所改变，达到了一个病态平衡状态，这样他会视为这种病态为正常的人体状态。而一旦身体试图恢复到原来正常的平衡状态的时候，毒瘾者却会视为该肌体的恢复过程的刺激是一种痛苦的刺激，于是就出现了种种戒断反应其实就是毒瘾者在心理上抗拒人体恢复正常的反应！很正常的他会把这种恢复健康的刺激反应赋予痛苦的情感符号。

这种吸毒成瘾过程的模式是与社会人从性交中习得如何体验快活是相一致的。吸毒的反应其实与性交和的反应是相一致的，性交过程是一种身心互动的深入身体百骸过程，牵涉循环与呼吸系统及肌肉运动等全身各系统的协调运动，而肌肉运动是带来刺激的最大源泉，大运动需要很多氧气它会使呼吸加快，使心肌更有力地勃动，教血液变紫，刺激血管运动的中枢，使全身血压升高，加速流动的血液过量吸收氧，让大脑产生过氧反应后的麻醉感，而仅仅这些就是在平时所感受不到的了，如果加上性器官在运动过程中产生的刺激，两者综合作用下人会感觉到很强大的刺激冲击力。而作为过量吸收到氧气的大脑会处于一种麻醉的状态这是和不过量活动又需有氧的运动中一样的。这样看来性交和中被称之为极度快感之一的醉了的状态却不是性器官摩擦本身带来的，是依靠身体运动靠取得足够的氧才感受得到，从理论上来说只要有有氧运动，心理上同时又想象有关性的各种状态，也能有相似于真正性行为的感受，而非常态的性交和运动它的震撼力可以引起很严重的生理偏差，甚至动物有时也这样，男人影响较女子大，而最严重的是死亡，其次有各种各样的心律失常，而神经 `血管，肌肉兴奋过度，体力不支的结果，初次行使性行为的男女都有各种不良反应，如昏晕，呕吐，遗尿，有羊癫风的人会发作，有些人内脏破裂，老年人可能中风致半身不遂。社会人习得从这种刺激反应中获取社会赋予的包含情感符号的模式行为，虽然很多性行为会引起人体不良反应，但任何只要不超越该个体承受范围的常态失衡的性行为，都不会造成对人体的伤害。

五：家庭中的性

根据刺激重复不反应原理，夫妻之间的性行为只在最初才最有刺激，婚后习惯性的逐步淡化的行为操作，使性本身愈加无刺激性，而当有一方不能满足对方要求时，才能引起各自的性欲求，这成为情人现象的根源，根据不同社会人的地位角色有不同的寻求婚外性刺激的表现。假设某人性欲强烈而自幼形成视性为寻求幸福的首要手段，这时的环境也提供合适的条件（有良好的吸引异性的外貌，拥有相当的与异性交换性行为的权力，财物，名誉等），这时该个体自然地行使满足欲求的行为，追求能唤起欲望的异性在这过程中，他们承受社会舆论压力，也承受家庭败坏，名誉败坏的压力，这压力转化成为双方的刺激源，他们每次行为都感受这种压力，这种外界刺激加上性行为本身刺激（双方因是初次的肉体接合当然与原有的性对象不同，这些都会形成新的刺激源）。他们承受着这样的恐惧压力，同样也享受欢悦与不被发现不受舆论谴责的如释重负感。当然到情感不反应原理发生作用时，又会各自重新开始新的欲的追求。

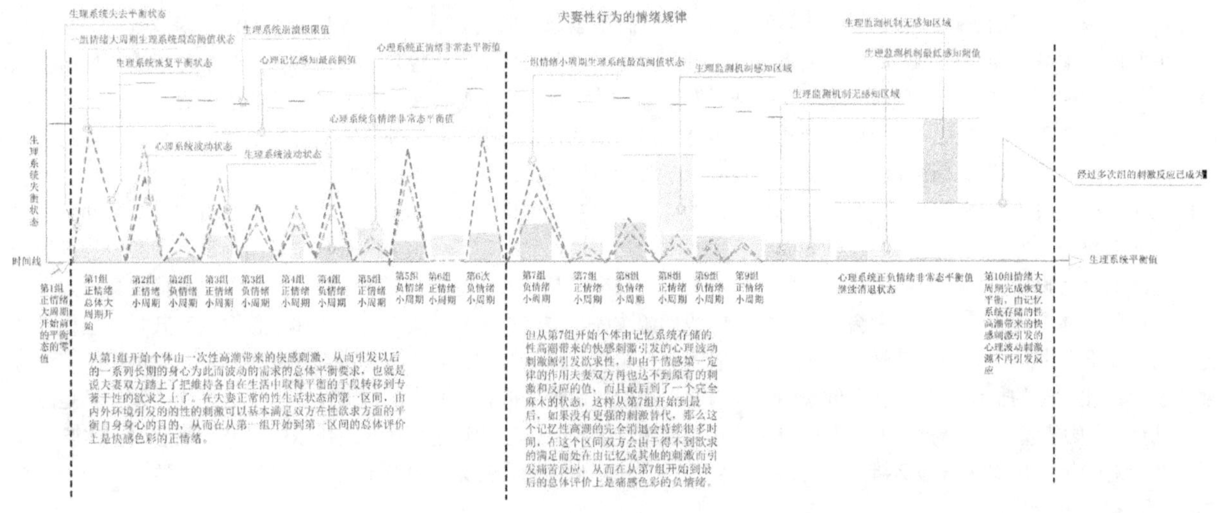

（1）平淡开始期的情欲四阶段：

（A，情欲第一阶段：性爱平淡期：在夫妻双方之间的性生活，双方生理反应的最初阶段在各种因素的综合刺激下（初次的肉体的新鲜感 `初次两人世界的新鲜感`）会达到比较高反应的波动从而在心理系统形成一个最初的阈值，而此时随着每一次类似刺激生理和心理上会产生出非感知区域（重复刺激不反应原理），最初的阈值亦会随着记忆刻度而延续着，形成一种期待值，但是情感原理的作用下，每一次的刺激都会让反应趋向零值，而非感知区域也会逐渐随着反应而趋高，这样的话到第 n 次性交合的时候随着非感知区域的抬高界限，会使得逐渐降低波动值的反应感知不到，随着反应的逐步降低不满意度也逐步升高，当不满度超过快感值的时候整个性爱事件就从快感转化为不满的色彩了。

（B，情欲第二阶段：性爱波动期：这时候就会到达性爱的冷淡期，男的表现为不勃起，女子为性冷淡，甚至有时候会产生随着做爱刺激的上升而痛苦的状态，整个性爱冷淡期会涂抹上一个消极的色彩情绪。

（C，情欲第三阶段：性爱平淡期：第三个阶段是性爱的临界点，可能会寻求婚外恋，也可能会转化到其他地方的刺激上，很多人选择用婚外恋来增加刺激度，在外遇第一次的时候，因为自己的非感知区域已经退缩到零值，一次小小的肉体接触也能被敏感的感受，何况加上突破道德约束的快感，还有双方的肉体行为和体温`体貌`体嗅等等不同的刺激，综合在一起就会是个体反应到达一个以前的阈值甚至超越那种刺激度，但随着各种新鲜感的重复相同的没有其他刺激物加入也会像性爱热恋期那样降温直到冷淡期。

（D，情欲第四阶段：性爱转折期：

（2）激情开始期的情欲三阶段：

（A，情欲第一阶段：性爱热恋期，在夫妻双方之间的性生活，双方生理反应的最初阶段在各种因素的综合刺激下（初次的肉体的新鲜感 `初次两人世界的新鲜感`）会达到比较高反应的波动从而在心理系统形成一个最初的阈值，而此时随着每一次类似刺激生理和心理上会产生出非感知区域（重复刺激不反应原理），最初的阈值亦会随着记忆刻度而延续着，形成一种期待值，但是情感原理的作用下，每一次的刺激都会让反应趋向零值，而非感知区域也会逐渐随着反应而趋高，这样的话到第 n 次性交合的时候随着非感知区域的抬高界限，会使得逐渐降低波动值的反应感知不到，随着反应的逐步降低不满意度也逐步升高，当不满度超过快感值的时候整个性爱事件就从快感转化为不满的色彩了。

（B，情欲第二阶段：性爱痛苦期，这时候就会到达性爱的冷淡期，男的表现为不勃起，女子为性冷淡，甚至有时候会产生随着做爱刺激的上升而痛苦的状态，整个性爱冷淡期会涂抹上一个消极的色彩情绪。

（C，情欲第三阶段：性爱转化期，第三个阶段是性爱的临界点，可能会寻求婚外恋，也可能会转化到其他地方的刺激上，很多人选择用婚外恋来增加刺激度，在外遇第一次的时候，因为自己的非感知区域已经退缩到零值，一次小小的肉体接触也能被敏感的感受，何况加上突破道德约束的快感，还有双方的肉体行为和体温`体貌`体嗅等等不同的刺激，综合在一起就会是个体反应到达一个以前的阈值甚至超越那种刺激度，但随着各种新鲜感的重复相同的没有其他刺激物加入也会像性爱热恋期那样降温直到冷淡期。

（3）痛苦开始期的情欲三阶段：

（ A，情欲第一阶段：性爱痛苦期：在夫妻双方之间的性生活，双方生理反应的最初阶段在各种因素的综合刺激下（初次的肉体的新鲜感 `初次两人世界的新鲜感`）会达到比较高反应的波动从而在心理系统形成一个最初的阈值，而此时随着每一次类似刺激生理和心理上会产生出非感知区域（重复刺激不反应原理），最初的阈值亦会随着记忆刻度而延续着，形成一种期待值，但是情感原理的作用下，每一次的刺激都会让反应趋向零值，而非感知区域也会逐渐随着反应而趋高，这样的话到第 n 次性交合的时候随着非感知区域的抬高界限，会使得逐渐降低波动值的反应感知不到，随着反应的逐步降低不满意度也逐步升高，当不满度超过快感值的时候整个性爱事件就从快感转化为不满的色彩了。

（ B，情欲第二阶段：性爱平淡期：这时候就会到达性爱的冷淡期，男的表现为不勃起，女子为性冷淡，甚至有时候会产生随着做爱刺激的上升而痛苦的状态，整个性爱冷淡期会涂抹上一个消极的色彩情绪。

（ C，情欲第三阶段：性爱转折期：第三个阶段是性爱的临界点，可能会寻求婚外恋，也可能会转化到其他地方的刺激上，很多人选择用婚外恋来增加刺激度，在外遇第一次的时候，因为自己的非感知区域已经退缩到零值，一次小小的肉体接触也能被敏感的感受，何况加上突破道德约束的快感，还有双方的肉体行为和体温`体貌`体嗅等等不同的刺激，综合在一起就会是个体反应到达一个以前的阈值甚至超越那种刺激度，但随着各种新鲜感的重复相同的没有其他刺激物加入也会像性爱热恋期那样降温直到冷淡期。

六：性的审美

性欲求中对性对象和实施何种性行为的选择就成为一种审美方式，性欲求的功能是使社会秩序化，其本身的审美的实质就是对何人是否能行使何种性行为的选择行为便是审美行为。

（1）性对象审美的阶段

（ A，农业社会的审美方式

对性欲求对象的审美标准最初源于对身体是否强健方面，在一个初步建立起社会的同时在各方面都不完善的区域的审美对象的模式标准，是会是以身体是否强健，这种有着非凡体能和强健的人在择偶上有着很大优势，这种身体的健硕可以保证创造出更多的财富用以保障生存，这种功利性的审美观产生于那种不能保障基本日常生活条件的农业型社会，其中包含着对现实的不安与恐惧。

（ B，工业社会的审美方式

随着单纯的体力劳动让位于智力型的劳动生产，审美也发生了重要改变，已不再是以身体强健作为审美的重要标准，而更趋向以有影响力的人物的外貌和服饰作为审美的标准，越来越多的审美标准的活动比如选美大赛就是典型的大众借助某活动以确立外表标准的一种方式。近代社会在性行为上有限制，并非可以漫无目的毫无选择的与任何异性发生关系，而是有时间 `地域`年龄`身份`种族`体态`像貌`等诸多因素的限制。审美的心理过程一般是这样的，个体在其记忆系统中有一个模式，它是被社会灌输的最适于与之进行性行为的异性或同性的模式，这个模型是他所能接触到的各种人中提取的，它可以是邻居`同学`长辈`老师`朋友甚至于自身的亲属，也可以是他们的性格相貌行止等等各自的组合。在危难时帮助自己的人，也可以是自己认为他或她在某方面有优势的人，这种对象会较平常人为优势，这样他会把对方对自身行使性行为的权力或自身对他人行使性行为权力赋予有优势的心仪的人。然而个体会改变自己的爱欲的模型，大多数个体的模型会根据大众媒介确立的所谓美的模式而改变，以他们的体态`相貌`举止为美的标准，这种模型一旦移入个体记忆系统就成为（偶象），在现实的生活中通常会有相当数量的与自己心目中的偶像相似，而在他周围能接触到的个体之中总会有一个较其他个体而言相像于偶像的人，这样的个体就被爱恋者作为该群体中最美的人。当然也是最可进行性行为的。

（ C，信息社会的审美方式

越来越多的复杂的信息社会，导致越来越多样化的审美标准的出现，不再有单一的审美的标准，而是各种标准此起彼伏的涌现着，今天流行这种审美观念，明天却又产生了那种审美，其变化速度之快是信息社会的一大特征，而正是这种变化才使得社会越来越趋向不稳定，个人越来越不容易得到身心的平衡。

七：引发性欲求的因素

（1）引发性欲求的内外环境的刺激

（A，内环境的诱发

在动物界里，任何雌性哺乳动物（小至鼠类，大到大象）的生存与繁殖后代，都具有一定的生殖周期，其表现形式之一是呈周期性发情，称为"发情周期"。在发情期里，雌性动物从生殖器官发出一种诱导雄性动物交配的特殊气味；有的动物外生殖器充血变色，以吸引雄性动物的交配。

研究猿猴的动物学家指出，雌猴在接近排卵期间时，她们自己是知道即将排卵的，因此进入发情期，主动接近雄猿猴，显示出"性爱"的种种表现以吸引雄猿猴，并将自己的生殖器官（即性器官）主动展示给雄性，吸引雄性的交配，达到繁殖后代的目的。所以，人们把动物的交配称为单纯的生殖行为。

在人类社会中，那些习得了性交合行为模式和习得从性交合的刺激中获取快感的社会人，会因为内在的生理和心理扰动刺激诱发实施性行为，在生理方面：男性会感觉自身的被精液所充盈而需要去行使性交和排擅的行为，女性则会在月经排卵期的扰动激发下感觉需要实施性交合的行为；心理方面：男女都会受到自身的记忆储存的幸福感范畴的最高快感阈值

（B，外环境的诱发

男女都会受到外界的有关于性刺激的声音`气味`图像等引发性欲求或性排擅的行为反应。习得了性欲求的社会人一旦储存了第一信号（直接看到性交和场面的或自己做过的于是会储存了这种以第一信号为刺激源的记忆作为将来的行为模式）或第二信号（从语言`语音`图像等人类用于沟通彼此的符号习得的行为作为记忆储存，这就是第二信号组成的行为模式）这两种有关性交和的行为模式以及被灌输了性交和是幸福的幸福观，就会分辨出外界的性的刺激并作出自身的性的反应以求得获取幸福感的目的。

（2）人体各感官在性活动中的作用

性欲求的激发是由人体各感受器这种监测系统来接受内外环境的刺激后传输刺激信号到监控系统从而完成刺激反应的过程的，人体的视觉、触觉、听觉、嗅觉和人体内部生殖器官的感受系统，就是这种接受性的刺激的监测系统。还有人的心理记忆存储的关于性的信息更会由此引发性欲求的刺激源之一。

（A，视觉

视觉感受在性刺激中属于占主导地位的一种感受器，性刺激对视觉而引发的冲击力是其他感受器所不能比拟的，

广义上来说，任何物体和事物都会成为一种人的性刺激，但社会把性的刺激规范化了，这也为了形成性欲求的秩序流。在人体的范畴对能产生性刺激的规范，各个民族和国家也各有不同，某些民族不把女性的乳房和臀部作为性刺激的范围甚至有的民族男性的性器都不加以掩饰，有些民族把女人体的全部都作为性刺激的范围加以掩饰，其他民族则通常把女性的乳房`性器官`臀部`男性的性器官作为性刺激的范围，从这种规范我们可以粗略的看出，对人体性范围全部禁锢和全部开放的社会是趋向简单结构的社会，而对人体性范围处于半开放的是适合于复杂结构体的社会。之所以形成这样的现象，是由于人体是最具引发性欲求的刺激源，对人体性范围的开放度也表现出一个社会的性的开放度，如果一个社会在人体性展露范围越大那么这个社会对其民族性约束方面也是处于相对松懈的，反之亦然。

其他人体的装饰也会成为附带的性刺激源，比如服饰、发型等，这些都能通过视觉对性欲求产生影响。

而人体所展示的优美的体态、神情、也会是引发性欲求的刺激源。

在不同历史不同的文化背景，不同的地区对性的美感体会也不会一致。每个民族都有其特有的审美标准，一旦一个民族的审美标准被另一个民族所侵占，那么这个民族文化和所有一切都会逐渐被侵蚀瓦解而被另一个强势民族作吞并奴役。

中国唐代是最鼎盛的时代之一，那时候中国也具有最具中国特色的审美观，产生出各种绮丽的民族服饰，樱桃嘴`悬胆鼻`瓜子脸`丰腴的身体等等这些就是中国特有的审美标准。如今身体趋向瘦骨苗条乳房却要以丰满为美、还要配有圆润的臀部、修长的大腿来才能对男子视觉产生冲击力，而女性对男性的容貌除身高匀称外，更为注重带有棱角的轮廓感的鹰勾鼻`深扣眼的西式人体审美来作为中式的审美外表，其实这就是中国现今的人体审美因为被日益猖獗的趋动性社会文化的入住而变得趋向趋动性社会的人体为美了，中国国人特有的人体状态是不显得轮廓分明的，鼻子也不是那种坚挺的带鹰勾式的，这完全是美式人体审美标准取代了中式人体的审美标准，女性的鼻梁居然也一律以坚挺为美，在趋动性社会的人体审美观的主导下，很多女性不惜损害原有的健康的人体而去做残酷手术已达到这种标准！

一般而言最能刺激视觉的是直接感触的性交合，这种状态下人会立刻被引发最大程度的性的反应，另外三类其他形式的刺激源分别有：一 其次动态视频影像也是对人体诱发性欲求的重大刺激；二 中等强度的刺激源属于静态的图像；三 普通强度的刺激源是文字形式出现的，这三类其他形式的刺激越是接近于再现和真实反映现实的就越是对人的心理冲击强度越大。而男性和女

性分别对直接暴露的或间接煽情的各有喜爱的不同，直接展露性交合场面的视频也是最容易激发男子性欲求的，但对女性来说，更喜好描写情爱罗曼史的小说，因为女性所受的教育是注重于长久的情感生活的，男子则注重于激情勃发的性交合的短暂一刻。

（B，触觉

皮肤的触觉性感受在性欲求中是同等甚至高于视觉感受的一种强大的刺激，但在其他方面则弱于视觉感受，通常而言，人体任何部位都属于可以引发性欲求的地带，但按照敏感和最易被激发的程度而言可以分为三种：一 最敏感的性欲带，就女性来说是属于该社会禁止暴露的身体区域，这些区域又可以按照敏感等级区别，性器官是属于最敏感的区域，这是任何社会都属于最禁忌暴露的，其次是乳房或臀部，最后是嘴唇；二 中级敏感的性欲带，属于大腿和背部的身体区域；三 一般敏感的性欲带则是除却以上两类区域的余下所有区域都属于普通级别的性欲带，包括全身甚至毛发也可以引发性欲求。

就激发肤觉的性欲的敏感度的规律有两类综合而成，一类 是被社会所禁忌的身体区域可以成为性欲求的激发点，比如嘴唇，这个器官虽然平时会时常接触其他物体说话或进食，但社会是禁止没有恋爱关系的男女亲吻行为的，就手而言虽然也经常触摸物体但社会不强烈禁止男女触摸手部，所以就不会引发如同嘴唇那样强有力的性欲求。二类 按其敏感度的高低可以确定性欲求的激发强度，一般来说越是被社会所禁忌的身体区域就越是不经常触摸得到，就越成为引发性的敏感的身体区域，比如性器官属于社会绝对禁忌暴露和公开触摸的，自然会成为一种最能激发性欲求的区域，经常需要运动的就越是容易暴露也越是不会被社会规范为禁忌点，比如小腿部手部，越是关联到性器官的身体区域越是可以遮盖的就越可能成为社会规范的禁忌点，比如乳房和臀部因为不经常运动和触摸也就趋向敏感。

抚摸的力量。神经末梢和血管越多的地方，性刺激感受越强。人体最表层的皮肤并无感觉，感觉产生于第二层皮肤。对大多数人来说，生殖器、耳垂、嘴唇、乳房、臀部、大腿是最明显的性感区。但许多人的性感区地包括脖子、但许多人的性感区也包括脖子、手掌、脚掌和腹部等。

男女的肉体的直接接触感知的快感是肤觉感受器不断的传递信号给情感机制处理的结果，更加强了欲求机制的欲求的释放。求取性欲求中的最快感的刺激过程是需要很多心理学和生理学方面的知识运作的，通常人们所说的性高潮其实是指性交合一方或双方达到了心理系统中的幸福范畴的快感偏离的最大值和生理系统中的生理失衡偏离的最大值。

触觉通过拥抱、接吻以至爱抚传递并强化着各自的性爱快感度升入高端。一般来说触觉的高峰体验的状态是性器官各自的直接融合。这时迸发的快感度可以是攀升到最高端的阶段的时刻了，这时，女性温柔松软的心身充分容纳了男性坚挺阳刚的充分延展。

（C，听觉

声音的刺激也能激发起性欲求，并使性交合更加富有刺激强度。就男女的互相被吸引的声音而言，男性那种浑厚雄劲与女性的柔和圆润的音色会对各自产生强有力的刺激。而对于情侣来说，对方的声音会使自己陷入一种迷醉的氛围。其实那些冗长的情话更重要的是双方在交流中享受对方音色的乐趣。

恋人之间的蜜言常常是打动对方的不二法门，特别对于女子而言美好的言辞是开启她心灵的钥匙，男性特有的语音、语调、韵律、节奏，都会使之感到一种吸引力。而男子对心爱女子特殊的音质也会有着特殊的敏感，双方的情爱话语中常常会充满热烈情意，只要是听上去不刻意伪饰的甚至数语就会引发对方回报以浓烈的情意。

这种摄魂夺魄的情言蜜语，更是婚后性生活中必不可少的。如果说眼神和手势是性爱的开端，那么情话则会是性的推动力。而女子则更注重那种美妙的言辞尤其在性爱过程中，如果没有情话作铺垫，那么对于女子来说是一种单调乏味的被动工具，更不要想让男子享受在性爱过程中女子沉醉在快感之中而发出的呢喃之音了。性爱过程中男女都会不由自主地迸发出一种互为应合的音符，男子如气势雄壮的山岳和排山倒海的巨浪伴随着巨大裂响吼声是那样具有冲击力，而女子则会迎合着似乎娇不胜任的呢喃，两种乐曲交相组合成一种性爱之声，一起融入快感之巅。

（D，嗅觉

对嗅觉产生功效会有两个方面：一是来自异性身体中散发的体味；二是人工制作的芳香剂，这种气味的制造原本就是起到两种作用，第一种是趋向安静的作用而另一种作用则相反起到激情涌动。后者对性生活中增加刺激度起着重要作用。如一方在喷洒这种气味时，就是传递着一种性的暗示。女子的嗅觉器官似乎也比男子灵敏。她们可嗅到3英尺外的轻微汗味。尤其在排卵期间，她们的嗅觉尤为灵敏。

人体会产生一种类似麝香的气味在阴部和腋窝周围。在动物界，这种散发这特殊气味的复合物——外激素，成为求偶中起关键作用的诱发剂，它能吸引雄性动物追逐散布这种气味的雌性动物来完成生理预制的交配行为。但人类的情况却完全不同。因为嗅觉已经退化处在视觉`听觉和触觉的从属地位，人类不再需要徒手捕杀猎物以求取生存，而是依靠视觉`听觉`触觉这三类感觉而成为自然界的重要组成部分，所以嗅觉在捕杀和追踪中起重要作用的感觉器逐步的退化了。这样即使伴侣散发出最强烈的性引诱的气味也不会有效的激发起对方的性欲求，但合适的气息也能给人以一种刺激和诱发。

有时候气味确实能在性欲求中产生一种强有力的性的冲击力。某些心理学研究表明恋人之间产生的吸引力，也会有"体味"作用。据调查，71%的男子和女子认为体味是一种重要的"兴奋剂"。约1/3 的女子认为体味浓的男子比淡的性感。半数以上的人认为麝香型体味最性感。约1/4 的人偏爱辛辣型体味。偏好各有不同随个人的生活经历和身体状态而定。

八：性行为的学习过程

（1）儿童期的性接触

儿童期，又称童年期，是介于幼儿期和青春期之间的一个重要的发展时期。幼儿期间并不具备的心理系统在经过社会化学习过程中在儿童期会逐渐的建立起简单的心理系统和心理活动。由于并没有开始生殖系统发育，在性方面也只会是从外界接触得到的。

在自利性社会中，由于外界性泛滥日趋严重，儿童在心理上会不可避免的受到性行为的灌输，甚至会把原本应该关注在儿童正常游戏上面的注意力转移到游戏性行为上面，这种提前让儿童接触性而忽略正常人性的培育是十分有害的，这样会导致儿童人性自私的极端发展，培养其为自身纵欲而不顾一切的恶习。更会使儿童受到这种畸形教育之后对其他知识的学习和探究失去兴趣。在自利性社会中儿童尚未开始生殖系统的发育就很悲哀的成为了社会关注其性心理系统开始发展的重要阶段。

儿童期性心理的发展

儿童性心理在内外环境的影响下发展着。内环境包括生理系统各方面的发育程度，外环境包括儿童生活中的各种条件，社会文化、家庭环境、父母自身和教育儿童的行为、儿童接触到的其他人、等等，这些都会在儿童性心理的发展上有决定性的影响力。

（2）青年期的性学习

青春期标志着性发育的开始，最显著的变化是具备了有别于异性的特征。而且在性格、心理、行为与举止方面，都呈现出与异性显著的不同。男子性的发育比同龄女子要晚，在性的意识上也落后于女子，而女子会较早的进入性角色之中，但相对男子而言较少会对异性产生性的想法，大多数女子会停留在友情和爱情之中而不会到达性交合的程度。而男子则不同，一旦内外环境的刺激使其建立起性欲求之后，会在一切行为上发生很大变化，原本集中于玩乐儿童游戏的会逐渐关注到对异性身上，他们对女性产生的好奇包括生理和心理都渴望了解，千方百计地想从各个方面来得到这种信息。他们会在女性面前展示自己，以吸引对方注意自己。渴望成为异性心目中的英雄、崇拜对象。为引发其注意而展开各种行为，有些会刻意地装扮自己，有些则用其他手法释放诱惑力。男子较为注重进攻性和需求释放的激情，男性在异性面前的情感是外露和激烈的，对于性交合的需要也较为渴求。

由于自身的内部性积累的无法正常的渲泄与社会各种规范的不一致，也成为青年躁动的根源之一。显然现代生活方式与传统的生活方式一样不能使人获得更多更高的幸福的感觉，但是他能使人获得更长的寿命及更利于存在的物质条件，这就是传统社会必须过渡到现代模式的根源。

（3）中年期的性成熟和转变

中年期是一个相对与青年期在心理和生理而趋向稳定的时期，绝大多数已建立起婚姻家庭，而在性生活上也随着家庭生活一起进入了一个惯常的轨道。中年期会建立起一种在心理系统保持平衡的手段，大多数个体采用性欲求和利欲求为主的方式维持心理平衡，少数个体会在权欲求和名欲求上得到心理平衡。其实人类个体会在各种欲求中得到心理平衡，只是以何种欲求为主导是内外环境的综合刺激导致的个体的一种生活秩序。在这种生活秩序中个体会保持这种以某种欲求为平衡心理的方法，但并不是一成不变的，如果遇到强烈的刺激个体会可能转移以另一种欲求方式来主导平衡。

中年期的性是稳定的对女性而言更是如此，而男性则会由于激情随着"情感第一定律"的丧失而觉得枯燥，女性则专注于家庭的稳定，良好的家庭秩序男女两者会形成一种互补的关系，使得家庭这个社会核心组成部分得以正常的运作。

（乙）性的心理和生理

一：性交和的心理过程

（1）性欲求的最幸福感的赋予（对性欲求综合内评价的形成过程）

不满足的性生理高潮是由于心理系统的有关性的快感失衡值没有达到最高值，而有关性的生理系统却已经达到了最高值，这样内评价则会发生幸福感范畴的快感不满足情绪。这可能与此人所要求的性欲求对象或性行为的方式都不是此人最主要的。在和次要核心的性欲求对象行使最主要的性行为即使达到了性生理系统的最高值，也不会使该人发生评价上的最幸福感的赋予。性欲求的最幸福感的赋予必须是和最主要的性欲求对象性是最主要的性行为并且达到了性生理系统的快感失衡的最高值才会发生。

（2）是一个复合的情绪组

它是从被内外环境所激发性欲，到用性交和行为去解除这个欲望重新恢复到一个平衡的过程，性交合时候，男子通常经历了积欲较长的时间，大多数男子一经接触女性生殖器便急于的释放出他的欲望，急于完成欲求行为，这种冲动集聚的时间越长，欲求行为的渴求引发的痛苦情绪就越强烈，也就越容易极快的完成整个性交和的过程，也越感觉长时间积欲的痛苦带来的短期释放的快感情绪。但女子却因社会和身体因素而不容易随意的就引发性欲，所以不会像男子那样急不可耐的就要把体内的积攒已久的精液喷发而出，因而在性交和中需要较长的时间才会被引发性的欲求，因为女子通常是因为心理被安抚的需要而和男子融合的，与男子的性宣泄有根本不同。所以女子往往不轻易的受到性的诱惑。只有经历过一段长时期的婚姻，性已经成为生活秩序的一种可以宣泄达到心理平衡的时候才会容易受到外界性的诱惑而产生性欲求。这样如果在性交和中女子被引发的性欲求的宣泄不能与男子的性宣泄同步，就会使女子感觉强烈的不满和痛苦情绪。因为被挑逗而兴起的性欲求是一种强烈的心理失衡带动着生理也同时引发了失衡，这种失衡是属于一种痛苦情绪的，因为只有达到了性高潮才能带来强烈的宣泄把引发的失衡给重新带到另一种身心同步的再失衡的强刺激然后才能重新恢复身心的平衡，强烈的宣泄是一种反之于引逗其性欲而使其陷入痛苦的剧烈快感的回复。无论男女只有达到了他所认可的较之于前一次高值性体验才会有一种幸福感范畴的情绪出现，否则就属于痛苦范畴，所有只为泄精而性交和的男子不会需要这种体验，但如果还需要达到性高值体验的男女而言，则是完全依赖于这种体验的。只为泄精的男子只需要宣泄就能满足自己的欲求，但这只是泄精的欲求，而女子则没有这种需要，她们需要的是一种心理和生理的双重满足才能使她们得到幸福感。一旦引逗起女子的性欲求，则引逗的强度越大所需要得到快感的这种痛苦感也越大，如果得以宣泄享受的快感值也越大，如果得不到宣泄承受的痛苦感也是如此巨大。

引逗的时间越长越容易引起心理的麻木感，因为情感第一定律是无时无刻不伴随着人的生理和心理起伏的。

（3）性标记

如果第一次性交行为被标记为积极情感，那么个体会把这次所达到的刺激度标记为最高快感阈值，反之亦然，而后如果个体得不到该刺激则会出现下列一系列反应；枯燥的消极情感让生理系统随之起伏波动起来，然后到达一个不可忍受的痛苦度，直到能获得性交的宣泄才能满足，而另外一种刺激的反应亦会是生理得以平衡但通常不赋予满足的心理值！

（4）一个性生活从非常态到常态过程的情绪序列周期

一般而言性行为是涉及心理平衡调节和生理平衡调节并有欲求机制和情感机制共同参与的一组刺激和反应过程，经常性的性行为可以使性对象彼此在生理系统建立起非常态的平衡（如性器官方面：随着性器官的摩擦的强度和时间的增大会逐步降低对摩擦的刺激的反应敏感度，因为皮肤表面也会建立起因为受到长时间的运动而使硬性地增加了其皮肤的强度和韧性当然其皮肤的敏感度也会随之下降；其他由于性活动而同步反应的生理系统方面也会建立起相应的适应性平衡，比如呼吸系统`循环系统`骨骼系统`肌肉系统等等都会因此建立起适应于性活动的非常态平衡的生理现象）；心理系统方面则会在情感第一定律作用而逐步降低情感机制的参与度，因为随着性行为双方在不断增长的性交合次数中积累着越来越多的异常态刺激源模式和反应，并且逐渐在模式库中把这种日益增多的一组组性交合的归类于同种刺激源性方面的模式，随着一组组相同刺激和反应的模式增多，个体的心理系统会把原本这种属于非常态的刺激源（因为没有经历过或者很少有这种模式积累）归并于只需要常态反应的刺激源，这样当该刺激源再次发生的时候个体逐渐地会按照以前积累的一组刺激反应的模式库存中很快速的搜寻出如何反应，然后直接从常态反应中输出行为，由于刺激源信息不再从非常态机制中运行就不会发生情绪启动应激反应机制的启动，随着以前由此产生的种种生理上的失衡被赋之于快感的情绪上的应激反应的消失，心理上的情感机制不参与后个体的反应值会降低很多，只有纯粹生理上的刺激和反应，失去了情感机制参与的性生活就会变成如同日常吃饭和排泄那样的习惯性的简单的浅层次的心理和生理的平衡行为，没有任何情绪参与的性交合只是排泄和一种生活上的惯性行为，而一旦性生理系统也建立起了非常态平衡，个体就会完全失去性生活的刺激和反应，变得麻木和可有可无的状态。从非常态的一组很强烈的刺激和很高的反应值到成为常态刺激且没有任何反应，个体的心理系统会在同样的性行为中形成一个落差，而这个落差的值就是和以前的最高快感阈值相较形成的，以前有多高值的失衡的快感赋予度现在就会产生多高值的痛苦赋予度（因为达不到那种快感度而痛苦的记忆比照而引发的）。

这也是刺激兴趣转化期，能够把自己对性爱兴趣转化到其他刺激上，在其他刺激源上获得等同于性爱所带来的偏离的阈值，这样如果一旦上了轨道那么个体就会抛弃以前的那种所需的在性爱上的要求的刺激反应轨道。这也就是获得情绪平衡的手段，因为个体对刺激有个选择，是有侧重的，如果性爱占据主要成分那么其他刺激会退到次要的地位，个体能够在性爱上投入很多精力与关注，而对其他的刺激源则比较冷淡，因为性爱使他在身心上到达了一个很强烈的偏移值，

二：性交和的生理过程

（1）女性性反应

（A，女人的性冲动 —— 原文/来源： 妈妈在线

被访问的女性对性欲的描述是各不相同的，一位女性这样描述了自己的性欲："有的时候会感到子宫蠕动，好像一定要有男人的器官才能解决。"——（只有认可性交合是一种快乐的女子，才会把内环境的扰动区别出属于是性欲的刺激。）

"我来例假前夕就有冲动，有时在想像中会出现异性的器官。"——（一般来说有过性经验和性快乐体验的女子会把月经前后的生殖系统的失衡状态认知为需要性交合的刺激。）

"我觉得性欲的感觉就是想和男人有性行为的感觉，在生理上的表现就是白带很多，心理上的表现是很爱激动。大学毕业后有一段时间，我的内裤每天都是湿搭搭的，我认识一位女医生，我问她这样子是不是病，她就笑了，她说不是病，是雌性激素分泌多造成的，这种情况一直到快 40 岁才好，白带少了。"——（这种由生殖系统的性腺旺盛导致的生理失衡现象造成的分泌物增加的情况，在未经历过性交合的女子看来并不是需要性交合的生理状态，而是一种疾病！因为她尚未接受或已经接受到但还没真正认可性交是一种快乐的概念，在没有建立起性交合是一种幸福的前提下，所有能激发性交合的生理现象都会被视作一种不正常。）

一位女性这样形容性欲的感觉："那是一种全身发酥的感觉。""感觉到过生理的冲动，是一种小腹发胀的感觉，在遇到一个人特别可爱、能打动你的时候也有这种感觉。""我觉得性欲就是一种心里痒痒的感觉，从生理上说，是一种下部发热的感觉。""我觉得性欲的感觉就是阴蒂发痒似的。"——（各人的性的激发点各有不同，有的来自体内分泌物的增加有些是子宫的波动，这是因为在初次接受性刺激的教育时，在辨别自己的生殖系统失衡现象并赋予为性冲动的时候，恰好是生殖系统的某方面或生理系统的某一方面出现了常态失衡，而个体把这种常态的失衡认知为属于性冲动的刺激了。）

"有一次我和丈夫做爱，不论怎么弄，下边都不能湿；可是和这个情人，不用弄下边自然就湿了。每次他洗完澡光着身子跳上床，我见他这个样子，自然就有欲望了。"——（这是对丈夫的心理和生理反应都被"情感第一定律"的作用所麻痹的现象，但在生理和心理还处于非常态的情人而言则是对该女子的一种强烈的刺激，所以很容易得就引发出了她的性欲求，婚外恋就是这样吸引着人们去追求的。）

一位中年的未婚女性说："年轻的时候，在夏天的晚上，我会突然有浑身膨胀的感觉，有时是大腿根部，有时是腋窝，是很难受的一种感觉。每当这种感觉一来，我就不得不起来走走，要不就要赶紧想办法睡着，就是为了避免这种感觉。这感觉出现后很不舒服。"——（也有很多生理上的无关于生殖系统的自然现象也归结到了性的冲动，其实是一般的生理失衡现象，其中很多甚至还属于非常态的失衡，比如前列腺患者就会错误的把该疾病当作是性欲旺盛来处理的。）

"那年春天，有一种原始的东西回到身上的感觉，那就是食欲和性欲。有一种爆发似的感觉，特别想找男人。欲望爆发后，我想到的是要克制自己，不要破坏别人的利益，不要张扬。"——（每个人都有在某一时刻的在心理上失衡的最高潮，这是由内外环境刺激所冲击着的，首先会在心理系统或生理系统产生很大的失衡连带着生理或心理系统也失衡。如果她把这种失衡经过评价而归结于性欲求的不满足，则会产生性欲求的行为去满足这个欲望，满足追求幸福感的内核愿望，或求得重新平衡。）

一位曾遭人诱奸失身的女性这样讲到自己对性欲的感觉："在出这次事之前，我对性完全没有感觉。有一次我帮哥哥办事，他一个朋友把我带到公园里动手动脚，我当时完全没有反应，碰哪儿也引不起我的欲望，就没干成。还有一次坐火车，有个小当兵的正好在火车站等车。我们俩坐在一个比较暗的地方，他也有动作，我还是没有反应。所以我觉得，如果我自身不成熟，他们就不能得手。年龄小时毫无感觉，年龄大时（被男人）一碰身上就软了，有反应了。"——（所以说人只要是在心理上没有被赋予性=快乐的概念，就不会对属于性刺激的刺激源做出性的反应，而这在生殖系统尚未成熟的个体而言更是如此。）

（B，女性性交和反应

女性在性交时，通常都不是用言语，而是用肢体来表达她对男性的需求与渴望，当女性乳头立僵硬，鼻头开始渗出汗水时，男性就应刺激最敏感穴位。当女性喉咙干燥，猛吞唾液时，男性就要慢慢移动。等女性阴部滋润时，就表示女性高潮即将来临。女性阴部分泌出爱液时，就表示女性已达高潮。在性交行为进行中，由于快感，女性自然会流露出五种不同的身体反应。
当女性紧紧拥抱时，由于兴奋，就自然的闭住了气息，而显得少吸急促，娇喘吁吁。如果男性进一步表示爱意，女性的鼻孔就会扩张而打开嘴巴。当女性分泌出爱液时，男性的欲望会转为激烈，身体不住的痉挛而紧紧抱住女性。当女性觉得满足时，他们往往会汗水淋漓地紧紧拥住棉被，任汗水湿透被单、衣裳。性交快进入高潮时，身体不由自主地绷紧，团上眼睛，心荡神驰等待最美妙的一刻来临。

（2）人为干涉维持性快感产生的后果

在试图消除枯燥情绪的心理失衡而做出的各种寻求快乐的欲求行为过程中，如果找到另一种刺激能使反应为快乐情绪（比如作爱）其转折点为高潮（性的巅峰感觉）宣泄口，如果个人试图维系这种高潮（激荡的偏离正常值的最高不平衡状态和以前的心

理阈值相比），用种种手段来不让生理系统恢复常态值，比如用刺激性的化学药剂，用各种器具，甚至用种种违反道德直至人伦的方式来祈求达到更高的反应度，这样使用从心理到生理的各种刺激源来试图激发或维系这种不平衡状态的行为是对人体有危害的，会出现两种后果，一：是生理系统顽强的趋向平衡状态；如同男子的不应期一样，在完成性交并排精后，生殖器系统会对一般性刺激不产生反应（因麻木或者心理上的消极因素）不能重新勃起以完成性交的过程，实质是只要男子获得更强的刺激就会又重新勃起的可能，但会以对生理系统进一步伤害作为前提的。第二种情况会出现会直接影响到生理机制，一直不断的接受强刺激会导致最终的生理衰竭直至死亡，如对生理上的摧残作为性刺激源的性虐狂就会出现这样的情况，而在心理上所遭受的刺激也能直接的影响反馈到生理系统也能波动到一个不可收拾的崩溃状态。

三：性高潮

（1）真实的性高潮

性交高潮：不存在常识中的所谓的普适的性高潮状态。性高潮是由生理或心理调动而起的性欲求在性行为中获得生理和心理的失衡最高值。男子在生理一般表现为泄精和伴随着生理上失衡的其他一切生理反应，心理则获得最幸福最快感的情绪感知。女子在生理上表现为伴随着生理上失衡的其他一切生理反应，心理则获得最幸福最快感的情绪感知。

从社会学意义上来表达，性高潮则是一种性欲求中的秩序流，表现为做爱时的一种心理与生理共同偏离到的一个最高阈值，也是自利社会的制度下提倡个人幸福的文化氛围中，个人所表现出的那种在性交上的文化现象，其实质就是心理系统主导着生理系统在性交实施中所达到的最大的偏离状态。这是一种特有的性的文化，也是在性交合行为中个人所追求的最高的境界，是一种在性欲求上的秩序流现象。这种性欲求的秩序流反映在社会的媒介中，综合经常能观察到的个人叙述的性欲求中偏离的最高值的生理和心理状态，并用这种"性高潮"来表达出，各种性偏离的高值状态经过社会种种筛选，得以评价出最适宜的接近人体极限又不伤害到人体的性高潮的状态。但如果某个体从没有接收到性高潮的这个符号就不会追求这种偏离，而只会在当地社会赋予的性交文化中得到行为指令。

（2）性高潮的生理和心理反应

（A，男性的性高潮

男子的性高潮有两种状态，一种是完全生理意义上的精液排泄所产生的生理失衡的高潮，另一种是心理与生理相互作用产生的高潮，而后者产生的失衡值也就是高潮程度要高得多，后者可以由心理引发生理失衡最终达到高潮也可以由生理引发心理失衡最终达到高潮，不论何种诱因凡是心理和生理共同参与的性是最具有强烈震撼力的，相反如果没有心理参与的性交合是不具有强烈反应的，正如一对过了几十年性生活的夫妇要想在这上面重新体验到第一次的震撼是不可能的，因为让心理所能参与的异常态刺激已经变为常态，只有改变内外环境才能够获得震撼力，但终其一生夫妇性交合所获的强度永远是呈递减状态的，特别是男子因为其容易冲动和具有进攻性，在性欲求上会迫不及待的想要获得最具刺激性的反应，更不能遏止自己的性交合的次数，所以在"情感第一定律"作用下男子会较女子更快的走向心理麻痹。

（B，女性的性高潮

女性之所以较男子有着多重的性高潮，是因为女子所受的社会教育和生理结构相较男子为保守和迟缓，生理上而言女子并没有需要排泄的精液的充盈和冲动，而女子在心理上侧重于情感的交流而缓慢的引导着心理的性欲求的上升坡度也较为缓和，但正因为其心理带动着生理失衡值上升到达诱发性欲求的时间较长，就导致了积累了较男子为更多心理欲求的偏离值（期待值很高），而男子则往往因为生理直接引导着泄欲的强力渴望而一泄如注以期达到最强大的刺激度和偏离值（因为"情感第三定律"表明刺激使生理偏离在最短时间内达到最高值，心理会赋予其比生理值更高的强度值，其他任何在较短时间内达到同样生理的失衡值的刺激在其心理上赋予的强度值则会较低，所以在最短时间内人体可以感知最高的刺激反应！），但男子却会很快的就从高潮后回落到平衡，因为支撑起欲求的生理基础消失了，如果没有心理上的情感支撑男子不会持续的进行性欲求的行为！而女子在生理上则没有这样的需求她完全是由心理的情感上的爱来调动起性欲求的，而这种缓慢而持续的调动一旦引发起性欲求则会有一个较为漫长的平和阶段，需要更多的性行为或爱抚行为来使其获得性高潮。但不存在统一的性高潮表现，那些想要获得如一些性学书本上所谓的描述其实是极端错误的误导！由于个人的生理和心理的截然不同，不可能存在一致的性反应。

女性性高潮分为阴蒂型，阴道型和混合型，而阴道型性高潮又称终止型性高潮，有满足感，不再希望性交，类似于不应期，只有阴蒂型性高潮易于反复出现，所以女性多重性高潮的获得主要是直接或间接地对阴蒂进行刺激。当然过长时间的性交也可以出现多次的阴道型性高潮。这是因为女性没有类似男性射精后阴茎疲软这种问题存在，可以长时间性交，足以拖过"不应期"。

男性要想获得多重性高潮必须通过手淫或性交过程中的不断训练，找到射精前的临界点，在即有明显快感，又未达到射精阈值时停止性刺激，这样再反复多次，最后射精，就等于有几次无射精的性高潮和一次射精的性高潮。在女性应该先获得一次以上的阴蒂型性高潮，最终获得阴道性高潮，前者主要是抚爱过程中的手段，后者才是真正的性交。

四：性交和的生理障碍

（2）阳萎

阳痿是指男性不能完整地完成整个性交过程的一种阴茎痿软现象，分为早期、中期和晚期。

早期的表现：阴茎能自主勃起、但勃起不坚不久。

中期的表现：阴茎不能自主勃起、性欲缺乏、性冲动不强、性交中途痿软.。

晚期的表现：阴茎痿缩、无性欲、阴茎完全不能勃起。

很多人对阳萎有着很多误解，以为能正常的性交合但时间没有达到其他男子可持续的时间或自己感觉没有以前有力度和刺激度就说明有了阳萎，这是误解，阳萎是相对而言的一种性交合的状态，如同时间长达半小时的性交合与一小时的相对而言就时间短促，但并不是说就是阳萎病，

阳萎是指心理或生理形成的一种不能正常调动起生理功能的状态，很多阳萎是心理形成的，那种恐惧害怕被性伴侣所耻笑和蔑视的心理就会很快的压倒想要性交的欲求，当这种恐惧的心理提升到一定程度就会影响到生理上的欲求勃起，原本正常的性交合一旦有恐惧心理泛起就会使性欲求形成的生理勃起反应失效，从而导致性交合的不能进行，反复多次以后就算有正常的生理勃起能力，但会形成一种见到该性伴侣在性交合的环境中就会产生阳萎的症状，这就是促使阳萎的刺激环境（特定的性伴侣和与之性交合）导致了阳萎发生的反应，少数男子却可以在其他性伴侣身上却截然不同可以正常的勃起完成性交合。也有很多有外环境因素导致了这种症状发生，比如正在性交合中突然发生重大的变故，另一种强大的刺激突然出现迅速的截断了性交合的过程，而性交合双方会因此感受到从最快感到最痛苦的过程，这样就会导致一到重新发生性交合关系中就会马上联想和担心强大刺激的是否会再次发生，心理如果有了这样的担忧在性欲求的引发过程中和性交合的进行过程中就会有很强大的干扰了，男子的阳萎会很容易的在这种特定环境中发生。

（3）性冷淡

（A，性冷淡的误区

性冷淡绝非单纯的认为的那样是指病症，很多并非属于心理或生理的病态失衡状态。有很多性冷淡只是对性欲求追求处于一种相对淡漠的状态。

社会人的生活中会有很多种欲求手段来平衡调解自身的心理平衡，性欲求只是其中的一种调节方式而已，并不是人人都需要做到对性欲求的旺盛的主要的平衡手段的，对名欲求和利欲求或者权欲求以及生存欲求的追求都会导致对性欲求的淡漠。然而欲求目标也会随着内外环境的变化而发生着改变，以前以性欲求为主要追求目标的也会改变到对其他欲求开始可以追求，反之亦然。也有很多人不会改变性欲求为主要方式但却改变了性欲求的对象，如夫妻关系遭受破裂或种种诱惑导致性欲求对象的改变。这些都是属于欲求的转化状态，而非病症。

（B，真正的性冷淡

是指患者由于生理或心理的病态失衡导致性欲求的丧失。在生理上由于性腺功能不足，垂体腺瘤分泌泌乳素等器质性病变引起。在心理上受到了强大的刺激后对性欲求产生了激烈的痛苦感的反应状态或对性行为彻底丧失了心理上的反应。

（丙）扭曲的性行为

一：变态性欲求

是指对性欲求的追求过程中用以满足性欲求的手段异于社会常态之行为。

给予人类个体性的刺激的梯级分为：（这个刺激等级是按照现实社会形成的约定俗成的现象形成的，只具有一般工业社会普遍的共性所制定，其中不包括其他社会或有独特经历的个人）

（1）第一级：嗅觉感知；

觉察到带有性意味的气味刺激，这种感知是最轻微的，几乎不会引发人的性欲求。

（2）第二级：听觉感知；

按听觉所觉察的内容可再分为两个轻重等级，第一层级是媒体传播，第二层级性对象的直接传播（这是比媒体传播更让人感觉刺激的）。其中这两种传播又细分为三种轻重等级，都可以划分为：1 带有性隐晦内容的刺激源 2 直接有性交内涵的刺激源 3 有变态性交内容的刺激源 。

（3）第三级：思维感知；

细分为三种轻重等级，1 带有性隐晦内容的刺激源 2 直接有性交内涵的刺激源 3 有变态性交内容的刺激源 。

（4）第四级：视觉感知：

按视觉所觉察的内容可再分为四个轻重等级，第一层级是文字，第二层级是静止的图片，但三个层级是视频，第四个层级是现实。其中第一层级刺激度最轻，第四个层级给予人的刺激度最深。

其中每种层级又细分为三种轻重等级，都可以划分为：1 带有性隐晦内容的刺激源 2 直接有性交内涵的刺激源 3 有变态性交内容的刺激源 。

（5）第五级：亲身接触感知；

细分为三种轻重等级，都可以划分为：1 带有性隐晦内容的刺激源 2 直接有性交内涵的刺激源 3 有变态性交内容的刺激源 。

二：变态行为的三重等级

轻微的变异性行为：手淫`口交合`看性交和的文字或图片直至影视来满足性欲求的过程，等等，这些都是直接与正常的性交合有关联的能激发起性欲求的辅助行为。

中度的变异性行为：物恋`不同生物种恋`同性恋`等等，这些是与正常的性交合毫无关联的性欲求行为，也就是说这种性欲求行为是与人类繁衍后代完全剥离的，只是满足其个人的已经变态了的性欲求，任其发展扩大会对整个人类社会的存续形成严重的后果。

极端变异的性行为：血亲相奸属于最严重的禁忌之性行为`各种性虐待的性交合行为`死尸恋`换妻恋`等等都是一种反人类社会的性行为。

三：导致性欲求行为变异的因素

（1）为何禁忌度高的行为越是能刺激人的身心

是因为越是禁忌度高的行为，个人越是很少去也作，它的阈值也会很低任何小小的行为强度都能使人感觉到有巨大的反应，特别是各种性的禁忌或从未犯过罪的人初次去作案时能感觉到其中产生出强大的刺激反应。

而那种频繁更换性伴侣的人喜爱的是性的刺激而不需要长久的情意，因为长久意味着日益平淡，也就是说喜爱性刺激的人不会对性伴侣忠诚。

（2）激发性变态的因素

从偷窥描写性行为的文字和图像在到偷窥现实生活的性行为等等，个体一遇到更大的刺激源或环境的驱使便会把自己采用性来平衡的方式转向任何一种方式，这个方向可以是裸露自身；也可以是同性相恋；也可以是恋兽癖；可以是恋童癖 `恋物癖等等很多种类的行为或物体都可能成为一种该个体寻求平衡的行使性手段的方式。各种社会所规定的禁忌对象或程度都有不同，而血亲相奸都为各类社会禁忌度最高的，因为这是关乎一个社会得以建立的基础。

（3）常态社会的性规范和非常态社会的性错乱

一个常态的社会必然有各种规范，而在性行为方面的规范更是重视，从最严厉的血亲乱伦禁忌到最宽松的意淫行为都是社会企图把个人的性行为归纳到一条常态轨道的方式。而从最宽松到最禁忌的行为是一种由底到高的序列禁止的过程，中间有各种禁忌度不等的行为共同组成了整个社会的性行为方面，一个常态的社会，性行为应该是由在法律认可的婚姻状态下行使的异性的夫妻之间的性交合行为，除此之外的一切性的行为都会有各种程度的禁忌度，性文化是由许可状态下的性行为和禁忌状态下的性行为共同组成的文化，合法的性行为之外的性都是有一定禁忌度的，这种禁忌会给予突破它的个体一定的反应，而这种反应会随着禁忌度的增高而加大，当某个个体完全把突破性禁忌作为获取快感的时候，我们可以把这种行为标记为变态行为。

在一个社会规范日益被瓦解的时期，各种性的禁忌度都会被日益膨胀的人欲所突破，使原有的有序的性禁忌变得日益无序而混乱了，没有一个道德规范作为标准的个体的性行为，会逐渐把突破禁忌作为快感的来源，原来变态的性行为被突破，变得日趋正常态，而正常的性行为阙被标记为过时的贬义的行为规范，从纵容离婚到宽容婚外恋，以至于对公开场合假托艺术手段的裸露挑逗性的行为的宣传，各种以文字 `图片`影视等宣传媒体的依托下各种突破性禁忌的性行为得到进一步鼓励，整个社会的性文化处于一种非常混乱的状态，并且加速的朝向性变态方向转移，那种寻求刺激的原动力使得个体的性行为在没有性规范的体制下，飞速发酵。

四：性欲求行为变异过程

性欲求的变异可分为逐渐递增的变异过程和快速变异的过程两种。

逐渐递增的变异是指个体在自己不知道的内外环境的刺激改变中逐渐的改变着自己的性行为目标的指向，虽然这种改变是缓慢的但却是深刻而持久的，因为性变异在形成过程中逐渐积累的类似的经验模式越多就越是不可能轻易地改变。

快速变异是指个人在某种外环境的强大刺激的作用下急速的改变自己的性取向，但这种性取向的改变的情况是极少发生的也不会持久保持该变异的取向。因为其内在的正统的性取向还是占据主要地位和强大的。一旦外环境改变或自身改变了外环境就会重新恢复到原有的性欲求的秩序之中。

（1）逐渐过渡型

这种在室外性交和的性变异可以是逐渐过渡也可以被性伴侣一方强制进行后形成的，一般逐渐过渡型是从户外身体的不敏感接触开始一直发展到最隐私部位的接触和性交。喜好野外性交和的恋人最先可能只限于手的触碰，然后很快发展到手和腰的部位的接触，接着习惯后是双人的搂抱而不顾他人的注视，尔后会发展到暗地里甚至公然地接吻，如果在"情感第一定律"作用下公众场合的接吻已经不能再次激发起强大的被窥视和羡慕的心理反应，就会尝试更加冒险的举动深夜街头口交！

（ A，深夜街头口交

他在深夜的街道旁停了下来，然后褪下牛仔裤要我蹲下身子，这时我相当震惊。总乏，他要我用口吸吮他的阴茎。"不可以啦！万一有人经过的话那该怎么办呢？"我拒绝照他的话去做，但是他却说"放心，不会有人会来，而且在深夜别人他看不见的啦！"于是，我真的蹲下来吸吮着阴茎，慢慢地，我也情欲难耐毫不在乎的吸吮、舔吻。　　当时我也不知道会不会碰巧真的有人出现，因而感到既惊险又刺激；若真的有人出现了，我想我会害羞得停下吸吮的动作。我为何会那么大胆呢！真是太不可思议了。我也不知道那时怎么会有胆量做出如此大胆放荡的动作。

——（这是在性伴侣的主导下进行配合的性交和行为，虽然女方感觉相当刺激，但却不觉得是一种对自己的羞辱，只是觉得被人看到是令人尴尬的，丝毫没有一种对社会道德的责任感。虽然女子起初做出拒绝的反应，但仍然被男方诱导着进行了口交行为，因为女方觉得不是耻辱所以紧接着也开始诱发了性的欲求反应，在过程中她感受到了可能被撞见的一种担忧和突破道德的强大刺激冲击力。）

接着这种公然的街头口交会更快速的发展到野外性交和

（丁）简论"性乱交`性泛滥"何以导致社会崩溃

一：正常的具有复杂机制构成的社会所具有的对性的两项基本原则

虽然不同社会认可的性行为的规则也不同，但在有着较为复杂结构体系的正常社会里就会对性有两种基本原则，这是一致的，即：

（一）社会上不允许随意交配，且近亲之间不得结婚和性行为；（二）性行为能在特定的婚姻关系下才能行使，这是组成家庭的重要条件。这两种原则是人类社会得以建立和稳定的基础。

二：简单社会和复杂社会对性的不同规范导致了不同社会构造

（1）简单结构社会因其对性的过度放纵和过度严酷而无法向复杂型社会过渡

其他各种结构比较简单的社会在性行为规范上没有遵循这两种原则如：（中国四川省甘孜藏族自治州道孚县境内的一个大峡谷内的扎坝地区就有着沿袭至今的走婚制度，爱情是飞檐走壁；在这里，青年男子可以爬上高达数米的女孩子的闺房，然后早上自由离开，也可以同时拥有数个"走婚对象"；在这里，男子不需要对自己的小孩负责，走婚所生小孩由舅舅和母亲抚养，家里母亲是核心；——摘自"走婚大峡谷"文章来源：道孚县旅游局）在另一些社会里会允许某些形式上的被我们称之为通奸的行为，在南部印度人托达人，已婚男女均可以自由与他人私通，在许多民族中如：太平洋的莱苏人，小孩可以随意的获得性的知识，父母毫不避违得当着他们的面交配。这些社会由于对性行为的不约束而使家庭没有完全建立起它的功能，（一）没有能够形成以性欲求来有效秩序化社会的功能，而只是停留在较为单一的繁殖和简单快感的层次，复杂社会体系需要有复杂的性欲求所激发其的复杂行为来作为发展的动能！（二）乱交就不会出现一种正常社会所需要的人伦体系，抚育幼小赡养老者和遗产的承续和家庭道德伦常的都无从建立，这样就无法建立起支撑社会复杂体系运作的社会大系统。

而对性完全相反的社会则也因为对性遏制的过于严酷而会导致社会发展的无动力，比如阿拉伯霍印第俄安人中，男女从童年时代被严格分离，不得在一起玩耍。到了青春期后他们也只能当着保护人面相会。而在太平洋吉尔伯特岛民中，被诱奸的女孩会与诱惑者一起除死，在锡兰的维达人中一个男人仅仅被看见与未婚女子谈话便被处死。

（2）复杂社会也会因其对性极度混乱无法遏制而走向无序和崩溃

因为正常而具有复杂体系的社会一定要保证两种对性欲求约束机制的正常性，如果破坏了其中一条原则会打乱其社会的正常秩序，以至于失范的社会在淫乱的笼罩下走向毁灭，古文明的雅典`巴比伦和罗马无一不是因为性错乱导致的社会失范而走向毁灭的，贪图随意可得的淫乱极大的破败了个人的自强精神和对劳动的热诚，偷盗抢杀和因身体虚弱导致的性乱交导致的疾病传播更加速了其毁灭的步伐！

性欲求的形成是复杂社会的对性繁殖行为的发展，而性欲求必须是能够有效秩序化社会的，如果对性行为的无法遏制将会导致性乱，便会极大损害正常社会所需的人伦体系，抚育幼小`赡养老者和遗产的承续和家庭道德伦常的都必将毁灭！必将导致支撑社会复杂体系运作的社会大系统崩溃离析！

三：复杂构造社会中两种不同社会体制对性欲求的不同规范和现状

（1）提倡自利制度下的对性欲求泛滥的困境

提倡满足个人私欲而不择手段的自利体制造就了无尽欲望，虽然自利体制造就出更多的财富和更快的经济速度，但却不要忘记人的索求总是那么快的更新换代——更快`更好`更新，为欲望提供了很好的注解。自利制度下的人不会为已经达成某个欲求目标而停止贪婪欲求的脚步，他要更好的更新的，他要实现更高的欲求目标。

相对于人类的欲望的无止境，而满足人类需求的物质却永远的相对有限——这种由满足自私心的幸福首先是建筑在人对欲望的寻求满足上，人的欲望却总是逾越物质所能提供的程度，所谓欲壑难填。这时候自利体制其卓越的发展速度其实却成了自身的掘墓人，日益提速的效益就等于更快的消耗地球的资源，进一步加剧着人与人之间的不平衡的财产分配，也更刺激着人与人之间的无情竞争。自利体制的困境和致命伤就根植于此！

（2）趋动性社会性行为的逐渐泛滥

在对个人的性欲求的遏制上也出现了道德和法律的逐步退缩，就趋动性社会而言，从七十年代对性变态"同性恋"的绝对遏制到现在的极大宽松甚至可以申请结婚登记；从泳装的从全身遮挡到现在的全裸游泳；从只在电影初期看到的接吻的极大震惊到现在的公开大街或舞台的性乱；从梅毒到艾滋；从夫妻生活只为繁殖一想到淫色就是违反对上帝誓约到现在的只为性高潮而性的女权流行和一夜性的泛滥；还有各种性行为的变态已到了无羞耻的地步，一些城市的换妻行为更是对性道德规范的一种剧烈冲击。

（3）自利社会何以约束不了性泛滥

一个纵欲的社会总控制不了大众的性欲阈值越来越高的趋势，这就形成了对暴露和性泛滥越来越严重的才能够引发和保持一种情绪上的性反应，而道德水准在性方面也越来越低下。

（4）自利制度的价值观对其他社会的侵占性

这一切无不表明了性泛滥是自利制度无法遏制的前行力，这种状态正以各种方式侵蚀着全球各国人民的肌体，它假托着价值观的巧妙改变着被侵入者的一切，借助食品（肯德基）`各种（电影电视杂志）`服装`体育`文化`经济`等等在一切可及的领域推销其精神价值观，进而扼杀其它国民的民族精神！在文化领域，各种提倡自我实现的和及时行乐追求快感的趋动性社会理念正日益盛行，饮食方面以快餐的肯德基和可口可乐为代表，艺术以西洋油画为侵入点，等等，他们试图把其他民族独有的文化被他们自己的文化所替代，从而在精神领域控制，所有我们制造的民族文化产物，所有的工厂所生产的产品将被视为垃圾！而把他们具有民族特色或趋动性社会特色的产品奉为先进的高尚的事物。这就是文化入侵。

人类社会个体的反应机制

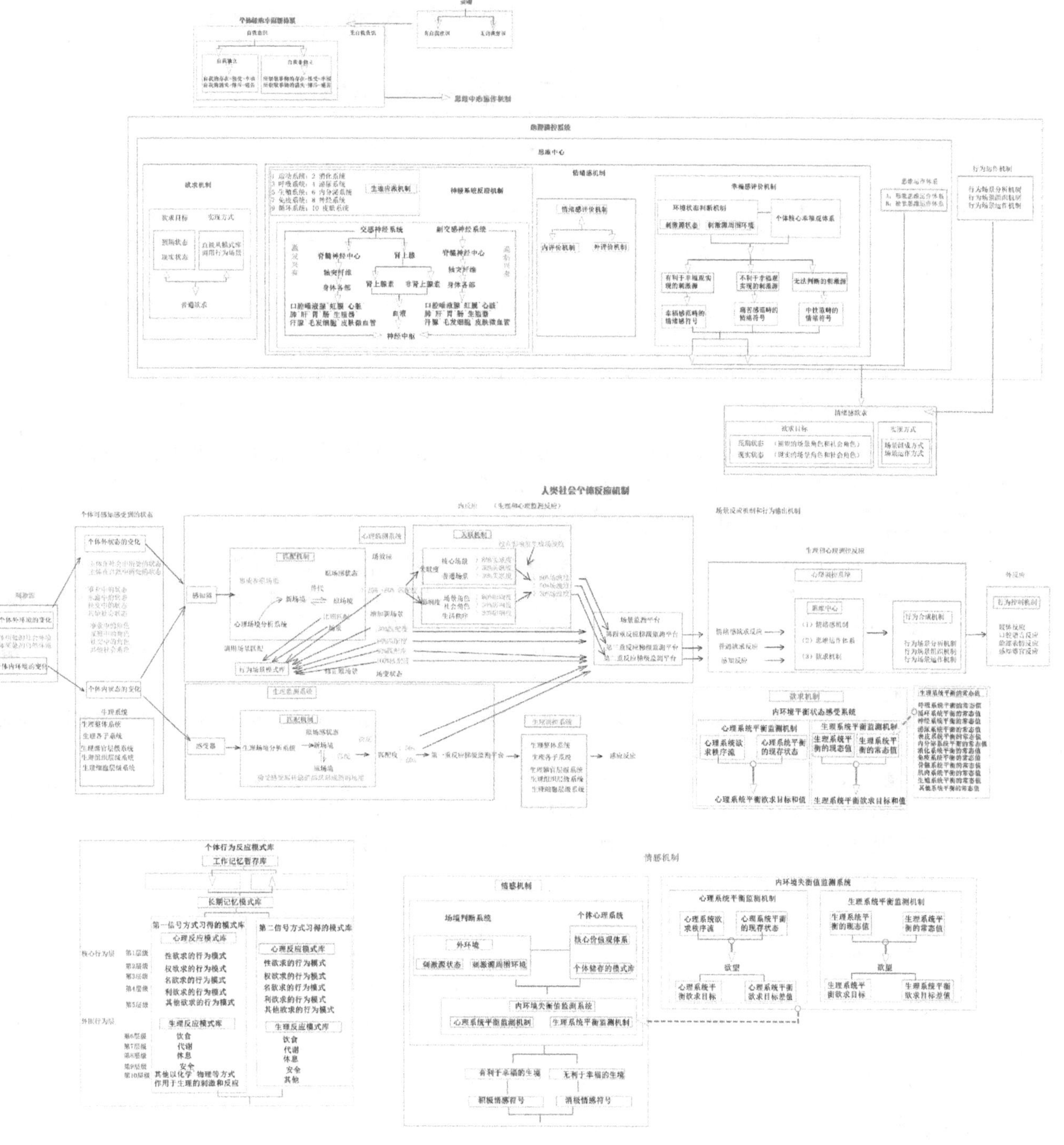

第三章 幸福原理

第一节　幸福与幸福观`幸福感`情绪感

（甲）幸福与幸福观`幸福感

一：幸福的基本定义

（1）幸福和痛苦有两种概念组成：

幸福是社会赋予个体的一种总的行为规范，是社会调整个体行为的一种极为重要的指导思想。幸福观就是个体据此形成的行为规范和指导，每个社会都有特定的幸福观，。

它以欲求的方式在个体监测系统出现，每次内环境受到扰动欲望就会使生理系统以平衡自身的面目出现，而因为人处于社会的关系，心理系统的扰动的趋向平衡手段则复杂化。

幸福是幸福观和幸福感的两者在个体的心理的感知体验和以此为生活目标行为的实行标准。

（2）幸福观的分类

首先分为恒定性社会机制的幸福观和趋动性社会机制的幸福观两大类；其次可以分为个体的幸福观和社会的幸福观。

个体可分为自主性个体的自利型的幸福观和非自主性个体非自主型的幸福观。

（3）狭义上由心理学方面来定义

幸福是由个体自身所持有的幸福观并在其指导下，在达成现实生活中的某种欲求目标或由于受激后心理平衡系统发生失衡，个体产生了幸福范畴的情绪感的这样一系列行为过程。欲求目标是幸福观在现实中折射为以某种目标为具体形式的。个人所持有的幸福观和所感知到的幸福范畴的情绪感这两者共同组成了幸福这个狭义上的概念。

痛苦是由个体自身所持有的幸福观的指导下，在没有达成欲求目标或受到刺激后身心发生失衡时所发生的痛苦范畴的情绪感，这一系列反应就是痛苦。

幸福是幸福观和幸福范畴的情绪感的综合，痛苦是痛苦观和痛苦范畴的情绪感的综合。幸福和痛苦是在欲求机制和情感机制联合运作的产物，从中生发欲望与情绪或情感。

情绪和情感包括着身心的失衡现象与心理系统的一系列的综合思维反应和生理的应激和行为输出和情感机制的评价过程。

有些个体以实现性欲求为追求幸福的手段，从中得到幸福范畴的情绪感作为自己的奖赏，并试图再次达成该性欲求目标以便重获得此快感，他会把没有达成性欲求而赋予痛苦情绪加以排斥。有些个体则以实现其他欲求作为追求幸福的手段。

（4）广义上的定义

它是从社会学方面来阐述的。个体承续并遵循着当时社会的各种幸福观而平衡着自身的身心，得以在社会中更合理的生活着。

趋动性社会感觉论者的幸福观则主张个体以享受感官上的快感为幸福，理性论者的幸福观以个人幸福的获得必须符合社会道德和秩序才是真实合理的幸福。不同的宗教也有不同的幸福观，如基督教的幸福观主张个体侍奉上帝以此为幸福，道教的幸福观主张个体以天人合一得大自在能逍遥游为幸福极致，佛教的幸福观主张个体安贫乐道，以脱离人世轮回立地成佛为极乐，儒教的幸福观主张个体修身齐家治国平天下为幸福，

不同的个体因承载各种不同的幸福观而成为具有不同人性的社会人。

二：幸福感和幸福观

前者属于情绪感范畴后者属于社会赋予个体的价值观范畴。

（1）幸福与情绪感

（A，两者的关系

—a：幸福包括了幸福观和情绪感

（2）幸福感的基本定义

幸福感属于情绪感的极性情绪感之一，情绪感包括极性情绪感与中性情绪感两大类。极性情绪感又涵盖着幸福感与痛苦感这两大极性情绪感类别。

一般我们把两大极性情绪感类别都统称为幸福感。而真正的名称应该为幸福感，也就是辛苦与幸福的感觉，其中包含着幸福感与痛苦感这两大类极性情绪感。

（3）幸福与情绪感

（A，两者的关系

—a：幸福包括了幸福观和情绪感

（4）幸福感的基本定义

幸福感属于情绪感的极性情绪感之一，情绪感包括极性情绪感与中性情绪感两大类。极性情绪感又涵盖着幸福感与痛苦感这两大极性情绪感类别。

一般我们把两大极性情绪感类别都统称为幸福感。而真正的名称应该为幸福感，也就是辛苦与幸福的感觉，其中包含着幸福感与痛苦感这两大类极性情绪感。

（乙）两类不同幸福观的认知

幸福观是各时期各社会对各自区域内个体的行为的规范之一，也是一种引导个体行为秩序化的规范，达成幸福是个体所有行为的根本目的。两种对幸福观的不同获取的思想构成了两大类不同类型的个体："自利性个体"和"他利性个体"。

一：趋动性社会机制和恒定性社会机制

（1）"恒定力"与"趋动力"两种社会能量决定不同的社会机制

恒定力造就了恒定性社会机制；趋动力造就了趋动性社会机制，大多数社会在现代社会处于中性混合性社会机制。

（A，恒定性社会机制特征为：

人性的非自主性；经济的公有性；政治的一元化；社会所发生的一切刺激式态呈现单一性`简单性`恒定性。保守性`单一性`恒定性是其社会普遍的重要特征。

（B，趋动性社会机制特征为：

人性的个性化与自利性；经济的私有性；政治的多元竞争性；社会所发生的一切刺激式态呈现多样性`复杂性`多变性。激进性`多样性`多变性`竞争性是其重要特征。

（C，混合性社会机制特征：

人性的自利与公利共存；经济的共有与私有共存；政治的多元化和一元化共存；社会所发生的一切刺激式态呈现混合性，有效的混合性社会处于一种和谐态。恒中趋动或动中有衡为其主要特征。

（2）不同社会机制决定着两种不同幸福观的社会人个体

非自主性个体有其特定的幸福观，自主性个体也有其特定的幸福观，两种不同的截然相反的幸福观代表着两种截然不同的社会力量趋动力和恒定力。

（3）人类社会的变化有恒定力和趋动力这两种力量决定

而社会发展和稳定都是这两种不同性质力量的平衡的结果，如同中国古代太极图表现的那样阴阳相辅相承。社会如果因为运动力过于强大而导致破坏性力量的产生的话社会就趋向资源衰竭而崩溃，相反是死气沉沉也会造成不能有效地与自然保持动态平衡而趋向崩溃的状态，所以这两者的力量必须在社会中取得动态平衡，这是一种此起彼伏相辅相承的两种作用力，一张一弛的作用于社会以便适应自然的变化，最后社会达到和自然相和谐发展生存的状态。而这两种幸福观即是两种力量在社会欲望机制的体现，哪一种持有该幸福观的社会群体占多数，哪一种力量就占据着主导地位，反之亦然。

以自主性个体和非自主性个体的力量为代表的趋动力和恒定力是此消彼长的并不是一成不变的，雅典和古罗马时期的趋动力就相当强，以至于发展到道德崩溃人伦丧尽的地步，过多参与的趋动力以至于自主性个体越来越多的释放着不可遏制的欲望诉求，破败着整个社会的肌体，因为非自主性个体为代表的恒定力也代表着秩序的力量，后者越来越衰微以至于社会趋向崩溃，后来的近一千年的中世纪恒定力量为统治的时期正是对前者的反弹，这个时期恒定力占据绝对的地位，非自主性个体占据着社会的绝大多数，他们形式上是把自身都寄托到一个共同的精神领域"上帝"上面，这就是非自主性个体在形式上的表现之一，这是一种不以自我为中心而展开幸福诉求的社会人个体，他们的一切都围绕着一个上帝而不是自我，整个社会都在教廷的导引下运作得非常秩序化，但是在扼杀个体欲望的同时也遏制着整个社会个体的创造力，整个社会变得固板和死气沉沉，这样的社会如果发展下去也会因此而覆灭，没有了活力和创造力也会没有生命力，因此文艺复兴的逐渐兴起也是应时而产生的，各种裹挟着欲望的创造行为都争相发散着自己的压抑已久的活力喷发渲泄而出，自主性个体在社会发展力的引导下日趋增多，非自主性力量的恒定力日趋减少，整个社会又回到了一个以自我为中心精神为主导的状态。这样历史就在恒定力和发展力相辅相成次消彼长的过程中发展的。

二：不同幸福观的个体

（1）自利性个体和他利性个体的本质区别

非自主性个体的幸福观是和自主性给的幸福观截然不同的，前者不以一己私利为主要追求欲望或是以自利作为谋取幸福的观念，佛教徒正是这样的群体，他们和基督教徒一样围绕着某种信念而展开行为，这个中心却不是以自身谋福作为目标的，甚至可以是为众人天下人谋福而牺牲自己性命！非自主性个体的幸福观是围绕自身展开的为自身谋福的行为，他的活动中心点是自身，他以自立自主自私为生存的最主要目标和以此建立幸福观，因此所有有利于非自主性个体幸福观实现的都被标记为幸福。

自主性个体的幸福观是建立在他人的痛苦之上的幸福，而非自主性个体则能够超越自我范畴，能够把他人的幸福作为自己的幸福，并和他人和社会一起共同和谐的共存，自利型个体的快感完全建立在他人的痛苦之上（例如：各项竞技活动中胜家的快感无不建筑在竞赛失败方的痛苦之上），或建筑在间接的让潜在的或想象的对手的痛苦之上，或旁观着他人正在遭受的痛苦来体验自己超然的优越而免除的痛苦的幸运感（也是快感的一种方式）这几类都是自利型个体的典型案例，和谐型个体却能够从他人的快感中和他物的和谐成长中获得快感，例如饲养宠物￥培植花木等等所有利他型的娱乐活动或者工作事业，和谐型个体都能够做到把快感建筑在他人的幸福之上。

但并非绝大多数人都是泾渭分明的持有者着两种绝然不同幸福观的，他们都是在这两种幸福观之间游弋，每个时期都如此，绝大多数的个体会受社会的影响而屈从于大多数或强势的主流幸福观靠拢，而那种持有绝对自主性幸福观的或非自主性幸福观的个体只占据着极少数，但影响却巨大。

自利性个体的表现：一切以自利为中心展开的行为，为自身获取幸福，也是构成自利性个体的幸福观的观念之一。

他利性个体的表现：一切不以自利为中心而展开行为的，他利分两种类型的人性，第一种不为自身也不为他人它物获取幸福；第二种是不为自身却为他人它物获取幸福。

（2）绝对"自利性个体"的幸福观：

"自利性精神"是极力展开各种行为追求以实现四大欲求为代表的欲望而使自我获得最大幸福感为其幸福观，它是一种自利的也是永恒交织着幸福与痛苦的巨大波澜的生活。具备这种精神到绝对的个体会完全不在乎损害他人的利益，甚至如果他人的生命在阻止着他获得利益他会毫不犹豫地去毁弃他人生命，在他的获取幸福的路程中会破坏一切能够遏制他的事物，他也能够利用一切事物而不顾道德法律等约束，在社会的平民中也会产生出很多极端者他们会以伤害他人生命作为自己获得幸福的手段，各国不断产生的各类变态杀人案例血腥的纪录着这样的变异极端自利者的行径。绝对的自利使他们走上了把自己的重大快感彻底建筑在他人生命丧失的巨大痛苦之上，他们能从受害者垂死的痛苦行为中得到快感高潮，他们也会不断的折磨受害者的精神和肉体使其更加失衡而呈现出恐惧和痛楚，这些变态狂们的快感就越发得以宣泄。如果手中掌握着大权的变态者，就会对他影响的区域内造成不可估量的破坏，这种变态权位者可能不以赤裸地杀人取乐，但更会以各种其他的方式来宣泄自己的快感，总之宣泄对象的痛苦则构成了他快感高潮的基础。宣泄对象可以是人也可以是一种组织更可以是某种事业甚至是某个领域，越到最后的最高层级破坏性也越大。变态杀人只是伤害一个人和一个家庭，而变态权位者如果在某个领域试图得到快感那么无论是政治或经济或文化或教育等等领域，该领域的所有牵涉到的人或事物都会受到不同程度的影响和破坏。如某个国家的首脑为了一逞和满足自我的权力欲，悍然发动战争使得世界人民遭到生灵涂炭。

他利性个体的幸福观：（分为两种他利性个体，一类是无我亦无他状态的他利性个体；另一类是无我有他的他利性个体。）

无我亦无他型他利性个体

（3）绝对"他利性个体"的幸福观：

（A，"无我无他型个体"的幸福观

这是一种无我又无他的绝对的对生命和存在默然处置的个体，他彻底抛弃自我而投入到无知无欲之中的幸福观，他不追逐任何欲望的实现，性欲求`名欲求等这些欲求对他来说是一种荒谬，他是毫无欲求的如同古木，甚至也不刻意地求生，因为不承认自己个体的存在，他只是静静等待着自己解体的时刻到来，因为不惧怕死亡，他不存在死之痛苦感也没有任何生存着的幸福感，因为不追求性欲也就不存在获得性欲求实现的那种兴奋，一旦实施性行为既不为了繁衍后代也不为着性的快感，只是环境的使然，所以他既可以随时在性交和中停顿下来也可以不停地继续，直到需要停止（这里的停止也并非是自己而是一种环境或命运的安排）。他可以吃着美味佳肴但不会在精美的食品中得到任何食欲的满足，他也可以用最粗糙的食物填塞自己的胃部，而不会在粗糙的食物中感受到任何痛苦。遭受车祸时，巨大的肉体疼痛带给他的只是自然生理上的反应，他不会启动情感机制来赋予其任何情绪，虽然生理传达给他的是极大的痛苦感知，但他所作的并不是对伴随而来的死亡的恐惧而是如何处理下一步的生活，如果觉得命运让他就这样死亡，就会任自我生理解体而不采取任何救助行为，如果需要继续生活就会想办法救助自己不让自己生理瓦解，贯穿其中的始终不会有任何情绪和生理的应激。他的整个生活中情感机制和欲求机制始终是不开启的，他有着强大的压倒一切的包括生理和心理的失衡引发欲求或情绪的能力，他已经从动物性的生物人走到社会性的社会人

（B，"无我有他型他利性个体"的幸福观

这是否认自身存在的而以自身隶属于某种事物或事业（如宗教或信仰所要其追求的）的一部分，他不追求生存欲和衍生欲求（名欲求`性欲求`利欲求`权欲求），虽然不存在情欲`权欲`名誉`性欲的困扰，但存在着为是否能实现他所信仰的事物是否实现的这种欲望而交织着的幸福和痛苦。

这种精神是以他人它物为自身展开行为为其谋幸福的中心，其中它物包括了所崇敬的事物，比如佛子崇拜佛而舍弃自身，伊斯兰信徒也会如此，信徒中最投入的甚至为了信仰而舍弃生命自我牺牲，这都是以自身围绕所崇敬的事物而展开行为的，他们并不把自身凌驾于所崇敬的事物之上。但在信徒中也存在着三类状态的现象，其中不纯粹的信徒们会把自身的生命或享乐同等甚至超越于信仰，各种宗教信仰中都存在绝对的这两个极端和一个广大的中间状态，一种是绝对信仰者其宗教的弟子另一中是绝对相反的完全不信的弟子，而在其中的则是广大的处在相对信仰状态弟子们。如果某宗教团体偏向绝对信仰者占居多就说明该宗教团体比较有凝聚力，反之亦然。

处于中间状态类型的则是广大的在绝对自利或绝对不自利的人性的两极中游离的人群，其中分两大类。

（4）相对性个体

在绝对自利性人性和绝对他利性人性的过渡中间状态，则是广大的徘徊其间的自利与他利交错的人性空间。

（A，"相对自利性精神"

这种属于两者极端之间的处在中间状态的有，其中包括了：首先关注自我然后关注他人的精神；自我与他人同等关注的精神。以上这两种精神都属于相对自利性的精神范畴。

这种个体一般以追求生存欲求中的生命存在欲求为主，而在生存衍生欲求中则注重于`名欲`权欲`利欲`性欲`这四种追求为主，这就是与绝对自利性个体完全不同之处，完全自利者根本不会为了其他人或事放弃自身哪怕一点幸福的，很多时候他们所作出的放弃只不过是为了更多的得到自己的幸福。而相对自利者就不同了，他们也会为了所爱的人或所崇敬的事物献出自己的一些利益放弃得到某种幸福，以使他人得到这种幸福的享受，但不是为了求得另类形式的回报。

（B，"相对他利性精神"

也包括了两种状态：先他利（关注他人它物）后关注自我的精神；他人它物与自我处于同等关注的地位的精神。

一类是相对自利性个体；

另一类是相对他利性个体；

这种个体在追求生存欲求中对亲情欲`友情欲`比较重视但也不漠视自我的生命存在的欲求，在生存衍生欲求中他以其他形式的欲求中的"对所崇敬事物或人而展开的欲求"的这类欲求较为重视，而对于生存衍生欲求的名欲`权欲`利欲`性欲这四大欲求则是相对淡漠，却绝不是放弃享受在四大欲求中获得快感，这也是与绝对他利性个体有区别之处。

和谐人的幸福观

（5）和谐幸福型个体

整合了第三类型个体的幸福观，处于和谐幸福的人是一种自利性和他利性的相综合的人性，他既有自利的一面又有关照他人和自然和谐生存的一面，他的自利是有限度的。他既能够保持一种心平如镜的心态祥和和乐在安守现状，但又不是永恒的宁静，他也有进取和奋进的一面。他是这两种状态的取其之中的个性，所谓中国儒教学说的中庸一般，既不极端的暴进也不极端的保守，这也是一种人与自然人与人的和谐之道。

和谐幸福人也分为两种类型：

（ A，一种是趋向自利性的和谐人

他的幸福观和幸福感的达成确实建筑在他人的痛苦之上的，但也有着他利方面的约束，并牵制着他不至于做出伤害到他人根本利益或全部占有他人利益的行为。

（ B，另一种则是而趋向他利的和谐人

但他也有着一定的自利方面的约束在牵制着他不至于全部付出自己的利益。

三：战争时期的幸福观与和平时期的幸福观

战争时期里个体会把所有行为围绕着生存而展开最后得到保全生命这样的后果作为自身追求得到幸福为最终生活目的，"生存欲实现=幸福"这也是这个战争时期大多数自主性个体所要行使的行为，也只有少数非自主性个体为了总体社会的规范和秩序舍弃自身的生存而作为幸福。和平时期把"四大欲求实现=幸福"作为自主性个体所要行使的行为总规则，大多数个体会用实现四大欲求去追求得到幸福作为自己生活的总目标。也只有少数非自主性个体会为了社会秩序而去抵制四大欲求的诱惑而把最简单的生存作为自身幸福实现的生活总则，这种战争与和平时期的自主性个体和非自主性个体的行为总则或称之为幸福观是一意确定的。

四：两种社会机制下的欲求机制和情感机制

不管是和谐共生的幸福观还是竞争对抗的幸福观都不影响情绪和欲求机制的原理，情绪机制和欲求机制不会受任何制度而发生变化它是人类社会发展过程中的产物，是人能够交流和思考的基础，不同的制度下的幸福观只是使欲求机制中的心理价值秩序流和情绪机制中的个体核心价值体系发生变化。

（1）趋动性社会

在趋动性社会的引导下，个体总是不满足于现实环境的稳定，而总是要在社会赋予的心理平衡秩序流中希望能急剧地向上攀升，以实现这种不断得到快乐就是人生幸福的幸福观和感受实现欲求后的幸福快感的情绪。这种社会的个体的心理平衡永远是需要得到快乐的不平衡中实现的永远动态的向上的排斥他人的平衡。它与公利社会的区别就在于前者是不断的夺取他人的利益以满足自己的幸福的幸福观，后者则是共同享受社会财富的幸福观，不排他的共同占有的平均的幸福观。

如果一个社会极大的去引导个体释放各种欲求行为，个体就会极大地不择手段的区释放各种欲求的行为以获得幸福。相反如果一个社会极大的压抑个体释放各种欲求行为，个体就会极大地约束自己获得幸福的行为，如果一个社会能让压抑性行为作为个体追求幸福的手段个体也会以此来行为，比如中世纪的教会就以极端压抑性来获得上帝眷顾和幸福的思想灌输了欧洲整整一千年，而那时候的人们则以压抑成功自己的性并转移到以其他的欲求实现来实现自己幸福。

（丙）情绪感与幸福感

一：情绪感简析

（1）情绪感的定义

情绪感的评价和感知属于情绪感机制的反应，是这种复杂反应体系发生的一系列反应之一。

当个体身心失衡达到第四反应层级，就会引发这种复杂反应，这就是情绪感反应。

不会出现只有单一性情绪的标记，情绪都是成组出现的

，包括痛苦感和幸福感情绪就是情绪的两大对立面，各对立面其中的子标记也有相应的一一对应的对立面。

对立和谐的情绪体现在事物发展与人对其的欲求指向中；体现在一组情绪的周期中；体现在一组情感大周期中；体现在人的一生的情感总周期中。

（A，情绪感机制发生的复杂反应构成包括：

——a：对刺激的幸福层次的分析判断并组合新的反应目标和行为；

——b：发生情绪感评价和感知；

——c：生成生理的应激反应，等等。

这一系列的反应都属于情绪感层级的反应，完全不同于第三反应层级的欲求反应，后者只是根据原有的常态模式来输出行为反应应对刺激源，是没有情绪感参与的不需要重新判断和组合新的反应的。前者是针对突发的异常的极为重视的刺激源发生的复杂反应。

（B，情绪感实质是个体对刺激接受与否的判断

个体是根据一组该刺激反应的自己是否接受或是排斥来以此为评价其极性的参考点的，如果刺激源是有利于自身幸福观实现的就判断为有利的可接受的快感极性情绪感，相反则评价为不可接受的痛苦极性的情绪感，同时引发的应激机制的应激行为则起到了强化个体组合情绪感反应的效果。同样的排斥行为，如果需要排斥只需要用言词或一般行为就能清除的普通级别的刺激，就不需要启用情绪感来强化行为，如遇到异重态刺激源就会形成发怒的表情和动用自身潜在的能量，这都是情绪感机制被触发的结果。这种异重态刺激源，个体会在心理系统作出的种种判断和输出反应，把只是简单的排斥或接受的两大类判断细分出了很多中间性的反应过渡，任何情绪感都是属于情感机制产生的范畴，也是个体和异重态刺激源发生激烈反应的结果。

（C，情感与情绪

情感是指由刺激源刺激心理波动从而引发情感机制启动的过程，情绪则是指由刺激源刺激生理波动从而引发情感机制启动的行为过程。其实质是同样的性质只是启动的方式不同。

——a：情感与情绪相似之处

情感与情绪都是由内外环境的异重态刺激所引发的一种心理和生理反应的过程。

——b：情感与情绪不同之处

情感是由于心因性失衡而形成的，当心理失衡度直接引发情绪感机制的启动或由于心理失衡导致的生理失衡而启动情绪感机制。

情感是指由刺激源首先引发心理系统失衡波动从而导致情绪感机制启动的过程，比如人遭遇到一次车祸的一刻，看到飞驰而来的汽车时刻，该异重态刺激源立刻会被心理系统所判断同时会立刻紧急启动规避行为反应，同时也在生理上引发应激状态，随后痛苦感范畴的情绪感标记也会同时出现。

情绪是由于生因性失衡而形成的，当生理失衡度直接引发情绪感机制的启动或者由于生理失衡导致的心理失衡启动了情绪感机制。

情绪则是指由刺激源首先引发生理系统失衡波动引发情绪感机制启动的行为过程。两者由于导致失衡的系统不同而有差异。

情感与情绪都会导致生理系统和心理系统的先后的共同参与对外做出反应。所以幸福感和痛苦感这两大类情绪感极性标记既可以属于情感类别也可以属于情绪类别。

（2）情绪感的标记

痛苦感范畴可分轻中重三种等级，第一级为轻度等级的痛苦，属于痛苦感范畴中最轻微等级，可有下列数种情绪符号标记：枯燥`平淡`轻度焦虑`不安`冷淡`轻视`发窘`埋怨`等等，表现为心理知觉为不安于现状，外显表情和行为表现为不满和无所事事；第二级为中度等级的痛苦，可有下列数种情绪符号标记：中等痛楚`烦躁`愤恨`愤怒`蔑视`窘迫`恐惧`心理知觉表现为对内外环境刺激的愤怒，并试图及时清除痛苦或反击，外显表情和行为表现为忿怒和进攻性或逃避性；第三级为重度等级的痛苦，可有下列数种情绪符号标记：季度悲痛`怒发冲冠`极度郁闷`撕心裂肺`仇视`无地自容`极度惊恐`心理知觉表现为对内外环境刺激的极度痛苦表征，并不顾代价的作出清除痛苦或反击行为，外显表情和行为表现为极度进攻性或立刻逃避性；

幸福感范畴

未判断情绪范畴

（ A，情绪感的范畴

所有情绪感都隶属于不可接受和排斥的`可接受和喜爱的`无法判断和需要关注的三类范围中分别产生痛感情绪感`快感`紧张情绪感这三大类情绪感，人们的所有其他感觉的情绪感都属于这三种范围中的细分化了的类型，在这个三大类基础上个体再细分为各种不同的情绪感如快感和痛苦情绪感都有很多分支和细化以及变异，另外还有介于两种评判情绪感之外的其他情绪感，如用于强化注意力的情绪感还有强化反应力的激动情绪感等等，而各种情绪感都会根据自身的评价随时地转换。比如嫉妒就是他人占有了自己本来占有或想占有的幸福欲求目标而产生的偏向于排斥的不可接受范围的情绪感范围，对某刺激源的恐惧情绪感就属于不可接受的是个体需要做出排斥行为的刺激源；崇拜则属于个体可接受的快感情绪感范围；骄傲亦属于个体可接受的快感情绪感范围，而在一种范围内的同类别的情绪感也会依据刺激源的重要等级而做出各种轻重不同反应状态的细分状态，比如同属于痛感情绪感中个体需要在表情上表达愤怒并试图主动做出反击不利刺激源的行为的情绪感：责怪`嗔怒`埋怨`怨气`怄气等等这一类型的情绪感反应出该个体还处于低度波动范围的情绪感中；恼怒`愤怒`气恼`则属于中度波动范围的情绪感；震怒`怒火中烧`勃然大怒`怒发冲天`就属于情绪感极度波动范围。

（ B，反应失衡的一致性与情绪感极性符号标记的不同

个人学习文化规范，去分类那些唤起性刺激的东西，虽然生理信号可相当与强烈快感和恐惧，一种是愉快的另一种是不愉快的，第一次接吻的恋人与碰上一个持枪暴徒的人相比，虽然二者刺激的反应强度与形式可能相同，但前者更可能把他感到的生理变化标记为幸福，后者则感到痛苦，因为他们所依据的是社会信息赋予的模式。接吻是通向性欲求目标的一步，所以有幸福感的赋予，而遇上暴徒会直接危胁到他的生存所以标记为痛苦紧张难过。

（ C，自慰何以过程与结束在情绪感上有相反的极性

自慰虽然可以在生理上达到一定的刺激度和场波度，并在过程中评价为幸福感范畴的刺激，但在场波比值定律作用下，会由于没有心理失衡的区大推动力，综合失衡体系下降的比值比上升的更大，就会产生痛苦感范畴的情绪感评价。于是个体在失衡体系下降到情绪感阈值之下时，产生了对实施过程中产生的性的辅助幻想场景而感到不愉快。

（ D，为何有些失衡偏离到最高值不会改变极性符号，而有些失衡的偏离到最高值却又发生极性符号转化的现象？

（3）情绪感的分类

所有引发个体身心第四层级的一系列反应都属于情绪感反应。

（ A，按情绪感的本身符号性质区分

情绪感包括了极性情绪感与中性情绪感两大类，极性情绪感由幸福范畴的情绪感和痛苦范畴的情绪感共同构成。中性情绪感则是由无法确定状况而发生的情绪感符号和正在加以关注而发生的情绪感符号组成。

—a：中性情绪感

（ B，按引发情绪感的身心不同系统来划分

情绪感由情感和情绪两者组成，情感是指心因性引发的一系列高层级的刺激反应，情绪是由生因性引发的一系列高层级的刺激反应。

（ C，按情绪感本身性质的不同可分为

心因性痛感情绪`心因性快感情绪或生因性痛感情绪`生因性快感情绪这四类情绪组成。
所有处于情绪波动中的人，离不开心因性痛感情绪`心因性快感情绪或生因性痛感情绪`生因性快感情绪这四类情绪。
每一种类型的情绪都经历一组情绪大周期，每一组情绪大周期都经历四个时期，即：失衡偏离期`平衡期`失衡补偿期`补偿麻木期。每个时期都是一组组情绪小周期组成的，每一组情绪小周期都由失衡阶段和恢复阶段组成。
有些人处于生因性快感偏离期的第 n 组的快感失衡阶段，有些人处在心因性快感恢复期的第 n 组的快感恢复阶段。

二：幸福感和情绪感

（1）极性情绪感

是由幸福范畴的情绪感（幸福感）和痛苦范畴的情绪感（痛苦感）组成，幸福范畴与痛苦范畴这两个截然不同的极性的符号代表着排斥和接受的两种状态，也代表着失衡和复衡这两种不同的状态，既是对刺激源引发身心失衡这组刺激反应是否有利于幸

福的判断，又是对失衡和复衡这一过程的评价。有利于该个体实现幸福的判断为可接受的刺激反应，并把该刺激源和身心的反应标记为幸福范畴的情绪感符号，

（A，极性情绪感的感受依赖于刺激源和人体身心能发生情绪感的机制（幸福观和心理平衡监测系统和情感机制）的相互作用。

（B，幸福感属于个体对刺激的一种综合性的评价行为，而并非从属于个体某种生理构造

——a：相同环境不同的认知可使个人情感发生质的变化

个体的情绪可以受外界的影响而变动其不同的极性，也就是快感范畴情绪或痛感范畴情绪可以随时根据情感机制的再认知处理或外界的影响而转化，比如：有幕电影真实再现了这个情绪极性相转化的过程。一群办案人员正在谋杀现场，这时屋子里正散发着炖肉香，某探警看到炉上正炖着一锅肉，于是人们把这种炖肉的味道视为快感范畴情绪而发生食欲，但当锅子打开居然是炖人肉，这时人们的认知就发生逆转，立刻把这种味道视为极其恐怖的不可接受的，情绪也立刻转化为痛感范畴的恶心而纷纷呕吐，于是这种味道越是浓厚人们也越变得痛苦。可见情绪感是个体在经过判断后对自身反应的一种应激的总评价过程。

——b：在没有外界可资判断的情况下也可以单独受自身判断影响下分别赋予其极性。

——I）案例：

请看例子：情境线索影响自我知觉，当给被试者注射肾上腺素药剂时，这种药会引起短时间脸色潮红，手指振颤，心率加快。测试分成参组，明确告诉第一组将发生什么情况，告诉第二组有副作用，但不告诉是什么样的作用，第三组不告诉什么。主试授意同伴装出欣快或发怒的样子，不知道自己为何兴奋的第三组被试，受主试同伴影响最大，而知道肾上腺素正确后果的第一小组影响最小。你在晚会中碰到吉姆它是中性刺激，并没有引起情绪反应的介入。吉姆是开朗的人，你们一交谈他便说起自己的宗教，如他的宗教与你相一致那么这个肯定刺激，你喜欢它刺激强度取决于你对宗教的重视程度，但其它更多刺激会参与决定你的感情，如你喜爱的人死了，你的消极情感不会因其而改变生存欲求，社会以此为目标，赋予个体以此为目标去行为，有利生存的便肯定接受，不利的要否定不接受并赋予痛苦概念。生理唤起和直觉认知是真实情感体验的二个各自独立而又必需的组成部分，研究者为从生理上唤起被试者，给之注射肾上腺素 引起心跳颤抖呼吸急促脸红，被试者不知注射什么其中一半注射生理盐水，接着告诉每组被试的三分之一，他们可确切期望什么另外三分之一不给信息，余下三分之一则被引导错误期望（打针引起麻木）最后在注射液作用时，每组被试一半参加幸福愉快的交往另一半介入紧张愤怒的情境，那些注射肾上腺素又不知从中得到什么的被试，应比那么注射生理盐水或注射肾上腺素但知道从中得到什么的被试，体会到更强的情绪，或幸福或愤怒以它的所处情绪转移。这充分说明幸福与痛苦是一种人为的概念，可以随社会规则之意附加在任何刺激之上的。一个社会必定有其稳定的规则秩序，但人是社会性的不可避免的把这刺激与社会建立起的幸福观相比较，以此为标准来赋予某种刺激以某种稳定的情绪的符号概念。

每组被试一半参加幸福愉快的交往另一半介入紧张愤怒的情境，那些注射肾上腺素又不知从中得到什么的被试，应比那些注射生理盐水或注射肾上腺素但知道从中得到什么的被试，体会到更强的情绪，或幸福或愤怒都以它所处环境的情绪而转移。这充分说明幸福与痛苦是一种赋予的概念，并非是常人所理解的人的本身拥有的。它可以依据社会需求附加在任何刺激之上的。一个社会必定有其稳定的规则秩序，但人是社会性的，不可避免的把这刺激与社会建立起的幸福观相比较，以此为标准来赋予某种刺激以某种稳定的情绪概念。

（2）痛苦感和幸福感，都属于情绪感的一个体系

情绪感是由两极性情绪感和中性情绪感组成，极性情绪感我们又称为幸福感，它可分为接受的幸福感范畴的情绪状态（幸福感）和相反为拒绝的痛苦感范畴的情绪状态（痛苦感）。幸福感和痛苦感都各处于情绪的两个极端，我们称之为两极性情绪感，而处在中间段是个体尚未加以判断或正在加以关注的状态，每个能加以分辨对自身幸福有何益弊的情绪感都处在极性两端，只是有些情绪感接近于幸福感状态有的则接近于痛苦感状态。但其中有个重要的原则，就是每个情绪感都必然有着与其相对立的情绪感存在着，比如幸福感范畴的情绪符号"恐怖"，它的对立面也是恐怖感消除后或者是恐怖感形成前的一种情绪感符号是"轻松"，前者是经历于痛苦之后的舒缓，后者是使痛苦更可怕的前奏。其实这反应着个体在引发一组情绪时候的从失衡到回复平衡状态的必然现象，某个体受到某种恐怖现象所激发引起情绪感，该个体如果从"恐惧"逐渐过渡到了"松弛"，就是从心理受惊吓引发的心理失衡和生理失衡，再从惊吓过后的心理首先解除恐怖刺激到松弛带动生理也逐渐平衡的现象的反应，没有恐惧的心身失衡就无从有松弛的情绪回复的现象发生，如同某个个体不把得到钱财作为幸福感的来源那么他对失去财富则也是同样表现冷漠并无任何情绪会发生，没有股票升值的欢愉也不会有股价狂跌的痛楚。所以佛道修行者就把各种欲求排除在日常生活之外，也就是试图依靠日久的修行对原来形成的生活秩序作彻底的改变，从而达到一种没有痛苦的也不会失去快感的生活。如果某个体对某事物正方向发展作为自身认可并赋予其情绪感的极性符号，那么该事物的另一个截然不同的发展方向就自然形成了排斥和相反

的情绪感的极性符号，该个体必然对这个事物发展的另一个相反方向持有相反的情绪有截然不同的接收或排斥的心理选择。一旦有了接收或排斥的心理选择就会发生情绪感的极性。

（3）快乐和痛苦是一体的两面

拥有前者后者必然降至，没有也不可能出现只用有快乐而没有痛苦的事情，我们在这件事上赚的快乐也必然得要在这件事上赢得痛苦。

快乐属于积极情绪是个人基于生理上或心理上的波动所导致的两大系统互为牵扯的偏离正常值的状况，但这种状态就被个人根据社会赋予的约定俗成的习俗就把这种偏离分别标记为积极情绪或消极情绪的过程，简单来说情绪是心理和生理两大系统密不可分的协调过程，个体的心理系统能把偏离平衡态的波动调节到更偏离因为这个刺激源是导致积极情感的。

当该刺激反应模式符合积极情感模式后，快感随着反应波动的递增而递增，也就是说此时该生理系统的偏离愈高个体的快感就愈高，如果生理系统继续偏离直到接近死亡线附近时，正常情况下个体会根据经验把此刻的波动标记为痛苦的消极情感，并试图恢复生理系统的偏移，例如一次作爱当高潮来临时却出现心脏负担不起剧烈的运动而出现生命的衰竭现象（急速运动导致急性心脏病发作），那么个体会把此刻的状态标记为痛感，并全力的扭转试图平衡偏差的生理状态。

每次快感的偏离都是对将来的一种定势，随着一种刺激源出现个体的反应一旦被标记为快感必然会有一种与之相反的痛感情绪出现在依附于刺激源和个体反应之上的另一面，也就是说如果把得到某种东西作为快感，那么得不到这种东西一定被标记为痛感。（1）个体对于一再出现的原本能从中得到快感的刺激源会因为情感第一原则而趋向麻木，（2）个体由于得不到原有的刺激源或原有的刺激源的强度而感到痛苦。（3）个体只能选择不断的增加快感刺激源的强度来平衡自身的不满足而痛苦的波动。

三：情绪感在人体身心系统综合状态下的表现

（1）人体常态平衡状态

人体的心理系统和生理系统都处在常态平衡状态。—— 这时候不会有任何情绪感发生，因为情绪感的发生是依赖于生理或心理发生失衡才会产生。

（2）人体新常态平衡

（A，心理系统和生理系统都处在新常态平衡。—— 此时人体是处于新的常态平衡状态，情绪感已经发生过，现在人的身心正处在建立起来的新的生理和心理的运作秩序中，在新的平衡中并不会有情绪感的存在；

（B，人体双系统其中一方处于常态平衡另一方处在新常态平衡，此时人体是处于新常态平衡状态。——在这种平衡状态下人体没有产生情绪感的基础。

（3）人体病态平衡状态

（A，人体双系统都处于病态平衡状态，此时人体是处于病态平衡状态。身心处于的病态平衡的状态其实都偏离了正常平衡，其实身心都处在失衡态，只是这种失衡变得稳定。但心理系统会因为"情绪感第一定律"的作用会复衡于情绪感反应层级之下。即使生理的病态平衡处在情绪感反应层级之上，也不会发生任何情绪感反应。

（B，人体双系统一方处于病态平衡状态，另一方处在常态平衡或新常态平衡状态，此时人体是处于病态平衡状态。

只要是平衡状态无论是正常态或是病态都不会产生情绪感。

（4）人体假平衡状态

生理系统处在失衡状态，但心理系统却处在常态平衡或病态平衡或新常态平衡状态，此时人体处于假平衡状态。

情绪感是由于心理系统或生理系统失衡到一定程度产生的，如果只有生理系统的失衡但始终没有达到情绪感反应层级是不会发生的任何情绪感的。

（5）人体假失衡状态

心理系统处在失衡状态，但生理系统却处在常态平衡或病态平衡或新常态平衡状态，此时人体处于假失衡状态。

这种状态的延续可能有情绪感发生，因为一旦心理的失衡达到一定程度就会引发生理的失衡，在各种新发生的刺激源刺激下身心互动就会导致身心失衡达到情绪感发生。

（6）人体常态失衡状态

人体双系统都处在常态范围内的失衡状态。如一般正常态的性快感和其他各种欲求实现中所体验到的正常态快感。这种从失衡到复衡并不极大地改变原有的状态，并不发生身心系统的新组合更不影响到该个体的长久生存。

这时候的情绪感发生几率和强度是较低的。

（7）人体新常态失衡状态

人体身心系统处在新建的常态失衡状态。这也是指极大的改变了原有的平衡状态时候的生理系统的构成状态。但这种变化仍属于正常范围。如一般正常态的体育强锻炼之后的某受刺激的肌体的失衡，和整个关联生理系统的失衡协调，其中包括新建的肌群内部的新组合（包括肌肉和骨骼细胞的增殖和更新）和其他各种系统的更新状态。

这时候的情绪感发生几率和强度属于中等。

（8）人体病态失衡状态

（A，人体身心系统的生理系统处于病态失衡状态，心理系统处在假平衡状态。

人体处于病态失衡态但如果该生理失衡态程度不超过情绪感反应层级就不会有情绪感发生，如果超过就会发生情绪感。

（B，人体身心系统的心理系统处于病态失衡状态，生理系统处在假平衡状态。

如果心理系统失衡程度不超过情绪感反应层级不会有情绪感发生，反之就会发生情绪感。

（C，人体双系统都处在病态失衡状态。

这时候情绪感发生的几率和强度会最高。

四：情绪感的作用及情绪感的产生和发展转化

（1）情绪感的作用

情绪从人的情感机制产生，一切喜怒哀乐的情绪在人的成长过程中有着不同的完善阶段，这是一个从简单的本能的准情绪表达到受到社会训练的社会意义上的可以交流的情绪表达的幼儿阶段，再到各种复杂的情绪表达的习得的过程，最先完善的是那种代替语言的那种接受或排斥的准情绪"哭和笑"接着随着心理系统的逐步完善，情感机制也趋于完善阶段，情感的表达也日益细分，代表需要表达的也日益增多，达到目的的手段日益的复杂化了。

情感赋予的作用在于能使个人一再的追寻该刺激源，使之重复使自己的反应能延续甚至做出更强的反应，而消极情感的符号作用却相反，能使人主动的去排斥这种刺激源使之不发生，这也是人类社会秩序的源泉之一。

（2）个体各时期情绪感发展过程图表

（A，幼年期是纯粹的生理上的刺激反应，并无心理系统，心理系统是逐渐在社会教授下形成的。

（B，青年期是个变动十分激烈的时期，随着生理与心理系统的成熟，情绪极易产生波动和趋向激烈化，波动线呈现尖削状，表明情绪来的突然去的突然，情绪出现和消失都十分迅速。

（C，而成年期各方面都趋向成熟，偏离平衡状态波动普通值比青年期抬高，也就是说比较不容易产生情绪的波动和变动峰值不高，波动线呈现宽泛的状态，情绪来的缓慢也消失的缓慢，而成年期的波动最高值和死亡线的阈值却相对于青年期而降低，这和生理系统的逐步衰退有关，也就是说如果用青年期偏离平衡态的最高值的波动量加之于成年期就会导致生理系统的崩溃。

（D，老年期的亚平衡状态的空间更加宽广，表明老年人的情绪更加的稳定，而死亡线进一步的降低其阈值，所以老年人容易因情绪激动而导致死亡！

（3）情绪感与表情

人的情感与语言一样情感是只是一种身体内部语言它可外露亦可内藏，情感分积极情感与消极情感二大极端。情感的发生总是由外界刺激或内部刺激引起生理系统的反应又导致心理的不协调或者引起心理系统的反应，从而导致生理上的不协调。

相反原则一生中所随意举行的每一动作，必需某些肌肉活动。当我们发生一直接相反动作时则于习惯使一群

情感符号波动于愉快与不愉快之间，移动于兴奋与沉静之间，移动于紧张与缓和之间，愉快与不愉快取决于强度，兴奋与沉静取决于性质，紧张松缓依赖于时间。

在群体生活中，形体语言包括各种脸部表情各种手势及动作表现反应出某人的内在心理状态的外部动作，是人与人之间交流的重要环节。

人的面部表情肌是历史的产物主要聚集在眼眶﹑口鼻及外部肌肉周围。法人杜青用电流刺激人面部每一肌肉或肌肉群由此得到表情研究，结论是表情主要由于单一肌肉活动所决定。

［关于表情］面部表情不是普遍一致的，如：非州黑人用笑来表示诧异﹑惊奇﹑窘迫﹑失败，其他的社会更多的使用笑来表示满足与幸福，各区域的内部规则不相同。

（4）情绪感的引发和赋予

（A，情绪感的引发

—a：由生理上的引发

由于内环境的自身生理不平衡状态所导致情绪的产生；也可以有外环境加之于自身生理系统而引起的情绪产生。

—b：由心理上的引发

由于内环境的自身心理不平衡状态所导致情绪的产生；也可以有外环境加之于自身心理系统而引起的情绪产生。

强烈的嗜好是在他十八个月时显著的，他被错误的给予通常的膳食，而只有通常量的食盐，在七天内他死去了，死尸解剖时发现肾上腺早已大量的损坏所以产生体内不能正常容纳食盐的疾病，这种疾病促使他追求大量食盐这特定目的，在大吃食盐后他内驱力得以降低，只有这样循环才能使自己活下去。

由不同情绪引起的生理表现是含糊不清的和无差别的，情绪反应的内在生理特点无从区别，我们需从认识上的标记来揭示我们的感情，情绪上的体验是（1）生理学上的唤起（2）一种合适的认识上的标记。

——Ｉ）在一种是由刺激源直接作用于生理间接引发了心理反应。

刺激继续保持其强度和形式的不变而存在着，并且人体生理也被迫承受着这种刺激并发生着相应改变，比如换季时改穿厚重衣服时，生理系统监测系统便感知了厚衣服对于皮肤新的增强了的摩擦刺激度和改变了原有的体肤表面温度，但因为该刺激有利于人体的保暖需要，所以在生理监测系统把该环境（着衣的环境）用变化了的场信息传递给心理系统的情感机制分析时，便发生幸福观的评价机制启动反应，其情绪归属可以由当时的环境而定，会出现三种不同的情绪感极性范畴的赋予：

——（i）当时是处于极度需要保暖的冰冻环境那么该刺激就属于幸福感范畴的情绪。

——（ii）当时属于常态换季环境但该个体是女子她穿上了厚重衣服就减少了其身体的诱惑力，就可能会把该刺激归属于痛苦感范畴的情绪。

——（iii）如果是正常换季环境的一般换季穿衣过程便归属于中性范畴的情绪。

——ＩＩ）另一种是由刺激源通过对外主动性感受器直接刺激心理发生反应。

如果其刺激保持其强度和形式的不变而存在，人体如果处于有害环境会发生逃避或改变欲求，但如果欲求不能实现就会因为"情绪感第一定律"而从心理上逐渐适应之，这会导致生理逐渐趋向不受心理影响作用下的失衡，是一种纯粹的因为刺激作用于生理而发生的失衡，人的心理在这种不可抗拒而且恒定的刺激源作用下建立了新的阈值，使其生理不再发生应激反应，生理也会由于长期的失衡而成为病态的平衡，如长期在噪音工作下的纺织工人的耳聋现象。

（B，情绪标记是依据内外参照体而发生的援例

情绪标记是由情感机制启动后由内外评价机制综合判断赋予的，是一种核心思维体系的综合思维的复杂过程。它可以用内在的自我场景平台或外在的他人和社会的参照平台来作参照体，以此作为评价的参照平台。以下五组援例充分说明情绪感不是独立于社会而存在于个人的一种现象，它是一种复杂机制所构成的身心反应的过程。

援例是个体以外环境的他人或环境做参照体而生成的情绪标记。

（以下试验援例均摘录于《情绪心理学》，K.T斯托曼著）

当一个人把他内在生理唤起归因于一个清楚的现成的外界刺激时他将首先进行外在归属，然后为此归属表示出明显合适的情绪以及由此给他情绪标记，另一方面如果他把给他的生理反应归因于与刺激不相宜的环境他也不会进行外在归属。

——Ｉ）第一组援例

沙赫特和辛格尼斯柏特和给所有被试一颗糖丸，告诉实验组被试药物可产生生理的症状，如：手震颤和心搏，对照组被试则被告之产生非生理上的症状。最后给所有的被试以电击，结果对照组比实验组觉得电击痛苦。

———II）第二组援例

瓦林斯让男性被试者看一些女裸体幻灯片在每张片子放过后提供被试关于心跳的假反馈，每个被试却被通上加电击并得知自己的心跳情况可以在耳机中反应出来，在每一张幻灯后有些被试听到加快了的心跳他们觉得这是自己心跳反应，其他人听到的则是他们自己认为不相干的声音，当裸体女人和被试假设中的增加的心跳联系起来时，被试便认为这裸体女人更有吸引力，这证明人们在身体所告诉他们的基础上来推出自己内在主观状态，并不是必然的来自他们对外在刺激本身的认识。

所有这种研究说明这问题，任何始定的唤起能够对刺激归属错误的归属或再归属，而不是唤起平常与之相关的那些刺激给予这归属后，情绪唤起能增加并被理解成它是由刺激引起的或者唤起可以被归属于中性刺激，甚至当初能引起唤起的刺激也只引起情绪冷淡，对唤起的来源不清的不确切的情况下给被试某种生理激起，他会试图就唤起的来源来作解释实验中通常对被试作一番解释，他便照着去作而这解释也控制了他对情绪唤起的体验。

人们依靠他们的明显行为的外部凭证，以及这种行为产生的条件来断定其真实感度的。

———III）第三组援例

这种自我知觉极有可能这样，只有当相关态度问题以为不重要时才有意义，谢利泰勒实验中，他们给女大学生展示了一些正面的男研究生的幻灯片他先要求每一个女学生估价吸引力，然后造成一个情境使被试对某张幻灯片有假反馈，如让被试偶然听到一个实验助手说比起别的片子来他（被试）对那张幻灯片作出的反应强烈的多，在给被试告唤起的假反馈实验中，有一半时间涉及他已估价为高度吸引力的幻灯片，按照自我知觉的想法，虽然这假高度唤起的反馈更大影响了被试对原来只是中等吸引力的刺激者所作的估价，但反馈还是应提高被试对二个幻灯片吸引力的评价。

———IV）第四组援例

当一个人被刺激又放到无其它归属可找的情境时，他就从外部情境中抓住突出的情绪。在睡觉前它们让一个失眠者服下（无效糖丸）在唤起条件下会导致睡眠。人们在身体所告诉他们的基础上，推断自己内在的主观状态，并不是必然的来自他的对外在刺激本身的认识。一般见到他人次数越多会增加对他的印象，如：性欲求当自己的欲求周期来时不自觉的朝向自己所认识性伙伴范围内选择。

———V）第五组援例

马拉农在健康的人体内注射引起内脏变化的肾上腺素，但被试者却不感到情绪体验只是冷淡的感到心跳胸部沉重`发抖`发冷和精神不安。

（C，情绪感的启动和消退机制

—a：情绪感的启动

———I）异重态刺激作用下人体的情绪感机制的调控反应，是为情绪感发生的过程，情绪感是人体情绪感机制对非常刺激的综合的反应之一。

情绪感是一种只能通过情感机制才能产生的状态，它使人处于一个异重态刺激下的应变状态，以便能更好更快的输出合适的反应以对刺激源。情绪感发生其实质就是个体处在一个面对异重态刺激源之下的情况，情绪感反应是个体在面对的异重态刺激源（内外环境发生的刺激的性状和个体对其的重视度，该刺激使个体某身心区域发生反应，反应度超过个体监测系统所限定的值）而引发的内环境失衡下，其失衡反应度达到一定反应层级由情绪感机制处理的过程。情绪感的剧烈程度就是身心的失衡值，失衡的值越大心理系统所赋予的情绪感标记度也越大。一般我们可分为微弱情绪感~一般情绪感~剧烈情绪感三种状态的符号，当然实际情况可以细分为无数的情绪感符号。但序列是确定的是根据身心失调值的大小用情绪感符号从最低到最高的等级加以标记的，从最低感知身心失衡的最微弱的情绪感到体验最剧烈的身心失衡的那种到达"死亡"极限的最高失衡值的情绪感，都有相应的情绪感符号加以标记。

一个完整的情绪感发生是从异重态刺激的被监测到输入情感机制处理后确定是否有利于自身核心思维体系的生活宗旨"幸福观"才会发生一个完整的情绪感过程，没有经过情感机制加工的身心失衡是不会有任何的情绪感发生的，只有身心的失衡达到启动情绪感机制，通过是否有利于"幸福观"这一系列的心理判断过程才是一个完整的情绪感发生过程，情绪感符号的生成就意味着情绪感机制的启动，这种情绪化反应的生成可以强化身心反应失衡值，以达到尽快地使刺激源消失或强化的作用。

——II）一组完整的刺激反应生成快感情绪感的过程

这组情绪感层级的刺激反应过程可分为四个阶段，第一个阶段是由于内外刺激使个体形成身心失衡，其失衡强度达到情绪感反应层级从而生成情绪感反应，第二个阶段是寻求情绪感反应实现目标以行使情绪感行为的过程，第三个阶段是在行使情绪感行为中获得更高的失衡反应，该反应强度可以使身心更趋离平衡态，在释放出情绪感反应的过程中也会使得元刺激源的消除，从而得以使身心得以复衡。很多时候在快感情绪感和生理的应激身心的双重刺激作用下，其情绪感行为会加大释放力度以期获得更高的快感情绪感享受，但在达到此组刺激反应的最高值后由于"情绪感第一定律"对心理作用，会使心理复衡从而导致生理系统也趋于复衡，这也是情绪感生成的阶段，也是欲求行为获得满足重新获得平衡的阶段。

——b：情绪感的消退

在"情感第一定律"作用下，（非常刺激正趋向一般刺激）这时候，心理系统的情感机制会逐渐退出参与的反应，因为应激机制已没必要参与其中，评价和激励的过程已经结束。

（5）情绪感的生理应急机制

在情绪刺激下有突然的神经能释放，需要在神经系统中得到出路，神经冲动经由方向必须因神经的之间及身体各部细胞相互之间的联络决定而此为方向又为习惯神经冲动易通过习惯通路，如：强烈快乐发生时神经冲动滥及全身（因四肢习惯于运动，冲动起来表现为手舞足蹈，恐惧时的战栗也是如此）。

用照片的判断各种不同情绪表现，让许多人加以判断结果对厌恶 `亲密`兴趣判断较为准确时怀疑`虔诚`愤怒`恐惧`憎恨`大怒时，判断很不准确。

把狗的大脑与其他部位的神经切断这便把狗的感知范围缩小而局限于头部颈部及小部分前腿，所有内脏几乎没有感觉，但这些狗还表现出愤怒 `快乐`恐惧表明情绪与内脏无关。当狗猫去掉内脏这种动物能发生种种情绪，表明情绪符号反应是在动物的大脑产生的。

凯农的试验证明在剧烈的情绪发生时人和动物都有大量的腺素分泌入血引起内脏变化。

马拉农在健康的人体内注射引起内脏变化的肾上腺素，但被试者却不感到情绪体验只是冷淡的感到心跳胸部沉重 `发抖`发冷和精神不安。人在愤怒憎恨时露出齿牙表现形象，这证明人由动物演化而来，是从猿猴在其生活中有实际作用的动作中遗留下来。

彼林：有意识的经验不是愉快便是不愉快，有机体的喜恶在意识上的表现愉快与美丽有关，情绪为各种反应与经验之间所存在的一种关系，情绪是一个人在情感上引起的生理变化中所有的全部经验。

华生：情绪为遗传的模式反应。包括全身的巨大变化。

`朗格：我们觉得难过是我们哭泣；发怒因为我们打人；害怕因为我们发抖。没有随着知觉的生理状态，则直觉便是纯粹的认识形式，淡而无色。没有生理上的反应心理上的情绪只是一种概念，肌体内的变化就是情绪到达内脏和肌肉神经冲动为情绪发生的条件。

作为对朗格的反验证，谢灵顿的实验中切断了狗猪的神经系统但仍有愤怒快乐恐惧，当一只狗出现时被手术的猫会出现愤怒等所有的一切外部状态如：做忽忽声 `怒吼声`耳朵牵缩，露牙举爪打击除了竖毛之外。这说明了动物没有人的那种真正的心理上的情绪反应。也就是动物没有人类的那种心理系统，只有生理系统。

马拉农在健康人体内注射了引起内脏变化的肾上腺素剂量，但被试并不有情绪发生只是淡淡的感到心跳胸部沉重，发抖精神不安等。

一只凶恶的狗出现在猫面前时，激怒的情绪使猫体内肾上腺素大量排出进入血液循环产生血压增加肠平滑肌抑制活动并且血糖显著增加，肌肉疲劳迅速恢复，血液凝固加速总的新陈代谢等，所有这些情况是为了应付剧变或危机的。

情绪所引发的死亡图表

（6）情绪感的评价机制

情绪感的评价机制是一个极其复杂的机制，详见第七节（评价机制与场波比值）。

（丁）幸福感

一：幸福感产生的根源

（A，幸福感产生的社会学基础

情感机制产生出情绪感，幸福观是确定情绪极性的标准，幸福感则是个体抉择行为后达成目标的奖赏。幸福观有两种实现的方式，一是个体被动的受到刺激发生反应过程中实现的，另一种是个体由于心理平衡秩序流中的欲求目标的需要不断向上攀升，从而主动地去寻求感受幸福感激励中实现的，它驱使着该个体更加有力的攀升这个欲求目标以获得幸福感，反之没有实现或从原有的社会角色地位中跌落下来就会产生痛苦感的痛苦情绪的鞭策，以使得该个体尽快地偏离该痛苦的境地向上攀升。幸福观指导着个体的心理平衡秩序流，它也是心理系统的核心思维的组成部分。

自利社会中个体的幸福观：自我生存=幸福；不断在心理平衡秩序流中攀升=幸福。一旦个体在现实社会角色地位中有任何的变动就会导致该个体在心理平衡系统的失衡，如果是向上攀升的变动就会被个体评价为可接受的有利于幸福的，这会使个体心理上失衡导致生理上的失衡并赋予快感情绪。如果一旦被个体评价为不可接受的痛苦的（社会地位角色层级向下跌落的状态）就会使个体产生痛苦。

（B，幸福感产生的机制

—a：产生情感欲求行为的因素

所有情感欲求行为都围绕着一个宗旨"追求幸福和避免痛苦"这个幸福观而产生的。

人们之所以产生着各种追求幸福或消除痛苦的情绪欲求行为，其自身的根本动因是由于发生了心因性失衡或生因性失衡，因为人处在了这两种失衡状态并且达到了启动情感机制的反应第四重层级，才引发人去寻求幸福或消除痛苦的欲求行为。个体的这种核心思维体系是社会心理系统所灌输的，个体拥有了"追求幸福和避免痛苦"这种核心思维体系的幸福观才会使之去追求自身的存在并使社会总体的生态得以维系和平衡。

如果某内外环境的刺激源引发了某人的心因性快感失衡或生因性快感失衡，这组刺激反应结束时会以场景的方式加以储存，并发生一次情感大周期，这种快感情绪的储存会使得该个体在这次情感大周期的第三即"痛感补偿期"，在"追求幸福避免痛苦"的核心思维体系的幸福观的指导下，去寻求这种刺激源的再次发生，以使得自己再次享受到原有的那种幸福感范畴的情绪体验。

如果某内外环境的刺激源使某人发生心因性痛感失衡和生因性痛感失衡，也会发生一次情感大周期，这种痛感情绪的储存则会使得该个体在这次情感大周期的第一即"痛感失衡期"，在"追求幸福避免痛苦"的核心思维体系的幸福观的指导下，去试图消除这种刺激源，以使自己不受到这类刺激源刺激自身身心发生痛苦感范畴的情绪的失衡。

人们总是处在各种各样的刺激环境中，所有生理或心理失衡度一旦达到第四重层级的反应都会引发人的不同情感欲求行为的发生，但如果相同刺激源重复发生就会被个体视为常态刺激而不会上升到第四重层级加以复杂反应。所有刺激引发的反应到最后都会获得平衡。

—b：平衡态下的社会人个体不会有任何欲望和情绪

只有心理系统或生理系统发生失衡，才使社会人的欲求机制和情感机制产生欲望和情绪反应。如果某人表情或行为真实地再现了快乐或沮丧的情绪感，就表示他已经出现心理系统或生理系统的失衡。失衡可以有外环境或内环境造成，平衡的恢复也可以由外环境或内环境作用下重新得到。任何社会人个体的行为都是为了求得身心平衡和寻求幸福而展开的，但这都是由于身心的失衡引发的，都是失去平衡态而去重新恢复平衡的行为。社会心理系统有两大类幸福观，它投射到每个社会人个体上，经过互动就成为该个体的行为指导的内在的"个体幸福观"并表现出"欲望"和"情绪感"反应，不同的幸福观造就不同个性的社会人个体也会有不同的行为反应，不同的社会人个体会使用不同的行为来维系身心平衡状态和追求幸福（追求幸福感和避免痛苦）。例如：自利性幸福观为主导的自利性个体把自身的幸福取得建筑在他人的痛苦之上，他利性幸福观为主导的他利性个体可以把自身幸福的取得建筑在他人或自己膜拜的对象之上，以他人的幸福或维护和广大膜拜对象的荣耀为自身幸福的依存。

欲求是由身心失衡引发的，可能需要或不需要情感机制参与的状态。由于性的生理或心理的扰动而发生的身心失衡，是个体的情感机制需要参与方能获得平衡的，而在食道和胃部消化并吸收食物的这个过程是不需要个体心理系统参与的，人体自主生理平衡系统便能自己完成这一过程，但如果消化系统本身出现问题，个体就可能会从消化系统出现的种种症状，如；不消化而引起的胃痛胃涨等出现的不适感这种刺激源中，个体会察觉在胃部那里发生着异常态反应，并且经过经验得知或经过医生的诊断分析获知这种刺激是属于消化不良症状，整个感知的过程会有一种痛苦的情绪发生，这会导致把疾病恢复到正常的欲求，这个从疾病出现到被个体所监测再到痛苦情绪的发生并且产生重获平衡态的欲望这样的整个过程就是个体的生理平衡系统和心理平衡系统密切合作参与的结果。而该个体在这个从患病到病愈的情绪周期里，因疾病发作到最顶点个体会感知到它的最大刺激也就感知到了此次疾病过程中感受到的最大的痛苦目标和痛苦值（胃病+胃痛），在这周期里个体的情绪波动线会沿着疾病严重程度的初始和加深再到顶点最后重又恢复到平衡状态这一根曲线而波动，被个体感知后被标记为情绪上的不适——痛苦——最痛——减缓——舒适轻松，完成一个情绪的周期，也就是由生理系统失衡导致的心理系统的情绪和欲望的共同激发和完成重获平衡的行为。

二：幸福感的社会学原理

（1） 和社会关系的变动是发生幸福感的根本原因

（A，关系和社会角色的变动是产生情绪的原因，获得快感必须改变原有的社会角色

人只要和人或事发生了关系就会形成各自特定的社会角色，从未谋面的陌生人之间是没有任何关系的，但如果通过某次见面就会在各自的记忆中形成对对方的关系认定，有些成为了普通朋友，有些则是仇敌，有些成为情侣，有些还是陌路人，这种关系可以变动而随着关系的变动各自的社会角色也会随之变化，这种变化会在社会的自然变动中发生，更会在心理欲求秩序流的指导下发生，这两种变化也就是产生情绪的因素。

一般沿着正常生活秩序的个人从出生到死亡都会缺少不了家庭的生活轨迹，如此，个人如果想要在家庭生活中获得幸福感享受，必得改变其中某一社会角色中的某一生活秩序，比如一个未婚青年成为丈夫，这样的角色的转变和多样化就给了他一种前所未有的刺激感受，这种感受通常是作为幸福感的，但如果是被强迫与某位不心仪的成婚，就会给这种刺激蒙上另一种情感色彩"痛苦感"，社会角色的改变包括其性质的改变（通常家庭中的血亲角色是不会改变的，但如果出现乱伦状态就会改变这种正常的家庭秩序，如父亲逼迫女儿作为妻子的角色满足其兽欲的恶行，就改变了原有的正常状态，该禽兽父亲会从这种角色改变中获得强烈的快感，而女儿则会从中遭受到极痛苦的情绪。）和其角色的得失（结婚生子就是获得了父亲的角色，而丧子则失去父亲角色），社会角色的改变还在于提升或降低原有的社会角色，通常这只在工作中才能获得的，比如职位的升降，就直接反映了该社会角色的一种改变。

人们所处的各种社会角色都会经历一种情感体验的历程，因为每种角色变化都会给人带来一种前所未有的刺激，自从我们从幼儿期过渡到儿童期形成了相对完善情感机制之后，我们就开始体验到情绪带来的乐趣和苦闷，其中社会角色的改变就是这种情绪生成的因素。

（B，社会角色和情绪的三阶段

在每种社会角色形成的每一种生活秩序中，每个人都会体验到情绪生成到消失的三个阶段。第一个阶段：个人会从开始形成的社会角色中获得强烈的刺激并有情绪感受；第二个阶段：尔后会因为"情感第一定律"而反应逐渐趋弱；第三个阶段：最终又因为个人的心理欲求秩序流中的作用而又形成新的欲求。

每个人都会处在这三种阶段中的其中一个阶段。每个人的生活秩序都会处于各种各样的阶段，比如他在家庭中丈夫的角色会因为结婚已久，这时候因其丈夫的社会角色而形成的性欲求是处于第二个阶段，但在做父亲的角色上因其父亲的角色而形成的关爱欲（生存欲的一种）他又是处在第一个阶段，因为他刚得到做父亲的资格不久，而他在工作中因其职位而形成的权欲求已处在第三个阶段，已形成了追逐新的更高职位的欲求。

（C，不同社会角色形成不同的欲求梯级

每个欲求都会有向上的层级，从最低层到最高层，这种层级具体是体现在每个社会角色之中的，丈夫的社会角色会形成性欲求，而丈夫的角色是不会轻易改变的，所以一旦人们适应了丈夫这个角色就会从第一阶段过渡到第二阶段，最后过渡到第三阶段，出现麻木和厌烦情绪。而对于从没有得到丈夫这个社会角色的人而言，他的家庭生活轨迹是属于未婚型的，但他如果已经形成了性欲求为主的生活秩序，就会可能需要进入这个角色来完成家庭和社会给予的期望，和满足其性欲求的目的。但很多不进入婚姻角色的人也会形成性欲求，也会形成一种性的生活秩序，这在控制不了人欲的自利型社会是非常常见的现象。

没有达到欲求目标的人会努力寻求该目标的达成，正如一个想要得到性交和机会的人是处在性欲求之中的，但得到性交和的要求会有很多，并非是人人都相同的，有的人需要有性交和对象具有合适的外表，有些另外还需要各种吸引人的魅力。而有些还需要其他的能满足其权欲求和名欲求或利欲求及生存欲的。而也有些人则没有这种要求，只求性交和状态，这种人是处在性欲求的最低要求的欲求层级，在对适合行使完成其性欲求要求的条件最苛刻的人眼里，这种仅仅是为了性交和而不带有很多选择条件的性欲求是不可思议的，而在尚未达到基本性欲求条件的人眼里一次性交和就能给他带来前所未有的刺激和幸福感的体验。这样看来，性欲求也存在着各种各样的梯级，

（D，不同层级的社会角色获取同样快感所需的欲求目的和数值是不同的

比如一个乞丐的生活秩序，他的挣钱的社会角色会形成他特有的利欲求，如果他在赚钱的这种社会角色中演绎着乞讨的角色，如果通常他只能获得5块钱，那么一次的十块钱会让他获得最高的幸福感，并冲击他原有的最高阈值8块钱（如果以前他乞讨是最高讨到了8元，也就形成了8元的心理利欲求的秩序流中的最高阈值，如果冲破该值便会获得比原有获得8元钱时更高的快乐感！），但也会同时使他的利欲求的最低阈值相应提高，原本他最少乞讨只能得到1元，那么他的最低阈值就是1元，但此刻他因为十元的冲击会把最低阈值给与提升上去，可能会到达3元。那么以后他只乞讨到1元的时候会感觉很不满足，因为没有达到他的最低阈值就是使他形成一种痛苦感，这也是十元最高阈值会形成的一种情感大周期的缘故。有了这个最高阈值就会使他的利欲求向着这个阈值努力，试图再次获得那种快感情绪。

虽然乞丐和国王的利欲求上的数量是不同的，但两者所持的情感基本原理确实相同的，都遵循着同样的情感发生和消失的规则，这不会因为两者地位的不同而有所偏差。这样国王如果需要获得如同乞丐那样得到十元钱的快感就可能需要得到一千万元的代价！因为前者所需要突破的他的利欲求的最低阈值实在是太昂贵了，可能需要一百万元！和乞丐同样的是如果国王的一天没有收获一百万的话，国王会变得痛苦这和乞丐没有乞讨到一元是同样道理的！所以我们说乞丐和国王同样享受着同样多的幸福。

（E，个人所处的社会角色有着他自身独特的生活轨迹

每个人的每种社会角色代表着每种独有的生活秩序，每种生活秩序中都有每个人经历过的情感体验。社会角色是形成生活秩序的因素。一个人的社会角色就等于一个人所处的某种特定的社会秩序，这种社会秩序是和别人完全不同的，是一种他个人自己的生活轨迹。

该个体在这种他特有的生活轨迹中生活着，可分为几种状态：

①　　部分人在适合于他们自己的生活轨迹中正常的生活着

②　　部分人在适合他们的生活轨迹中不正常的生活着

③　　部分人在不适合他们的生活轨迹中不正常的生活着

（F，人人都能获得身心平衡

无论是何种状态下的人，他们都会最终得到平衡点，因为他们自身是一个平衡体，他们脱离不了情感原理的约束，他们始终围绕着情绪大周期展开着情感的波澜，所以无论他们的情绪达到何种强度，即便是突破自身生理极限的强度最后到达死亡，那么死亡也会使他们的心理的失衡最终回落到一个平衡点，从而完成该人人生情感生活的总周期。那么其他能恢复到生理平衡点的人，也会恢复到一个心理平衡点，虽然从此他们的生活轨迹中的某个社会角色已经发生了改变，原有的心理平衡点已经因此而产生了新的平衡点，原有的某种社会角色已被提升或者降低，比如对于一个刚结了婚的人而言，他的生活轨迹中的家庭的这个社会角色已经发生了变化，他不再仅仅是父母护翼下的儿子，现在他还成为了一个丈夫，在他结婚的那一刻他会感受到这种角色的变化，从而感受到前所未有的情绪体验，从此他的生活轨迹的家庭方面就成为了一个丈夫，如果有了孩子，那么他的社会角色也将再次发生改变，他将再次感知到一种情绪的发生，他的原有的生活轨迹也再次变更。如果他不幸遭遇离异，那么他会从提升后的社会角色中改变到另一种社会角色。如果他很快遭遇丧子，那么他将失去做父亲的社会角色，从而跌落到原有的仅仅是丈夫的社会角色上，这也是得子时刻的欢喜埋下的情感大周期的一颗种子。这种丧子之痛将冲抵得子之乐，也就是说得子时候获得多高的快乐，也将在这时候获得多高的痛苦，从而完成一组情感大周期。如果他在以后很长一段时间才丧子，那么原有得子的快乐种子引发的情感大周期，那种快乐感会随着时间的推移和种种其他的事件的痛苦而冲淡，从而完成得子时候留下的一个情绪大周期。他这时候遭受的丧子之痛会诱发出另一个情绪大周期，一直到被其他事件的快乐所冲淡替代，也完成一个情绪的大周期。当他在经历巨大而迅速的情感大周期的转折下，很多人会因此承受不住这样的身心失衡的波澜而崩溃，出现无法使自己的心理系统控制生理系统的状态，变成一个精神疾患者，也有人因此而选择自尽以求解脱于这种痛苦。更多的人会最终得到平衡，但在记忆里会留下很深的印记，且在相当长的时间里会诱发重又体验到这种得失间的快乐和痛苦的交替情绪的体验，这种突然转变型的情绪大周期会成为另一种情绪的大周期，直到被其他事件的刺激所冲淡而消失。

虽然很多人都处在病态的平衡，有部分是生理病态平衡状态引发了心理的失衡，也有些是心理病态平衡引发了生理失衡，这些人并不知道失衡从何而来，也不知道如何才能让他们重新得到原有的正常的身心平衡。而少数得不到身心平衡的人在极度痛苦中则选择了自尽方式，他们在生理崩溃后痛苦亦会逐渐消失这时他们也会重获极度的幸福感范畴的轻松感，他们的心理也在刹那间得到了最终极的平衡。

（2）个体追求幸福的不同阶段

个体的幸福观也是在不断的变化着，随着自身和社会的变迁而变化着，从年轻时代的超越他人作为幸福和取得性欲求`利欲求为主要欲求目标作为幸福的幸福观和幸福感，到了中年期就会以保持自己得到的社会地位角色和取得名欲求`权欲求作为自己的幸福；而到了老年期则会从四大欲求转移到生存欲上。

通常年轻人更希望以超越他人作为自己的幸福观，因为心理积累的经验的稀少没有很多的记忆积累会使得年轻人缺乏应变的成熟而易受各种因受内外环境的刺激（内环境：加上生理上的旺盛，外环境：被社会引导的欲求无处宣泄）而更容易引发失衡产生各种情绪，所以年轻人相对喜欢超越和夺取独占他人的利益以满足自己的幸福感，而一旦慢慢经验的积累就会使得自己对各种内外的刺激不再反应过于激烈，因为情感第一定律的作用，生理上也逐渐走向稳定和衰老过程不再受其旺盛精力的影响，而逐渐专著于保持身体的健康，随着年龄的老化会越来越专著于自身身体的健康度，把其他的欲求转移到维持自身身体健康为第一欲求的目标作为幸福观和幸福感的实现。

（3）幸福感的形成`发生和转化过程

（A，儿童期对幸福感的形成

儿童以其他欲求作为练习主欲求来获得快感从而达成幸福，他们在各种游戏中取得输赢的快感或痛感，而几乎大多数孩子都以他人的痛苦作为自己获得快感的来源，双人合作游戏军旗合作方以对手作为快感的来源，输了自己会痛苦而对方则会获得快感，反之亦然。单人对战游戏也是如此，通常裁判方在胜负中不获得任何的快感。青年期随着性腺的成熟和身体日益成熟而产生躁动，这种力量可以被导引至任何方向，她可以在艺术上获得平衡，也可以在体育上获得平衡，更可以在四大欲求之中习得平衡之术！由于心理系统的进一步强大和完善可以引导和改变自身的生理状态，能进一步干预自身生理的状态，标记为快感的刺激反应就会试图延续或强化刺激源以得到延长的甚至更高的快感，而痛苦则被预先排斥，尝试各种手段来消除已经发生自身生理失衡的痛苦状态。

（B，幸福感的引发

—a：一种疼痛刺激开始第一次，不但会有生理系统参与修复机制启动，还会有心理系统及情感机制启动应激机制参与进行评价并寻求快速消除痛苦的情绪途径，如果刺激源持续下去，心理系统的情感机制会逐渐退出，因为应激机制已没必要参与其中，评价过程已经结束，如果一旦有新的刺激源会重新启动之。而一旦生理系统因此趋向非常态平衡，监控机制也不会参与监控，而专注于其他更重要的监控对象了。

—b：引发心理波动的内外环境因素，心理波动的参照物则是欲求秩序流和生理系统的各项常态指标，一旦个体达到了某种欲求秩序流的最高顶端带来的幸福感会很快的被容易达到而冲抵起幸福感的享受，他会为从这欲求事物中不再得到任何幸福感而苦恼很快就变为痛苦情绪。只有试图维持这种高端欲求的人才会有幸福感的体验，也只有偶尔才得以一窥其豹的人才会更有幸福感，幸福感从该欲求上得到的越多其值越低！

（C，幸福感的转化

—a：人的幸福感会随着不同的场景而改变着它的目标，但其运行的原理和人所感受到的方式却是不变的。

当水成为没顶之灾，在一个人被水要吞没的时刻，他会把水作为最重大的也是最危险的最值得排斥的刺激源，他会竭力的试图吐掉一切淹没到嘴中的任何水源，他会拼命地朝向无水的陆地游过去，他的一切行为都在向躲避水源而展开。这时候水源对他来说是一种痛苦，这种痛苦程度根据实际（生理系统能坚持多长时间才能使他逃离生命威胁区域）或他自认为（心理系统错误的预计或正确的预计）威胁到他本人生命的程度，威胁的程度越高他的痛苦值也越高，直到生命系统被实际分解的一刻会到达一个顶点，然后在生理监控系统不再发挥监控的逐渐麻木中会感觉前所未有的越来越强的轻快感（也是从失衡到回归自然界的平衡的一种恢复性的与失衡的痛苦向绝对对立的快感，虽然这种恢复是回归自然界的平衡而不是回归生理系统的一种平衡，但感觉确实相同的。）这样该个体的痛苦情绪偏离到何种程度那么他的由于回归平衡的反向而赋予的快感情绪也会达到多强的程度。

当水资源成为最紧缺的关乎生死存亡的沙漠地，此人又会千方百计地展开一切行为来获取水源，当他发现水源的时候会显得欣喜若狂，当然如果他并不干渴也预期到在哪里会有水源就不会有此兴奋的状态，如此兴奋是需要痛苦为前提的，人体缺水极限为16小时，生理由于缺水而开始失衡，人会在失衡的一定范围被监测机制所监测到，然后人会启动欲求用以消除这个失衡刺激，如果该失衡刺激经过某时段还未得到消除，就会启动情感机制的情绪来发动应激机制，以此调动人的所有精力来获取水源以达到消除刺激和维持生理系统正常运作的得以生存的目的，这时候情绪就产生了人的行为不再是简单的生理或心理的行为，而是人的生理系统和心理系统与其情感机制和欲求机制相互作用的综合性的复杂的行为，情绪的强度会随着生理的失衡或心理的失衡（错误判断导致严重高估断水的严重性或低估）的增强和减少也相应的增强或减少，如果生理失衡达到了某个值，而这个值也正是生理系统的监控系统开始失去作用的时候，对自身生理的失衡开始出现监控不到的现象，改革体会从痛苦情绪的最高端而向反方向进行转化，认为痛苦逐渐在减少中，其实只是生理监控系统逐渐崩溃而随之渐渐地失去监测功能，这样该个体会显得平静而不再狂躁不安，随着生理崩溃的加速该个体会体验到很多在梦境中才能看到的事物，情绪会得到进一步的舒缓更会有强烈的轻松解脱感出现，在最后情感机制的生理机构也崩溃一切心理系统的基础都瓦解，该个体会显得非常安静感觉不到任何情绪和生理上的干扰而最终走向生理解体。

  —b：性欲求的转换

按照一般正常状态，夫妻从婚姻开始阶段就会由一次性的结合而带来高潮的快感刺激，从而引发以后的一系列长期的身心为此而波动的需求的总体平衡要求，也就是说夫妻双方从此踏上了把维持原本各自在生活中取得平衡的其他手段很大部分的精力都转移到专著于性的欲求之上了，原来这一对未婚男女都有着其他方面的爱好并以此取得自身的身心平衡状态，但建立家庭之后可能会把精力集中于性和家庭之中，并在其中取得平衡的手段来替代原来的游戏和娱乐手段

（4）社会人感受幸福感的过程

是这样的，只有当他成功的完成从现有自身的地位角色更进一步转化到自己所预期的地位角色的阶段，在这过程中他感受得到幸福的刺激，这过程随着自身对刺激的适应而慢慢的淡化。社会人用追求权欲＇利欲＇名欲＇性欲的模式来完成角色的变换来体验幸福的刺激，每天甚至每时社会人都被卷入其中，社会人一生都在为追求幸福与避免痛苦而颠沛流离，被各种欲求模式所控制。而所谓的幸福它的追求并无止境，人都向往得到的幸福满足感，因着他所受不断失调的生殖系统影响及不断失调的生理系统及那种被追求幸福实现的欲求所波动着的心理系统，受它们的驱使和奴驭着。

  （ A，关于幸福的叙述

个体无论是由外环境或内环境所引发的痛苦反应都会因生理上的自然调整和情感第一定律作用让个体生理重新恢复平衡，即便是引起反应的刺激持续存在着，但只要是刺激程度不增加到一定程度，同种刺激同种强度不反应规律也就是情感第一定律作用会起决定作用，在这时心理系统会逐渐的适应之，即使刺激次数不断增加，但社会人的反应程度却会随之逐渐减少直至麻木不反应，而痛苦也会随着生理的重新获得平衡而消失，因为心理上的痛苦感受是和生理上的反应密切联系着的，没有生理上的反应心理上的痛苦只是一个符号，但社会人会因刺激留下记忆符号并储存到模式库系统中刺激反应强烈的会储存到长期记忆模式库中，一般性刺激反应则储存到短期记忆模式库中。如果社会某个体终于没有能达到他自己所要求的权力职位，没有追求到某性对象没有实现财富的更多积累没有取得更高名誉地位，总之是无法最终把自身的社会地位角色向着更高一层极的社会地位角色转变，那么他将会把这种境况赋于痛苦标记并以记忆方式储存到模式库，这个境况的回忆可以刺激起他的不安也就是由内环境的心理系统所引发出的不平衡状态。但生理上会随着情感第一定律而逐渐的不再有以前的那样的痛苦反应，每一次的记忆中这种痛苦记忆的影像则会促使他努力的接近目标或者转移目标而用其他手段来平衡自身的失衡状态，社会人是会转移自身取得幸福手段的如：以追求性欲求目标为手段的会转而改为以追求权欲求的实现，权欲求也会改为追求利欲求，互相之间可以变换，在变换目标后社会人同样会得到相同的感受取得同样的平衡作用，一旦某社会人四大欲求目标都没能达成他会转而投向更宽泛的能得到幸福感的或者说能使身心获得平衡的行为目标中如：旅游观光＇探险＇体育运动＇欣赏艺术文艺作品＇从事宗教活动＇政治活动＇养花种草等一系列其它满足心理平衡的模式活动中，他可以在这一系列活动中把获得的刺激赋予其情感符号，在其中享受到幸福感也承受痛苦的折磨，这样他就踏入了另一种平衡自己的社会秩序流中。一旦个体随着年龄逐步增长他也会不可避免地在生理上陷入不稳定占主导地位的状态，生存欲重新占据了个体的主导地位，随时面临生理上的不适应导致死亡的威胁则成为新的痛苦的源泉，死亡由于它的神密与不可体验性被社会人视为最难接受的状况，出于这种时时遭受死亡威胁的年老或患疾的社会人，由于生理不平衡而将会导致死亡威胁的模式刺激源出现，个体会赋予这时不平衡的刺激反应，为痛苦符号。一旦这种刺激反应逐渐减弱在死亡威胁消失的过程中，社会人则会赋予其相反的情感符号；幸福＇快乐＇轻松等，这样每次生理上的失衡在老年期都会被个体视为最痛苦的事情而痊愈和健康则成为最幸福的享受。

  （ B，对一种恒定的刺激源，幸福感会失去，但一旦这种恒定的关系被打破，会有一种痛苦感出现

因为这种恒定的刺激源已经成为他生活中的一种秩序，虽然他并不感觉到它的存在。然而却实际存在于他的生活之中，一旦消失则会根据他原先对于该刺激源的一贯评价而作出相反情绪赋予。比如某人身处牢狱，他在进入牢狱时候会自然的赋予这种环境是一种令他痛苦的环境，如果是条件极为恶劣的集中营那样的环境，则会常常身陷险境，经常要承受生理劳作的极限，和承受心理惊惧的极限，但随着情感第一定律起保护机制的作用开始启动，此人会逐渐地适应该恶劣的环境而逐渐麻木，他不再会对身边的死人起情绪上的惊恐反应，他会身处鲜血淋漓的恶臭漫溢的死尸堆里坦然地吃饭，他虽然体质积弱但仍然会从事相当大的体力劳动而感觉正常，其实生理系统已经逐渐透支到一个维持不了很多时间的一个非常态平衡中，一个小小的额外的生理起伏就也许能致他于死地。这种恶劣的生活环境一旦稳定下来，就会成为一种生活秩序使人去适应于它，那些在生理或心理不适应的人则脱离这种秩序而死去，一些人则依靠坚强的体魄和顽强的心理承受能力而生存下来。而一旦这些人得到了解放，则不会很快的就适应外界的环境，在生理上常常会出现暴食而死的情况，但其饮食也属于正常人饮食范围内的量但长期得不到常态饮食的人会出

现消化系统的非常态平衡，逐渐变异为只容纳少量食物和只吸收少量营养的系统，一旦相对大量的食品进入体内会因为吃得太饱而被撑死的，或者是吃得太好消化不良导致各种肠胃疾病和心血管疾病而死。不但生理会上会出现不适症状，在心理上也会出现不适应，这种不适应状态会持续到所有在集中营里遭受到的痛苦刺激，逐渐和解放后又另外大的幸福感的刺激所冲抵才会完成，逐渐地彻底融入另外一个生活秩序中。

（C，在重大灾变中的幸运者会在以后的常人看来并不幸福的生活中感觉有幸福感

这种幸福感会因为灾变对自身的刺激的强度越大幸福感就越深，但也会随着时间和以后发生的不幸的增多积累和情感第一定律的影响而逐渐淡化其幸福感的延续，挣脱于苦难越困难的人越珍惜现存的平淡而安全的生活，越是享受到幸福生活的人越是对平淡的生活越感觉痛苦。

（D，欲求越是得不到满足的欲求目标越是会成为个体值得去追求的因素之一。

第二节　其他重要机制
（甲）场感度和感知度

一：一般感知和自体感知

（1）名词解释

（A，失衡与失衡度

人体身心发生的从身心的零值平衡状态到偏离于该状态的值。

（B，场波与场波度

是个体对刺激的综合反应度，可分为一般场波度和自体场波度。
一般场波度是基于人类所有个体平均标准的一个参照体。自体场波度是个体独有的基于自身独特身心结构的反应度。
一般场波度是一个参照于普遍标准的参照体，其标准为人类所有个体的平均最高生理承受限度为依据来衡量的。

（C，感知与感知度

感知度是基于自体场波度的被个体感知到的反应度，是基于情绪感评价机制产生的。可分为一般感知度和自体感知度。
一般感知值是人类个体感知值的均值。
自我感知度是一种自知的自我判断的基于自己的一种特殊的认知。与一般感知度并没有直接的关联。
每个个体都有最高的自我感知值，自我感知值与一般感知值不同，自我感知值是个体独有的身心感知空间。因为每个个体有独特的身心构造和独特的事件经历，因此个体之间的感知空间值相对是不等的，但是个体自我的感知度则不会因为个体之间的差异而改变，甲个体和乙个体不会因为发生在他们身上的同一事件而发生绝对相同的心理感知和相等的情绪感知度，

（D，自体感知度的独特性

　—a：独特性的成因

同种刺激发生在两个不同状态的个体，会发生多种情况，1 由于个体之间的身心不同导致自我场波度不同；2 不同的身心结构也导致不同的感知度。

但由于个体有着独特的自我序列并且情绪感原理对于每个个体都是相同作用，所以每个个体的自我感知序列和情绪感变化是具有相同性的，就是说每个个体都由情绪感的最高点和最低点。例如：当某甲喝下 1 升啤酒时所达到的身心偏离度与某乙是完全不同的，所发生的场波度也是不同的，所感知到的情绪感也是不同的。当某甲身心失衡偏离到 9 含值时，某甲此刻的场波度可能是 9 含值左右，而他的感知度是和场波度基本一致的，

　—b：感知度的量值性

感知度的最大特征就是量值性，也就是无论该个体实际的偏离有多少，总是以他所达到的最高值为最高感知度，为情绪感的最高点。即使该个体的自我失衡度和自我场波度远远高于或低于一般失衡度和一般场波度，该个体感知度的最高值也只是他所经历和认知的以自身的量值最高阈值为标准，或者以他所认可的其它量值最高阈值为标准。

当某甲遇到某种事件，他的失衡度达到了他所认可的量值最高阈值，哪怕这个阈值远远低于一般阈值，但某甲还是会感觉到他已经到了痛苦感或幸福感的极限。他的随之而来的反应也是和他所感知到的情绪感直接关联的，他会做出相应的最高等级的应激反应。相反某甲遇到的某种事件，由于重复刺激作用在情绪感第一定律的影响下，会呈现不反应现象，某甲的自体感知度也会因此大大下降，即使这个刺激实际上已经造成了某甲生理高值的伤害，但其心理却没有相应高值的反应，而在于一般人就会感觉遭到了最大的痛苦。

（ E，自体感知度的独特性的社会意义

造成了个体一旦失去了以社会普遍感知度作为标准的状态下，会出现严重的行为异化，反应过度或反应麻痹，

因此社会的道德`法律等规范就是为个体提供的一种普遍的参照体的基本标准，媒体等宣传机构提供的也是一种参照体标准，一旦规范和宣传失去了应有的底线，那么个体也会因此失去行为的准则引起行为的混乱失序，社会更会因此混乱趋向崩溃。

一旦失去社会参照标准和规范约束，个体行为就会遵循着社会欲求秩序流和个体欲求秩序流展开，而没有任何约束的向着最高层级进取，自利社会会寻求最大刺激来满足自身的幸福感满足，他利社会会寻求最高层级来满足自身的幸福感。

（2）自体感知度与场波度

对某个体而言其感知度高的并非场波度就高，场波度低的感知度就低，这两者是没有直接关联的，

（3）自体感知度和情绪感定律

（4）自体感知度和个体反应

（5）场波动度和心理秩序流直接关联

自我感知度是基于个人独特的身心阈值为标准的，因为每个个体最高生理阈值不同，所达到的身心最高量值阈值不同，因此虽然有些个体面对相同刺激，会同时达到一样强度值的一般感知度，但由于自身的标准即感知标准的不同，其认知的刺激反应强度也会不同，是基于情绪感评价机制产生的。假设某甲某乙各达到了 50 均值的一般感知度（即人类个体标准的感知均值）但由于某甲的量值阈值达到 110 均值，即某甲的最高量值阈值超过均值 10 度，而某乙的量值阈值只有 90 均值。那么虽然这两个个体都达到了相同等级的反应强度，但是由于身心的场景阈值不同，导致了这两个个体会有不同的感知认知，某乙会大于某甲 20 均值的强度认知。

对某个体而言其自我感知度高的并非一般感知度就高，一般感知度低的并非自我感知度就低，这两者是没有直接关联的，

虽然场波度会相同，但由于每个个体的身心结构不同所以导致感知度也不同，因此同样的事件会让不同的个体甚至相同的个体在不同的时间段有不同的感知度。

由于情绪感原理，所有失衡都会趋向恢复到平衡态，任何感知都会成为不感知，1 身心复衡 2 生理适应而不感知 3 心理适应而不感知 4 生理瓦解中心理复衡

从个人自我感知而言，因此每个个体所感知到的情绪感程度都是相对等值的，所有能感知情绪感的社会人的一生无论其处在何种社会秩序扮演着何种社会角色，其感知到所有情绪感都是相等的，这种等值性并不因为地位的不同而改变，所以也并不存在地位高的能享受到更高值的心理感知度，地位低贱的只能感知到最低的幸福感。

从人类社会个体的总体观察来说，每个个体的场波度是不同的，绝对感知度也是不同的。

富人不会因为获得更高的利益在感知到高值的幸福感下而不用承担高值的痛苦感。

从总体而言，地位低的个体只需要付出很少的行为代价就能享受到高值的幸福感，但他的感知度却是和富人一样的

（6）自我感知值和一般感知值

二：感知度和控制社会心理秩序流的关系

三：感知度和心理控制和和谐度

（乙）评价机制与场波比值原理

简介

评价机制分为三类，1 幸福感评价机制 2 角色评价机制 3 情绪感评价机制，本节主要论述幸福感评价机制和情绪感评价机制的原理和运作方式。

幸福感评价机制对刺激做出幸福感极性的判断评价。基于参照体的不同可分为内评价反应和外评价反应。

角色评价机制对自身所处的内外环境中自身的场境`场景角色和社会角色做出判断评价。

情绪感评价机制对刺激做出基于场波比值原理的情绪感的评价，属于个人自我体验。

一：幸福感评价机制和情绪感评价机制

二：评价机制的运作和遵循的原则

（A，评价过程

评价反应是个体由评价机制发生的，根据内评价和外评价两种不同的参照体对刺激做出的幸福感极性的判断反应。

—a：评价反应的两种不同过程

个体对于场波度上升到第四重层级的外环境刺激，会以外评价的方式开始，然后进入内评价最后由情绪感评价机制生成情绪感，个体对于第四重层级的内环境刺激一般会以内评价开始，然后根据需要选择外评价或直接进行情绪感机制发生情绪感反应。

——I）由感应反应发生的

器官感应到的刺激，其感应反应引发的场波动直接上升到感知反应层级，于是会先启动内评价反应，对该刺激反应做出幸福感评价，然后再由感知器官感知该刺激启动外评价反应做出幸福感评价，最后由思维中心综合内外评价做出最终的幸福感评价判断.

——II）由感知反应发生的

凡是由感知器官接受到的其场波度上升到感知反应的情绪感层级的刺激都可能先发生外评价反应，然后再进行内评价反应，最后由思维中心做出判断，然后由其做出幸福感极性标记和情绪感机制联合做的情绪感反应。

—b：内外评价反应的特性

外评价和内评价通常会联合对一组刺激反应做出幸福感极性的判断。

外评价很多时候会和内评价发生冲突，取决于该个体的个性和习惯性输出方式，如果从众性个体会选择认可外评价，自我性个体会选择认可内评价的方式。

（B，首先需要启动幸福观评价机制

判断这组刺激反应属于何种极性范畴的情绪感。在心理系统监控的环境内是以能否实现欲求作为标准的，而生理系统所监控的生理层级的感应反应梯级是不被心理系统感知和调控的，所以不在判断范畴之内。

心理系统所监控的有生存欲求场境和生存衍生欲求场境两大类环境。一旦出现变化达到欲求反应梯级首先就需要做出相应的欲求调整，无论主动性欲求或被动性欲求，最先启动的就是幸福观评价机制以判别该刺激反应属于何种范畴的极性情绪感，以确定欲求反应的总方向。

首先决定正负极性情绪感符号的是基于情绪感机制的核心思维体系的幸福观的评价机制，如果该刺激源与反应是有利于自身幸福观实现的，那么该刺激反应出现的正值偏离态就属于幸福感范畴的情绪，反之就属于痛苦感范畴的情绪。

从核心思维体系所作出的评判属于内评价判断之一，它是基于自身幸福观之上的一种价值观的判断，是使刺激反应发生情绪感的一种反应过程，它也是个体在这组刺激反应中最先生成的情绪感感知，是最初的判断。这个判断使个体的对刺激源有反应的总方向，是判断接受或排斥，强化或消除刺激源的重要基础。

（C，情绪感评价机制

而基于场波比值而生的情绪感判断则是个人从这组完整的情绪感小周期中最终得出的内评价判断之二，是一种个人的对这组情绪的最切身的体验。也是一种个人在反应后最终从这组刺激反应中体验到的情绪感感知。更是提高或弱化某场效应的身心量值阈值的重要因素，是建立和决定情绪感大周期其周期长短的重要因素，

当某刺激源作用于个体身心某区域使之发生失衡，引发场效应反应后，当场效应反应达到第四反应梯级则会引发第一梯级的幸福观评价机制的反应，发生判断反应总方向的情绪感极性符号的判定。在这组情绪感场波动生成˘持续˘消失的总过程中，第二梯级的情绪感评价机制始终在运作着，最终在场波动趋于生理零值状态才完成这组刺激反应的情绪感评价。

随着刺激反应过程的延续和幸福感评价机制的启动，在情绪感层级的反应过程中就会启动情绪感评价机制进行对整个情绪感反应发展过程的监测，并在最终进行一系列的身心场波比值和身心量值阈值的综合评价过程。

（ D，外评价反应

以上两种情绪感的感知与社会评价感知不同，后者是完全基于社会和他人的标准而赋予的，更多的是一种以社会为参照体的外评价判断机制，前两者的第一种评价判断则是基于自身幸福观为参照体的，第二中评价判断是基于这组场波比值作参照体的。

（ E，外评价反应和内评价反应的异同

内评价和外评价的区别

情绪感的极性属性是由幸福观评价机制确定的，而内评价则是情绪感评价机制对这组情绪感的极性程度的综合研判，后者能使个体在心理认知上感知到该组刺激反应带来的真实体验。情绪感评价机制是由评价体验机制和评价总结机制一起构成的，在我们身心平衡系统开始受到扰动并发生身心失衡到达一定程度时，个人的情绪感评价机制就开始启动伴随着这个刺激反应过程，从失衡的某个阶段到失衡的高端再复衡到某个阶段评价完结，在这三个阶段评价体验始终体验和监视着这种过程，并得以在一组刺激反应完成后做出评价总结，这就是内评价的过程。

外评价是个人按社会的普遍评判的规则来判断自身这组刺激和反应所产生的情绪的。

（ F，情绪感机制和外评价反应的异同

这两种评价机制都是用来判断这组刺激反应属于单极性或双极性情绪感和强度的，不同在于情绪感评价机制是以场波比值作为该组刺激反应的判断数值并以身心最高量值阈值作为参照体的，而社会化评价机制是以社会上的某事物的表现出的外在的以是否实现欲求为特征为参照体的。

（ G，遵循的原则

个体启动何种判断机制遵循的是向力向上性原则，并有着两种机制先后一起进行判断的复合性或只选择其中一种机制进行判断的单一性的两种性质，

但人的向力总是往高等级攀比的，他会在自身的参照体和社会的参照体之间选择较高的作为参照来发生评价。如果自身以前形成的关于该利欲求实现的目标为 10 万，其获得的心理量值阈值为 9 含值。

（2）不同的评价机制对情绪感的重大影响

每个个体既可以以自身作为参考平台也可以以社会标准作为参考平台

（ A，这就导致了不同个体对相同刺激的各种反应

—a：不同个体对相同刺激会产生不同情绪

—b：不同个体对相同刺激也会有相同情绪

—c：同一个体会对相同刺激在不同时间有不同情绪

—d：同一个体会对相同刺激在不同时间也会有相同情绪；

（ B，内评价体系对情绪感的影响

因为个人都有自己独特的身心场景监测平台，并且有各自相对独立的不同经历，所有刺激反应都建立了独特的场景监测平台，其中身心最高量值阈值和身心零值阈值每个个体都不同，这就形成了自己独特的测量标准，对一组刺激反应的情绪感感知需要经过自身的评价体系才能在独特的量值阈值参照体上真实体验和判断出此刻的情绪感强度是属于何种等级。

—a：面对同样的刺激，不同个体有不同的情绪反应的原理

这就是很多人所说的幸福不可言传只能自己体会的解释，接上一步的分析我们可以得出每个人都有独特的不同他人的身心量值阈值。

——Ⅰ）每个个体的身心量值阈值不同

—— （i）有些个体对于某种环境的阈值很低

也就对同样的刺激的相对敏感度高，因为这些个体没有经历过或很少经历过这种环境，或者对该环境恰好契合自身的最高欲求秩序流，所以个体会对这样的环境有很大的重视度和敏感度。

—— （ii）有些个体对于某种环境的阈值很高

该个体已经建立起相当多的应对于该环境刺激的一整套场景模式，所以面对该类刺激个体的反应已经趋于常态，因为心理系统不再在情绪感反应梯级上作非常态反应了。即使生理反应还将维持在情绪感反应梯级之上，个体的反应也是常态的。所以该个体面对同样的刺激会显得麻木。

这两种因素造成了个体之间的快感强度是不可简单的类比的。

——Ⅱ）每个个体的生理和心理构成不同

—— （i）生理构成的不同

—— （ii）心理构成的不同

不同的幸福观会产生不同的情绪感反应

面对相同的刺激，有些个体会产生幸福感范畴的情绪有些则会产生痛苦感范畴的情绪。有些虽然都产生了幸福感范畴的情绪，但其体验到的相同范畴内的情绪却各又有不同，比如甲`乙`丙三个个体面对一项双方共同的荣誉和奖励，崇尚自私的甲个体面对终于得到的快感刺激，会有排斥乙`丙独占荣誉和奖励的考虑；无私的乙个体则有大家同乐甚至自身不愿沾有荣誉的思想，摇摆于自利和无私之间的丙个体则只是觉得快感。

——Ⅲ）两个个体体验相同的快感必须满足的条件

—— （i）两个个体面对的是同质同量的快感刺激源

—— （ii）两者情感机制输出的情绪反应都必须是相同的极性符号

—— （iii）身心场景平台所有场境模式和阈值都相同

—— （iv）身心监控机制监测到的身心失衡状态和建立的场境都是相同的

—— （v）两个个体的幸福观都相同，核心思维体系的运作也相同

—— （vi）生理释放的应激机制产生的腺素量相等，并且都影响各自同样的身体部位

—— （vii）两个个体其他的生理系统和心理系统构成完全相同。

如果两个个体能满足以上条件，那么我们就可以说这两个个体可以达到了同样的快感度，事实是没有可能做得到同时满足这几个要求的，最起码两个个体的生理系统和心理系统都不可能存在完全相同的现象，即便是孪生的也是仅仅外表相似。所以我们说面对同样的快感环境不可能产生相同的快感情绪，这是由不同的个体生理和心理构造不同引起的。

—b：援例

——Ⅰ）相同的酒精浓度会在不同的个体上产生不同的偏离值

幸福感是由个体获得的快感形成的，基本是等同于快感的一种情绪的感知，而每个人都有其独特又相对独立的自身度量情绪值的监控系统和调控系统，因为每个个体都有独特的生理和心理的构造是遗传和社会环境造成的，如同一两白酒对于酒鬼而言是没有反应但对于滴酒不沾的人来说可就是很大的刺激会导致酒醉的反应的。完全相同的刺激源对于不同的个体就成为不同的反应的刺激源，这是由于各个个体的生理系统和心理系统的平衡监控系统的最低感受阈值各有不同，对于酒鬼来说2两白酒才会引起如同平常人1两就能产生的醉状。因为前者的感受阈值在2两左右，后者却只在1两左右。更如同两个容器一个容器的漏点在10公分而另一个容器的漏点在5公分，加注同样的水量，当然前一个容器要加注的水量比后者要多5公分的空间。这就表明了同样的快感刺激会在不同的个体产生不同的快感反应值。

虽然个体之间的生理有很大差异但个体对刺激的情绪反应的流程是一样的，虽然个体之间由于生理或心理的因素对某种刺激的感知空间有不同的差值，比如：假设同样心理状态构造的甲乙两个个体，生理构造也基本相同，唯一的差异就是甲乙对酒精敏感度上相差的是一两酒那样的酒精含量，甲个体对酒精的最低敏感度（生理平衡监控系统所能感知的最低的酒精含量）是1两，

而他的酒精致死量能达到 2 斤，这样他对酒的酒精含量的感知空间就有 1.9 斤；乙个体对酒精的最低敏感度是 2 两，但他的酒精致死量却也只有 2 斤，这样他对酒的酒精含量的感知空间就只有 1.8 斤，这样甲乙两人对酒精可资情绪赋予的空间就不同。面对同样 1 斤酒的这个刺激源，甲个体就能感知比乙个体多 1 两的情绪赋予值，因为情绪赋予也是根据生理的偏离这个基础做出的快感判断，甲乙都在自身因为酒精发挥作用而使生理系统发生失衡出现各种醉酒状态，并都评价为快感舒畅等等符号，但甲个体就能比乙个体多感受到一两的快感值。但这个快感的差值就等于以后甲乙个体无酒时候的痛苦值，这样甲虽然获得了比乙多一两的快感度但也会比乙多一两的痛苦度！也就是说每个情绪快乐的开端都会有痛苦做后缀，在酒精上获得的多大的快感必将会在酒精或其他事情上获得多大的痛苦，因为这是人的心理平衡检测机制在发挥着功用，它会把以前获得最高阈值的快感度的一组刺激和反应存储到记忆系统，今后会据此方式反应以期获取同样甚至更高的快感值，但情感第一定律却限制了个体的生理和心理的失衡反应值，使得在同样的刺激下个体的反应越来越趋向零值，随着个体的反应从最高阈值到零值的过程中，个体的不满足度慢慢增加以至于当超过一定范围个体会把这种因为与最高值的差值而赋予由于达不到原有的最高阈值的不满足的痛苦感情绪，即是在刺激作用下反应的时候个体会有相应的快感作评价但一组刺激反应结束后个体会将这一组未达到原有最高阈值的这一组刺激反应认作为不满足的没有高潮的快感，个体在一组刺激下的反应到达最高点但没有达到最高阈值就开始消退时，个体会由于心理上的不满评价而重新使生理出现因为不满足而导致的失衡，而这个不满评价会随着快感的越来越低而呈现越来越强烈的状态直到完成一组完全没有快感的刺激反应的时候就使得个体由于心理上的评价而重新使生理出现因为不满足而导致的失衡达到了一个痛苦的高潮。个体从快感到痛苦再到麻木完成一个情绪的大周期，这样个体在总体上的情绪赋予的生理基础是零和心理评价则随社会而定在以情绪稳定为痛苦的自利社会就会评价为痛苦的几率会高于以情绪稳定为快乐的公利社会。

从绝对来看，酒精在身体内浓度越高，个体的生理系统偏差也越高，我们如果设定人体最高偏差值为 10 度，这是人体失衡到达死亡的极限也是人体能够承受最大的生理偏离值，设最低值为 1 也是人体生理偏离的最小值。而这一系列偏差却会因为各人的承受力不同呈现出不同的承受极限，也就是说由于个体自身对酒精的承受度的程度不同，相同的酒精浓度会在不同的个体上产生不同的偏离值，同样的 0.01%酒精浓度对于酒精适应度低的人就会比对酒精适应度高的酗酒者反应大得多，0.3%能至抵抗力差的饮酒者于死地的痛苦而对抵抗力强的人来说只不过是大醉一场的享受。

生理不善饮酒者只要身体有 0.01%含量的酒精浓度就会大醉（生理偏离值为 5 度）；承受力一般者身体酒精浓度要达到 0.05%才能够达到如不善饮酒者的大醉状态（生理偏离值为 5 度），而酗酒者身体酒精浓度要达到 0.1%才能够使其生理系统偏离到 5 度，也就是表明对于同样的刺激，每个个体都会有不同的反应，生理对刺激的反应程度随着个体的适应能力（包括非平衡系统偏离值和生理极限值两个生理指标）的提高而减小，这是呈现反比的现象。而同样的刺激度也并不能引起单个个体在不同时间有着相同生理反应，因为各个时期个体的生理和心理都处于不同的阶段，有些时间适应力强有些适应力差。

　　—c：相同的利欲求刺激，不同个体会产生不同情绪感知

　　——Ⅰ）援例一

假设甲乙双方同时处于一次利欲求的刺激源作用下，其面对的刺激源各自都是收入了十万元的货币，但甲乙的反应却不会相同，会因为以下几种因素而发生不同程度地反应或不同性质的反应。

　　——（ⅰ）各自的欲求期望值和欲求现实值的差值会不相同

如果甲的期望值是 10 万以上或 10 万以下，和 10 万的现实收入值出现差异，这种差异会形成对心理一种失衡冲击的刺激源，会使甲的心理原有的平衡出现失调。而乙的期望值是 10 万，则就和现实收入吻合没有形成任何差值也不会出现心理失衡。

　　——（ⅱ）不同的情绪感周期会发生不同反应

如果甲处在一组心因性快感或痛感情绪大周期的其中任何期间，或生因性快感或痛感情绪大周期的其中任何期间，那么面对现在的刺激源甲的失衡的心理有和原有的情绪大周期发生共振或抵消的作用。

　　——（ⅲ）不同的重视度发生不同的反应

如果甲和乙在其他方面都一致，但对利欲求甲是的重视度是等级最高的，也是其调节心理失衡的最主要的方式，而乙对利欲求的重视度等级是次于性欲求的，他对性欲求的重视度是最高等级，那么甲比乙会对这次发生的对心理原有平衡形成冲击的刺激源（欲求期望值和欲求现实值发生的相同的心理能量差值）有更大的反应。

　　——Ⅱ）援例二

　　——（ⅰ）不同的参照体带来不同的情绪感感知

假设关于利欲求的失衡刺激。第一种状态下，甲收入 6 万，乙收入 3 万，丙收入为 1 万。

对这三个个体，与他人的利益差值就是一种刺激源，面对不同的参照体就会产生不同的情绪感感知。

假设第一种状态，只存在甲与乙的情况下，对甲而言，会发生两种评价方式，第一种是选择与自身的有关该类利欲求的量值阈值作为参照体来评价；第二种是把乙的利欲求作参照体。

而乙收入虽然远低于甲现在的收入，但甲却不会选择乙作为参照对象，而选择自身的实现利欲求的目标为参照，这样甲会因为没有达到 10 万这个利欲求目标和达到 9 含值的身心最高量值阈值而

而第一种刺激源强度就小于第二种强度 5 倍，但我们却不能就认定第二种差值所引发的失衡度也要大五倍，因为

人对同样的刺激会有不同的最低监测阈值和不同的重视度。

如果没有第一次利益差值作参照那么第二次利益差带来的情绪感强度就远远低于有第一次利益差作参照的。

  —d：不同个体对不同刺激可以有相同感知度

  —e：相同个体也会对不同刺激有相同感知度

  （ C，外评价体系对情绪感的影响

都联系着社会欲求秩序流，也会参照于它来以此分析判断自己的欲求指向和欲求是否实现及实现的等级，按照社会标准来判断刺激和反应的强度，或在生理反应方面参照自身的反应但依据社会普遍的认知的标准来再次衡量自身反应的合理度，或直接依据社会标准来反应于刺激对于心理的作用，

三：幸福感评价机制

一：幸福观评价机制的运作

  （ A，参照体的不同导致幸福观评价机制评价的不同

如骑车，面对颠簸刺激个体发生的评价机制的判断，在判断时会发生两种刺激，甲刺激：该个体喜欢颠簸，乙刺激：但由于颠簸会造成车辆的损坏（这也是一种刺激），如果甲刺激形成的场波动度超过乙刺激发生的场波动度，幸福观评价机制就会形成幸福感范畴的情绪感赋予的判断，反之如果甲刺激小于乙刺激就会形成痛苦感情绪。

（2）幸福观评价机制运作方式

刺激继续保持其强度和形式的不变而存在着，并且人体生理也被迫承受着这种刺激并发生着相应改变，比如换季时改穿厚重衣服时，生理系统监测系统便感知了厚衣服对于皮肤新的增强了的摩擦刺激度和改变了原有的体肤表面温度，但因为该刺激有利于人体的保暖需要，所以在生理监测系统把该环境（着衣的环境）用变化了的场信息传递给心理系统的情感机制分析时，便发生幸福观的评价机制启动反应，其情绪归属可以由当时的环境而定，会出现三种不同的情绪感极性范畴的赋予：

  ——I）当时是处于极度需要保暖的冰冻环境那么该刺激就属于幸福感范畴的情绪。

  ——II）当时属于常态换季环境但该个体是女子她穿上了厚重衣服就减少了其身体的诱惑力，就可能会把该刺激归属于痛苦感范畴的情绪。

  ——III）如果是正常换季环境的一般换季穿衣过程便归属于中性范畴的情绪。

四：情绪感评价机制

二：情绪感评价的简述

情绪评价是个人心理情感机制对于一组反应过程中的对于其情绪强度和性质的认定过程。

情绪感评价体系是由三种情绪感评价机制构成的。

我感觉到了快感或痛苦是心理监测系统基于生理系统或心理系统某方面出现失衡以后由情感机制作出的综合评价，是属于一种反应机制。

是个体对某种刺激反应在情绪感层次上的总的判断和认知，其中有两种评价体系构成，一种是内评价体系另一种为外评价体系，内评价机制有幸福观的判断机制和情绪感评价机制构成，外评价体系有社会化评价机制构成。

基于三种评价体系的个体评价机制决定着个体的反应总方向，决定着个体外显和内认知的情绪感极性符号标记与强度。

由于个体的评价体系构成和运作极为复杂，不同功能的评价体系就形成不同的判断和评价反应，于是我们对于幸福感就有了复杂的矛盾的认知和体验。

　　为何人们在实现本该获得快感的欲求时，却又在内心感知不满足的痛苦情绪。因为这个欲求的实现是符合自身幸福观的，是可以从中得到幸福感的，这也是我们的第一次启动幸福观评价体系进行的评价反应。但随着整个刺激反应的完成，情绪感评价体系的评价也相继完成，一旦极性情绪感符号因为场波比值的因素最后归类于负值，这个符号就会成为负值的情绪感符号，也就是这组刺激反应中的痛苦感情绪的范畴，因为其正值为幸福感范畴的情绪感符号。所以人们在本该获得幸福感的欲求实现的事件中却由于场波比值呈现负值就演变为了痛感情绪感范畴的情绪体验。

（1）心理感知下的情绪感的强度等级

　　尽管人体心理系统会把一组刺激反应中，所发生的关于失衡与复衡反应的过程纪录并记忆，但由于极其复杂的因素的影响，真正被心理感知和区分出情绪感极性和强度，却大致只能区分出三种等级。其中幸福感范畴的快感值分为高潮（被情绪感评价机制判断大于 80 含值）和满足（被情绪感评价机制判断大于 60 小于 80 含值）和不满足（被情绪感评价机制判断小于 50 含值）三个级别；而把痛苦感范畴的痛感值分为死亡体验的极度痛苦和中等级的痛楚和不适三个级别。

（2）身心各种不同整合状态下的情绪感评价

　　　　（ A，趋同状态的情绪感评价

　　　　（ B，不趋同状态下的情绪感评价

　　如果某个体的生理获得了高值但心理却不能随着生理的高值而达到高值，那么就是不趋同状态。

　　如，一例被内评价标记为不满足的情绪快感体验，这是由于心理系统的有关该欲求的快感失衡值没有达到满足标准的值的缘故，因为该欲求行为所引发的生理失衡虽然已经达到了 70 含值的满足值，但由于心理失衡度只有 40 含值尚未达到该个体所要求的满足度，那么情绪感的综合评价只能是 50 含值属于不满足的状态。这样内评价就是属于幸福感范畴的快感不满足情绪。

（3）评价度最高的情绪感是如何产生的

　　导致身心不趋同状态的现象与在欲求反应过程中，该个体所要求的欲求对象或欲求行为的方式都不是此人最主要的核心序列欲求对象和欲求行为有关联，如果欲求对象和行为都属于该个体的最主要的那么给予心理上的刺激会是强大的，会形成重大的失衡。这样就形成了在和次要核心序列的欲求对象行使最主要的欲求行为即使达到了其生理系统的失衡最高值，也不会使该人发生综合内评价上的最幸福感的赋予的缘故。一次欲求的最幸福感的赋予，必须是和最主要的欲求对象发生最主要的欲求行为，并且达到了欲求行使过程中心理系统和生理系统的快感失衡值都达到了最高值才会发生。

（4）一组常态失衡最终平衡，何以产生快感或痛感的感知内评价？

　　在一组常态失衡中其失衡与复衡的正负总值最终为零，其失衡值与复衡值是相等的，如果我们把失衡标记为快感情绪则复衡就会成为痛感情绪，这就是我们为何处于快感失衡阶段会感觉其快感情绪，但在情绪转折点就会逐渐发觉痛苦感范畴的情绪逐渐增多的缘故。也就是说从失衡点开始标记为痛苦情绪的到转折点标记为快感情绪开始端，然后恢复到情绪和身心的零值状态，在这个过程中情绪随着身心最终得到平衡，这样最终的内评价应当为零也就是没有获得任何情绪，因为情绪的评价被其自身的正负值所抵消了，但人却为何还是会感受到强烈的非此即彼的痛感或者快感情绪存在？

　　当一组完整的情绪小周期结束之后总的失衡和复衡的数值等于零，这样当一小组情绪周期结束的时候感受快感情绪其实就与痛感情绪相等了，之所以在一小组情绪浮动周期中会发生只感受到快乐而不感受到回落的痛苦，是因为感受快乐或感受痛苦的失衡时，符合了"情绪第三定律"即刺激时间越短反应越高的刺激反应就越被感知标记为强度高的反应，反之亦然。这样当一个刺激发生的时候如果我们的反应能够在短时间内就使心理或生理失衡迅速达到了最高值（在快感情绪所限定的范畴内），而恢复到平衡必然所费时间会因为心理上的情感定律的影响而扰动变得相对缓慢，那么该刺激反应的标记会赋予失衡期的情绪有相对高的情绪值，综合内评价会认为只认知失衡期内的情绪而不认知恢复期内的情绪，如果失衡期内的情绪标记为痛苦则恢复期内的情绪为快感，但如果发生了前述状况就会出现只认知痛苦感情绪的现象，因为痛苦给人的心理冲击是相对巨大的。但如果恢复期的情绪感知强度超过失衡期的情绪感知强度那么就会出现内评价为快感情绪的标记，但外评价则仍然为痛苦。个体的外评价通常是由刺激引发失衡属于何种情绪范畴作为外评价，但最主要的感知是内评价，内评价是由失衡时期和恢复时期的综合情绪强度作为评价对象的，失衡和复衡何种情绪强度大则选择其为主要的情绪评价。

　　在一组刺激反应中，只要其中的失衡值达到了最高点就成为了这组刺激反应的失衡到复衡的转折点，那么从这个转折点到平衡点或新平衡点这段总趋势虽然可能还呈现着反复波动，但只要其局部波动反应不再超越最高值，那么这段恢复过程中虽然有着局部反复反应但仍然会被心理评价系统标记认知为复衡过程，而不论其中有多少波动，失衡过程中的状况亦是如此。虽然在失衡过程中可能是呈现阶梯性上升状态，但只要是属于这一组刺激反应中的，其失衡过程中的波动峰的子峰的复衡值并没有恢复到失衡时候的值，就被视为属于失衡过程中的波动峰。但如果在失衡过程中，假设有五个波动子峰，其中第五个子峰的复衡值直接恢复到了原有失衡前的状态，那么就意味着这组刺激反应已经完成。

情绪感评价机制的评价过程需要经历两个阶段，第一个过程是从失衡开始到失衡转折处成为这个失衡阶段的第一个过程的评价，第二个过程是从失衡转折处恢复到身心零值状态这成为情绪第二个评价过程。这两个过程的评价就形成了这组刺激反应的情绪评价。其中包含着情绪内评价和外评价两种评价内涵。

（ A，一组生理的正负值必然等值，心理给予的反应的情绪标记则依附于生理的波动

而恢复正常值和偏离常态的值应该是相等值的，这就是快感和痛感相辅相成的生理原因，虽然心理系统会根据社会给定的状态来标记自己的总的情感状态，也就是幸福或痛苦。

当我们把一件事情标记为正，那么它的相反一面必定会是负，同理当我们把行使考卷成绩得到 100 的值，我们把这种标记为最好，那么 0 值会是最差，一旦我赋予事物以优劣好坏等级概念的时候，必然的这个事物会有正反两极作为优劣的承载体。而当我们把得到某件事标记为好那么必然的得不到成为坏的，这种情绪的强烈度完全取决于当事人的所祈求得到的期望阈值。期望而形成的空洞越大快感带来的波动也越大，是个体把预期的莫种事情标记为一个阈值，并让自身生理系统通过心理的假象也居然达到了一个生理的波动高度，这是一个通过想象来达到的阈值，但也会不亚于现实中的那种生理波动，而一旦得不到就会在原有的心理预期的刻度上摔落形成落差的痛苦，而所得到的东西符合与不符合也会影响到快感的大小值，而一旦得到超过预期，便会进一步的形成更高的阈值，也会被标记为高潮！

积极情感的定义：个人把生理上的波动标记为可以接受的状态并试图是这种生理偏离维持或加强的状态。消极情感的定义：与上相反。中性状态的定义：个人处于一种在心理和生理上都平衡的状态，也包括各种亚平衡状态。此时不赋予任何情感符号做出任何调整生理状态的行为。

偏离程度的越高恢复的程度也越高，而心理标记却不同，一般都把同等强度而发生时间越短比发生时间越长的刺激反应把前者标记为高值，后者标记为低，而本质上的值是相同的。

生理在心理上的波动感觉快感（ 1）恢复平衡苦痛之解除（2）正偏离平衡追求幸福

（ B，事物截然不同的发展会带来截然不同的情绪

个体在社会中会有各种各样的取舍行为情绪如果产生于此那么也会附着于取舍行为之上，如果某种事物的现象的正反两方面发展的过程被个体所赋予情绪色彩，其中正方向发展如果被赋予接受状态那么负方向则一定是个体所排斥的状态，如果个体持中间不加取舍的态度那么该事物的发展也不会对该个体产生任何情绪。

随着情感第一定律而出现的心理带动起的生理失衡的下降，而原先由于心理因素带动的生理上的失衡增长则是一种快感的标记。

虽然等值的生理起伏却不会带来等值的情绪反应，因为

（ C，情绪属性标记的相对性和对立性

当你把某一点标记为高，那么你一定会有一点要标记为低的作为参照物，因为没有参照物这种比较便不存在。所以只有当你把某一事件的某种发展正方向标记为幸福，那你才能把他的发展负方向标记为痛苦。同样如果我们把得到某种欲求的实现视作幸福，那么如果我们不能实现该欲求目标时就会是为幸福的对立面即痛苦 。

（5）情感符号标记的规律和案例

（ A，规律

一种事物如果把它某个发展方向标记为正那么它的反发展就是负，如果他不发展就等于零值状态没有负值也没有正值，就这样如果个体把某一类欲求目标的发展方向标记为快乐的情绪，那么必定他的反发展方向就会使快乐的负面情绪"痛苦"，如果不发展就不产生快乐或痛苦的情绪，如果个体把欲求目标不发展作为快乐的情绪标记，那么它如果发展无论是正负方向都标记为痛苦情绪。比如，我们如果以不用下旗作为快乐的欲求目标，那么有人强迫我下棋就作为痛苦的情绪标记，就像梅兰芳在日占区为了表示对侵略者的藐视和痛恨就以不为其演戏作为欲求的目标，实现了不演戏就作为快乐，反之就成为痛苦，无论是演出成功与否都是一种痛苦，因为基调已经是痛苦情绪笼罩着的。而在梅兰芳大师平时就不会以不演戏作为欲求目标，他必定会以演出中受观众欢迎程度的大小作为欲求的目标，而一般的演员则可能是受观众的欢迎而少喝倒彩作为欲求的目标，最差的演员则可能是以不受观众的唾弃作为欲求的目标，三种欲求目标的各自不同代表着主体对于环境和自身条件的相吻合而做出的相应的行为。

（ B，案例

　　如果把一次性欲求的经历而言，这时候如果该个体在一次性的欲求释放的时候，该个体把能够做爱成功作为欲求的目标，那么不做爱就成为痛苦，如果作爱成功后他可能会再发展一步，把以做得越多越快感作为欲求目标，那么做十次就比做一次快感值高，因为这一组的性欲求的刺激和反应总体已经是快感的基础之上了；尔后如果该个体在已经不受约束的性行为和情感第一定律的影响下对发生的性行为的本身已经不做为快感的欲求目标，而是进一步把能做多次作为欲求目标，并把从中能获得更大高潮作为更深一层次的快感获取，此时该个体已经把自身的生理和心理的对该特定的性的环境已经不由自主地在情感第一定律的影响下提高了阀值！如果再次发展就会把能在性交和本身获得更大高潮作为最起码的快感获取的欲求目标，而会使用一些性变态的手法来满足这个寻求更高刺激的要求，因为寻常的一些性交和的刺激在心理系统层次由于受到情感第一定律的作用已经引不起双方的性的反应了，不得不依靠其他的手段来满足个体对于欲求目标快感获取的实现！

（6）情绪感评价机制反应的起止段

　　虽然情绪感生成是在行使欲求行为过程中使原有的失衡反应强度达到了第四重反应层级而形成的，但情绪评价机制不会把从感知到失衡的第一个阶段和第二个阶段都包括在评价之内。但当人体反应达不到第四重反应层级时，无论这组反应的峰值如何上下波动也无论这组波动峰有多少都不会有情绪感机制的参与，也不会有任何情绪感生成，而一旦达到第四重反应层级阀值就会立刻生成情绪并且情绪的评价就会同时跟随这个反应过程，无论这个反应的波动峰是否在这组反应的失衡和复衡，只要这些波动峰始终在人体第四重梯级反应的阀值之上，情绪感的评价机制就会始终伴随着这个过程，直到其反应波动峰回复到令情绪感机制启动的阀值之下为止。

　　所以情绪感评价机制所评价的反应过程是不完整的，只是从第四重梯级反应开始的也是在反应回落到该梯级反应之下为终止，这标记着情绪感的消失和情绪感评价反应的结束。

（7）情绪评价的转换

　　如果由于快感到达生理极限就会标记为痛苦转而出现企图消除刺激源的行为，而此刻原本是标记为快感的偏离值为重新定义为痛苦感，而一旦突破生理极限到达死亡一刻，个体会以轻松解脱的快感替代挣扎的痛苦，因为死亡一刻都会由于肌体的生理趋向瓦解而出现了平静状态，但如果生前一刻标记为快感的那么临死会是痛苦的。

（8）情绪感评价过程和援例

（ A，个人对一组刺激反应做出情感方面的评判的过程

　　个体对内环境的生理偏差的评判都是自身以前储存的类似的场景模式状态来作为参照体的。而社会角色引发的心理偏移是和其他个体的社会角色作为参照体相比照而得到的，更多时候个体是用自身所持有的欲求秩序流的社会角色作为参照体的。心因性失衡实质是心理系统带动生理系统进行波动的状态，一次言词或行为的羞辱通常是个体根据自身储存的和当时社会和周围环境得出的综合结论，其中包含了幸福观评价机制的评价和情绪感评价机制的评价。虽然刺激源是第二信号"语言"不会直接造成个体生理上的偏离，但是却能够引发出身心的失衡偏离。表现出愤怒表情和愤怒的体验是心理和生理互相作用生成的表现在面部表情之上的和内心波澜起伏向合成的排斥的消极情绪。没有生理系统参与的情绪只是一种个体所感知的符号而已，视觉上看到了几个侮辱性的词汇存在，在听觉上表现为听到有侮辱性的几个音节存在，仅此而已。但如果这种羞辱性的词汇或语音，被个体从心理情感机制处理评判为是自身受到羞辱或者引发其它联想反应，就会发生心理失衡并导致情绪感发生，继而带动生理系统发生失衡，这时人体就感知了真正的痛苦感范畴的"愤怒"或"沮丧"了。情绪感是由身心失调引发的对刺激源作用于自身的反应的综合评价和体验，表情则是个体用来和外界沟通的方式之一。

（ B，一组情绪的评价过程

　　第一种：内环境的刺激源会由生理波动所引发，这都是属于痛感刺激源，因为内环境生理波动都是属于失衡的状态无论是常态的失衡或是病态的失衡，这都是属于自主生理平衡系统予以立刻清除的刺激源。

　　第二种：内环境的刺激源也会由心理波动所引发，这种刺激源可以是属于快感刺激源也可以是痛感刺激源，这是由于个体本身所储存的各种场景模式在回忆中所引发的回忆，这种回忆可以对心理平衡系统形成刺激形成心理系统的失衡，如果回忆是属于幸福感范畴的情绪则会成为快感失衡，如果属于痛苦感范畴的情绪则形成痛感失衡。

　　第三种：外环境的刺激源引发生理系统的失衡，这种刺激源都属于痛苦感范畴的情绪，如果是一次车祸会给人体带来伤害，这属于痛苦失衡。各种内外环境的刺激直接作用于生理系统的使其引发失衡的则都属于痛感失衡。

第四种：外环境的刺激源引发心理系统的失衡。这种刺激源可以属于幸福感范畴的情绪亦可为痛苦感范畴的情绪，如果是一次恋爱成功可以给心理形成快感失衡，而一次恋爱失败则会给心理形成痛感失衡。所有内外环境所引发的心理系统的失衡都可以是快感失衡也可能是痛感失衡。

由内环境生理失衡本身为刺激源的身心失衡则为痛感失衡，这组反应如果强度达到第四重层级则会启动情感机制进行情绪的评价，原本该生理的失衡还不会使个体发生任何的不愉快，一旦有情绪参与则会把原有的不加入评价的初始感知阶段到欲求阶段的失衡也追加标记为痛感情绪，随着情绪欲求行为的实施过程，对刺激源的有效的进行了干预使其向平衡的方向发生了逆转，这就使得从最轻微的痛感情绪感知评价当它达到了最高痛感情绪感知评价后，就进入了新的相反的进程即向原有的情绪的相反属性发展了，如果原有情绪为痛苦感范畴的情绪则现在就成为了幸福感范畴的情绪了，在身心趋向平衡的转折点开始，当痛苦的失衡开始减轻其强度向着平衡过渡时，人体会感受到一种最轻微的幸福感范畴的情绪评价开始，这种情绪评价的感知体验会持续到该失衡重新恢复到原有的平衡态为止（很多都只是到了人体感知最低反应阈值之下就已经感知不到其情绪了，但身心并没有真正回复到平衡态），而此时人体就感知到了最高的幸福感范畴的情绪评价，人会感觉到非常的轻松和愉快的情绪，这种情绪体验会随着复衡时间越短越感觉其强烈，如果复衡时间越长这种情绪体验就越是微弱。

• 比如一次重压刺激然后重新恢复到原有常态平衡态的一组刺激反映，从人体零值状态的常压开始不断增大压力刺激到一定程度的压力为止然后恢复到零值状态的常压，这就形成了人体反应的三个阶段：第一个阶段是生理失衡反应阶段；第二个阶段是心理系统参与并启动情绪的失衡反应最高和转折阶段；第三个阶段是从转折阶段恢复到人体零值的常态阶段。

在第一和第二个阶段中，不会有任何情绪发生，只有到了第三个阶段才会生成情绪，并且情绪评价机制就此启动，它把从感知到失衡的第一和第二个阶段的这种已经经历过的失衡过程重新标记为痛苦感范畴的情绪，而把从第三阶段的实施欲求行为过程中其刺激源仍然在上升的阶段标记为痛苦感范畴的情绪，如果经过欲求行为的输出而使得刺激源的重量逐渐减弱最终消除，情绪评价机制会把这一阶段标记为幸福感范畴的情绪，在重量不再加重而转向减轻的这个转折点，因为刺激源重量向相反的方向发展了，其失衡反应也会随之降低，因为情绪的属性依附于反应的属性，这时候情绪评价机制必然会赋予其完全相反的情绪，并会随着重量的不断减少导致失衡反应强度的不断降低，其赋予的幸福感范畴的情绪值会越来越高，最后随着重量减轻到身心感知不到的区域，身心的失衡反应也相应的回复到身心感知不到的这个区域，情绪评价机制也由此终止和完成这组刺激反应的总评价，并且其幸福感范畴的情绪值评价会在最后达到最高，

五：场波比值及身心量值监测机制

三：场波比值简介

是情绪感机制的评价机制对一组刺激反应中所有场波度达到第四梯级反应的失衡体系做出的关于场波度的综合分析

（A，所有失衡体系在这组刺激反应过程中的受情绪感第三定律作用形成的场波比值分析。

（B，与身心量值监测机制的最高量值阈值有关的一系列分析。

然后情绪感评价机制汇总这两类分析结果，综合产生了个人对于该组刺激反应的情绪感的强烈度的体验。

如果场波比值分析确定该组为强度为3含值的痛感情绪感刺激反应，如果身心量值监测机制的最高量值阈值为6含值，那么我们的情绪感感知的最高极限就为6含值，从身心零值到最高极限值就可以分为三个认知层级，最低层级的情绪感感知为身心零值到2含值，中等层级的强度的情绪感感知为身心量值阈值2含值到4含值，最高层级的强度为身心量值阈值4含值到6含值。我们经过情绪感评价机制对失衡体系做的综合场波比值的分析生成的身心量值数值达到何种层级，即为何种层级的强度值。此组强度为3含值，那么我们最高感知到的真实强度就为中等层级的情绪感感知。

（2）场波比值原理

如果恢复平衡的速度比失衡速度要快那么他相对感觉失落，因为达到同样值的刺激所需时间越短人的感觉越深刻，所以个体如果生理波动（达到最高值或恢复平衡）所用时间越短自身情感机制感觉越是较为强烈也能促使应激机制释放出更多的腺素，而个体也越会感觉到自身综合反应的强烈性，感觉情绪也越激烈。

而场波比值就是指场波从身心零值状态到身心失衡最高值的偏离或恢复过程与其所需时间之比。

决定一组情绪感小周期的情绪感极性取决于正极性的场波比值和负极性的场波比值之差，如果差值结果呈现正值那么这组情绪感小周期就属于正极性的情绪感符号，如果呈现负值那么这组情绪感小周期就属于负极性的情绪感符号。

一组极性场波比值的大小决定一组情绪感小周期的情绪感极性与强度。

（Ａ，援例

假设某甲心速从生理零值态的 60 跳/分失衡偏离到 120 跳/分所用时间是 1 分钟，他从 120 跳/分的失衡态恢复到 60 跳/分的生理零值态也就是平衡态所费时间为 3 分钟，那么他的正场波比值就是（120-60）/60 秒=1 比值，负场波比值为（60-120）/180=-0.33 比值。这样这一组情绪感评价的依据是这组正负极的情绪感场波值和其差值。首先其情绪感评价的符号即为场波比值相对高的正极性情绪感符号，此例正极性的 1 比值比负极性的-0.33 比值高所以为正极性的情绪感符号，如果正极性是幸福感范畴的情绪则为幸福感范畴的情绪。而其感知到的幸福感范畴的情绪感强度就为这组正负情绪感的场波比值的正值与复值之差就等于 0.67 比值，因而这组情绪感刺激反应最终被个体认知为幸福感范畴的情绪其强度为 0.67 比值。

如果该组正负极性值之差为负值，该组刺激反应就为负性范畴的情绪感即为痛苦感情绪感符号，其强度值为正负差值。

如果该组正负极性值之差为零值，该组刺激反应就为中性范畴的情绪感，也没有强度值。

如果正值为幸福感范畴的情绪感符号则为幸福感范畴的情绪感 0.67 比值。

如果所费时间为 2 分钟，就为 0.5 比值，如果所费时间为 30 秒，场波比值就为 2 比值，其比值越高相对心理失衡值也越高，

一组情绪感刺激反应的两个极性相背的情绪感场波都是一种正负关系，每一组正的情绪感场波比值越高相对而言其负的场波比值就越低，是呈反比关系的。

（3）情绪感极性符号与场波度

情绪感极性符号：是在失衡体系的失衡度导致的场波度上升到第四重梯级反应后，由情绪感机制的幸福感评价机制的启动赋予的关于情绪感极性范畴的归属标记，是作为心理系统对该刺激源和反应的一种反应方向的总确定，这种评价是基于该个体的特定幸福观的，不同的幸福观造就出不同的评价和不同标记。

（4）失衡与场波

（Ａ，失衡状态的构成

—a：极性失衡波动和场波动

——Ⅰ）任何一组刺激反应都是由两个极性相对的极性失衡波动和场波动组成

极性失衡波动是指个体身心某区域发生偏离平衡的状态，场波动是指个体身心监控系统通过建立场境与储存的场景共同形成一种感应场和感知场这两大场效应，通过其发生的变化场波动度来检测所有偏离状态。

——Ⅱ）任何一组情绪感刺激反应都是由两个极性相对的极性情绪感的极性失衡波动和场波动组成

场波从生理零值状态（生理平衡态）偏离到生理正值状态（生理失衡态）就属于一种正极性的过程，而从生理正值态恢复到生理零值状态就属于一种负极性的过程。

——Ⅲ）生理零值与生理伪零值

生理零值和生理平衡态是对同一种状态的不同描述，平衡根据影响到人体正常生命力的长久与否可分为正常态平衡和病态平衡，其中正常态平衡包括：人体常态平衡状态`人体新常态平衡；病态平衡包括：人体病态平衡状态`人体假平衡状态。

如果人体生理处于病态平衡态时则其生理零值也是一种虚假的伪值，称之为生理伪零值。

—b：失衡体系的构成

真实的失衡状态是由身心各失衡体系构成的，呈现出多重场波动的状态，在总失衡体系中的某失衡体系的场波动值最先达到第四重反应梯级时会启动情绪感机制，并且立刻发生幸福观评价机制的反应。而情绪感评价机制则是在一组情绪感小周期完成之后才会完成其评价反应的，必须是当所有在这组刺激反应中失衡的体系恢复到生理零值状态才得以完成。

（Ｂ，失衡度与场波度

失衡度是个体身心实际发生的某生理区域和心理某场境的失衡的偏离值。

分为总失衡度和分失衡度，前者是生理所有失衡区域或心理所有失衡场境的失衡度，后者是其中一种独立的失衡区域或独立失衡场境的失衡度。

场波度是个体身心监控系统建立的对环境和自身身心变化的监测机制，是由场效应发生的，建立在场境与场景的作用之中。也可分为总场波度和分场波度两大类。

（5）身心量值监测机制

（A，身心量值监测机制及阈值

决定着个体在这组情绪感刺激反应中所获得的最终的强度感知，是身心场波比值在身心量值阈值中获得的，身心量值阈值让个体有了强度参照的数值，并且决定着个体的情绪感大周期的演化时长。

身心场波比值的强度决定着身心量值阈值的波动，两者是呈正比的，身心场波比值越高其形成的身心量值阈值就越高，身心场波比值越低就身心量值阈值就越低，如果身心场波比值超越了身心量值阈值就会成为新的身心量值阈值，如果身心场波比值是3含值只为身心量值阈值6含值的一半值，那么形成的新的量值阈值就为（身心场波比值+身心量值阈值）/2=4.5含值。

（B，新的身心量值阈值的产生

—a：当一种全新刺激完成

会在人体场景库中产生该类刺激的新的场景平台（其中有相应的只属于该类环境刺激的各种监测阈值），而随着内评价的结束会生成一个新的身心量值阈值；

—b：当一种既往刺激反应中其综合场波比值其数值不同于原有的身心量值阈值

当该组反应完成后可能综合发生新的身心量值阈值，这会替代原有的阈值。

（C，身心量值阈值的敏感性

它是随着一组情绪感小周期而波动的，它相对于其他阈值是较为敏感的，完全受着个体所有失衡体系失衡度和该失衡过程中发生的受情绪感第三定律影响而形成的复杂的研判的结果所决定。

（D，最高量值阈值发生变化对个体情绪感的重要影响

—a：当提高身心最高量值阈值后

在一组刺激反应中当其场波比值超越最高量值阈值后会提高身心最高量值阈值。
这就发生一种后效

——I）如果该刺激反应属于快感情绪感范畴

就会提高该个体今后享受该快感的阈值，他需要更多的刺激才能得到相等的反应来享受同等程度的快感，同时也会更多的感知到因得不到该种快感而引发的痛苦度。

——II）如果该刺激反应属于痛感情绪感范畴

就会提高该个体承受该痛苦状态的阈值，他能比一般人更能忍受这类痛苦的痛苦程度。也可以享受到更多因避免或消除该痛苦刺激而得到的快感。

—b：当降低身心最高量值阈值

在一组刺激反应中当其场波比值未达到最高量值阈值，就会降低身心最高量值阈值。
这也发生一种后效。

——I）如果该刺激反应属于快感情绪感范畴

就会降低该个体今后享受该快感的阈值，他只需要比上次少的刺激就能得到与上次相等的反应来享受同等程度的快感，同时也会更多的感知到因得不到该种快感而引发的痛苦度。

——II）如果该刺激反应属于痛感情绪感范畴

就会提高该个体承受该痛苦状态的阈值，他能比一般人更能忍受这类痛苦的痛苦程度。也可以享受到更多因避免或消除该痛苦刺激而得到的快感。

（E，身心最高量值阈值达成与否引发的反应

未达成身心最高量值阈值的情绪感层级的刺激反应会发生两种后效，

——a：最高量值阈值发生变化

达成或超越最高量值阈值的情绪感层级的刺激反应后，会发生一种后效，改变最高量值阈值使之提高。

——b：影响到该组情绪感大周期的时长

降低身心最高量值阈值会导致情绪感大周期时长的缩短，反之会延长情绪感大周期的时长。

（6）单极性和双极性情绪感刺激反应

当最初的幸福观评价机制和最终情绪感评价机制形成的极性情绪感符号会出现以下几种状态

（A，契合状态（单极性的情绪感刺激反应）

最初的幸福观评价机制和最终情绪感评价机制形成的极性情绪感符号都属于同一类极性情绪感符号，这就是契合的状态，在个体内心感知中就不会发生异样和冲突性的情绪感知。

我们把该类情绪感刺激反应就成为单极性的情绪感刺激反应。因为它只类属于一种极性情绪感范畴。

（B，不同状态（双极性的情绪感刺激反应）

最初的幸福观评价机制和最终情绪感评价机制形成的极性情绪感符号不属于同一类极性情绪感符号，这就是不契合的状态，其中还可以分为相背的状态和相差的状态，前者是完全相反的两种不同极性情绪感符号，后者不属于相反的极性只存在着程度上的差异。

在相悖的双极性情绪感状态下个体内心感知中就会发生冲突性的情绪感知，并随着极性相悖越大和其情绪感的强度越大所感知的异样性也越大。

我们把该类情绪感刺激反应就称为双极性的情绪感刺激反应。因为它属于不同极性情绪感范畴。

六：评价建立在参照体上

（1）对刺激做出幸福感的极性评价

也对自己的社会角色和所处的场境角色做出评价

（2）外评价建立在社会评价体系上

社会评价体系是由社会道德评价体系`美学评价体系`价值观体系等各种文化评价体系的基础上组合而成的，它是对社会行为的总的引导和规范。

（3）外评价对个体内评价的幸福感评价也有很大影响

但情绪感评价却直接受着情绪感原理的影响。

（4）评价机制的原理

（A，评价的限度原理

在一个相对封闭的环境下。如果只存在这个环境的参照物，那么该环境中的所有个体内外评价的参照体范围只限于该环境，其扰动因素也只限于该范围。

如某国是一个相对封闭的环境，在没有互联网和其他获得外界信息的前提下，国民们的外评价参照物也限于本国的范围，其扰动因素也限于该范围，一切内外评价参照物都源于该社会所提供的范畴。

在该范围的个人决不会以这个环境之外的参照体为标准，因为他们的外评价范围都是以该环境为限度的，他们自有一整套该国特有的基于各种构架状态的社会评价参照体系。

比如粮食供应方面的社会评价标准：假设该国提供每月每人平均以15斤粮食供应为大众的平均值，那么这就意味着该值就成为一种社会评价的参考转折点，这也是无情绪发生的标准，在此基础以上就属于幸福范畴，无限供应粮食则成为最好的标准。在此基础之下就是痛苦范畴，没有粮食供应是最差的标准。

在这个社会评价标准中，该环境的每个个体都以这个评价标准作为衡量和参照的基础，来衡量自己所达到的标准，如果某甲个体每月粮食供应是无限的，那么他们的外评价就为最好，因此评价自己是最幸福的。而某乙只有9斤，那么他们则会认定自己属于差的一类，因此也评价自己为很不幸福的。

（ B，欲求秩序流和评价参照体

欲求秩序流是一种对评价参照体的心理选择的排序，每一种被人所评价的对象其背后隐藏着特定的各种欲求秩序流，真是这种秩序流才使得该个体对其评价对象做出了幸福感极性和刺激程度的评价，

权力构架状态是权力欲求秩序流的基础，权力欲求秩序流是基于该权力构架状态才得以建立的，后者是基础前者是基于此的一种心理欲求的序列，是个体对该权力构架的一种行为的选择，具有依附性，向力性。比如性欲求秩序流则是建立在某个体所接触到的他所视为所有可作为性伙伴的对象，所有的性的对象成为该个体的评价范畴和参照体，又成为该个体的性欲求秩序流得以建立的基础，该个体会把所有性的对象进行分类归属，建立起主欲求性对象和从欲求性对象。又比如利欲求的个体心理欲求秩序流的建立过程，先参照社会欲求秩序流建立起自己的，自己的先选择参照体对象，如某丁2000亿`某丙200亿`隔壁张三200万`对面李四5万`自己20万，在这种多参照体对象中个体会根据财富的多少进行排序，由某丁到李四这种排序就成为一个利欲求的序列，成为了该个体的评价参照体。利欲求秩序流就基于此，在趋动性社会元态下该个体就会追逐比自己高一等级的隔壁张三来展开利欲求的行为，张三的200万财富会成为该个体的欲求目标，

有些秩序流是社会本来就存在构架的状态基础上建立的，如权力欲求秩序流是基于职位的等级和名誉的等级建立的秩序流，是直接受着社会欲求秩序流的影响而建立的，但性欲求秩序流一般会基于自我不同的审美排序来重新组合建立，但也会被社会的选美大赛和媒体宣传所左右，因为性欲求基于审美观念，而审美观念容易被社会所影响诱导。其他如名誉欲求秩序流和利欲求秩序流则受社会欲求秩序流影响较大但也有自我的排序在深刻的影响。

（ C，评价范畴的重组原理

评价参照体范畴的变化直接影响到幸福感极性的强度值。

一旦某个体所处的甲环境与乙环境发生联结，那么乙环境的一切事物就会可能和甲环境中所有个体原有的参照体发生联结关系，形成新的外评价参照物，该个体的原有的内外评价范围就会变化，其扰动因素也会随之相应变化。

假设甲国和乙国家发生了密切联系，乙国家的状态必然的会影响到甲国，而甲国的状态也必然的会影响到乙国家，在双方互相影响下，其所范畴内的个体的心理结构也会发生变化，而原有的参照体也会在乙国家的影响下发生着变化.

当甲国和乙国连通，其两国国民的评价参照体范畴也会相应变化，价值观日趋相同的前提下，当个体或社会的评价参照体的范畴被重新修改以后，那么这些个体其定义幸福感极性强度的原有标准就被打破了.如乙国的粮食对国民而言供应是处于无限状态的，只需要相对廉价的货币就能满足，那么甲国的个体的评价状态就会发生变化，仅就参照体而言，其评价就会因为参照体的延展而发生变化，居于原有甲国最幸福状态的个体(其粮食是无限供应的)，就不会再为自己所处的这种无限供应的状态而感觉是最好的最幸福的，因为其参照体已经发生变化，变为如下序列状态:1 第一等级：乙国所有国民都处在无限供应粮食并且能够得到更多副食品的状态;2 第二等级:甲国某些个体获得无限供应粮食的状态；3 第三等级是平均值以上；4 第四等级每月每人平均25斤粮食的平均值；5 第五等级是平均值以下的。虽然甲国内的粮食供应的状态并未改变但在乙国的粮食供应状态影响下，甲国评价参照体却发生了变化，在原有的欲求秩序流中增加了新的等级，使得原有的第一等级无限供应粮食降低为第二等级，而中间值也提高了一个等级从15斤上升为25斤。这使得甲国的个体在粮食供应方面的幸福感评价强度总体降低。而乙国却因为有甲国的更低等级的评价参照体的参与而总体上升。

（ D，一旦发生信息连通，那么两个不同地区的评价参照范畴就会发生变化，影响到个体的极性强度的赋予。

（ E，但只有幸福观和价值观发生变化才能真正决定幸福感极性符号的变化.

（ F，评价的梯级原理

个体纳入评价范围的都是所缺乏的事物，越是缺乏的事物，其纳入个体的核心秩序流的可能性越大，而评价的梯级也越高。

如空气这个普遍存在的事物对于一般人在一般状态下，是不可能缺乏的，于是空气不会被个体纳入核心秩序流的范畴，也不会被个体纳入评价的范畴，个体不会对其有任何的情绪感评价。

而粮食剩余国其国民就不会把粮食多少来作为享受的范畴，他们的标准一般为：每月每人只需要达到30斤粮食就够，因为还有其它副食品的供应，粮食本身不作为享乐的工具，而且也因为不会出现最差的现象，

但如果出现战争和其他灾变，只能限量供应30斤粮食的局面就会改变该国国民的幸福观评价标准，就会变成如朝鲜一样的幸福观，就会以吃饱为主要的享受。

（ G，秩序流序列等级越高其幸福感极性等级也越高

秩序流序列的等级从最高等级一直到中间等级最后到最末等级，相应的其极性符号是从最幸福的符号一直排序到中性符号最后到最痛苦的符号。而秩序流序列等级越高其极性色彩也越纯越高，

（ H，评价强度越高其秩序流序列等级也越高

秩序流序列等级越高其幸福感极性越纯，所给于个体的刺激强度也越高其评价强度也越高。

（ I，欲求秩序流的梯级规律

心理欲求秩序流是社会的大环境决定的，如果某社会处在战争年代那么生存欲求会占据核心欲求，如果在和平年代，生存衍生欲求会占据核心欲求的地位，又另不同的社会元态也就会发生不同的欲求。

（丙）情绪感周期

一：情绪感周期原理

（ A，场景和情绪感大周期的关系，情绪感大周期是场景所处的各种状态。

（ B，反应小周期是指一次由刺激引发的反应的过程。

（ C，情绪感小周期是指一次由刺激引发的情绪感反应的过程。

（2）情绪感大周期的重要规律和特点

（ A，受情绪感第一定律的支配性下的特定的周期规律

　一a：演化过程

——I）情绪感大周期的四个阶段

正失衡期；平衡期；负失衡期；恒定期。

——（i）情绪感大周期的第二阶段平衡期，这一阶段的时间长短取决于正失衡期的情绪感评价对正失衡极性情绪的评价度，评价度越高平衡期的延续时间越长。

——II）一组间隔性连续同式态情绪感级别的刺激反应的情绪感大周期的演化过程

某一组快感情绪感刺激反应大周期用三个阶段完成。

第一个阶段是生成阶段：这是一个在新的场境刺激下新的场景诞生的时期，也是一个从无到有的各种阈值极低也极为敏感的阶段，任何该场境的综合失衡都会轻易达到情绪感层级，都可能会成为该类刺激反应的最高量值阈值。由于极性阈值低很容易就会超越该阈值，获得快感情绪感范畴的感知。因为该类刺激反应场景完全没有建立或只停留在最初浅显的尝试阶段，其个体该场境平台的所有监测阈值都很低，包括欲求和情绪感监测机制的监测阈值，任何发生对该场境的刺激都会引发该个体的反应到达高值状态。这个时期是一个创造新的最高量值阈值的阶段，也是一个创造和提高极性阈值的阶段，更是一个不断提高生理感应和心理感知和欲求与情绪感监测阈值的阶段。

第二个阶段是稳定阶段：提高了该场境平台的各个监测阈值也增加了该个体获得享受快感的成本，同时也提高了对痛苦的承受能力。同时“情绪感第一定律”“情绪感第二定律”等等情绪感的反应原理也约束着该个体对该刺激的反应不至于提高到生存极限阈值，约束着该个体为了享受而破坏自身生存的恶性循环。所以该阶段的个体虽然身心反应失衡度并不低于第一个阶段，但由于以上两种重要因素，就再也享受不到第一个阶段所能感知到的快感度，如果是痛感刺激反应的场境，则再也不会对发生的痛苦事件有以前的那种痛苦感。

第三个阶段是衰弱阶段：不断提高的各个监测阈值和“情绪感第一定律”作用下的心理失衡会最终停留在欲求层级之下，不会再有达到情绪感层级的心理反应，各失衡体系也会最终停留在没有情绪感干扰因素的状态，最终刺激反应演变为欲求反应`感知反应`感应反应这三种反应或不发生反应这四种状态，而情绪感反应会最终被前三者替代。

——III）情绪感大周期的演变

必得经历三个阶段才能最后稳定，第一阶段是正情绪感失衡阶段（这个阶段也是受情绪感第一定律而呈现出失衡递减至零值状态）；第二阶段是麻木期（对原本获得幸福感的社会或场景角色不再感到情绪感）；第三个阶段是负情绪感失衡阶段（是由于一种代偿机制所引发的负情绪感失衡状态，也会趋于零值），

——（i）情绪大周期和生理周期

生理波动周期是情绪波动周期产生的依附点，但如果在一组生理波动周期中产生了情绪效应那么一种情绪大周期会产生并开始影响到该个体的今后的一系列行为和情绪。

生理波动周期可以是不用情绪参与的独立的，常态反应就能恢复平衡的一组完整的周期，而一组强烈心理或生理波动引发的情绪周期可能会影响到以后的行为成为一组情绪的大周期，这个情绪的大周期就会变得很长时间才能恢复到原有的该刺激尚未发生过的时期的身心平衡态，因为随着这一组强烈情绪的事件出现会改变该个体今后的生活，使得该个体转移其它的平衡自身生活失衡的手段都集中到采用这一组上获得的情绪享受，主要是快感的情绪使人会把该组刺激反应作为个体的平衡自身（获得快感）的唯一手段。

两者是因果关系，情绪周期是引发情感大周期的诱因，情绪周期通常时间很短促，长则一两天，最长不会超过人体能够承受的生理最大极限，如没有水源人只能活存 5 天，而这五天就是一组情绪周期的从缺水时候被引发的痛苦情绪到生理趋向衰竭加上心理的波动成最痛苦的一刻再到最后陷入生理崩溃时候的麻痹到解脱和轻松的幸福感状态最后出现，都脱离不了情绪周期规律的这三个阶段，而通常人会在睡眠前一刻完成一个情绪周期，否则人会出现失眠状态，失眠就是人还没有完成一组情绪最后阶段或正发生着情绪最初阶段，生理和心理会处于一个兴奋态两者得不到平衡就不能完成一组情绪的结束，也不能入睡。因缺水而出现的情绪周期的痛苦也不会连续性的也是成组的出现，假设缺水的有甲乙两人，前者经过生理调节和心理上的主动适应而入眠，他就完成了第一天的一组情绪周期，继而第二天如果仍缺水也会产生第一天那样的痛苦情绪，但强度会减弱，如果经过三四次这样的一组组情绪周期，他会一次比一次从心理和生理上更适应这种缺水状态，因为"情感第一定律"从生理到心理都会帮助人体度过缺水状态，使人在心理上适应而不产生一次次无谓的应激行为，这样会更好的保持人体水份，从各种生理上调节让肾脏最大限度的少排尿液，等，以此保持身体最低的水平衡供应，而生理系统经过这种调节也会形成新的病态生理平衡绝非新的常态平衡，因为这种缺水是不利于人体长期平衡所需的，但这种病态平衡则是缺水条件下人体所能做的最合理的自身调节。如果乙摆脱不了缺水的恐惧始终得不到心理的平衡，从而把痛苦情绪一直延续在心理上强化以至于生理也一起共振。那么他的适应力会比甲差很多，得救的几率会大大的降低。

如果双方共同得救了，获救那一刻就成为甲乙两人的最深刻的记忆，但乙的记忆会更加深刻，因为乙由于没有能很好的调节自身会最先到达生理的衰竭期，他不但受着缺水的煎熬也承受了死亡将临的恐惧，这样的乙也会比甲更好的珍惜即将展开的生活，也是一组情感大周期的开始，如果即将展开的生活是相反于痛苦情绪下的环境的，那么这个情感大周期就会由于前一组的痛苦情绪周期而笼罩成幸福情绪。

  ——（ii）由疾病引发的情感大周期援例

由于疾病造成的情感大周期分为

第一类；久治不愈转化为长期并环的慢性病类的情感大周期

如果久治不愈的疾病，该个体的某一部分的病患必然会导致全身的生理系统的调节以适应该病变部位的失衡状态，这也是人体必然的应急措施，是人体自身不用心理系统而是生理系统自身适应内外环境所采取的调节手段，是不自主的。这样的调节通常会使个体依靠自身就能调节到正常态的，一旦病患不得治愈，该个体的整个生理系统就会处于一种亚平衡状态，这种情况通常会被个体赋予痛苦的负情感的情感符号，因为它是不同于常态生理系统的由于疾病而引发的失衡状态，是不利于生存的趋向死亡的这是需要排斥的。但其实这个疾病使自己生理失衡和人去追求（平复自身由于各种刺激使生理失衡的欲求手段）而使得自身生理更加失去平衡却还要为了获得更加快感而加剧这种不平衡的状态有本质的相同，如年轻人由于某种因素内外环境的刺激下，使身体失衡而要去寻求及的刺激手段来获得快感那样。该个体在长期病患下只要病情稳定，生理系统就会建立起亚平衡状态，而该个体的心理系统却会因为情感第一定律而逐渐的趋向平衡点，也就感知不到病患的存在甚至病痛也会感知不到，但一部分患者却会因为心理上的受外界刺激扰动而出现使生理系统扰动失去亚平衡的状态，直至病情恶化甚至死亡。

治疗时间长但最终治愈的情感大周期

另一部分患者却会受着生理的继续朝着平衡态的规律在药物治疗和内外环境适宜治疗的情况下得到治愈，成为第二类患者。情感第一定律始终在发挥着它的作用，无论个体处于何种状态，在一个情绪周期里情绪的正负值相加必定为零，为何患者在心理系统感知不到病患的时候还认为自己会疼痛？如同截肢者常常会感到截肢掉的不存在的肢体的疼痛那样。这只是患者根据病患的没有根本治愈来判断的，如同平常人始终认为有大权势大财富的人会一直快乐那样是个错觉而已，长期存在的刺激源个体心理系统如果建立起符合该地位角色的平衡状态，就会很快因为情感第一定律而使得心理系统处于逐渐麻木不反应状态，根本感受不到原来从次级地位角色刚迈入该地位角色时候的那种快感！原有的刺激度已经达不到该个体业已提高的心理阈值了。所以原有的刺激度也引发不出生理的反应。

短期治愈的情感大周期

大多数没有建立起亚平衡态的患者也有情绪周期，这个周期是始于清醒终于昏迷和睡眠的这一个过程。昏迷和睡眠的时候由于心理上的逐渐麻木和生理戒律，使患者解除了由于生理上的失衡引发的疼痛刺激而在心理系统上暂时得到了一个平衡态。清醒的时候却会由于内外环境的扰动而重新开始新的周期。

对悲伤刺激事件的反应大周期

如果一件十分悲伤的情绪刺激出现，这一事件在某人心理系统上造成混乱从而引起生理系统的不稳定反应，当生理系统上的不平衡有所缓和慢慢的而不是很快的趋于平衡，但这一事件会在该人心理系统上形成强烈的不能忘却的痛苦印象，每当回忆便有痛苦的不平衡反应出现，但随着回忆次数增多痛苦反应便愈小。如果这一刺激非常强烈那么虽然这事件结束，但它会形成的这种不愉快刺激的记忆，会使他今后一段时间内接触到的事件而做出的反应不同于平常，如：失恋`生病`失子时，这种直接阻碍自身生存`性欲`名誉`利欲`权欲得不到实现的重大事件，会使一个人在今后一段时间内，当然这是按该人的承受能力而定的。处于一种生理与心理上都处于不稳定的状态，他能时时把这种不稳定刺激标记为不愉快，他可能作出使自己生理系统彻底消灭，来使这种不愉快消失的自杀行为。更可能去作其他能使此事件由坏变好，或减少这种事件对自己的刺激的行为。

那种无可挽回的事件，如当亲人死亡或失去某种珍贵物品时，就形成一种刻骨铭心的记忆情结。

传递于心理可被人谓之以痛苦或空虚迷茫，使他陷入一种心理上的又一次不安，由于人在生理上的适应能力，对一种持续的刺激会产生一种麻木的不反应状态；如人穿着的衣服不会觉得它的压力，甚至感觉不到身上它的存在。这使人在认可一种刺激源对自己没有威胁却有益的前提下，随时间的延长便对这种刺激源没有初始知觉时所产生的那种心理波动，这就是为何人们对自己经常见面的人会看不出彼此面目随时间的变化，这就是人们感觉不出地球的引力，也就是人总是在喜新厌旧的原因。一个人与另一个他自己认为是所见到的最美或最丑的在一起，起初的感觉会随时间的推移而慢慢的感觉麻木，不再有当初情感上赋予的美丑符号。

生理系统是一种平衡器，它要保持各种平衡与稳定，如要保持稳定的温度，稳定的盐`糖平衡，外界与心理系统的影响总在破坏它的平衡状态，如果人的生理系统平衡随时间的推移，神经系统会不能正常运作或成为神经病患者，或生存受到威胁。而一个长期严重偏离得不到平衡的生理系统是无法生存下去的。所以生理系统总是设法协调自身的平衡状态，如人们在高压`低压环境下总会努力保持或恢复生理的平衡条件。受伤的肢体总会在合适的条件下复原愈合，人也总是千方百计的在各种异常条件下保持各种平衡，而在经过所有重大的心理`生理上的刺激后，虽当生理系统已趋于或已经平衡，但在人的心理系统中留下的印痕它在心理上重复唤起这种记忆会重新引起生理上的不平衡现象，但经过时间的推移唤起记忆的刺数增多，生理上会趋于一种麻木不反应状态，这就是所谓的时间是医治创伤的最佳良药。

人生的情感总周期大结局

　　——（iii）情绪感大周期的援例

对某些人而言，一次外遇是一种对以往痛苦的终结，如果没有以往痛苦的再施加，如果在以往痛苦终结后外遇的代价大于不外遇，就会很容易的终止外遇，

代价包括：

家庭方面的影响

父母及其他亲人和朋友

发生不良反应，包括认为耻辱的事情。痛苦。

伴侣

感情离散，争吵甚至暴力，离异，财产分割，影响工作事业。极度痛苦。

子女

感情挫折，影响学业生活。极度痛苦。

自身的影响

被发觉偷情的极度痛苦，工作事业有一定影响，生活秩序发生转折，生活场景角色发生逆转。得不到充分享受偷情欢爱的痛苦。

（B，1 时效的可塑性；2 负性反应的可断续性；3 大周期结束时的归零性；

　—a：情绪感周期的暂停

在不断变更的环境和不断发生的刺激下，个体原有的有待释放的各种欲求都可能因为更大的刺激和欲求而暂停，

　（C，有些情绪感周期是另一些情绪感大周期的终结者，而有些情绪感周期则是另一些情绪感周期的开始。

　（D，情绪感大周期的循环性和连续性

个体从形成情感机制时候起就踏入了情绪周期的循环之中，直到死亡才能完成人生的总的情绪总循环周期，其间个体的情绪周期随着大大小小的一组组刺激反应而起伏变化，有的情绪周期很短促，比如一次排泄行为从感知到完成排泄只需要几分钟就能完成一组生理波动周期，而要上升到情绪阶段又完成情绪波动周期也所用时间不会超过几个小时，根据个人的生理和心理结构的不同上升到情绪波动阶段所费时间也会各有不同。有的情绪周期却很长，比如男女之间的求爱期就可能经历漫长的情绪周期，虽然每个个体的情绪小周期最长在一天就会在睡眠前完成。但由此引发的情绪大周期会经历漫长的过程甚至几年，如果刺激越是连续和稳定的在情感第一定律的影响下有情绪参与的反应时间也越是短促，相反刺激越是不连续和缓慢递增状态在情感第一定律的有情绪参与的反应时间也越漫长。

　（E，情绪大周期的参合性

有些情感大周期会被另一些情感大周期发生共谐趋弱反应，有些则会发生共振趋强反应，有些随着情感定律的作用不再成为一种能随时激发心理失衡的刺激源，而成为一种只有在其他刺激作用下才能被激发的场景模式。

　（F，情绪感周期归零规律

　—a：所有情绪感小周期的心理失衡必定归零，

　——Ⅰ）正确的处理归零

　——Ⅱ）失误认识的处理归零

　——Ⅲ）情绪感定律作用下归零

　—b：所有生理失衡不一定归零

　——Ⅰ）有些建立起新平衡

　——（i）病态平衡

　——（ii）正常异常态平衡

　——Ⅱ）有些恢复原有平衡

（3）情绪感大周期的表现

　（A，实现欲求后的个体表现

个体表现出笼罩在一种不能实现欲求的氛围中，这段时间可以短至几小时也可以长达数月，时间长短是与个体在这一组不能实现的欲求中感知到的情绪感的强度成正比的，痛苦感情绪越大那么该个体在自然消除过程中所需要的时间也越长，如果在这段时间内没有实现欲求或者没有其他的同等量刺激的欲求的实现来抵消这种痛感情绪，那么该痛感情绪感大周期最后在记忆中消除的时间也越长，虽然该个体的引发大周期的情绪感小周期最多在一天内就已经完成其周期。但其创造出或被其提高了的身心最高量值阈值却不可能在短时间内消除，这需要经过一段时间才能够在没有该场景的刺激反应重新刺激下，才能自然的但会出现反复趋向零值的波动。个体会感受到由于不能实现欲求的那种场境反复的出现，并且感知其带来的痛苦情绪，但这种痛苦情绪也会逐渐趋向零值状态，逐渐减小。

——a：当个体实现欲求时就会消除欲求，情绪感感知也随之消失。

——b：当个体未能实现普通或情绪感欲求时，都会随之使原有的失衡更加偏离，以至于使得普通欲求转化为情绪感欲求，而情绪感欲求的程度更加大。

——c：个体会把任何场波度低于未能实现的欲求场境的场境都先用主欲求场境来首先予以运用，任何实际上是属于其它场境的刺激（只要其有与主欲求场境稍微类似之处）都会首先认知为主欲求场境的刺激，

——d：未能实现欲求的一段时期内，第一个阶段，个体会处于一种从愤怒到低落的过程，第二个阶段是一种麻木过程，第三个阶段是一种回复到原有的情绪平和状态，或者由于有了其他欲求实现从而淡化和消除了原有的情绪感悬置状态。

——e：原有的主欲求会被其他次欲求所替代，或者原有的主欲求中的欲求对象和欲求行为的一种被其他的欲求对象和欲求行为所替代，从而得以从原有的情绪感大周期中解脱出来。

（B，个体处在一种实现欲求后的持续兴奋的氛围中

（4）分类

（A，新建的情绪感大周期和延续的情绪感大周期

前者是指某个体在一次全新的场效应（一组刺激反应）过程中，新建了一种场景的同时也形成了一次有关该场境的量值性反应。后者是指某个体在一次发生过的场效应过程中，反应只在原有的场景中波动。

（B，情绪大周期：分为四大类

生因性痛感情绪失衡大周期
生因性快感情绪失衡大周期
心因性痛感情绪失衡大周期
心因性快感情绪失衡大周期
其中痛感情绪失衡大周期(包括：生因性痛感情绪失衡大周期和生因性快感情绪失衡大周期)为四个阶段组成：痛感失衡期`痛感潜伏平衡期`痛感补偿期（快感回复期）周期终止平衡期。

快感情绪失衡大周期(包括：心因性痛感情绪失衡大周期和心因性快感情绪失衡大周期)为四个阶段组成：快感失衡期`快因潜伏平衡期`快感补偿期（痛感回复期）`周期终止平衡期。

——a：情绪大周期与人体身心系统

个体处于心因性快感情绪大周期的第一个阶段，快感失衡期则人体此刻是处在一个失衡状态，其中包括：人体常态失衡状态 人体新常态失衡状态 人体病态失衡状态，这三种失衡的状态。如果此人处于人体假失衡状态，就还不会引发一组情绪大周期的生成。而此人如果处于其他三种失衡态就说明是某种刺激引发一组情绪大周期的生成了。

如果个体处在无情绪平衡期，人体双系统则是处于 人体常态平衡状态 人体新常态平衡 人体病态平衡状态 人体假平衡状态这四类平衡的状态下。其中人体新常态平衡和人体常态平衡是属于稳定的真正的平衡，而人体病态平衡态和人体假平衡态则是短暂的虚假的平衡。

如果个体处在前三种阶段，人体双系统则会处在 人体假失衡状态 人体常态失衡状态 人体新常态失衡状态 人体病态失衡状态 这四种失衡状态。

（C，情绪大周期分为：痛因性情绪失衡大周期和快因性情绪失衡大周期。

痛因性情绪失衡大周期为五个阶段组成：痛感失衡期`痛感潜伏平衡期`痛感补偿期（快感回复期）`周期终止平衡期。快因性情绪失衡大周期为五个阶段组成：快感失衡期`快因潜伏平衡期`快感补偿期（痛感回复期）`周期终止平衡期。

（5）情绪感大周期发生刺激的条件

（A，该场景高于零值的最高量值阈值；

（B，其他情绪感大周期的场景最高量值阈值都低于该场景。

（C，情绪感大周期由量值阈值引发，并有其决定时长。

（D，场景模式库与情绪感大周期的关系

场景模式库决定着情绪感大周期的发生`变化和终止

　　—a：场景反应模式库变化

　—Ⅰ）增加新的场景模式

　　——（i）场景新的阈值形成新的情绪感大周期

　—Ⅱ）减少原场景模式

　　——（i）减少原场景形成的情绪感大周期

　—Ⅲ）原场景模式发生变化

　　——（i）会改变原有的情绪感大周期的持续时间，延长或缩短。

（E，场景大周期的存储和激发

成人有多种场景与场景大周期，有些处于激发状态，但更多地被其他场景大周期给压抑而存储在第三控制系统处于随时被内外环境所激发的状态，　场景则永久的存储在场景反应模式库中。

（6）情感大周期反应原理

每个情绪都是随着生理的波动而起伏的，虽然一组情绪后生理系统归于平衡态但个体对于引发情绪的刺激源的评价却是存在的，而且整个刺激和反应的过程都储存到了模式库中，这就为以后重新联想起该记忆而引起生理偏离情绪赋予和为以后的更好的应变类似的刺激模式奠定了基础。生理系统总是围绕着自身各个生理子系统的平衡展开着主动和被动的波动状态，从一个刺激引发某处生理子系统的波动然后由于刺激消失或者自身的调节不可避免的恢复原有的平衡态或者重新建立起一个新的平衡态和非常态平衡，恢复到原有的平衡态和新的平衡态或者是非常态平衡态后两种重新建立起的平衡态也会使心理系统感觉不到生理上的异常，只会感觉到重新恢复了原有的平衡但是生理系统却已经建立起了新的平衡点。

第三节　情绪感`幸福感的重要原理

（甲）情绪感`幸福感原理

一：情绪感定律（认识情绪感的三大定律）

（1）重复刺激不反应定律

（A，定律成因

随着刺激源的刺激次数越多，强度不变，该类刺激的场景增多，个体会对该刺激顺利的调用该类场景迅速的作出反应，而不再需要对该刺激作为异常态的情绪感机制组合新的场景来反应了，这就是"情绪感第一定律"，它使得个体的心理系统对刺激做出的反应的失衡度逐渐降低，最终会下降到第四重反应梯级之下。

（B，定律的功能

　—a：情绪感第一定律的作用

这种机制使各种不必要的甚至有害的刺激但被个体视为幸福刺激源作出的不利于自身的反应，予以平淡化，这种机制会保护个体不会因其刺激源做出的反应持续下去而遭受生理上的危害，这样一旦如果个体欲强化其刺激源，那么刺激重复不反应原理会由此失效，持续加强的刺激会对个体产生更加强烈的反应，这种实质是生理系统的不平衡状态的持续甚至加强，会使个体转变其情感符号，因为强烈的反应使生理遭到伤害，这可能在心理上会出现不有利于生存的符号。

（C，对同等刺激源重复刺激不反应的原因

—a：受激生理系统被同等刺激反复作用会导致适应性变化，致使该受激的生理阈值相应提高。

—b：受激的心理系统在"情绪感第一定律"作用下趋向不反应。

（D，"情绪感第一定律"

—a：情感第一定律对生理和心理系统的不同适应性

有些刺激能使个体的生理系统比心理系统更快的达到情感第一定律的适用状态，而有些则相反，心理系统会比生理系统较早的因为情感第一定律作用而失去反应，比如性生活方面，个体的性器官的生理建立起非常态平衡是需要经过一段长期时间的，要使性器官的敏感度降低（也就是建立起相对于原有的极为敏感的状态而呈现麻木所需要的生理上的结构改变的非常态平衡）比锻炼其它肌肉群以适应重物要缓慢的多。虽然断肢者已经失去某部位的肢体但他仍然可以觉得失去部位的肢体在疼痛，这其实就是心理系统记忆中的影响尚未完全退却的缘故，虽然该个体生理上已经痊愈也更不可能与残肢有任何联系早已建立起新的非原有的平衡状态。

—b："情绪感第一定律"形成的身心病态平衡

是个体适应环境变化和自身肌体变化的一种非常态的平衡，也就是职业病的另称，当一种刺激重复着，该个体的感受器官和自身的肌体会逐渐的偏离在一种非常态的平衡中以求的肌体在新的环境下的新的生理平衡，但随着刺激的延续存在，肌体也只能处在这样的非常态的平衡下，随着时间的推移个体的中枢神经会逐渐的不做出反应，但生理系统确是非平衡的状态

—c："心理情感第一定律"是身心系统对失衡的保护机制

因为任何长久连续的非常态的失衡都会对生理形成损害，人体的保护机制有以下几种，其一：人体在心理平衡系统中会以心理调节的方式（主动规避有害刺激和在"心理情感第一定律"的保护机制作用下，使人体对有利刺激重复到一定时间后不再予以反应，或在不利刺激重复但不可能躲避的状态下也不予以反应，这样就可保护人体生理机能不会因为连续的刺激下而进行持续的有害的反应），其二：更会以生理调节方式依靠人体的自动修复功能来应付环境对生理的损害，它可以及时修复以是受损的生理系统恢复原有功能，也能使其他生理系统作出相应的调节以适应被损害的系统的现状而不至于让其影响到总系统的生存。

—d：刺激不反应原理

用一只切除大脑的活蛙肢体，把一张强酸刺激物贴到臀部中线上，它的二个后腿便交替发生强烈收缩拂去有害刺激物，证明无脑蛙通过脊髓能进行低极神经活动。但当这种刺激的过程逐渐延长时无脑蛙的行为会逐渐减少，并非是由于肌肉的疲劳所致。而是一种同样强度相同形式的刺激次数重复愈大反应的强度也必然会随之减少的规律导致。

重复刺激不反应原理：如果刺激的性质和强度都不改变，那么个体的反应会趋向零值，但心理系统却会因以前达到的波动值10记忆着并且有参照，引起偏离状态，而在逐渐淡化的原有的刺激反应的轨道里行为则被逐渐标记为厌倦直至痛苦。

—e：情感第一原则之生理系统方面："情感第一定律的生理原理"（自主生理平衡监测系统会对重复刺激引发的重复常态失衡作相应的最低感应阈值的提高）

—f：情感第一定律也是一种人体的极为重要的在心理和生理上的双层保护机制，没有这一个生理和心理的双层保护机制人就会因为生理持久的失衡而衰竭死亡。

情感第一定律能使心理系统对一再重复的异态刺激逐渐转化成常态刺激，从而逐步降低生理反应值，

—g：重复刺激不反应原理

（也称适应现象：指当一定强度的刺激作用于感受器时，其感觉神经产生的动作电位频率，将随刺激作用时间的延长而逐渐减少的现象。适应现象不是疲劳。适应是所有感受器的一个攻能特点。）欲求转移期时虽然个体在原有的刺激源已经有形成的生理系统上的以某个感受器为中心的亚平衡状态，如：纺织厂里强噪声的环境对应个体听觉器官的那种刺激和听觉器官所接受并且反应而逐渐形成的职业病 "重听症状"以及生理系统围绕听觉器官重新形成了某种亚平衡态。如果一旦脱离该刺激源或者在该刺激源上又加上另一种刺激源，前者强度使个体反应的值如果不大于原有的刺激源产生的，也可以让其他感受器重新再建立起新的亚平衡态，而生理系统也在原有的亚平衡上再次调整，以适应该新的环境，如果仍然是听觉感受器所能接受的刺激源，那么该刺激源的强度必须要超过原有给予个体的那种强度，才能使个体重新有所反应，这就是要在工厂里对个体大声说话并且要超过环境

噪音才能让该个体听见，而在没有噪音的环境下对该个体说话也必须比一般人更大声，因为该个体的听觉系统已经遭到损坏（也是一种亚平衡态）。

　　—h：情感第一原则之心理系统方面：重复同性质同等强度的刺激源，个体的心理监测系统会把原非常态刺激源逐渐转化为常态刺激源而由常态处理系统直接输出行为。

　　职业病：当一种重复刺激存在时，个体的生理系统也随之发生相应的变化以便适应，这时候生理系统会达成一个新的平衡点，但却是一个已经偏离常态的稳定点，这样刺激如果长时间存在的话也是形成各种各样的职业病的来源，但心理系统也觉察不出这样的刺激存在了。当这个新的平衡点维持一定时期后，便会产生不可恢复的职业病了，也从而建立起新的平衡点，但通常会造成生理上的缩短寿限为代价的。

　　（E，援例

　　—a：慢性病之所以在初期患者对其没有任何感觉

　　是因为其病变的缓慢，在"情绪感第二定律"作用下，患者不会对其发生感知反应，虽然生理系统会对其有感应反应，并且已经对其作出相应的调节反应，但也会有些调节反应最终失败，从而导致有些这种病态失衡转化为病态平衡，而有些病态失衡却逐渐强化以至于病灶发展到中后期，当该病灶体突然破裂，就会对周围的或相关的生理系统迅速发生重大影响，于是该患者就会在某日突然感觉身体的异常性，但可能身体内部已经发生重大的变化而对生命造成极大威胁。

（2）重复刺激式态度弱递增不反应定律

　　（A，"重复渐进刺激不反应原理

　　不反应原理"是对同一类以前有过其模式的刺激源对他在感知阈以下的刺激强度逐步增加而心理系统却不让刺激源信息经过情感机制处理的过程。虽然生理会随着刺激源发生相应的变化，但其微小程度与常态刺激相比如果不超过该个体设定的某个值，就不会启动情感机制处理之。但该刺激源仍然在逐渐地加大其强度或者形态逐步变化着，但如果始终不超过个体内设的值个体必然只会按照原有的对待刺激源的方式来处理正在改变的刺激源。最后即使刺激源的强度和异类已经超过了原有的个体所设的值，但这个值也已经被刺激源所抬高了阈值，个体因此也不会作出情感机制的启动重新判断该刺激。

　　（B，"情绪感第二定律"

　　—a：第二原则：万物相对性（个体是依靠比较来产生认知的）

　　—b：情感第二定律

　　快感值 =痛苦值。偏离次数的（如果是快感标记）的多少就等于痛苦偏离的标记多少，第一种；一次快感体验达到+40 度以后没有快感偏离就等于成为数十次的痛苦偏离出现的机会，因为痛苦感的偏移会随着第一定律而慢慢消失，但总的幅度会递减直到最后总值会抵消那一次的快感体验的偏离值。第二种；有过几次的快感体验综合是+60 度，而以后没有快感体验时的痛苦综合也会是-60 度。

　　—c："情感第二定律"

　　——I）身心共同失衡被激发的时间比身心共同恢复平衡的时间短，按刺激时间越短而身心失衡的阈值越高则心理综合内判断的强度也越高。

　　——II）无论身心失衡到何种程度，如果身心失衡时间和身心恢复平衡时间相同则会出现心理综合内判断为零值的状态。但一般而言一次强有力的刺激会对身心有很大失衡（情绪正失衡期）则恢复过程（情绪负补偿期）一般都会非常缓慢，但如果可以使情绪负补偿期的时间缩短则可以减少痛苦的综合内评价，而时间缩减的越短这种综合内评价的痛苦值也越少，如果时间缩短到恢复期和失衡期持平，综合内评价则会虽然还是痛苦范畴的情绪但值为零。

　　——III）如果身心共同失衡被激发的时间比身心共同恢复平衡的时间长，那综合内评价则会出现幸福感范畴的情绪！值为其相比强度的大小，如果该恢复期的时间越短，其幸福感的情绪值也越大。

　　则综合内评价判断为幸福感范畴的情绪，其值则依据失衡期和恢复期的时差综合计算其强度，如果时差越大强度就越大。综合外评价亦为幸福感范畴的情绪。

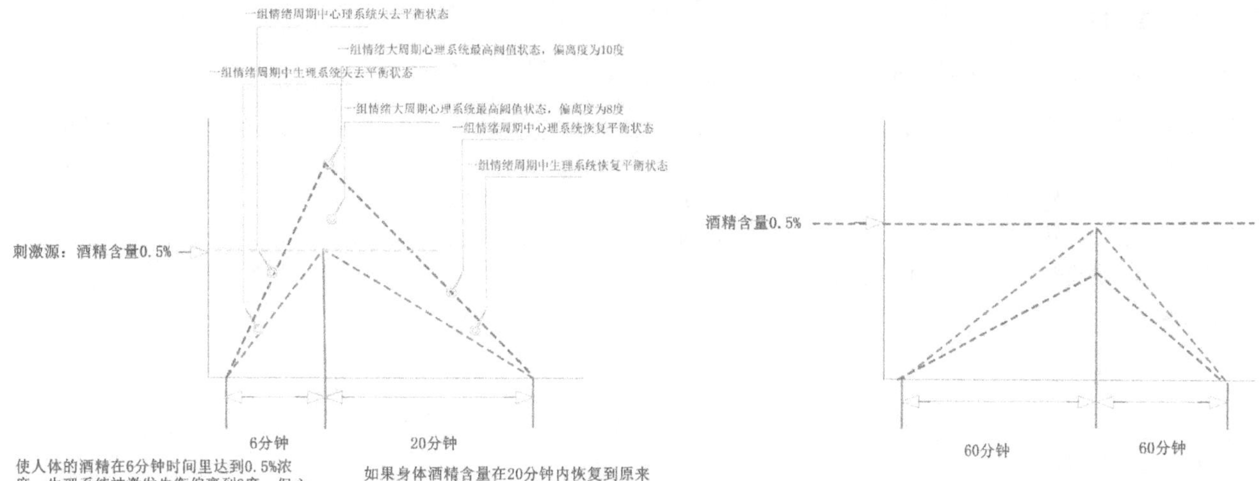

使人体的酒精在6分钟时间里达到0.5%浓度，生理系统被激发失衡偏离到8度，但心理系统的感知强度可高达9度。

如果身体酒精含量在20分钟内恢复到原来的正常水平，因为失衡被激发的时间比恢复平衡的时间较短，按刺激时间越短越感觉强烈的原理，则心理整体判断这一组刺激反应的情绪色彩为幸福感范畴。

使人体的酒精在60分钟时间里达到0.5%浓度，生理系统被激发失衡偏离到8度。但心理系统的感知强度会低至7度。

如果身体酒精含量在60分钟内就已经恢复到原来的正常水平，因为失衡被激发的时间比恢复平衡的时间较短，按刺激时间越长其心理感觉越弱的原理，则心理整体判断这一组刺激反应的情绪色彩为痛苦感范畴。

假设某甲的三次饮酒（除了饮酒时间，其他外环境和内环境条件都相同）：

第一次用6分钟时间使酒精在体内达到了0.5%浓度，此刻生理系统受酒精刺激源激发失衡偏离到8度，但心理系统的感知强度已经高达9度。（这是由于"情感第二定律"相同强度刺激所使失衡时间越短，个体心理反应强度越大所致）随后他用了5个小时才得以恢复到原来饮酒前的状态，在这一组刺激反应中，由于饮酒者通常把醉酒状态作为幸福观范畴的情绪，而失衡所用的时间比恢复的要快的多，所以被赋予了强烈的快感情绪。

第二次用20分钟时间才使酒精在体内达到了0.5%浓度，此刻生理系统受酒精刺激源激发也同样失衡偏离到8度，但心理系统的感知强度却只有7度。他用了5个小时才恢复到原来饮酒前的状态。在这一组刺激反应中，失衡所用的时间同样比恢复的要快的多，所以也被赋予了快感情绪，但因为"情感第一定律"和"情感第二定律"的作用下，第二组饮酒的总体评价情绪感较于第一组饮酒则快感情绪为低，只有6度。

第三次用20分钟时间才使酒精在体内达到了0.5%浓度，此刻生理系统受酒精刺激源激发也同样失衡偏离到8度，但此刻心理系统的感知强度仍然是7度。但他使用了辅助醒酒手段，在2个小时内使他恢复到原来饮酒前的状态。在这一组刺激反应的总体评价中，虽然也被赋予了快感情绪，但因为"情感第一定律"和"情感第二定律"的作用下，又由于失衡和恢复差值相对于第一第二次要少得多，所以，第三组饮酒较于第二组饮酒则总体快感情绪值更低，只有5度。

因为让人体生理系统失衡的刺激源的强度是与失衡的值同等，所以两个同样的刺激源，如果其中一个刺激源能使个体在生理上失衡到达最高值的所需时间越短那么它相对于另一个需要较长时间才能是个体的生理失衡达到同样值的刺激源，前者反应都会越高，同时给人的记忆影像的强度也越高和记忆消退的时间也越长，但如果后者同样使用该刺激但强渡逐渐递增到如前者的强度所费时间越长，个体就会受情感第二定律的影响把该刺激转化为常态刺激源而不反应

比如：在一种状态下，使人体的酒精在6分钟时间里达到0.5%浓度，生理系统被激发失衡偏离到8度。而在另一种状态下，使人体的酒精在60分钟时间里达到0.5%浓度，生理系统被激发失衡则不会偏离到8度。因为人体的生理已经逐渐的适应该刺激，生理上的监测机制不如前者那样的感测到强烈的刺激，这时情感机制就不会启动，不会因为心理系统来强化刺激源对自身的反应，前者偏离到8度是该个体的心理系统加以扰动产生情绪上的应激机制和生理互相震动的结果，

——Ⅳ）情感第二定律的实例

三次酒精刺激源分别形成对身心的刺激和身心由于"情感第一定律"的作用而形成的反应变化

假设某甲的三次饮酒（除了饮酒时间，其他外环境和内环境条件都相同）：

第一次用6分钟时间使酒精在体内达到了0.5%浓度，此刻生理系统受酒精刺激源激发失衡偏离到8度，但心理系统的感知强度已经高达9度。（这是由于"情感第二定律"相同强度刺激所使失衡时间越短，个体心理反应强度越大所致）随后他用了5个小时才得以恢复到原来饮酒前的状态，在这一组刺激反应中，由于饮酒者通常把醉酒状态作为幸福观范畴的情绪，而失衡所用的时间比恢复的要快的多，所以被赋予了强烈的快感情绪。

第二次用20分钟时间才使酒精在体内达到了0.5%浓度，此刻生理系统受酒精刺激源激发也同样失衡偏离到8度，但心理系统的感知强度却只有7度。他用了5个小时才恢复到原来饮酒前的状态。在这一组刺激反应中，失衡所用的时间同样比恢复的要快的多，所以也被赋予了快感情绪，但因为"情感第一定律"和"情感第二定律"的作用下，第二组饮酒的总体评价情绪感较于第一组饮酒则快感情绪为低，只有6度。

第三次用20分钟时间才使酒精在体内达到了0.5%浓度，此刻生理系统受酒精刺激源激发也同样失衡偏离到8度，但此刻心理系统的感知强度仍然是7度。但他使用了辅助醒酒手段，在2个小时内使他恢复到原来饮酒前的状态。在这一组刺激反应的总体评价中，虽然也被赋予了快感情绪，但因为"情感第一定律"和"情感第二定律"的作用下，又由于失衡和恢复差值相对于第一第二次要少得多，所以，第三组饮酒较于第二组饮酒则总体快感情绪值更低，只有5度。

——Ⅴ）情绪第二定律的作用

人不会愿意一顿美食分成两次享用，因为他需要在最短时间内享受到最高的情绪快感，如果积欲分多次泄欲，欲求平息后的总体评价会是痛苦感情绪。

——d：情感第二定律使任何缓慢的刺激都成为人能适应的不被心理感知的刺激

也就是说同样的强度的刺激源对于同样个体的刺激如果时间所用越短越能使反应相对于时间长的强烈，因为后者的刺激已经被个体的生理或心理系统在情感第一定律作用下成为常态刺激了。所以甲个体以每年提高的方法是达不到乙个体所能感知到的刺激反应度的。他根本就不能觉察到酒精量的增加因为自身的生理没有增加反应度，只是维持着以前所能达到的反应度，如果酒量不增加反应度还会相应的减少，而乙个体却能以短时间增加酒量的方式获得了比以前刺激反应度达到的高值更高的阈值！当然乙个体也会感知到相等的痛苦度！而甲个体却感受不到乙个体那样的痛苦度也感知不到乙个体那样的幸福度。

（3）场波比值定律，情绪感第三定律

（A，"情绪感第三定律"

——a：第三原则：个人只对能引起自身心理和生理波动的刺激源标记情感符号，而对处在平衡线和最低感知刺激阈值之间不会标记情感符号，所以常态不会标记情感符号

——b：情感第三定律

快感与痛感相对，快感递增而痛感就递减。

阈值能随着生理和心理的波动而波动，原则是随着刺激度的增高而增高，却不会随着刺激度的递减而递减，只会随着记忆的衰减而衰减，这也是一种生理系统的适应过程最显著的可以在运动员上反映出来，运动员可以在某种生理上达到常人不可能达到的极至！这其实是一种长期的挑战生理极限的训练，他不断的依靠训练来突破原有的阈值，让自身的在这个项目中所要达到的生命极限也随之提高到一个很高的数值。而常人如果要想要达到他的阈值则会因为到达生命极限而死亡，但通常是达不到的这个程度。但运动员通常是以职业病而让生命短暂的。

100 为各生理指标的综合波动值如：体温`脉搏`血压`出汗量`肌肉运动量`呼吸频率`唾液分泌量等各生理方面与平时常态的相对比而获得的数值，如常态呼吸 65 次/分，性交时 100 次/分，那么该项刺激源的波动值为 100/70=1.43，我们把非常态的数值欲常态的数值相除得出的数据可以用最高的来确定该刺激源引起的生理反应的最高阈值。 而综合波动值：就是把各项生理反应的波动值相加的得出的数值。性交方面所采用的数据源可能是；阴茎的勃起度`阴蒂的勃起度`双方乳头的竖起值`汗液的排出量`双方生理器官的分泌物的排放量`子宫和阴茎的抽送度`瞳孔的放大度`汗毛的竖起值`等等

如果第一次的偏离值 +25 被标记为最高阈值，那第二次的偏离值是+12 的话，不满度为-13，而第三次偏离值为+7 那么不满度为-18，第四次偏离为+0 那么不满度为-25。

（B，心理感知情绪感强度的误差

——a：情绪感第二定律

因为人的心理系统常常会错判自身的生理上的反应，同样的生理反应值，同样刺激所用时越短，其心理感知的强度比生理实际反应的要高！

这就是人们对等值情绪有不同差异的错觉，其实一组情绪是由正负情绪组合而成的，往往因为被激发的失衡和趋向平衡的时间有很大差异，有的失衡时间较恢复平衡为长如果失衡被认知为痛苦情绪的那么就会产生幸福感范畴的情绪轻松感占优的心理状态，如果失衡是快感情绪，那么痛苦感范畴的痛感情绪会占据心理优势，也就是说心理感知的反应强度要大于实际生理反应强度。

——Ⅰ）所以引发失衡与返还平衡有时间差就会产生感知的情绪不同。

生理偏离恢复平衡的时间越长，心理感知的情绪强度就越分散。但在一个情绪周期里偏离和恢复的正负值是相同的，而生理心理偏离所费的时间越短，被个体感知的情绪就越强，如同一个在常态下放电能放 24 小时的电源，让它在一个小时里放出全部电流那样。

——Ⅱ）越使反应在最短时间达到失衡最高值的刺激，越延长其身心恢复平衡的时间

因为首次引发的刺激会强有力的会使身心不容易就能得以平衡的，这种强力的短时间就能是反应达到最高值的刺激，会使人感觉强力震撼而久久不得身心恢复平衡。

许多外界信息都需要人的心理系统监控来侦测，所有激发情感机制的也就是经过心理系统处理的信息，但很多时候实际的刺激源和自身的生理反应却和心理系统判断的有较大的误差，如同错视图那样明明是两条直线，经过心理再加工就成了弯曲的，灰度一样的也成为黑白不同的色块，又如，醉酒人往往不能察觉到自己的判断能力和反应能力处在较低程度，很多时候要等所爱的人会成为一种漫长的过程但时间却并不如心理判断的那样慢，

（ C，援例

—a：小小比喻可证明"情绪感第三定律"，

我们爱吃核桃和松子`瓜子`蟹`虾等食物，当我们食用的时候会感觉到满足了一种美食欲，但其中起作用的还有一种状态，是在剥除其外壳的繁琐之后终于享受到其中的美味的快感，这里面"情绪感第三定律"就发挥着极大的作用，因为外壳是我们获取美味的障碍，他对于我们来说属于一种痛苦感范畴的情绪感。在剥除的时候，如果过程顺利我们就会从中得到轻微的幸福感享受，但这就消减了我们获得其中食物后的快感享受，而如果过程不顺利，就会增加这种痛苦感情绪的程度，但这会相应地增加我们终于获得食物的快感度。

当我们快乐或痛苦地去除食物堡垒的时候，也就是欲求驱使着我们心理失衡的过程，快乐的失衡会降低了这个失衡的高度，而痛苦的失衡则增加了这个失衡的高度，同时其失衡的时间越长，享受到食物并使其返回到平衡的越短，就会获得更高的幸福感度的评价，感知到更高的快感。

（4）不同形式的刺激下个体反应的规律

（ A，如果重复同质同量的刺激个体可呈现递减反应规律

（ B，如果于同种刺激下缓慢递增其强度

个体生理监测系统会感知不到其刺激强度的递增，虽然该被刺激的生理区域会随着刺激强度的递增而改变，而心理监测系统在监测内环境生理是依赖于生理监测系统的，所以也会不感知自己的生理的变化，而生理反应却仍然保持着原来所受到的刺激的反应状态，但却不会由后来的刺激强度的缓慢递增而递增，虽然亦受到"情感第一定律"的制约趋向不反应，但因为刺激强度是在缓慢的递增着所以还能维持原有的心理反应。

（ C，如果重复强度快速递增同种刺激

个体会感知到刺激的递增同时反应增强。

（5）幸福感第五定律或重要原理

假设两个以上个体其对于相同刺激，如果所有面临该刺激的个体其心理系统的构成基本相似。而每个个体其最高量值阙值的值都各不相同，但如果其刺激在所有个体所引发的场波动度的值都达到了各自的最高量值阙值，那么每个个体就得到最高幸福感的感知。

（6）幸福的重要原理，幸福的竞争性

在以自私为主的趋动性社会机制中，幸福是呈现竞争性的，是建立在他人不幸福之上的。

（7）幸福感的判断不等同于幸福感范畴情绪感的定律

（A，幸福感的判断来源于幸福感评价机制，幸福感范畴的情绪感来源于情绪感评价机制。

（B，幸福感的判断是个体对于刺激反应的对自身幸福观是否实现的判断，幸福感范畴的情绪感是个体对于这组刺激反应所能感知到是否属于幸福感范畴的极性情绪感的判断，也是该组刺激反应属于何种极性情绪感的判断机制。

（C，幸福感的判断一般来源于有利于个体长久存续的机制"幸福感评价机制"，而幸福感范畴的情绪感则来源于短期的无视个体长久存续的"情绪感评价机制"。

二：情绪感的基本原理（认识情绪感的基本原理）

（1）禁忌度越高反应层级越高

（2）重复刺激下，量值阈值会下降，其他阈值会提高。

（3）情绪感第一定律与场景模式的增加和场景阈值的提高有关

随着场景模式的增多个体不再需要通过情绪感机制的重组予以组合新场景，只需要提取原有的场景模式输出即可达成自己的欲求目标。

而随着刺激次数的增多，失衡次数也相应增多，其生理和心理的感应和感知等阈值都会随之提高，个体提高了感应和感知等阈值就会对原有的刺激强度引发的失衡度对其的感应和感知度下降，不会再对原有的失衡度感应或感知到原有的强度，因此个体在心理上由此受感应和感知引发的失衡度不再会达到原有的值，失去了心理原有的失衡度，生理的其他失衡体系也不再会达到原有的高值，由此，随着刺激重复次数的增多，感应和感知阈值的提高，心理失衡度也趋向零值。

个体的心理失衡度在场景模式增多和场景感应和感知阈值下降的影响下，最后如果需要发生欲求反应则停留在第三重反应梯级的欲求反应层级，如果不需要发生欲求反应就会趋向零值状态。

（4）所有情绪感层级刺激反应一旦失去心理系统在情绪感反应梯级的作用就会转化为常态的欲求反应梯级之下的刺激反应

因为心理系统受着"情绪感第一定律"的影响必然会趋向复衡，失去了心理系统的这一失衡体系，原有处在高值失衡态的受着某种刺激的某生理失衡体系会最终恢复到纯受激状态，这是真实的反应出该生理失衡状态的，是不受心理影响的完全对该刺激而发生的生理失衡。即使该生理失衡度依旧维持在情绪感层级之上，如果心理系统一旦受"情绪感第一定律"影响适应了该刺激反应，就会下降到情绪感层级反应之下，停留在欲求层级反应的调控状态，失去了心理系统在情绪感层级的调控，所有反应都将降低为欲求层级之下，变为常态的刺激反应。

（5）由心理失衡引发情绪感的原因

当痛苦出现便伴随着解除痛苦的欲求，欲求是对平衡的需要。幸福观则是一种人类社会生活的行为的总标准也是一种行为的秩序流，这种社会秩序流投射到每个个体上就形成了个体的欲求机制中的社会角色和场境角色的秩序流，如果个体生活中的社会角色和场境角色的某欲求秩序流出现往下趋势就会导致个体产生痛苦的情绪，比如生活水准出现向下趋势是一种需要排斥的状态这会给该个体以痛苦的情绪，反之个体生活水准向上则成为一种快感的来源，而达到一个个体最初梦想的顶点之后会有一种维持现状的欲望产生，随着时间的推移又会变得麻木而失衡重又想获得向上继续爬的欲望。这样个体总是在失衡后方会出现欲望，而痛苦和快感则不一定是失衡后才会出现的，但快感必须建立在个体原有的社会角色之上才会有快感发生，获得一百元奖金对于获得过一千元的人而言相对只获得十元的人来的平淡无奇后者却兴高采烈。

（6）不同性质的元刺激源会有不同反应

如果元刺激源属于中性范畴就不会引发个体的情绪感反应，会直接输出欲求反应或做出欲求层级之下的反应。

如果元刺激源属于痛苦感情绪范畴或幸福感情绪范畴才会做出情绪感方面的反应。

（7）所有生因性引发的情绪刺激源都属于痛感情绪范畴，心因性引发的情绪刺激源则有痛感情绪和快感情绪范畴组成。

通常在一组生成情绪的刺激反应过程中会产生多重刺激，多重刺激源与原刺激源一起共同对身心反应做出相应的刺激，有些刺激源起到共谐趋弱效应而有些则使身心失衡反应度共振趋强。

当元刺激源发生刺激使身心失衡度达到心理感知最低阈值则会发生注意力，注意力本身会成为第一重刺激源，如果元刺激源与注意力互动形成强化效应就会发生新的第一重刺激，刺激着身心失衡反应度继续提高。当失衡度达到欲求层级则开始心理失衡，发生欲求，如果欲求行为得以顺利实施元刺激源消失，则心理失衡会随着失衡反应的复衡而复衡。欲求本身会对身心发生两种截然不同的作用，一种会使身心失衡反应发生和谐趋弱效应，另一种会使身心失衡反应发生共振趋强效应。第二重与第三重刺激就是触动欲求层级引发的，产生欲求（由欲求目标和实施何种欲求行为两者组成）的刺激，并且在实施欲求过程中更会发生第二重刺激即欲求行为的实施过程中带来的刺激，实施过程中对所欲求实施的对象和实施的行为会发生互动性的刺激，例如：司机实施开车的行为，实施开车的欲求行为会对车的运作产生作用而车的运行亦会对司机本身带来新的刺激（因为车的运行通常是带有一些不确定的因素发生的，时常会有各种状况在车的运行过程中发生着，如果这种新的刺激势态超越了一定程度就会刺激着司机的反应度迅速达到情感层级，从而启动新的欲求行为的组合输出）。第三重和第四重刺激是触动情感层级引发的，一旦启动情感机制就会产生第三重和第四重刺激，情绪是属于第三重刺激，其本身的对于刺激源的是否有利于幸福和与此产生的排斥性或接受性以及标记属性（归于幸福感范畴或痛苦感范畴的刺激源）形成了这种新的第三重刺激，籍着情绪而触发的生理应激机制就属于第四重刺激，这种应激能促使人更快地对刺激源形成新的欲求组合并做出反应行为即使回应刺激源（幸福感范畴的刺激源作出强化行为，痛感范畴刺激源作出消除行为）。

其中禁忌最高的行为会引发人的最高反应值，因为就一个正常态的社会和个体而言，无论是社会或是个体自身都极少遇到过类似的现象，因而个体对禁忌度最高的行为其心理平衡监测系统的最低感知阈值是极低的，所以一旦发生即便只是停留在思维层级甚至是文字观看层级，其刺激源就会在心理上被标记为最具有强烈刺激性的事物，如性行为方面，乱伦的禁忌度最高，当某个体发生该欲求甚至继而行使这样的欲求行为的时候，他会感受到前所未有的自身反应的波动值。而禁忌度低的手淫 `恋物癖等所导致的波动值就相对小。

（8）一组常态刺激下个体反应不会有情绪生成

（9）处在平衡态的个体不会去寻求快感或清除痛感

虽然自利性个体会为了实现享受幸福感和实现幸福观的目的而去主动使自身生理更加失衡在从中得到幸福快感，但首先这是由于心理或生理首先失衡才会引发的一系列行为，没有任何刺激源引发的个体的身心失衡是不会让个体去行使某种行为以刺激自身生理更失衡（寻求快感）或消除引发失衡的刺激源（逃避和清除痛感）前者达到获取幸福感的目的，后者达到重新平衡的目的。也就是说一个处在平衡态的个体是不会有任何冲动去寻求幸福感的，必定是有某种因素引发了该个体的这种行为才会导致在失衡基础上为了快感的目的去寻求另一种失衡手段的，这就是人类和其他动物不同的地方，人类因为有着与社会相沟通相作用的心理系统，所以人类个体的行为不仅仅是遵循着生理平衡的目的来展开行为，人类个体还需要遵循更重要的心理平衡来展开行为，一旦实现生理平衡的目的的行为和实现心理平衡目的的行为相冲突，人类个体会遵循优先实现心理平衡的行为而压制排斥实现生理平衡目的的行为，比如为了荣誉人类很多个体会不顾生命的展开决斗，为了实现心理欲求也会舍弃健康甚至生命，等等都是心理平衡占据优先地位的人类个体的共同性。

（１０）个体貌似主动寻求快感的行为源于生理系统失衡

导致个体需要采取各种自身储存的行为模式来反应当前的刺激源以期恢复原有的平衡状态。如果个体处于平衡态他是不会采取任何手段来寻求刺激来是自身失去平衡，只有在心理或生理系统失去平衡的时候才会采取恢复的手段。而处于平衡状态中的个体是一种无任何自我感觉的状态，如同佛家道家所表述的那样和天地融合一体的无忧无虑的状态，而一旦出现枯燥的感觉就是生理上的平衡已经被心理系统的失衡所扰动而引起生理上的失衡的开端了，也就是说个体的情感机制任何时候都是被动的机制，他从属于心理系统也是为着应对复杂社会变化中所产生的产物。

刺激度在原有的刺激值上增加倒 +35 度我们的反应值也只增加 10 度，因为是在以前的反应值上增加的，而不是等反应趋于零值的时候增加的。也就是说我们的反应值也只能在原有反应值上面再递增，所以感受不到原有的没有反应值记忆的反应度了。

（１１）快感主因失衡

（ A，如果快感失衡期生理和心理的失衡值同时到达最高值的时间短于快感恢复期（痛感补偿期）生理和心理的失衡恢复平衡的时间。

由于身心失衡所到达的最高值所用时间较短，心理所感知的刺激强度也会较大，从而影响到生理自主平衡系统的平衡，会干扰生理使其所需的平衡时间花费较长，这样长时间的平衡恢复期会是心理感觉不到其恢复过程中的刺激度，（如同一个人在逐渐加温的水中会感觉不到其水温的增高，而一旦快速离开该热水的环境，才会深深感觉到体肤迅速降温的那种刺激度，这就是人对于迅速提高的失衡有很深的心理感知的原因。）这样综合内评价就会把该情绪小周期标记为幸福感范畴的情绪。综合外评价也会标记为幸福感范畴的情绪。

（B，如果快感失衡期生理和心理的失衡值同时到达最高值的时间长于快感恢复期（痛感补偿期）生理和心理的失衡恢复平衡的时间。

由于身心恢复平衡所需时间较短，心理所感知的快感恢复期（痛感补偿期）刺激强度也会较大，这样综合内评价就会把该情绪小周期标记为痛苦感范畴的情绪。综合外评价则仍然会标记为幸福感范畴的情绪。

（C，如果快感失衡期生理失衡值到达最高值10，而心理失衡值只有8，

的时间短于快感恢复期（痛感补偿期）生理和心理的失衡恢复平衡的时间。

由于身心失衡所到达的最高值所用时间较短，心理所感知的刺激强度也会较大，从而影响到生理自主平衡系统的平衡，会干扰生理使其所需的平衡时间花费较长，这样长时间的平衡恢复期会是心理感觉不到其恢复过程中的刺激度，（如同一个人在逐渐加温的水中会感觉不到其水温的增高，而一旦快速离开该热水的环境，才会深深感觉到体肤迅速降温的那种刺激度，这就是人对于迅速提高的失衡有很深的心理感知的原因。）这样综合内评价就会把该情绪小周期标记为幸福感范畴的情绪。综合外评价也会标记为幸福感范畴的情绪。

（１２）生理极限感知和情绪感强度

（A，不同的生理极限感知可引发相同的情绪强度

如果拥有不同的生理构造和对某种刺激的不同的生理反应条件，但如果刺激源的强度或形式不同可引发相同的情绪感受。

两个在某一生理区间有着差异的个体，如生理系统在饮酒方面的两个不同适应的个体，甲个体的能承受达到0.2%酒精在身体的浓度而生理失衡反应达到8度，而乙个体只能承受0.1%酒精在身体的浓度生理失衡反应也已经达到8度，也就是甲个体能喝1斤酒而乙个体只能喝半斤，两人都会处于同样的生理对酒精反应，同样面对酒精的这两个个体就有着两种不同的生理承受区间，而甲个体比乙个体反应在生理上能多承受0.1%酒精浓度。在情绪的感知方面，甲个体比乙个体需要0.1%酒精浓度才能达到乙个体所能达到的情绪感知度，就是说甲个体喝了和乙个体同样重量的半斤酒，乙个体已经达到了他本身的最高极限8度而甲个体的因酒精引发的生理偏离才只是达到4度（这里排除心理上的因素纯粹探讨由酒精而引发的生理偏离反应），这样的话在乙个体已经能够感知到情绪的最高潮的时候甲个体才达到了情绪值的一半而已。也就是说乙个体只需要甲个体的一半浓度就能感知到自己的情绪最高潮，而甲需要比乙个体多一半的浓度才能达到和乙同样的高潮，而促使两者达到同样高潮的酒精浓度是不同的，生理上却处在同样的强度值，也同样感知到情绪上的快感值8度！

（B，不同的生理极限感知可引发不同的情绪强度

如果拥有不同的生理构造和对某种刺激的不同的生理反应条件，但如果刺激源的强度或形式不同会引发不同的情绪感受。

（C，相同的生理极限感知可引发不同的情绪强度

如果拥有相似的生理构造和对某种刺激的相似的生理反应条件，但如果刺激源的强度或形式不同会引发不同的情绪感受。

（D，相同的生理极限感知可引发相同的情绪强度

如果拥有相似的生理构造和对某种刺激的相似的生理反应条件，但如果刺激源的强度或形式都相同会引发相似的情绪感受。

（１３）快感和痛感的互相转化

个体从中获得快感的一组刺激反应完成之后，如果该个体再一次被强制去完成这一组刺激反应过程，比如由于饥饿而引发的饮食欲求，如果个体在满足了这种获得食物的欲求之后，由于胃部不再发出因饥饿引发的食欲感的刺激，已经满足了食欲，但如果要再一次去添加食物那则会使胃部膨胀以至于引发不适感的情况，在这种没有食欲又被人强制去饮食就会在心理上产生排斥感，这种排斥感是和生理上预计的不适的强烈度有关联的，如果预计会引起强烈的不适感那么个体的排斥感也就是痛苦情绪会强化，甚至于强化到一个最激烈的程度，如果该个体试图反抗就会发生愤怒情绪，如果该个体无法反抗就会产生激烈的无奈感引发哭泣，这种情绪引发的生理上的情绪应激启动就综合成了该个体对这次饮食的痛苦感情绪。而原先的对原本感觉十分诱惑的食物此时则成为一种痛苦的刺激源，感觉其越少越好，而原先在被食欲求激发的时候就希望食物越多越好，同样的食物在同样个体不同的欲求面前就让个体形成了截然不同的情绪。

（１４）一组情绪感小周期的周期长度

一般一组情绪感小周期的周期结束最长到睡眠开始时间为止，因为人体进入睡眠时需要心理感知层级不处于活动状态才能进行，如果心理仍处于感知并思维活动期间就不会进入睡眠状态，这就是失眠。

失眠也就是人处于一种身心扰动的状态，如果生理系统处于失衡状态而心理系统已经恢复到感知层级之下，人就会进入睡眠，一组情绪感小周期就结束。如果心理处于失衡状态那么生理系统也会处于失衡态，生理系必须复衡到一定层级才能使得心理发生复衡，或心理复衡才会使得生理真正的复衡。

一般每天都作为一组情绪感刺激反应的周期，当个体发生睡眠时就是该个体的心理失衡因为睡眠习惯和本身生理平衡系统的调节作用影响下，与原本处于失衡状态的心理系统发生了和谐趋弱效应，使其趋衡直到处于感知反应层级之下发生的。生的绪感刺激反应的周期，当个体发生睡眠时就是该个体的心理失衡度。并且其生理失衡也必须由于睡眠因素的作用而趋衡到感知反应层级之下，满足了这两大失衡体系的复衡状态才会发生睡眠，如果有一个失衡体系处在感知反应层级之上就会引起失眠。当睡眠发生后，也会由于身心的互动，或外界的影响，只要引发的失衡度不超过感知层级，也只是引发梦境效应，

（１５）个体一生的情绪规律

一个个体如果心理系统开始运作，即在儿童期就已经踏上了情绪大周期的波动和循环之中，但以前的各种刺激也会影响到该个体的各种行为。在任何成为社会人的个体的一生中不断地变化着其主要的欲求指向，幼儿期由于没有建立心理系统会有生理系统完全处于统治地位，其所有的行为都会指向维持生理的平衡这个目标，儿童期的玩具欲求指向会在青年期演化到对性的欲求指向，中年期会转化到对权利和名誉`钱财的欲求指向，而老年期会转化到对生存的欲求指向。任何社会人都会在一生中受到最强烈的情绪刺激（相对于自己），虽然每个个体的情绪波动会有各种不同的因素，但其情绪波动的各种规律确是一意确定的各个个体都相同和不变的。虽然有的个体会感知到其他个体感知不到的强烈震撼，或由于某个体对某方面的感知阈值相当的低，就会爆发出比别的个体更加强烈的情绪反应。但更会承受返还平衡时候的反情绪和从此建立起情绪的一个大周期，大周期的建立往往伴随着一个新的欲求中心的建立，比如青年期由于本身性腺的成熟和生理各个系统的成熟化加上社会的错误引导，会从儿童期的对各种玩具的玩耍欲求转化到对性的欲求，如果有一次性的经历或对性的认识的经历往往会产生一种强烈的震撼以至于改变自己原有的生活轨迹，从此踏入对性欲求的终身追求中。

（１６）一组情绪感其极性的对立性

幸福范畴的快感情绪和痛苦范畴的痛感情绪是情绪感的基本两个对立面，它们是对立和互相转化的，一旦个体对事物的某种发展方向赋予了情绪符号那么这种事物的截然不同的发展方向就必然会赋予截然相反的情绪感的不同极性符号。

快感情绪表示接受和希望强化该刺激源以期引起更强的反应，痛感情绪则表示排斥和试图阻止该刺激源的继续发展以期把自己的不平衡状态恢复常态值。

（１７）一组情绪由两种截然相反的情绪所组成

这一组情绪会伴随着从生理失衡到生理趋衡形成与此相吻合的波动。

（１８）所有反应前后不发生生理改变的能成组情绪的正负值必然等值

所有能够恢复到失衡前状态的（包括病态平衡或常态平衡和常态新平衡这三种状态）成组的情绪周期必然遵循三阶段原则，即从失衡期到高端转折期然后平衡恢复期，这样偏离平衡的值和恢复平衡常态的值应该是相等值的，这就是快感和痛感相辅相成的生理原因，虽然心理系统会根据社会给定的状态来标记自己的总的情感状态，也就是幸福或痛苦。

一组情绪中快乐和痛苦其实是等值的，我们之所以有时候没有真切的感受到，完全由于心理的干扰或者其他因素的干扰作用，如果排除这些干扰一定为觉得快感过后的失落感其实与快感同样的强大。

（Ａ，一组情绪标记的正负两个极端性和依附于生理性

（１９）如果前后发生生理改变，情绪也会因为其心理或生理系统在"情感第一定律"的作用下而随着各种平衡的建立而重新得到平衡

如果失衡前生理是处于常态平衡状态，但一场车祸使得甲失去了腿，可以发生三种状态，1： 由于应激反应过度从行为上或从神经系统方面发生对体内的各种影响而形成额外的干扰造成生理的失衡加剧，残缺的生理又得不到及时治疗稳定而形成暂时平衡，加上心理的干扰，两者就造成了生命的结束，而情绪在这里也经历了三阶段，第一阶段；遭遇车祸阶段，人体会从监测系统监测到突发的剧烈而异常的刺激，由于刺激强度值的强大或刺激源的异态的差异巨大，会不经过监测系统和调控系统的仔细分析而直接调用调控系统的应激机制直接在内部引发一系列生理上的突变以配合人体最快作出最强有力的躲避行为，同时由于未能经过调控系统的情感机制作幸福观层次的仔细分析判断，而对其突发事件只会有一种强烈的震撼和惊恐感觉这是属于对异常强大的但未于判断的刺激的一种情绪的标记；第二阶段，人体遭受重创，断肢会立刻形成他生理上的各种非常态的刺激，从生理发生畸变的紧急信号的传送到立刻自动自我生理修复，种种非常态的刺激形成了疼痛信息，而心理系统会在情感系统作出仔细分析后判断其幸福观不利局面，情绪毫不犹豫地则赋予其痛苦感的范畴，又因为目击残肢惨象则会把这种不利提升到影响到生命的最高危

险层级，情绪的等级也提升到一个非常痛苦的标记，这样又重新激起心理的巨大应激反应；第三阶段，由于伤口不被立刻诊治，失衡加剧，人体到了一个崩溃的边缘，而监控系统则因为肌体的分崩离析而相应出现了监测失控状态，此时个人的情绪再也不完全依附于生理系统了，心理监控系统在情感第一定律作用下逐步对其失衡出现麻木不反应，更伴随出现各种其他幻觉，而情绪则出现由于生理上痛苦的被逐渐解除（监控系统的失控而失去监测功能）呈现了一种轻快的解脱感，而这种解脱愉快感则会与失衡时刻的痛苦值相同，痛苦感越深其解脱强度也越大！于是各种伴随着幻觉的幸福感范畴的轻松解脱情绪甚至是极度快乐的情绪在濒死一刻出现了，所有一生的情感体验和一切已了或未了的情感大周期都会在这一刻被激发成幻觉和放映的方式过滤着，一个个的迅速的完成一生的恩怨情仇的情感生活的了结，其体验到的情绪强度会随着生理崩溃的速度越快而越强！直到生理不再有任何幻觉和心理反应就标记了人生的情感总周期大结局，对最痛苦而不得解脱的人而言最快的死亡则成为最强有力的快乐方式，对更多人而言从生到死，直到在被死亡掳走的那前一刻就已经处于一组情绪的完成阶段了，，最后的死亡方式和时间则处在无反应的状态。

（２０）一组情绪周期的过程和时长

每个情绪周期也就是内外环境发生的异类刺激源激发人体内环境的生理和心理系统反应启动情感机制的过程，这些激发和反应过程都会被个体所记忆储存，而这种记忆就成为一种比照参考的作用，如果同类同等强度的刺激源储存越多个体把外界刺激源转入情感机制处理的次数和层级就越小，

以一次情绪周期而言，不管情绪由于生理的反应是多么曲折的上升，中间会到达一个最高点，然后不是到达死亡极限就是大多数的由于情感第一定律的或生理自身限度的限定而一定会返回到生理的平衡点去，（情感第一定律也是一种人体的极为重要的在心理和生理上的双层保护机制，没有这一个生理和心理的双层保护机制人就会因为生理持久的失衡而衰竭死亡），从最高点返向平衡这一个转折点就也成为情绪走向对立面的定位点，这时候个体会感觉自己原有的快乐越来越趋向平淡，失落感和不满足感越来越强烈，如果是个体把逐渐偏离的生理在心理上标记为很强烈的情绪那么走向反面的时候一定会感觉到一种强烈的反面情绪，当然如果到达一个他认为已经实现的目标后再返回这一组情绪发生的整个过程会被他标记为圆满和完美的幸福感的享受，这样的实现欲求目的后的情绪趋向平衡是不被个体标记为痛苦的，虽然心理上能感知生理上的趋向平衡过程中的快乐消除的感觉。但也被认为是快乐的一个组成部分。这个快乐和痛苦通常和目标实现联系在一起，如果目标未被实现，那么个体就认为这一组整个情绪周期的过程是痛苦的，而不会把痛苦后的解脱感计算到里面。

尽管生理在偏离的过程中可以经过多次波折，比如一次输赢的赌博，虽然生理还没有恢复到平衡态，但又投入到第二次搏奕中生理再次在原有的偏离值上继续朝向生理承受的极限而偏离，第一次没有恢复到平衡态的一次搏奕就不能算作是一次情绪的周期，而要把生理的平衡态从偏离到至高点再返回平衡态这个过程中的刺激源应该是把这几次搏奕都计算到里面才算是这一次情绪周期的刺激源，而这几次搏奕产生的几次刺激对此该个体的几次反应都应该是这一次情绪周期的过程。

（ Ａ，一次情绪周期必然包含三个阶段

第一阶段是生理偏离的过程，第二阶段是最高点，第三阶段是（由于 1 情绪的第一定律作用；2 由于生理的极限限制会让人疲劳；3 刺激源的突然消失；个体感受器的由于病变和其他因素而感知不到刺激或者还有其他各种突发因素，都会使生理趋向平衡态）返回到平衡的过程。

一次情绪周期可以短至几秒可以长至几天，但不会超过人体所承受的极限程度。

（２１）个体所获得的幸福感越多痛苦感也成正比增加个体总是在不断的抬高阈值，而提高了的阈值也就抬高了得到幸福感的门槛

因为个体幸福感产生所依赖的是情绪也是以生理波动为基础的，而生理波动现象也是失去平衡的状态，无论是快感还是痛苦感都是建筑在个体的生理系统失去平衡的基础之上的，而生理总是趋向平衡这是个体得以生存的基本条件，如果一旦个体生理系统失去平衡无论是个体所要继续维持不平衡的快感或是个体极力排斥的痛苦感都会最终不以个体的意志而趋向生理的平衡状态，因为情感第一定律会使得个体的心理和生理产生对常态刺激不产生应激反应，这也是个体能够在快感的诱惑下还能得以保存自身平衡的重要因素，情感第一定律就是这样一种重要的保护机制，如果个体强制使生理处于失衡状态就需要一直强化刺激源对生理的刺激强度，那么该个体的生理系统会一直处于失衡状态并趋向生理系统所能承受的极限最后死亡，那么此时最后一层保护机制也会出现个体会感觉到此刻的生理失衡已经超越了自身正常态所能承受的极限度，已经处在对生理有危害的状态，这时候个体对达到这样失衡度的生理偏离在情感上会从幸福感的快感转化为痛苦感的排斥和否定并加以制止刺激和反应的继续，如此个体会得以保全自身生理系统维系的基本条件得以生存。只有少数为了某种特殊因素才会让自身失去生命来获得他所认为比生命更为重要的事物，比如自杀者会因为不能平衡内外环境给心理经常的扰动的困境而为了摆脱这样的不平衡状态而选择彻底破坏生理系统来获得最终的他所需要的宁静，这样的死亡对他而言是一种轻松的解脱过程，这就是说这样的死亡过程对正处于不平衡状态的而且痛苦的个体而言是一种趋向最终平衡过程，因为死亡使得所有生理系统崩溃也使得生理监测系统最终无法检测到这种失衡态，最

终生理和心理系统也归于终结的平静相对于获得情感机制的那天开始，死亡就成为最终摆脱所有幸福或痛苦扰动的最终解脱。所以无论何种现象，失衡的生理系统必定会趋向重新恢复平衡或非常态和状态，而情绪恰恰是建立在生理失衡状态中产生的生理和心理上的综合现象，而生理系统的失衡会最终趋向平衡这样情绪也会随着生理上的恢复平衡而消失，无论从被个体所接受的刺激源引发的快感情绪或是被个体所排斥的痛苦情绪都会最终消失，有的短短几分钟，也有的持续几天但随着生理的衰竭或情感定律的作用都会趋向消失，这样就完成了这一组情绪的过程。虽然个体能这一组情绪小周期中感知到从失衡开始到转折点的情绪过程也能感知到从转折点一直恢复到平衡的相反情绪，但最终个体会依据刺激源的有利于幸福观实现与否而综合评价该组情绪的正负色彩，有利于幸福观实现的则评价为幸福的快感享受即使他也体验到情绪从高潮跌落到平衡的低潮的失落感，但也会赋予幸福，如同一个人被剧烈惊吓过后虽然能体会到一种刺激反应恢复到平衡的轻松感但仍然会赋予这一组刺激反应为痛苦！

（２２）每个个体对幸福感的自身感知程度和在幸福观指导下去获得对幸福感的感知的原理是相同的

相对其它个体而言虽然个体之间获得幸福感的方法和获得的幸福感时候所需的刺激源的形式和刺激源的强度以及自身反应的值都会存在的不同差异，但都是遵循着相同的原理，所以每个个体都是在维系着自身的平衡，由失衡而平衡，在各自不同的幸福观的指导下行使着维持自身心理和生理平衡的各种行为输出，最终目的则是平衡。

（２３）导致快感的因素和后果

个体如果获得了某种快感（真实地感到自身生理上有激动的感觉的快感），必然是因为几种因素，

　　① 　　这个快感积累是由于以前的一个欲求未满足而引发的结果

　　② 　　是一组情绪激发后产生的另一组情绪的赋予，比如被医院诊断为绝症后又宣布是误判，又如产妇生孩子时候的从痛苦煎熬到看到孩子出生和疼痛解除的喜悦

　　③ 　　这个快感成为一组情绪大周期的开端，为以后将获得的痛苦做铺垫。

（２４）轻易得到的快感会轻易地变为常态刺激和没有情绪反应的麻木状态

很多处在社会角色高层地位的个体都会为轻易能得到的欲求满足而日益降低的敏感度苦恼着，因为有条件能轻易地满足饮食方面的欲求和其他各种次欲求，他只能在普通人情谊得不到的名欲求`权欲求中得到满足，在常人眼里这些人似乎在他们能轻易就能得到的性欲求和利欲求中就能获得（常人所感知到的却轻易得不到的）快感，事实是高层地位的个体虽然能轻易就能获得常人所无法轻易得到的欲求的目标，如饮食方面：他们能享受到各种最高级的食品，各种食物的取得对他们而言是轻易的，但是就是因为他们轻易达成满足饮食欲求的所有目标，但也就是这样他们会很快的感觉到麻木，因为能轻易得到，所以情感第一定律很快地就使得心理系统把这种非常人所享受的美味佳肴这种原本非常态的刺激源变成了常态刺激，这样深处高层的个体就很快地厌倦了他们这些轻易得到的一切东西，包括性，而轻易得不到的权利和名誉则成为他们所崇尚和追求的事务。

（２５）新的生活秩序会造就新的情感秩序

从炎热的道路走进阴凉的空调房时候立刻感觉一股冷气不适感，然而很快的适应之，然后感觉不到荫凉，一旦走出大门，又会立刻感觉到一股热气又有不适感，这种不适感到适应也有一段时间，也就是享受冷气多长时间那么需要调整的时间也会有多长。

（Ａ，从产妇到母亲的情感平台的转化

在怀孕之前的女子的幸福观或许围绕着自己或爱人和家庭这样的一种家庭的生活秩序，而她的情感平台也为此展开的，为丈夫的情感关注而兴奋为丈夫的冷淡而苦恼，为家庭的种种琐事而担忧为家庭的甜蜜和谐而快乐，但如果女子一旦怀孕，绝大多数女子会开始建立围绕着胎儿展开的全新生活秩序，她会在胎动中获得拥有新生命的乐趣，她也会在不适反应中感觉怀孕的辛苦。在生产过程中产妇会处在情绪起伏极大的一个平台上，情绪会由于生产过程发生的生理失衡而大起大落，一直延续到有痛苦的产出和得到孩子的幸福感逐渐在"情感第一定律"效应下，情绪会回落到一个相对平稳的平台，但她已经不是原来的角色，而是从女人到母亲的角色已经被孩子所转换了。

一旦产妇成为真正母亲的时候，她将建立一种全新的生活秩序和情感平台，在这个平台中她会把全部的注意力和幸福感范畴的情绪都倾注于婴儿，而把恨和冷漠代偿给不利于婴儿的或使产妇不能关注婴儿的那些人和各种因素，她会忽略除了婴儿的其他一切事物，甚至自己。婴儿已成为母亲的崇敬物。母亲的一切行为都会围绕着婴儿展开，为着婴儿能健康的和苗壮的成长的目标而喜怒哀乐。

一旦进入和认可了新的生活秩序便意味着需要改变原有的生活秩序和行为及幸福观都已经随之改变了，所以任何生活秩序的哪怕一小种行为的改变都会引发整个生活秩序的重组，更勿论已经形成的某种异常行为，如吸食注射各种化学毒品以改变自己身

心获得巨大快感的行为；各种变态异常的性欲求的行为，等等，这些异常行为一旦形成就比较难的依靠自身来改变到正常的生活秩序中去，因为形成是一个漫长的过程，需要更强大的力量才能使他脱离于原有的生活秩序的异常态。

　　人的情感规律虽然会随着环境改变而波动，但始终是通过心理或生理的各种调节来达到动态平衡的目的，但现在却有越来越多的人选择了另外一种极端的调节方式"自杀"来平衡自己的身心，因为无法平衡自己的身心安宁，很多人陷入了寻求快感的怪圈如吸毒那样，吸食过程是痛苦和快感的剧烈波动，快感需要的越多越是需要更大剂量的毒品来填补形成的痛苦的窟窿，身心的摧残和社会家庭的激烈反应都使毒瘾者痛苦万状也更离不开毒品的暂时解脱，他在形成的一系列的恶性循环中苦苦挣扎，很多人就会选择一劳永逸的自杀来摆脱这种动荡局面。

　　（Ｂ，相反符号的不同标记

　　任何人只要产生了情绪的一极，就必然会有另一极随之产生，只要他进入某种秩序并认可这种秩序，就会在心理上遵从这个秩序里所规定的秩序流，比如某人下棋，如果他进入下棋状态，并认可该类棋的走棋规则，那么输赢就会产生，如果某人在输上赋予其很痛苦的情绪，那么一定是他赋予赢为很快乐的情绪。也就是说输和赢是依附于下棋这个事物之上的，一旦人们对这个事物的某种变化的一个方向做出取舍的选择，那么就会在情绪上发生因选择而生成的选择状态（如接受状态的幸福端或排斥状态的痛苦端），同时也必然会对该事物变化的另一个相反方向赋予情绪相反的另一端（与前者完全相反的情绪）。

（２６）何以快感不能永久保持

　　（Ａ，是由于生理自主反应平衡机制

　　会自动的把所有失去平衡状态的现象调整过来，因为人体是一个能自我调节的动态平衡的机制，能够自动的把所有可以调节过来的失衡都调整过来。

　　（Ｂ，由于情感第一原则

　　重复刺激不反应原理，使得我们企图维持同样的刺激和强度来达到原有的快感的手段会失去原有的刺激效应。但如果用加大刺激的方法以获得更大反应原则上是可行的，但会使得生理得不到应有的平衡，从而在随着刺激愈大反应愈强烈最后会导致肌体的死亡。

（２７）个人享受幸福感的重要原理

　　享受幸福感的次数并不必然的随幸福观的不断实现而相应增多，获得幸福感的次数只和痛苦感成正比增加。而其强度也随着痛苦感的强度增加而成正比增加。

　　·个人情绪感知的独立性
　　在同一刺激源下，每个人所感知到的情绪强度不会相同，因为每个个体各自有着不同敏感度的最低感应和感知阈值以及各种不同敏感度的其他性质的阈值，在某些人能引发感知级别的刺激源而在有些人那里却连感应都没有发生。

　　这是由于各个个体心理或生理的差别，其各自感知刺激或引发的反应的最低阈值就会不同，这就形成了每个人的这种独特的感知和评判反应的从最低到最高阈值的空间，而情绪起伏就在每个人的这种各自的独特空间里发生，但都遵循着共同的情感定律。每个个体各自所经历的一组组刺激反应的失衡高度也是不相等的，有些人在同样的刺激下反应为7含值有些人却为9含值。但是反应强度大的个体会因为需要恢复的空间也相应增大（只要这组刺激反应最后恢复到零值状态），例如虽然甲某比乙某感知的刺激及自身形成的失衡反应要强得多，但其复衡的过程也会漫长的多，就自身得到平衡的一组组刺激反应而言，个体的所经历的身心反应最后都为零值状态。

　　·第三情感定律导致的生理病症不感知状态
　　有些失衡期长达几年比如某些病症,有些失衡短至几秒比如某些强烈刺激引发的失衡，各种失衡的时间并不相同,同样的失衡高度其失衡所费时间越长就越不会引发人的反应,比如人体潜伏着的各种病症由于其失衡开始所给人的刺激是如此微小，使人体自主生理监测系统不能够依据失衡差值来判断其是否失衡，一直要等到这种逐渐变化的病灶达到自身生理子系统的崩溃或者引发其他的病症才会被人体自主生理监测系统所监测到。

（２８）一组情绪感小周期的完成后，情绪感总值是零值

　　因为生理会从失衡到平衡，情绪也如也伴随着生理趋向平衡，但个体会赋予这一组情绪总体的评价，如果有利于幸福观实现的状态值大于不利就会评价为快感，而这种快感值会随着有利幸福观实现的值的大小而强渡也发生成正比的变化。这样一组情绪就会引发大周期情绪的展开。

（29）一组情绪感小周期的发生原理

（A，幸福感的生理基础（情绪感产生的生理基础）

一组情绪周期是依附于一组身心状态受到刺激后从失衡到复衡波动的，无论多高值数的失衡偏离最终都回趋于零值状态，情绪也最终随着身心复衡而复衡。假设个体在某次性生活中获得了他平生第一次或最高值的达到 75 度的生理偏离和 85 度的心理偏离，并且他认知这种刺激反应是可以接受的是一种幸福，于是他就得到了这次性生活的快感综合值为身心相综合的指数为 80 度的幸福范畴的快感情绪值。在失衡过程中随着生理平衡系统的自我调节功能必然要把所有的偏离调整到平衡态，感知疲劳就是人体的自我保护机制，性行为带来的失调就呈现了一种从偏离到失衡最高值最后恢复平衡的过程，当该个体达到并标记为快感的失衡最高值后，就开始了身心复衡过程，虽然甲个体不愿意失去这个快感会设法维持甚至强化该快感状态，但由于生理机制的重要的自我保护功能和心理平衡系统地"情感第一定律"作用，生理的快感偏离会从 75 度恢复到常态平衡，在恢复正常态的过程中甲个体会体验到一种失去快乐的与失衡过程中所体验到的完全相反的情绪，这一组刺激反应的情绪感总体评价为快感情绪。

（B，任何情绪感的发生都是建立在身心的失衡之上，无论是幸福感或痛苦感

任何身心的反应都是由生理平衡监测系统的失衡（引发感应的最初阶段）引发的，无论是直接导致生理失衡发生情绪感反应或是导致心理失衡发生了情绪感反应。发生了情绪感级别的反应都是因为个体遇到异常刺激态的刺激导致的，身心系统的反应都是为了应对不断刺激的环境中为保持平衡或追求幸福，而主动或被动的使自身的生理和心理发生一系列的变化的过程，这种变化即是人体动态去保持平衡，虽然人的终身都处在动态的波动中，但始终围绕着平衡展开的，一组波动失衡（刺激反应）最终还需要恢复到平衡态，反应过程却处于失衡状态，而且是整体性的进行调整过程并不是心理系统感知到哪里发生变化就只有哪里才会失衡。但——"任何长久连续的非常态的失衡都会对生理形成损害"。

（30）从一组情绪感小周期到大周期的演变过程

（31）情绪感的起伏依附于一组刺激和反应，也称为情绪小周期

一组情绪周期依附于一组生理或心理从被刺激引发失衡到做出行为以调整的一个生理或心理上的波动调整周期。所以任何情绪感也都是周期性的，无论其是参照于自身或者是外界为参照物，都是依附于身心的波动周期又同时影响着身心波动周期，随着身心系统的从失衡到复衡，情绪感也相应的从感知到最强烈状态再到弱化最后消失的过程。

（32）一组情绪层级的刺激反应的产物

虽然情绪快感综合值是从零值到 80 度再再恢复为零值，似乎最终没有任何改变，但已经发生了三种改变状态，

（A，受到刺激的身心有关监测机制发生了改变

其阈值会有所提高，感应和感知度的阈值提高导致敏感度降低。

（B，如果突破了以往的最高身心阈值就会形成新的最高身心阈值

从而改变了第四重层级的最高身心记忆监测机制及其阈值，并形成了新的扰动刺激源和参照体，但却使甲个体从中体验到了极度的前所未有的快感享受，心理系统在得到快感的一组刺激和反应这个欲求方面产生一个阈值度为 99 度的快感标记，让甲个体建立起了以这次情绪快感达到的高度为心理参照标记，这样就导致了以后的性行为的快感获得会以此作为目标值，随后在以后的性行为中会参照这样的失衡快感高度作为对应的情绪标记，如果达到和超越就是快乐的和更快乐的，相反则是不满足甚至最后随着失衡的渐趋为零值就产生了痛苦情绪，在情感第一定律作用下使得甲个体再也得不到该刺激带来的生理偏离的最高值，这时甲个体的痛苦情绪因为记忆有这样曾经达到的快感最高值的被激发起不满足，会随着生理偏离度的越来越低趋向零值而逐渐升高（因为得不到最高值的快感刺激而导致的生理偏离）这种痛苦情绪的标记，最后到达最高点（参照快感最高值的高度），这样当一个情绪大周期完成之后，甲个体的全部在这个大周期中的情绪体验只是为零，他的生理系统的偏离只是从零值升高到某个高度再恢复到零值，

（乙） 情绪感的援例

一：情绪感刺激反应案例

（1）由心理或生理失衡而引发的个体的欲求和情绪过程

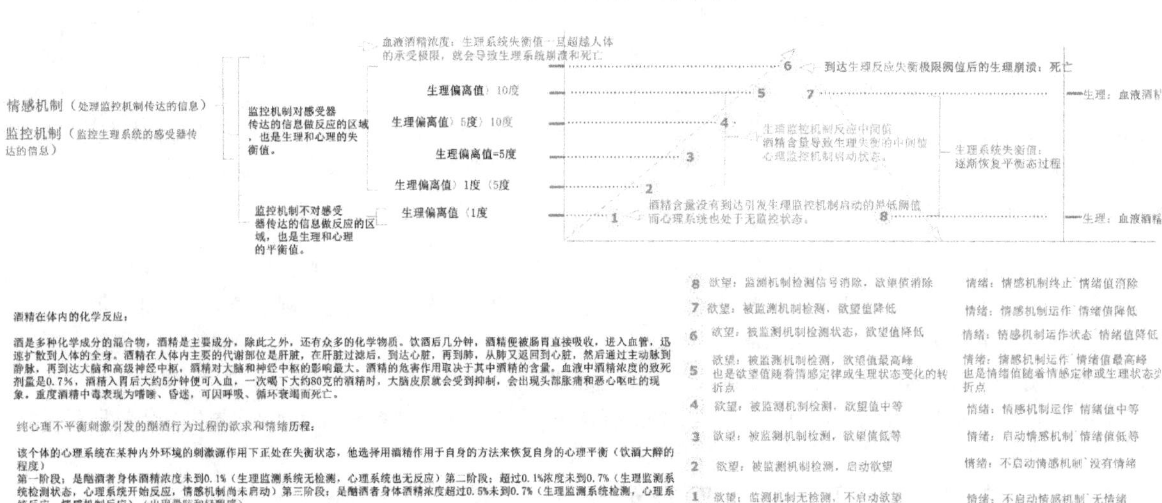

（ A，刺激源用气味刺激嗅觉感受器从而引发欲求和情绪感

如果嗅觉感受器闻到一种味道，经过生理系统的监测系统判断是肉味，因为不常闻到所以成为异常刺激而转入非常处理系统中进一步处理，又因为该肉是此个体所喜爱的食物，并且此时消化系统需要进食的时刻，加之周围的环境和文化都使情感机制的做出可接受的快感情绪符号，如果该个体已很多的时间没有吃肉类，他已经形成一个强大的欲求肉食的空洞，这时候的肉香恰好代表着可以满足这类欲求的刺激源信号，该个体会同时启动由情绪而引发的生理应激机制来因应目前的强大刺激源，结果出现了心跳加速血压随着升高，呼吸急促，胃收缩各种感觉器变得警觉而专注于寻找肉香的来源以便满足已经被肉香的这个刺激源启动了的欲望，神情因为情绪的快感而飞扬，行为也由于欲求将要得到实现而冲动。此刻因为情绪诱发的生理亢奋状态也促使着该个体的欲求行为进一步急速的搜索肉食已满足调动起来的欲望的冲动（这是由肉香而挑动起来的一种久已潜伏着的满足肉食的欲望冲动的失衡，个体的行为正在欲求平衡这种挑动起来的失衡状态）。一旦被该个体找到了来源他会变得更亢奋（身心交互作用使得生理系统变得更加失衡），久已未满足的肉食欲的痛苦此刻已经转化为正情绪并且引逗着他的生理而到达了心理在饮食方面失衡而得到平衡的落差形成的最高端，如果是厨师经常能闻到和接触到肉食的即使以前非常喜爱也不会诱发欲望和情绪上的亢奋。

（2）外环境的社会环境刺激引发心理系统失衡导致的穿衣欲求

之所以我们下山后走到山路与街口交汇处立刻感觉到"不能光着膀子上大街"，是因为我们到达一个需要我们穿上衣服的环境中了，这时候如果没有其他的刺激干扰我们就会感觉到这个有环境和其中的文化因素而引起的穿衣服的行为刺激源在作用，而我们通常在浴室一定会立刻感觉到有一种要脱去衣服的信息，因为这个环境就是不要穿衣服的，就如同趋动性社会很多天体浴场人人都呈现着裸体在游泳和玩耍，在这个环境下如果有人穿这衣服闯进来就有奇怪的不应时的感觉，因为在这里的环境和文化氛围就是以所谓的回归自然以裸露身体为荣的。个体一到这个环境氛围通过视觉系统和听觉系统等感觉器的感知再行使主要是心理监控系统的监控的启动通过调控系统的再次分析可以启动脱衣服的行为。如果凉风促使自己尽快穿上衣服，此时穿衣服的欲求指令会有第三控制器释放，并行使该行为（穿衣服）虽然还未到路口（引发穿衣服的另一种刺激源），如果没有凉风侵袭，个体会因为天热的刺激而拒绝穿上衣虽然已经到达路口的引发穿衣服的刺激环境中，个体非得等到快要进入街口这样的不穿衣服和一定需要穿衣服的两种不同背景环境的临界点，才会最后行使该穿衣服的指令，从感知刺激到最后释放行为中间会有个过程，有时候这个过程会紧急的被激发（受应激机制的激发）来最快程度的避免危险和取得最大幸福值，又会因为其他因素而延缓已经下达欲求指令的行为的释放比如排尿指令已经下达，但还需要到达某个适合释放该行为的环境才会释放。一旦因为寒冷而不是因为道德因素穿上衣服就不会再释放因道德因素而释放的穿衣行为，因为已经因另外的刺激来完成指定的行为了，道德因素而穿衣的指令自动的消失。

（3）由外环境刺激个体以性欲求为主的心理系统平衡状态使之失衡案例

（A，案例一：

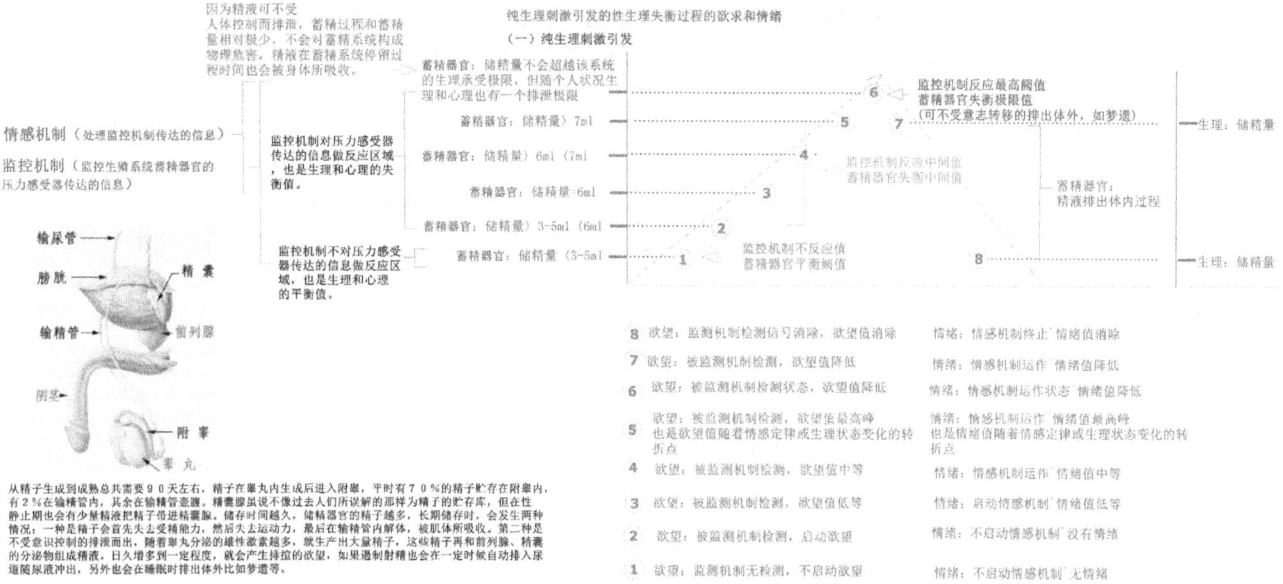

从精子生成到成熟总共需要９０天左右，精子在睾丸内生成后进入附睾，平时有７０%的精子贮存在附睾内，有２%在输精管内，其余在输精管道精囊。精囊腺虽说不像过去人们所讲解的那样为精子的贮存库，但在性静止期则也会有少量精液把精子带进精囊腔。储存时间越久，储精器官的精子越多，长期储存时，会发生两种情况：精子会首先失去受精能力，然后失去运动功力，最后从输精管向解体，被人体所吸收。第二种是不受意识控制的排泄而出，随着睾丸分泌的雄性激素越多，就生产出大量精子，这些精子再和前列腺、精囊的分泌物组成精液，以上增多到一定程度，就会产生排泄的欲望，如果遇到射精时就会在一定时候自动冲入尿道随尿液冲出，另外也会在睡眠时排出体外比如梦遗等。

安徽网友见面吐血事件： 中新网５月９日电 信息时报报道，日前，广州医学院第二附属医院胸外科接诊了一名与网恋女友见面惊喜过度突发血气胸差点丢了性命的学生。据悉，该患者姓方，为安徽某理工大学的学生，"五一"假期，他从安徽赶往广州与日思夜想的网恋女友见面，想不到女友比相片上更加美貌，惊喜过度当场瘫倒在地昏迷不醒，生命危急。据主刀的梁主任介绍，手术前后患者总共出血达 5000 毫升之多，如此惊喜过度引发休克性血气胸尚属少见。

—— 案例解析：

该吐血者已经在过去的网上的经历中获知了该女网友是自己心仪的女子，而且被该女子的照片上的外貌和彼此之间的默契沟通等的一系列刺激由心理系统而引发生理上的阵阵失衡，整日处在深思恍惚的状态就表示该网友的生理系统正处于一种失衡状态，经过这段时间的由心理引发的生理失衡已经到了一个比较严重的地步，其生理各项功能也被由情绪引发而紊乱着和衰弱甚至于几近崩溃（只要一天不聊上两句，他都会整夜睡不着觉，精神变得恍惚不定），以至于见面的那一刻彻底的被女友的美貌而产生了激烈的正情绪诱发生理上的应急机制启动结果导致呼吸系统的首先崩溃！形成惊喜过度引发的休克性血气胸。由惊喜再到诱发生理呼吸系统的崩溃以至于该崩溃的刺激强大超过了心理系统所受到的刺激反应，这时候该网友就从终于见面的快感转化到突然发生的由生理监控系统监测到的肺部的大出血而导致的剧烈疼痛信号，并且立刻被生理上的强烈伤病的刺激并且心理系统情感机制同时赋予该刺激为一种痛苦的负情绪，情绪的启动生理的应急机制也增加了对该疾病的一系列应激反应，同时把刚才强烈的对见面惊喜的应激反应立刻转化为对自身内在的强烈疼痛的注意之上。

生理的失衡值或心理的失衡值越高，情感机制启动生理紧急应激状态所需要的腺素量就越大，如果该网友的心理失衡值达到 100 度那么生理紧急应激状态就会释放出最大量的腺素来紧急应付个体所面临的最巨大的刺激源，而并不因为该网友是否遭遇到正情绪还是负情绪都会因为刺激源对生理或心理的刺激导致的反应值的强大到一定程度而释放出情绪的应激机制的启动。这时候网友那久已被心理上的情绪的波动而拖得疲惫不堪的生理系统如同老车一样的衰弱，但女友的美艳动人和温柔可心的谈吐却又激发了该网友的情绪上的应激状态导致心跳和呼吸加速，血液加速循环血压增高，肺部血管壁由于两年来的情绪诱发的生理失衡的折磨而早已变得脆弱不堪，生理的呼吸系统一部分的崩溃立刻使得惊喜地情绪转变成了痛苦异常的情绪，乐极生悲的一幕。

（B，案例 2

如果个体心理监控系统通过生理感受器感知到原有的性方面失去平衡（如：夫妻一方发生外遇被另一方获知）而知情方式首次遇到类似的情况，又对外遇方非常的信任和关爱，且非常不能容忍非道德的婚外情并认为是痛苦和不能容忍的事情，如果外遇发生并且被另一方获知的当时，立刻就会成为一种强有力的非常态刺激源导致该个体心理系统的情感机制作出非常不利的判断随后被赋予最痛苦标记的情绪出现并伴随着应激机制从腺素中释放出最大量度值的肾上腺素，立即通过血液使生理系统发生剧烈反应，以期最大限度的调整出生理系统的潜能以应付目前的不利局面"婚外情"。同时心理的情感机制处理过的这一组信息（不利最高值）输送回监控系统中的欲求机制以调出应变的方式，这样就产生了欲望，这是行为目标方向和行为目标值组成的一组信息并从模式库中提出的模式行为输送到第二控制系统中或者直接输出行为以便影响刺激源而达到自己的欲求目的（满足欲望）。

二：情绪感的援例

（1）死亡前的一组情绪反应

死亡是生理上超越极限的彻底解体，死亡前痛苦越深重，在死亡进行的这个过程中个体也会马上感觉到一种解脱感，因为生理解体让个体的感受机制趋向麻木状态，心理上到达极限之前会把生理上的偏离标记为痛苦万状，而超越极限后在死亡过程中人体的各种感受器会趋于麻木状态，这时候心理上会把这个在同一周期里的生理现象的从感知偏离（痛苦）到现在的麻木（因为逐渐感受不到就会认为痛苦逐渐解除）会把后者标记为轻松和解脱甚至幸福感，这也是自杀者的寻求一种解脱的行为，因为生前一段情绪周期里他的生理已经到达他心理系统而言是一个不可忍受的极限，而这个偏离被他标记为痛苦，他无力解除这个状态，又迫切的想要解除这个痛苦状态（生理和心理的严重偏离），所以他选择了听说过的自杀能解除烦恼的手段。

情绪伴随着生理从失衡到平衡就形成了一组完整情绪周期，一组情绪周期完成之后人们会依据当时判断的该刺激对于自身幸福感有无裨益而赋予其情绪色彩来评价整个刺激反应的过程，这也是一种对整个情绪过程和社管理反应的体验是个人对该刺激的一种总的利弊评价，有两种对立的情绪评价和一种中间状态的未能判断的情绪评价，"幸福感"和其对立面"痛苦感"及中间未能判断的"警觉注意"就是这三种评价的情绪标记，随后个人就会把这一组刺激和自己的反应涂抹了自己赋予的情感标记而储存到模式库中，并以此产生了一系列的——"·情感大周期反应原理"

（2）一组内外生因性情绪感层级刺激反应小周期分析

（ A，生殖系统失衡导致的情绪感生成案例

由生理系统的生殖系统发生精液充盈刺激输精道，从而引发一组情绪感级别的刺激反应。

分为两个阶段：1　失衡阶段 2　复衡阶段

其中失衡阶段由四部分组成：1 失衡度达到第一重反应层级部分 2 失衡度达到第二重反应层级部分 ；3 失衡度达到第三重反应层级部分；4 失衡度达到第四重反应层级部分。复衡阶段也有四部分组成：1 复衡度恢复到第四重反应层级的情绪感层级之下部分 2 复衡度恢复到第三重反应层级的欲求层级之下部分 ；3 复衡度恢复到第二重反应层级的感知层级之下部分；4 复衡度恢复到第一重反应层级的感应层级之下部分。

—a：失衡阶段的第一部分：

生殖系统的精液充盈刺激输精道，使生殖系统发生失衡，失衡度达到生理最低感应监测机制监测到的最低感应阈值，启动第一重反应层级的生理反应以应对生殖系统的失衡，生理平衡系统启动与生殖系统相关联的一系列生理子系统开始运作（生理子系统发生失衡），试图调节和适应生殖系统的失衡。当关联子系统的失衡达到第一重反应层级，本身就形成了第二个刺激源，生殖系统的失衡与关联子系统的失衡形成互动，会使得生殖系统发生趋弱或趋强两种状态，如果趋强就会使生殖系统的失衡度更加强。由于生理各反应都低于心理感知层级所以不会被个体所感知。

—b：失衡阶段的第二部分：

生殖系统继续失衡达到第三反应层级，被心理平衡最低感知监测机制所监测，心理平衡系统开始反应，进行一系列运作（主要是判断刺激源是否属于异重态刺激源）如果属于异重态刺激则视其刺激源的异重度而强化心理失衡，假设失衡度达到第三反应层级会启动欲求机制，失衡度达到第四反应层级则启动情绪感机制。如果该刺激属于常态刺激则只予以关注或忽略，常态刺激不会引发欲求，只有当额外的心理新刺激或生理关联子系统的刺激达到第三反应层级启动欲求机制才会形成欲求。一般情况下生殖关联子系统的失衡反应如果主刺激（生殖系统失衡）没有先达到第三反应层级也不会超越于生殖反应，但在生殖系统失衡反应达到感知层级和心理平衡系统开始失衡（心理感知并进行分析等一系列反应成为新的第三刺激源）的双重刺激下，生殖关联子系统的失衡度也会强化，不久也会达到第二反应层级，这时生殖系统和关联子系统的失衡就会进一步强化心理的失衡度。

—c：失衡阶段的第三部分：

心理失衡和生殖失衡和关联子系统失衡，其中哪一类失衡度最高哪类就处于主导地位，其他都只是处于次要和随从状态。假设生殖失衡为主导，心理失衡和关联子系统失衡就处于次要状态，后者是一种跟从地位，但三者主从关系都是可变的，随时会发生变化。如果生殖失衡度先达到第三反应层级，立刻启动欲求机制形成欲求，欲求会成为第四刺激源，和其他三种刺激源共同刺激着其他两个处于失衡态的系统发生强化效应。如果发生的欲求并没有在失衡的欲求阶段得到释放，没有消除主要刺激源和其他刺激源，那么三大失衡系统之一就会达到第四反应层级。

—d：失衡阶段的第四部分：

当三大失衡系统之一达到第四反应层级被情绪感监测机制所监测，就启动情绪感机制，发生一系列情绪感反应。这时会组合新的欲求形成情绪感反应，情绪感判断机制这时候也开始启动。随后其他失衡系统的失衡度会相继到达该层级，同时会推动其他失衡系统的失衡度并强化情绪极性。

可出现两种状态：1：未释放欲求行为；如果到达情绪感阶段的欲求行为没有得到释放，也会由于生殖系统的特殊性会发生因自然吸收或通过其他不由心理系统所控制的方式排泄（梦遗，或通过排尿等途径排出体外）而消除主刺激源。在消除主刺激源过程中三大失衡系统的生殖失衡系统会首先趋向复衡状态，一旦得以排泄就会形成

，其他两种失衡系统也会因此而复衡。2：释放欲求行为，当释放欲求行为得以实施后，就会发生因欲求行为的实施而引发的第五种刺激源，这个刺激源会刺激着生理与之相关联的子系统（如实施性行为的肌肉系统和骨骼骨骼系统和心血管系统以及与性行为有关联的生理子系统）发生失衡，与其他失衡的三大系统一起共振趋强进入一个失衡的高峰期，但其情绪感范畴的极性已经发生截然不同的标记，在性欲求未得到实施的失衡的所有时期，其情绪感范畴的极性标记为痛苦范畴，而一旦得到了欲求的实施，就会出现转化该极性的赋予变为幸福范畴，原来三大失衡系统的失衡全部都转化成为快感失衡标记，共同刺激着新的生理失衡走向该组情绪演化过程中的最高值。随着主刺激源（生殖系统精液的贮存膨胀刺激）在欲求实施过程中被释放，生殖系统的迅速复衡，然而其他三大失衡体系去不能因此而迅速的复衡，因为原来单一的生殖失衡已经被复杂的失衡体系所替代，这些失衡体系需要其他次要刺激源消失才会趋向复衡，首先是生殖系统的输精道膨胀刺激消失导致了生殖系统的复衡，随后由于欲求的实现，欲求带来的刺激也随之消失，这使得导致心理失衡的两大刺激源消失而趋向稳定和趋衡，但由于引发的情绪感欲求刺激源和性行为实施过程中的刺激源的存在而不会马上复衡。随着情绪感欲求的被释放（得到性行为的实施过程中的达到了预期的满意度，其中包括满意的欲求目标和欲求行为）该刺激源随后消失，于是性行为停止，性行为本身带来的生理动作的刺激也消失。最后各大体系的失衡就彻底复衡。

（3）一组复杂连续多元外生因性刺激情绪感层级刺激反应小周期分析

（ A，皮肤系统对冷热刺激生成情绪感的反应案例

—a：洗澡脱衣感觉冷刺激

但未超过欲求反应阈值，没有启动欲求，由于全身温度在腿部进入浴池后会随之升高，所以该受冷刺激导致的全身肤觉的生理失衡会随着腿部`臀部`进入浴池后逐步趋向复衡，并重新因受热刺激而发生失衡偏离，首先是腿部进入浴池后，原有的冷刺激失衡状态被热水刺激的更强烈的失衡所替代，随后是进入热水中的臀部被热水刺激失衡替代，当全身进入热水中时，原有的冷失衡状态都被热失衡所替代了。

—b：当洗澡脱衣肤觉系统被冷空气刺激发生失衡

失衡度达到第二感知反应阈值，引发判断异常态反应心理系统发生偏离，如果判断结果刺激属于常态予以关注或取消反应，如果属于非常重态则根据非常重的强度，失衡相应加剧上升到第三或第四反应层级，启动欲求或情绪感机制予以反应。

—c：当腿部肤觉系统首先进入到热水中

此时腿部的肤觉系统就从受冷刺激而偏离直接转化到受热刺激而偏离，而会在受冷刺激失衡的基础上再次发生因冷失衡。当肤觉系统从冷环境到达一个热环境中也就从一个冷的场景转化到了一个热的场景中，会启动各自不同的场景予以分析不同的刺激，各自不同的场景会有不同的反应机制和阈值，对于冷环境而言，由于冷的刺激与热水的刺激发生的频率不同，环境不同，以及心理和生理的不同，会造就出不同的反应机制和阈值，但都有这四重反应监测机制存在并且都遵循着共同的反应原理。

当腿部肤觉系统发生外生因性热失衡时，由于给热水的温度相对高，所以腿部肤觉系统立刻发生生理失衡直接上升到第四重反应层级，同时在腿部生理系统失衡偏离到感知层级时，心理会对该生理子系统的偏离予以分析并关注，当该子系统继续失衡时，心理失衡度也随之上升，三个失衡体系互相影响，其中腿部肤觉系统的失衡和因此而生的心理失衡，其中一个失衡体系会当首先到达情感反应层级，如果腿部肤觉系统失衡到达情感层级时引发的情绪感反应会促使心理失衡体系进入情感层级。随着腿部肤觉系统受热继续加强逐渐会通过血液循环扩展影响到全身的温度变化，全身的冷度会因此逐渐下降。

随着热温刺激时间的增加，心理平衡系统受"情绪感第一定律"的影响而逐渐趋向复衡，携带着腿部肤觉系统也一起趋向复衡。（如果没有其他因素影响，心理平衡系统会恢复到原有的平衡态，不会再对该区域的生理偏离发生感知，而腿部肤觉系统则最终停留在热温引发的生理偏离状态，由生理平衡系统自主调节。）

　　—d：当人体除去衣服时会被冷空气刺激

　　使全身发生冷刺激失衡，当失衡达到感应反应层级时，生理平衡系统会发生自主调节，所有关联生理子系统开始参与调解并失衡，当腿部区域肤觉系统因热失衡上升到欲求反应层级时会发生欲求反应，会对该热刺激进行规避或放冷水中和的行为反应，所有关联生理系统的失衡度很快升高，尤其当腿部肤觉系统达到情绪感反应层级时，更会发生一系列生理应激反应，引发更多关联的生理系统迅速参与完成情绪感反应行为，同时所有关联的生理其他各系统也发生了失衡。随着心理和受热区域生理两大失衡体系的失衡下降趋势，所有关联生理子系统失衡体系也会相应下降其失衡度，直到心理下降低于感知反应层级和原失衡体系的失衡下降低于感应反应层级才复衡。

　　—e：当人体臀部进入热水

　　该生理区域会发生热失衡但在全身因冷刺激而失衡的基础上继续偏离或维持失衡或者继续下降趋势（三种趋势看热失衡的强度），转化为受热刺激的失衡与腿部进入热水中受热情况相同，会发生一系列反应。直接引发情绪感发生，使心理再次体验到因烫而发生的痛苦范畴情绪，心理再次失衡，但强度不会比腿部失衡为高，因为心理已发生"情绪感第一定律"的效应，会依照现有腿部的已经下降的生理的失衡度来作参照。

　　—f：当人体全身进入热水

　　原有的冷刺激失衡立刻转化为热刺激的失衡，并且在原有冷刺激的失衡度的基础上又因为热的刺激失衡而增加了失衡度。这时腿部肤觉系统和臀部肤觉系统已经混同为一种失衡体系，因为两个失衡体系的刺激温度相同其失衡度也趋同了，当全身进入热水中，虽然会因为前两种失衡体系以外的全身肤觉系统会再次因为热刺激而失衡加剧，并且上升到情绪感反应层级，使人感受到痛苦范畴的情绪感，但随着心理已经发生的适应性，已经把该刺激作为常态刺激来处理了，所以以纯粹因第三失衡体系发生的失衡已经没有了心理的干扰了，此时的生理失衡是基本等同于被热水温度所改变了的生理状态，也就是说，进入何种程度的热度就发生同样程度的生理失衡，这种失衡度没有了心理失衡所引发的共振效应，反而可能会形成和谐趋弱效应。随着心理失衡度的下降，生理错觉失衡也随之下降，

（4）在同一反应中，情绪极性转化的规律

　　如从满足美食欲开始进行餐饮行为，在满足之后如果再继续其餐饮行为，其情绪过程会呈现如此状态。

　　第一阶段，是从内外环境刺激下发生美食欲求伴随着的痛苦情绪开始的阶段。

　　第二阶段，开始输出美食欲求的行为以达到满足美食的欲求目的（取得何种美食场景；达到该美食场景的何种程度的量值阈值），当获得该欲求的美食环境，并且与自身欲求的美食场景相一致，在实施餐饮过程中获得预期的该美食场景的量值阈值，从而满足美食欲求会伴随着的幸福情绪。"情绪感第一定律"和"情绪感第二定律"会从中发生作用。前者会使个体对重新发生的场效应而伴随的情绪感强度会降低，后者对情绪感的极性和强度发生重要影响。

　　第三阶段，会发生两种情况

　　（A，如果餐饮行为在满足了美食欲求后继续着，会因为胃部的饱胀而逐渐产生不适的痛苦感情绪。

　　（B，或者餐饮行为继续着虽然还没有满足了美食欲（没有到达预期的该美食场景的量值阈值）

　　因为在美餐的行为中伴随着胃部的饱满而逐渐冲抵了美食欲求的程度，最后完全终止，胃部的饱胀是一种逐渐增大的已经吃饱需要停止饮食的信号，这种刺激信号如果微小就不会阻

　　止美食欲求的输出，但随着美食欲求行为的输出进食的增多，其饱胀的刺激也逐渐增大，当起刺激引发的有关胃部进食场感知的场波动的强度等同于激发起美食欲求的美餐场感知的场波动的强度时，两者相同强度的场波动会由此抵消原有的美食欲求。或者一旦饱胀的刺激强度大于美食刺激的强度就会感觉痛苦感情绪的发生。

第三篇 和谐幸福

第一章 和谐之道

第一节　被左右的幸福感

（甲）社会体制对个人欲求与幸福感的重大影响

一：参照物的决定性

（1）在一个相对封闭的环境下。只存在这个环境的参照物，个体的外评价的范围只限于该环境，其扰动因素也只限于该范围。

（2）一旦该环境与其他环境联结，其它环境的一切事物就会成为个体的新的外评价参照物，该个体的原有的外评价范围就会扩大，其扰动因素也会随之相应扩展。

（3）外评价对个体内评价的幸福感评价有很大影响，但情绪感评价却直接受着情绪感定律影响。

如某国是一个封闭的环境，它的国民的外评价范围也限于该国的环境，在没有互联网和其他获得外界信息的前提下，国民们的外评价参照物也限于本国范围，其扰动因素也限于该范围，一切内外评价参照物都尊于该社会体制所提供的范畴。

在该范围的个人决不会以外界的评价标准为标准，因为他们的外评价范围都是以该环境为限度的，他们自有一整套社会评价体系，比如粮食供应方面的评价标准：每月每人能够达到 30 斤粮食就是足额的就是最好的，因为这是最佳的标准，而达到 20 斤则是较好的，只有 15 斤是不好的，10 斤则是差的，直至没有供应是最差的。

而粮食剩余国其国民就不会把粮食多少来作为享受的范畴，他们的标准一般为：每月每人只需要达到 30 斤粮食就够，因为还有其它副食品的供应，粮食本身不作为享乐的工具，而且也因为不会出现最差的现象，

但如果出现战争和其他灾变，只能限量供应 30 斤粮食的局面就会改变该国国民的幸福观评价标准，就会变成如该国一样的幸福观，就会以吃饱为主要的享受，

二：简述

（1）社会机制

（A，社会机制的发源

社会机制源自作用于组织与非组织使其形成互动的"恒定力"与"趋动力"这两种组织力。

这也是中国道家哲学所描述的两种表现为阴阳交互的力量，这两种绝对相反性质的力量形成一种"道"，这种"道"可以表现为宇宙运行的规律，成为人类社会的秩序，也表现为各种事物的生与死的过程，它们在中国文化特殊标记"太极图"所表现的那样是相辅相承`相生相克的一对既对抗又相合，是一种始终试图保持和谐状态的"道"。

这两种组织力反映在人类社会中就形成了社会力，这两种社会力直接作用于社会机制，是每个人类社会特殊的区别于其他社会的整体的内在的力量，也是整个人类社会和区域人类社会（指以单个国家）运行的一种"道"。

（B，作用

各种社会的发展和稳定都是这两种不同性质的社会力的平衡的结果。

社会如果因为运动力过于强大而导致破坏性力量的产生的话社会就趋向资源衰竭而崩溃，相反是死气沉沉也会造成不能有效地与自然保持动态平衡而趋向崩溃的状态，所以这两者的力量必须在社会中取得动态平衡，这是一种此起彼伏相辅相承的两种作用力，一张一弛的作用于社会以便适应自然的变化，最后社会达到和自然相和谐发展生存的状态。而这两种幸福观即是两种力量在社会欲望机制的体现，哪一种持有该幸福观的社会群体占多数，哪一种力量就占据着主导地位，反之亦然。

　　人类社会从历史到现实存在有各种不同的社会体制，但最终都归于两种社会机制，"恒定性社会机制"和"趋动性社会机制"这两种社会机制在人类的生境中互相转化，此消彼长。

　　（C，社会机制与社会体制的关系

　　社会力的构成直接作用于社会的各个层次，对自然与地理环境的影响；社会历史因素的影响；文化`政治`经济的影响；社会人个体和社会和自然，等影响，在这么众多因素的交互作用下又形成了特殊而复杂的社会体制。社会体制又与社会的所有构成部分发生交互作用，从而影响到社会力的构成。

　　因此社会力的作用使整个社会形成趋向某种社会机制。何种社会机制形成何种社会体制。

　　社会机制是"恒定力"与"趋动力"这两种社会力平衡的结果，恒定力占据绝对控制的社会机制属于绝对恒定性社会，趋动力占绝对控制的属于绝对趋动性社会，但大多数社会都属于相对型的社会机制。

（2）社会机制的分类

　　（A，社会机制可分为：恒定性社会机制；趋动性社会机制；中性（混合型）社会机制。

　　前两者属于两种截然不同的社会机制。在现实中任何社会机制都是相对的，所谓绝对社会机制，只是最接近于恒定性社会机制的社会与最接近于趋动性社会机制的社会，其他的都是接近混合型社会机制的社会。

　　因此恒定性社会机制虽然可分为绝对恒定性社会机制与亚恒定性社会机制两大类，但任何一种现实的社会都是混合型的社会机制，不存在绝对单一的社会机制，只有相对单一的社会机制，现实社会中只存在相对恒定性社会机制。

　　亚恒定性社会机制可再分为：准绝对恒定性社会机制与相对恒定性社会机制。前者是最接近于绝对恒定性社会机制的社会，后者是相对接近于中性社会机制的社会。

　　趋动性社会机制分为：绝对趋动性社会机制与亚趋动性社会机制。

　　亚趋动性社会机制再分为：准绝对趋动性社会机制与相对趋动性社会机制。

（3）不同社会机制的特征（社会机制的特性决定欲求实现的特征，欲求实现的特征造就幸福感获得的特征。而情绪感定律和原理不受其影响对不同的社会机制都存在相同的影响。趋动性社会以激情为幸福，恒定性社会以恒定长久为幸福）

　　（A，恒定性社会机制特征为：人性的共性化与共利性；经济的公有性；政治的共有化；社会所发生的一切刺激式态呈现单一性`简单性`恒定性。保守性`单一性`恒定性`共存性是其社会普遍的重要特征。

　　（B，趋动性社会机制特征为：人性的个性化与自利性；经济的私有性；政治的竞争化；社会所发生的一切刺激式态呈现多样性`复杂性`多变性。激进性`多样性`多变性`竞争性是其重要特征。

　　（C，中性混合型社会机制特征：人性的自利与公利共存；经济的共有与私有共存；政治的共有与竞争共存；社会所发生的一切刺激式态呈现混合性。恒中趋动或动中有衡为其主要特征。

（4）人们对幸福的固有观念

　　（A，生存欲求和生存衍生欲求的不断实现就等于实现幸福

（5）趋动性的社会机制生产力发达的根本因素

　　（A，趋动性社会体制生产力发达的根本原因

　　趋动性社会社会机制呈现趋动性，把人性自利发挥极致，充分调动其创新力，在创造增多的财富中不断使其各种欲求得到满足。

　　（B，趋动性社会是一种快速变化的社会

　　因为人们的欲求被不断实现其阈值也越来越高，因而需要更强的刺激才能使人们重新获得高端的快感享受，要获得更强的刺激只有通过更多的劳动付出才能得到，因为刺激是从欲求的实现中获得，而欲求的实现需要人们付出劳动，而原来的劳动只能获取与以前相等的欲求目标的实现，因此要获得更高的欲求目标只有通过付出更多的劳动才能得到。

（ C，趋动性社会机制下，幸福是一种建筑在他人痛苦之上的

是把激发个人实现私欲的力量催化到极致的机制，而其私欲机制下的实现幸福感的一个重要定理是自我的私欲实现必须建筑在他人的痛苦基础之上。因此这就使社会人不断的需要侵犯他人的利益才能获得自身私欲和快感的享受，只有使他人痛苦才能够使自己活的快感。

（6）趋动性社会生产力发达带来的效应（即趋动性社会机制的特性决定欲求实现与幸福感的特性）

（ A，生存欲求不断得以实现

（ B，生存衍生欲求不断得以实现

——a：利欲求

生产力发达=财富积累的越多+不断更迭的财富所有权=不断实现利欲求

——b：权欲求

不断更迭的权力=不断实现的权欲求

——c：名欲求

以上带来更迭的名欲求

——d：性开放

道德可以不断突破+需要各种欲求实现=不断实现的性欲求

（7）东方恒定性社会机制使欲求限定在某种程度

三：恒定性社会机制

保守`单一`恒定`共存这是该社会呈现的特征。

（1）绝对恒定性社会的欲求实现和幸福感取得的特性

（ A，欲求实现的特性

——a：欲求目标和实现方式的绝对单一性

在绝对恒定性社会中只有一种欲求目标和简单的几种实现方式作为社会人的行为标准，如在中世纪的欧洲，就相对接近于绝对恒定性社会标准，只有上天堂得到上帝的爱才是世人唯一的欲求目标。其实现的方式是简单而恒常的，礼拜`自我思想解剖`研读圣经`等等，日常生活与工作 都是为了一个目的服务"上帝"，生存欲求和衍生欲求：性欲求`名欲求`利欲求`权欲求`等等欲求都被服务于上帝的欲求所替代或压抑，即使在行使性行为的过程中也不能从中感知到幸福感，性行为的刺激带给人的只是一种羞耻的痛苦范畴的情绪，性行为的目的是完成生育而不是取得幸福感。任何除了在服务于上帝的欲求，其它的欲求都成为一种需要克制的，不能从中获取幸福感的纯粹的服务于一种欲求目标（上帝）而展开的行为。

——b：欲求目标和实现方式的绝对恒常性

在绝对恒常性社会中，只有一种欲求目标和简单的实现方式，因此在社会机制的约束下，终其社会人的一生其欲求目标和实现方式都不会改变，处于这种绝对恒常的状态。

（ B，幸福感取得所表现出的特性

——a：幸福感的恒定性

——b：幸福感的单一性

——c：幸福感的敏感性

——d：幸福感的低值性

（2）相对恒定性社会的欲求实现和幸福感取得的特性

其恒定性的社会机制使事物发展和变更缓慢，社会人可以获取各种欲求实现较为困难。

（ A，形成相对恒定性社会欲求特性的原理

恒定的环境使个体面临的内外环境各种变化迟缓。

——a：社会人的生活秩序恒定化

在恒定性社会机制中，社会个体所面临的各种社会环境都相对恒定。其中包括工作环境；家庭环境；娱乐环境；社交环境等都不易改变，因而个人的生活秩序呈现出单一与恒定化。

——b：恒定的社会秩序使个体的场景种类单一化

——c：场景种类的单一也使得欲求种类单一。

——d：单一和恒定的环境使得场景阈值趋于恒定期；场景阈值恒定化。

由于社会人的生活秩序较为单一与恒定，使其各种场景阈值因得不到新的刺激而趋向零值状态。使其情绪感大周期都最后处于恒定期，

——e：社会和场景角色呈现固定状态

恒定的环境造就恒定的生活秩序，使得社会和场景角色固定化，这就带来的欲求实现是较为困难和单一的，所获得的幸福感是呈现单一和恒定的。

（ B，相对恒定性社会的欲求实现与幸福感的特性

——a：欲求实现的特性

———Ⅰ）欲求空间的低值性

在恒定性社会机制中，个体所受刺激类别较少，而其刺激度也相对较小，个体的场景的量值阈值相对较低，因此同一类别的欲求中较小的场波度就足以使该个体达到很高的阈值，获得很高的快感享受。

———Ⅱ）欲求目标和实现方式的单一性

——（i）欲求类别的单纯性

由于环境的恒定化，个体所接触到的刺激种类较少，个体并不需要更多的场景存储即可在这个社会中获得相应的生存空间，形成正常的生存秩序。

因此欲求目标一般不轻易更改，表现为专一性，个体的欲求类别较为单纯。

由于场景较为单一，所以个体对于异态刺激有很强的敏感度。

——（ii）欲求实现方式的单一性

同种欲求只用较少的几种不同的欲求行为来实现，同种欲求也不能用不同的欲求标的物和不同的欲求行为来频繁地实现，增加了欲求实现的难度。

———Ⅲ）欲求实现方式的简单化

较多的复杂的欲求行为组合不适于恒定性社会，并被社会所排斥。只有投入一定的时间和重复一定的简单的欲求行为才能获得欲求实现，所以欲求实现的方式普遍取向简单化。

——IV）欲求实现的相对困难

由于没有很多欲求实现的机会，欲求的目标与行为单一，这就极大增加了个体实现欲求地困难度。

——V）欲求目标和实现方式的固定性

在恒定性社会机制中，由于不存在激烈的竞争，欲求实现的方式处于一种固定的状态，只有花费一定的时间才能达到欲求目的。

——VI）欲求实现的频率较低

受社会性道德的约束较强，恒定性社会人的性欲求活动相对较少，因此获得快感享受的频率较低。

也由于单一性的性欲求目标和性活动方式使得"情绪感第一定律"的作用较大，因此个体在进行重复的性欲求活动中享受到的快感享受越来越低，逐渐趋向恒定状态。

——VII）同一欲求的长期维持性

—b：幸福感的特性

——I）个人在获得情绪感方面的低频状态

欲求目标和实现方式的单一性使得快感高值取得呈现出低频性。

——II）同一情绪感大周期的完整性

——III）同一幸福感获得的趋向零值性

由于生活秩序的单一恒定化，欲求的目标也相对单一，其欲求的行为也单一，在"情绪感第一定律"作用下，个体的各种欲求场景量值阈值会缓慢地趋向零值状态，个体感知到的快感度会逐步下降，个体所有的情绪感大周期最后都会处于恒定期，其过程是相当缓慢的，有些情绪感大周期的跨度甚至终其一生。

——IV）同一幸福度的低值性

——V）幸福感的敏感性

由于个体不经常接触到强刺激的作用，个体的场景各阈值都会趋向零值状态，因此个体的感应和感知阈值都很低，任何较小的刺激都会引发该个体的强烈反应。

——VI）同一幸福感的长期维持性

——VII）个人总体幸福感波动的低值态

（C，生存欲求与生存衍生欲求的实现与幸福感的特性

—a：在生存欲求方面

——I）从生存欲求表现出的特性

——（i）生存欲求空间的低值性

——（ii）生存欲求目标和实现方式的单一性

——（iii）生存欲求类别的单纯性

——（iv）生存欲求实现方式的简单化

——II）生存欲求实现的相对困难

——III）在生存欲求中发生幸福感所表现的特性

——（i）在生存欲求中获得幸福感高值的频率较低

——（ii）从生存欲求中获取幸福度趋向零值性

——（iii）从生存欲求中获取到的幸福度呈现低值性

——（iv）幸福感的敏感性

——（v）快感高值取得的单一性

—b：生存衍生欲求方面

——I）性欲求方面

——（i）从性欲求表现出的特性

性欲求空间的低值性

在恒定性社会机制中，个体所受刺激类别较少，而其刺激度也相对较小，个体的场景的量值阈值相对较低，因此同一类别的欲求中较小的场波度就足以使该个体达到很高的阈值，获得很高的快感享受。

性欲求目标和实现方式的单一性

性欲求类别的单纯性

由于环境的恒定化，个体所接触到的有关性刺激种类较少，个体并不需要更多的性场景存储即可在这个社会中获得社会所认可的性行为的实施，形成正常的性生活秩序。

因此性欲求目标一般不轻易更改，表现为专一性，个体的性欲求类别较为单纯。

性欲求实现方式的单一性

同种性欲求只有较少的几种不同的性欲求行为来实施即可达到性欲求的目的。

社会不许用各种超越正常规范的性欲求对象和实现方式来达到欲求目的，同种性欲求不能用不同的性欲求标的物和不同的性欲求行为来频繁地实现，性欲求实现方式的单一化。

性欲求实现方式的简单化

较多的复杂的性欲求行为组合不适于恒定性社会，并被社会所排斥。只有投入一定的时间和重复一定的简单的欲求行为才能获得性欲求实现，所以性欲求实现的方式普遍取向简单化。

性欲求实现的相对困难

由于没有很多欲求实现的机会，欲求的目标与行为单一，这就极大增加了个体实现欲求地困难度。

同一性欲求的长期维持性

——（ii）在性欲求中发生幸福感所表现的特性

在性欲求中获得幸福感高值的频率较低

由于性欲求目标和实现方式的单一性使得快感高值的取得机会相对较少。

从性欲求中获取幸福度趋向零值性

由于生活秩序的单一和恒定化，欲求目标与欲求实现的方式也相对简单化，因而在"情绪感第一定律"作用下，个体对于性欲求单一的性对象与性欲求实现的方式其场景量值阈值趋向零值状态，个体感知到的快感度会逐步下降，个体对于性欲求的情绪感大周期最后会处于恒定期。

从性欲求中获取到的幸福度呈现低值性

在恒定性社会机制中，社会处于一种恒定的不崇尚发展的状态，是以恒静为主要价值取向的。其表现在性欲求方面则也是一种以恒定为标准的，由于个体所处的环境是一种以简单生活为美的，以崇尚稳定社会为主体的其家庭也是以稳定为主体的，所有道德规范都围绕着稳定展开，并被严格的遵循着。因而个体周围的环境对于性道德是一种极为约束的状态，性欲求的实施和获得都需要遵循严格的规范，个体所受的性方面的知识是一种服务于恒定社会的，是一种有效压抑人的性欲的，把人的性欲求约束到一定的范围，因此个体的性欲求的实现方式是简单和程序化的，虽然能够达到该个体的最高量值阈值，也能够完全享受到对于该个体而言最大的幸福感享受，但相对于趋动性社会机制的个体，恒定性社会机制的个体所达到的量值阈值是较低的。

幸福感的敏感性

由于个体不经常接触到强刺激的作用，个体的场景各阈值都会趋向零值状态，因此个体的感应和感知阈值都很低，任何较小的刺激都会引发该个体的强烈反应。

同一幸福感的长期维持性

使得快感高值取得呈现出单一化和程式化。

——II）利欲求方面

——（i）从利欲求表现出的特性

利欲求空间的低值性
利欲求目标和实现方式的单一性
利欲求类别的单纯性
利欲求实现方式的简单化
利欲求实现的相对困难
同一利欲求的长期维持性

——（ii）在利欲求中发生幸福感所表现的特性

在利欲求中获得幸福感高值的频率较低
从利欲求中获取幸福度趋向零值性
从利欲求中获取到的幸福度呈现低值性
幸福感的敏感性
同一幸福感的长期维持性

——III）权欲求方面

——（i）从权欲求表现出的特性

权欲求空间的低值性
权欲求目标和实现方式的单一性
权欲求类别的单纯性
权欲求实现方式的简单化
权欲求实现的相对困难
同一利欲求的长期维持性

——（ii）在权欲求中发生幸福感所表现的特性

在权欲求中获得幸福感高值的频率较低
从权欲求中获取幸福度趋向零值性
从权欲求中获取到的幸福度呈现低值性
幸福感的敏感性
快感高值取得的单一性
同一幸福感的长期维持性

——Ⅳ）名欲求方面

——（ⅰ）从名欲求表现出的特性

名欲求空间的低值性
名欲求目标和实现方式的单一性
名欲求类别的单纯性
名欲求实现方式的简单化
名欲求实现的相对困难
同一利欲求的长期维持性

——（ⅱ）在名欲求中发生幸福感所表现的特性

在名欲求中获得幸福感高值的频率较低
从名欲求中获取幸福度趋向零值性
从名欲求中获取到的幸福度呈现低值性
幸福感的敏感性
快感高值取得的单一性
同一幸福感的长期维持性

——Ⅴ）在其他欲求方面

——（ⅰ）从其他欲求表现出的特性

其他欲求空间的低值性
其他欲求目标和实现方式的单一性
其他欲求类别的单纯性
其他欲求实现方式的简单化
其他欲求实现的相对困难
同一利欲求的长期维持性

——（ⅱ）在其他欲求中发生幸福感所表现的特性

在其他欲求中获得幸福感高值的频率较低
从其他欲求中获取幸福度趋向零值性
从其他欲求中获取到的幸福度呈现低值性
幸福感的敏感性
快感高值取得的单一性
同一幸福感的长期维持性

四：趋动性社会机制

其社会主要特征表现为：激进性`多样性`多变性`竞争性。

（1）绝对趋动性社会的欲求实现和幸福感取得的特性

（A，欲求实现的特性

—a：欲求目标和实现方式的多样性

—b：欲求目标和实现方式的绝对动荡性

在绝对恒常性社会中，只有一种欲求目标和简单的实现方式，因此在社会机制的约束下，终其社会人的一生其欲求目标和实现方式都不会改变，处于这种绝对恒常的状态。

（ B，幸福感取得所表现出的特性

—a：幸福感的恒定性

—b：幸福感的单一性

—c：幸福感的敏感性

—d：幸福感的低值性

（2）相对趋动性社会的欲求实现和幸福感取得的特性

其恒定性的社会机制使事物发展和变更缓慢，社会人可以获取各种欲求实现较为困难。

（ A，形成相对趋动性社会欲求特性的原理

变动的环境使个体面临的内外环境发生各种变化。

—a：迅速变动的社会环境产生各种新的工作形成新的生活秩序

—b：这使得场景种类不断扩展

—c：欲求种类随之扩展。

—d：发生欲求的场景阈值不断提高。

—e：社会和场景角色不断变化

变化的环境带来变化和更迭的生活秩序，使得社会和场景角色不断变化，就带来不断的欲求实现和幸福。

（ B，相对趋动性社会的欲求实现与幸福感的特性

—a：欲求实现的特性

——I）欲求空间的高值性

在趋动性社会机制中，个体所受刺激类别较多，而其刺激度也相对较高，个体的场景的量值阈值相对较高，因此同一类别的欲求中需要极大的场波度才能使该个体达到很高的阈值，获得很高的快感享受。

——II）欲求目标和实现方式的多样性

—— （i）欲求类别的多样性

由于环境的多变，个体所接触到的刺激种类较多，个体需要相当多的场景存储才能在这个社会中获得相应的生存空间，才能形成正常的生存秩序。

因此欲求目标处于一种变更的状态，表现为多变性，个体的欲求类别极为复杂。

—— （ii）欲求实现方式的多样性

同种欲求需要较少的几种不同的欲求行为才能实现，同种欲求也需要用不同的欲求标的物和不同的欲求行为才得以频繁实现，但实现欲求实现的机会相对较多。

——III）欲求实现方式的复杂化

较多的复杂的欲求行为组合适于趋动性社会，简单的欲求实施行为会被社会所抛弃，因为竞争的激烈。只有投入更多的智力和财力和更多的努力才能获得欲求实现。

——IV）欲求易于实现

由于存在很多欲求实现的机会，欲求的目标与行为也呈现多样化和可变性，这就极大增加了个体实现欲求的机会。

——V）欲求目标和实现方式的可变性

在趋动性社会机制中，由于竞争的激烈，欲求实现的方式随时都处在一种需要变更才能达到欲求目的的状态。

———Ⅵ）同一欲求的短期性

　—ｂ：幸福感的特性

———Ⅰ）幸福感高值取得的频率较高

欲求目标和实现方式的多样性使得快感高值取得呈现出频繁性。

由于生活秩序的多样性和多变性，欲求的目标也相对多样，其欲求的行为也复杂多变，虽然各欲求场景处于"情绪感第一定律"作用下，但因为个体的欲求目标和实现方式的多样性，使个体的各欲求场景处于一种不断变化的状态，任何一种欲求场景处于情绪感反应之下就会被个体所抛弃，这使得趋动性社会人的量值阈值处于一种频率较高的周期状态之下，因此个体感知到的快感机率较高，所获得的高值的概率也高。

———Ⅱ）幸福感取得的频繁性

———Ⅲ）幸福度的高值性

———Ⅳ）幸福感的麻木性

由于个体经常接触到强刺激的作用，个体的场景各阈值都会呈现一种高值状态，因此个体的感应和感知阈值都很高，任何较小的刺激都不会引发该个体的反应，个体需要极强烈的刺激才能引发较高的情绪感反应。

———Ⅴ）幸福感的短期性

（Ｃ，生存欲求与生存衍生欲求的实现与幸福感的特性

　—ａ：在生存欲求方面

———Ⅰ）从生存欲求表现出的特性

———（ⅰ）生存欲求空间的高值性

在趋动性社会机制中，个体所受刺激类别较多，而其刺激度也相对较高，个体的场景的量值阈值相对较高，因此同一类别的欲求中需要极大的场波度才能使该个体达到很高的阈值，获得很高的快感享受。

———（ⅱ）生存欲求目标和实现方式的多样性

欲求类别的多样性

由于环境的多变，个体所接触到的刺激种类较多，个体需要相当多的场景存储才能在这个社会中获得相应的生存空间，才能形成正常的生存秩序。

因此欲求目标处于一种变更的状态，表现为多变性，个体的欲求类别极为复杂。

欲求实现方式的多样性

同种欲求需要较少的几种不同的欲求行为才能实现，同种欲求也需要用不同的欲求标的物和不同的欲求行为才得以频繁实现，但实现欲求实现的机会相对较多。

———（ⅲ）生存欲求实现方式的复杂化

较多的复杂的欲求行为组合适于趋动性社会，简单的欲求实施行为会被社会所抛弃，因为竞争的激烈。只有投入更多的智力和财力和更多的努力才能获得欲求实现。

———（ⅳ）生存欲求易于实现

由于存在很多欲求实现的机会，欲求的目标与行为也呈现多样化和可变性，这就极大增加了个体实现欲求的机会。

———（ⅴ）生存欲求目标和实现方式的可变性

在趋动性社会机制中，由于竞争的激烈，欲求实现的方式随时都处在一种需要变更才能达到欲求目的的状态。

———Ⅱ）幸福感的特性

———（ⅰ）幸福感高值取得的频率较高

欲求目标和实现方式的多样性使得快感高值取得呈现出频繁性。

由于生活秩序的多样性和多变性，欲求的目标也相对多样，其欲求的行为也复杂多变，虽然各欲求场景处于"情绪感第一定律"作用下，但因为个体的欲求目标和实现方式的多样性，使个体的各欲求场景处于一种不断变化的状态，任何一种欲求场景处于情绪感反应之下就会被个体所抛弃，这使得趋动性社会人的量值阈值处于一种频率较高的周期状态之下，因此个体感知到的快感机率较高，所获得的高值的概率也高。

——（ii）幸福感取得的频繁性

——（iii）幸福度的高值性

——（iv）幸福感的麻木性

由于个体经常接触到强刺激的作用，个体的场景各阈值都会呈现一种高值状态，因此个体的感应和感知阈值都很高，任何较小的刺激都不会引发该个体的反应，个体需要极强烈的刺激才能引发较高的情绪感反应。

—b：生存衍生欲求方面

——I）性欲求方面

——（i）性欲求实现的特性

性欲求空间的高值性

可以从频繁和多样化的性欲求活动中不断取得突破性的高值的快感享受。

由于有多样化的性欲求目标和性活动方式就使得个体在性活动中获得更强的刺激。突破道德禁忌和社会规范的程度越大对于个体的刺激度越高，两者是呈正比，因此在性活动中对于个体而言突破度越大个体所享受到的快感程度也越大，个体能轻易地获得最高量值阈值的突破。

性欲求目标的多样性

由于环境的多变，个体所接触到的刺激种类较多，个体需要相当多的场景存储才能在这个社会中获得相应的生存空间，才能形成正常的生存秩序。

因此欲求目标处于一种变更的状态，表现为多变性，个体的欲求类别极为复杂。

性欲求实现方式的多样性

同种欲求需要较少的几种不同的欲求行为才能实现，同种欲求也需要用不同的欲求标的物和不同的欲求行为才得以频繁实现，但实现欲求实现的机会相对较多。

使用交换的方式实现性欲求

使用帮助其（可以使自己达到欲求实现目的的人或集团）实现其所欲求的目标为条件换取自身性欲求的实现。

不断地以突破道德的方式来实现性欲求。

因为趋动性社会机制是需要不断突破各种秩序和规范来获得驱动力的，因此各种社会原有的道德和秩序会不断地被突破瓦解更新。

突破社会各种禁忌以实现性欲求

突破原有的社会秩序以实现性欲求

性欲求实现方式的复杂化

较多的复杂的性欲求行为组合适于趋动性社会，简单的性欲求实施行为会被社会所抛弃，因为竞争的激烈。只有投入更多的智力和财力和更多的努力才能获得性欲求实现。

性欲求易于实现

由于存在很多性欲求实现的机会，性欲求的目标与行为也呈现多样化和可变性，这就极大增加了个体实现性欲求的机会。

性欲求目标和实现方式的可变性

在趋动性社会机制中，由于竞争的激烈，性欲求实现的方式随时都处在一种需要变更才能达到欲求目的的状态。

性欲求实现的频繁性

可以从频繁的性欲求活动中获得频繁的快感享受。

由于多样性的性欲求目标和性活动方式使得"情绪感第一定律"的作用降低到最低，因此可以使个体频繁地进行性欲求活动并能够享受到更频繁的快感享受。

——（ii）幸福感的特性

幸福感高值取得的频率较高

性欲求目标和实现方式的多样性使得快感高值取得呈现出频繁性。

由于生活秩序的多样性和多变性，性欲求的目标也相对多样，其欲求的行为也复杂多变，虽然性欲求场景处于"情绪感第一定律"作用下，但因为个体的性欲求目标和实现方式的多样性，使个体的性欲求场景处于一种不断变化的状态，任何一种性欲求场景处于情绪感反应之下就会被个体所抛弃，这使得趋动性社会人的量值阈值处于一种频率较高的周期状态之下，因此个体感知到的快感机率较高，所获得的高值的概率也高。

幸福感取得的频繁性

幸福度的高值性

幸福感的麻木性

由于个体经常接触到有关性的强刺激的作用，个体的性欲求场景各阈值都会呈现一种高值状态，因此个体的感应和感知性欲求场景的阈值都很高，任何较小的性刺激都不会引发该个体的反应，因此同一类别的欲求中需要极大的场波度才能使该个体达到很高的阈值，获得很高的快感享受。需要极强烈的性刺激才能引发较高的情绪感反应。

——II）利欲求方面

——（i）从利欲求表现出的特性

利欲求空间的高值性
利欲求目标和实现方式的多样性
利欲求类别的多样性
利欲求实现方式的复杂化
利欲求易于实现

——（ii）在利欲求中发生幸福感所表现的特性

在利欲求中获得幸福感高值的频率较高
从利欲求中获取幸福感的机会较为频繁
从利欲求中获取到的幸福度呈现高值性
幸福感的麻痹性

——III）权欲求方面

——（i）从权欲表现出的特性

权欲空间的高值性
权欲目标和实现方式的多样性

权欲类别的多样性

权欲实现方式的复杂化

权欲易于实现

  ——（ii）在权欲中发生幸福感所表现的特性

在权欲中获得幸福感高值的频率较高

从权欲中获取幸福感的机会较为频繁

从权欲中获取到的幸福度呈现高值性

幸福感的麻痹性

 ——IV）名欲求方面

  ——（i）从名欲表现出的特性

名欲空间的高值性

名欲目标和实现方式的多样性

名欲类别的多样性

名欲实现方式的复杂化

名欲易于实现

  ——（ii）在名欲中发生幸福感所表现的特性

在名欲中获得幸福感高值的频率较高

从名欲中获取幸福感的机会较为频繁

从名欲中获取到的幸福度呈现高值性

幸福感的麻痹性

 ——V）在其他欲欲求方面

  ——（i）从其他欲表现出的特性

其他欲空间的高值性

其他欲目标和实现方式的多样性

其他欲类别的多样性

其他欲实现方式的复杂化

其他欲易于实现

  ——（ii）在其他欲中发生幸福感所表现的特性

在其他欲中获得幸福感高值的频率较高

从其他欲中获取幸福感的机会较为频繁

从其他欲中获取到的幸福度呈现高值性

幸福感的麻痹性

五：欲求实现和幸福感取得的重要特性对于社会的重大意义

（1）相对恒定性社会的各种特性对于社会的两面作用

（ A，个人方面

—a："欲求空间的低值性"；"情绪感大周期的长期性"；"个人在获取情绪感方面的低频状态"

——I）正影响：对个人最大的身心稳定

—— （i）情绪感原理表明，个人没有获得更多的高值幸福感享受的同时相应的高值高频的痛苦感也不会存在。

—— （ii）个人经常处于一种身心的长时间平衡状态，因此各种心因性疾病在恒定性社会中是不普遍的，各种反社会规范的异常行为也被社会和个人有效地排斥和清除。

——II）负影响：对个人极大的强化了其惰性

由于社会恒定力的影响和自身欲求空间的窄小，个人往往不需要极大的异常式态的刺激就能获得身心平衡，可以达到相当高的幸福感感知，这使得个人不会去主动地调动自身各种能力，在恒定性社会中个人的各种能力和场景的种类是相对单一和窄小的。

（ B，家庭方面

—a："欲求空间的低值性"；"欲求的单一性"；"欲求实现的低频性"；"情绪感大周期的长期性"

——I）正影响：家庭各关系的稳定性

—— （i）"欲求空间的低值性"

低值的场景各阈值导致欲求空间的低值性，使个体不需要很高的刺激强度就能够获得高强度的快感享受，但也使得个体在不很强的刺激度下即可感知到高强度的痛苦感。

社会人不需要很强的刺激就能获得高值的幸福感。这就能使社会人在家庭夫妻性生活方面不需要其他性的刺激辅助就能达到自身相对的高值幸福感享受。

—— （ii）"欲求的单一性"

使社会人对于异态刺激有很强的敏感度，因为任何异态出现在恒定性社会中一般是不允许存在的，是违背其社会机制的现象。因此任何稍有异态的刺激就会使社会人发生痛苦感情绪，并作出排斥的行为反应。这使得夫妻双方就不允许有异常的违背恒定性社会性道德的现象存在，包括性欲求对象的改变和性欲求实施行为的异常。所以各种异常性交行为，包括：早恋`手淫`意淫`观淫`婚外恋`物恋`同性恋`兽交`群交`乱伦，等等在趋动性社会中普遍存在甚至已经作为法律认可的（同性恋婚姻截至 2005 年已通过四个国家法律许可），在恒定性社会中都是不允许的。也是受到人们普遍排斥的丑恶现象。

—— （iii）"欲求实现的困难性"

由于社会的整体约束机制有效强力，使得社会人获得欲求需要相当的努力（主要表现在时间的花费上），这就使得社会人的场景阈值保持在相对的低值性上，保持了对刺激的敏感度，也保持了对同一种快感刺激的高值的兴奋度，也保持了同一种欲求的长期的快感保持度。

—— （iv）"情绪感大周期的长期性"

由于社会处于一种恒定状态，欲求的单一性和简单化欲求的空间也较低，因此在夫妻性生活方面夫妻双方由于受到这些因素的影响不能经常实施性欲求，在性欲求中得到的幸福感度也相对（相对于趋动性社会）较低，夫妻对于双方的性欲求的实施更由于社会道德的强力约束而不敢彻底的探究，夫妻对于双方的身体和所实施的性欲求行为也是不能透彻的，由于在性欲求中保持着一种陌生度，所以夫妻的受到"情绪感第一定律"的影响较少，因此夫妻在性欲求方面建立的情绪感大周期的周期相当长久，在四个周期构成中每一个周期都呈现一种缓慢的近似于抛物线的状态，对于家庭而言稳定的夫妻性关系就成为了强有力的支柱。

—— （v）"社会发生的异常式态的刺激较少"

社会对于家庭的稳定性作用的影响是巨大的，由于社会的恒定性，其媒体机构的传布的信息也是为了恒定展开，以简单和单一和恒定为美的对象，对异态的各种事物排斥，于是对于性欲求`利欲求等欲求的宣传也是简单和恒定为主，在互动作用影响下社会人一般都会以恒定展开行为，简单而长久的性欲求`简单而固定的权欲求`简单而固守的利欲求`简单而不进取的名欲求等等，一切欲求都是恒定的简单的低强度的。

　　——（vi）家庭内部的其他关系也处于一种衡定的状态

因为家庭成员的情绪波动较少，并受社会的恒定影响，整个家庭关系呈现出一种稳定的状态。家庭成员在工作和社会关系上并不需要复杂多变的行为输出就能获得有效的生存空间，因此不存在需要将外界的不稳情绪带入家庭中取得消减的情况，因此在恒定性社会中从社会到家庭都是稳定的。

　　——II）负作用：整个社会表现出固定性，守旧性，程式化。

（ C，生态环境方面

　—a："欲求空间的低值性"

　　——I）正作用：对自然环境最大的不干预性，客观上是一种保护作用

由于人欲的空间低，对物质的需求极低，所创造的财富也处于低值状态，各种财富是简单的可再生的。

　　——II）负作用：从最好的保护角度而言则是消极意义上的保护

由于创造的工具和因为没经过更多改变或创造物质的经验，不善于从积极的主动性的角度来改变自然环境以求得人与自然更好的和谐相处。

（ D，社会规范方面

　—a："欲求空间的低值性"；"个人在情绪感方面的低频状态"；"情绪感大周期的长期性"

　　——I）正作用：道德和其他各类规范能得到最大限度的固守

　　——II）负作用：社会的规范严格导致发展停步。

（ E，文化`经济`政治等社会各关系方面

　—a："欲求空间的低值性"；"个人在情绪感方面的低频状态"；"情绪感大周期的长期性"

　　——I）正作用：社会稳定

　　——II）负作用：由于欲求单一和低值性，表现出停滞和守旧。

（2）相对趋动性社会的各种特性对于社会的两面作用

（ A，个人方面

　—a："欲求空间的高值性"；"情绪感大周期的短期性"；"个人在获取情绪感方面的高频状态"

　　——I）正影响：对个人最强的激励

由于社会的影响和自身欲求空间的巨大，个人需要很强的刺激并超越他人才能达到相对高的幸福感感知，这就迫使个人极大的调动其各种能力以期获得平衡和幸福感，在趋动性社会中个人的各种能力和场景的种类是相对巨大的。

因为个人受内外环境的动荡影响，处在一种情绪波动十分频繁和高值的状态。个人能够获得更多的高值的幸福感享受。

——II）负影响：对个人最大的身心波动

——（i）情绪感原理表明，个人获得更多的高值幸福感享受的同时也获得了相应的高值高频的痛苦感。

——（ii）而个人往往因为得不到身心的长时间平衡而导致身心的各种疾病，因此各种心因性疾病在趋动性社会中普遍存在，各种反社会规范的异常行为也日益增多增强。

（B，家庭方面

—a："欲求空间的高值性"；"欲求的多样性"；"欲求实现的高频性"；"情绪感大周期的短期性"

——I）正影响：家庭各关系能感知到更多的高值幸福感

——II）负影响：家庭各关系的动荡性

——（i）"欲求空间较高"

高值的场景各阈值导致欲求空间的高值性，使个体需要很高的刺激强度才能够获得高强度的快感享受，使得个体在不很强的刺激度下不能感知到相应的幸福感。

社会人需要很强的刺激才能获得高值的幸福感。这就能使社会人在家庭夫妻性生活方面需要其他性的刺激辅助才能达到自身相对的高值幸福感享受。

——（ii）"欲求的多样性"

使社会人对于异态刺激日益麻痹，因为任何异态出现在趋动性社会中是允许存在和鼓励其发生的，是符合其社会机制的现象。因此任何异态的刺激都可能会使社会人发生幸福感情绪，并作出接受的行为反应。这使得夫妻双方允许有异常的违背普遍社会性道德的现象存在，包括性欲求对象的改变和性欲求实施行为的异常。所以在趋动性社会中，各种异常性交行为，包括：早恋`手淫`意淫`观淫`婚外恋`物恋`同性恋`兽交`群交`乱伦，等等在已经普遍存在甚至已经作为法律认可。

——（iii）"欲求实现的高频性"

由于社会的整体约束机制对人欲控制的日益削弱，使得社会人获得欲求实现相对容易，因为可以用各种方式来实现，如可以使用财富换取性欲求的满足等等，这就使得社会人的场景阈值始终保持在相对的高值性上，对刺激的敏感度始终很低，对同一种快感刺激的高值的兴奋度维持不了很久就会在"情绪感第一定律"的作用下很快的消失，这使得对同一种欲求其欲求目标和实现方式只能保持短期的快感度。

因此在趋动性社会中夫妻之间的性快感会很快消失，导致婚姻关系的急剧动荡性。

——（iv）"情绪感大周期的短期性"

由于社会处于一种激荡不稳定的状态，欲求的多样性和复杂化，欲求的空间的高值状态，在夫妻性生活方面双方由于受到这些因素的影响需要经常实施性欲求才能取得高值的幸福感享受，因此夫妻之间对于双方的身体和所实施的性欲求行为也很快就变为常态，由于这种常态，"情绪感第一定律"对夫妻性欲求的影响极大，导致夫妻在性欲求方面建立的情绪感大周期的周期相当短暂，在其四个周期构成中每一个周期都呈现一种快速的近似于三角形的直线向上向下的状态，对于家庭而言这种动荡的夫妻性关系就成了极大的破坏力。

——（v）"社会发生的异常式态的刺激较大"

社会对于家庭的作用是巨大的，由于社会的趋动性，其媒体机构的传布的信息也是为了趋动展开，并且以复杂性和多样性和趋动性为美，对异态的各种事物的认可，对于性欲求`利欲求等欲求的宣传也是能激荡人心为主。在这样的互动作用下社会人一般都会以能获得激情并视其为幸福而展行行为，激情而短暂的性欲求`复杂而高攀的权欲求`日益强化的利欲求`始终进取的名欲求等等，一切欲求都是动荡复杂和高强度的。

——（vi）家庭内部的其他关系也处于一种波动的状态

因为家庭成员的情绪波动较大，并受社会的各种煽动人心的影响，整个家庭关系呈现出一种动荡不安的状态。家庭成员在工作和社会关系上需要更多复杂多变的行为输出才能获得有效的生存空间，得到幸福感实现的竞争是激烈的，因此家庭往往需要承受和消化由外界带来的各种不稳情绪，在趋动性社会中从社会到家庭都是波动态的。

（C，生态环境方面

— a："欲求空间的低值性"

——I）正作用：对自然环境最大的干预性，可以成为一种积极的保护作用。

——II）负作用：但由于在趋动性社会中人欲的不可控性，往往对自然环境有最大的破坏力。

（D，社会规范方面

— a："欲求空间的高值性"；"个人在情绪感方面的高频状态"；"情绪感大周期的短期性"

——I）正作用：道德和其他各类规范可以随着时代或文明的进程而相应的变动或发展。

——II）负作用：社会各种规范经常不可遏止的被泛滥的人欲所破坏性的突破，使社会各种道德伦理的底线被突破的状态日益严重

（E，文化`经济`政治等社会各关系方面

— a："欲求空间的高值性"；"个人在情绪感方面的高频状态"；"情绪感大周期的短期性"

——I）正作用：社会的处于极大的变动可以带来文明的极大发展。

——II）负作用：但由于提倡人欲的最大激发，社会更容易处于疯狂畸变之中。

六：幸福学原理对于社会机制产生的世俗幸福观的重大纠正

（A，"快感高值的低频率"；"快感高值的高频率"

— a：社会据此特性的推导

低频率使自己享受的幸福感减少，幸福会因此降低。而享受到高频率的快感高值会使自己的幸福极大地提高，从而自己这一生都变得非常快乐。

— b："和谐幸福学"据此特性的推导

快感高值的低频率只是使自己的获得幸福感高值的频率降低，并不因此改变幸福的本身。因为根据"幸福感第 n 原理"我们获得相应强度的幸福感的同时也必须承受相应的痛苦感，因此低频的快感高值同时也避免了承受高频的痛苦感。

高频率的快感高值的获得意味着他必然承受其带来的一系列后果，包括自身内外环境从心理到生理的各方面的改变，简单来说，一次高值快感的取得会使自己发生各种改变，所得到的快感必然会有相应高值的痛苦随之而来，会以各种其他形式出现。

所以无论低频或高频的快感只能对情绪感的值发生关系，而不可能获得额外的快感。

（B，"同一幸福感获得的趋向零值性"

— a：社会据此特性做出的推导

——I）趋向零值使自己享受不到高值的幸福，痛苦增多。

——II）缓慢趋向零值的过程是一种折磨人的状态，是一种枯燥和郁闷的过程，是一种极大的痛苦。

— b："和谐幸福学"据此特性的推导

能够使单一的欲求完整的完成其周期，从失衡到复衡的整个过程，其他欲求就不会进入扰动其周期，

在"幸福感第 n 原理"作用下，社会人对于缓慢递减的反应不会有任何感知，只有对异常刺激发生反应才会引发情绪感，因此在一个持续递减的情绪感大周期的过程中，在没有内外环境的干扰下（一般为社会因素的干扰，比如在趋动性社会中人们会受到各种各样的刺激，激发起对平淡生活的厌恶和骚动。），人们不会有任何不适的情绪感赋予。

（ C， "个人总体幸福感波动的低值态"

—a：社会据此特性做出的推导

——Ⅰ）某甲的三种状态决定了其幸福感波动较低

—— （ⅰ）社会各角色总是停留在原有的状态

在通常会发生名欲求`利欲求`权欲求的这个社会角色"事业"中，他从不向上攀援，不去提高自身的在事业中的社会角色。

—— （ⅱ）在欲求各个方面都没获得较大的实现

由于社会角色的不发生变更，欲求就得不到实现，或根本不产生欲求来使社会角色变更。

—— （ⅲ）情绪感方面的波动处于较低状态

某人总是处于一种淡泊状态，或某人欲求得不到实现，便放弃，这两种状态都不争取欲求获得实现，从而保持其一种情绪感方面的波动较低的状态，其幸福感的波动较低。

——Ⅱ）某乙的三种状态决定了其幸福感波动较高

—— （ⅰ） 社会各角色总是在超越原有的状态

某乙在"事业"的这个社会角色中，他努力向上攀援，从而总处于一种不断提高自身在事业中的社会角色的状态，他从一个"工人"的社会角色提升到"科员"的这个社会角色，然后他再次跃升到"科长"的社会角色，接着"主任"后来成为"厂长"，最后他成为了"市长"。

—— （ⅱ） 在欲求各个方面都获得较大的实现

由于社会角色在不断发生向上的变更，其欲求也就得到不断地实现。

—— （ⅲ） 情绪感方面波动处于较高状态

某人总是处于一种激荡状态中，努力使自己的欲求得到实现，在挫折面前也从不放弃，从而保持其一种情绪感方面的波动较大的状态，因此其幸福感的波动较高。

——Ⅲ）结论：某乙比某甲要幸福。

—b："和谐幸福学"据此特性的推导

——Ⅰ）某甲

由于他总是停留在原有的社会角色"工人"，因此他内外环境没有任何改变（排除社会和家庭因素的影响，只发生在恒定性社会）。

因为他的权欲求阈值很低，他可以用很小的努力或者一个极小的权欲求方面的向上的改变，就能使他达到高值的幸福感享受。由于在权欲求中的社会角色秩序流的排序极低，因此将来失去该社会角色时所发生的痛苦度也相对极低。

——Ⅱ）某乙

实现了从原有"事业"的社会角色"工人"向上达到"市长"的欲求，改变了他原有的生活秩序，自己的内外环境都发生了彻底的改变（详参考。。。。。）。

（1）提高了权欲求的各种场景阈值，也就提高了某乙从事业中获得幸福感的成本（由于某乙对原有达到的位置"科长"已经不满足，其权欲求的目标欲求已经提高到"科长"，就需要"主任"的这个社会角色才能够满足他的权欲求。），包括：需要付出的时间`劳动`精力`智力，等等一系列个人的努力。

（4）提高了权欲求的场景阈值，同时提高了情绪感小周期的痛苦度。

（2）延长了该个体脱离该生活环境带来的痛苦与快感的循环时期。

（3）由于提高了自己在权欲求中的社会角色秩序流的排序，因此将来一旦失去该社会角色就会产生相应的高值的痛苦感。

——Ⅲ）如欲求得不到实现，又努力去争取，如此反复，会进入一个极强的情绪感大周期。

（乙）欲求与幸福感的一般原理对个人的重大影响

欲求包括情绪感机制引发的情绪感欲求和欲求机制引发的一般欲求。

为阐述的简明凡以下欲求仅为情绪感欲求。

一：欲求的一般原理

（1）欲求发生的条件

（A，外环境

—a：外环境与个体处于关联状态

—b：外环境发生变化对该个体产生刺激源。

—c：刺激式态强度达到一定等级

（B，内环境

—a：身心失衡

——I）刺激源作用于人体身心使之发生失衡反应。

——II）失衡达到一定程度

—b：生理方面

——I）感受器处于正常状态

——（i）感受器能正常传递刺激信息。

——（ii）感应器能正常的传递失衡信息。

——II）生理监控系统发生作用

——（i）监测系统

场感状态

监测系统能正常监测场波动度。

场感的场波动度达到感应反应梯级。

——（ii）控制系统

能正常发挥控制反应。

—c：心理方面

——I）心理监控系统作用

—— （i）监测系统

正常的形成场感效应

监测系统能正常监测场波动度。

场感的场波动度达到感知反应梯级。

—— （ii）监控系统

控制系统

能正常的发生控制作用

—— （iii）思维中心

思维中心能正常的进行思维反应。

幸福观评价机制运行正常

情绪感机制

能正常的对监控系统传递的信息启动情绪感欲求反应。
能够形成欲求目标并调用场景反应模式库的模式形成欲求行为。
能启动应激机制进行反应。

思维运作体系

能正常地进行相应的形象思维和逻辑思维反应。

应激机制

对情绪感机制传递的信息能立刻形成应激反应。

—— （iv）欲求机制

能正常的对监控系统传递的信息启动欲求反应。能够形成欲求目标并调用场景反应模式库的模式形成欲求行为。

（2）欲求实现的条件

（A，外环境

—a：社会条件

（B，内环境

—a：生理条件

—b：心理条件

（3）欲求实现的效应

（A，外环境

—a：社会角色

—b：场景角色

—c：外环境其他方面

——Ⅰ）实现新欲求

——Ⅱ）实现原欲求

（B，内环境

—a：生理系统

——Ⅰ）获得与幸福感范畴情绪感相关的生理应激反应

——Ⅱ）其余等同于取得幸福感效应

—b：心理系统

——Ⅰ）获得幸福感范畴的情绪感评价

——Ⅱ）其余等同于取得幸福感效应

（4）小结：因此幸福感来源于欲求的实现

二：幸福感的一般原理

（1）幸福感发生的条件

（A，刺激条件

—a：刺激源发生对个体身心的刺激

内外环境下任何能对个体发生失衡反应作用的变化。

——Ⅰ）内环境的改变

—— （i）场景

场景模式

在个体其他刺激驱动下，个体在心理反应层次下做出的对场景的分析`综合`等反应使其发生与原有场景不同的变化 。

场景监测平台

场景的各个阈值随着场波动的增大而提高。

场景角色

在刺激作用下个体的场景角色会随之场感状态的改变而发生变化，有些是主从关系的变化，有些则是性质的改变。

—— （ii）场感状态

生理系统方面的场感状态

生理五大系统发生失衡触使场感状态的变化，从而导致情绪感反应。

心理系统方面的场感状态

所有发生感知的场感状态的

所有直接通过对外主动性感受器发生的心理失衡反应，和所有通过对内被动性感受器感知到的生理失衡，如果其达到改变场感的场谐状态到场变状态，都可能最终导致情绪感反应的发生。

思维过程

其过程也是一种在场景变化下场感状态随之发生的变化过程。

——II）外环境的改变

——（i）社会环境

个体在所处社会中的各种社会角色的改变。

——（ii）自然环境

自然环境对个体造成的影响。

—b：该刺激的强度和异态度达到一定程度

刺激的强度和异态度必须达到一定程度才能被个体感应和感知，直至发生情绪感反应。

（B，失衡条件

—a：发生对刺激的反应发生失衡

个体生理某区域或心理某方面对刺激作用发生反应，偏离平衡态。

—b：失衡达到一定程度

偏离平衡必须达到一定程度才能被个体感应或感知，从而改变原有的场感状态，只有在场变状态下场波动度达到一定等级，才能发生第四梯级的情绪感反应。

（C，身心监控条件

—a：对失衡发生监控的监控机制运作正常

监控机制必须能够对场变状态正常的发生监测反应，能正常的传递场变信息给予情绪感机制以趋动其发生情绪感反应。

—b：场波动度达到一定反应梯级

（D，情绪感机制条件

—a：情绪感机制运作正常

—b：评价机制

——I）外评价机制

对该刺激反应赋予幸福感范畴的情绪感。

——II）内评价机制

幸福观评价机制对该刺激反应赋予幸福感范畴的情绪感。
情绪感评价机制对该刺激反应赋予幸福感范畴的情绪感。

（2）幸福感实现的效应

（A，享受新的幸福感所产生的效应

—a：外环境

——I）建立新的社会和场景角色

——II）建立新的生活秩序

——III）改变了外环境，或建立了新的事物

—b：内环境

——I）获得新的幸福感所引发的生理系统的变化

——（i）提高生理对刺激的承受力，即提高了原有的生理阈值。

——II）获得新的幸福感所引发的心理系统的变化

——（i）建立新的场景及其场景监测平台和场景各阈值

——（ii）建立新的场景秩序流或在原有的场景秩序流中建立新的场景梯级

——III）心理机制的变化对情绪感机制的影响

——（i）建立了一个新的可以导致情绪感发生的发源地。

受情绪感原理的作用而发生的影响

依据一组情绪感小周期必定建立新的情绪感大周期或延续原有的情绪感大周期的原理。

——（ii）建立一个新的情绪感大周期

新建量值阈值成为情绪感大周期的源头

建立了新的幸福感与痛苦感情绪交织的一个情绪感大周期，任何场景其量值阈值不降到零值，就会成为延续这个情绪感大周期的刺激源，就会成为感知痛苦和幸福的源头。

受情绪感原理的作用而发生的影响

依据幸福感第 n 原理：一组情绪感对称性原理，以某种强度和正极性情绪感所生成的情绪感大周期必定以同种强度和负极性情绪感为终止。

任何快感为开始的情绪感大周期必定以痛苦结束，反之任何以痛感开始的必定以快感结束。

从享受幸福感开始到承受痛苦感结束，或者从承受痛苦感开始到享受幸福感结束。其强度和极性都是绝对对称的。

（B，维持和感知更高幸福感所产生的效应

—a：外环境

——I）维持或改变了原有的社会和场景角色

——II）维持或改变了原有的生活秩序

——III）维持或改变了外环境

—b：内环境

——I）维持和感知更高幸福感所引发的生理系统的变化

——（i）维持和提高生理对刺激的承受力，即提高了原有的生理阈值。

——II）维持和感知更高幸福感所引发的心理系统的变化

　　——（i）维持或递增了原有的场景阈值

受情绪感原理的作用而发生的影响

依据幸福感第 n 原理：所获幸福感越强烈越多其所付代价越高，而痛苦感越持久。

每一次实施刺激反应的欲求行为都会使得该场景的所有阈值维持或提高。

这就意味着为获得幸福感而发生的行为频率越大，所获得幸福感强度就越小

依据幸福感第 n 原理：所得幸福感的增大依赖于强化的刺激和自身增大的失衡。

强化的刺激和自身增大的失衡度都是个体需要付出的代价之一，如果强化了的刺激不属于个体自己所付出的行为代价是外环境赋予的也必须使自身失衡度增大才能感知到增大了的幸福感，自身的失衡也是所付出的代价之一。

代价之二是提高了场景阈值，这就带来了幸福感的享受也带给个体痛苦感的延续。

　　——（ii）维持或强化提升了该场景在秩序流中的梯级

——III）心理机制的变化对情绪感机制的影响

　　——（i）强化了这个导致情绪感发生的发源地的影响力。

受情绪感原理的作用而发生的影响

　　——（ii）维持或延长了原有的情绪感大周期的时效。

受情绪感原理的作用而发生的影响

三：欲求和幸福感的一般原理对生存及生存衍生欲求的重要影响

生存欲求和生存衍生欲求包括四大欲求和其它一般欲求，欲求和幸福感的一般原理对其的作用。

四：利欲求

（1）利欲求简介

（A，利欲求包括

利欲求由利欲求目标和利欲求实现方式组成。

利欲求目标：由该个体所处的利的现实状态和该个体所预期的利的状态构成；

利欲求实现方式：利欲求行为场景分析方式和利欲求行为场景的组织方式和利欲求的行为场景的运作方式构成。

现实状态：现实的个体所处的利欲求的场景状态与现实个体所处的利欲求的社会状态构成；

预期状态：个体预期的利欲求的场景状态与与个体预期的利欲求的社会状态构成。

场景状态：由该个体的利欲求的身心场景平台状态和利欲求的场景心理角色状态构成；

社会状态：由个体在社会中所处的利欲求的状态和个体的利欲求的社会角色构成。

（B，财富信源与欲求关系

财富信源是指能使个体发生利欲求的刺激源，如此，无论财富状态自身或他人或该个体使之发生变化，都会影响到该个体的利欲求，也影响到该个体的场感的变化，影响到该个体的情绪感。

　　—a：财富信源分为两种

——I）外评价性财富信源，是指个体以其他个体或以社会一般标准为参照体衡量和评价自身财富处于何种程度的。

——II）内评价性财富信源，是个体以自身既往所得到的财富为参照体衡量自己所获财富达到何种程度的。

（ C，个体在何种状态下对利欲求标的不发生情绪感反应

—a：由于"情绪感第一定律"的作用

是个体对其已经处于情绪感大周期的恒定期的其数值处于固定状态的财富，个体因为其不再发生变化已经对其不赋予情绪感。

—b：标的"财富"脱离了自身利欲求，经过"情绪感第一定律"消减作用，对不属于自身的财富，如果不发生外评价的比照效应就不会对其有任何情绪感发生。

—c：个体由于本身的原因对其不发生情绪感

拥有财富的个体本身心理发生变化，不再对利欲求发生任何反应；或者其发生生理异常对利欲求不再正常对待。这样无论财富是否变化个体也不会对其有任何反应。

（ D，财富转化为利欲求才能发生幸福感

—a：某种财富必须成为某人的利欲求的标的才会使该人发生情绪感，

—b：某种财富的某种状态必须成为某人的利欲求的实现目标才会使该人发生情绪感。

—c：该类利欲求必须成为某人的以何种方式实现之，才会发生情绪感。

（ E，与某个体有关联的财富不必然的使人发生利欲求

—a：对于自然人个体或准自然人个体而言，财富不会使他们发生利欲求。

—b：对于恒定性社会人或不以财富为利欲求的社会人而言，财富不会使他们发生利欲求。

（2）个体从实现利欲求中获得幸福感的必要条件

有关财富的刺激源（包括财富本身和涵盖能引发该个体形成财富感知的刺激源，统称为财富信源）只有在与个体发生联系的基础上，有关财富这个刺激源必须满足幸福感发生的条件，个体也必须满足获得幸福感的条件，才能使个体对该财富刺激发生幸福感的感受。

（ A，个体对某财富信源发生利欲求的条件

—a：外环境

——Ⅰ）某财富信源与某个体处于关联状态

任何财富信源都必须与人发生交换˙储存˙流通˙等各种特定利益关系才成为对该个体形成作用的财富信源。

——Ⅱ）某财富信源发生变化对某个体产生刺激源。

当某财富信源与某个体一旦发生了各种关联，无论财富信源状态自身或他人或该个体使之发生变化，包括财富信源的增长和消减；财富信源的得到或失去，财富信源的种类或数值和分配方式及其处于何种状态，只要其性质或状态发生了某种变化，就可能成为某个体所处的外环境的变化，都会成为对个体发生作用的刺激源，这会使个体的原场感状态发生变化，会使个体发生新场景反应和原场景的反应。

——Ⅲ）刺激式态强度达到一定等级

与该个体发生关联的某财富信源对该个体的刺激度，必须达到一定程度，达到感知反应梯级以上层级的反应梯级才可能进而引发该个体的情绪感反应。

—b：内环境

——Ⅰ）身心失衡

——（ⅰ）刺激源作用于人体身心使之发生失衡反应。

某财富信源发生的各种变化必须对该个体发生作用，使该个体对其发生失衡反应，一般是以个体对其使用主动性感受器感知到的，失衡一般是以该个体直接发生心理感知层级的失衡。

——（ⅱ）失衡达到一定程度

该个体的失衡必须达到感知反应梯级。

——II）生理方面

——（i）感应器正常态

该个体的对外感应器能正常传递外环境的变化，传递某财富信源变化的信息。

该个体的对内感受器能正常的传递自身心理失衡的信息。

——（ii）生理监控系统正常态

监测系统

场感状态

生理平衡监控系统能正常的发生场感反应。能对生理的失衡状态相应的提取场景模式形成场境参照模块，并形成正确的场感效应。

监测系统能正常监测场波动度。

生理平衡监测系统对形成的场感效应能正常的予以监控，实时反映正确的信息到生理平衡监控系统，后者能正常的予以调控。

场感的场波动度达到感知反应梯级。

某财富信源与某个体形成的场感效应，其场波动度已经达到感知反应梯级，

控制系统

生理平衡控制系统对达到感知反应梯级的失衡能正常发挥控制反应。

——III）心理方面

——（i）心理监控系统作用

监测系统

能正常的形成场感效应

该个体对某财富信源形成的刺激状态能正常的形成场感效应。

由于生理大多数时期不能够依靠自身的自主调控反应就能够协调自身的失衡，这时失衡和场波动度就会达到感知梯级反应，或由于刺激度大导致失衡和场波动度直接上升到感知梯级反应，该个体就需要启动场景分析系统和利益场景平台来监测，前者能使该个体对各刺激源（包括财富信源变化状态的元刺激源和身心发生失衡反应的刺激源）形成场感效应，后者对刺激源形成监测关系。

监测系统能正常监测场波动度。

场感的场波动度达到感知反应梯级之上。

监控系统

控制系统

能正常的发生控制作用

思维中心

思维中心能正常的进行思维反应。

情绪感机制

幸福观评价机制正常

情绪感评价机制正常

能正常的对监控系统传递的有关该财富信源的刺激和自身的失衡反应信息启动情绪感欲求反应。

能够对该刺激带来的失衡，形成利欲求目标并调用利场景反应模式库的模式形成欲求行为。

能启动应激机制进行反应。

思维运作体系

思维运作体系能正常的对财富信源的刺激和自身失衡做出形象或逻辑思维运作。

应激机制

对情绪感机制传递的启动信息能立刻形成应激反应。

欲求机制

能正常的对监控系统传递的启动利欲求的信息启动有关利欲求反应。

能够形成有关利欲求目标并调用场景反应模式库的利欲求模式形成利欲求行为反应组，以便形成如何实施该利欲求的一系列反应输出。

（ B，个体对该财富信源发生幸福感的条件

—a：刺激条件

——I）某财富的变化成为刺激源对个体身心的发生刺激作用

在内外环境的变化作用下，个体发生失衡。

如外环境的刺激，某种财富的状态发生变化其刺激作用于个体使其发生失衡。

——（i）个体内环境的改变发生对利欲求的情绪感

利欲求场景

利欲求场景模式

在个体其他刺激驱动下，个体在心理反应层次下做出的对利欲求场景的分析\`综合\`等反应使其发生与原有利欲求场景不同的变化 。

利欲求场景监测平台

利欲求场景的各个阈值随着场波动的增大而提高。

利欲求场景角色

在内环境刺激作用下个体的场景角色会随之场感状态的改变而发生变化，有些是主从关系的变化，有些则是性质的改变。

利欲求的场感状态

心理系统方面的场感状态

场感状态发生变化引发情绪感发生。

所有直接通过对外主动性感受器发生的心理失衡反应，和所有通过对内被动性感受器感知到的生理失衡，如果其达到改变场感的场谐状态到场变状态，都可能最终导致情绪感反应的发生。

——（ii）外环境的改变发生对利欲求的情绪感

社会环境

个体在所处社会中的各种社会角色的改变发生对利欲求的情绪感。

自然环境

自然环境的改变使个体发生对利欲求的情绪感。

——II）财富状态变化的刺激强度和异态度达到一定程度

财富状态变化的这个刺激的强度和异态度必须达到一定程度才能被个体感应和感知，直至发生情绪感反应。

—b：失衡条件

——I）发生对财富刺激的反应发生失衡

个体生理某区域或心理某方面对刺激作用发生反应，偏离平衡态。

——II）失衡达到一定程度

偏离平衡必须达到一定程度才能被个体感应或感知，从而改变原有的场感状态，只有在场变状态下场波动度达到一定等级，才能发生第四梯级的情绪感反应。

—c：身心监控条件

——Ｉ）对失衡发生监控的监控机制运作正常

监控机制必须对某财富的场变状态能正常的发生监测反应，能正常的传递该场变信息给予情绪感机制以趋动其发生情绪感反应。

——ＩＩ）场波动度达到一定反应梯级

—d：情绪感机制条件

——Ｉ）情绪感机制运作正常

——ＩＩ）评价机制

——（ｉ）外评价机制

对财富状态的变化这个刺激反应赋予幸福感范畴的情绪感。

——（ｉｉ）内评价机制

幸福观评价机制对该刺激反应赋予幸福感范畴的情绪感。
情绪感评价机制对该刺激反应赋予幸福感范畴的情绪感。

（3）个体从实现利欲求中获得幸福感所产生的效应

并非幸福感给个体带来改变的效应，而是欲求在实现过程中和实现后带来的个体的内外环境的改变。

（Ａ，实现新的利欲求获得新的幸福感时所产生的效应

—a：外环境发生的效应

——Ｉ）建立新的有关财富信源的社会和场景角色

个体在他人和所处的社会中改变了原有的财富信源的社会角色，例如某甲以前的社会角色中的财富角色是处于中下等级的普通者，而一次中彩票改变了他自身的财富角色，也由此在他人的参照体中成为了富有者，从而改变了他的社会角色。

——ＩＩ）建立新的有关财富信源方面的生活秩序

由于原有的财富信源的改变，个体会主动或被动地在原有的生活秩序流中增加新的生活秩序流。

——ＩＩＩ）改变了外环境，或建立了新的事物

由于新财富的取得，该个体改变了周围环境中有关联者对自身的看法和观念，使他们改变成为贫穷者的社会角色，在他们的观念中建立了有着新财富的某甲的这个新的社会角色。

—b：内环境

——Ｉ）获得新的幸福感所引发的生理系统的变化

——（ｉ）提高了身心对由于该财富信源带来的刺激的承受力，即提高了原有的对该财富信源的身心阈值。

——ＩＩ）获得新的幸福感所引发的心理系统的变化

——（ｉ）建立新的关于该新财富信源的场景及其场景监测平台和场景各阈值

——（ｉｉ）建立新的该新财富信源的场景秩序流或在原有的财富信源场景秩序流中建立新的场景梯级

——（ｉｉｉ）建立了一个新的场景反应模式

建立了一个新的财富信源的场景记忆，其场景模式本身可以导致情绪感发生的发源地。
建立一个新的情绪感大周期
新建的量值阈值成为情绪感大周期的源头
建立了新的幸福感与痛苦感情绪交织的一个有关该财富信源的情绪感大周期。

任何有关该财富信源场景其量值阈值不降到零值，就会成为延续这个情绪感大周期的元刺激源，就会成为该个体感知痛苦和幸福的源头。

受情绪感原理的作用而发生的影响

依据幸福感第 n 原理：一组情绪感对称性原理，以该财富信源元刺激引发的场波动强度和正极性情绪感所生成的情绪感大周期必定以同等强度和负极性情绪感为终止。

任何快感为开始的情绪感大周期必定以痛苦结束，反之任何以痛感开始的必定以快感结束。

从享受幸福感开始到承受痛苦感结束，或者从承受痛苦感开始到享受幸福感结束。其强度和极性都是绝对对称的。

（B，实现原有利欲求，维持和感知更高幸福感所产生的效应

—a：外环境

——Ⅰ）维持或改变了原有的社会和场景角色

——Ⅱ）维持或改变了原有的生活秩序

——Ⅲ）维持或改变了外环境

—b：内环境

——Ⅰ）维持和感知更高幸福感所引发的生理系统的变化

——（i）维持和提高生理对刺激的承受力，即提高了原有的生理阈值。

——Ⅱ）维持和感知更高幸福感所引发的心理系统的变化

——（i）维持或递增了原有的场景阈值

受情绪感原理的作用而发生的影响

依据幸福感第 n 原理：所获幸福感越强烈越多其所付代价越高，而痛苦感越持久。
每一次实施刺激反应的欲求行为都会使得该场景的所有阈值维持或提高。
这就意味着为获得幸福感而发生的行为频率越大，所获得幸福感强度就越小
依据幸福感第 n 原理：所得幸福感的增大依赖于强化的刺激和自身增大的失衡。
强化的刺激和自身增大的失衡度都是个体需要付出的代价之一，如果强化了的刺激不属于个体自己所付出的行为代价是外环境赋予的也必须使自身失衡度增大才能感知到增大了的幸福感，自身的失衡也是所付出的代价之一。
代价之二是提高了场景阈值，这就带来了幸福感的享受也带给个体痛苦感的延续。

——（ii）维持或强化提升了该场景在秩序流中的梯级

——Ⅲ）心理机制的变化对情绪感机制的影响

——（i）强化了这个导致情绪感发生的发源地的影响力。

受情绪感原理的作用而发生的影响

——（ii）维持或延长了原有的情绪感大周期的时效。

（4）总结：对在利欲求中的社会原有幸福观的重要纠正

（A，实现新的利欲求获得幸福感，意味着该个体已经建立起了新的社会或场景角色，突破了原有社会或场景角色，

（B，意味着该个体建立起了新的场景阈值，维持了或突破了原有的场景阈值。

—a：提高了该个体将来继续享受该幸福感时候的对利欲求目标的要求，

—b：延长了该个体脱离该场感环境带来的痛苦与快感的循环时期。

—c：提高了该个体将来所需要承受的痛苦度。

——Ⅰ）该个体在利欲求这个社会角色的秩序流中的排序提高，相应提高失去或保存这个社会角色的心理压力或痛苦。

——Ⅱ）提高了该个体在情绪感小舟其中发生的复衡时的痛苦度。

（C，意味着该个体必须行使新的欲求行为反应或者加大原有的欲求行为的强度。

（D，获取幸福感的同时也意味着自身发生了变化，包括自身内外环境的变化，内环境包括自身心理和生理环境，外环境包括自身所处的社会和自然的环境。

—a：依据一组情绪感对称性原理，获得幸福感同时发生的效应

—b：提高的场景阈值带来了幸福感的享受也带给个体痛苦感的延续

—c：同等强度的幸福感享受会增加同等强度的痛苦感的承受，这种承受可以由时间或强度或者以其他方式表现出的方式来给以该个体痛苦感。

—d：正常情况下的财富增长只给个体在自身场景的阈限内波动的幸福感的强度享受，只有额外的财富的增长才会带来额外的场景阈值的突破才会带给个体额外的幸福感强度的享受。

五：从利欲求错误观念的纠正

（1）个人绝对性财富的增多不等同于个人幸福感的增长

六：幸福观评价与情绪感评价的相对性

评价建筑在参照物上，失去了参照物就不存在评价。

例如：我感觉需要小便是因为心理系统启动幸福观评价机制，参照了自身常态的膀胱充盈标准，一旦由于内外环境的制约不能行使释放行为，就会引发心理的另外失衡（害怕膀胱破裂；害怕小便失禁；害怕表现出的行为令自己难堪，等等）加上生理上的失衡加剧（膀胱继续充盈），身心失衡——场波动度加剧——启动第四重梯级反应——情绪感机制启动——情绪感评价机制启动；生理应激机制启动；组合新的欲求；形成情绪感负号标记；等等，

财富的相对性是指，如果要发生利欲求必然是因为启动了情绪感机制进行了情绪感评价机制的评价反应，

而财富一旦与人发生关联，无论是何种关联，就必然会导致此人的一系列内外环境的变化，引发一系列反应，

（1）其中包括内环境的身心反应方面：感应和感知反应方面；欲求反应方面；情绪感反应方面。

（A，以上各方面都包括了场景变化方面，

—a：场景阈值变化；场景反应模式库变化；场景秩序流变化；

——Ⅰ）场景反应模式库变化

——（ⅰ）增加新的场景模式

场景新的阈值形成新的情绪感大周期

——（ⅱ）减少原场景模式

减少原场景形成的情绪感大周期

——（ⅲ）原场景模式发生变化

会改变原有的情绪感大周期的持续时间，延长或缩短。

（2）外环境方面：生活秩序；社会和场景角色；其他外环境各方面。

七：重要提示

（1）欲求行为的强度或异度，对欲求目标实现和情绪感有重要影响

如果某甲的利欲求目标不仅仅是获得某数量的财富，而且是要同时获得高值的快感。某甲需要获得超过前期数量的财富才能够实现维持前期高值的快感或突破前期高值的快感。在通常情况下这只有加大输出欲求行为的强度或异度来实现的，比如某甲需要付出更多的劳动和时间，投入更多的精力和智力，规划更详尽和准确的计划才能得到比原有更多的财富收入。所有某甲付出的劳动`时间`精力`智力都是该个体的为实现利欲求目标而行使的利欲求行为。

（2）从情绪感第三定律导引出情绪感小周期的情绪感标记问题；从情绪感第一定律导引出情绪感大周期的四阶段规律；从情绪感第二定律导引出病态平衡；从情绪感第四定律导引出竞争性规律；

（3）欲求实现与获得幸福感的后效

（A，得到一次欲求实现获得幸福感就意味着获得了四大效应：1 获得新阈值或提高原有阈值；2 获得新的或改变原有的生活秩序流；3 获得更高压力；4 获得更高强度的潜在期的痛苦。

（B，在不增大刺激前提下不断得到同一类欲求实现，除了获得四大效应，还将在情绪感第一定律作用下逐渐从快赶到平衡再到痛苦最后处于无情绪的恒定。

（丙）幸福的错觉

一：产生幸福错觉的根本原因

（1）有关幸福的种种错觉

—a：幸福不是物质性的

它是一种社会人的心理与生理上的现象，是人的一种刺激反应的过程，并建筑于个体心理系统之上。

—b：幸福感依附于人的身心系统

就是说依附生理现象规律，即同种刺激不反应原理，这种生理上的不可抗拒的也是维护人的生理系统不致为外界扰动到使生理系统陷入崩溃的规律，这是生命组织体的特性，所有的系统都有这种现象存在，也是生命组织体赖以存在的必要条件之一。

—c：幸福可天长地久可此多彼少程度不同的看法错误

社会人感受到幸福（因为这种刺激源符合社会所建立的幸福模式），也正由于产生生理上的一种偏离于平衡状态的反应，而生命组织体的特征便是时时纠正偏离，把各种外来的不利于生理系统平衡的现象排除，在排除过程中生理上也会产生一系列调整过程，在行为上个体会根据社会教习的反应模式来行为，刺激会因个体自身的调整行为而消除，无论是幸福符号赋予刺激源或是痛苦符号赋予的刺激源都是如此，前者人们尽管试图留住这种刺激产生的幸福感，但刺激不反应规律会起作用，即便是这种刺激源存在着也不能使人感觉到有幸福感的存在，因为没有生理上的反应只有记忆留下的印记这如同无源之水无本之木，人的幸福也无从赋予，随着心理上对刺激的适应生理上不会对这种刺激作出反应，这样个体便很快地适应，这种本来会带给他愉悦幸福体验的地位角色，而随这种状态的延长，该个体又为自身寻求幸福的观念以及不断扰动自己的生理系统包括生殖系统所困。此时个体心理上会根据社会模式提供的情感符号赋予这种境况为消极情感符号，如麻木`无聊`苦闷等，这种观念是属于消极情感符号反动于幸福这概念。这时社会人会渐渐不安现状，自身生殖系统，生理系统及心理系统的不平衡状态会促使个体按模式行为寻求幸福感，以权欲求目标实现为手段取得幸福感的个体会试图使自身的职位往上迁升，以性欲求目标为手段的则会去征服又一个性对象，以利欲求为手段的要使自己的财富增加到更高层次，以名欲求为手段的达至权威的顶峰则会使他心迷神颠，凡此种种每一次接近目标成功的尝试带来的刺激会被他赋予各种积极的情感符号，人们极力排除的现象痛苦，本是社会赋予的概念，基于这种模式是不利于社会人的生理系统的平衡及四大欲求目标的实现等，与追求幸福感截然相反的概念，它也是与幸福概念相比较的模式，当你把这一点标记为高时那么必定是以另一点为标记为低的作为参照物的。这二点的高度必须是以不同长度为基础的，否则没有对比就不可能有区别更不能赋予其对比符号。同样幸福与痛苦也是建立在模式情况不同的基础之上的两个极点现象，二者互为因果

紧密联系在一起，幸福是人接受的状态而痛苦则是相反排斥的状态，没有前者，后者无从标记没法存在，你把得不到某件物体标记为幸福，正因为你把得到这件物体作为痛苦为基础的。

社会人关于幸福的种种概念却是一种美好的错觉

比如说每个人的幸福程度会不同，这其实是把幸福作为一种可以计量的实体的错觉了，这种表达式含糊不清的，幸福其实是幸福观和幸福感两者的综合，幸福观是社会赋予个体的观念并使个体能够朝着这个观念不断进取的过程，这个过程没有是止境的，它成为个体心理系统的一个指导性的行为准则，所有行为的展开都是围绕着这个宗旨的，幸福观是个体行为的信念和生活总宗旨而幸福感则是个体向着这个行为宗旨而展开行为并不断实现着的同时感受到的一种正情绪，其实每个人的幸福观可能不同因为社会本就存在着两种截然不同的幸福观，而对幸福感和痛苦感的承受力则会因为个体的不同而不同，这是由于每个个体的不同社会角色而产生不同的承受力，比如饮酒，酒量大的人必然比那些酒量小的人对同样酒精的承受能力要大得多，同样的酒对酒量大的丝毫无感觉，而酒量小的人却对同样的酒精浓度产生很大的反应，这是由于每个个体的身体承受力的不同而导致的，但每个人的对幸福感和痛苦感的感觉的承受力各自有各自不同，这是因为个体之间有着不同的最低感受阈值和极限感受阈值，某个个体因为身体内有了 0.3%浓度的酒精含量而趋于崩溃的时候，另一个个体才开始不适应而已，但这两个个体在同样到达崩溃的时候却有着同样的痛苦或快乐的感受，只不过一个需要酒精浓度较少就能达到另一个需要酒精浓度较大才能达到。

（2）以为谁得到行使性行为的机会愈多便成为更幸福的人也存在着同样的误区

因为幸福感的被感知都只能是有着同样的过程，也就是你获得一个巨大的幸福感就会有一个同等巨大的痛苦感伴随着，被感知的快感度和将要来到的痛感度也是一样的程度值，虽然存在着个体之间有着各自不同的承受力和感知度，但一个获得大快感的个体必将会受到一个同等巨大值的痛感，一个只获得小的快感度的个体也只会受到一个同等小的痛感度，这即是表明如果要获得一个很大值的快感必将要承受一个很大值的痛感，你也可以先去承受一个巨大的痛感然后就会享受得到一个巨大的快感，同样可以去享受一个巨大的快感但必须准备好一个巨大的痛感在等待着。

（3）获得某种欲望的实现也成为与幸福可以等价同值观念。

认为幸福可以成为天长地久，永恒不变的类似金钢石一般的物质化了的认识，这对在处于欢爱中的男女时常确信与恋人之间的那种浪漫的激情永远也不会改变是非常正常的看法，但却更是错误的，世界上没有不存在违反情感第一定律的情感规则，任何的一种由外环境或内环境所引发的反应不会永久的以同样值而永远反应下去，除非刺激源的强度不断增加或改变刺激源的本身形式和性质才可能是个体反应不断的继续反应，短时期甚至可以使生理系统崩溃。

（4）认为幸福可以比之痛苦为多或可以较少的看法也是错觉

这观念与追求幸福避免痛苦的观念组合成强大的信息网络，使人们不由自主的落入其中，这种信息就成为社会前行力的作用力之一。

二：幸福学原理对于社会机制产生的世俗幸福观的重大纠正

（ A，"快感高值的低频率"；"快感高值的高频率"

—a：社会据此特性的推导

低频率使自己享受的幸福感减少，幸福会因此降低。而享受到高频率的快感高值会使自己的幸福极大地提高，从而自己这一生都变得非常快乐。

—b："和谐幸福学"据此特性的推导

快感高值的低频率只是使自己的获得幸福感高值的频率降低，并不因此改变幸福的本身。因为根据"幸福感第 n 原理"我们获得相应强度的幸福感的同时也必须承受相应的痛苦感，因此低频的快感高值同时也避免了承受高频的痛苦感。

高频率的快感高值的获得意味着他必然承受其带来的一系列后果，包括自身内外环境从心理到生理的各方面的改变，简单来说，一次高值快感的取得会使自己发生各种改变，所得到的快感必然会有相应高值的痛苦随之而来，会以各种其他形式出现。

所以无论低频或高频的快感只能对情绪感的值发生关系，而不可能获得额外的快感。

（ B，"同一幸福感获得的趋向零值性"

—a：社会据此特性做出的推导

——I）趋向零值使自己享受不到高值的幸福，痛苦增多。

——II）缓慢趋向零值的过程是一种折磨人的状态，是一种枯燥和郁闷的过程，是一种极大的痛苦。

—b："和谐幸福学"据此特性的推导

能够使单一的欲求完整的完成其周期，从失衡到复衡的整个过程，其他欲求就不会进入扰动其周期，

在"幸福感第 n 原理"作用下，社会人对于缓慢递减的反应不会有任何感知，只有对异常刺激发生反应才会引发情绪感，因此在一个持续递减的情绪感大周期的过程中，在没有内外环境的干扰下（一般为社会因素的干扰，比如在趋动性社会中人们会受到各种各样的刺激，激发起对平淡生活的厌恶和骚动。），人们不会有任何不适的情绪感赋予。

（ C，"个人总体幸福感波动的低值态"

—a：社会据此特性做出的推导

——I）某甲的三种状态决定了其幸福感波动较低

——（i）社会各角色总是停留在原有的状态

在通常会发生名欲求`利欲求`权欲求的这个社会角色"事业"中，他从不向上攀援，不去提高自身的在事业中的社会角色。

——（ii）在欲求各个方面都没获得较大的实现

由于社会角色的不发生变更，欲求就得不到实现，或根本不产生欲求来使社会角色变更。

——（iii）情绪感方面的波动处于较低状态

某人总是处于一种淡泊状态，或某人欲求得不到实现，便放弃，这两种状态都不争取欲求获得实现，从而保持其一种情绪感方面的波动较低的状态，其幸福感的波动较低。

——II）某乙的三种状态决定了其幸福感波动较高

——（i） 社会各角色总是在超越原有的状态

某乙在"事业"的这个社会角色中，他努力向上攀援，从而总处于一种不断提高自身在事业中的社会角色的状态，他从一个"工人"的社会角色提升到"科员"的这个社会角色，然后他再次跃升到"科长"的社会角色，接着"主任"后来成为"厂长"，最后他成为了"市长"。

——（ii） 在欲求各个方面都获得较大的实现

由于社会角色在不断发生向上的变更，其欲求也就得到不断地实现。

——（iii） 情绪感方面波动处于较高状态

某人总是处于一种激荡状态中，努力使自己的欲求得到实现，在挫折面前也从不放弃，从而保持其一种情绪感方面的波动较大的状态，因此其幸福感的波动较高。

——III）结论：某乙比某甲要幸福。

—b："和谐幸福学"据此特性的推导

——I）某甲

由于他总是停留在原有的社会角色"工人"，因此他内外环境没有任何改变（排除社会和家庭因素的影响，只发生在恒定性社会）。

因为他的权欲求阈值很低，他可以用很小的努力或者一个极小的权欲求方面的向上的改变，就能使他达到高值的幸福感享受。

由于在权欲求中的社会角色秩序流的排序极低，因此将来失去该社会角色时所发生的痛苦度也相对极低。

——II）某乙

实现了从原有"事业"的社会角色"工人"向上达到"市长"的欲求，改变了他原有的生活秩序，自己的内外环境都发生了彻底的改变（详参考。。。。。）。

（1）提高了权欲求的各种场景阈值，也就提高了某乙从事业中获得幸福感的成本（由于某乙对原有达到的位置"科长"已经不满足，其权欲求的目标欲求已经提高到"科长"，就需要"主任"的这个社会角色才能够满足他的权欲求。），包括：需要付出的时间`劳动`精力`智力，等等一系列个人的努力。

（4）提高了权欲求的场景阈值，同时提高了情绪感小周期的痛苦度。

（2）延长了该个体脱离该生活环境带来的痛苦与快感的循环时期。

（3）由于提高了自己在权欲求中的社会角色秩序流的排序，因此将来一旦失去该社会角色就会产生相应的高值的痛苦感。

——III）如欲求得不到实现，又努力去争取，如此反复，会进入一个极强的情绪感大周期。

三：对幸福的种种误解及剖析

（1）七彩冰淇淋你我的幸福

上传者：note　来源：各路神仙

（A，「幸福的定义，到底是什么呢？」

猫儿打呵欠的春日午后，有人问了我这样一个问题。

那一霎那间，因为嘴巴里正塞满了食物，唯一可以联想到的，就是用食物的方式来诠释幸福。

其实，所谓的幸福定义并不是一个很容易回答的问题。困难度的话，大约是被放在 UFO 不明飞行物存不存在的右边，或是鬼魂之说可信与否的左边。一方面有人探讨得兴高采烈，另一方面却有人从根本上就否定它的存在，充满了吊诡式的趣味。

解析 ——【幸福如果单从个人角度凭着一些经验去阐述就会出现莫衷一是的混乱局面，人们通常所表述的幸福只是自己对快乐或者欲求实现的种种看法和体验。

幸福既简单又复杂，简单的是人人都感受过幸福，复杂的是幸福感获得后又转瞬即逝，痛苦后又感觉轻松愉悦，甚至在感受幸福感的同时又感受到痛苦的复杂心情，所以人们对幸福感总是处于一种极为尴尬的境地。

认清幸福其实不容易，因为幸福学是一门综合性极强的学科，包含了心理学和生理学`社会学`系统学`智能学，等学科的内容，更需要深层次的中国哲学智慧始终贯穿在其中，并非依靠一时的领悟和若干言辞的表达就能阐述明白。】

（B，那么，幸福的真正定义到底是什么呢？

「半熟的两个荷包蛋煎好，只要看见澄黄色蛋黄完整地在餐盘上冒着热气，就感到非常的幸福。」

这是某个上过「侬侬」杂志封面的女孩，在日本连续中说过的台词。不过却几乎可以肯定是现实世界中，存在于某人心中的真实感受。

「原味的低脂优酪乳，凉爽地滑过舌尖的话，也觉得非常的幸福。」

一九九七年的夏天，我的妹妹在出嫁前也说过这样的感言。

解析 ——【只有处于下列几种状态的人，才会在满足食欲或美食欲时获得巨大幸福感。一：维持心理平衡的主欲求处在以生存欲的获取为主要手段，并不需要生存衍生欲求的儿童或少年；二：已经从四大欲求中再次转化到生存欲为主要实现心理平衡的老年人和病患者；三：四大欲求的实现受到某种挫折暂时演化到生存欲的实现之上的人，这种人通常只会在生存欲上停留短暂时间，尔后又会以四大欲求为主要平衡或追求幸福的手段了；四：少数超凡脱俗和具有某种理念的人】

（2）我所知道的幸福

作者：第三十八中学高二(6)班　冯宁宁

（A，小的时候

我对幸福的理解只是有一桌可口的饭菜吃，有一件新衣穿，有几个伙伴玩，特别是买根最爱吃的棒棒糖，便能嚐到满口的幸福。

解析 ——【幼儿和儿童时期的欲求由于受到生理发育和社会经验和社会教习的影响，基本都处在对生存欲的追求和对生存衍生欲求的四大欲求的浅层次模仿之上，特别是对生存衍生欲求的其他欲求的追求上有着异乎寻常的执著，比如游戏玩乐，在从各类游戏获得新奇的满足和食欲（儿童可以在各种游戏中逐步习得如何取得快感乐趣），在追求四大欲求上表现为有了对满足名欲和权欲的期望上（表现为在获得老师的表扬和同学的羡慕中获得名欲上的满足，在指示他人做事的权力过程中获得权欲上的满足），后者也大都从游戏中或学校中获得】

（B，但随着年龄的增长

各种新鲜不断地注入我的生活，渐渐地面对错综复杂的社会，对幸福的认识也开始模糊了。以为人活着就是为了权力和钱财，幸福就是建立在目的与物质之上的，迷茫中我有些讨厌这个字眼了。

解析 ——【然而随着生理的日渐成熟，在接受新的知识方面有了较为完善的生理基础，另一方面社会也逐渐在灌输着与其身份相符的各类知识，特别是在生殖系统日趋成熟之后，更增添了身体内部环境的扰动，如何平息这时期的内外环境的扰动，在外界的各种欲求模式的扰动下，依靠以前的对生存欲的追求不能很好的平衡心理和生理的交互扰动，所以新的平衡身心的欲求随之出现。这时候有儿童转变为青年期的人会在各种价值观上有新的经验和冲突，而不良社会的引导会使青年去刻意追求性的满足以达到身心的平衡，也会使青年去追求四大欲求来平衡自身，在这个过程中，如果缺乏了道德伦理的规范就会造就出越来越多急功近利自私的人，社会也越来越走向畸形疯狂的发展。】

（C，偶尔我会想

这个世界什么时候才能完美呢？不过完美的标准我也想不出来。记得《大宅门》里李香秀说："好东西吃八分饱，永远也不腻。"我们现在的日子也是这样吧。

解析 ——【李香秀所说的正是和谐幸福学所要表达的原理之一，因为任何一种能引发人情绪的刺激物，无论其是属于幸福感范畴或是痛苦感范畴，在"情绪感第一定律"作用下都会趋向无情绪生成状态。所以面对能引发快感刺激的美好事物尽量克制去较少的享用其刺激，这对能延续其刺激度是一种良好的方法。】

（3）幸福吗？

（A，当然是感觉好的了，坏的怎么叫幸福呢？

解析 ——【意思是能引发幸福感范畴情绪的就是幸福的事物，引发痛苦感范畴情绪就是痛苦的事物。但这是错误的，因为很多最终能让人生活秩序跌入混乱甚至悲惨境地的美好事物，本身就可以使人暂时地得到强烈的快感享受，比如毒品。所以使人感觉快感的事物不一定就会让人生存的更好。】

（B，也许人们认为有钱有车有房有爱就是幸福！

幸福不分在什么情况下，无论逆境还是顺境！都会有幸福的感觉！举个很简单的例子，一个几乎吃不上的饭的穷人，偶尔吃到一顿丰盛的饱饭，那一瞬间的感觉就叫幸福！一个家里贫困，读不起书的孩子，在社会的帮助下，上了学，那也叫幸福！跟他们比起来我觉得我现在就是幸福的！

解析 ——【根据幸福学第三原理（3）幸福感并不随着环境和个人的正常变化而发生额外的增值，也就是说幸福感也并不随着个人的处境的正常改变而发生异常的变化。幸福感获得的本质就在于它是以成组出现的情绪体验，从形成开始的失衡到最后的结束的平衡是一个从零归复为零的过程，最终情绪上是为生理零值状态，这也是人的动态适应和主动对应内外环境的一种行为过程。人们所真正体验到的是一种过程和最终由复杂评价机制所得出的评价，在一组情绪结束后实质上我们没有任何情绪会存在。体验是在刺激反应过程中。任何人体验到的幸福感都是这种过程，从零值状态到高值状态再恢复到零值状态。

任何人在任何环境中都能享受到幸福感，无论他是男女或者富贵贫贱，无论他是处在权力的顶峰或是深陷牢狱，都能享受到幸福感。因为有以下几个因素。

1 基于"维持幸福感是依靠递增的刺激度"原理和"所获幸福感越强烈越多其代价越高，而痛苦感越持久"原理。

富贵人获取穷困人所要取得的利益确实很简单，但是他得不到任何幸福感，富贵人想要获得幸福感就必须突破他自己的身心情绪感阈值，这种阈值就其利益来表现，可以是十万/年收入￥一百万/年收入￥一千万/年收入，等等，如果他处在十万/年收入的层级，他就必须突破该层级才能获得幸福感，而穷人在利欲求的场景角色等级是浅层次的，一千/年收入￥一万/年收入￥五万/年收入，等等，穷人只需要很少的收入就能获得与富人们所突破同样的等级而获得的幸福感。

就如同乞丐只需要十元钱就能获得普通人一千元才能获得的快感一样，处于不同社会角色的人由于本身生活角色的限制和约束都有特定的普适的情绪感阈值，只有突破这种阈值他们才能享受到比他们现存角色更快乐的幸福感享受。

2 高级权位和残酷牢狱的天壤地别的不同环境里人们都能从中获取幸福感。

假设低权位的某甲初次获取高级权位，会因为改变了的社会角色而获取幸福感，而高级权位的某乙深陷牢狱也会因为改变了的社会角色而获取痛苦感。

但某甲被改变了的社会角色和其情绪感阈值都被改变了，被提高到了相应的符合他现在的那个权位等级，不需要很久他就会在"情绪感第一定律"作用下对改变了的社会角色而不在能获取幸福感，再过一段时间他就会变得麻木，到了第二个阶段他就会变得不满于现状，而需要获得更高的权利。他在这个情绪感大周期的演变中必得经历三个阶段才能最后稳定。

所以某甲会因为这次的幸福感的获得而在今后获得相应等级的痛苦感，更会因为这次地位的改变而如果他日被降低地位或必定的退休离职而获得痛苦感。

高权位的某乙会感觉到一种痛苦，但这也是他以前获得高权位时获得快感的角色补偿，但这种痛苦感会随着"情绪感第一定律"而很快的就适应目前的社会角色，他的情绪感阈值很快的就降低到适应他的地位那种程度。在这个新的环境中他会很快的找到这个环境带给他的幸福感享受，因为他的情绪感阈值很快的降低了，被迫或主动地降低，原本不可能带给他幸福感的事物如今对他而言是一种绝大的乐趣，比如他可以因为长久的处在牢狱的黑暗中那么放风时候的十几分钟的阳光会给他带来高强度的幸福感值，而这是他原本生活在高权位环境中能时时享受到的，但绝不可能带给他半点乐趣。每周的一小碟荤菜供应也会带给他绝大的幸福感享受，而这对于他而言则是不可思议的事情，他原本处在酒池肉林中也并未曾感受到半点乐趣所在。如今他的生活只有半小时的阳光和自由，每周小碟荤菜，和每月与家人的会面，成为他绝对高值的幸福感享受，而以前他需要一百万/年收入`十个情人`各国的旅游才能带给他绝对高值的幸福感享受，如今在低层级的社会环境中他低层级的社会角色也造就了他低层级的情绪感阈值，就不需要高层级的社会环境也能带给他高值得幸福感享受了。

所以说，幸福对于任何人都是存在的，只要该人是社会人，任何正常或不正常的社会人都会有幸福感受，精神疾患者也会有幸福感，虽然我们外表看来他们的情绪是极度不稳定的，但总的爆发到平和都遵循着幸福学的情绪原理，根本不会出现只有幸福或只有痛苦的情绪，也不会出现此多彼少的情绪。这样在人的任何处境下，确实只要一旦转换并适应了这种环境，人就会在这样的生活轨道中遵循着该生活秩序从中获得幸福感的享受和痛苦感的承担。如果某人与生活轨迹完全不同的个体相比会可能由于生活秩序的不同而产生情绪，如果第一社会阶层的个体与第二社会阶层的个体相比，前者会由于自利社会的欲求秩序流而产生优越感，前者会从中获得幸福感享受，而后者则会由于欲求秩序流的作用而产生卑微感，后者会从中获得痛苦感的承受。但如果在"和谐幸福人"看来则不会有很大的优越感或卑微感，他们的心态是平和的。】

（ C，细心的去体会你身边的一切美好事物，你就会看到并感受到幸福的！

解析 ——【根据幸福学第八原理（8）一切事物都能够成为获得幸福的刺激源 突破幸福享受的约束幸福就随处可得，但也需承受痛苦。作者很敏锐的就看到了一切美好事物都能从中获得幸福感享受的，根据幸福学原理，甚至一切事物都能作为获得幸福的源泉的，包括丑恶事物，当然后者就是需要社会约束机制来约束的。任何事物中我们都可以发现有乐趣存在，并非要通过四大欲求的实现我们才能获得幸福的享受的，在生存欲方面我们同样可以享受到一切乐趣，孩子或老人他们从游戏中获得的快乐，他们养花种植园艺中获得的快乐，其实和青年人崇尚的性爱的欢悦没有丝毫性质和程度的不同，其快乐性质和所达到的相对高值也是完全可以一样的！这也和中年人所获得的名欲求`利欲求`权欲求的实现也没有任何不同。乞丐的快乐和国王的快乐没什么本质不同的真正含义所在。因为乞丐有他自有的生活秩序在这个生活秩序中，乞丐这个社会角色会有乞丐获得乐趣的生活规则，他会在其中享受到绝大的快感和绝大的痛苦，也会感知到身心平静的安详。而国王则有国王的社会角色所需要遵循的生活规则，各种礼仪各种活动行为秩序，他也会在其中享受到绝大的快感的同时承担绝大的痛苦，这和乞丐没有丝毫不同。但为何国王不希望变为乞丐，而乞丐则希望成为国王呢？这就是社会欲求秩序流所形成的向力所致，一个社会秩序流的向力是规范着个人行为的标准，它使个体在自身的社会角色中会向着某种方向行使行为从而达到秩序流所规划的欲求目标，来以此获得幸福感的享受和幸福观的达成。】

（4）幸福是什么？

（ A，幸福是变化的~

——解析 ·【一方面是说实现幸福感的手段，通过实现各种欲求来达成幸福是可以互相转换的不是一成不变的，另一方面是说在实现某种欲求目标时，我们能够从中得到幸福感，但会因为"情绪感第一定律"的作用而使得原有的幸福感逐渐减弱到不反应不再感知到幸福感的存在。】

幸福是想得到的得到了~

解析 ——【是指自己想要得到的欲求目标得以实现从而在其中得到幸福感范畴的情绪感享受的状态。】

（ B，一个例子：一个女孩子 15 岁怀孕了，她痛苦！

十年之后，她又怀孕了，她幸福

——解析 ·【在某个人眼里的欲求目标，在另一个人眼里可能是一种需要排斥的，如同在沙漠里渴欲着的通常是水而不是在城市里可以换取很多水资源的货币。每个人在每个时期都会有不同的欲求，以此平衡自身失衡的身心，给小女孩带来烦恼和痛苦感的怀孕，在很多年后会成为作为母亲所需要得到的欣喜的幸福感的源泉。

另一方面是说，一种刺激源的背景和个人角色的不同会给此人带来不同的情绪感标记，怀孕，作为不合法又不适合当时自身社会角色的女孩来说是一种痛苦，同样是怀孕作为一个已婚女子而言是适当的而且是应该的，是一种顺理成章的幸福。】

（ C，虽然想想很简单,但是真的要给幸福一个定义,我想没人能真正地说出来吧!

  ——解析 ·【因为幸福是从建立人类社会以来早就在追求的一种人们共同向往着的美好事物，也用了各种表达方式来传递着各自的对幸福的体验，包括文字和图画`音乐`甚至美食直到用影视媒体等等表达，幸福这个概念早就在人的心底沉淀着，厚积成代表人类享受快乐的理念，也成为其行为的指南。但却始终没有人能够详尽和理性分析其幸福的原理，人们在幸福感`痛苦感`欲求`幸福观`情绪感中间迷惑着，困惑于它们之间各自微妙复杂关系，这并不是依靠一时的领悟或某个学科就能领悟的，因为构成幸福学说需要各种学说的复杂的构成，需要心理学`生理学`社会学`系统学和中国博大精深哲学文化所熏陶下的整体感的顿悟等等综合能力才能加以透视其一些奥秘。

  这就是人们按照幸福观去追求者幸福感的实现，但同时却不能理解自己为何有着这样和那样的欲求行为，不明白自己追求的幸福到底是什么的症结所在。】

（ D，或许就是你很想得到一样东西

  但是因为本身或事实的问题,你不能得到,但是在一次偶尔的机会你拥有了它,在一瞬间,这就是幸福,这只是一种感觉~~~~~~

  ——解析 ·【欲求目标的实现意味着自己的社会角色发生了某种改变，也就是超越了自身的原有的社会角色而达到了新的社会角色从而实现了欲求，这种社会角色是人在社会中的状态，包括家庭`工作`娱乐等方面的从中可以发生性`名`权`利四大欲求，自利社会中的人总是在社会欲求秩序流的引导下向往着比自己所处的社会角色更高的社会角色，比如在权欲求方面，他本身如果是科室的干部就会谋求去做厂级领导，这就是该社会形成的向上的欲求流，使得人们不安与现实生活所赋予的社会角色而去争夺他人的社会角色从而满足幸福感的享受。】

（5）幸福就是自己的愿望能得到满足；能够自我满足就是幸福。

  ——解析 ·【人们每当实现欲求目标的时候就可能产生情绪，也就是能从中获得幸福感的享受，从而能够使自身失衡的身心得到重新地回归祥和，一种满足了欲望之后的宁静，一种无所求的状态。】

（6）幸福就是一种感觉

  内心的一种感觉，内心的一种愉快的感觉，当你的内心感到一阵阵的欣喜和愉悦时，就是幸福。

  ——解析 ·【当刺激发生人们就会发生身心失衡，有些刺激是属于幸福感范畴的，人们可以立刻享受到从刺激带来的快感乐趣。但更多刺激是属于痛苦感范畴的，为了消除这种刺激不可避免的我们就必须启动欲求机制或情绪感机制，来形成欲求反应，用清除或拮抗的方式重新让我们恢复平衡。当人们欲求实现时候就享受所带来的幸福感，就会感触到一种激动地愉悦在身体里释放，这种快乐是能被人体身心体验到的。但当我们没有实现欲求时就会体验一种痛苦感的泛滥。】

（7）我认为幸福就是你终于感觉到有人在爱你，幸福就是学会了如何爱别人

  ——解析 ·【爱的欲求是属于生存欲求中的一种重要的欲求，实现爱欲，通常会给人的心灵带来极大的震撼力，它通常与性欲求是结合在一起的，它作为种族的延续功能和个体平衡自身身心的最主要的手段一直是处在四大欲求之首位的。】

（8）幸福是一种感觉,昨天还以为自己是世界上最幸福的人,今日就是最痛苦的人

  ——解析 ·【根据幸福学第四原理（4） 一组情绪的产生和消失其实是由幸福感和痛苦感所组成的。这就是情绪的成组原理使得个人在享用幸福感的时候，也起源于一组情绪的起伏更成就了一组情绪的大周期，这就是为何容易欣喜若狂的人很容易就会爆发莫名极端痛苦的原因，因为她的情绪是易感性的，情绪也会很容易地从平衡端走向失衡端，而且情绪失衡值越高其所要返还的时间也越长，形成高值的快感享受的同时也更易造就一个情绪大周期的开始，这个周期一直到此人同等值的负情绪结束为止。没有情绪的发生也就没有情绪的复衡，同样不存在快乐和痛苦的感受，这如同动物那样没有建筑在心理系统之上的真正的喜怒哀乐，所有的愤怒恐惧喜欢都只是建筑在生理之上的简单的生存欲求的一些应激行为。】

（9）幸福就是知道自己需要什么.有比较才有痛苦。

  ——解析 ·【无论是自利社会或是非自利社会，它们的欲求秩序流的对照比附的向力一般都是呈现向上攀比状态的，社会角色低下的去比附比自己社会角色高的，以此形成一种向上的动能，形成一种秩序流。那样社会角色地位低下的人会感觉一种痛苦情绪，从而激发起向上拼搏的欲望来试图消除这种痛苦获得心理的平衡回归。】

（１０）只有真正把握住自己需要的才回避免陷入盲目比较的痛苦中.我最大的幸福就是我终于明白了这一点.还有就是我的父母很爱我,呵呵

——解析 ·【自利社会中还会有一种处于中间状态的个体，他们会在这两种状态中游离，有时候是处在自利状态，有时候则是非自利的，他们会形成一种向下比附的秩序流的向力，他们相对照比自己社会角色地位低的个体，他们会在与他们的差距中得到一种心理的平衡。从而形成一种社会的稳定的力量。】

（１１）甜蜜的生活离不开周围的环境。

——解析 ·【一个真正的社会人脱离不了和社会的交互作用，这样，如果想要得到幸福感的享乐就必须在这个社会限定的秩序流中获得，还需要按照社会所规定的方式才能获得，任何以为幸福感能随意获取的想法是错误的，正如下象棋的时候如果一方不按照想起规则走动棋子，那么就下不了棋，更不能让双方获得在正常下棋过程中才会产生的输赢的快乐和痛苦。当然如果双方达成另外的游戏规则就不同了，只要双方能遵守该游戏规则双方才能享受到其中的乐趣。】

（１２）幸福没有一个准确的定义！ 每个人所追求的幸福也不一样！

我觉着一个男人的幸福是有一份好的事业，温暖的家，贤惠的妻子和可爱的孩子；
一个女人的幸福应该是有一个深爱自己，体贴呵护自己的丈夫吧！
幸福就是和我爱并爱我的人甜蜜的生活在一起

——解析 ·【幸福是有特定的定义的，也会有很多原则和限制，幸福是一种学说是具有独特含义的人生的学问。虽然幸福的原理是放诸四海皆准的，是不由个人意志而转变的，但具体的幸福的追求方式却对于每个人而言是不同的，每个人都会有自己特定的追求幸福的方式，有的人用性欲求来达到有些则用权欲求，更多人会综合使用，】

（１３）幸福当然离不开自由，但完全自由的人是不会有幸福的感觉的，因为他没有了任何欲望。欲望是幸福的根本。

——解析 ·【作者是想表达一个完全满足了自己欲望的人是不会再有任何幸福的观点，但他说对了一半，因为没有任何人在某一时刻就可以使一生的欲望都可以满足掉从而使得一生都不会有欲望，只能说任何人都会在某种时刻满足他的某种欲望，从而使他的身心得到平衡。他说欲望是幸福的根本，这在某些方面是对的，人会在社会欲求秩序流反映在自身心理系统中的幸福观的指导下，在自身的社会角色中产生出各种欲望，而满足其欲望就成为了获得平衡也就是获得幸福感享受的根本手段了。】

第二节　人类社会的和谐之道

一：简介

搜索各种对于幸福的看法，从中选择具有代表性的，可以从中提炼和符合和谐幸福观的主要原理。

必须符合以下几点要求：

人类社会的和谐依靠内在的和谐对应和外在的和谐对应，这两种对应的和谐状态决定了人类社会的和谐。内在的对应是由五重层级事物其各自的内在结构的对应而形成的，每重层级事物分别由四种状态的各自内在结构的动态平衡的对应才能形成和谐。外在的对应状态也由五重层级的事物交互对应而成，而每重层级都分别需要五种状态的动态平衡的对应才能形成和谐，

人类个体自身疾患`生物个体的疾患`生态圈和自然环境的灾难，都是自身的对应失衡和各自所对应的事物失衡所导致的外在的表现，对应失衡是各种疾病和自然灾难的根本原因。

人类社会的和谐是指第二重层级宏观层以下层级的各种和谐状态，是人类社会自身内部的和谐与生物圈环境`生态圈环境`自然环境交互形成的一种动态的平衡，以下叙述人类社会如何达成自身和外在的和谐之道。

（甲）　现实人类社会的困境

一：环境问题

（1）人类和自然正走上一条相互抵触的道路

正如 1992 年世界 1575 名科学家发表的一份《世界科学家对人类的警告》在开头就提到，人类和自然正走上一条相互抵触的道路。我认为，这个观点是非常深刻的。对自然界的过量开发，资源的谊费，臭氧层变薄，海洋的毒化，环境的污染，人口的爆涨，生态平衡的破坏，不仅造成了"自然和谐"的破坏，而且严重地破坏了"人与自然的和谐"，这些已严重威胁着人类自身生存的条件。由于片面的物质利益的渲求，对自然资源的争夺、占有和权力欲望的膨涨，造成了国与国、民族与民族、地域与地域之间的对立和战争。过分注重金钱和物质享受，造成了人与人之间关系的紧张，社会的冷漠，心灵的孤寂，使人们失落感日甚。

（2）研究发现 **2010** 年前逾万种动植物将灭亡

据德州农工大学研究人员发现，当前世界上有多种动植物正以比预期还要快的加速度灭亡中，在 2010 年前将会有超过一万种的动、植物消失于世，以后人们只能在历史书籍上欣赏这些动植物。

（3）工业社会带来的生态破坏是空前的

矿藏的大量开发、天然物质的大量改造、人工合成物质的大量产生，使得物质的分布和构造越来越偏离原有的稳定状态，生命的化学循环受到越来越大的干扰，这种急剧的、紊乱的变化对人类和其它生命的活动是极为不利的。一方面，以公害形式出现的物质、以公害形式出现的能量消耗急剧增加，另一方面，以资源形式出现的物质急剧减少。这就是人们常说的生态危机的实质。《2000 年地球生态报告》(Living Planet Report 2000)显示，人类若依照目前的速度继续消耗地球资源，那么所有的自然资源会在 2075 年前耗光。

由世界自然基金会和联合国环境计划组织联合发表的这份报告，指出，如果全球人类都像英国和其它欧洲国家人民一样浪费的话，那么地球人需要立即找到另外两个像地球一样的星球，才能满足自然资源需求。据统计，各国经济赖以发展的全球自然生态系统自 1970 年代以来已减少三分之一。(据 TVB)

（4）荒漠化

多年来荒漠化趋势不仅未能受到遏制，还在继续加重。再加之人口密度过大，问题就更加严峻。一次有关荒漠化的联合国会议提出，干旱和半干旱地区，每平方公里人口密度的临界值为 7 人和 20 人，而目前中国人口密度较小的地区也大大超过了这个数字。比如甘肃河西走廊绿洲地区人口密度已经达到每平方公里 496 人，最少的金昌市也有 276 人，数十倍成百倍地超过了合理密度。这既是破坏的原因，又是必须承受的结果。

（5）中国是当今世界第二大的能源消费国

中国以煤炭为主的能源结构，已经造成了极为严重的环境污染问题，比如：二氧化碳的排放、酸雨、烟雾、有毒废物的排放以及水污染。按照过去二十年来中国经济的发展速度，2015 年以前，中国对能源的需求预计将以每年百分之四到五的速度增长。以这种速度，到 2025 年，中国将成为世界上最大的能源消费和温室气体排放国。　同时也是世界最大的煤炭生产和消费国，以煤炭为主的能源结构，已经造成了极为严重的环境污染问题，比如：二氧化碳的排放、酸雨、烟雾、有毒废物的排放以及水污染。

按照过去二十年来中国经济的发展速度，2015 年以前，中国对能源的需求预计将以每年百分之四到五的速度增长。以这种速度，到 2025 年，中国将成为世界上最大的能源消费和温室气体排放国家。

（6）中国的水资源

与此同时，中国的水资源供给由于需求猛涨和严重污染正在变得日益紧张。中国两大主要河流之一的黄河，断流期正一年年变得越来越长，已经给中下游工农业生产造成巨大损失，给人民群众生活造成极大威胁。有关专家预计到 2010 年黄河将变成一条内陆河：永远流不到大海了。另一条河流长江，近年来不仅污染达到惊人程度，其含沙量也直追黄河，已经成为世界上另一条含沙量最高的河流。

莱斯特.布朗于 1998 年，发表了他最新的中国研究报告：《水：中国危机之源》。生态平衡被破坏、草原退化、国土沙漠化加剧、森林资源危机、海洋生态危机、石油资源危机……谁说，1998 年的世纪大洪水，不是大自然向中国人发出的警告？

二：官僚腐败

（1）一些国家的腐败早就渗入各行各业任何一个有权力人的血液

三：文化的庸俗化

（1）对新奇无休止的迷恋——我们这个世纪的劫难

俄罗斯索尔仁尼琴说："对新奇无休止的迷恋——我们这个世纪的劫难"！在演讲中，索尔仁尼琴抨击了本世纪以来俄罗斯乃至全世界文学艺术领域的以"迫不及待的喧闹为特征"、置身于"自编自演式的自我欺骗"中的种种"未来派"、"前卫主义"和"后现代派"．他认为那些主义安身立命的基础是"对于新奇的无休无止的追求"．他如是说："这种认为艺术并不需要优美和纯粹，只要它不停地革新、革新、再革新的观念，它们所掩藏的，是一种不屈不挠并且由来已久的企图：毁坏、推倒、嘲笑，并连根拔除一切伦理道德原则。没有上帝、没有真理，宇宙是一片混乱，一切都是相对的"．它们在本质上是"对于一切内心生活和精神生活的根深蒂固的敌视"，于是，"否定一切和否定所有的理想被视为一种勇敢的举动"，"毁坏成了这种倨傲不逊的主张所尊奉的最高信念"。

作品"大多注重于表现个人对于周围环境的细微感受，对社会的伤痕和疾病，却流露出一份彻底的漠不关心……忽略生命中更高的意义，用一种相对主义的态度看待各种概念和文化自身"．

索尔仁尼琴对这种二十世纪的文化现象所作的结论是：一方面，它导致了人类当代文学艺术的日趋低下，；另一方面，由于这种"混乱、急迫而又无聊的'新奇'"发出对"全部传统生活方式的刺耳诅咒；对于一切宗教及伦理规范的全面宣战；以及对于彻底摧毁并践踏全部现有文化传统的高声鼓吹"，使得整个世界"挣扎在一场精神疾病中"，出现了"极其危险的全人类的精神下坠"，使得"崇高的精神和道德理想在持续地衰落和解体，生命中的精神支柱变得模糊"，由此导致了一场"人类朝着动物方向复归的反进化"．

（2）教育的急功近利

四：信仰的真空

（1）一些国家的人们没有伦理道德可循，这是思想领域中毁灭性的大灾难

（乙）和谐幸福观

一：十大幸福原理（选择十大情绪感原理对幸福感进行归纳阐述）

（1）任何幸福感的发生都是基于生理系统或心理系统的失衡

任何情绪感的发生都是建立在生理或心理的失衡之上，无论是幸福感还是痛苦感，因为任何情绪感的发生都由身或心作主导或参与。发生情绪感反应是因为个体遇到异常刺激的一种特殊反应，身心反应也就是个体在遇到内外环境的刺激下，为了应对场波动状态而主动或被动的使自身身心发生一系列的变化，这种变化是人体动态去保持自身的平衡。一般正常状态下人体在一组刺激反应后会恢复到平衡状态，虽然人体身心反应时候是处在一种失衡状态。而情绪感的产生正是在人体作身心反应的时候发生的，是身心反应处在一种深度的状态下的一种复杂反应现象，是人体对异重式态刺激源的特殊处理过程。幸福感只有在人体身心到达深度反应时才能获得，而且在人体的前三重反应中是不能够感受到任何情绪感发生的，在个体没有任何反应情况下更不可能感受到情绪感的发生。

（2）维持幸福感是依靠递增的刺激度

任何情绪感的发生都是人体在内外环境的刺激下导致身心失衡到一定程度所致的，而其中心理系统的失衡是引发情绪感的根本原因，但心理系统失衡会在"情绪感第一定律"的作用下逐渐的趋向平衡态（完善原有的场景以应对变化了的原场境），或建立新的平衡态（建立新的场景以应对新的异重态刺激），所以如果要维持心理系统的失衡度以达到原有的情绪感的生成和感知，就必须增加刺激源的刺激度以突破已经被前刺激提高了的情绪感阈值。

（3）所获幸福感越强烈越多其代价越高，而痛苦感越持久

（A，每一次实施刺激反应的欲求行为都会使得该场景的所有阈值维持或提高。

——a：为获得幸福感而发生的行为频率越大，所获得幸福感强度就越小

每一次快感（幸福感范畴的极性符号之一与痛感属于同一类别相反的极性）的渲泄都会以提高享受下次快感的阈限作代价。因为人体的生理系统和心理系统的感觉阈值会始终处在"情绪感第一定律"的作用下，并伴随着每一次刺激反应。这样人体所获快感的强度和其释放的频率始终形成一种反比现象，快感强度会随着释放的频率而必然的降低，如果个体释放或取得快感的频率越大所获得快感强度就越少。

——b：个体总是在不断的抬高阈值，而提高了的阈值也就抬高了得到幸福感的门槛

一个一百万奖金的刺激源，对于三种不同收入状态的个体而言是一个能引起不同反应的刺激源，反应分别是：年收入一百万的个体反应〈年收入十万的个体反应〈年收入一万的个体反应〈年收入一千的个体，这就是说相同金额的刺激对于个体的反应程度随着个体的收入递增而递减，排除其他一切因素仅从收入角度来判断，收入一百元对年收入十万的个体而言不会有很大反应而对年收入一千的个体却是一个惊喜。前者的生理和心理的承受力和对金钱的刺激阈值相对于后者要高得多，他需要突破很大的金钱刺激阈值才能引起身心的快感。后者却不需要很多金钱的刺激就能引起和前者同样的快感度！这就是穷人要比富人容易快乐的因素。但其本质其实是一样的，因为穷人赚相同金额的货币较富人为难，这也就在穷人面前抬高了获得快感的门槛，穷人努力赚取一百货币相等于富人努力赚取一万的货币，最后获得的快感也会相等。这就是富人和穷人是享受同等快乐的其中一个因素！如果穷人通过努力逐步积累货币到一定程度也就是相当于把自己对货币的快感度逐渐抬高阈值的过程，其后果就是需要赚取更多的货币才能维持最初赚到一百块的快感，其实这个获取快感的过程和吸毒的过程原理是相同的。

（B，场境出现的越多场景各阈值提高得越快。

在同一场境下，场变的失和度越高其场景的各阈值提高得越快。
释放某生理系统某场境的频率越高，会使得该场境的场景的各阈值降低，而该生理系统的另一个场境的场景阈值会提高。

如每一次男性生殖系统中精液的越来越频繁的渲泄都会使该男子的有关性场境对心理系统的刺激度降低，也就是提高了该男子对性这方面的场景的各阈值。然而由于性腺得不到应有的精液的膨胀刺激，这种场变失和度越降低其场景的各阈值也越低。

如同膀胱储存尿液那样，如果一个正常人以每隔半小时的频率去主动引导自己排尿，那么他今后的膀胱用以尿液感受充盈的阈值会急剧降低一直到半小时为单位，就能感受到尿意！如果他主动的进行忍尿就能逐渐的提高自己膀胱感受尿液的阈值。

（C，轻易得到的快感会轻易地变为常态刺激和没有情绪反应的麻木状态

很多处在社会角色高层地位的个体都会为轻易能得到的欲求满足而日益降低的敏感度苦恼着，因为有条件能轻易地满足饮食方面的欲求和其他各种次欲求，他只能在普通人轻易得不到的名欲求`权欲求中得到满足，在常人眼里，这些人似乎能轻易就能得到的性欲求和利欲求的快感，但事实是高层地位的个体虽然能轻易获得常人所无法轻易得到的欲求实现的目标，但也是会很快的陷入麻木不反应的。如饮食方面：他们能享受到各种最高级的食品，各种食物的取得对他们而言是轻易的，但是就是因为他们轻易达成满足饮食欲求的所有目标，但也就是这样他们会很快的感觉到麻木，因为能轻易得到，所以情感第一定律很快地就使得心理系统把这种非常人所享受的美味佳肴这种原本非常态的刺激源变成了常态刺激，这样身处高层的个体就很快地厌倦了他们这些轻易得到的一切东西，包括性，而轻易得不到的权利和名誉则成为他们所崇尚和追求的事务。而一旦权利到达顶峰或名誉到达顶峰也会很快的厌倦，如果在顶峰有很大危机感的话就会减少麻木。

一旦穷人挣到了一万元的时候，得到一百元已经引发不起他原有在贫穷时候获得的那种快感度了，这时候他的社会角色已经发生变化，已经从一文不名的穷人逐渐变为略有盈余资产的人，他的生活轨迹中的金钱方面的社会角色发生了变化，已经从赤贫变为财产万元，因而他的心理欲求秩序流中的利欲求的阈值底线不再是停留在原有的零资产上，而是变为万元，这时候百元的额外收入也就并不会形成原有的那种冲击度了。只有千元才会冲越他利欲求的阈值底线，并形成一种强力的冲击，重新获得原有的那一种快感。

，而情绪的发生一定要在异态刺激的基础之上的。穷人原来的阈值已经被日益增多的金钱所提高，还如何享受得到原初每月只挣一百元时候偶尔捡到一百元的那种喜悦感呢？就这样金钱收入的提高也等于使之同时提高了对其刺激的最低感知阈值，也就是增加了他的麻木感，这时候对于月收入一万元的穷人变富人的他来说，只有捡到一万元才能使他能够感觉到像第一次捡到一百元的那种兴奋感。这时候我们可以说能够引发他如同第一次那样的兴奋的刺激阈值已经到了一万元左右了，所以金钱的增加对于该个体而言并没有相应的增加其幸福值，增加了其感知幸福的门槛（对金钱最低感知的心理阈值的相应提高）的同时也相应增加了其生理偏离的最高极限，而感受的总值和偏离的总值却相应的不变，因为随着刺激强度的提高该个体的最低感知阈值也随之提高了，虽然生理极限也相应提高但感知情绪的值和偏离的值都与第一次相等都是 7。如果我们假设第一次的最低感知阈值为 1 而最高失衡极限值为 10，月收入一百元的他捡到一百元后情绪随着生理偏离到了 8，而第二次月收入已经增加到一万元的他又捡到了一百元，这时候他对金钱的最低感知阈值已经提高到了一百元也就是 3 度，这时候需要有相应的一万元才能使之引发如同第一次那样的情绪和生理的波动值，这时候他的情绪也只是感知到了有一百元的存在而已并没有引发激动的中等强度的情绪值只有 3 度，如果他捡到了一万元那么他必定会如同第一次那样偏离到 8 度情绪值那样这时候会偏离到 11 度，因为他的生理极限值也随着最低失衡阈值的抬高而提高了（经过不断的刺激反应中提高了对此刺激的生理上的耐受能力），这样第一次他偏离值为 7 度，而第二次他的偏离值也只有 7 度。并没有随着收入的增加而发生任何的改变。这样第一次他偏离值为 7 度，而第二次他的偏离值也只有 7 度。并没有随着收入的增加而发生任何的改变。

（4）所有场境的任何阈值在没有刺激反应时都趋下降或归零值

（5）在付出与得到成比例的条件下每个人对幸福感的感知都处于相同的等级

（6）幸福感发生的原理并不随着环境和个人的变化而改变

（7）个体一生所有的情绪感大周期最后总值归零

从个体的大脑初步成型开始人类就开始靠记忆贮存可供将来应对环境变动而应对的身心场景模式，这也是发生情绪感反应的重要一环，当幼儿开始用遗传行为和被动性的反应于内外不同的刺激时，各种有关于生理平衡的情绪感反应就正式开始了，一直到儿童期有关心理平衡的情绪感反应也相应的开始进行，这样个体一生中所发生的各种场变所引发了各种各样的情绪感大周期，有些暂时沉寂有些正在发生而有些融合到其他新的场效应中成为新的场景又有些已不再成为激发起欲求的淡漠记忆。而该个体的所有情绪感大周期必定在其生命组织体解体时同时归零。

（8）一组幸福感情绪大周期的正值和负值其总值归零

（A，幸福感不随付出和获得成正比的欲求实现而有额外增值

虽然个人付出一定的努力而相应的获得的名誉增加`权力加强`利益增多`性欲满足，但其每组幸福感的总量却不会额外增长，也只能是维持着固定的甚至减低了其强度，因为在"情绪感第一定律"约束下，任何能获得幸福感的场境随着个体对其获得的刺激次数的增多而减少其刺激度因此享受幸福感的程度也会减少。

正常状态下付出一定劳动获取相应财富的所得幸福感呈现这样一种情绪感大周期规律，假设为一次外心因性单极性快感刺激反应的情绪感大周期的第一和第二个阶段。（以下按例为简化过程，合并所有心理和生理失衡的运动为一种失衡过程）

某工人在一年内第一月付出 10 个单位的劳动量，他所获财富为 1000 元，这时候他从积累了一个月的劳动付出后获得了 9 度的幸福感，由于该场景的极性阈值为 3 度则该次刺激反应组为单极性，9 度的幸福感也成为替代以前量值阈值只有 7 度的幸福感，成为了新的量值最高阈值，极性阈值液相应提升到 4 度，其他各值也相应提高 1 度。在这组刺激反应中他获得前所未有的幸福感享受同时，也延续了该场境的一组情绪感大周期的演化过程，或者新建立了一个有关该场境的一组情绪感大周期的演化过程。从第一个月到第六个月是该个体有关该场境的正情绪阶段。

第二月他付出劳动量 10 单位，获得了 1000 元财富，由于 该场效应中其场变的场波度与第一个月相等，这时候他的幸福感到达 7 度，因为幸福感在"情绪感第一定律"影响下因为没有额外的财富收入的刺激，其所获幸福感的值也就相应减少，但所有阈值除去量值阈值都上升 1 度，因为该场波度超越了其他阈值使之提高了；第三个月他付出 10 个劳动量，所获财富为 1000 元，同第一次相等，这时候他的幸福感会再次下降，这时候他的幸福感下降到 4 度；而第四个月他仅付出劳动量 8 个单位，但所获财富却仍为 1000 元，这时候他的幸福感会增加到 5 度，因为较少的付出获得额外的收入成为一种新的刺激点；第五个月他付出八个单位劳动量，但所获财富也成比例为 800 元。如果没有第四个月的额外增加的收入的刺激，付出和收入是成正比的关系，那么他的幸福感会合理地下降到 3 度。但由于有了第四个月的额外心理预期和"情绪感第一定律的影响"，他的幸福感会因此两项因素下降到 2 度左右，这里有预期失望情绪在里面；第六个月他付出劳动量 10 单位，但他所获财富 1000 元，他的幸福感会降低到零值无情绪反应；

第七个月他付出劳动量 10 单位，但财富却仍只有 1000 元，这时候他收到第一次所获财富的一组情绪感形成的大周期会出现转折点，进入负情绪阶段，出现痛苦感中最轻微的一种状态痛感情绪出现，可表现为枯燥情绪符号和略微焦躁的行为，痛苦度为 1度；第八个月他付出劳动量 10 单位，但财富 1000 元，这时候他的痛苦感中的较枯燥情绪为重的第二重层次痛感情绪出现表现为焦躁情绪和行为，痛苦度为 2；第九个月他付出劳动量 10 单位，但财富 1000 元，这时候他的痛苦感范畴的情绪感中的较焦躁情绪为重的第三重痛感情绪出现可表现为烦恼情绪，痛苦度为 3；第十个月他付出劳动量 10 单位，但财富 1000 元，这时候他的痛苦感中的较焦躁情绪为重的第四重痛感情绪出现可表现为恼怒情绪，痛苦度为 4；第十一个月他付出劳动量 10 单位，但财富 1000 元，这时候他的痛苦感中的较焦躁情绪为重的第四重痛感情绪出现可表现为愤怒情绪，痛苦为 5；

第十二度个月进入这组情绪感大周期的第二个阶段的麻木期，他付出劳动量 10 单位，但财富 1000 元，这时候他的痛苦感会由于"情绪感第一定律"的作用，其所受的痛苦的总值也和第一次幸福感所到达的快感值的总值相中和，开始表现为情绪麻木状态开始增长，痛苦情绪开始下降；

（B，必须有满足生理的各项基本条件才能维持人体的平衡和存在，而这种生理条件是每个个体都基本相同的，

这就是说任何人哪怕其所能承受的生理极限再大（享受到的快感值再大）也会恢复到平衡（这个平衡的生理条件是每个人体都需要的都是相同的值）而在恢复过程中该个体会体验到一种与此上升情绪完全相反的情绪，虽然该个体仍然会赋予这一组情绪为幸福感但由此会展开一个情绪的大周期直到有完全等值的痛苦感情绪出现！最后该个体所享受到的所有幸福感就会被以后的痛苦感所中和等于零值。这就是一个个体所经历的情感历程。说明每一个社会人只要存在于世，就会体验到痛苦感和幸福感，无论是卑微的或伟大的正常的或变态的社会人都会体验到最强烈幸福感和最强烈的痛苦感，这幸福感的体验无关于地位的高低，财富的多少，或其生理和心理的不同，都能同样的体察到各自的独有的幸福感和痛苦感。

（C，幸福感会随着社会的变化而发生额外的变动，但总值不变

不可能出现 21 世纪的人比过去几代幸福就额外的增加，根据幸福原理表明人们所获的幸福感总值在感受其幸福感的时候最终是持平的，或会由于内外环境的其他刺激干扰会引起其他波动，但最终会因为五种情绪变化的发展状态而无幸福感，所以外界的变化都不会改变情感变化的总规律，每个时代每种社会都会有自己的生活秩序而情感变化总规律却是不会改变的，是一意确定的也是不随各种因素变化的，变化的只有情绪总值的变化，战争或动荡年代情绪总值会比和平年代要高很多，前者会由于各种因素使个体的生命得不到保障而使个体的情绪起伏频率短促，情绪起伏的值相当的高以至于经常接触到生理的极限值；另一方面威胁生命现象常常发生以至于很多个体的心理受到强力威胁却得不到有效的恢复平衡，心理系统就此趋向非常态平衡的造成心理障碍精神疾病会提高，而生理系统常常得不到有效的营养补充和常会有额外的精力透支，也造成生理系统的非常态平衡形成生理上的疾病也会增多，这就造成了战争时期的正常死亡（指生老病死的与和平时期相同死因的人数，除去战死等其他非正常死亡）人数也会比和平时期的人数增高很多，尤其是从和平年代急剧转换到战争时代这个时期的更加明显，如果一直处于战争时期的社会，会由于逐渐适应这种状态，人们会进行自我调节以达到身心的平衡，也就是说从战争中诞生的个体会比从和平时期诞生的个体更能适应战争时期的社会环境，前者因为本就身处这个纷乱年代，他会理所当然的把这个状态视为常态，一旦如此他的身心不会由于遍地死亡的恐怖景象而失衡，他会更有能力去适应如何生存的局面，他的心态与和平时期的普通常态的个体没有任何区别，只是他经历血腥的更多，比和平时代人们适应血腥残杀的能力强大得多。但他的幸福感自由其他的事物来替代，他可以建立得到生存来标记为最大的幸福的幸福观，他也可以建立获得权力`财富`性`名誉来标记为最大幸福的幸福观，但绝大多数人在战争年代尤其是刚从和平年代转化到战争时期的时候更加注重用生存标记最大幸福的幸福观，因为这个转折期的人们原本生存是平时不用考虑的，最低感受阈值极低的欲求，而一旦发生了战争周围出现了平时所未见的血腥死亡，他们会由于感知阈值的低值而格外的较经常接触死亡的生来就处于战争年代的人们更加震惊于死亡现象，常常发生由于心理恐惧而使生理失衡突破最高阈值导致死亡或身心疾病的现象，相较于出生于战争时代的人们他们的心理系统之于血腥是格外脆弱的。

（D，幸福感随着额外的欲求实现发生相应额外的增值但会有额外的痛苦感的发生

—a：只有额外获得的欲求实现的刺激，其情绪强度才会比付出劳动而成正比获取欲求实现的刺激要高。

—b：通过额外的欲求实现所获取的幸福感会遭遇五种潜在反应状态而抵消其幸福感：

—c：额外的幸福感如果立刻遭遇死亡，临死时刻会有额外的痛苦感所冲抵之；

　　—d：如果继续额外获取到同样的欲求实现，则幸福感会随着情感第一定律而逐渐消失；

　　—e：这一组刚刚额外得到的幸福感会因为其生理系统必然的恢复平衡态而马上消失，这时候会有相反情绪伴随之直到情绪消失，这种情绪大都表现为不愿意其幸福感消失的不满足感，其实质则是痛苦情绪的一种类型，只是人们往往不把其成为痛苦情绪，也往往是突然上升的幸福感给人以一种强有力的刺激感，而逐渐趋向平衡的相反情绪则让人们忽视，因为情感第四定律所致，人们往往把这一组其实是最终零值的情绪过程评价为幸福；

　　—f：这一组幸福感会导致一个情绪大周期的出现，直到痛苦感出现从而抵消幸福感的刺激值；

　　—g：幸福感获得的有偿性，增加痛苦感也相应增加

　　但额外增长的刺激带来额外增长的正情绪的同时也额外增长其负情绪

　　因为这两者是相辅相成不可或缺的，其中一个条件是另一个条件成立的因素两者是呈因果关系的是绝对对立和不可缺少其中一个条件的！从一组情绪的起伏最后回归平衡而言，每个个体都经历了相同的情绪起伏的历程，每个个体都最后恢复到相同的平衡值，每个个体在一组情绪结束后都回归于零值状态，情绪上也随之归于无反应状态。每个个体经历了一个情绪大周期后都是痛苦总值等同于幸福总值。

（9）一组情绪感大周期从产生到消失是由情绪感的正极性到负极性的过程

　　所有反应前后不发生生理改变的能成组情绪的正负值必然等值，所有能够恢复到失衡前状态的（包括病态平衡或常态平衡和常态新平衡这三种状态）成组的情绪周期必然遵循三阶段原则，即从失衡期到高端转折期然后平衡恢复期，这样偏离平衡的值和恢复平衡常态的值应该是相等值的，这就是快感和痛感相辅相成的生理原因，虽然心理系统会根据社会给定的状态来标记自己的总的情感状态，也就是幸福或痛苦。

　　这样一组完整的情绪周期是生理从平衡态趋向生理极限的再返回平衡态的过程。这个过程中人的心理系统分别会赋予上升阶段至高点下降阶段为情绪的各阶段标记，因为这个情绪赋予是建筑在生理的起伏过程中的，随着生理的偏离走向平衡，也是从负走向正的过程，那么情绪标记也会随之改变，如果我们把生理在刺激作用下发生失衡偏离标记为痛苦感范畴的痛楚情绪，那么如果生理系统恢复平衡走向其失衡的反面，如果排除心理系统的干扰，就一定重新被标记为幸福感范畴的轻松解脱甚至欣快情绪，因为正和负是一个对立面属于事物的特性，如果人们把一样事物他的一面标记为正，那么它的另一面也同时会标记为负，这是一意确定的。

　　当我们把一件事情标记为正，那么它的相反一面必定会是负，同理当我们把行使考卷成绩得到 100 的值，我们把这种标记为最好，那么 0 值会是最差，一旦我么赋予事物以优劣好坏等级概念的时候，必然的这个事物会有正反两极作为优劣的承载体。而当我们把得到某件事标记为好那么必然的得不到成为坏的，这种情绪的强烈度完全取决于当事人的所祈求得到的期望阈值。期望而形成的空洞越大快感带来的波动也越大，是个体把预期的莫种事情标记为一个阈值，并让自身生理系统通过心理的假象也居然达到了一个生理的波动高度，这是一个通过想象来达到的阈值，但也会不亚于现实中的那种生理波动，而一旦得不到就会在原有的心理预期的刻度上摔落形成落差的痛苦，而所得到的东西符合与不符合也会影响到快感的大小值，而一旦得到超过预期，便会进一步的形成更高的阈值，也会被标记为高潮！

　　如果把赢作为快感，那么就意味着把输作为了痛感，因为快感的反面就是痛感，而不是其他符号。前者通常意味着接受后者就一定会属于要排斥的。有高大才会有矮小，有美丽才会有丑陋，等等，世界万物都是被人在比较的基础上被识别的。有好就会有坏的产生，也正因为有这个因素才会有那个因素产生。好与坏，美与丑，快乐与悲伤，都是人在相对基础上的判断，

（10）每个个体对幸福感的感知高度都有其各自的身心特有的最高极限和最低阈值

　　在于每个个体都会感到极度痛苦和极度兴奋的这些幸福感的感知，这并不随着个人的社会地位角色而改变的，因为每个人都有着对幸福观和幸福感的评价的方式，就如同饮酒极限在 70 度的人和饮酒极限在 90 度的人，各自的对各自所达到的极限的快感的描述是一致在生理上也是一致的都趋向了该个体的极限度的最高点，极限度高的人是因为其生理本身原因或由于经常饮酒已经提高了本身对酒精在生理的极限，而极限度相对较低的人生理极限虽然较低却也已经达到了他的生理所能承受的最高极限因此也感受到了和前者完全相同的生理反应，虽然甲个体始终没有达到 70 度但他也会感知到作为他的评判标准的极限值，就是比他自己以前饮酒的时候要痛快这是成为非常重要的快感的来源，这就是说甲个体虽然没有达到 70 度的生理偏离但也能感知到了极限的快感，因为他相较以前他的极限 50 度他已经超越而达到了新的极限 60 度！每个人都会有各自评价快感和痛苦极限的经验值，而只有这样比较才能够使得个体认识到自己的快感和痛感。所以说让孩子快乐到极点的事物但在大人眼里则是不值一提的，因为孩子有他自己获取幸福感的手段和评价幸福感的标准！大人则有他自己的，并不因为年龄的不同孩子就享受不到大人那般的快感程度，反之亦然，因为每个人都有自己的一整套评价和获取幸福的手段和标准，虽然这都是以社会标准并在社会的灌输下逐渐建立的但

一旦建立之后，在感知幸福感的时候，个体就会按照自己以前的积累的偏离值来评价现在发生的偏离值的程度！如果在某种欲求中获得的反应生理上的偏离程度以前最高值是 30 度，而在此刻同样欲求中获得了生理偏离值 35 度，那么该个体就会感知自己达到了极限，如同运动训练中不断的加大重物以获得对重物的适应，而以前是不可能举出如此重物体的，以前举 80 斤的时候就感觉到自己到达极限，现在随着肌肉的增长要举 90 斤才能感觉自己到达极限，当他在此刻 90 斤的基础上再增加 2 斤重量的时候就会感觉自己达到了超越 90 斤的生理极限，自此就建立起了对该类刺激的新的感受阈值和伴随的新的情绪感知，虽然同重量级别的个体已经举起了 120 斤的重物体，这是从生理系统的一个方面来说明个人是按照自己以前的阈值标准来衡量自己是否达到最高极限的。又比如吸毒者随着生理系统不断地对毒品的适应建立起非常平衡状态，原来吸食 10 克就感觉兴奋的现在则需要 20 克才能达到这个兴奋度！一旦如果他吸食了 30 克就比原来的更加兴奋了，这时候他就建立起了新的阈值和新的情绪感知。虽然和他同样重量同样体制的个体已经吸食到达了 50 克的毒品才能感知到他自己内部界定的兴奋状态。

所以任何人对于幸福感都会有自己独有的感知度，虽然引发情绪的刺激源会有各种因素组成，个人对此的判断也会有不同的参照物包括个人的体验和外界的评价标准，但情绪的感知度都是经过自身曾经经历过的最高和最低的一组刺激反应评价的内在特定标准的，假设甲乙两个个体的生理和心理系统完全相同，同样面对酒精的刺激源，在所需酒精刺激时间相差不大的状态下，甲个体在三个月内把自身对酒精承受力提高到极限而乙个体用一个月的时间提高到最高值，在某日甲个体饮酒达到二两比更早以前的饮酒一两（已经达到该个体的曾经记忆中的对于酒精这一特定刺激的最高值偏离的一组刺激反应），而本身的反应也相应提高偏离的话（其中排除内外环境包括心理系统的干扰引发的刺激，只特定的指酒精含量的提高影响到生理系统的偏离）那么我们就能断定甲个体虽然还没有达到他本身生理所能承受的极限比如他能承受一斤酒带来的生理偏离，但他却可以感知到他前所未有的生理偏离状态，如果排除他凭对他人的观察而得出自己的偏离还没达到极限（这就是一个用外界作为参照物的例子）就可以感觉到他超越以前对酒精承受力的最高值而获得的最高快感度（也就是幸福感的感知度），这时候甲个体能够享受到以他自己为参照物的从而超越自己最高值的高快感体验。而乙个体在同日饮酒达到了三两比以前多了二两这时候乙个体所能感知到的最高快感度更高，乙个体的生理偏离度更高所获得的阈值也更高带来的快感度也相应更高。但如果甲个体不在外界作用于心理系统的干扰下，不把外界的乙个体作为自己的参照物，认为乙个体饮了一斤酒所能达到的生理偏离又反应在乙个体外表上显示出他的兴奋度是超越于甲个体的，那么甲个体就不会从这个参照物出发来判断乙个体的幸福感是超越于他的。完整的幸福感的认识应该是虽然乙个体的幸福感的值（也就是生理偏离值）是超越于甲个体的，但由于参照物的选择不同可以有两种对幸福感认知的不同，参照于自身经验的幸福感的认知也同样可以感受幸福的快感度，参照于他人的幸福感的认知往往会产生向上攀比的心理，即使自身达到了超越曾经生理的反映最高值但却在这种外界的干扰下让心理系统始终处于不满足于所达到的刺激度，甚至把这一组刺激反应总体评价为痛苦情绪！

但甲个体相对于乙个体较少的刺激度也可以达到他以自身为参照物的最高值，也能维持他所认可的这个高值的幸福感的值，乙个体以每月提高一两的方法迅速提高并达到自己对酒精承受的极限度，但乙个体由于很快的提高了对酒精承受度而感知不到酒精对生理的刺激从而逼迫进一步提高饮酒量，来加大刺激度从而引发生理的强烈反应以获得原有感知到的最高快感（幸福感=生理偏离度）。这样乙个体在达到自身的生理系统正常范围的极限后再提高酒精刺激会使生理系统达到一种非常态平衡，从而引发生理系统的一系列非常态的综合病变，虽然短时期内能提高了对酒精的承受度，却使自身的生理寿限降低，而甲个体却以每两月提高一两的方法较为缓慢地达到自己对酒精承受的极限，每次的提高虽然却不能获得和乙个体每月提高的获得的快感度（如果以自身作为评价参照排除以外界作为参照的心理干扰），但可以延缓超越自身生理最高极限的时间，获得比一个体更长久的寿限。同样更重要的是甲个体感知的痛苦情绪会较乙个体为轻，·因为每个个体的幸福感都是基于情绪之上，情绪又都基于生理的波动之上

（１１）一切事物都能够成为获得幸福的刺激源，突破自身认识幸福的局限，幸福就随处可得，但也需承受痛苦

幸福感来源的广阔性，它可以在每个人的日常生活中的每一个角落里存在着，泰戈尔曾抒情的描述了在花瓣上游戏的迷人一幕，在怎么他人看来是幼稚可笑的不屑一顾的事物都能成为人的一种幸福感的来源，只是困难就在于需要突破约束着人的几种屏障并持有和谐圈中的幸福观的人才能无拘束的享受到一切的乐趣。

享受幸福感并不仅仅是只能依赖于名权利性等一切欲求的实现而获得，所有一切刺激源都能成为获得幸福感的来源，但这里会有各种的因素约束着我们把他们当作幸福来享受，1 是各社会之间不同习俗的约束 2 是社会的流行的幸福观的约束 3 个人的幸福观的约束 4 个人的生理和心理条件的约束。如果突破了这几项约束就能享受到幸福感当然也必得承受相应的痛苦感。

（１２）一个处在平衡态的个体不会去寻求幸福感

（Ａ，个体的行为都是被动的由刺激而产生，寻求幸福感的本质是由于失衡

个体为得到快感波动而主动寻求刺激源的状态其实本质是这样的，是因为由于社会上的幸福观认为平淡生活就是枯燥的引导，加上个体在日常平静的生活中在心理系统上由于受到了某种信息的刺激出现了相应的消极情绪的初始阶段而后引起生理系统的偏离常态，两者之间互为影响引起更大的偏离，而个体为了消除这种偏离而展开的一系列的行为。这样的偏离是因为心理系统出现偏离导致生理系统出现偏离，根据自利社会模式超过一定时间段，即使没有刺激源个体也会被自身的记忆标记的刻度阙值所扰动进而出现生理上的放大，而记忆的快感阙值则成为痛苦之源！

故此任何纠正偏离都是个体因为出现偏离而采取的行为，个体总是在救火没有偏离状态个体也不会采取任何纠正的手段，只是循着正常刺激反应的模式来行为操作，一旦情绪机制加入就会引起扩大偏离或消除偏离的行为，常态的刺激源不能激发起个体情感机制的反应，个体也是做出反应是为了把这样的常态的刺激源加以消除，达到原有的平衡态，在情感机制参与下个体为了解除偏离而可能会采用是生理系统更加偏离的手段，如因为感觉性腺充盈而个体已经习得用性交的手段来取得生理系统的平衡，那么他为了达到性腺趋向正常态就会在更强烈的生理波动的情况下，在达到高潮中取得由低到高的快感刺激反应再由高到低的轻松反应，他会把整个这样的过程标记为积极情绪一般标记符号为快乐，快感，甚至幸福，

（１３）情绪概念依附于身心反应的绝对相反性原则

如果对一种事物中的一对完全相反性质现象的其中一个性质产生了情绪，就必然对这个性质的相反性质会发生相反的情绪，这就是人们在各种事物中的发生了情绪的选择性，这种情绪的选择性随着该事物的对立而成立，越是对立强度高越是选择和排他性也越高，这也是审美领域的一个极其重要的审美的排他心理。

二：十大幸福原理造就和谐幸福观

（１）"任何幸福感的发生都是基于生理系统或心理系统的失衡"原理生成幸福感需要控制在合理范围的问题

这个原理说明了幸福感的产生都源于自我身心的失衡，原则上都是一种对身心平衡的破坏，但维持在常态失衡范围的失衡状态，可以提高人体身心对失衡的承受力，提高其阙值。但超越于常态失衡范围的病态失衡是一种有损于个体长久生命力的延续的，所以无论是幸福感或者痛苦感只要是其失衡度能维持在常态范围都是能有利于个体的，反之如果超出了常态范围就是不利于个体的。这就说明了任何痛苦感只要其失衡度是在该个体的常态范围内就也能提高该个体的身心承受力，提高该个体的生命力，而任何幸福感如果达到病态失衡的范围就是需要个体控制的。

（２）"维持幸福感是依靠递增的刺激度"原理生成

（３）人类能够在任何地方获得幸福感，没有任何力量能剥夺人享受这种情感

在任何场景在长期时间内如果某人建立和形成了在这个场景的特定的生活秩序都能够在其中获得最大限度幸福感和痛苦感，就能在其适应了的环境中按照其环境的各种约定的规则而赋予情感上的色彩，这里也会有一个漫长或者短暂的适应过程，任何不能适应的个体便会在生理或心理上崩溃而死亡。在突变的战争年代往往一息之间世事全非，原本在地位上非常高贵的人物会突然变为最低阶层，当时就会产生非常的痛苦情绪，如果他逐渐适应了这个低层的环境就也会按照该层的各种规则而行为，也会为一碗饭而争斗，这在以前根本是不可想象的丑态，而现在则变成了生存的必要手段了，原本幸福感的欲求目标在环境的变化下转变了，他的幸福感也会和同种环境的其他人一样为抢占一个晒到阳光的地方而引发，为能躲过一场死亡而庆幸，他的欲求目标则围绕着生存展开着，为了得到生存甚至他可以出卖任何东西，他的幸福感随之变为只为生理的生存而快感，所有能够维持其生理存在的欲求行为都会引发其幸福感，辛德勒名单中甚至在奥斯威辛集中营被错关到毒气室的女囚们因为躲过一场绝杀而迸发出全身心的幸福感！这根本就是在生存为最高幸福的幸福观指导下，由被关进去的感觉被杀的极度痛苦的一种临近于心理和生理崩溃边缘的突然得到生命的一种剧烈的反变动的情绪的反向的释放，从极度的痛苦变为极度的幸福感的又因其突发和转化的短暂而使人的应激达到最高程度的释放，如果不是在集中营里适应了很长时间，就会有很多人适应不了而立刻死亡。

只要是建立了一种生活秩序，就形成了在这个特定的生活秩序中的依照规则的特定的行为，所有行为都会为这个生活秩序而展开，这个生活秩序是人的外环境而去适应它的则是人的内环境，内外环境的协调获得平衡是人生存的唯一条件，

（4）大多数个体大多数时间一般是处在亚平衡状态，只有少数个体能够处在真正意义上的平衡状态（比如僧侣等非自主性个体）

各色人等因着自身的地位角色的不同而处于不同的平衡状态，乞丐只用很少的奴隶就可以达到她那个地位角色的平衡度，而社会公众性人物就要花很多努力才能达到她的平衡。前者的生理波动阈值比后者要低得多，承受力也小得多，虽然乞丐也能感受到绝对的压力和痛苦，但她只是以自己为衡量点的如果和公众人物相比较，他付出的努力绝对比乞丐要高。后者付出多而能量也高，前者却能已很少的代价就能满足自身的平衡度，比如一包烟一瓶酒就能让自己失衡的审新得以平衡，而社会公众人物却不同，往往需要很多物质和精神上的代价才能获得身心的平衡。

·我们不可能让自己的听觉器官只听到优美的乐曲而不听到噪音虽然我们能够避开噪音，但如果一部自己曾经认为完美无缺的音乐一旦只有这个乐曲在耳边回响，就会使自己很快的厌倦，以至于反感到达痛苦。因为这时候她已经代表着枯燥和无味，脱离了社会环境她变的什么都不是！丧失了她的优美和华丽让曾经欣赏过她的个体感到了从欣喜到枯燥再到痛苦最后到达麻木的情感第一定律所引发的历程。最后虽然听觉器官感受器仍然能够感知音乐引起的耳膜震动但个体中枢神经已经不让心理上感知而做出反应行为，如果个体改变不掉这个音乐的刺激源的话！

（5）在和谐幸福圈的个人

和谐幸福圈内的个体可分为三大类：第一类是极少数能够超越心理欲求而进入生理自主平衡系统的最极端的无所欲求的个体，这种个体只有绝少数但也是对抗另一极端的强大的精神力量。他们一无所求虽然身心都属于正常态的，而幸福圈的绝大多数个体的身心双系统的失平衡波动都处在正常的范围内的，他们的幸福观则是处在自利和非自利相参各半并互为转化状态下，他们不是绝对的无私也不是绝对的自利，他们在考虑和追求自身的私欲时也会考虑他人的私欲的实现，他们遵守着追求私欲实现时所限定的各项规则，追求到私欲实现时他们可以感受快感，但这种快感度绝不超越正常范围。但如果自己追求的私欲被他人实现时他们也会感受痛苦，但这种痛苦度绝不超越正常范围。也不会因此而去破坏社会规则来籍此达成自己的私欲！因为他们深深理解了幸福的含义，他们知道绝对超值的幸福会带来绝对超越自身控制的痛苦。他们会在平凡生活中感受到生活的种种幸福，也会在不凡生活中感受其不凡的幸福，他们能在各种环境的变动中始终保持自己的身心处于正常状态，不会过度的追求不能承受的幸福，他们的生理是健康的，除非有异常状态发生也会很快的比非幸福圈的人更镇定的保护自己，不让过度的情绪来进一步伤害自己和他人。

（6）各种欲求的满足和幸福不存在必然联系

美国最富有 400 人的平均快乐指数为 5.8，而无家可归露宿街头者的平均指数为 2.9。

如果让你从 1 到 7 选出一个数字，1 代表"对我的生活根本不满意"，7 代表"完全满意"，那么毫不奇怪被《福布斯》杂志列为美国最富有 400 人的平均快乐指数为 5.8，而无家可归露宿街头者的平均指数为 2.9。

一般说来，风餐露宿的人不可能拥有烛光晚宴和绫罗绸缎，也不可能享受挥金如土的感觉。

但不要这么快就妄下结论。在过去 20 年间断断续续的调查中人们发现，居住在寒冷的北格陵兰岛的因纽特人的快乐指数也是 5.8。此外还有肯尼亚的游牧民族马赛人，他们生活在简陋肮脏的草棚内，没有电也没有自来水，而快乐指数同样为 5.8。而生活在加尔各答贫民窟的人们，对他们来说经济的一星半点改善都似乎具有重大意义，而他们的快乐指数也达到了 4.6。

钱能买到快乐吗？特别是当一个国家以国内生产总值(GDP)衡量的国家财富增长时，公民的整体快乐水平是否也会上升呢？凭直觉，你可能会毫不犹豫地回答：是的。毕竟传统经济理论显示，收入的增加可以让人们满足更多需求，而得到满足的需求，甚至欲望越多，就会感觉越快乐。而且有钱就可以有更多选择。用 10 美元你可以去买牛排或者热狗，而如果只有 1 美元，那么你只能指望冰箱里还有些开胃的小咸菜。经济学家曾说，人们的选择余地越大，快乐程度越高。

但是在心理学家眼中，事情要复杂得多。美国伊利诺伊州大学香槟城校区的心理学教授艾德．比纳和宾夕法尼亚州大学的马丁．塞利格曼深入分析了 150 份有关财富和快乐的研究报告，他们认为将经济指标看作幸福的近似值显然缺乏说服力。该报告即将在《公共利益心理学》刊物上发表。

研究显示，在很多国家，尽管过去 10 年间经济产值大幅增长，但人们对生活的满意程度却没有明显改善，抑郁和不信任的程度反而有所增加。

这样的例子数不胜数。当经济的改善满足了基本的食宿需求、让一个无家可归的人获得一份门卫的工作时，收入的确是衡量幸福的标尺。但这 150 份调查显示，随着财富的不断增长，额外的收入将不再带来多少额外的快乐。相反，快乐是来自良好的人际关系、愉快的工作氛围、自我满足感、对生命意义的感受、以及对社会活动的参与。

比纳和塞利格曼总结道，经济兴旺不足以作为衡量幸福的标准，一方面是因为拜金主义会对幸福感造成负面影响，另一方面没有奢华的生活人们也同样可以感受快乐。

　　更有趣的是，发现金钱与快乐同步变化的研究通常苦于无法解释其中的因果关系，即通常所说的鸡生蛋还是蛋生鸡的问题。认为自己现在很快乐的人，多年以后赚的钱往往比当年自称不快乐的人更多。这说明幸福感可以使生产能力、创造性及其他导致收入增加的特长不断提高，而并非(或不只是)收入的提高带来更多快乐。对自身状态满意的人也更容易结婚，并保持稳定和健康的生活状态，而这一切都可以增加人们的快乐感。钱或许不能买来快乐，但快乐可以生钱。

　　政府促进经济增长的政策乍一看似乎是提升公民快乐感的明显途径。经济学家屡屡发现，总体上 GDP 水平越高人们的快乐程度越高。这似乎为"钱能买到快乐"的观点提供了佐证，然而它忽视了一件事情。富余的国家往往是民主国家，尊重人权，有公平的法律体系、完善的医疗保健制度以及高效廉洁的政府。所有这一切都是幸福的源泉。当你考虑到这些变量时，收入本身对快乐的影响就很微不足道了。

　　看看全球最富有的几个国家。自第二次世界大战以来，美国人均 GDP 已经增长两倍，而人们对生活的满足感(通过"你对生活的满意程度怎样？"的调查得出)却几乎没变。日本自 1958 年以来人均 GDP 惊人增长，而国民的快乐感却一直维持原状。鹿特丹伊拉斯莫斯大学社会心理学教授鲁特·维恩霍文在对西欧的研究中也得出同样结论。一个原因可能是，经济增长导致欲望膨胀。奢华的生活越来越显得平常无奇，因此抵消了经济增长带来的心理满足。

　　如果心理学家在政府的经济班底中也能有一席之地，那么他们一定会指出，一旦某个国家达到一定的繁荣水平，经济的进一步增长并不能换取更多快乐。相反，维恩霍文教授说，提升公民的幸福感需要减少对经济增长的投资，增加促进自由、民主、信任和公众安全的政策举措。

（7）幸福感的获得不因为名权利性的增加而增长

（8）幸福感也不仅是依赖于得到名权利性等一切欲求的实现而获得

　　高值的幸福感也会形成高值的痛苦感；低值的幸福感将形成低值的痛苦感，因为这两者是相辅相成不可或缺的，其中一个条件是另一个条件成立的因素两者是呈因果关系的是绝对对立和不可缺少其中一个条件的！

（9）一组情绪会形成大周期的情绪波动最后形成与其快感相等值的痛苦感

　　这种痛苦感的值在抵消了初次引发的快感强度值之后大周期予以完成。

（10）任何事物都能够成为获得乐趣的因素

（11）在和谐园的幸福观而言幸福感的获得是不容易的但也是可以取得的

　　幸福就在和谐园每个人的日常生活中就能感知得到。

（12）理解了和谐园的幸福观的和谐人就会懂得珍惜现有的现状

三：和谐幸福观带来的十五大超越（描述和谐幸福观可能给人类带来的变化）

（1）和谐幸福观给个人带来的五大超越

（A，造就个人与自然和社会的和谐共生

持有和谐幸福观的人能更好的处理人与社会和自然的关系，和谐生存的幸福人因为深深的懂得幸福的代偿性，和人的贪欲所造就的对人类生存环境的破坏，以及人与生物都是一个整体这三大思想的影响下，他不会因为自己过渡的欲求而伤害到他人的利益和破坏地球生态环境作代价。他会小心的限定着自己和他人和自然的关系，不会让自己的私欲膨胀到无法遏制的地步。

（B，得到最大的身心平衡

和谐幸福观的人会极大的降低有心理失衡引发的生理疾病，幸福人能够保持自己的身心平衡，不会把心理的失衡扩大到极度失控的状态，这样就会有效的阻止有各种不良心理失衡波动影响到生理失去平衡。能够保持身心在正常范围内的波动，这样就不至于会引发因心理失衡导致的生理的病态失衡引发的生理疾病。

（C，和谐幸福观的人会得以更长久的生命存在

　　幸福人如果能始终保持自身的身心波动在正常的范围之内，并有着良好的生活习惯，在各种欲求上面不过度地去追求，自会得以百年之寿！

（ D，更好的处理各种事件，更好的掌握人生

对懂得和谐幸福观的人而言任何环境都能够保持心理的平衡，如经受了大风大雨的历练的人而言任何事件都不会引发起情绪上的极大震动，这现象就如同老人之于青年，青年之于儿童那样，情绪的起伏会随着年龄的增长而变得平和这是和其适应能力逐渐提高经历的各种实践逐渐增多有密切关联，但如果一旦理解了和谐幸福观那么就会从理论上提高，这样就能极好的辖驾自己的情感而不再使其任意地奔涌而影响到自己的行为并迅速的提高自身的应变能力。

（ E，和谐幸福观的人更能享受生存乐趣

虽然和谐幸福人的情绪不会有大起大落，但他们会在任何一件能获得快感的事情上面得以更持久的快乐的延续，因为较少的刺激反馈使得"情感第一定律"作用相应就减弱很多，包括夫妻性生活如果能保持一定的身体距离（采用分床）和性交欢的节制度就会使夫妻间的性爱所获得快乐得以很长的延续。直至可以延续一生的时间！而不至于依靠性变态和婚外恋来保持刺激度！更不至于因此破坏了他人的婚姻家庭和社会的道德伦理持续。

（2）和谐幸福观给社会带来的五大超越

（ A，和谐幸福观带给社会更好地与自然相和谐地发展

（ B，和谐幸福观能使社会极大地降低犯罪率

因为很多人不再为去侵占他人利益而去犯罪以获得额外的幸福感，因为社会使人懂得任何幸福获得都需要付出代价，而这个代价并不仅仅是法律上的更是指自己的想获得快感的目的根本就达不到。

（ C，和谐幸福观能使社会道德回归

（ D，和谐幸福观能使国家内部稳定，和谐发展

（ E，和谐幸福观能使民族对外更有效的坚持自己独立性维护自己权益

（3）和谐幸福观给人类带来的五大超越

（ A，和谐幸福观使地球秩序变得和谐而稳定

更能正视自己的生存手段是否符合人类幸福的要求，和谐幸福观使国家之间的战争减少，因为所有国家内部都会持有和谐幸福观的人都会有可能施加影响到国家的决策，使该国的经济和政治发展会符合真正的幸福要求正常的发展，这就减少了国家之间的侵略。

（ B，和谐幸福观使地球生态环境和人类的经济发展相适应

（ C，使民族多样化，更能有效地维护人类社会的长久存续

（ D，和谐幸福观使人类与地球的关系不再是掠夺和强占，而是和谐生存

（ E，和谐幸福观使地球生态维持多样化更长久地生存下去

（丙）人类和谐生活体系和调节机制

一：社会平衡的控制

（1）社会控制的重要性

（A，只有在社会机制的层次上建立了规范个体的阈值，才能从根本上遏制人欲的泛滥和动荡的情绪状态。

（B，由于科技与现有的社会体制和社会机制的不对称性，导致科技畸形发展，和社会的畸形存在。

（2）社会控制的几个方面

（A，人欲的控制

（B，对经济政治社会各方面协调的控制

（C，目标为是社会与自然相和谐共存

（3）社会控制的依据

（A，玩具的历程

工业社会之前中玩具是简单的，是使用自然的材质和使用可再生资源的工具所制造，所有玩具及其制造工具都是可立即进入再循环的资源。

而工业社会中玩具日趋复杂化成人化，其玩具制品和所制造的工具都是不能进入再循环的资源。

（B，社会道德等规范相当于在世人心中建立起一道阈值，规范着世人的行为。

（C，在相同的社会规范中，不同社会角色的人有着不同的场景角色，也有着不同的阈值限定。

（D，各种社会不同文化造就个体的不同喜好

蟑螂`猪`狗`蜗牛`蟹`蝴蝶和人都是可吃的且营养丰富，但有的社会不能吃有的能吃,如果猪肉对于非回民来说是一种能引发饮食欲望和满足饮食欲望的快感的美味佳肴，那么对于回民来说则是一种禁忌和痛苦的事物，正如性对于某些人是一种最丑恶和肮脏的，却对于另外一些人来说则是一种最快感的行为，而一些人则可有可无的。这些现象就其社会角度而言是一种社会的调整，是社会为了维系自身的一种社会角度的平衡而做出的总体调节，就像一个社会区域生男生女的比例都是基本相同的那样，这是社会调整的结果，而古代的一些重大的灾变包括天灾人祸瘟疫等等也是另一种角度的对社会的调整。

（E，食用食物种类的教习

如同饮食食物的选择也是这样的，是通过教习才知何种可以食用，有很多的动植物是可以作为食品的，而社会习惯使人们食物的选择有很多限制，如：蟑螂`蜗牛`蝴蝶`猪肉`牛肉等等，甚至人都是可以食用的且营养丰富，但在这个社会中被当作美味的在另一个社会则会显得不可思议和大逆不道。虽然各个区域的饮食的对象各不相同，但总目的其功能是相同的都是社会试图在建立的社会秩序上维持它的正常秩序的运作。而幼儿也需要教习才会知道何种食物可吃及吃的方法。

（F，向力的向上性

人的向力总是往高等级攀比的，他会在自身的参照体和社会的参照体之间选择较高的作为参照来发生评价。

（G，流行时尚是对情绪感第一定律的突破反击

根据情绪感第一定律任何重复出现的刺激人们对其的反应强度会越来越低，新的流行因为很少出现的原因没有在普遍的受众群体中形成麻痹效应，因此一旦人们接受和认可其形质的美感，就会成为一种流行的时尚，但其寿命就取决于其流行传播的速度，相对而言如果没有其他刺激体参与其中，时尚传播的越快其寿命也越短。

商品也是如此，如果不改变商品的形质或增加包装在商品形质之外的各种其他因素如广告和宣传方式及文化的包装，其商品的寿命必然会随着受众群体的增加和受众群体日益麻痹的效应而终止。

（H，在情绪感第一定律和情绪感第二定律作用下，道德法律等规范禁忌不断地被各种个体或组织的行为缓慢的突破

在情绪感第一定律的作用下人们对不断报道的禁忌的突破现状越来越麻木不反应，对各种不断增加的非正常现象熟视无睹。

各种突破性行为形成了一种缓慢的对禁忌的突破，对约束者和受众群体形成一种情绪感第二定律所发生的不反应效应，

（I，科技发展不等同于人类文明的进步，人类文明的进步最新含义是人类社会与自然界和谐而长期生存的能力提高。

（J，因为趋动性社会机制是需要不断突破各种秩序和规范来获得驱动力的，因此各种社会原有的道德和秩序会不断地被突破瓦解更新。

（K，人人都需要得到心灵平衡，但在这个狂躁的社会中，内外环境的刺激日益纷杂与强大，平静需要的能量

（L，无制约的趋动性和恒定性社会审美的畸形

在无制约的社会状态下，过度发展的社会机制在各个领域都会趋向畸形。

趋动性社会中，由于没有恒定性社会的制约的大环境，审美日益趋向畸形，对人的审美要求是在其他部位标准的基础上突出社会所流行的某部分的形状以为美，例如：对女性要求是突出乳房；对男性要求是突出大鼻梁，对男女都要求以高为美，腰细为美，尖下巴为美，浓眉为美，对身体的每一部分都有审美的要求。但在趋动力为主宰世界，都已趋动性社会的审美为标准，极端的压抑了恒定性社会的审美观。

（4）社会控制的方法

（A，古代由于信息传递的缓慢，人类社会处在相对封闭的状态，社会机制主要依靠自身的社会力的调节，而现代社会越来越紧密，需要依靠人类社会的各个国家来直接作调节来达到整个人类社会的和谐，

（B，社会人的性行为不但受制于社会的各种法律规范宗教道德，还受到自身经验的约束，根据当时的条件，人得以搜寻出合适的行为。

（C，中国必须以输出恒定文化制衡人类激荡失控的趋动力急剧膨胀的局面。

二：自我和谐的迈进

（1）建立起家庭自我综合监控系统

包括饮食 `睡眠`安全`情绪`学习`娱乐等等各方面的来监控个体的内外的平衡度，这样对家庭成员建立起一套监控系统，每隔一段时间定期的测量一次，比照以前的状态可以反应出自身的各个方面变化的规律和变化方向并作出控制，这样可以克服"重复渐进刺激不反应原理"在这个原理影响下，家庭成员会不自觉的感知不到原有的刺激源的刺激而逐渐增大其刺激源的强度，比如各类调味品的加入就是逐渐加大量的过程，在原有的调味用量基础上，逐渐就会觉得原有的用量会少了，人感知不到原有调味品的浓度。所以只能增加调味品的用量。这样家庭成员往往会不知道自身已经发生变化甚至变异，直到某一天健康发生恶化或个人对社会产生突变性影响，才觉得出现了根本性的变化。

（2）心理系统日益临近崩溃的紧张局面

比如一个饱受心理失衡折磨的人，大多数情况下可能正处于一个痛因性情绪失衡大周期或快因性情绪失衡大周期这两种大周期中的其中一个阶段，整个情绪大周期中的情绪强度规律呈现出递减状态，从开始阶段是反应最强烈的时期，最后强度会逐渐递减到零。所以一个正处在极度痛苦状态的人大多数情况下是正处于大周期中的第一阶段或第三阶段，

如果在一个生活秩序轨道上投入的时间越久强度越大，如果要脱离所需的时间和强度要强于该轨道的生活秩序轨道才能够成功，所以对于吸毒者而言要其脱离吸毒形成的生活轨道还需要有更强大的刺激才能够做到。

（3）一切被生理监测系统所感知到的各种刺激源都可能让个体成瘾

成瘾现象是指某种刺激源使个体生理系统发生非常态的平衡同时使心理系统感觉非常态为常态的异化心理现象。所有的刺激源也都能引发个体非正即负的情感赋予，对于正情绪个体会接纳产生此情绪的刺激源并赋予相应的情绪符号概念，同时欲求机制会产生是刺激源强化的欲求目的使之能够再次（可以是一种出于对太久的平静生活的枯燥感所引发，也可以由某种外界刺激所引发使其在心理或生理系统出现偏离状态，个体就会按照上次获得的刺激和反应来激发其快感，最后以此获得平衡感）获得这种幸

福感（其实是让自己身心偏离的状态）。如果一旦某种刺激源和自己的反应被纳入该个体的生活中不可缺少的一种秩序，那么就会使这组刺激和反应产生的情绪周期成为一种习惯的欲求并同时淡化另一种主欲求，每个人都有各自的寻求平衡的模式，但都包括在心理系统欲求模式和生理系统欲求模式之中，而性欲求 `权欲求`利欲求`名欲求则是最主要的模式。

（4）无法协调自身失衡的个体

自杀的个体就是由于在现实生活中无法平衡自身的痛苦情绪，于是选择了消灭自身生理系统以求得永久平衡。自杀前受极度痛苦情绪扰乱生理越深的个体在濒死前就越是有一种极度的解脱的轻松快乐感，因为某种内或外环境的刺激一而再再而三的引发该个体心理和生理的强烈失衡，而这种失衡虽然能够暂时平息但却得不到该个体想要的永久的平衡，或这种强烈失衡超越了该个体平常心理能忍受的程度，该个体一时间无法平息这种强烈的刺激引发的生理反应，在这种情况下，个体生命存在就给该个体造成了极度痛苦的基础，所以消灭生命就成为该个体获取心理平衡的唯一选择。虽然引发自杀的因素有各种各样很多因素在其他人看来根本就不值一提的小刺激，但由于该个体没有经历过或者由于其他因素在心理的沉淀的各种欲求的不到满足的影响会在这时候被该刺激激发从而在心理扩大其刺激的强度从而造成生理和心理上的交叉感染，进而使心理带动生理系统彻底崩溃。

（5）开始新生活

意味着必须切断原有的场景输出习惯，改变原有的场景秩序流和欲求秩序流，或用另一种截然不同的场景替代原有的场景，用截然不同的场景与欲求秩序流替代原有的，彻底改变旧的生活秩序。

（丁）幸福互助体系总体规划

一：概况

幸福互助体系是一个综合性的身心平衡理疗系统，用各种自助游活动和心理调养活动并且在幸福家园的集体力量的共谐调理下，使个体得到身体健康和心灵的安宁。这个体系是由两个分体系构成的，即"社会家园"和"网络家园"，社会家园是我们在社会上建立的机构，由幸福修养园为枢纽，联结自助游机构和心理理疗机构等机构组成。网络家园则为网络联结，其中以幸福家园社区为中心，QQ群`论坛`视频茶馆`和谐之地等等围绕社区展开。

"社会家园"和"网络家园"这两个分体系是互相联结互动作用的，形成一个完整的幸福互助体系，让我们获得心灵的平衡和身体的健康。

二：社会幸福生活调节体系

建立起社会内部的幸福生活的自助结构，使社会成员能够和谐自身与他人和社会的关系，能够有效的平衡自身身心得到健康，能够使社会稳定合理的存在。

和谐幸福观的建立需要依靠政府和社会的力量引导，自身的参与。一个有效的政府是能善于合理地调节社会上的各种欲求的最低阙值的。

（1）政府建立"幸福指导部"

未来的混合性社会，政府可以成立"幸福指导部"统筹规划领导，负责制定政策，协调各地区各级幸福生活体系的运作，建立社会幸福阙值，引导社会获取幸福的方法。这是一个使社会情绪趋向稳定的职能部门。

衡量和谐幸福部政绩的标准是自尽人数的多少`精神疾病人数的多少，关联率为1。0。犯罪率也是重要指标，关联率为0.6。幸福部由政府首脑直辖，它可以协调各部委工作。

（A，建立社会幸福生活体系

（B，与世界幸福生活体系相联接

（2）幸福部创建和谐指数与心理平衡指数

自尽人数`精神疾病患者`犯罪率三个指标是衡量一个社会心理平衡指数的重要数据。

迁徙人数的多少则是衡量一个国家和谐指数的标准。

（3）社会幸福生活调节体系的构成

（A，社会幸福生活和谐体系

由各级幸福生活体系共同构成，依靠各级幸福生活互助网和电脑互联网的形式构成一个社会幸福生活的互助体系，并以联盟大会来协调各级团体的管理运作。

—a：幸福生活互助网

——Ⅰ）各级别的幸福人经过个人进阶体系的培养，进阶自主形成一个幸福生活互助团体，在以"和谐家园"的机构为中心展开各种进阶活动。"和谐家园"的分为理疗总机构和分支机构。这是对个人提供综合理疗的场所，也是幸福人组织大会的联系处。

——Ⅱ）和谐家园的工作人员是志愿幸福人参与的，志愿者都是从幸福人中挑选而出。设有常务机构和代表大会这两种组织形式。参与志愿者和进入管理层的幸福人必须达到个人进阶体系中的一定级别才可以。

—b：电脑互助网络

——Ⅰ）由电脑互助网络构成，它与和谐家园一起构成个人进阶与和谐幸福生活的重要工具，其中和谐家园的总站点联接各级分站，分站联接着每个幸福人个人站点。个人站点有个人进阶的状态，生活是否和谐，与总站联接着协调着各自的生活轨迹运作。

—c：各级幸福生活互助体系构成

由初级（社区和乡村）幸福生活互助体系到一级（市）幸福生活互助体系再到二级（省）幸福生活互助体系再到三级（国家）幸福生活互助体系。

—d：各级幸福生活联盟大会

设置代表大会，由常务代表大会和一般代表大会构成，有权决定各个事项，

（B，全球幸福生活联盟

—a：宗旨

作为调节世界范围和国家与国家之间的恒定力与趋动力这两种和谐力的机构，务必使得世界的两大和谐力处于一种和谐对等的状态。

当世界处在恒定力占主导的时期，就必须发展趋动力，当世界的趋动力占主导的时期就必须发展恒定力。

—b：构筑全球幸福联盟的机构

机构是由各国家的第三级幸福生活体系互联而成。

全球幸福生活联盟大会代表（各国家和社会的各级幸福生活体系的优秀代表组成）

（4）建立社会对幸福圈的监督和鼓励机制

幸福圈内的成员一律佩带醒目标记，以便他人进行监督。幸福圈的成员称为幸福人，他们每年有100分的幸福值，但其成员按其身体状况而定每月要下降幸福值数，如果到年底考核期保持幸福值100分值，可以获得多方面的奖励，包括物质和精神方面的，但如果未满分值则会有多方面的督促机制，直到取消成员资格，该评分资格属于全体成员共同选定出的每隔一定时期就换选的幸福评分执行部执掌，但也有监督部监督其运作，如果成员有任何异议则可告诉到监督部由该部进行重新核定。对成员的监督扣分则根据某成员的违反公德或法律等行为的严重性而定，最轻微的违反公德之行为可扣幸福值1分，如果违反法律特别严重的可扣其全分，并立刻取消成员资格，幸福值下降到某值也要取消成员资格，除非该成员有特殊原因。成员也可以享受加分，在评选会指导下会有各种地点和事物让出成员选定去从事公益类活动已获得加分，比如：献血`捐献器官`从事各项公益劳动`见义勇为`等等，由成员申请在经过评选会认可确定之后可获得适当加分。

（5）和谐幸福圈的文化氛围

和谐幸福人会遵循和谐幸福学的宗旨来生活，真正做到富贵不淫`贫贱不移`知足常乐的古训，他们将真正的安于平淡的生活并能从中求得永恒的幸福之源！

所有幸福人将视能够安于平淡生活的幸福人为幸福大师，并向之学习各项生活中取得幸福并甘于平淡生活而不敢崛起枯燥的技能。

（A，讲求幸福的艺术

人类进入了一个全新的发展历程，再也不是崇尚经济飞速发展和物质享受的阶段，人类已经从物质的泥沼中走出来，展现在眼前的是人与自然和谐相处的新的时代，这是一个讲求幸福生活和艺术生活的时代，生活的品质不再以金钱和权势来衡量，也不再以获得性欲求满足的多少和获得名誉的多少来衡量。而是看是否能有效地调整好自身的生活秩序，能够获得健康的身体和长久的生存，要看能否和周围的人与事物和谐的共存。

三：个人幸福生活训练方案

研究人类个体如何控制自身的心理，包括了 1 如何维持身心的平衡 2 如何使失衡的心理或身心得以恢复平衡，因为人在一生中会始终处在各种平衡或失衡的状态，所以学习并练习心理控制能使自身得以更好的生活。

首先必须练习第一阶段是研究幸福学，特别需要理解幸福学的幸福原理，当幸福学研究的越透彻就会对心理控制的越好。

其次也是同时在日常生活中练习简单控制身心，比如能控制自己不看喜欢的电影，不做自己喜欢做的琐事，而如果能控制自己不抽烟则是一种对身心的控制的很高境界。但第一步不会去做这个尝试，只是练习一些能够控制的不太大影响自己生活秩序的小事，比如能控制自己不打游戏，控制自己在需要休息的时候就睡眠，控制自己睡眠前不让自己心理过于兴奋，等等。

最后成为和谐幸福人是在理解了幸福原理的真实含义之后才能做到的，这种人是自利和非自利人性的和谐结合，他的幸福观是，在不破坏自己与他人及一切事物的和谐存在前提下获得幸福。

和谐幸福学的理论学习。

通过研究和谐幸福来从思想上认识到幸福的真谛。从而使行为有可靠的依据和心灵的归宿。

通过强有力的身心综合疗法使得个人对现实生活有一个深刻认识，起到对和谐幸福学认知的辅助性学习作用，更加清晰明白什么是幸福。

系统或一般的学习中国民族文化尤其是基于周易的道学研究，生理方面的锻炼和实证依靠学习中华武艺精华方面如太极拳和站桩。前者是思想上的训练，后者是身体方面的训练。

（1）幸福艺术的心理训练

（A，各种不良生活习惯形成的原因

—a：恒常的刺激源消失也是一种刺激源

如果出现恒常的刺激源突然消失的状态，个体会觉得突然出现一种真空，因为在衡常的刺激源作用下，个体的生理已可能出现一种非平衡状态，以适应衡常刺激的存在。而一旦没有了这个刺激源，个体的心理系统会感受到自身生理系统上的不适应感，在心理系统和生理系统建立起最高阈值和亚平衡状态下，个体原有的生活已经建立了一个秩序，如果一旦没有赖以建立这个基础的刺激源，个体的生活秩序会被打乱。虽然在原有的刺激源作用下，个体已经没有了心理反应和只存在纯粹的生理反应，但一旦没有了刺激源，这种已经建立起的秩序本身就成为一种扰乱的刺激源，也能成为一种失败大周期环境笼罩下的情绪周期中的负情绪，如果以前刺激源存在是一种成功大周期环境笼罩的正情绪的前提下。这时候个体会需要另一种刺激源来平衡这样的失衡状态，其实是一种返回正平衡状态，而最快捷的方式就是找回原有的刺激源，其次是能够让自身反应达到最相似前次成功大周期中的刺激源对自身的反应那样。但如果没有替代物，个体生理系统的亚平衡和心理系统的最高阈值也会随着时间而逐渐趋向平衡和淡化，但逐渐趋向平衡和淡化的过程本身也是一种非常强烈的刺激源，它能使人感到非常痛苦，但如果能坚持下去个体也会获得正平衡状态，建立起生活新的秩序。更多的个体会寻求到另一种可替代的平衡手段来平衡自身的痛苦状态，从而把原先的欲求转化到其他欲求上去，再次建立起新的亚平衡状态来替代原有的亚平衡态，如原有的性刺激源不存在个体也能在新的名欲求中获得比性刺激源更强大的刺激反应，来彻底替代原有的生活秩序。

—b：非常平衡态者的痛苦之源

当我们被毒品改变的越深刻，也就是生理系统被异化的偏离形成新的非常的平衡线越巩固。那么要想改变这样的非常态平衡也越困难，但人体是个自动的趋向常态的动态平衡系统，他必定会时刻不屈不挠的趋向常态，而有毒瘾者心理系统上已经把异态作为常态了，他会把这种恢复正常的生理现象标记为痛苦，而这样的心理会把生理上的恢复状态加以混乱，导致生理上的再次偏离和恢复交织在一起，是个体心理和生理上都承受更大的混乱的并且一并标记为绝对痛苦。

有毒瘾者他们只有在吸食毒品后才能觉的身心是平衡的，但不知这种平衡其实是生理处于亚平衡状态了，这也是一种类似职业病症的状态，刺激源仍旧在刺激着个体的感受器官，感受器最先是反应的后来也就被刺激源异化而损伤，也导致感受下降而心

理系统则很快的因为不能改变而去适应这个环境，变得不再是生理系统做出反应。两种因素使得个体觉察不到原本恶劣的刺激源。这时候生理系统已经建立起了新的亚平衡点，也形成了职业病。

吸食毒品者往往会被外界毒品文化的因素而导致心理扰乱去追求更强烈的刺激，因为原本感受到反应的刺激源，毒品的量已经达不到那种生理反应了，这些人很快的建立起把自身生理系统驱向死亡线的亚平衡态，一次又一次得也提高着自己的耐毒性或者说是生理极限死亡线，但总体上该个体的生理已经被毒品毁坏，往往最终生理上引起崩溃而死亡。

那些吸毒成瘾的人他们的平衡状态是非正常的平衡点，是一种偏离生理正常状态很远的亚平衡态，如果一旦没有毒品来维持，他们这个亚平衡状态就会被打破，而这个亚平衡状态已经随着毒瘾的深入和毒品文化的渗入被该个体标记为正常状态了，一旦没有毒品的激发从而生理上自发的向着平衡点靠近，该个体会把这种很正常的有利于个体生理生存的恢复平衡的系统行为标记为痛苦和不能接受，这时候个体会把这种本该是恢复轻松的有利的生理现象竟然会感受到一种不可忍受的痛苦现象！因为该个体把吸食毒品时候的生理偏离作为了幸福感，那么生理的返回原初的平衡状态当然是痛苦的状态了！就好比人们娱乐于棋类，如果把自己的胜利作为快乐，那么失败一定被标记是痛苦。输和赢是两种截然不同的结果，如果人们把该事物的赢作为痛苦那么输必定为快乐，两队球队比赛，都会希望本队赢球如果这个愿望越迫切，那么一旦输球痛苦也越深，赢球快感也越深，

（B，身心治疗

—a：对心理失衡引发的生理疾病的治疗

—b：对生理失衡引发的心理疾病的治疗

—c：对身心失衡引发的身心失衡的治疗

（C，和谐者如何维持和谐的幸福

情感第一定律对人体起着保护机制的作用，这就对幸福感造成了一个维持的屏障，没有任何一种同质同量的刺激会永久使人体有持久不变的反应，同样的幸福感也不会来源于稳定的没有任何变化的刺激源，这就造成了个体需要不断的寻求更新的刺激源才能保持和强化其幸福感的享受。这就是对一种事物从它那里得到幸福感并维持下去的困难所在。但和谐圈中的幸福人会懂得这个道理也会有效地使用如何来持久地获取幸福感的策略，他们会采用各种方法来使得最低感受阈值缓慢的提高，比如他们会有效地控制自己享受的进度，也会主动的不把刺激源一下子都打开在他们面前进行强刺激，而是缓慢的进行展开，如同一层层薄沙盖在美人头上，不断的掀开也会有新的美感产生而不是一下子让性感都暴露在面前，虽然刺激强大但失去幸福感会非常快速，有效的降低刺激源的刺激度是一个能有效的遏制幸福感持续的策略，比如夫妻双方采取分床的方法也是一种有效的降低刺激度的策略，小别胜新婚就是说的这种道理，而且维持刺激度会有各种方法不仅限于对肉体的生理上的，更是对心理上的各种刺激也是更有效的刺激度，比如各种思想交流`共同参与各项旅游活动等等都是一种维持新鲜幸福感的重要方法，在幸福圈内的幸福人不会为了谋求新的幸福感的刺激而去发展婚外恋，也不会把婚内的性行为有变异化的趋势，因为他们的幸福感不仅仅是要在性上面得到，他们的幸福来源是广阔的无尽的随处可得的，性幸福感只是快乐海洋中的一个浪花而已。

和谐圈中的社会人个体我们称之为幸福人，他们会有选择的躲避实现欲求的事务，因为这会使他们对某种幸福感刺激的最低阈值提高，他们会合理的安排自己的最低阈值的提高，也会合理的降低自己对某种能产生幸福的欲求的最低阈值，比如：他们会有意的节食，一方面能使胃肠功能得以恢复得以合理的休息，另一方面也能降低对食物的刺激阈值，饥饿了一天的人会对所有食物产生食欲的！他们正是通过这种调节手法来时自己的各种欲求保持在一种正常的范围之中，这只有和谐圈中的幸福人或理解了幸福学——人类幸福新秩序才能有此境界。

（D，习惯定势的改变

·如果要对原有的已经形成定势的依附在某种欲求上的情绪符号作极性符号的改变甚至颠倒，就会改变原有的行为欲求目标和行为。比如对某甲吸烟这个欲求反应的情绪符号做一次颠倒，把他原有认为吸烟过程中所受到的烟雾带来的刺激，从原来的快感符号给予改变为痛感符号，一旦他逐渐接受了这种改变就会把原有在吸烟中得到幸福的一组欲求反应的习惯定势，扭转为发生吸烟这组刺激反应是痛苦的，而远离它则成为幸福的。

（2）幸福生活的生理训练

（A，如何达到自我平衡

每个社会个体都在寻求一种能让自身失衡的状态得以恢复平衡态的方法，有的用性欲求，

（ B，非自主性个体和自主性个体这两类人的不同训练目标

—a：非自主性社会人训练方案

——I）初级阶段

心理方面： 基本概念的掌握

生理方面： 辨别出自己的各种欲念，性方面——能够意识到自己的性欲望，无论在渴求爱欲或者做爱时都能理解这是性欲带来的刺激，是自身赋予的辛福概念，并能减少对性 ` 名 ` 利 ` 权的追求。

——II）中级阶段

心理方面： 初步理解各概念之间的关系

生理方面：对各种欲念有所控制 性方面——能够在外界没有诱惑下控制自己的性欲不主动的使自己的性欲有得以满足的机会。

——III）高级阶段

心理方面： 深入领会系统理论

生理方面： 摒弃一切内外界的诱惑 性方面——未婚的能不婚，已婚的不再把性行为中得到的刺激赋予幸福。

——IV）顶级阶段

心理方面： 不但全面掌握而且能在该理论基础上创造新的理论

生理方面：能对控制自身的情感加以转化使用。

—b：自主性社会人训练方案

——I）初级阶段

心理方面：基本概念的掌握

生理方面：在优势条件下自己能够达到欲求目标。

——II）中级阶段

心理方面： 初步理解各概念之间的关系

生理方面：在相同条件下自己能够达到欲求目标。

——III）高级阶段

心理方面： 深入领会系统理论

生理方面：在劣势条件下自己能够达到欲求目标。

——IV）顶级阶段

心理方面： 不但全面掌握而且能在该理论基础上创造新的理论。

生理方面：在任何条件下能够达到自己的欲求目标。

（ C，对个人的生理上的训练

—a：如果个体对生理系统和心理系统作进行合适的锻炼，可以提高对今后不预期的内外环境的刺激有很好的应变能力和提高其失衡极限，而获得长寿。

—b：抬高最低阈值的同时会相应提高生理承受的最高极限，因为每次抬高阈值的过程就是使受刺激的某个系统得到锻炼的过程，但这种锻炼必须是常态的失衡如果导致了病态的失衡则可能会反而使整个肌体遭受不可愈合的损伤。

—c：提高冷热阈值的训练

当需要提高对炎热的耐受度的时候，比如把对 40 度的耐受力提高到 50 度，经过一定训练能使人很快达到这个程度，这其实是改变了身体在热度的刺激下几种生理系统联合协作的结果，牵扯到泌尿系统，皮肤和排汗系统，呼吸系统，心血管系统，神经系统等，这些系统在应对 50 度高温的刺激下，重新组合产生新的协作方式以达到能够在高温下获得生理平衡的各项生理耐受力的共同提高，一旦适应了高温，也就是这几个系统在联合协作上已经使自身获得了应对高温条件的性能的提高程度，增加了自身对高温刺激的极限度，也提高了人体的最低感知阈值，使得原本 30 度就觉得燥热不堪的心理赋予其痛苦值为 3 度的人体，在经过耐受力训练之后提高了对高温的最高极限同时也提高了对温度感知的最低限度，此时他在 30 度温度下就并不觉得太燥热痛苦值下降

到 2 度，他要对 40 度的温度才觉得燥热痛苦值才会达到 3 度，所以适应了高温的人体一旦环境变为常温就会觉得异常和不适应，甚至产生疾病，其不适的程度的时间与适应高温的时间长度成正比。

常人如果裸体在气温 27℃ 以下就会觉得开始寒冷，而当温度上升到 29 度以上，就会感觉开始炎热，而一旦人体体温降至 14℃～16℃，可致人冻死，如果上升到 40℃ 也可于数小时内致死，如果对人体进行冷热极限的两种耐受力的训练，能够提高其对这两种不同状态的耐受力，可在把身体对抗寒冷的极限提高到体温 14℃～16℃ 以下，也可把身体对抗炎热的极限体温提高到超越 40℃ 以上，同时也就把感知温度冷热的阈值分别下降和提高了几度，他可在 25 度至 32 度只见感觉不出有温差，而常人就开始感觉寒冷或炎热了。

（ D，通过各种艺术的训练使个体达到身心平衡

——a：中国水墨艺术使人和自然和谐

中国水墨艺术体现了和谐之美

包括色彩的和谐`水墨和谐`点线面的和谐`形体的和谐`有形和无形的和谐`书法的和谐`书法绘画的和谐`书法绘画与风格的和谐`书法绘画风格与所表现的题材的和谐`等等以及这些构成之间的和谐。

书法的和谐之美体现在每一个书法笔画都必须与自身所处的总体相和谐，而又必须符合汉字符号的规则，又要与所表达的思想相统一。

（3）个人幸福进阶表

（ A，个人幸福梯级进阶的组织体系

——a：幸福人四重梯级的组成

第一梯级为幸福人，第二梯级为幸福士者，第三梯级为幸福师，第四梯级为幸福大师。

——b：四重梯级的三层进阶

——I）第一梯级的幸福人其入门级别为陶级，第二级别为瓷级，第三级别为青铜级。

——II）第二梯级的幸福师的第一级别为玄铁级，第二级别为白银级，第三级别的为黄金级。

——III）第三梯级的和谐者第一级别为水晶级，第二级别为紫玉级，第三级别为钻级。

——IV）第四梯级和谐大师的第一级别为虎啸级，第二级别为凤鸣级，第三级别为龙吟级。

——c：梯级和进阶的晋级规则

——I）幸福人

——（i）入门陶级需要三个基本要素

一：和谐幸福基础理论达初级标准。二：身心和谐度达初级。三：家庭和睦度达初级。
瓷

四：“社会家园”幸福互助体系

（1）简介

（ A，功能

（ B，构成

由幸福修养园和其他机构（各种自助游活动机构和各种心理调养机构）组成，以修养园为中心其他机构为辅，展开对社会的服务。

（ C，各级幸福生活互助体系构成

由初级（社区和乡村）幸福生活互助体系到一级（市）幸福生活互助体系再到二级（省）幸福生活互助体系再到三级（国家）幸福生活互助体系。在各个市设立一个子系统，省会幸福互助体系负责协调和管理各市的幸福互助体系。

（ D，全球幸福生活联盟

　—a：宗旨

作为调节世界范围和国家与国家之间的恒定力与趋动力这两种和谐力的机构，务必使得世界的两大和谐力处于一种和谐对等的状态。

当世界处在恒定力占主导的时期，就必须发展趋动力，当世界的趋动力占主导的时期就必须发展恒定力。

　—b：构筑全球幸福联盟的机构

机构是由各国家的第三级幸福生活体系互联而成。
全球幸福生活联盟大会代表（各国家和社会的各级幸福生活体系的优秀代表组成）

（2）"幸福修养园"

（ A，"修养园"简介

针对现实社会中异常突出的无法正常调解自身到正常状态的社会人日益增多的非常时期，特此设计规划了集心理治疗与生理调整的一个综合性的社会公益规划设施，它试图解决和调整社会人因为种种欲望的不满足而引发的各种身心疾病。

只有理解了和谐幸福学才会真正懂得珍惜现有和建立真正的心灵家园。

它包含心理治疗生理调整的各项目的综合方案，借用硬件的方式对社会输出心理治疗，它有几个系统组成，每个系统都发挥着各自的作用并且与其它系统紧密地联结，另外也与外界和以网络的形式时时地与外界交流精神信息，以达到共谐治疗的目的。

"和谐家园"的身心平衡计划

所有来到"和谐幸福园"的人都可以最大限度的恢复到一个身心平衡的状态，人们通过和谐园提供的全面的综合的恢复身心平衡的规划来使之实现。

（ B，"修养园"的功能

提供幸福人休闲调养修养等活动的场所。能够使个体自身有效地恢复以心理系统为主导来控制自身思考问题和输出行为。

能够使个体有效的控制自己的情绪和欲望的生成演化，从而使自己可以的身心平衡始终保持在正常的范围内。

可以习得和拥有和谐幸福观从而给社会和个人带来十五大超越。

　—a："和谐家园"内部的各项服务

　——I）心灵平衡调养

用各种心理测试和心理调节仪器使个人了解自己的个性和能力，以及自身的生活秩序，通过专业的和谐心理学家制订出一整套适合自己的生活秩序，去除各种不良的生活习惯，以及通过各种方式来达到去除不良习惯从而达到和谐生活的状态，

　——II）身体体质培养和机能协调

通过各种中华运动方式达到生理的体能恢复和体质强健。能延年益寿身体康健。

　——III）人性修养

通过对中华文化的研究和学习培养和谐人性。

　——IV）和谐幸福学的研究

　—b："和谐家园"向社会延展出各项培训项目的服务

　——I）"和谐家园"向社会提供的服务方式

和谐家园向社会提供各项培训服务，经过培训的合格的幸福人可以用设立网站进行网络咨询方式和在社会上设立咨询点用一对一帮助并热线电话咨询等方式，让所有迫切需要得到心灵平衡的人们得到应有的帮助。

　——II）"和谐家园"服务的内容

培训项目主要针对几方面对象：1 对未婚青年的婚前心理帮助，使他们对自己所寻找的生活伴侣有个正确的预期；2 对已婚夫妇的婚后心理帮助，使他们能够得以正视爱的三大阶段，能够使爱贯穿于整个生活而不至萎谢；3 给所有身心失衡的人提供应有的帮助，使之回到正常的身心平衡。

——III）心理理疗仪

　　——（i）心灵调节器

功能 1 安宁心绪

功能 2 动荡情绪感

　　通过对恐怖的感知可以减少对现实生活的不满度。

　　一个很窄的只容一个人躺着的一个完全隔音的柜子　一个液晶屏幕放在面前　柜子里还安装有高保真的音响设备和气味输送管当然还兼通空气，一开始　我们让他在那个柜子里　只听到水滴声，我们把他很轻松的催眠然后用荧屏和声响加上气味　慢慢的营造一个很恐怖的氛围，一边我们用仪器开始测量到她急速的脉搏和血压，直到她快要崩溃的状态。第一个阶段告一段落第二个阶段就要依靠局域网和三维制作软件。

因为我们暂时的客户　也许会定在家庭婚姻不太美满的客户上，第一阶段我们让夫妻双方来共同体验到死的恐怖和孤独的痛苦，第二阶段　我们自己制作的软件　就亮相了　我们先和夫妻预约　把他们的相貌用数码相机拍正侧面　还有让他们各说几句相互鼓励的话。数码相机保存的相片　可以做到三维软件合成一个立体的人像，我们制作好了立体人像，就把他合成到最恐怖的电影中去，让他的人像在电影中好像担任第一主角那样，其结果就是让他刻骨铭心的感觉到自己被痛苦所包围，被恐惧所笼罩着，心跳和血压急速的上升，而第二个阶段　开始实施了，第二个阶段　我们开始用他的妻子的角色来让她来拯救他　当然　夫妻双方都是并排着两个柜子　各自被痛苦笼罩和被对方拯救。软件开始发挥作用　我们合成的他们夫妻的三维人像在面对共同的敌人，共同协力的打败通过局域网　互相配合着打败痛苦。

这时候我们开始释放很清醒的芳香另外有很轻松的音乐　加上明媚的阳光和　他们共同牵手的一幕，最后我们在事先约定好的解眠信号里　给他们解除催眠醒来。

　　我们用施加痛苦催眠的治疗法　让夫妻感觉携手的可贵　噩梦醒来是早晨　的一种完全大汗淋漓后的轻松的感觉　从强烈的痛苦刺激到解除痛苦的快乐。

　　——（ii）心灵探测器

　　通过专业人员的其他心理测试可以大概获知个人现实生活的各种异常问题，从而能提出相应有效的解决方案。

　　——（iii）心灵共谐器

　　这种仪器能够让每一个联结的个人趋向一种共同的状态，从生理的共振开始一直获得心理的共振。可以依靠集体的力量很快的让不协调的个人达到和谐的身心状态。

　　（C，"幸福修养园"构造

　　—a：建筑规划和功能构成

　　修养园分为外围部分和中心部分两大块，外围部分包括种植区和停车区和路道区三个组成部分，中心部分包括广场区和功能区和后勤区构成。

　　总体格局来看，修养园是座落在一个巨大的风景胜地，四处山脉环抱，雨水充沛。她是充分利用现有的村落再进行建筑全新改造而成的。

　　——I）外围部分

　　修养园四周种植各种果木，还有良田环绕，种植和栽培都有家园的义务人员定期在专业人士的指导下进行，修养园不但可以获得果实用以日常饮食而且能够锻炼家园人的体能与平和之心。修养园占地几万平米，完全是选择各地最有特色的古典优秀建筑形式搭构的，古朴宏大`典雅精致。

　　修养园的前门正对着长约一公里的树阴萌布的路道，所有车辆都停靠在路道之外的停车场不得入内。长长的青石河卵石铺就的路，侧旁的大木参天绿茵华盖，清幽的稻香累累的果实，处处都散发着自然的气息，我们漫步在这清新之路时就立刻能体验到一种祥和氛围，那是一种心灵的完美调谐，

——II）中心部分

——（i）广场区

广场石板铺地，有引入的山泉在中间流淌，养育着各色鱼苗令人耳目神怡。参天大木在广场周围，广场是很宽畅的，并划为几个不同的功能区域，有健身区`文化区`接待休息区，健身区提供给前来度假修养的人锻炼的公众场所，是提供人们强健身体的场所，它提供各种大众化的体育器材与大自然清新的空气和阳光使人们得以最和谐的融合到其中，使病弱的身体得以康复到平衡，也使处于常态的身体得以抗击各种病症侵袭，其中太极拳等中华武术精华在其中得到弘扬传播。

文化区提供家园原创的各种艺术品供人欣赏，并且家园人也组织唱歌舞蹈等形式未经区添色。

——（ii）功能区

在中心部分也规划为两功能区域，一部分是公众区域，一部分是幸福园区，前者是给前来参观的人提供的交流观赏的场所，后者是提供给幸福人自己探索幸福和修养民族文化的场所。公众区域是任何人都可以进入的，分为广场区`咨询区`简单心疗区`文化修养区`讨论会`等。幸福园专供家园人自己使用，可分为心疗区`文化修养区`讨论会`等。

心疗区就是专业人员使用心理理疗仪和专业知识对公众进行服务的区域。是专供人们体验痛苦情绪和幸福情绪以及加深对幸福学认识的一种症疗场所，它由机械结构和声光电以及电脑设施等综合设施组合而成，它能调节人体的身心逐步走向自我平衡，也会使之逐步向和谐幸福精神靠拢。

文化修养区有幸福家园聘请或自己的专家进行辅导下的各种知识文化艺术等方面的学习的区域，设有多种课程，主要进行民族文化的研究和探讨。这是民族文化的修养场所，各种中华民族的优秀文化在这里积聚，中华艺术瑰宝：包括书法`中国画`诗词歌赋`中国工艺美术`中国雕塑艺术`中国音乐艺术等其他民间艺术；中华文化研究：包括中国历史`中国宗教之儒教`道教`佛教，等等。通过举办各种文化演播和学术探讨活动，通过各种学习班活动，中华艺术文明的精粹会从这里得到进一步传播。

也对和谐幸福做研究探讨的专业学习区，以提高我们对幸福的认知并且能够让我们从理性上提升对生活的态度，从而和谐与人和社会和自然的关系。

——（iii）后勤区

散客居住区域`常客居住区域`食堂`管理区等组成。

五："网络家园"幸福互助体系

（1）目标和进度
（2）主页界面风格设计规划
（3）网络的构成

（A，论坛

分为自助乐园和心灵家园与和谐理论研究三大块，自助乐园以展开各种自助游的方式让园友们的身体得到健康，心灵家园让园友们的心灵得到健康和平衡。和谐理论研究让园友们从理论角度提升自己。

—a：自助乐园

——I）总坛

——II）各区分坛

——III）各区置顶栏目

——（i）固定常规活动

市内的一些群体和个体健身和娱乐活动

市内的培养爱心的活动

培养爱心善心互助心的最佳方式，定期开展捐助和义务劳动。并且参与田间劳作使其体会农民的不易。

—b：心灵家园

——I）心理同步脉动栏目

有助于同步作息，身心健康

关于自我每日监测

园友每天自我监测自身身心状态，以便及时调整。

通过软件测试和评定。

——II）同步人生

——（i）警示人生栏目

——（ii）关爱人生栏目

——III）互助区

由园友自己临时担任主持人，有其他园友提问，如果不满意可以提交咨询区。

——（i）业余咨询互助区

是由一定资历的园友担任咨询师来解答各园友的疑问。

——（ii）专家咨询区

——（iii）突发事件求助区

所有由于心理原因导致的关联到生死存亡的大事可以紧急求助。

——IV）关于身心健康等级制度

关联各参数，与该园友的自身状态和助人的表现与其他表现作为参数。

—c：修养区

由中华文明特有的艺术建成，中国书画艺术，中国诗词歌赋音乐等等。
提高园友的艺术修养和自我调控的能力。也增加了园友对生活的另一种重要的幸福源泉。

—d：和谐之地（理论研究）

——I）理论研讨区

分为基础类`中级类`研发类三类区域，主要用以园友们对幸福理论的学习和探究。对园友们从理论上平衡自我的身心有重要意义。

结束语

这本书从 1986 年的纸质文字，到 1996 年的电脑版第一版

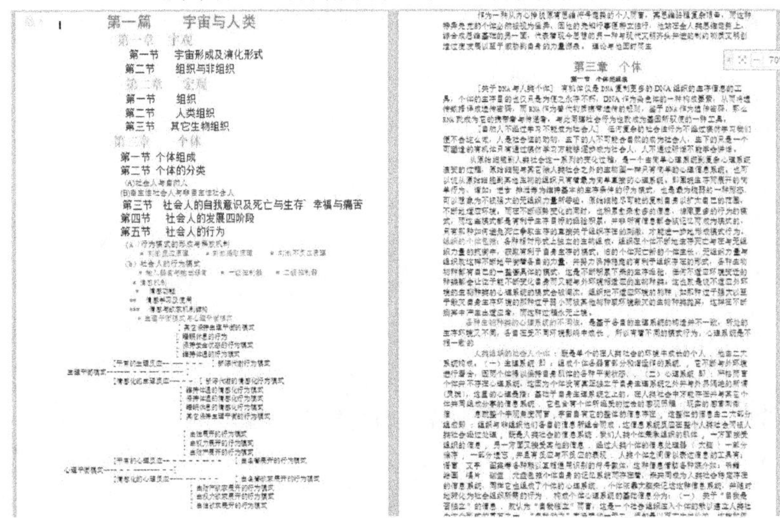

几经更新到 2000 年的电脑第四版

最终在 2018 年的第 n 版本

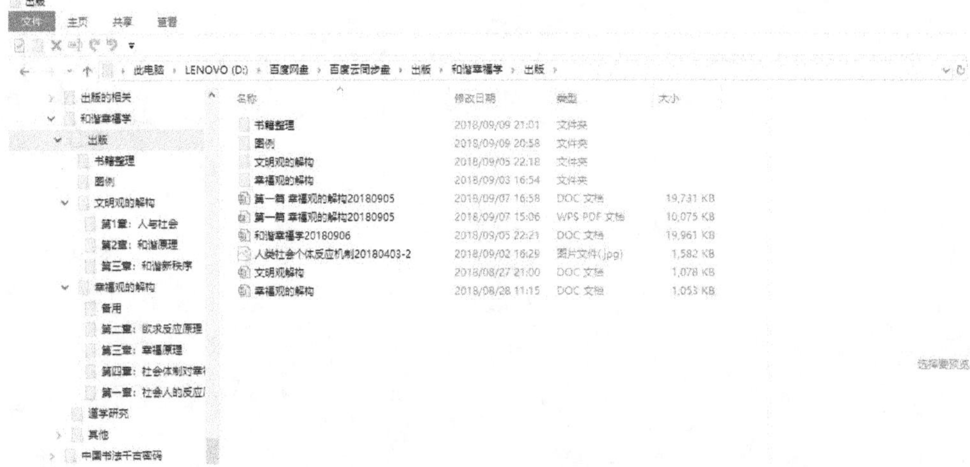

　　抛砖引玉的拙文中有很多来不及整理归纳，且经不起逻辑推理，前后矛盾之处，万望见谅！家有 2 个小孩年幼需要照顾，精力实在不济。

历经波折，有些累，这个世界我终于不欠你什么了！

　　缪霖，别号老新、古今。1969 年出生，中国江苏无锡人士，人生颇多折腾，一无所成，现蜗居加拿大。本人修的是书画专业。因为父亲是书法家协会的，从小就喜爱书画，从书画中也悟得一些道，尤其是和谐原理。我对哲学有着异常浓厚的兴趣，从 20 岁起就在研究和谐幸福学，从 2000 年关闭公司到 2010 年，在家里整整十年时间纠缠于此，常常盘亘于惠山里面的乱坟堆里悟道，习练书画，生活靠父母接济，实在有愧。

　　本人 30 年来只编撰了《和谐幸福学》和《中国书法·千古密码 / 引爆艺术核能》这两部书。因为把它作为毕生心愿来达成的，所以到 40 才成家，也可谓异类。

　　愿此书能结缘更多需要的人们，如能给当今社会增加一点契机，此生无憾矣！

　　感谢我的父母、妻子、亲戚、同学们、朋友们！

戊戌年秋日于温哥华古今斋